马克思恩格斯列宁历史理论经典著作导读

（第二版）

《马克思恩格斯列宁历史理论经典著作导读》编写组

人 民 出 版 社

高等教育出版社

教学课件下载

本书有配套教学课件,供教师免费使用,请访问 https://dj.lilun.cn/html/courseware.html,即可浏览下载。

图书在版编目(CIP)数据

马克思恩格斯列宁历史理论经典著作导读/
《马克思恩格斯列宁历史理论经典著作导读》编写组编. --
2 版. -- 北京:人民出版社,2020.8(2024.6 重印)
马克思主义理论研究和建设工程重点教材
ISBN 978-7-01-022387-2

Ⅰ.①马… Ⅱ.①马… Ⅲ.①马列著作研究-
史学-高等学校-教材 Ⅳ.①A811.692

中国版本图书馆 CIP 数据核字(2020)第 141595 号

责任编辑 任 民　　　　封面设计 王 洋　　　　版式设计 于 婕　　　　责任校对 马 婕
责任印制 贾 菲

出版发行　人民出版社　　　　　　　　　　　网　　址　http://www.peoplepress.net
社　　址　北京市东城区隆福寺街 99 号　　　版　　次　2012 年 2 月第 1 版
邮政编码　100706　　　　　　　　　　　　　　　　　　2020 年 8 月第 2 版
印　　刷　北京中科印刷有限公司　　　　　　印　　次　2024 年 6 月第 5 次印刷
开　　本　787mm×1092mm　1/16　　　　　　定　　价　57.00 元
印　　张　30.25　　　　　　　　　　　　　　购书热线　010-84095064
字　　数　510 千字　　　　　　　　　　　　咨询电话　010-84095103

• 马克思主义理论研究和建设工程重点教材 •

马克思主义理论研究和建设工程咨询委员会委员、审议专家

（以姓氏笔画为序）

《马克思恩格斯列宁历史理论经典著作导读》
教材编写课题组

首席专家　　沙健孙　　　李　捷　　　李文海
主要成员　　（以姓氏笔画为序）
　　　　　　　王顺生　　　王浩雷　　　田心铭　　　仝　华
　　　　　　　钟哲明　　　梅荣政

《马克思恩格斯列宁历史理论经典著作导读》
教材修订课题组(第二版)

首席专家　　沙健孙　　　田心铭

目　录

导　论

一、唯物主义历史观的创立和发展

（一）马克思以前的历史理论

什么是历史？历史是已经过去了的客观存在。马克思、恩格斯说："历史可以从两方面来考察，可以把它划分为自然史和人类史。但这两方面是不可分割的；只要有人存在，自然史和人类史就彼此相互制约。"① 这里所说的历史，是指的人类史，即人类社会发展的过程。

历史既然是已经过去了的客观存在，为什么一代又一代的人仍然会对历史感兴趣，并且怀有探究历史的强烈愿望呢？这是因为：

人类社会的今天，是由它的昨天和前天发展而来的。人们为了更好地认识人类社会的今天、预见明天，一个重要的条件，就是要了解它的昨天和前天。古人所谓"彰往而察来"，"述往事，思来者"，讲的就是这个意思。

在漫长的历史进程中，人们在经济、政治、文化和社会生活各个领域的实践所积累的丰富经验，所蕴涵的社会治乱兴衰的深刻教训，对于后人具有重要的启迪作用。古人所谓"所贵乎史者，述往以为来者师也"，讲的就是这个意思。

人们在创造历史的过程中，同时也在多方面地展示着自己，改变着自己，并且在总体上不断地提高着自身的素质。历史人物的功过是非、得失成败，对于后人也具有重要的警示作用。古人所谓"欲知大道，必先为史"，"穷览千载，见贤而思齐，见不贤而内自省"，讲的就是这个意思。

但是，历史作为人类社会已经过去了的客观存在，是不可能照原样重复出现的，那么，人们又怎样认识历史，从历史中汲取智慧呢？

为此，首先当然要收集史料和考证史实，正确地和准确地描绘现实的历史过程。因为这是认识历史的前提。不过，这样做，还不就是对历史有了认识。研究历史，主要是为了在此基础上，理清历史的脉络，总结历史的经验，揭示

---

① 《马克思恩格斯文集》第 1 卷，人民出版社 2009 年版，第 516 页。

历史发展的规律性，考察历史发展的趋势，以此作为今人和后人思想上的借鉴和行动上的向导。而要做到这一点，仅仅依靠收集史料和考证史实就远远不够了，人们还必须在科学的社会历史观和方法论的指导下，对史料进行分析和综合，进行理论的思考。如果没有理论思维，即使要把两个简单的历史事实联系起来都是不可能的，更不用说对历史做出科学的阐释和总结了。

社会历史观是人们对社会历史的根本看法，主要指人们关于人类社会的起源、社会生活的本质，以及总体运动和一般发展规律的理论性概括。①

在遥远的古代，生产力十分低下，人类的生存和发展在很大程度上受自然力的支配。"由于人类尚不具备把自然界和人类社会明确区分开来的能力，社会历史观只能浑然一体地包含在一般宇宙观之中。在原始人的眼里，社会和自然一样神奇，都只能凭想象去理解，自然崇拜和图腾崇拜就是这样产生的。"② 人类进入文明时代即阶级社会以后，随着社会分工及其发展，一些思想家对人类社会的发展进行了独立的思考，一些历史学家写出了若干有价值的历史著作，他们为人类认识社会及其发展积累了有益的思想材料，包括运用唯物主义观点观察历史的萌芽和对历史辩证法的揭示；但是从总体上来说，在社会历史观的领域，唯心主义始终占据着统治地位。正因为如此，以往的历史理论存在着两个主要缺点。"第一，以往的历史理论至多只是考察了人们历史活动的思想动机，而没有研究产生这些动机的原因，没有探索社会关系体系发展的客观规律性，没有把物质生产的发展程度看做这些关系的根源。"它既忽视经济对社会发展的最终决定作用，也讲不清政治、思想等的形成、发展及其对经济的反作用，因而就不可能把社会作为一个有机的整体进行研究。"第二，以往的理论从来忽视居民**群众**的活动"。在它的视野里，历史活动的主体是帝王将相、英雄豪杰等少数人，而从事物质生活资料生产的广大劳动群众则被边缘化，在历史上没有自己应有的地位。它不可能以自然科学的精确性去研究群众生活的社会条件以及这些条件的变更。所以，列宁认为，马克思以前的"社会学"和历史学，至多是积累了零星收集来的未加分析的事实，描述了历史过程的个别方面。他们没有也不可能指出对各种社会经济形态的产生、发展和衰落过程进行全面而周密的研究的途径。③ 社会历史领域中

① 参见《史学概论》，高等教育出版社、人民出版社 2009 年版，第 19 页。
② 肖前、李秀林、汪永祥主编：《历史唯物主义原理》，人民出版社 1991 年版，第 5 页。
③ 参见《列宁专题文集 论辩证唯物主义和历史唯物主义》，人民出版社 2009 年版，第 336 页。

之所以存在上述问题，不是偶然的。"在很长的历史时期内，大家对于社会的历史只能限于片面的了解，这一方面是由于剥削阶级的偏见经常歪曲社会的历史，另方面，则由于生产规模的狭小，限制了人们的眼界。人们能够对于社会历史的发展作全面的历史的了解，把对于社会的认识变成了科学，这只是到了伴随巨大生产力——大工业而出现近代无产阶级的时候，这就是马克思主义的科学。"①

（二）唯物主义历史观创立的社会历史前提和思想条件

科学的社会历史观，就是唯物主义历史观或者历史唯物主义。它是由马克思、恩格斯在 19 世纪 40 年代创立的。

唯物主义历史观"是历史发展的产物；在较早的时代，它是不会被任何最有天才的头脑凭空想出来的。只有达到一定高度时，人类历史才能揭开它自己的秘密"②。这些条件主要是：

第一，资本主义的发展。

19 世纪中叶，主要资本主义国家的工业革命已经完成，或者接近完成。资本主义的发展，是同社会化的大生产排挤小生产，同各经济部门的关系的日趋紧密，同交换的发展、交通的发达和统一的民族市场的形成，直接相联系的。这就开阔了人们的视野，使得人们有可能突破小生产的狭隘眼界，把整个社会当作一个统一的有机体来考察。资本主义的发展，也是同拓展海外市场，同民族的、地域的历史日益发展成为世界历史，直接相联系的。这就进一步开阔了人们的视野，使得人们有可能把各个地区、各个民族的历史联系起来加以比较研究，发现其常规性、重复性，并由此发现其中的一般的规律性。资本主义的发展，还使得社会阶级关系趋于简单化和明朗化。这也使得人们有可能把握基于经济利益的阶级斗争这条阶级社会历史发展的基本线索，有可能认识阶级斗争在阶级社会历史发展中的重要作用。

第二，先驱者提供的特定的思想材料。

尽管以往的思想家对社会的认识始终没有达到历史唯物主义的高度，但他们中的一些人在这个领域中所进行的探索，为达到这个高度提供了有益的思想材料，打下了一定的基础。

---

① 《毛泽东选集》第一卷，人民出版社 1991 年版，第 283—284 页。
② ［德］梅林：《保卫马克思主义》，吉洪译，人民出版社 1982 年版，第 3 页。

恩格斯指出："如果说马克思发现了唯物史观，那么梯叶里、米涅、基佐以及 1850 年以前英国所有的历史编纂学家则表明，人们已经在这方面作过努力。"1877 年，摩尔根在美国，以他自己的方式，重新发现了 40 年前马克思所发现的唯物主义历史观，并且以此为指导，在把野蛮时代和文明时代加以对比的时候，在主要要点上得出了与马克思相同的结果。"而摩尔根对于同一观点的发现表明，发现这一观点的时机已经成熟了，这一观点**必定被发现**。"①

第三，工人阶级的成长。

19 世纪 30 年代，欧洲的工人阶级开始作为一个独立的政治力量登上历史舞台。工人阶级是人类历史上最彻底的革命阶级。它的根本利益是同社会历史发展的总方向一致的。它既没有剥削阶级的偏见，也不具有小生产者的狭隘性。所以它敢于面向现实，勇于追求真理。"科学越是毫无顾忌和大公无私，它就越符合工人的利益和愿望"。马克思、恩格斯是出身于有产阶级的知识分子。他们在斗争实践中把自己的立场转到了工人阶级一边，随之也就把自己原先拥有的教育因素带过来了。他们成了真理的无畏的和有力的探索者。这是他们成为唯物主义历史观的发现者、创立者的阶级基础。实际上，以他们为代表的"在劳动发展史中找到了理解全部社会史的锁钥的新派别，一开始就主要是面向工人阶级的，并且从工人阶级那里得到了同情，这种同情是它在官方科学那里既没有寻找也没有期望过的"②。

（三）马克思、恩格斯与唯物主义历史观的创立

什么是唯物主义历史观呢？唯物主义历史观是"关于现实的人及其历史发展的科学"③。"现代唯物主义把历史看做人类的发展过程，而它的任务就在于发现这个过程的运动规律。"它找到了"用人们的存在说明他们的意识，而不是像以往那样用人们的意识说明他们的存在"这样一条路。④

唯物主义历史观的创立，经历了一个探索的过程。"这一过程的开端，可以追溯到对宗教的批判。"⑤ 唯物主义历史观的主要创始人马克思（1818 —

---

① 《马克思恩格斯文集》第 10 卷，人民出版社 2009 年版，第 669 页。
② 《马克思恩格斯文集》第 4 卷，人民出版社 2009 年版，第 313 页。
③ 《马克思恩格斯文集》第 4 卷，人民出版社 2009 年版，第 295 页。
④ 《马克思恩格斯文集》第 9 卷，人民出版社 2009 年版，第 28、29 页。
⑤ 肖前、李秀林、汪永祥主编：《历史唯物主义原理》，人民出版社 1991 年版，第 16 页。

1883 年），早年在大学学习法律，但他研究得最多的是历史和哲学。他加入过"青年黑格尔派"的圈子，后来受到费尔巴哈唯物主义的强烈影响，一时成了"费尔巴哈派"。通过批判宗教神学，重新确立了人在现实世界中的利益和权利。马克思也正是从这里，开始了对于社会历史的哲学思考。1842 年秋，他被聘为《莱茵报》主笔。他说，在这里"第一次遇到要对所谓物质利益发表意见的难事"，这"是促使我去研究经济问题的最初动因"①。"为了解决使我苦恼的疑问，我写的第一部著作是对黑格尔法哲学的批判性的分析"，即 1843 年写的《黑格尔法哲学批判》。"我的研究得出这样一个结果：法的关系正像国家的形式一样，既不能从它们本身来理解，也不能从所谓人类精神的一般发展来理解，相反，它们根源于物质的生活关系，这种物质的生活关系的总和，黑格尔按照 18 世纪的英国人和法国人的先例，概括为'市民社会'，而对市民社会的解剖应该到政治经济学中去寻求。"② 他的《1844 年经济学哲学手稿》，通过分析"异化劳动"，从人与物的关系中发现人与人的关系，得出了物质生产在社会发展中具有决定作用的认识。他指出："对社会主义的人来说，**整个所谓世界历史**不外是人通过人的劳动而诞生的过程，是自然界对人来说的生成过程，所以关于他通过自身而**诞生**、关于他的**形成过程**，他有直观的、无可辩驳的证明。"③ 这些都是唯物主义历史观形成的重要步骤。

唯物主义历史观的另一创始人恩格斯（1820—1895 年），也经历过从"青年黑格尔派"到"费尔巴哈派"的过程。1842 年，他迁居英国工业中心曼彻斯特。在这里，他直接参加工人运动，并研究英国社会的经济结构和社会关系。这使他认识到，只有以往被忽视的经济事实，才是全部现实斗争和政治历史的基础。他在 1844 年发表的《国民经济学批判大纲》中，在经济和政治历史的关系等问题上，得出了与马克思相同的结论。

1844 年 8 月初，马克思和恩格斯在巴黎相识。他们合作撰写了《神圣家族，或对批判的批判所做的批判。驳布鲁诺·鲍威尔及其伙伴》一书。他们指出：只有把"某一历史时期的工业，即生活本身的直接的生产方式认识清楚"，才"能真正地认清这个历史时期"。历史的诞生地"是地上的粗糙的物质生

---

① 《马克思恩格斯文集》第 2 卷，人民出版社 2009 年版，第 588 页。
② 《马克思恩格斯文集》第 2 卷，人民出版社 2009 年版，第 591 页。
③ 《马克思恩格斯文集》第 1 卷，人民出版社 2009 年版，第 196 页。

产"，而不是"天上的迷蒙的云兴雾聚之处"①。他们还指出：历史活动中重要的"是行动着的群众"。"历史活动是群众的活动，随着历史活动的深入，必将是群众队伍的扩大。"② 他们的这部著作，克服了前述唯心主义历史观的两个主要缺点，为唯物主义历史观的形成奠定了牢固的基础。

1845年，马克思撰写了《关于费尔巴哈的提纲》。他提出："人的本质不是单个人所固有的抽象物，在其现实性上，它是一切社会关系的总和。"他强调了实践的意义，指出："环境的改变和人的活动或自我改变的一致，只能被看做是并合理地理解为革命的实践。"③ 恩格斯认为，这个提纲"作为包含着新世界观的天才萌芽的第一个文献，是非常宝贵的"④。他晚年在回答"关于历史唯物主义的**起源**"这个问题时说过：马克思的《关于费尔巴哈的提纲》"其实**就是**它的起源！"⑤ 1845—1846年，马克思与恩格斯合作撰写了《德意志意识形态》一书，对他们发现的唯物主义历史观的基本原理作了系统的论述。他们强调："这种历史观就在于：从直接生活的物质生产出发阐述现实的生产过程，把同这种生产方式相联系的、它所产生的交往形式即各个不同阶段上的市民社会理解为整个历史的基础，从市民社会作为国家的活动描述市民社会，同时从市民社会出发阐明意识的所有各种不同的理论产物和形式，如宗教、哲学、道德等等，而且追溯它们产生的过程。这样做当然就能够完整地描述事物了（因而也能够描述事物的这些不同方面之间的相互作用）。"⑥ 这部两厚册八开本的原稿，当时未能公开出版。马克思说："既然我们已经达到了我们的主要目的——自己弄清问题，我们就情愿让原稿留给老鼠的牙齿去批判了。"⑦ 在1847年出版的为反对蒲鲁东而写的著作《哲学的贫困》中，马克思第一次公开对这个新的历史观中的有决定意义的论点，作了科学的、虽然只是论战性的概述。1848年2月，马克思、恩格斯在为共产主义者同盟拟定的纲领《共产党宣言》中，"用这个理论大略地说明了全部近代史"⑧，向公众表达了这个理论有

① 《马克思恩格斯文集》第1卷，人民出版社2009年版，第350、351页。
② 《马克思恩格斯文集》第1卷，人民出版社2009年版，第287页。
③ 《马克思恩格斯文集》第1卷，人民出版社2009年版，第501、500页。
④ 《马克思恩格斯文集》第4卷，人民出版社2009年版，第266页。
⑤ 《马克思恩格斯文集》第10卷，人民出版社2009年版，第647页。
⑥ 《马克思恩格斯文集》第1卷，人民出版社2009年版，第544页。
⑦ 《马克思恩格斯文集》第2卷，人民出版社2009年版，第593页。
⑧ 《马克思恩格斯文集》第4卷，人民出版社2009年版，第532页。

关的见解。恩格斯在为它所写的"1883年德文版序言"中讲过："贯穿《宣言》的基本思想：每一历史时代的经济生产以及必然由此产生的社会结构，是该时代政治的和精神的历史的基础；因此（从原始土地公有制解体以来）全部历史都是阶级斗争的历史，即社会发展各个阶段上被剥削阶级和剥削阶级之间、被统治阶级和统治阶级之间斗争的历史；而这个斗争现在已经达到这样一个阶段，即被剥削被压迫的阶级（无产阶级），如果不同时使整个社会永远摆脱剥削、压迫和阶级斗争，就不再能使自己从剥削它压迫它的那个阶级（资产阶级）下解放出来。"① 列宁也指出：《共产党宣言》"这部著作以天才的透彻而鲜明的语言描述了新的世界观，即把社会生活领域也包括在内的彻底的唯物主义、作为最全面最深刻的发展学说的辩证法以及关于阶级斗争和共产主义新社会创造者无产阶级肩负的世界历史性的革命使命的理论"②。正因为如此，《共产党宣言》在多次再版时用过的多种书名中，就有过《历史哲学》这个名称。③

马克思对唯物主义历史观的经典性表述，见于1859年发表的、被马克思称作"第一次科学地表述了关于社会关系的重要观点"④ 的《〈政治经济学批判〉序言》。关于这个序言，马克思自己讲过："在那里我说明了我的方法的唯物主义基础。"⑤ 恩格斯也指出，序言对唯物主义历史观的要点"已经作了扼要的阐述"⑥。

（四）对唯物主义历史观的检验、丰富和发展

马克思、恩格斯在创立唯物主义历史观之后，即以这个理论为指导，从系统地搜集史料和分析基本事实入手，对社会历史问题进行重新的研究。在这个过程中，他们检验了这个理论，并使之得到了进一步的丰富和发展。

1848—1849年，欧洲大陆爆发了资产阶级民主革命。马克思和恩格斯亲身参加了这场革命，并在革命失败以后，运用唯物主义历史观，根据翔实的材料，对这场革命发生和失败的原因，对各阶级及其代表人物的表现，对它所提

---

① 《马克思恩格斯文集》第2卷，人民出版社2009年版，第9页。
② 《列宁专题文集　论马克思主义》，人民出版社2009年版，第5页。
③ 参见《列宁专题文集　论马克思主义》，人民出版社2009年版，第40页。
④ 《马克思恩格斯文集》第10卷，人民出版社2009年版，第167页。
⑤ 《马克思恩格斯文集》第5卷，人民出版社2009年版，第20页。
⑥ 《马克思恩格斯文集》第2卷，人民出版社2009年版，第597页。

供的经验教训，及时地做出了切实的分析和深刻的总结。马克思写了《1848 年
至 1850 年的法兰西阶级斗争》、《路易·波拿巴的雾月十八日》等著作，恩格
斯写了《德国农民战争》、《德国的革命和反革命》等著作。恩格斯认为，
《1848 年至 1850 年的法兰西阶级斗争》这部著作，"是马克思用他的唯物主义
观点从一定经济状况出发来说明一段现代历史的初次尝试"。"由于马克思准确
了解法国在二月革命以前的经济状况以及这个国家在二月革命以后的政治事
件，所以他能对当时的事变作出这样的叙述，这一叙述对事变内在联系的揭示
达到了至今还无人达到的程度"[1]。他对《路易·波拿巴的雾月十八日》更是
给予了高度的评价，认为本书是运用历史唯物主义"这个理论的十分出色的例
子"[2]。因为路易·波拿巴发动的政变，当时像晴天霹雳一样震惊了整个政治
界，但并没有一个人理解它；而马克思却令人信服地证明，"法国阶级斗争怎
样造成了一种局势和条件，使得一个平庸而可笑的人物有可能扮演了英雄的角
色"[3]。所以，恩格斯赞叹说，"的确，这是一部天才的著作"。"在事变刚刚发
生时就对事变有这样透彻的洞察，的确是无与伦比"。[4] 总之，马克思用这段历
史检验了他的历史理论，"这个检验获得了辉煌的成果"[5]。

　　在 1848—1849 年革命之后，马克思和恩格斯对被压迫人民的民族解放斗
争给予了越来越多的关注。他们用唯物主义历史观考察东方社会，考察民族与
殖民地问题，撰写了一批关于中国和印度等的论著。在论中国的文章中，马克
思和恩格斯分析了中国社会的特点，揭露了资本主义列强对华战争的侵略本质
和血腥暴行，热情支持中国人民的反侵略斗争，并对中国的农民起义做了科学
的评价。马克思和恩格斯指出，封建专制的压迫和欧洲列强的侵略是引起中国
革命的原因，中国革命必将对欧洲产生重要影响。在写于 1853 年的《不列颠
在印度的统治》和《不列颠在印度统治的未来结果》这两篇文章中，马克思做
出的有关论述，对于研究资本主义、殖民主义的历史及其相互关联，对于考察
民族、殖民地问题及其与无产阶级革命前景的相互关联，都提供了一个典型性
的例证。

---

① 《马克思恩格斯文集》第 4 卷，人民出版社 2009 年版，第 532、535 页。
② 《马克思恩格斯文集》第 10 卷，人民出版社 2009 年版，第 593 页。
③ 《马克思恩格斯文集》第 2 卷，人民出版社 2009 年版，第 466 页。
④ 《马克思恩格斯文集》第 2 卷，人民出版社 2009 年版，第 468 页。
⑤ 《马克思恩格斯文集》第 2 卷，人民出版社 2009 年版，第 469 页。

在 1848—1849 年欧洲大陆革命的浪潮过去之后，马克思重新把对政治经济学的研究提到了首要的地位。他集中精力，运用唯物主义历史观考察资本主义社会，科学地揭示了资本主义社会形成、发展和灭亡的历史规律。继 1859 年出版《政治经济学批判》（第一分册）之后，《资本论》第一卷于 1867 年公开问世。马克思说："我的观点是把经济的社会形态的发展理解为一种自然史的过程。"而"本书的最终目的就是揭示现代社会（指资本主义社会——本书编者注）的经济运动规律。"① 列宁认为，如果说，在这之前，唯物主义历史观还只是"一个第一次使人们有可能以严格的科学态度对待历史问题和社会问题的假设"，那么，"自从《资本论》问世以来，唯物主义历史观已经不是假设，而是科学地证明了的原理"。② 他认为，既然运用唯物主义去分析和说明一种社会形态就取得了这样辉煌的成果，那么，十分自然，"这种方法也必然适用于其余各种社会形态"③。在这之后，马克思、恩格斯继续对社会历史问题进行深入的研究，提出许多新的创造性的见解，进一步丰富和发展了这个理论。

在研究西欧的资本主义国家英国等的同时，俄国社会发展的问题也引起了马克思、恩格斯的浓厚兴趣。在马克思的《给〈祖国纪事〉杂志编辑部的信》（1877）、《给维·伊·查苏利奇的复信》（1881），恩格斯的《论俄国的社会问题》（1875）、《〈论俄国的社会问题〉跋》（1894），以及马克思、恩格斯共同为《共产党宣言》1882 年俄文版写的序言等论著中，他们对俄国这样经济文化比较落后的国家，是否"可以不通过资本主义制度的卡夫丁峡谷"以及实行这种跨越需要具备什么样的条件，做出了富有新意的论述，对于科学地研究这类国家的社会历史发展问题提供了重要启示。

1877 年，美国人类学家摩尔根的著作《古代社会》出版。从 1881 年 5 月至 1882 年 2 月，马克思花了近十个月的时间研究这部著作，作了大量摘录、批注和补充。在此基础上，恩格斯于 1884 年写成《家庭、私有制和国家的起源》一书，阐明了"共产制共同体"的原始社会及其瓦解，分工与家庭、私有制和阶级的产生，国家的起源和实质等一系列重大问题。

恩格斯在与马克思一起，共同创立唯物主义历史观的过程中，对这个理论做出了全面而深刻的阐述。他对人说过："我也可以向您指出我的《欧根·杜

① 《马克思恩格斯文集》第 5 卷，人民出版社 2009 年版，第 10 页。
② 《列宁专题文集　论辩证唯物主义和历史唯物主义》，人民出版社 2009 年版，第 160、163 页。
③ 《列宁专题文集　论辩证唯物主义和历史唯物主义》，人民出版社 2009 年版，第 166 页。

林先生在科学中实行的变革》和《路德维希·费尔巴哈和德国古典哲学的终结》，我在这两部书里对历史唯物主义作了就我所知是目前最为详尽的阐述"①。他认为，历史唯物主义的"大多数问题都已经在《反杜林论》第一编第九至十一章、第二编第二至四章和第三编第一章或导言里，后来又在《费尔巴哈》（即《路德维希·费尔巴哈和德国古典哲学的终结》——本书编者注）最后一章里谈到了"。②

晚年，在所写的关于历史唯物主义的书信［如《致康拉德·施米特》（1890 年 8 月 5 日）、《致约瑟夫·布洛赫》（1890 年 9 月 21—22 日）、《致康拉德·施米特》（1890 年 10 月 27 日）、《致弗兰茨·梅林》（1893 年 7 月 14 日）、《致瓦尔特·博尔吉乌斯》（1894 年 1 月 25 日）］中，恩格斯强调必须科学地理解历史唯物主义。为了应对资产阶级学者的挑战，并纠正"青年派"的误读和曲解，他全面地论证了经济和政治、经济基础和上层建筑等之间的辩证关系，进一步对历史唯物主义做出了科学的阐释。

在马克思、恩格斯之后，结合新的时代和社会历史条件，在帝国主义和无产阶级革命时代的马克思主义即列宁主义中，在马克思主义中国化的理论即毛泽东思想和中国特色社会主义理论体系中，马克思主义历史理论得到了进一步发展。

二、马克思主义历史理论的基本内容

马克思主义历史理论有着极其丰富的内容。首先，是指历史唯物主义的基本原理。这是它的核心、基础，也是它的主体部分。其次，是指历史研究的方法论方面的论述。再次，是指马克思主义经典作家在研究历史问题、历史事件和历史人物时提出的重要思想和论断。限于篇幅，这里着重对前两个方面的内容做一个概要的叙述。

（一）历史唯物主义的基本原理

历史唯物主义的内容十分丰富，这里主要就本书所选论著的核心思想，作

① 《马克思恩格斯文集》第 10 卷，人民出版社 2009 年版，第 593 页。
② 《马克思恩格斯文集》第 10 卷，人民出版社 2009 年版，第 670 页。

一简要的概括和说明。

1. 社会历史观的基本问题

正如哲学的基本问题是思维与存在的关系问题一样，社会历史观的基本问题是社会意识与社会存在的关系问题。

社会存在是不依社会意识为转移的社会生活的物质方面。标示同自然界的存在相区别的社会存在，其最本质的东西就是社会的生产方式。社会意识是社会的精神生活现象的总称，包括人们政治、法律观点，哲学、道德，艺术、科学、宗教等意识形式，以及风俗习惯、社会心理，等等。唯物主义历史观确认："不是人们的意识决定人们的存在，相反，是人们的社会存在决定人们的意识。"① "意识〔das Bewu βtsein〕在任何时候都只能是被意识到了的存在〔das bewu βteSein〕，而人们的存在就是他们的现实生活过程。"②

由此可见，"这种历史观和唯心主义历史观不同，它不是在每个时代中寻找某种范畴，而是始终站在现实历史的**基础**上，不是从观念出发来解释实践，而是从物质实践出发来解释各种观念形态"③。而只有站在这个"现实历史的基础上"，对历史的研究才可能成为"关于现实的人及其历史发展的科学"④。

2. 物质生活的生产方式，生产力和生产关系

人类社会的历史是人类自己创造的。

我们首先应当确定一切人类生存的第一个前提，也就是一切历史的第一个前提，这就是：人们为了能够"创造历史"，必须能够生活。但是为了生活，"首先就需要吃喝住穿以及其他一些东西。因此第一个历史活动就是生产满足这些需要的资料，即生产物质生活本身"。这是人们为了维持生活必须每日每时从事的历史活动，是一切历史的基本条件。"任何历史观的第一件事情就是必须注意上述基本事实的全部意义和全部范围，并给予应有的重视。"⑤ "人类社会和动物界的本质区别在于，动物最多是采集，而人则从事生产。"⑥ 所以，物质生产的发展，是整个社会生活以及整个现实历史的基础。"物质生活的生

① 《马克思恩格斯文集》第 2 卷，人民出版社 2009 年版，第 591 页。
② 《马克思恩格斯文集》第 1 卷，人民出版社 2009 年版，第 525 页。
③ 《马克思恩格斯文集》第 1 卷，人民出版社 2009 年版，第 544 页。
④ 《马克思恩格斯文集》第 4 卷，人民出版社 2009 年版，第 295 页。
⑤ 《马克思恩格斯文集》第 1 卷，人民出版社 2009 年版，第 531 页。
⑥ 《马克思恩格斯文集》第 10 卷，人民出版社 2009 年版，第 412 页。

产方式制约着整个社会生活、政治生活和精神生活的过程。"① 社会物质生活条件包括社会所处的自然环境，即地理环境，包括人口的增长、人口密度的大小等在内。这些因素会影响社会的发展。但它们不是决定社会面貌、决定人们社会关系的性质、决定从一种制度过渡到另一种制度的主要力量。

生产方式是生产力和生产关系的统一。

生产力，是指人们改造自然，使之适应人的需要的物质力量，标志着人类改造自然的实际能力和水平。一个社会的生产力包括三个要素，即劳动者、劳动资料和劳动对象。生产力中也包括科学。②

生产关系，是指"各个人借以进行生产的社会关系"③。因为生产并不是、也不可能是由单个人孤立地进行的。生产关系由生产资料所有制关系、生产中人与人的关系和产品分配关系构成。其中，生产资料所有制决定着生产关系的其他方面。

生产力是生产中最活动、最革命的因素。生产关系依赖于生产力的发展而发展，同时又反过来影响生产力，加速或者延缓它的发展。④ "社会的物质生产力发展到一定阶段，便同它们一直在其中运动的现存生产关系或财产关系（这只是生产关系的法律用语）发生矛盾。于是这些关系便由生产力的发展形式变成生产力的桎梏。那时社会革命的时代就到来了。"⑤

3. 社会的经济基础和上层建筑

人类社会是一个整体结构。正如一座大厦有它的基础和上层建筑一样，人类社会也是如此。马克思指出："人们在自己生活的社会生产中发生一定的、必然的、不以他们的意志为转移的关系，即同他们的物质生产力的一定发展阶段相适合的生产关系。这些生产关系的总和构成社会的经济结构，即有法律的和政治的上层建筑竖立其上并有一定的社会意识形式与之相适应的现实基础。"⑥

历史表明："迄今为止在历史著作中根本不起作用或者只起极小作用的经济事实，至少在现代世界中是一个决定性的历史力量。"⑦ 由于生产关系的总和

---

① 《马克思恩格斯文集》第 2 卷，人民出版社 2009 年版，第 591 页。
② 参见《马克思主义哲学》，高等教育出版社、人民出版社 2009 年版，第 170、169 页。
③ 《马克思恩格斯文集》第 1 卷，人民出版社 2009 年版，第 724 页。
④ 参见《斯大林选集》下卷，人民出版社 1979 年版，第 444 页。
⑤ 《马克思恩格斯文集》第 2 卷，人民出版社 2009 年版，第 1—592 页。
⑥ 《马克思恩格斯文集》第 2 卷，人民出版社 2009 年版，第 591 页。
⑦ 《马克思恩格斯文集》第 4 卷，人民出版社 2009 年版，第 232 页。

即社会的经济结构是社会的现实基础，因此，只有从这一基础出发，每一历史时代政治的和精神的历史才能得到说明。

社会的全部上层建筑，是"每一个历史时期的由法的设施和政治设施以及宗教的、哲学的和其他的观念形式所构成的"①。这就是说，上层建筑包括两个部分：一是"法的设施和政治设施"，主要是国家政权；一是社会意识形式，包括"宗教的、哲学的和其他的观念形式"。由于经济事实在历史上的决定性作用，国家是在经济上占统治地位的阶级的国家；而统治阶级的思想在每一时代都是占统治地位的思想。

上层建筑的各种因素一经形成，就具有相对独立性，它们能够对历史斗争的进程发生影响并且在许多情况下主要是决定着这一斗争的形式；能够反作用于经济，加速或延缓经济的发展；甚至意识形态也"能在某种限度内改变经济基础"②。

人类社会的发展过程表现出经济、政治、思想等一切因素间的相互作用。但是"相互作用的力量很不相等：其中经济运动是最强有力的、最本原的、最有决定性的"③。而在这种相互作用中归根到底是经济运动作为必然的东西通过无穷无尽的偶然事件向前发展。④"随着经济基础的变更，全部庞大的上层建筑也或慢或快地发生变革"⑤。

诚然，在经济基础和上层建筑的矛盾运动中，经济基础"一般地表现为主要的决定的作用，谁不承认这一点，谁就不是唯物论者"。然而，上层建筑"在一定条件之下，又转过来表现其为主要的决定的作用，这也是必须承认的"。"当着政治文化等等上层建筑阻碍着经济基础的发展的时候，对于政治上和文化上的革新就成为主要的决定的东西了。""这不是违反唯物论，正是避免了机械唯物论，坚持了辩证唯物论。"⑥

4. 社会的基本矛盾和发展动力

与生产力的状况相适应，经济基础和上层建筑以一定的形式结合构成社会形态。⑦

---

① 《马克思恩格斯文集》第 9 卷，人民出版社 2009 年版，第 29 页。
② 《马克思恩格斯文集》第 10 卷，人民出版社 2009 年版，第 598 页。
③ 《马克思恩格斯文集》第 10 卷，人民出版社 2009 年版，第 601 页。
④ 参见《马克思恩格斯文集》第 10 卷，人民出版社 2009 年版，第 596 页。
⑤ 《马克思恩格斯文集》第 2 卷，人民出版社 2009 年版，第 592 页。
⑥ 《毛泽东选集》第一卷，人民出版社 1995 年版，第 325、326 页。
⑦ 参见《马克思主义哲学》，高等教育出版社、人民出版社 2009 年版，第 177 页。

构成社会的各个部分不是彼此孤立、互不相干的。生产力和生产关系，经济基础和上层建筑，它们是社会的有机组成部分，彼此依存、相互作用。所以，唯物主义历史观"要我们把社会看做活动着和发展着的活的机体"①。科学地研究历史的途径，就是要把社会历史当作一个"极其复杂、充满矛盾而又是有规律的统一过程"② 来进行研究。马克思说："我的观点是把经济的社会形态的发展理解为一种自然史的过程。"③ 只有把社会关系归结于生产关系，把生产关系归结于生产力的水平，才能看出各个国家和地区的历史过程的重复性和常规性，才能有可靠的根据把社会形态的发展看做自然历史过程，才有可能从中发现历史发展的规律。如果没有这种观点，也就不会有社会科学。

生产力和生产关系的矛盾，经济基础和上层建筑的矛盾，是人类社会的基本矛盾。正是这个基本矛盾的运动，推动着人类社会的发展。唯物主义历史观确认："一切重要历史事件的终极原因和伟大动力是社会的经济发展，是生产方式和交换方式的改变，是由此产生的社会之划分为不同的阶级，是这些阶级彼此之间的斗争。"④ "历史的动力以及宗教、哲学和任何其他理论的动力是革命"。⑤

人类的社会形态是一个逐步演进的过程。在漫长的远古时代，存在过"共产制共同体"的原始社会。它占据了人类社会历史的绝大部分时间。在进入文明时代即阶级社会以后，人类经历了奴隶占有制、封建制和资本主义这样三个经济的社会形态的演进。资产阶级的生产关系是社会生产过程的最后一个对抗形式。人类在推翻这种对抗形式之后，将次第进入社会主义、共产主义社会，并由此宣告人类社会的史前时期的终结。

5. 阶级、国家和革命

生产力和生产关系的矛盾，经济基础和上层建筑的矛盾，在阶级社会中，反映到人与人的关系上，主要表现为阶级矛盾和阶级斗争。

在原始社会，并不存在阶级的划分。社会分裂为剥削阶级和被剥削阶级、统治阶级和被压迫阶级，是同生产发展的一定历史阶段相联系的。在社会总劳

---

① 《列宁专题文集　论辩证唯物主义和历史唯物主义》，人民出版社 2009 年版，第 209 页。
② 《列宁专题文集　论马克思主义》，人民出版社 2009 年版，第 15 页。
③ 《马克思恩格斯文集》第 5 卷，人民出版社 2009 年版，第 10 页。
④ 《马克思恩格斯文集》第 3 卷，人民出版社 2009 年版，第 509 页。
⑤ 《马克思恩格斯文集》第 1 卷，人民出版社 2009 年版，第 544 页。

动所提供的产品除了满足社会全体成员最起码的生活需要以外已经有少量剩余，但劳动还占去社会大多数成员的全部或几乎全部时间的情况下，"这个社会就必然划分为阶级。在这被迫专门从事劳动的大多数人之旁，形成了一个脱离直接生产劳动的阶级，它掌管社会的共同事务：劳动管理、国家事务、司法、科学、艺术等等。因此，分工的规律就是阶级划分的基础"①。

从根本上说，剥削阶级和被剥削阶级、统治阶级和被压迫阶级的利益是互相对立的。"对一些人是好事，对另一些人必然是坏事，一个阶级的任何新的解放，必然是对另一个阶级的新的压迫。"② 所以，"以往的**全部**历史，除原始状态外，都是阶级斗争的历史"③。

随着社会分裂为阶级，作为阶级压迫工具的国家的产生，就成为必要的了。因为要强迫社会上的绝大多数人经常替另一部分人做工，就非有一种经常的强迫机构不可。而"国家的本质特征"，就在于它"是和人民大众分离的公共权力"。"构成这种权力的，不仅有武装的人，而且还有物质的附属物，如监狱和各种强制设施。"④

诚然，"政治统治到处都是以执行某种社会职能为基础"⑤ 的。但是这并没有改变国家作为阶级压迫工具的实质。因为历史上那些执行社会职能的人形成了自己的特殊利益，逐步和人民大众分离，其结果就使得起先社会的公仆变成了社会的主人。

总之，"由于国家是从控制阶级对立的需要中产生的，由于它同时又是在这些阶级的冲突中产生的，所以，它照例是最强大的、在经济上占统治地位的阶级的国家，这个阶级借助于国家而在政治上也成为占统治地位的阶级，因而获得了镇压和剥削被压迫阶级的新手段"⑥。

阶级和阶级斗争的存在，是阶级社会历史发展中的基本事实。"自从原始公社解体以来，组成为每个社会的各阶级之间的斗争，总是历史发展的伟大动力。"⑦ 当旧的生产关系成为生产力发展的桎梏、革命被提上历史日程时，革命

① 《马克思恩格斯文集》第 3 卷，人民出版社 2009 年版，第 562 页。
② 《马克思恩格斯文集》第 4 卷，人民出版社 2009 年版，第 197 页。
③ 《马克思恩格斯文集》第 3 卷，人民出版社 2009 年版，第 544 页。
④ 《马克思恩格斯文集》第 4 卷，人民出版社 2009 年版，第 135、190 页。
⑤ 《马克思恩格斯文集》第 9 卷，人民出版社 2009 年版，第 187 页。
⑥ 《马克思恩格斯文集》第 4 卷，人民出版社 2009 年版，第 191 页。
⑦ 《马克思恩格斯文集》第 4 卷，人民出版社 2009 年版，第 505 页。

的阶级斗争更成为推动生产方式根本变革的决定性的力量。

革命的目的是为了解放生产力。由于束缚生产力发展的陈旧的生产关系是受到反动的国家政权保护的，所以必须首先摧毁反动的国家政权，才能改变陈旧的生产关系，使生产力得到解放。正因为如此，"一切革命的根本问题是国家政权问题"①。"革命的中心任务和最高形式是武装夺取政权，是战争解决问题。"②

进化和革命是历史运动的两种形式。"革命是历史的火车头。"③ 革命是"社会进步和政治进步的强大推动力"④。"在阶级社会中，革命和革命战争是不可避免的，舍此不能完成社会发展的飞跃。"⑤ 因此，革命是必要的、正义的、进步的。

马克思说过："阶级斗争必然导致无产阶级专政。"与以往的国家政权不同，无产阶级专政不是少数剥削者压迫广大劳动者的工具，而是多数人对少数人的统治。"这个专政不过是达到消灭一切阶级和进入无阶级社会的过渡"⑥，而随着阶级的消灭，国家将自然消亡。人类将进入"生产者自由平等的联合体的基础上按新方式来组织生产的社会"⑦，即共产主义社会。

6. 人民群众与个人在历史上的作用

与唯心主义的英雄史观不同，唯物主义历史观确认"历史活动是群众的活动"。在历史活动中，重要的是行动着的群众。⑧

人类的生产活动是最基本的实践活动。"无论不从事生产的社会上层发生什么变化，没有一个生产者阶级，社会就不能生存。"⑨ 人类的历史，首先是物质资料生产者的历史，社会物质财富创造者的历史，劳动群众的历史。

人类的精神财富的创造，也离不开劳动群众。因为归根到底，一切精神财富得以产生的最终源泉，是人民群众的实践。没有人民群众的劳动，精神财富的创造是不可能的。毛泽东说过："中国历来只是地主有文化，农民没有文化。

---

① 《列宁选集》第 3 卷，人民出版社 2012 年版，第 19 页。
② 《毛泽东选集》第二卷，人民出版社 1991 年版，第 541 页。
③ 《马克思恩格斯文集》第 2 卷，人民出版社 2009 年版，第 161 页。
④ 《马克思恩格斯文集》第 2 卷，人民出版社 2009 年版，第 383 页。
⑤ 《毛泽东选集》第一卷，人民出版社 1991 年版，第 334 页。
⑥ 《马克思恩格斯文集》第 10 卷，人民出版社 2009 年版，第 106 页。
⑦ 《马克思恩格斯文集》第 4 卷，人民出版社 2009 年版，第 193 页。
⑧ 参见《马克思恩格斯文集》第 1 卷，人民出版社 2009 年版，第 287 页。
⑨ 《马克思恩格斯全集》第 25 卷，人民出版社 2001 年版，第 534 页。

可是地主的文化是由农民造成的，因为造成地主文化的东西，不是别的，正是从农民身上掠取的血汗。"①

在社会的变革和发展中，人民群众更是表现了历史创造者的伟大作用。恩格斯说过：造成历史的真正的最后动力的动力，"是使广大群众、使整个整个的民族，并且在每民族中间又是使整个整个阶级行动起来的动机；而且也不是短暂的爆发和转瞬即逝的火光，而是持久的、引起重大历史变迁的行动"②。

怎样看待剥削阶级在历史上的作用呢？"马克思了解古代奴隶主，中世纪封建主等等的历史必然性，因而了解他们的历史正当性，承认他们在一定限度的历史时期内是人类发展的杠杆。"③ 他并且肯定资产阶级曾经起过非常革命的作用。毛泽东也说过："历史上奴隶主阶级、封建地主阶级和资产阶级，在它们取得统治权力以前和取得统治权力以后的一段时间内，它们是生气勃勃的，是革命者，是先进者，是真老虎。"④ 只是在随后的一段时间，它们逐步走向反面，成了反动派、纸老虎。需要指出的是，剥削阶级在起历史的进步作用时，也往往是利用了劳动阶级的力量的。比如，欧洲资产阶级反对封建制度的三次起义，就都是由农民提供了主要的战斗部队。

诚然，人民群众创造历史活动，既是由一定的社会历史条件确定的，也是受到这些条件制约的。"人类始终只提出自己能够解决的任务"，因为"任务本身，只有在解决它的物质条件已经存在或者至少是在生成过程中的时候，才会产生"⑤。而且，在阶级压迫和剥削制度下，人民群众创造历史的主动性和积极性也是不能不受到限制的。但是，"随着历史活动的深入，必将是群众队伍的扩大"⑥。

承认"历史活动是群众的活动"，丝毫不意味着否定个人在历史上的作用。因为"全部历史正是由那些无疑是活动家的个人的行动构成的。在评价个人的社会活动时会发生的真正问题是：在什么条件下可以保证这种活动得到成功？"⑦ 唯物主义历史观认为，任何个人都不能改变历史发展的总趋势，但是能

①　《毛泽东选集》第一卷，人民出版社 1991 年版，第 39 页。
②　《马克思恩格斯文集》第 4 卷，人民出版社 2009 年版，第 304 页。
③　《马克思恩格斯全集》第 21 卷，人民出版社 1965 年版，第 557—558 页。
④　《毛泽东文集》第七卷，人民出版社 1999 年版，第 455 页。
⑤　《马克思恩格斯文集》第 2 卷，人民出版社 2009 年版，第 592 页。
⑥　《马克思恩格斯文集》第 1 卷，人民出版社 2009 年版，第 287 页。
⑦　《列宁专题文集　论辩证唯物主义和历史唯物主义》，人民出版社 2009 年版，第 179—180 页。

够对历史的发展起加速或延缓、促进或阻碍的作用。"其中也包括一开始就站在运动最前面的那些人物的性格这样一种'偶然情况'。"① 它所强调的是：英雄，杰出人物，只有当他们能正确理解社会发展条件，理解应当如何改善这些条件的时候，才能在社会生活中起重大的积极作用。

（二）历史研究的重要方法

历史唯物主义既是科学的历史观，也是科学的方法论，二者是统一的。上面论述的这些基本原理所提供的，并不是现成的教条，而是进行历史研究的向导和供这种研究使用的方法。这是我们首先要认识清楚的。

与此同时，马克思主义经典作家在阐明有关理论和历史问题时，还提出了一系列重要思想，对于以科学的方法进行历史研究也具有重要的指导意义。对此，我们在下面择要做一些阐述。

1. 从历史实际出发，采取实事求是的态度

唯物主义历史观既然是"关于现实的人及其历史发展的科学"，它就要求人们研究历史必须从"现实的人及其历史发展"的实际出发。

马克思在《资本论》第二版跋中说："研究必须充分地占有材料，分析它的各种发展形式，探寻这些形式的内在联系。只有这项工作完成以后，现实的运动才能适当地叙述出来。"② 研究资本主义社会形态应当如此，研究其他社会形态也应当如此。

这里所说的充分占有材料，指的是要掌握全部事实的总和而不只是个别的事例。"每一个别情况都有其具体的历史环境。如果从事实的**整体**上、从它们的**联系**中去掌握事实，那么，事实不仅是'顽强的东西'，而且是绝对确凿的证据。如果不是从整体上、不是从联系中去掌握事实，如果事实是零碎的和随意挑出来的，那么它们就只能是一种儿戏，甚至连儿戏都不如。"③

充分占有材料，是为了据此去探求历史的内部联系即规律性。所以，研究历史与研究现实一样，必须具有实事求是的态度。毛泽东说过，"实事"就是客观存在着的一切事物，"是"就是客观事物的内部联系，即规律性，"求"就

---

① 《马克思恩格斯文集》第 10 卷，人民出版社 2009 年版，第 354 页。
② 《马克思恩格斯文集》第 5 卷，人民出版社 2009 年版，第 21—22 页。
③ 《列宁全集》第 28 卷，人民出版社 2017 年版，第 364 页。

是我们去研究。① 在历史研究中坚持实事求是的态度，就是要求我们从历史实际出发，科学分析研究历史材料，从中找出历史固有的规律性，以此作为我们走向未来的向导。这也是我们进行历史研究所要达到的根本目的。

2. 坚持历史观点和历史主义原则

"在分析任何一个社会问题时，马克思主义理论的绝对要求，就是要把问题提到一定的历史范围之内。"② 分析历史问题，更是如此。历史上的一切制度、阶级及其代表人物、事件和运动，都是一定的社会历史条件的产物，不了解这些条件及其变化，就不可能对历史问题有真切的认识。"没有这种观察社会现象的历史观点，历史科学就会无法存在和发展。"③

列宁指出：对于用科学眼光分析问题来说最重要的，"那就是不要忘记基本的历史联系，考察每个问题都要看某种现象在历史上怎样产生、在发展中经过了哪些主要阶段，并根据它的这种发展去考察这一事物现在是怎样的"。研究国家问题是这样，研究其他历史问题也是这样。这是社会科学问题上的"一种最可靠的方法"④。毛泽东在论述"如何研究中共党史"时也说过：研究历史，根本的方法"就是全面的历史的方法"。通俗地讲，叫做"古今中外法"。"就是弄清楚所研究的问题发生的一定的时间和一定的空间，把问题当作一定历史条件下的历史过程去研究。所谓'古今'就是历史的发展，所谓'中外'就是中国和外国，就是己方和彼方。"⑤

坚持历史观点，要求人们把人类的历史看做是生成灭亡的不断过程、无止境地由低级上升到高级的不断过程。"一切依次更替的历史状态都只是人类社会由低级到高级的无穷发展进程中的暂时阶段。"⑥ 基于这种认识，马克思承认剥削在某个时期内的历史合理性；同时又证明了这个历史合理性的消失。⑦ 毛泽东也说过："我们是马克思主义的历史主义者，我们不应当割断历史。从孔夫子到孙中山，我们应当给以总结，承继这一份珍贵的遗产。"⑧ 同时他又指

① 参见《毛泽东选集》第三卷，人民出版社 1991 年版，第 801 页。
② 《列宁专题文集　论马克思主义》，人民出版社 2009 年版，第 302 页。
③ 《斯大林选集》下卷，人民出版社 1979 年版，第 430 页。
④ 《列宁专题文集　论辩证唯物主义和历史唯物主义》，人民出版社 2009 年版，第 283 页。
⑤ 《毛泽东文集》第二卷，人民出版社 1999 年版，第 400 页。
⑥ 《马克思恩格斯文集》第 4 卷，人民出版社 2009 年版，第 270 页。
⑦ 参见《马克思恩格斯全集》第 28 卷，人民出版社 2018 年版，第 621 页。
⑧ 《毛泽东选集》第二卷，人民出版社 1991 年版，第 534 页。

出：我们必须尊重自己的历史。"但是这种尊重，是给历史以一定的科学的地位，是尊重历史的辩证法的发展，而不是颂古非今，不是赞扬任何封建的毒素。"①

判断历史的功绩，也必须坚持历史主义的原则。列宁指出："判断历史的功绩，不是根据历史活动家**没有提供**现代所要求的东西，而是根据他们比他们的前辈**提供了新的东西**。"② 毛泽东在《纪念孙中山先生》一文中也讲过类似的意见。他说："像很多站在正面指导时代潮流的伟大历史人物大都有他们的缺点一样，孙先生也有他的缺点方面。这是要从历史条件加以说明，使人理解，不可以苛求于前人的。"③

3. 运用阶级观点和阶级分析方法

既然"以往的全部历史，除原始状态外，都是阶级斗争的历史"，那么，我们在研究阶级社会的历史和与阶级斗争相关的历史问题时，就必须坚持马克思主义的阶级观点。列宁说过："马克思主义提供了一条指导性的线索，使我们能在这种看来扑朔迷离、一团混乱的状态中发现规律性。这条线索就是阶级斗争的理论。"④

社会历史是十分复杂的。为了探求社会历史现象的根源，必须把这些现象归结到一定阶级的利益。⑤ 列宁反复强调，必须牢牢把握住社会划分为阶级的事实，阶级统治形式改变的事实，并用这个观点去分析一切社会问题，即经济、政治、精神和宗教等问题。⑥

坚持用马克思主义的阶级观点和阶级分析方法研究历史，要求我们：必须对每个历史关头的阶级对比关系和具体特点，做出经得起客观检验的最确切的分析⑦；必须分析每个阶级以至每个阶级内部各个集团或阶层所处的地位；必须弄清楚哪一个阶级是这个或那个时代的中心，决定着时代的主要内容、时代发展的主要方向，时代的历史背景的主要特点，等等。⑧ 在研究历史上的各种

---

① 《毛泽东选集》第二卷，人民出版社 1991 年版，第 708 页。
② 《列宁全集》第 2 卷，人民出版社 2013 年版，第 154 页。
③ 《毛泽东文集》第七卷，人民出版社 1999 年版，第 157 页。
④ 《列宁专题文集 论马克思主义》，人民出版社 2009 年版，第 15 页。
⑤ 参见《列宁全集》第 1 卷，人民出版社 2013 年版，第 164 页。
⑥ 参见《列宁专题文集 论辩证唯物主义和历史唯物主义》，人民出版社 2009 年版，第 287 页。
⑦ 参见《列宁专题文集 论马克思主义》，人民出版社 2009 年版，第 166 页。
⑧ 参见《列宁专题文集 论资本主义》，人民出版社 2009 年版，第 91 页。

思想、理论等等的实质和作用等问题时，也要注意"说明各种思潮的阶级根源"①。因为进入阶级社会以来，在占统治地位的剥削阶级中，有"一部分人是作为该阶级的思想家出现的，他们是这一阶级的积极的、有概括能力的意识形态家，他们把编造这一阶级关于自身的幻想当做主要的谋生之道"②。为了掩饰自己思想的阶级本质，他们越来越赋予这些思想以普遍性的形式。针对这种情况，列宁告诫人们：要是一下子看不出是哪些政治集团或者社会集团、势力和人在为某种提议、措施等等辩护时，那就应该提出"对谁有利"③的问题。

　　坚持阶级观点和客观地研究历史，是一致的。因为在实际上，任何"知识分子"都和一定社会阶级的物质利益相联系。④"没有一个活着的人**能够不站到**这个或那个阶级**方面**来。"⑤真正的问题只是在于，究竟是站在先进的、革命的阶级一边，还是站在落后的、反动的阶级一边？列宁明确地讲过："唯物主义本身包含有所谓党性，要求在对事变作任何评价时都必须直率而公开地站到一定社会集团的立场上。"同时，唯物主义者又深信，自己运用客观主义"比客观主义更彻底，更深刻，更全面"。因为与"客观主义者证明现有一系列事实的必然性时，总是有站到为这些事实辩护的立场上"不同，唯物主义者"不仅指出过程的必然性，并且阐明究竟是什么样的社会经济形态提供这一过程的内容，**究竟是什么样的阶级**决定这种必然性"⑥。这才是真正符合实际的、对于历史的科学认识和深刻见解。

　　4. 掌握和运用历史的辩证法

　　要精确地描绘人类的发展，"就只有用辩证的方法，只有不断地注意生成和消逝之间、前进的变化和后退的变化之间的普遍相互作用才能做到"⑦。"辩证方法要我们把社会看做活动着和发展着的活的机体。"⑧而"考察任何一个社会现象的发展过程，总会在这个现象中发现过去的遗迹、现在的基础和将来

① 《列宁全集》第 25 卷，人民出版社 2017 年版，第 216 页。
② 《马克思恩格斯文集》第 1 卷，人民出版社 2009 年版，第 551 页。
③ 《列宁全集》第 23 卷，人民出版社 2017 年版，第 61 页。
④ 参见《列宁全集》第 1 卷，人民出版社 2013 年版，第 118 页。
⑤ 《列宁选集》第 1 卷，人民出版社 2012 年版，第 135 页。
⑥ 《列宁全集》第 1 卷，人民出版社 2013 年版，第 363 页。
⑦ 《马克思恩格斯文集》第 3 卷，人民出版社 2009 年版，第 541—542 页。
⑧ 《列宁专题文集　论辩证唯物主义和历史唯物主义》，人民出版社 2009 年版，第 209 页。

的萌芽"①。这也是在历史研究中要注意去识别的。

按照辩证逻辑的要求，"要真正地认识事物，就必须把握住、研究清楚它的一切方面、一切联系和'中介'。我们永远也不会完全做到这一点，但是，全面性这一要求可以使我们防止犯错误和防止僵化"②。在历史的研究中，要坚持用全面的、普遍联系的观点看问题，忌带主观性、片面性和表面性。

对立统一规律是辩证法的根本规律。辩证法要求，研究历史必须着力去考察人类社会自身的矛盾运动。而在这样做的时候，既要注意全面性，又"不能把过程中所有的矛盾平均看待，必须把它们区别为主要的和次要的两类，着重于捉住主要的矛盾"③。马克思说过："一切社会形式中都有一种一定的生产决定其他一切生产的地位和影响，因而它的关系也决定其他一切关系的地位和影响。这是一种普照的光，它掩盖了一切其他色彩，改变着它们的特点。"④ 抓住了主要矛盾，其他问题就可以迎刃而解了。

历史的发展是人类社会内部的必然的自己的运动。"外因是变化的条件，内因是变化的根据，外因通过内因而起作用。"⑤ 所以，"辩证法要求从发展中去全面研究某个社会现象，要求把外部的、表面的东西归结于基本的动力，归结于生产力的发展和阶级斗争"⑥。

历史常常是跳跃式地和曲折地前进的。"设想世界历史会一帆风顺、按部就班地向前发展，不会有时出现大幅度的跃退，那是不辩证的，不科学的，在理论上是不正确的。"⑦ 但是，从总体上看，"人类总是不断发展的"。"人类总得不断地总结经验，有所发现，有所发明，有所创造，有所前进。"⑧ 对人类的历史发展抱悲观态度，是没有理由的。

5. 把对历史的整体研究和局部研究结合起来

人类社会是一个有机的整体。只有从各种历史因素的普遍联系和相互作用中，人们才有可能正确地把握各种社会现象的总画面的一般性质，从而获得对

① 《列宁专题文集 论辩证唯物主义和历史唯物主义》，人民出版社 2009 年版，第 199 页。
② 《列宁专题文集 论辩证唯物主义和历史唯物主义》，人民出版社 2009 年版，第 314 页。
③ 《毛泽东选集》第一卷，人民出版社 1991 年版，第 322 页。
④ 《马克思恩格斯文集》第 8 卷，人民出版社 2009 年版，第 31 页。
⑤ 《毛泽东选集》第一卷，人民出版社 1991 年版，第 302 页。
⑥ 《列宁专题文集 论辩证唯物主义和历史唯物主义》，人民出版社 2009 年版，第 244 页。
⑦ 《列宁专题文集 论辩证唯物主义和历史唯物主义》，人民出版社 2009 年版，第 263 页。
⑧ 《毛泽东文集》第八卷，人民出版社 1999 年版，第 325 页。

历史的完整了解。所以，在历史研究中坚持整体研究的原则，是重要的。

但是，整体是由局部构成的。如果不了解足以说明构成这幅总画面的各个细节，我们还是不可能看清总画面。而为了认识这些细节，我们不得不把它们从历史的联系中抽取出来，从它们的特性、它们的特殊的原因和结果等方面来分别加以研究。所以，把对历史的整体研究和局部研究（如部门史、专题史等）结合起来，更是重要的。

对于中国近代史的研究，毛泽东曾经主张，"应先作经济史、政治史、军事史、文化史几个部门的分析的研究，然后才有可能作综合的研究"①。应当说，对于中国古代史乃至外国史的研究，这个原则也是适用的。没有部门史、专题史等的研究作基础，综合性的断代史、通史的研究不可能取得重大的实质性的进展。当然，没有宏观的视野，没有对历史的整体把握，也无法确定部门史、专题史等在整个历史中的地位和作用，这方面的研究也是不可能搞好的。

6. 要有世界历史的眼光，注意进行比较研究

人类社会历史的发展，是统一性与多样性的结合。人类社会历史发展的一般规律，对于各个国家都是适用的。但是，由于各国的历史环境和基本国情不尽相同，它们所经历的具体发展阶段和所走的具体发展道路，也就各有其特殊性。"世界历史发展的一般规律，不仅丝毫不排斥个别发展阶段在发展的形式或顺序上表现出特殊性，反而是以此为前提的。"②

近代以来，随着资本主义的发展和世界市场的开拓，"历史向世界历史的转变"成为"完全物质的、可以通过经验证明的行动"。"各个相互影响的活动范围在这个发展进程中越是扩大，各民族的原始封闭状态由于日益完善的生产方式、交往以及因交往而自然形成的不同民族之间的分工消灭得越是彻底，历史也就越是成为世界历史。"③

"历史向世界历史的转变"，一方面使得各个国家、民族、地区之间的联系日趋紧密、交流日益扩大；另一方面也使得"未开化和半开化的国家从属于文明的国家，使农民的民族从属于资产阶级的民族，使东方从属于西方"④。这种情况，不仅使得研究世界历史成为历史学的重大课题，而且也使得人们在研究

① 《毛泽东选集》第三卷，人民出版社 1991 年版，第 802 页。
② 《列宁专题文集　论社会主义》，人民出版社 2009 年版，第 357—358 页。
③ 《马克思恩格斯文集》第 1 卷，人民出版社 2009 年版，第 540—541 页。
④ 《马克思恩格斯文集》第 2 卷，人民出版社 2009 年版，第 36 页。

各个国家、民族、地域的历史时必须具有世界历史的开阔视野。

由于人们的地域性的存在日益成为世界历史性的存在，我们在研究各个国家、民族、地域的历史时，必须联系考察各个时期的时代条件、国际格局及其影响。同时，为了揭示资本主义社会的发展规律、世界历史的发展规律，我们不仅要研究资本主义国家自身的历史发展，而且要研究它们的殖民地、附属国的境况和命运，研究这两者之间的相互关联及其发展、变化和前景，研究社会主义国家的产生、发展和兴衰成败的历史经验及其对世界历史的影响。

用世界历史的眼光研究历史，重要的方法之一，是进行各国历史的比较研究。马克思在回答西欧道路与俄国公社命运和社会发展前景这个问题时说过：极为相似的事变发生在不同的历史环境中会引起完全不同的结果。正确的研究方法应当是，"把这些演变中的每一个都分别加以研究"，弄清楚这些演变的历史背景、具体情况、发生原因，"然后再把它们加以比较"，这样，"我们就会很容易地找到理解这种现象的钥匙"①。列宁在论述民族问题时也说过："如果谈到某一国家（例如，谈到这个国家的民族纲领），那就要估计到在同一历史时代这个国家不同于其他各国的具体特点。""各个国家在民族的发展速度、居民的民族成分、居民的分布等等方面仍各不相同。如果不估计到所有这些一般历史条件和具体国家条件，就根本无法着手考察某个国家的马克思主义者的民族纲领。"②

有比较，才能有鉴别。在考察历史问题时，运用比较研究法，是很有必要的。通过比较，既可以发现各国历史在一定阶段上所具有的共同性，也有助于了解它们各自所具有的特殊性，从而获得对有关历史和历史问题的比较切实的理解。当然，"这里有一个起码的条件，就是要弄清所比较的各个国家的历史发展时期是否**可比**"③。

三、马克思主义历史理论对历史研究的指导作用

（一）唯物主义历史观："唯一科学的历史观"

唯物主义历史观的创立，是人类认识史上伟大的革命。

---

① 《马克思恩格斯文集》第 3 卷，人民出版社 2009 年版，第 466—467 页。
② 《列宁选集》第 2 卷，人民出版社 2012 年版，第 375—376 页。
③ 《列宁选集》第 2 卷，人民出版社 2012 年版，第 379 页。

如前所述，在很长的历史时期内，唯心主义在历史观的领域始终占据着统治地位。即使费尔巴哈这样伟大的唯物主义哲学家，也只是"半截子"的唯物主义者。"当费尔巴哈是一个唯物主义者的时候，历史在他的视野之外；当他去探讨历史的时候，他不是一个唯物主义者。在他那里，唯物主义和历史是彼此完全脱离的。"① 针对这种情况，恩格斯指出："问题在于使关于社会的科学，即所谓历史科学和哲学科学的总和，同唯物主义的基础协调起来，并在这个基础上加以改造。"② 这一点，马克思做到了。

马克思和恩格斯把自己的全部注意力集中于"把唯物主义应用于历史，就是说，**修盖好**唯物主义哲学这所建筑物的**上层**"③。"马克思加深和发展了哲学唯物主义，而且把它贯彻到底，把它对自然界的认识推广到对**人类社会**的认识。"④ 这就是说，马克思主义哲学是"由一整块钢铸成的"，无论它是自然观还是历史观，都是彻底唯物主义的。这样，"唯心主义从它的最后的避难所即历史观中被驱逐出去了"⑤。

恩格斯认为：唯物主义历史观的原理"不仅对于经济学，而且对于一切历史科学（凡不是自然科学的科学都是历史科学）都是一个具有革命意义的发现"⑥。把唯物主义应用于历史，为人们开辟了一条研究历史的崭新的道路。用人们的存在说明他们的意识，而不是像以往那样用人们的意识说明他们的存在这样一条道路已经找到了。正因为如此，列宁指出："过去在历史观和政治观方面占支配地位的那种混乱和随意性，被一种极其完整严密的科学理论所代替，这种科学理论说明，由于生产力的发展，如何从一种社会生活结构中发展出另一种更高级的结构。"⑦ 这样，马克思就为人们"指出了科学地研究历史这一极其复杂、充满矛盾而又是有规律的统一过程的途径"⑧。

列宁认为，"马克思的**历史唯物主义**是科学思想中的最大成果"⑨。它"第一次把社会学放在科学的基础之上"。他强调，唯物主义历史观是"唯一的科

① 《马克思恩格斯文集》第 1 卷，人民出版社 2009 年版，第 530 页。
② 《马克思恩格斯文集》第 4 卷，人民出版社 2009 年版，第 284 页。
③ 《列宁专题文集　论辩证唯物主义和历史唯物主义》，人民出版社 2009 年版，第 333 页。
④ 《列宁专题文集　论马克思主义》，人民出版社 2009 年版，第 68 页。
⑤ 《马克思恩格斯文集》第 3 卷，人民出版社 2009 年版，第 544—545 页。
⑥ 《马克思恩格斯文集》第 2 卷，人民出版社 2009 年版，第 597 页。
⑦ 《列宁专题文集　论马克思主义》，人民出版社 2009 年版，第 68 页。
⑧ 《列宁专题文集　论马克思主义》，人民出版社 2009 年版，第 15 页。
⑨ 《列宁专题文集　论马克思主义》，人民出版社 2009 年版，第 68 页。

学的历史观"。在我们还没有看见另一种科学地解释某种社会形态的活动和发展的尝试以前，它"始终是社会科学的同义词"①。学习和运用这个科学的历史观，是科学地研究历史的必由之路。

（二）科学的历史观与历史研究中的变革

唯物主义历史观对中国的历史研究发生了巨大的积极影响。

唯物主义历史观在中国的传播，是从20世纪20年代开始的。它促使中国的历史研究进入了全新的境界，发生了革命性的变革。

在20世纪初，梁启超曾在《新史学》中，批评中国传统史学"知有朝廷而不知有国家"、"知有个人而不知有群体"、"知有陈迹而不知有今务"、"知有事实而不知有理想"。他大声疾呼："史界革命不起，则吾国遂不可救。悠悠万事，惟此为大。""新史学"对中国历史学的进步起到了重大的推动作用。但是，它也有明显的局限性。它没有也不可能实现"史界革命"的任务。

在中国最早阐发和传播唯物主义历史观的是李大钊。在1924年出版的《史学要论》中，他指出"史学家固宜努力以求记述历史的整理"，"亦不可不努力于历史理论的研求"。他并且呼吁，要用唯物主义历史观作指导对中国历史"进行改作或重作"②。

在中国，最先用唯物主义历史观作指导开始系统地"改作或重作"中国历史的是郭沫若。从1928年8月至1929年11月，他写了《〈周易〉时代的社会生活》等5篇论文，并于1930年将其汇集成《中国古代社会研究》一书出版。在郭沫若的带动下，吕振羽、范文澜、翦伯赞、侯外庐等史学家也以唯物主义历史观为指导，写出了一批关于中国通史、中国社会史、思想史以及史学理论方面的著作。"在中国多种史学思潮中，马克思主义史学思潮显示出强大的生命力和生机勃勃的发展势头。""中国学人已经超出了仅仅于模仿西欧的语言阶段了，他们会用自己的语言而讲解自己的历史与思潮了。"③中国史学发展进入了一个新的时代。

中华人民共和国成立以后，马克思主义历史理论为越来越多的史学工作者所接受。正如中国历史学家林甘泉所概括的："（20世纪）50年代初期，史学

---

① 《列宁专题文集　论辩证唯物主义和历史唯物主义》，人民出版社2009年版，第163页。
② 《李大钊全集》第4卷，人民出版社2006年版，第412页。
③ 转引自《史学概论》，高等教育出版社、人民出版社2009年版，第79、80页。

界掀起了一个学习马克思主义的热潮。通过学习，大多数史学工作者对以下一些基本历史观点取得了共识。

第一，历史不再被看作是一些偶然事件的堆积，而是有规律可寻的自然历史过程。历史的必然性通过偶然性表现出来。

第二，历史变动的原因不应单纯用人们的思想动机来解释，而应着重考察这种变动背后的物质生活条件。生产方式的变革是一切社会制度和思想观念变动的基础。

第三，人民群众是历史的真正主人。杰出人物可以在历史上起重要作用，甚至可以在一定时期内改变一个国家或民族历史发展的方向。但从历史发展的长河来看，最终决定一个国家或民族历史命运的力量是人民群众。

第四，中国封建社会的主要矛盾是地主阶级和农民阶级的矛盾。封建国家和地主阶级对农民残酷的经济剥削和政治压迫，是导致农民起义史不绝书的根本原因。农民的阶级斗争和农民战争是推动封建社会历史发展的动力。

第五，中国自古以来是一个多民族的国家，各民族的历史都是中国历史的组成部分。历史上的民族关系，既有民族矛盾和民族战争的一面，又有民族友好、民族融合和民族同化的一面。必须把中国历史上的民族冲突和民族压迫，与近代帝国主义列强对中国的侵略和压迫严格区别开来。

第六，鸦片战争以后，中国逐步沦为半殖民地半封建社会。帝国主义和中华民族的矛盾，封建主义和人民大众的矛盾，是近代中国社会的主要矛盾。

正是在上述这些基本观点获得共识的基础上，马克思主义史学在新中国成立之后很快确立了它的主导地位。"① 中国马克思主义的史学研究由此广泛而深入地开展起来。尽管经历过一个时期的严重曲折，马克思主义史学还是经过严肃的自我批判，重新走上了繁荣发展的道路。

总体来说，自新中国成立以来，中国史学在中国和世界的通史、断代史、部门史、专题史和史学理论的研究方面，包括对社会主义社会发展历史的研究方面，以及在历史资料的收集、整理、编纂等方面，都取得了丰硕的成果。没有马克思主义历史理论的引导，这些成就的取得，是不可想象的。

马克思主义历史理论问世以来，还以其深刻的思想和科学的论证，影响着全世界越来越多的历史学家。英国历史学家杰弗里·巴勒克拉夫在受联合国教

---

① 林甘泉：《二十世纪的中国历史学》，《历史研究》1996 年第 2 期。

科文组织委托主持撰写的《当代史学主要趋势》（1980 年出版）一书中就说："1930 年以后，马克思主义的影响广泛扩展，即使那些否定马克思主义历史解释的历史学家们（他们在苏联以外仍占大多数），也不得不用马克思主义的观点来考虑自己的观点。"

杰弗里·巴勒克拉夫指出："马克思主义作为哲学和总的观念，从五个主要方面对历史学家的思想产生了影响。

首先，它既反映又促进了历史学研究方向的转变，从描述孤立的——主要是政治的——事件转向对社会和经济的复杂而长期的过程的研究。

其次，马克思主义使历史学家认识到需要研究人们生活的物质条件，把工业关系当作整体的而不是孤立的现象，并且在这个背景下研究技术和经济发展的历史。

第三，马克思主义促进了对人民群众历史作用的研究，尤其是他们在社会和政治动荡时期的作用。

第四，马克思的社会阶级结构观念以及他对阶级斗争的研究不仅对历史研究产生了广泛影响，而且特别引起了对研究西方早期资产阶级社会中阶级形成过程的注意，也引起了对研究其他社会制度——尤其是奴隶制社会、农奴制社会和封建制社会——中出现类似过程的注意。

最后，马克思主义的重要在于它重新唤起了对历史研究的理论前提的兴趣以及对整个历史学理论的兴趣。"

正因为如此，他认为："马克思主义在包括美国在内的绝大多数国家的历史学家当中是产生了最大影响的解释历史的理论。""到（二十世纪）五十年代，任何历史学家（甚至包括那些反马克思主义者），不能否认睿智的马克思主义的方法和态度对历史学产生的积极影响，并且必须正视这场挑战。"[①]

发人深思的事实在于："先前有些无意接受唯物史观的历史学家，在功成名就之后恍然大悟，原来自己受益于唯物史观，因而尊重和推崇起发现唯物史观的马克思来。法国'年鉴派'创始人之一马克·布洛赫在《奇怪的崩溃》中写道：'如果有一天，革新派的历史学家们决定为自己建造先贤祠的

---

① ［英］杰弗里·巴勒克拉夫：《当代史学主要趋势》，杨豫译，上海译文出版社 1987 年版，第 32、27、1、2、3 页。

话，那末，那位来自莱茵河畔的先哲的银髯飘然的半身塑像一定会端坐在殿堂之首。'"①

（三）以科学历史观作指导，"重新研究全部历史"

马克思、恩格斯在发现唯物主义历史观的同时，就提出了"深入研究"人类史的任务。他们说："我们需要深入研究的是人类史，因为几乎整个意识形态不是曲解人类史，就是完全撇开人类史。"②

与唯心主义历史观相反，唯物主义历史观"不再是从头脑中想出联系，而是从事实中发现联系"③。坚持以唯物主义历史观作指导，从根本上说，就是坚持从历史实际出发，以严格的科学态度进行历史研究。列宁之所以高度评价恩格斯的著作《家庭、私有制和国家的起源》，就在于"其中每一句话都是可以相信的，每一句话都不是凭空说的，而是根据大量的史料和政治材料写成的"④。

唯物主义历史观不是构造体系的杠杆，也不是剪裁历史事实的公式，它所指示的是科学的历史研究的方向和方法。它的创始人反复讲过："我们的历史观首先是进行研究工作的指南，并不是按照黑格尔学派的方式构造体系的杠杆。""如果不把唯物主义方法当做研究历史的指南，而把它当做现成的公式，按照它来剪裁各种历史事实，那它就会转变为自己的对立物。"所以，恩格斯在 1890 年致康拉德·施米特的信中强调："必须重新研究全部历史，必须详细研究各种社会形态的存在条件，然后设法从这些条件中找出相应的政治、私法、美学、哲学、宗教等等的观点。在这方面，到现在为止只做了很少的一点工作，因为只有很少的人认真地这样做过。在这方面，我们需要人们出大力，这个领域无限广阔，谁肯认真地工作，谁就能做出许多成绩，就能超群出众。"⑤

在历史研究中坚持唯物主义历史观，即遵循唯物主义的方向，采用科学的方法，是很重要的。列宁说过："如果没有坚实的哲学论据，是无法对资产阶

① 田居俭：《唯物史观与历史研究》，《光明日报》2000 年 8 月 25 日。
② 《马克思恩格斯文集》第 1 卷，人民出版社 2009 年版，第 519 页脚注。
③ 《马克思恩格斯文集》第 4 卷，人民出版社 2009 年版，第 312 页。
④ 《列宁专题文集　论辩证唯物主义和历史唯物主义》，人民出版社 2009 年版，第 284 页。
⑤ 《马克思恩格斯文集》第 10 卷，人民出版社 2009 年版，第 583、587 页。

级思想的侵袭和资产阶级世界观的复辟坚持斗争的。"① 这个告诫不仅适用于从事自然科学研究、同样也适用于从事历史科学研究的人们。他强调："**沿着马克思的理论的道路**前进，我们将愈来愈接近客观真理（但决不会穷尽它）；而**沿着任何其他的道路**前进，除了混乱和谬误之外，我们什么也得不到。"②

坚持唯物主义历史观的指导，与继承中国史学传统中的优秀遗产和有分析地吸取外国史学理论与方法中的有益成分，是不矛盾的。毛泽东说过："我们信奉马克思主义是正确的思想方法，这并不意味着我们忽视中国文化遗产和非马克思主义的外国思想的价值。"③ 唯物主义历史观并不是由什么人发明出来，而后从外部强加给历史的僵化的原则；它本身正是从无数的历史现象中抽象出来的对于历史发展的规律性的认识。它在发展中可以融合、吸纳一切对于历史的科学的观察方法和研究成果。而一切对于历史的科学的观察方法和研究成果，也是可以而且一定会与它相通的。正因为如此，坚持唯物主义历史观的指导，不仅并不妨碍、而且可以为我们正确地继承、吸纳中外史学理论与方法中的有益成分指明方向，开辟道路。

四、学习马克思主义历史理论经典著作的目的和方法

（一）必须认真学习马克思主义历史理论经典著作

为了掌握和运用唯物主义历史观来指导历史研究，我们首先要认真学习马克思主义历史理论经典著作，即钻研经典作家的原著。1884 年 8 月 13 日，恩格斯在给格奥尔格·亨利希·福尔马尔的信中就提出：要"研究原著本身"④。1890 年 9 月，在致约·布洛赫的信中，他再次强调："我请您根据原著来研究这个理论，而不要根据第二手的材料来进行研究——这的确要容易得多。"⑤ 在这封信中，以及在 1894 年 1 月 25 日致瓦尔特·博尔吉乌斯的信中⑥，他甚至为有志于研究唯物主义历史观的人们开列了有关的主要阅读书目。

① 《列宁专题文集　论辩证唯物主义和历史唯物主义》，人民出版社 2009 年版，第 328 页。
② 《列宁专题文集　论辩证唯物主义和历史唯物主义》，人民出版社 2009 年版，第 50 页。
③ 《毛泽东文集》第三卷，人民出版社 1996 年版，第 191 页。
④ 《马克思恩格斯全集》第 36 卷，人民出版社 1975 年版，第 200 页。
⑤ 《马克思恩格斯文集》第 10 卷，人民出版社 2009 年版，第 593 页。
⑥ 参见《马克思恩格斯文集》第 10 卷，人民出版社 2009 年版，第 670 页。

钻研经典作家的原著，就是直接与经典作家交流，直接与经典作家对话。为什么必须这样做呢？这是因为：

第一，只有这样，才能了解经典作家的思想形成的根据，才能完整、准确地理解这些思想，才能领略这些思想的深刻性。恩格斯在为《资本论》第三卷写的序言中就说过："一个人如果想研究科学问题，首先要学会按照作者写作的原样去阅读自己要加以利用的著作，并且首先不要读出原著中没有的东西。"①

第二，只有这样，才能在正确地理解经典作家的有关思想的同时，有效地学习他们观察和处理问题的立场和方法。列宁在建议青年们研究国家问题的时候看看恩格斯的著作《家庭、私有制和国家的起源》时说过："我所以提到这部著作，是因为它在这方面提供了正确观察问题的方法。它从叙述历史开始，讲国家是怎样产生的。"②

第三，也只有这样，才"不会让一些简述读物和别的第二手资料引入迷途"③。这个意见，是恩格斯在给格奥尔格·亨利希·福尔马尔的信中着重提出的。

弄清楚了以上的道理，我们就会懂得开设《马克思恩格斯列宁历史理论经典著作导读》课程的重要性了。

（二）开设《马克思恩格斯列宁历史理论经典著作导读》课程的目的

开设《马克思恩格斯列宁历史理论经典著作导读》课程的目的，是为了帮助大学本科生通过学习马克思主义历史理论经典著作，掌握马克思主义历史学的基本理论和方法，为他们今后进行历史的学习、研究和宣传、教学工作打下初步的，同时又是比较扎实的理论基础。

马克思主义历史理论经典著作的内容十分丰富。从大学生的实际需要、接受能力和课时设定等情况出发，根据"要精，要管用"的原则，本课程着重引导大学生阅读和钻研马克思主义历史理论经典著作中最具代表性的原著。

全书分为两编：

---

① 《马克思恩格斯文集》第7卷，人民出版社2009年版，第26页。
② 《列宁专题文集　论辩证唯物主义和历史唯物主义》，人民出版社2009年版，第284页。
③ 《马克思恩格斯全集》第36卷，人民出版社1975年版，第200页。

本书的第一编为马克思、恩格斯著作。

马克思、恩格斯的著作具有原创性、基础性。恩格斯说过，马克思的《关于费尔巴哈的提纲》是"历史唯物主义的起源"，马克思的《〈政治经济学批判〉序言》对唯物史观的要点作了"扼要的叙述"；而在他本人所写的《反杜林论》第一编第九至十一章、第二编第二至四章、第三编第一章和导言中，《路德维希·费尔巴哈和德国古典哲学的终结》的第四部分中，则谈到了唯物主义历史观的"大多数问题"。① 因此，这些著作，构成了本书选编的关于马克思主义历史理论的重点篇目。

除历史学基本理论外，还选编了马克思、恩格斯运用唯物主义历史观分析和论述历史上的重大问题，如资本主义产生、发展和灭亡的问题（《共产党宣言》第一章）、殖民主义问题（《不列颠在印度统治的未来结果》等）以及落后国家在一定条件下能否跨越资本主义发展阶段（《给维·伊·查苏利奇的复信》）等问题的代表性著作。

马克思、恩格斯还有一些运用唯物主义历史观分析和论述某个国家某个时期历史人物、历史事件的重要著作，如《1848 年至 1850 年的法兰西阶级斗争》、《德国的革命和反革命》、《路易·波拿巴的雾月十八日》、《法兰西内战》等。这些著作篇幅较大，而且历史背景复杂，由于受课时的限制，未一一选入，而只是选入了马克思的《路易·波拿巴的雾月十八日》的若干章节。恩格斯多次讲过，这本书"是运用这个理论的十分出色的例子"②。

本书的第二编为列宁的著作。

本书编选的列宁著作，主要包括两个方面的内容。一类是属于论证和发挥马克思主义历史学基本理论和方法的，如《什么是"人民之友"以及他们如何攻击社会民主党人?》、《论国家》等。一类是属于运用唯物主义历史观分析和论证新的历史条件下的重大历史理论和历史发展问题的，如《论我国革命》等。

《马克思恩格斯列宁历史理论经典著作导读》本身，着重阐明上面所选的经典性历史学著作发表的时代和社会历史背景、它的主要内容及其内在的逻辑结构、它的历史价值和当代意义等。其主要任务，是充当大学生阅读和钻研这

---

① 《马克思恩格斯文集》第 10 卷，人民出版社 2009 年版，第 670 页。
② 《马克思恩格斯文集》第 10 卷，人民出版社 2009 年版，第 593 页。

些原著的入门向导。

（三）学习马克思主义历史理论经典著作的方法

我们应当采取怎样的态度和方法，去学习马克思主义历史理论经典著作呢？

第一，要刻苦钻研文本。

马克思主义历史理论经典著作的内容丰富、思想深刻，要真正学懂学通，并不是一件轻而易举的事。

在《资本论》第一卷出版以后，马克思说过："我所使用的分析方法至今还没有人在经济问题上运用过，这就使前几章读起来相当困难。""这是一种不利，对此我没有别的办法，只有事先向追求真理的读者指出这一点，并提醒他们。在科学上没有平坦的大道，只有不畏劳苦沿着陡峭山路攀登的人，才有希望达到光辉的顶点。"[①] 这一点，对于阅读马克思主义历史理论经典著作的人来说，也是适用的。

当然，马克思主义既然是科学真理，只要付出努力，我们是能够将它学懂弄通的。比如，为了弄清国家问题这"一个最复杂最难弄清的问题"，列宁曾建议大学生还花些时间，对"马克思和恩格斯的主要著作至少读几本"[②]。他说过，"起初也许有人又会因为难懂而被吓住，所以要再次提醒你们不要因此懊丧，第一次阅读时不明白的地方，下次再读的时候，或者以后从另一方面来研究这个问题的时候，就会明白的"。他强调，"想认真考察和独立领会它的人，都必须再三研究，反复探讨，从各方面思考，才能获得明白透彻的了解"[③]。这些意见，对于今天钻研马克思主义历史理论经典著作的大学生来说，仍然是一个有益的提醒。

第二，要运用科学的方法。

我们在阅读马克思主义历史理论经典著作时，不仅要了解马克思主义经典作家提出和论证的重要观点，而且要学习和研究他们形成有关观点时坚持的立场和采用的方法。因为"马克思的整个世界观不是教义，而是方法。它提供的不是现成的教条，而是进一步研究的出发点和**供**这种研究**使**

---

① 《马克思恩格斯文集》第 5 卷，人民出版社 2009 年版，第 24 页。
② 《列宁专题文集　论辩证唯物主义和历史唯物主义》，人民出版社 2009 年版，第 281 页。
③ 《列宁专题文集　论辩证唯物主义和历史唯物主义》，人民出版社 2009 年版，第 282 页。

用的方法"①。列宁说过："马克思主义的全部精神，它的整个体系，要求人们对每一个原理都要（α）历史地，（β）都要同其他原理联系起来，（γ）都要同具体的历史经验联系起来加以考察。"② 这些精神，是我们在学习马克思主义历史理论经典著作时必须全面加以把握的。

第三，要注意联系实际。

联系实际，是学习理论的重要方法。我们除了要联系历史实际，了解马克思主义历史理论提出的社会条件和相关的历史经验以外，应当注意以下两个问题：一方面，要以这个理论为指导，去思考和解答自己在历史领域中感到困惑的重大问题；另一方面，要把这个理论与其他史学思潮相对照，以期划清同流行的错误史学思潮的界限。

总之，学习理论时要具备问题意识。带着问题学，即有针对性地学，学习才能更有主动性，才能更加深入，才能更加富有成效。

第四，要注重应用。

毛泽东说过："对于马克思主义的理论，要能够精通它、应用它，精通的目的全在于应用。"③ 学习马克思主义历史理论，归根到底是为了推进历史研究。在初步掌握这个理论之后，我们要自觉地以此为指导，去进一步学习、研究中国和世界的历史，学习、研究中共党史、新中国史、改革开放史、社会主义发展史，努力探索中国社会发展的规律和人类社会发展的规律，坚持和发展中国特色社会主义。

马克思、恩格斯创立唯物主义历史观已经170多年了，在此期间，世界历史经历了许多新的变化和发展。资本主义发展到它的最高阶段即帝国主义阶段。资本主义的世界体系被突破，社会主义首先在一国而后在多国取得胜利，尽管经历过曲折，仍有新的发展。亚洲、非洲、拉丁美洲等广大地区的民族解放运动逐步兴起并不断取得胜利，广大发展中国家应对面临的挑战，在前进中展现出许多新的特点。适应历史发展的巨大变化，历史学界对世界史、地区史（包括以往很少有研究的非洲史、拉丁美洲史等）、国别史、国际关系史等的研究，都有许多新的进展。这就为进一步检验、丰富和发展唯物主义历史观提供了重要的基础。

---

① 《马克思恩格斯文集》第10卷，人民出版社2009年版，第691页。
② 《列宁专题文集　论马克思主义》，人民出版社2009年版，第163页。
③ 《毛泽东选集》第三卷，人民出版社1991年版，第815页。

　　唯物主义历史观是一个发展的、开放的体系，不是一种僵化的、封闭的学说。我们要在推进历史研究的过程中，进一步使这个理论得到检验、丰富和发展。

　　当然，发展这个理论，是一项艰苦的科学工作。恩格斯早就讲过："即使只是在一个单独的历史事例上发展唯物主义的观点，也是一项要求多年冷静钻研的科学工作，因为很明显，在这里只说空话是无济于事的，只有靠大量的、批判地审查过的、充分地掌握了的历史资料，才能解决这样的任务。"①

　　学习唯物主义历史观，坚持唯物主义历史观，发展唯物主义历史观，这就是我们对待这个科学的历史观所应当采取的科学态度。

思考题：

　　1. 为什么唯物主义历史观的创立是人类认识史上伟大的革命？

　　2. 马克思主义历史理论对于历史研究有何指导作用？

　　3. 为什么要认真学习马克思主义历史理论经典著作？

　　4. 学习马克思主义历史理论经典著作应当采取什么方法？

---

① 《马克思恩格斯文集》第 2 卷，人民出版社 2009 年版，第 598 页。

卡·马克思

关于费尔巴哈的提纲

马克思论费尔巴哈①

一

从前的一切唯物主义——包括费尔巴哈的唯物主义——的主要缺点是：对对象、现实、感性，只是从**客体**的或者**直观**的形式去理解，而不是把它们当做**人的感性活动**，当做**实践**去理解，不是从主体方面去理解。因此，结果竟是这样，和唯物主义相反，唯心主义却把**能动的**方面发展了，但只是抽象地发展了，因为唯心主义当然是不知道现实的、感性的活动本身的。费尔巴哈想要研究跟思想客体确实不同的感性客体，但是他没有把人的活动本身理解为**对象性的** [gegenständliche] 活动。因此，他在《基督教的本质》中仅仅把理论的活动看做是真正人的活动，而对于实践则只是从它的卑污的犹太人的表现形式去理解和确定。因此，他不了解"革命的"、"实践批判的"活动的意义。

二

人的思维是否具有客观的 [gegenständliche] 真理性，这不是一个理论的问题，而是一个**实践的**问题。人应该在实践中证明自己思维的真理性，即自己思维的现实性和力量，自己思维的此岸性。关于离开实践的思维的现实性或非现实性的争论，是一个纯粹**经院哲学的**问题。

三

有一种唯物主义学说，认为人是环境和教育的产物，因而认为改变了的人是另一种环境和改变了的教育的产物，——这种学说忘记了：环境正是由人来

---

① 恩格斯 1888 年发表的稿本。——编者注（说明：本书的全部"编者注"，均选自《马克思恩格斯文集》、《列宁专题文集》，本书选编时对部分注释做了删减。）

改变的，而教育者本人一定是受教育的。因此，这种学说必然会把社会分成两部分，其中一部分凌驾于社会之上。（例如，在罗伯特·欧文那里就是如此。）

环境的改变和人的活动的一致，只能被看做是并合理地理解为**变革的实践**。

四

费尔巴哈是从宗教上的自我异化，从世界被二重化为宗教的、想象的世界和现实的世界这一事实出发的。他做的工作是把宗教世界归结于它的世俗基础。他没有注意到，在做完这一工作之后，主要的事情还没有做。因为，世俗基础使自己从自身中分离出去，并在云霄中固定为一个独立王国，这一事实，只能用这个世俗基础的自我分裂和自我矛盾来说明。因此，对于这个世俗基础本身首先应当从它的矛盾中去理解，然后用消除矛盾的方法在实践中使之发生革命。因此，例如，自从发现神圣家族的秘密在于世俗家庭之后，对于世俗家庭本身就应当从理论上进行批判，并在实践中加以变革。

五

费尔巴哈不满意**抽象的思维**而诉诸**感性的直观**；但是他把感性不是看做**实践的**、人的感性的活动。

六

费尔巴哈把宗教的本质归结于**人**的本质。但是，人的本质不是单个人所固有的抽象物，在其现实性上，它是一切社会关系的总和。

费尔巴哈没有对这种现实的本质进行批判，因此他不得不：

（1）撇开历史的进程，把宗教感情固定为独立的东西，并假定有一种抽象的——**孤立的**——人的个体；

（2）因此，他只能把人的本质理解为"类"，理解为一种内在的、无声的、把许多个人纯粹**自然地**联系起来的普遍性。

七

因此，费尔巴哈没有看到，"宗教感情"本身是**社会的产物**，而他所分析的抽象的个人，实际上是属于一定的社会形式的。

八

社会生活在本质上是**实践的**。凡是把理论诱入神秘主义的神秘东西，都能在人的实践中以及对这种实践的理解中得到合理的解决。

九

直观的唯物主义，即不是把感性理解为实践活动的唯物主义，至多也只能做到对"市民社会"中的单个人的直观。

十

旧唯物主义的立脚点是"**市民**"社会；新唯物主义的立脚点则是**人类**社会或社会化的人类。

十一

哲学家们只是用不同的方式**解释**世界，而问题在于**改变**世界。

（选自《马克思恩格斯文集》第 1 卷，人民出版社2009 年版，第 503—506 页）

学 习 导 读

　　《关于费尔巴哈的提纲》（以下简称《提纲》）是马克思于 1845 年春在一个笔记本上写下的。1888 年，恩格斯在马克思的旧笔记本中发现了这个提纲。恩格斯认为，这是匆匆写成的供以后研究的笔记，但是它"作为包含着新世界观的天才萌芽的第一个文献，是非常宝贵的"①。他把这个提纲作为他的《路德维希·费尔巴哈和德国古典哲学的终结》一书的附录公开发表。

　　写下这个《提纲》的时候，马克思正处在创立自己新世界观的一个重要转折点上。

　　19 世纪 30 年代马克思在柏林大学上学时，正是黑格尔主义在德国占统治地位的时期。马克思曾经参加青年黑格尔派的团体"博士俱乐部"的活动。1842 年至 1843 年在《莱茵报》的工作，使马克思直接卷入了资产阶级反对封建制度的现实政治斗争。对现实的关注和对经济问题的研究使马克思离开黑格尔的唯心主义，经过费尔巴哈唯物主义的中介，转向创立新唯物主义。

　　费尔巴哈（1804—1872 年）是德国著名哲学家。1841 年，费尔巴哈的《基督教的本质》出版，"它直截了当地使唯物主义重新登上王座"②，对黑格尔唯心主义统治下的德国起到了解放思想的重要作用。马克思也受到了强烈影响。

　　费尔巴哈的唯物主义思想代表了马克思之前唯物主义发展的最新成果。但他一走进社会历史的理论领域，就陷入了历史唯心主义。马克思离开黑格尔转向费尔巴哈之后，又超越费尔巴哈走向了历史唯物主义。而《提纲》就是马克思走向历史唯物主义的标志。

　　《提纲》通过对旧哲学的批判提出了崭新的实践观。它的第一条用实践的观点来观察客体与主体的关系，既揭示了旧唯物主义的主要缺点，又批判了唯心主义。第二至九条运用新的实践观分别阐述了真理的标准和人的认识的基础、人与环境的关系、宗教的社会根源、人的本质和社会的本质等世界观、历史观中的重大问题。在第十条和第十一条中，马克思指明了新世界观的阶级基础和历史使命。

---

① 《马克思恩格斯文集》第 4 卷，人民出版社 2009 年版，第 266 页。
② 《马克思恩格斯文集》第 4 卷，人民出版社 2009 年版，第 275 页。

马克思写下《提纲》后不久，就和恩格斯于 1845 年秋至 1846 年 5 月合著了《德意志意识形态》。在这部著作中，《提纲》中简略表达出来的一些重要思想被展开了，"萌芽"长成了大树，一个新的世界观走向成熟。

一、揭露和批判从前一切唯物主义的主要 缺点，提出新的关于实践的观点

《提纲》第一条的开头写道："从前的一切唯物主义——包括费尔巴哈的唯物主义——的主要缺点是：对对象、现实、感性，只是从**客体**的或者**直观**的形式去理解，而不是把它们当做**人的感性活动**，当做**实践**去理解，不是从主体方面去理解。"

这里所说的"对象、现实、感性"，在费尔巴哈哲学中，是指客观事物或客观世界。费尔巴哈认为现实事物都是人的感性活动的对象，所以是感性的存在，直观的存在，感觉的存在。这是唯物主义观点。但是，他没有看到客观世界是人通过"实践"这种"感性活动"改变着的对象，人是能动地改变世界的主体。所以马克思说，他对客观世界只是从客体的或者直观的形式去理解，而不是从主体方面去理解。

马克思说："费尔巴哈想要研究跟思想客体确实不同的感性客体，但是他没有把人的活动本身理解为**对象性的**［gegenständliche］活动。"这就是说，费尔巴哈反对把所谓的"思想客体"当做哲学研究的对象，而把"感性客体"即自然界和人当做自己研究的对象，这是正确的；但是他没有看到，"人的活动"也是这个"感性客体"中的一部分，而人的活动本身也是一种"对象性的活动"，即改变客观对象的物质活动，也就是实践。他没有看到，他周围的感性世界并非开天辟地以来就是现在这个样子，而是工业和社会状况的产物，是人的世世代代活动的结果。由于看不到实践的意义，他就不能真正理解已经在实践的作用下改变了的周围世界，也不能正确理解人类的历史。

费尔巴哈也讲"实践"，但是他不了解人类最基本的实践活动是生产劳动，不了解生产劳动的重要意义，没有形成科学的实践观。他赞美理论，贬斥实践，认为"实践的直观，是不洁的、为利己主义所玷污的直观"。马克思指出："他在《基督教的本质》中仅仅把理论的活动看做是真正人的活动，而对于实

践则只是从它的卑污的犹太人的表现形式去理解和确定。""因此，他不了解
'革命的'、'实践批判的'活动的意义。"

马克思还指出，唯心主义也是不懂得实践的。唯心主义把意识夸大成世界
的本原，而不懂得实践这种"现实的、感性的活动"，所以唯心主义虽然"把
能动的方面发展了，但只是抽象地发展了"。

马克思认为，实践是"**人的感性活动**"，是"**现实的、感性的活动**"，是
"**对象性的**活动"。我们对于客观事物、客观世界，既要把它们理解为人的直观
的对象，又要看到它们是作为主体的人通过实践改变着的对象，所以对客观世
界也要"从主体方面去理解"；对于人的主体能动性，不能抽象地仅仅理解为
意识的能动性，要看到它首先是表现于实践，即改变客观对象的物质活动之
中。所以，我们周围的感性世界，包括人类自身，都是变动着的，都有其发展
的历史。不具备实践的观点，不懂得实践，就不能把唯物主义观点贯彻到对社
会历史的认识之中，就不能不陷入唯心史观而成为不彻底的唯物主义。这是从
前的一切唯物主义的"主要缺点"。

二、以新的实践观为基础提出对 社会历史中重大问题的理解

马克思以新的实践观为基础，推开了认识人类历史奥秘的大门，提出了对
社会历史中一系列重大问题的新看法。

（一）实践是检验真理的唯一标准和人的认识的基础

认识世界、认识历史，必须确定认识活动的立足点和判断认识的真理性的
标准。

历来的哲学家们提出过多种区分真理和谬误的标准，比如以某种经典或圣
人之言为标准。费尔巴哈把直观当做真理的"唯一标准"。他与历史上哲学家
们的共同点是，把某种认识或认识的某种属性当做真理的标准。马克思认为：
"人的思维是否具有客观的［gegenständliche］真理性，这不是一个理论的问
题，而是一个**实践的**问题。"这就是说，这个问题在理论的或主观思维的范围
内是不能解决的，只有通过实践才能解决，人们应该通过实践来证明自己的思

维是符合客观实际的。"人应该在实践中证明自己思维的真理性，即自己思维的现实性和力量，自己思维的此岸性"。这里说的"证明自己思维的此岸性"，是用实践的观点回应了康德的不可知论。康德认为，虽然人的认识是由独立于人之外的"自在之物"引起的，但是"自在之物"在"彼岸"，而人的认识只能停留在现象的"此岸"，不能达到"彼岸"。在马克思看来，人的实践能够证明思维可以达到对客观事物本身的真理性认识，它的对象就在"此岸"，没有不可知的"彼岸"。因此，"关于离开实践的思维的现实性或非现实性的争论"，都如同中世纪的经院哲学一样，是脱离实际的无意义的争论，是不可能有结果的。

唯心主义历史观认为，历史只是人心中的历史，关于历史事件、历史人物的评价只是人的认识、人的价值判断，不存在科学性、真实性的问题。这种观点，从根本上否定了历史的客观性和对历史进行科学研究的可能性，为任意地解释历史乃至曲解历史打开了大门。马克思关于"人应该在实践中证明自己思维的真理性"的论述，批驳了这种观点，为从现实的历史出发对历史进行科学的研究指明了道路。

人的认识中有真理也有谬误，不确立科学的真理标准，就不可能把它们区分开来而获得真理。因此，《提纲》中提出的实践是检验真理的唯一标准的思想，是马克思主义的认识论和历史观的一块基石。

马克思在《提纲》第五条和第九条中，对费尔巴哈关于"直观"的思想作了进一步的分析。

《提纲》第五条是："费尔巴哈不满意**抽象的思维**而诉诸**感性的直观**；但是他把感性不是看做**实践的**、人的感性的活动。"

"**抽象的思维**"、"**感性的直观**"和"**实践**"这三个概念，分别集中表达了黑格尔、费尔巴哈和马克思关于人类认识的基础的不同观点。

费尔巴哈不满意黑格尔哲学的抽象的思维，他批评黑格尔的逻辑学"是理性化和现代化的神学"。同黑格尔相对立，费尔巴哈诉诸感性的直观，他说，"直观提供出与存在直接同一的实体"，"直观的成效，是货真价实的"。但是，费尔巴哈只知道"感性的直观"，而不知道实践这种"人的感性的活动"，这是他的唯物主义的致命局限性。

《提纲》第九条进一步批评说："**直观的**唯物主义，即不是把感性理解为实践活动的唯物主义，至多也只能做到对'市民社会'中的单个人的直观。"

这里，马克思借用了17、18世纪资产阶级学者的"市民社会"这一用语来表达资产阶级社会中的经济关系。离开实践去观察人与社会，就不能理解人们在实践中结成的社会关系以及由此决定的人与社会的本质，只能把人当做孤立的个体去观察。所以，旧的唯物主义把直观当做认识的基础，没有把"实践活动"包括在对"感性"的理解之中，这不仅是认识论上的严重缺陷，更是其在历史观中陷入唯心主义的一个根本原因。

（二）环境的改变和人的自我改变统一于实践

人与环境（包括教育）的关系问题是正确认识社会发展和人的发展必须回答的一个重要问题。马克思在《提纲》第三条中运用实践的观点回答了这个问题。18世纪法国唯物主义哲学家爱尔维修认为，人的一切观念都是后天获得的，人们精神上的差异是由于不同的环境和不同的教育所致。他所说的环境，是指社会环境，其中最重要的是法律和政治制度。为了改变人，就必须变革扼杀人们的思想和美德的政治法律制度。怎样才能改变政治法律制度呢？他认为法律是否完善取决于立法者，因此必须有天才，才能用好法律代替坏法律。这样，他本来是要用唯物主义经验论来说明人的观念是环境的产物，却又得出了天才人物的观念决定环境的结论。

造成这种理论困境的根本原因是什么呢？《提纲》中说："这种学说忘记了：环境正是由人来改变的，而教育者本人一定是受教育的。因此，这种学说必然会把社会分成两部分，其中一部分凌驾于社会之上。"社会环境是人的实践的产物，环境的改变也是实践发展的结果。离开人的实践，就不能正确说明社会环境的产生及其发展变化，只能寄希望于少数天才人物来改变社会环境，再靠改变了的环境来改变人。恩格斯在1888年整理发表《提纲》时，加上了一句话："例如，在罗伯特·欧文那里就是如此。"欧文企图通过天才人物来改变社会环境和教育群众，他真诚地身体力行进行试验，但他的失败证明了他的主张是空想，是行不通的。

人类社会的历史表明，每一代人开始历史活动的时候，都遇到现成的生产力、生产关系等社会环境，它们是前一代人实践活动的结果；生活在这种环境中的人又通过自己的实践改变环境。这样，"人创造环境，同样，环境也创造人"[①]。作为前提的创造人、决定人的社会环境是由以往的实践创造的，它们又

---

① 《马克思恩格斯文集》第1卷，人民出版社2009年版，第545页。

在新的实践中得到改变和发展，成为下一代人从事实践活动、改变社会环境的前提。社会环境和人在实践发展的过程中相互作用，社会的发展和人的发展统一于"变革的实践"。

所以马克思指出："环境的改变和人的活动的一致，只能被看做是并合理地理解为**变革的实践**。"这一论断以实践为基础，从根本上解决了社会发展与人的发展的关系问题。

从唯物主义经验论出发的环境决定论者陷入唯心主义的历史观，除了因为他们把社会环境归结为政治法律制度而不懂得物质的生产力和生产关系外，根本原因是只看到环境决定人，看不到人也通过实践改变环境，把人看做是消极被动的。离开社会实践，就找不到改变环境也改变人的决定力量，因而也不能正确认识人与环境之间的关系。

（三）宗教的社会根源和宗教消亡的现实途径

《提纲》第四条分析了费尔巴哈的宗教观。

费尔巴哈认为，一切宗教都把世界分为宗教世界和人间世界。上帝与人的对立、分裂，"这是宗教的起点"。他认为，宗教是人的本质的自身异化。人按照自己的特性创造了神，神一旦集中了人的本质就成为一种统治和支配人的外在力量和受人崇拜的偶像。他从这一事实出发来分析、批判宗教，他做的工作是"把宗教世界归结于它的世俗基础"。他说："新时代的任务，是把上帝现实化和人化。"这是有积极意义的。

但是，费尔巴哈未能揭示宗教产生的社会根源。马克思指出："世俗基础使自己从自身中分离出去，并在云霄中固定为一个独立王国，这一事实，只能用这个世俗基础的自我分裂和自我矛盾来说明。"这就是说，既然宗教是从世俗世界中产生的，那么它的根源就应该到世俗世界自身的矛盾中去寻找。宗教是支配着人们日常生活的外部力量在人们头脑中的幻想的反映。在人类历史的初期，首先是自然力量获得了这样的反映。进入阶级社会后，与一定经济关系相联系的支配着人们的异己的社会力量也获得了这种反映，成为宗教产生和存在的社会的、阶级的根源。

既然宗教的产生有其社会的、阶级的根源，那么，只有在实践中对产生宗教的世俗基础进行革命变革，消除它的自我分裂和自我矛盾的状况，宗教才能归于消亡。所以，马克思说："对于这个世俗基础本身首先应当从它的矛盾中去理解，然后用消除矛盾的方法在实践中使之发生革命。"

（四）人的本质是一切社会关系的总和

在《提纲》第六条中，马克思从分析费尔巴哈的宗教观深入到批判他对人的本质的理解。

费尔巴哈离开人的社会实践和社会联系去认识人，"因此，他只能把人的本质理解为'类'，理解为一种内在的、无声的、把许多个人纯粹**自然地**联系起来的普遍性。"他认为，人的本质就是这个"类"的纯粹自然的普遍性，就是"理性、意志、心"。"在类中一切人都是共同一致的，他们的种族、部族和民族的差别都消失了"。

马克思通过对费尔巴哈的批判揭示了人的本质。他指出："人的本质不是单个人所固有的抽象物，在其现实性上，它是一切社会关系的总和。"因为现实中的个人，不是费尔巴哈所想象的抽象的孤立的人的个体，而是在一定社会关系中从事物质生产、社会实践的人。正是这种社会实践和社会关系决定了他是一个什么样的人，决定了他的本质。社会实践和社会关系是历史的、变化发展的，人的本质也是变化发展的。马克思的这个观点为我们科学地分析抽象的人性论提供了锐利的思想武器。

只有从这一关于人的本质的观点出发，才能正确地认识各个具体的人以及他们的思想、感情。在《提纲》第七条中，马克思指出："费尔巴哈没有看到，'宗教感情'本身是**社会的产物**，而他所分析的抽象的个人，实际上是属于一定的社会形式的。"现实社会中的每一个人都属于一定的社会形式，人的感情或费尔巴哈所说的"宗教感情"也是一定的社会历史条件、社会关系的产物。

（五）社会生活在本质上是实践的

马克思在《提纲》第八条中指出："社会生活在本质上是**实践的**。"所谓社会，就是人们在实践中结成的关系，特别是生产关系。"**生产关系总合起来就构成所谓社会关系，构成所谓社会，并且是构成一个处于一定历史发展阶段上的社会，具有独特的特征的社会。**"① 社会历史是由人的实践活动构成的，这就是社会区别于自然界的特殊本质。理解了这一本质，才能认识各种社会现象。

---

① 《马克思恩格斯文集》第 1 卷，人民出版社 2009 年版，第 724 页。

一切社会意识，包括神秘主义的观念，都是在一定的社会实践中对社会存在的反映，所以，"凡是把理论诱入神秘主义的神秘东西，都能在人的实践中以及对这种实践的理解中得到合理的解决"。

三、马克思主义的社会阶级基础和历史使命

在《提纲》的最后两条，马克思指出了新唯物主义与旧唯物主义在社会阶级基础和社会功能方面的根本区别。

（一）马克思主义的社会阶级基础

《提纲》第十条指出："旧唯物主义的立脚点是'**市民**'社会；新唯物主义的立脚点则是**人类**社会或社会化的人类。"这里的"'市民'社会"和"人类社会或社会化的人类"，分别指资产阶级社会和无产阶级及其代表的未来社会，它们分别是以费尔巴哈为代表的旧唯物主义和马克思的新唯物主义的"立脚点"，即阶级基础。

马克思主义的新世界观从萌芽时起，就把无产阶级和它所代表的未来的人类新社会作为自己的立脚点。无产阶级只有解放全人类才能彻底解放自己，才能消灭作为阶级的自身，因此它代表着"人类社会"或"社会化的人类"。

（二）马克思主义的历史使命

马克思创立的新世界观既用实践的观点去看物质世界和人类社会，也用实践的观点来看自身，它把通过实践改变世界作为自己的社会功能和历史使命。《提纲》的最后一条是："哲学家们只是用不同的方式**解释**世界，而问题在于**改变**世界。"以往的哲学家们由于缺乏实践的观点，他们的不同的哲学学说不过是对世界作不同的解释。"对**实践**的唯物主义者即**共产主义者**来说，全部问题都在于使现存世界革命化，实际地反对并改变现存的事物。"[1] 马克思和恩格斯之所以从事哲学研究，是为了寻找无产阶级解放和人类解放的道路，是要为社会主义的理论和实践奠定世界观基础。他们当然要科学地解释世界，但决不停

---

[1] 《马克思恩格斯文集》第 1 卷，人民出版社 2009 年版，第 527 页。

留于对世界的解释，而是自觉地把自己的哲学当做无产阶级改变世界的精神武器。

恩格斯晚年在回答"关于历史唯物主义的起源"这个问题时说过：马克思的《关于费尔巴哈的提纲》"其实**就是**它的起源！"① 因此，我们学习马克思主义的历史理论，应当以研究这个提纲为起点。

延伸阅读：

1. 马克思、恩格斯：《德意志意识形态》第一卷第一章，《马克思恩格斯文集》第 1 卷，人民出版社 2009 年版。

思考题：

1. 如何用实践的观点认识客体与主体的关系并且同唯心主义和旧唯物主义划清界限？
2. 如何正确认识人的本质和社会生活的本质？
3. 如何以实践为基础，从根本上解决社会发展和人的发展的关系问题？

---

① 《马克思恩格斯文集》第 10 卷，人民出版社 2009 年版，第 647 页。

卡·马克思和弗·恩格斯

共产党宣言（节选）

1872 年德文版序言①

　　共产主义者同盟这个在当时条件下自然只能是秘密团体的国际工人组织，1847 年 11 月在伦敦举行的代表大会上委托我们两人起草一个准备公布的详细的理论和实践的党纲。结果就产生了这个《宣言》，《宣言》原稿在二月革命②前几星期送到伦敦付印。《宣言》最初用德文出版，它用这种文字在德国、英国和美国至少印过 12 种不同的版本。第一个英译本是由海伦·麦克法林女士翻译的，于 1850 年在伦敦《红色共和党人》杂志上发表，1871 年至少又有三种不同的英译本在美国出版。法译本于 1848 年六月起义③前不久第一次在巴黎印行，最近又有法译本在纽约《社会主义者报》上发表；现在有人在准备新译本。波兰文译本在德文本初版问世后不久就在伦敦出现。俄译本是 60 年代在日内瓦出版的。丹麦文译本也是在原书问世后不久就出版了。

　　不管最近 25 年来的情况发生了多大的变化，这个《宣言》中所阐述的一般原理整个说来直到现在还是完全正确的。某些地方本来可以作一些修改。这些原理的实际运用，正如《宣言》中所说的，随时随地都要以当时的历史条件为转移，所以第二章末尾提出的那些革命措施根本没有特别的意义。如果是在今天，这一段在许多方面都会有不同的写法了。由于最近 25 年来大工业有了巨大发展而工人阶级的政党组织也跟着发展起来，由于首先有了二月革命的实际经验而后来尤其是有了无产阶级第一次掌握政权达两月之久的巴黎公社④的

---

① 《1872 年德文版序言》是马克思和恩格斯为《共产党宣言》新的德文版合写的第一篇序言。《共产党宣言》1848 年 2 月以小册子形式在伦敦问世，新的德文版由《人民国家报》编辑部倡议，于 1872 年在莱比锡出版。——编者注
② 二月革命指 1848 年 2 月爆发的法国资产阶级民主革命。——编者注
③ 1848 年六月起义指 1848 年 6 月巴黎无产阶级的起义。——编者注
④ 巴黎公社是 1871 年法国无产阶级在巴黎建立的人类历史上第一个无产阶级政权。1871 年 3 月 18 日，巴黎无产者举行武装起义，夺取了政权；28 日巴黎公社宣告成立。5 月 28 日，巴黎公社在国内外反动势力的打击下遭到失败，总共只存在了 72 天。——编者注

实际经验，所以这个纲领现在有些地方已经过时了。特别是公社已经证明："工人阶级不能简单地掌握现成的国家机器，并运用它来达到自己的目的。"（见《法兰西内战。国际工人协会总委员会宣言》德文版第 19 页，那里对这个思想作了更详细的阐述。）其次，很明显，对于社会主义文献所作的批判在今天看来是不完全的，因为这一批判只包括到 1847 年为止；同样也很明显，关于共产党人对待各种反对党派的态度的论述（第四章）虽然在原则上今天还是正确的，但是就其实际运用来说今天毕竟已经过时，因为政治形势已经完全改变，当时所列举的那些党派大部分已被历史的发展彻底扫除了。

但是《宣言》是一个历史文件，我们已没有权利来加以修改。下次再版时也许能加上一篇论述 1847 年到现在这段时期的导言。这次再版太仓促了，我们来不及做这件工作。

卡尔·马克思　弗里德里希·恩格斯
1872 年 6 月 24 日于伦敦

（选自《马克思恩格斯文集》第 2 卷，人民出版社
2009 年版，第 5—6 页）

1883 年德文版序言①

本版序言不幸只能由我一个人署名了。马克思这位比其他任何人都更应受到欧美整个工人阶级感谢的人物，已经长眠于海格特公墓，他的墓上已经初次长出了青草。在他逝世以后，就更谈不上对《宣言》作什么修改或补充了。因此，我认为更有必要在这里再一次明确地申述下面这一点。

贯穿《宣言》的基本思想：每一历史时代的经济生产以及必然由此产生的社会结构，是该时代政治的和精神的历史的基础；因此（从原始土地公有制解体以来）全部历史都是阶级斗争的历史，即社会发展各个阶段上被剥削阶级和剥削阶级之间、被统治阶级和统治阶级之间斗争的历史；而这个斗争现在已经达到这样一个阶段，即被剥削被压迫的阶级（无产阶级），如果不同时使整个

---

① 《1883 年德文版序言》是恩格斯为 1883 年在霍廷根—苏黎世出版的《共产党宣言》第三个德文版写的序言，该版本是马克思逝世后经恩格斯同意出版的第一个德文本。——编者注

社会永远摆脱剥削、压迫和阶级斗争，就不再能使自己从剥削它压迫它的那个阶级（资产阶级）下解放出来。——这个基本思想完全是属于马克思一个人的。①

这一点我已经屡次说过，但正是现在必须在《宣言》正文的前面也写明这一点。

弗·恩格斯

1883 年 6 月 28 日于伦敦

（选自《马克思恩格斯文集》第 2 卷，人民出版社
2009 年版，第 9—10 页）

一　资产者和无产者②

至今一切社会的历史③都是阶级斗争的历史。

自由民和奴隶、贵族和平民、领主和农奴、行会师傅④和帮工，一句话，压迫者和被压迫者，始终处于相互对立的地位，进行不断的、有时隐蔽有时公

---

① 恩格斯在 1890 年德文版转载该序言时在此处加了一个注："我在英译本序言中说过：'在我看来这一思想对历史学必定会起到像达尔文学说对生物学所起的那样的作用，我们两人早在 1845 年前的几年中就已经逐渐接近了这个思想。当时我个人独自在这方面达到什么程度，我的《英国工人阶级状况》一书就是最好的说明。但是到 1845 年春我在布鲁塞尔再次见到马克思时，他已经把这个思想考虑成熟，并且用几乎像我在上面所用的那样明晰的语句向我说明了。'"——编者注

② 恩格斯在 1888 年英文版上加了一个注："资产阶级是指占有社会生产资料并使用雇佣劳动的现代资本家阶级。无产阶级是指没有自己的生产资料，因而不得不靠出卖劳动力来维持生活的现代雇佣工人阶级。"——编者注

③ 恩格斯在 1888 年英文版上加了一个注："这是指有**文字**记载的全部历史。在 1847 年，社会的史前史、成文史以前的社会组织，几乎还没有人知道。后来，哈克斯特豪森发现了俄国的土地公有制，毛勒证明了这种公有制是一切条顿族的历史起源的社会基础，而且人们逐渐发现，农村公社是或者曾经是从印度到爱尔兰的各地社会的原始形态。最后，摩尔根发现了**氏族**的真正本质及其对**部落**的关系，这一卓绝发现把这种原始共产主义社会的内部组织的典型形式揭示出来了。随着这种原始公社的解体，社会开始分裂为各个独特的、终于彼此对立的阶级。关于这个解体过程，我曾经试图在《家庭、私有制和国家的起源》（1886 年斯图加特第 2 版）中加以探讨。"——编者注

④ 恩格斯在 1888 年英文版上加了一个注："行会师傅就是在行会中享有全权的会员，是行会内部的师傅，而不是行会的首领。"——编者注

开的斗争，而每一次斗争的结局都是整个社会受到革命改造或者斗争的各阶级同归于尽。

在过去的各个历史时代，我们几乎到处都可以看到社会完全划分为各个不同的等级，看到社会地位分成多种多样的层次。在古罗马，有贵族、骑士、平民、奴隶，在中世纪，有封建主、臣仆、行会师傅、帮工、农奴，而且几乎在每一个阶级内部又有一些特殊的阶层。

从封建社会的灭亡中产生出来的现代资产阶级社会并没有消灭阶级对立。它只是用新的阶级、新的压迫条件、新的斗争形式代替了旧的。

但是，我们的时代，资产阶级时代，却有一个特点：它使阶级对立简单化了。整个社会日益分裂为两大敌对的阵营，分裂为两大相互直接对立的阶级：资产阶级和无产阶级。

从中世纪的农奴中产生了初期城市的城关市民；从这个市民等级中发展出最初的资产阶级分子。

美洲的发现、绕过非洲的航行，给新兴的资产阶级开辟了新天地。东印度和中国的市场、美洲的殖民化、对殖民地的贸易、交换手段和一般商品的增加，使商业、航海业和工业空前高涨，因而使正在崩溃的封建社会内部的革命因素迅速发展。

以前那种封建的或行会的工业经营方式已经不能满足随着新市场的出现而增加的需求了。工场手工业代替了这种经营方式。行会师傅被工业的中间等级排挤掉了；各种行业组织之间的分工随着各个作坊内部的分工的出现而消失了。

但是，市场总是在扩大，需求总是在增加。甚至工场手工业也不再能满足需要了。于是，蒸汽和机器引起了工业生产的革命。现代大工业代替了工场手工业；工业中的百万富翁、一支一支产业大军的首领、现代资产者，代替了工业的中间等级。

大工业建立了由美洲的发现所准备好的世界市场。世界市场使商业、航海业和陆路交通得到了巨大的发展。这种发展又反过来促进了工业的扩展，同时，随着工业、商业、航海业和铁路的扩展，资产阶级也在同一程度上发展起来，增加自己的资本，把中世纪遗留下来的一切阶级排挤到后面去。

由此可见，现代资产阶级本身是一个长期发展过程的产物，是生产方式和交换方式的一系列变革的产物。

资产阶级的这种发展的每一个阶段，都伴随着相应的政治上的进展①。它在封建主统治下是被压迫的等级，在公社②里是武装的和自治的团体，在一些地方组成独立的城市共和国③，在另一些地方组成君主国中的纳税的第三等级④；后来，在工场手工业时期，它是等级君主国⑤或专制君主国中同贵族抗衡的势力，而且是大君主国的主要基础；最后，从大工业和世界市场建立的时候起，它在现代的代议制国家里夺得了独占的政治统治。现代的国家政权不过是管理整个资产阶级的共同事务的委员会罢了。

资产阶级在历史上曾经起过非常革命的作用。

资产阶级在它已经取得了统治的地方把一切封建的、宗法的和田园诗般的关系都破坏了。它无情地斩断了把人们束缚于天然尊长的形形色色的封建羁绊，它使人和人之间除了赤裸裸的利害关系，除了冷酷无情的"现金交易"，就再也没有任何别的联系了。它把宗教虔诚、骑士热忱、小市民伤感这些情感的神圣发作，淹没在利己主义打算的冰水之中。它把人的尊严变成了交换价值，用**一种**没有良心的贸易自由代替了无数特许的和自力挣得的自由。总而言之，它用公开的、无耻的、直接的、露骨的剥削代替了由宗教幻想和政治幻想掩盖着的剥削。

资产阶级抹去了一切向来受人尊崇和令人敬畏的职业的神圣光环。它把医生、律师、教士、诗人和学者变成了它出钱招雇的雇佣劳动者。

资产阶级撕下了罩在家庭关系上的温情脉脉的面纱，把这种关系变成了纯粹的金钱关系。

资产阶级揭示了，在中世纪深受反动派称许的那种人力的野蛮使用，是以极端怠惰作为相应补充的。它第一个证明了，人的活动能够取得什么样的成就。它创造了完全不同于埃及金字塔、罗马水道和哥特式教堂的奇迹；它完成

---

① "相应的政治上的进展"在1888年英文版中是"这个阶级的相应的政治上的进展"。——编者注

② 恩格斯在1888年英文版上加了一个注："法国的新兴城市，甚至在它们从封建主手里争得地方自治和'第三等级'的政治权利以前，就已经称为'公社'了。一般说来，这里是把英国当做资产阶级经济发展的典型国家，而把法国当做资产阶级政治发展的典型国家。"
恩格斯在1890年德文版上加了一个注："意大利和法国的市民，从他们的封建主手中买得或争得最初的自治权以后，就把自己的城市共同体称为'公社'。"——编者注

③ 在1888年英文版中这里加上了"（例如在意大利和德国）"。——编者注

④ 在1888年英文版中这里加上了"（例如在法国）"。——编者注

⑤ "等级君主国"在1888年英文版中是"半封建君主国"。——编者注

了完全不同于民族大迁徙①和十字军征讨②的远征。

资产阶级除非对生产工具，从而对生产关系，从而对全部社会关系不断地进行革命，否则就不能生存下去。反之，原封不动地保持旧的生产方式，却是过去的一切工业阶级生存的首要条件。生产的不断变革，一切社会状况不停的动荡，永远的不安定和变动，这就是资产阶级时代不同于过去一切时代的地方。一切固定的僵化的关系以及与之相适应的素被尊崇的观念和见解都被消除了，一切新形成的关系等不到固定下来就陈旧了。一切等级的和固定的东西都烟消云散了，一切神圣的东西都被亵渎了。人们终于不得不用冷静的眼光来看他们的生活地位、他们的相互关系。

不断扩大产品销路的需要，驱使资产阶级奔走于全球各地。它必须到处落户，到处开发，到处建立联系。

资产阶级，由于开拓了世界市场，使一切国家的生产和消费都成为世界性的了。使反动派大为惋惜的是，资产阶级挖掉了工业脚下的民族基础。古老的民族工业被消灭了，并且每天都还在被消灭。它们被新的工业排挤掉了，新的工业的建立已经成为一切文明民族的生命攸关的问题；这些工业所加工的，已经不是本地的原料，而是来自极其遥远的地区的原料；它们的产品不仅供本国消费，而且同时供世界各地消费。旧的、靠本国产品来满足的需要，被新的、要靠极其遥远的国家和地带的产品来满足的需要所代替了。过去那种地方的和民族的自给自足和闭关自守状态，被各民族的各方面的互相往来和各方面的互相依赖所代替了。物质的生产是如此，精神的生产也是如此。各民族的精神产品成了公共的财产。民族的片面性和局限性日益成为不可能，于是由许多种民族的和地方的文学形成了一种世界的文学③。

资产阶级，由于一切生产工具的迅速改进，由于交通的极其便利，把一切民族甚至最野蛮的民族都卷到文明中来了。它的商品的低廉价格，是它用来摧

---

① 民族大迁徙指公元3—7世纪日耳曼、斯拉夫及其他部落向罗马帝国的大规模迁徙。——编者注

② 十字军征讨指11—13世纪西欧天主教会、封建主和大商人打着从伊斯兰教徒手中解放圣地耶路撒冷的宗教旗帜，主要对东地中海沿岸伊斯兰教国家发动的侵略战争。因参加者的衣服上缝有红十字，故称"十字军"。十字军征讨前后共八次，历时近200年，最后以失败而告终。——编者注

③ "文学"一词德文是"Literatur"，这里泛指科学、艺术、哲学、政治等等方面的著作。——编者注

毁一切万里长城、征服野蛮人最顽强的仇外心理的重炮。它迫使一切民族——如果它们不想灭亡的话——采用资产阶级的生产方式；它迫使它们在自己那里推行所谓的文明，即变成资产者。一句话，它按照自己的面貌为自己创造出一个世界。

资产阶级使农村屈服于城市的统治。它创立了巨大的城市，使城市人口比农村人口大大增加起来，因而使很大一部分居民脱离了农村生活的愚昧状态。正像它使农村从属于城市一样，它使未开化和半开化的国家从属于文明的国家，使农民的民族从属于资产阶级的民族，使东方从属于西方。

资产阶级日甚一日地消灭生产资料、财产和人口的分散状态。它使人口密集起来，使生产资料集中起来，使财产聚集在少数人的手里。由此必然产生的结果就是政治的集中。各自独立的、几乎只有同盟关系的、各有不同利益、不同法律、不同政府、不同关税的各个地区，现在已经结合为一个拥有**统一的**政府、**统一的**法律、**统一的**民族阶级利益和**统一的**关税的**统一的**民族。

资产阶级在它的不到一百年的阶级统治中所创造的生产力，比过去一切世代创造的全部生产力还要多，还要大。自然力的征服，机器的采用，化学在工业和农业中的应用，轮船的行驶，铁路的通行，电报的使用，整个整个大陆的开垦，河川的通航，仿佛用法术从地下呼唤出来的大量人口——过去哪一个世纪料想到在社会劳动里蕴藏有这样的生产力呢？

由此可见，资产阶级赖以形成的生产资料和交换手段，是在封建社会里造成的。在这些生产资料和交换手段发展的一定阶段上，封建社会的生产和交换在其中进行的关系，封建的农业和工场手工业组织，一句话，封建的所有制关系，就不再适应已经发展的生产力了。这种关系已经在阻碍生产而不是促进生产了。它变成了束缚生产的桎梏。它必须被炸毁，它已经被炸毁了。

起而代之的是自由竞争以及与自由竞争相适应的社会制度和政治制度、资产阶级的经济统治和政治统治。

现在，我们眼前又进行着类似的运动。资产阶级的生产关系和交换关系，资产阶级的所有制关系，这个曾经仿佛用法术创造了如此庞大的生产资料和交换手段的现代资产阶级社会，现在像一个魔法师一样不能再支配自己用法术呼唤出来的魔鬼了。几十年来的工业和商业的历史，只不过是现代生产力反抗现代生产关系、反抗作为资产阶级及其统治的存在条件的所有制关系的历史。只要指出在周期性的重复中越来越危及整个资产阶级社会生存的商业危机就够了。在商业危机期间，总是不仅有很大一部分制成的产品被毁灭掉，而且有很大一部分已经造成的生产力被毁灭掉。在危机期间，发生一种在过去一切时代看来都好像是荒唐现象的社会瘟疫，即生产过剩的瘟疫。社会突然发现自己回到了一时的野蛮状态；仿佛是一次饥荒、一场普遍的毁灭性战争，使社会失去了全部生活资料；仿佛是工业和商业全被毁灭了。这是什么缘故呢？因为社会上文明过度，生活资料太多，工业和商业太发达。社会所拥有的生产力已经不能再促进资产阶级文明和资产阶级所有制关系的发展；相反，生产力已经强大到这种关系所不能适应的地步，它已经受到这种关系的阻碍；而它一着手克服这种障碍，就使整个资产阶级社会陷入混乱，就使资产阶级所有制的存在受到威胁。资产阶级的关系已经太狭窄了，再容纳不了它本身所造成的财富了。资产阶级用什么办法来克服这种危机呢？一方面不得不消灭大量生产力，另一方面夺取新的市场，更加彻底地利用旧的市场。这究竟是怎样的一种办法呢？这不过是资产阶级准备更全面更猛烈的危机的办法，不过是使防止危机的手段越来越少的办法。

资产阶级用来推翻封建制度的武器，现在却对准资产阶级自己了。

但是，资产阶级不仅锻造了置自身于死地的武器；它还产生了将要运用这种武器的人——现代的工人，即**无产者**。

随着资产阶级即资本的发展，无产阶级即现代工人阶级也在同一程度上得到发展；现代的工人只有当他们找到工作的时候才能生存，而且只有当他们的劳动增殖资本的时候才能找到工作。这些不得不把自己零星出卖的工人，像其他任何货物一样，也是一种商品，所以他们同样地受到竞争的一切变化、市场的一切波动的影响。

由于推广机器和分工，无产者的劳动已经失去了任何独立的性质，因而对工人也失去了任何吸引力。工人变成了机器的单纯的附属品，要求他做的只是极其简单、极其单调和极容易学会的操作。因此，花在工人身上的费用，几乎只限于维持工人生活和延续工人后代所必需的生活资料。但是，商品的价格，从而劳动的价格①，是同它的生产费用相等的。因此，劳动越使人感到厌恶，

---

① 马克思和恩格斯在他们的早期著作中曾经使用"出卖劳动"、"劳动价格"这些概念。马克思后来纠正了这一说法，认为工人出卖的不是他们的劳动，而是他们的劳动力。恩格斯在《〈雇佣劳动与资本〉1891年单行本导言》中对此作了详细说明（见《马克思恩格斯文集》第1卷第708—709页）。——编者注

工资也就越减少。不仅如此，机器越推广，分工越细致，劳动量①也就越增加，这或者是由于工作时间的延长，或者是由于在一定时间内所要求的劳动的增加，机器运转的加速，等等。

现代工业已经把家长式的师傅的小作坊变成了工业资本家的大工厂。挤在工厂里的工人群众就像士兵一样被组织起来。他们是产业军的普通士兵，受着各级军士和军官的层层监视。他们不仅仅是资产阶级的、资产阶级国家的奴隶，他们每日每时都受机器、受监工、首先是受各个经营工厂的资产者本人的奴役。这种专制制度越是公开地把营利宣布为自己的最终目的，它就越是可鄙、可恨和可恶。

手的操作所要求的技巧和气力越少，换句话说，现代工业越发达，男工也就越受到女工和童工的排挤。对工人阶级来说，性别和年龄的差别再没有什么社会意义了。他们都只是劳动工具，不过因为年龄和性别的不同而需要不同的费用罢了。

当厂主对工人的剥削告一段落，工人领到了用现钱支付的工资的时候，马上就有资产阶级中的另一部分人——房东、小店主、当铺老板等等向他们扑来。

以前的中间等级的下层，即小工业家、小商人和小食利者，手工业者和农民——所有这些阶级都降落到无产阶级的队伍里来了，有的是因为他们的小资本不足以经营大工业，经不起较大的资本家的竞争；有的是因为他们的手艺已经被新的生产方法弄得不值钱了。无产阶级就是这样从居民的所有阶级中得到补充的。

无产阶级经历了各个不同的发展阶段。它反对资产阶级的斗争是和它的存在同时开始的。

最初是单个的工人，然后是某一工厂的工人，然后是某一地方的某一劳动部门的工人，同直接剥削他们的单个资产者作斗争。他们不仅仅攻击资产阶级的生产关系，而且攻击生产工具本身②；他们毁坏那些来竞争的外国商品，捣毁机器，烧毁工厂，力图恢复已经失去的中世纪工人的地位。

在这个阶段上，工人是分散在全国各地并为竞争所分裂的群众。工人的大

---

① "劳动量"在1888年英文版中是"劳动负担"。——编者注
② 这句话在1888年英文版中是"他们不是攻击资产阶级的生产关系，而是攻击生产工具本身"。——编者注

规模集结，还不是他们自己联合的结果，而是资产阶级联合的结果，当时资产阶级为了达到自己的政治目的必须而且暂时还能够把整个无产阶级发动起来。因此，在这个阶段上，无产者不是同自己的敌人作斗争，而是同自己的敌人的敌人作斗争，即同专制君主制的残余、地主、非工业资产者和小资产者作斗争。因此，整个历史运动都集中在资产阶级手里；在这种条件下取得的每一个胜利都是资产阶级的胜利。

但是，随着工业的发展，无产阶级不仅人数增加了，而且结合成更大的集体，它的力量日益增长，而且它越来越感觉到自己的力量。机器使劳动的差别越来越小，使工资几乎到处都降到同样低的水平，因而无产阶级内部的利益、生活状况也越来越趋于一致。资产者彼此间日益加剧的竞争以及由此引起的商业危机，使工人的工资越来越不稳定；机器的日益迅速的和继续不断的改良，使工人的整个生活地位越来越没有保障；单个工人和单个资产者之间的冲突越来越具有两个阶级的冲突的性质。工人开始成立反对资产者的同盟①；他们联合起来保卫自己的工资。他们甚至建立了经常性的团体，以便为可能发生的反抗准备食品。有些地方，斗争爆发为起义。

工人有时也得到胜利，但这种胜利只是暂时的。他们斗争的真正成果并不是直接取得的成功，而是工人的越来越扩大的联合。这种联合由于大工业所造成的日益发达的交通工具而得到发展，这种交通工具把各地的工人彼此联系起来。只要有了这种联系，就能把许多性质相同的地方性的斗争汇合成全国性的斗争，汇合成阶级斗争。而一切阶级斗争都是政治斗争。中世纪的市民靠乡间小道需要几百年才能达到的联合，现代的无产者利用铁路只要几年就可以达到了。

无产者组织成为阶级，从而组织成为政党这件事，不断地由于工人的自相竞争而受到破坏。但是，这种组织总是重新产生，并且一次比一次更强大、更坚固、更有力。它利用资产阶级内部的分裂，迫使他们用法律形式承认工人的个别利益。英国的十小时工作日法案②就是一个例子。

---

① 在 1888 年英文版中这里加上了"（工联）"。——编者注

② 英国工人阶级从 18 世纪末开始争取用立法手段限制工作日，从 19 世纪 30 年代起，广大无产阶级群众投入争取十小时工作日的斗争。十小时工作日法案是英国议会在 1847 年 6 月 8 日通过的，作为法律于 1848 年 5 月 1 日起生效。该法律将妇女和儿童的日劳动时间限制为 10 小时。——编者注

旧社会内部的所有冲突在许多方面都促进了无产阶级的发展。资产阶级处于不断的斗争中：最初反对贵族；后来反对同工业进步有利害冲突的那部分资产阶级；经常反对一切外国的资产阶级。在这一切斗争中，资产阶级都不得不向无产阶级呼吁，要求无产阶级援助，这样就把无产阶级卷进了政治运动。于是，资产阶级自己就把自己的教育因素①即反对自身的武器给予了无产阶级。

其次，我们已经看到，工业的进步把统治阶级的整批成员抛到无产阶级队伍里去，或者至少也使他们的生活条件受到威胁。他们也给无产阶级带来了大量的教育因素②。

最后，在阶级斗争接近决战的时期，统治阶级内部的、整个旧社会内部的瓦解过程，就达到非常强烈、非常尖锐的程度，甚至使得统治阶级中的一小部分人脱离统治阶级而归附于革命的阶级，即掌握着未来的阶级。所以，正像过去贵族中有一部分人转到资产阶级方面一样，现在资产阶级中也有一部分人，特别是已经提高到能从理论上认识整个历史运动的一部分资产阶级思想家，转到无产阶级方面来了。

在当前同资产阶级对立的一切阶级中，只有无产阶级是真正革命的阶级。其余的阶级都随着大工业的发展而日趋没落和灭亡，无产阶级却是大工业本身的产物。

中间等级，即小工业家、小商人、手工业者、农民，他们同资产阶级作斗争，都是为了维护他们这种中间等级的生存，以免于灭亡。所以，他们不是革命的，而是保守的。不仅如此，他们甚至是反动的，因为他们力图使历史的车轮倒转。如果说他们是革命的，那是鉴于他们行将转入无产阶级的队伍，这样，他们就不是维护他们目前的利益，而是维护他们将来的利益，他们就离开自己原来的立场，而站到无产阶级的立场上来。

流氓无产阶级是旧社会最下层中消极的腐化的部分，他们在一些地方也被无产阶级革命卷到运动里来，但是，由于他们的整个生活状况，他们更甘心于被人收买，去干反动的勾当。

在无产阶级的生活条件中，旧社会的生活条件已经被消灭了。无产者是没有财产的；他们和妻子儿女的关系同资产阶级的家庭关系再没有任何共同之处

---

① "教育因素"在 1888 年英文版中是"政治教育和普通教育的因素"。——编者注
② "大量的教育因素"在 1888 年英文版中是"启蒙和进步的新因素"。——编者注

了；现代的工业劳动，现代的资本压迫，无论在英国或法国，无论在美国或德国，都是一样的，都使无产者失去了任何民族性。法律、道德、宗教在他们看来全都是资产阶级偏见，隐藏在这些偏见后面的全都是资产阶级利益。

过去一切阶级在争得统治之后，总是使整个社会服从于它们发财致富的条件，企图以此来巩固它们已经获得的生活地位。无产者只有废除自己的现存的占有方式，从而废除全部现存的占有方式，才能取得社会生产力。无产者没有什么自己的东西必须加以保护，他们必须摧毁至今保护和保障私有财产的一切。

过去的一切运动都是少数人的，或者为少数人谋利益的运动。无产阶级的运动是绝大多数人的，为绝大多数人谋利益的独立的运动。无产阶级，现今社会的最下层，如果不炸毁构成官方社会的整个上层，就不能抬起头来，挺起胸来。

如果不就内容而就形式来说，无产阶级反对资产阶级的斗争首先是一国范围内的斗争。每一个国家的无产阶级当然首先应该打倒本国的资产阶级。

在叙述无产阶级发展的最一般的阶段的时候，我们循序探讨了现存社会内部或多或少隐蔽着的国内战争，直到这个战争爆发为公开的革命，无产阶级用暴力推翻资产阶级而建立自己的统治。

我们已经看到，至今的一切社会都是建立在压迫阶级和被压迫阶级的对立之上的。但是，为了有可能压迫一个阶级，就必须保证这个阶级至少有能够勉强维持它的奴隶般的生存的条件。农奴曾经在农奴制度下挣扎到公社成员的地位，小资产者曾经在封建专制制度的束缚下挣扎到资产者的地位。现代的工人却相反，他们并不是随着工业的进步而上升，而是越来越降到本阶级的生存条件以下。工人变成赤贫者，贫困比人口和财富增长得还要快。由此可以明显地看出，资产阶级再不能做社会的统治阶级了，再不能把自己阶级的生存条件当做支配一切的规律强加于社会了。资产阶级不能统治下去了，因为它甚至不能保证自己的奴隶维持奴隶的生活，因为它不得不让自己的奴隶落到不能养活它反而要它来养活的地步。社会再不能在它统治下生存下去了，就是说，它的生存不再同社会相容了。

资产阶级生存和统治的根本条件，是财富在私人手里的积累，是资本的形成和增殖；资本的条件是雇佣劳动。雇佣劳动完全是建立在工人的自相竞争之上的。资产阶级无意中造成而又无力抵抗的工业进步，使工人通过结社而达到的革命联合代替了他们由于竞争而造成的分散状态。于是，随着大工业的发展，资产阶级赖以生产和占有产品的基础本身也就从它的脚下被挖掉了。它首先生产的是它自身的掘墓人。资产阶级的灭亡和无产阶级的胜利是同样不可避免的。

（选自《马克思恩格斯文集》第 2 卷，人民出版社
2009 年版，第 31—43 页）

学 习 导 读

《共产党宣言》是马克思、恩格斯为共产主义者同盟撰写的第一个纲领性文献，是标志马克思主义诞生的著作。

共产主义者同盟的前身为 1836 年成立的正义者同盟。它是侨居巴黎的德国工人和手工业者的秘密革命组织，主张通过起义实现财产共有。后在英、法、德和瑞士建立支部，成为当时最有影响的国际工人团体。在经历艰苦的斗争过程之后，到 1847 年，正义者同盟的领导成员确信马克思、恩格斯的理论是正确的，再三邀请他们参加并协助改组同盟。马克思、恩格斯接受了邀请。

1847 年 6 月，同盟在伦敦召开第一次代表大会，决定按恩格斯的提议将正义者同盟改名为共产主义者同盟；批准以无产阶级政党组织原则为基础的章程草案；用"全世界无产者，联合起来！"的口号取代原来的"人人皆兄弟"的口号。同年 11 月 29 日至 12 月 8 日举行同盟第二次代表大会。会议经过辩论，进一步接受了马克思、恩格斯的观点，并委托他们为同盟起草一个准备公布的详细的理论和实践的党纲。这就是《共产党宣言》的由来。《共产党宣言》写于 1847 年年底，1848 年 2 月在伦敦出版。

《共产党宣言》的总体思想是：用历史唯物主义观点阐明了原始土地公有制解体以来的全部历史都是阶级斗争的历史；对资本主义作了深刻而系统的分析，科学地评价了资产阶级的历史作用，揭示了资本主义的内在矛盾，论证了资本主义必然灭亡和共产主义必然胜利是人类社会发展的规律；论述了无产阶级作为资本主义掘墓人和共产主义创建者的伟大历史使命；论述了共产党的性质、特点、基本纲领和策略原则，奠定了马克思主义建党学说的基础；批判了当时流行的各种社会主义流派，划清了科学社会主义与这些流派的界限。《共产党宣言》为无产阶级争取自身解放的斗争提供了科学的理论指导。列宁指出："这部著作以天才的透彻而鲜明的语言描述了新的世界观，即把社会生活领域也包括在内的彻底的唯物主义、作为最全面最深刻的发展学说的辩证法以及关于阶级斗争和共产主义新社会创造者无产阶级肩负的世界历史性的革命使命的理论。"[1]

---

[1] 《列宁专题文集　论马克思主义》，人民出版社 2009 年版，第 5 页。

《共产党宣言》运用唯物主义历史观分析了资本主义产生、发展和灭亡的历史趋势,"大略地说明了全部近代史"①。这是本教材在解读《共产党宣言》的 1872 年序言、1883 年序言特别是第一章时所要着重说明的问题。

一、研究人类社会历史的指导原则和根本方法

贯穿《共产党宣言》的基本思想包括三个方面:一是"每一历史时代的经济生产以及必然由此产生的社会结构,是该时代政治的和精神的历史的基础"。这是对唯物史观关于社会存在决定社会意识、经济基础决定上层建筑这个基本原理的集中表述,从根本上否定了社会意识决定社会存在的唯心史观。二是"(从原始土地公有制解体以来)全部历史都是阶级斗争的历史,即社会发展各个阶段上被剥削阶级和剥削阶级之间、被统治阶级和统治阶级之间斗争的历史"。这是运用唯物史观关于阶级、阶级斗争理论观察阶级社会历史作出的基本结论,揭示了阶级社会发展的直接动力。三是"这个斗争现在已经达到这样一个阶段,即被剥削被压迫的阶级(无产阶级),如果不同时使整个社会永远摆脱剥削、压迫和阶级斗争,就不再能使自己从剥削它压迫它的那个阶级(资产阶级)下解放出来"。这里讲的是无产阶级的阶级解放和人类解放的关系,说明无产阶级要获得解放,就必须解放全人类,表达了无产阶级历史作用的思想。

贯穿《共产党宣言》的上述基本思想,概括了历史唯物主义关于人类社会发展规律的根本观点,是研究人类社会历史包括资本主义发展历史的指导原则和根本方法。

二、资产阶级是一个长期发展过程的产物

《共产党宣言》第一章开头的一句就讲,有文字记载的全部历史都是阶级斗争的历史,这个根本观点是剖析资本主义社会的锐利武器,也是贯穿第

---

① 《马克思恩格斯文集》第 4 卷,人民出版社 2009 年版,第 532 页。

一章的主线。

（一）资产阶级赖以形成的条件是在封建社会中产生的

资本主义社会的经济结构是从封建社会的经济结构中产生的。由"资本"演化而来的"资本主义"一词，19 世纪初才开始流行于西欧。但 14、15 世纪地中海沿岸一些城市，已经出现了资本主义生产的萌芽。欧洲封建社会后期，农奴通过赎身、逃亡、垦荒等获得人身自由，其中一些人成了城市居民。货币的广泛使用，削弱了城市的封建行会，手工业者和商人日趋分化。贫穷的行会师傅和帮工变成雇工，少数富裕的行会师傅、生产者和倒买倒卖的包买商人成为雇主。这样，"从中世纪的农奴中产生了初期城市的城关市民；从这个市民等级中发展出最初的资产阶级分子"。"资产阶级"一词原指城市居民或自由民，后指"占有社会生产资料并使用雇佣劳动的现代资本家阶级"。

资本主义生产方式的确立，必须具备两个条件：一是大批有人身自由但失去生产资料的无产者；二是大量为组织资本主义生产所需的货币资本。

为了加速小生产者同生产资料的分离和货币资本的积累，16—18 世纪新兴资产阶级和资产阶级化的贵族，对内野蛮剥夺农民的土地，如英国"使羊群赶走了人"的圈地运动；对外推行血腥的殖民制度，包括实行海盗式的劫掠、贩卖黑人、进行商业战争等。这种"利用国家权力，也就是利用集中的、有组织的社会暴力，来大力促进从封建生产方式向资本主义生产方式的转化过程，缩短过渡时间"[①] 的原始积累过程，是"用血和火的文字载入人类编年史的"[②]。

（二）生产力的发展与封建所有制关系的矛盾

随着资本主义生产方式的发展，新兴资产阶级同封建所有制关系的矛盾日趋尖锐。资本主义的发展要求有广阔的自由市场，要求劳动力的自由流动，要求自由竞争。然而封建所有制关系下存在着严重的人身依附关系，把农民束缚在小块土地上，把手工业者限制在封建行会里，使资产阶级得不到必需的自由的劳动力；封建地主拥有的地方特权和政治特权，他们摊派的种种苛

---

① 《马克思恩格斯文集》第 5 卷，人民出版社 2009 年版，第 861 页。
② 《马克思恩格斯文集》第 5 卷，人民出版社 2009 年版，第 822 页。

捐杂税，限制了资本的自由流动、竞争和资本主义的发展。这样，封建生产关系便成为资本主义发展的严重桎梏。如果不突破封建的生产关系，先进的生产力就不能得到更大的发展，这就迫使资产阶级不能不反对封建的所有制关系。

（三）资本主义代替封建主义

资本主义取代封建主义是一个充满斗争的过程。

在欧洲的一些国家，资产阶级起来掠夺教会地产，盗窃公有土地，用剥夺方法把封建财产变成现代私有财产，使土地与资本合并，以发展资本主义农业和城市，并用工场手工业代替封建行会的手工业经营方式。工业资本家排挤行会的手工业师傅，更排挤占有财富源泉的封建主，使"工业骑士"代替"佩剑骑士"，大批被解散的封建家臣、封建主扈从人员成了不受法律保护的无产者，被抛向劳动力市场。它也用资本主义私有制排挤靠自己劳动挣得的私有制，使这些个体劳动者一无所有，只能出卖劳动力。总之，资产阶级用自由竞争取消了封建特权（贵族特权、行会特权、长子继承权），用金钱的特权代替以往一切个人特权和世袭特权，将历代的一切封建特权和政治垄断权合成一个金钱的特权和垄断权。它反对封建所有制关系的斗争，也是城市反对乡村、工业反对土地占有、货币经济反对自然经济的斗争，其发展过程是奴役状态的形式变换，把封建剥削变成资本主义剥削。腐朽的封建生产关系同先进的资本主义生产力的矛盾冲突是不可避免的。

但是，如果资产阶级不取得政权，利用政权的力量去彻底摧毁封建的政治上层建筑及其所维护的所有制关系，资本主义制度就不可能确立，其生产力也不可能得到更大的发展。

在西欧，资本主义反对封建制度的斗争在三次大决战中达到顶点，这就是：16 世纪德国的所谓宗教改革；1640 年开始的英国资产阶级革命；1789 年开始的法国大革命。资产阶级正是通过政治革命取得了政治统治，确立起资本主义制度，并由此使资本主义生产力得到进一步的发展，造就了资本主义所必需的强大的物质技术基础。正是在资产阶级取得政治胜利之后，英国在 18 世纪下半叶开始了工业革命；继而美、法、德、日等国也先后发动并完成了工业革命。机器大工业代替了工场手工业，生产力迅速发展，资本主义制度得以建立在新的物质技术基础之上，最终彻底地战胜了封建制度。

三、资本主义的发展和世界面貌的变化

在封建统治下属于被压迫等级的资产阶级，"在历史上曾经起过非常革命的作用"。在取得统治地位后，"它按照自己的面貌为自己创造出一个世界"。

（一）生产工具的迅速改进和生产力的巨大发展

《共产党宣言》指出，"资产阶级在它的不到一百年的阶级统治中所创造的生产力，比过去一切世代创造的全部生产力还要多，还要大"。其原因在于：一是资产阶级消灭了旧的生产关系，建立了新的生产关系，这不仅解放了生产力，而且为生产力的大发展开辟了道路。这主要表现为它开辟了广阔的市场，提供了自由劳动力，加剧了自由竞争，促进了资本的自由流动和积累。二是资本主义生产的直接目的和决定性动机是剩余价值的生产，资本的主要信条是"利润或者死亡"。一夜暴富的诱惑和一夜破产的威胁，使得"资产阶级除非对生产工具，从而对生产关系，从而对全部社会关系不断地进行革命，否则就不能生存下去"。因此"资产阶级时代不同于过去一切时代的地方"，就在于"生产的不断变革，一切社会状况不停的动荡，永远的不安定和变动"。三是资本虽不创造科学，但为了生产过程的需要，它必须利用科学，占有科学，使之成为发财致富的手段。这就促使它把自然力、自然科学和技术并入生产过程，使用机器大生产，从而大大提高了劳动生产率，促进了社会生产力的大发展。

（二）统一的民族和民族国家的形成

资本主义发展需要统一的民族国家的市场，它的发展必然与民族国家的形成相一致。"古老的民族工业被消灭了"，生产资料、财产、人口和政治的集中，促使各自独立的地区"结合为一个拥有**统一的**政府、**统一的**法律、**统一的**民族阶级利益和**统一的**关税的**统一的**民族"。资本主义上升时期，是西欧近代民族的形成时期。这样的民族，是人们在历史上形成的有共同语言、共同地域、共同经济生活以及表现于共同的民族文化特点上的共同心理素质的稳定的共同体。

在西欧，近代民族形成时期，与中央集权国家出现的时间大体一致。各民族形成过程，同时是独立的民族国家形成的过程。基本上由一个民族组成的国家叫民族国家或单一的民族国家，如主要由英吉利、法兰西民族组成的英吉利国家、法兰西国家。随着资本主义的发展，地区藩篱被打破，更多的民族国家建立起来，民族意识得到发扬，国家利益凸显。资产阶级正是以国家的名义获得权力的。

中欧、东欧的资本主义发展较晚，中央集权国家的建立比民族的形成要早些，从而出现了由尚未形成为近代民族但已结合在一个国家内的多族人民组成的多民族国家。由于其中比较发达的民族居于统治地位，它便成了民族压迫的发源地。如沙皇俄国被称为"各民族的监狱"。

（三）世界市场的开拓

资产阶级开拓了世界市场，是因为资本主义生产发展的需要。资本主义国内市场的狭小限制了资本主义生产的发展，资产阶级必须寻找新的出路。美洲的发现及第一次环球航行的成功实现，为资产阶级开辟了新的广阔天地，使东西方贸易扩展为世界贸易。

资产阶级开拓世界市场造成了双重的后果。

一是开创了世界历史的新纪元。资本主义大工业使每个文明国家以及这些国家中的每一个人的需要的满足都依赖于整个世界，因为它消灭了各国以往自然形成的闭关自守的状态。"由于开拓了世界市场，使一切国家的生产和消费都成为世界性的了"；各地和各民族的自给自足"被各民族的各方面的互相往来和各方面的互相依赖所代替了"。物质生产如此，精神生产也如此，这就形成了"一种世界的文学"（泛指科学、艺术、哲学、政治等方面的著作）。这些自然在一定程度上促进了生产力的发展，同时又有利于无产阶级解放事业的发展，特别是有利于无产阶级的国际联合。因为作为大工业产儿的无产阶级，正是"以**世界市场**的存在为前提的。因此，无产阶级只有**在世界历史意义上**才能存在，就像共产主义——它的事业——只有作为'世界历史性的'存在才有可能实现一样"①。

二是产生了殖民主义的奴役，给殖民地半殖民地的人民带来了深重的苦难。世界市场还有利于资产阶级的国际联合。资产阶级在世界市场上虽互相冲突和竞争，但共同的利益和恐惧促使他们联合起来反对无产阶级。

（四）资产阶级使农村屈服于城市的统治，使东方从属于西方

《共产党宣言》指出，随着资本主义的发展，"资产阶级使农村屈服于城市

---

① 《马克思恩格斯文集》第1卷，人民出版社2009年版，第539页。

的统治。它创立了巨大的城市，使城市人口比农村人口大大增加起来，因而使很大一部分居民脱离了农村生活的愚昧状态"。这既肯定了资本主义在历史上的进步作用，又指出了它的阶级实质。因为现代大城市是资本主义经济和资产阶级国家政权的集中地，城市既剥削农村又统治农村，使农村屈服于城市的统治。

与此同时，"正像它使农村从属于城市一样，它使未开化和半开化的国家从属于文明的国家，使农民的民族从属于资产阶级的民族，使东方从属于西方"。

在西欧，葡萄牙、西班牙、荷兰、英国、法国、德国相继成为殖民国家。它们通过低廉价格的商品，通过强大帝国和股份公司的控制，使农业民族和落后的国家变成为其供应粮食、原料和保证工业销售市场的殖民地和附属国，并迫使它们"采用资产阶级的生产方式"。

当时人们常从西欧看世界，将地处其东的国家或地区统称为东方。"使东方从属于西方"，就是使东方服从欧美等国资产阶级的控制和统治。这表明，资产阶级按自己的面貌为自己创造的文明世界，是一个严重失衡的畸形世界。

四、资本主义社会中资产者和无产者的阶级对立

（一）阶级社会的历史都是阶级斗争的历史

法国复辟时期的一些资产阶级学者曾经提出过阶级、阶级斗争的概念，但他们认为阶级斗争仅限于从封建社会向资本主义社会发展的历史阶段，不愿承认无产阶级反对资产阶级的阶级斗争，更不能揭示阶级产生和存在的真正根源。唯物史观的创始人完成了世界史观的革命变革，证明原始公社解体后"一切社会的历史都是阶级斗争的历史"，即社会开始分裂为对立的阶级起，就存在阶级斗争了。"没有对抗就没有进步。这是文明直到今天所遵循的规律。"[1]这就揭示了阶级社会的本质和阶级社会历史发展的直接动力。

（二）资产阶级时代阶级对立的简单化

以往社会的阶级划分，被宗教的教阶和宗法的等级所掩盖。资产阶级使阶

---

[1] 《马克思恩格斯全集》第 4 卷，人民出版社 1958 年版，第 104 页。

级对立简单化了。这是因为，一方面，资本主义用公开的、无耻的、直接的、露骨的剥削代替了由宗教幻想和政治幻想掩盖着的剥削。这样，阶级之间的对立关系就比较清晰地显示出来了。另一方面，资本主义的发展必然要无情地消灭中间阶级，使其发生分化，一部分上升为资产阶级，另一部分被抛到无产阶级队伍中。这样，社会上两大对立阶级就凸显出来了。

（三）无产阶级是真正革命的阶级

《共产党宣言》强调，"在当前同资产阶级对立的一切阶级中，只有无产阶级是真正革命的阶级"。这是因为：

首先，无产阶级是现代大工业的产物，代表先进的生产力和社会的未来。随着大工业的发展，无产阶级的队伍将日益扩大。它具有远大的前途。

其次，工业的进步将给它带来大量的政治和教育因素。随着社会化大生产和科学技术的发展，无产阶级的数量不仅会不断增加，而且眼界也会不断扩大，作为"产业军"的组织性、纪律性和团结战斗精神将不断提高。

再次，"在一切生产工具中，最强大的一种生产力是革命阶级本身"[1]。它的发展同社会发展的总方向是一致的，因而它敢于面对现实，面对未来。

最后，无产阶级受资产阶级的压迫和剥削，处于"社会的最下层"，只有摧毁保护私有财产的一切，并实现全社会所有，才能翻身解放。

这个"真正革命的阶级"的革命性具体表现在：

第一，过去的革命都是剥削形式的变换，从不触及剥削的根子——私有制。无产阶级的共产主义革命要同传统的所有制关系和传统的观念实行最彻底的决裂，并通过"全面革命"、"不断革命"实现这两个"最彻底的决裂"，以具有革命的彻底性。

第二，过去的一切阶级争夺统治权时，也利用或求助于群众，但是一旦本阶级的统治稳固，便背叛直至镇压群众。因此，"过去的一切运动都是少数人的，或者为少数人谋利益的运动"。与此迥然不同的是，"无产阶级的运动是绝大多数人的，为绝大多数人谋利益的独立的运动"。这就使得无产阶级的革命具有真正的群众性。

第三，无产阶级坚持全世界无产者联合起来，为消灭阶级、解放全人类和

---

① 《马克思恩格斯文集》第 1 卷，人民出版社 2009 年版，第 655 页。

最后解放自己而斗争。因此，这个革命的主体和内容是真正世界性的。

"无产阶级是真正革命的阶级"，绝不是说无产阶级之外，其他与资产阶级对立的阶级都是不革命的，甚至是反动的。事实上，在资本主义制度下，自食其力的农民、手工业者既是劳动者又是受剥削者，他们在一定程度上能够参加反对资本主义制度的斗争，无产阶级在革命斗争中必须同他们结成联盟，并且领导他们前进。

五、资产阶级的灭亡和无产阶级的胜利同样不可避免

（一）生产力的发展与资本主义所有制关系的矛盾

生产力的发展与资本主义所有制关系之间，具有不可克服的矛盾。关于这一矛盾，恩格斯后来在《反杜林论》中将其进一步表述为："**社会化生产和资本主义占有之间的矛盾表现为无产阶级和资产阶级的对立。**"① "**表现为个别工厂中生产的组织性和整个社会中生产的无政府状态之间的对立。**"② 资本主义社会的各种社会矛盾，主要就是在生产社会化和生产资料私人占有制这对基本矛盾的基础上产生和发展起来的。

（二）生产过剩和周期性的商业危机及其根源

在资本主义发展的过程中，会周期性地出现商业危机。在危机期间，"总是不仅有很大一部分制成的产品被毁灭掉，而且有很大一部分已经造成的生产力被毁灭掉"，也就是说，发生了生产过剩。不过，这并非生产的绝对过剩而是相对过剩。这种生产过剩，是由于在资本主义私有制的条件下，生产的无限扩张欲望和劳动者的有效需求即有购买力的需求相对不足而引起的。关于这个问题，恩格斯后来进一步指出："生产过剩和大众的贫困，两者互为因果，这就是大工业所陷入的荒谬的矛盾，这个矛盾必然要求通过改变生产方式来使生产力摆脱桎梏。"③ 这就是说，危机的根源是资本主义社会的基本矛盾，即社会化生产同生产资料私人占有的矛盾，它注定了资本主义制度的历史暂时性。

---

① 《马克思恩格斯文集》第9卷，人民出版社2009年版，第288页。
② 《马克思恩格斯文集》第9卷，人民出版社2009年版，第290页。
③ 《马克思恩格斯文集》第4卷，人民出版社2009年版，第305—306页。

共产主义的特征并不是要废除一般的所有制，而是要废除资产阶级的所有制。但是，现代的资产阶级的私有制是建立在阶级对立上面，建立在一些人对另一些人的剥削上面的产品生产和占有的最后而又最完备的表现。从这个意义上说，共产党人可以把自己的理论概括为一句话：消灭私有制。

消灭私有制将经历一个社会改造、生产发展的漫长的历史过程。

（三）资产阶级灭亡和无产阶级胜利的历史趋势

资产阶级创造了比过去大得多的生产力，从而战胜了封建主义。当资本主义所有制成为束缚生产力的桎梏时，"资产阶级用来推翻封建制度的武器，现在却对准资产阶级自己了"。随着资本主义的发展，由资本主义生产过程本身机构所训练、联合和组织起来的工人阶级日益壮大。工人阶级本身是最强大的生产力，是先进生产力的代表，同时又是运用这种武器的社会力量。所以《共产党宣言》指出："资产阶级不仅锻造了置自身于死地的武器；它还产生了将要运用这种武器的人——现代的工人，即**无产者**。"这样，随着大工业的发展，资产阶级首先生产的是它自身的掘墓人。

据此，《共产党宣言》得出结论说："资产阶级的灭亡和无产阶级的胜利是同样不可避免的。"这里讲的"两个不可避免"，是统一的历史过程的两个不可分割的方面。这一结论，揭示了资本主义社会发展的总趋势。当然，资产阶级的灭亡和无产阶级的胜利无论在一国范围还是在世界范围内的实现，都将是一个很长的历史过程。但是，这个历史发展的总趋势，从根本上说是不可改变的。

（四）无产阶级的历史使命与斗争道路

无产阶级的"历史使命是推翻资本主义生产方式和最后消灭阶级"[1]。《共产党宣言》概括了工人运动发展、无产阶级成熟及其斗争经历的各个不同阶段。

无产者曾跟随资产者反对封建君主制和地主。无产阶级反对资产阶级的斗争则经历了一个发展过程。最初，工人用捣毁机器的办法发泄对资本家的不满情绪，后来，无产阶级学会把机器和机器的资本主义应用区别开来，单个工人

---

[1] 《马克思恩格斯文集》第5卷，人民出版社2009年版，第18页。

和单个资产者之间的冲突越来越具有两个阶级的冲突的性质。特别是科学社会主义同工人运动结合，建立无产阶级革命政党，标志自在阶级成熟为自为阶级、自发斗争提高到自觉斗争后，无产阶级反对资产阶级的阶级斗争便以经济、政治、理论三种基本形式开展。其中经济斗争是最初的常见的形式，它只能改善出卖劳动力的条件。唯有争取基本政治权利和以争取建立并巩固无产阶级政权为中心的政治斗争，才能从根本上解放无产阶级。《共产党宣言》从历史过程和发展趋势的高度进一步指出："一切阶级斗争都是政治斗争"，意即经济斗争应当并必然提高和发展成为政治斗争。经济斗争、理论斗争应当围绕和服务于政治斗争，并必然具有政治的形式。正如列宁所说："**只有**当阶级斗争不仅发展到政治领域，而且还涉及政治中最本质的东西即国家政权的机构时，那才是充分发达的、'全民族的'阶级斗争。"①

在无产阶级实现历史使命的革命斗争道路上，"无产者组织成为阶级，从而组织成为政党"，这是关键。共产党和其他工人政党不同："在实践方面，共产党人是各国工人政党中最坚决的、始终起推动作用的部分；在理论方面，他们胜过其余无产阶级群众的地方在于他们了解无产阶级运动的条件、进程和一般结果。"无产阶级只有在这样的先进政党领导和先进理论指导下，才能成为"真正革命的阶级"。

《共产党宣言》指出："在叙述无产阶级发展的最一般的阶段的时候，我们循序探讨了现存社会内部或多或少隐蔽着的国内战争，直到这个战争爆发为公开的革命，无产阶级用暴力推翻资产阶级而建立自己的统治。"这里所说的无产阶级革命和无产阶级专政的斗争道路，是资本主义社会内部的阶级斗争和隐蔽的国内战争的必然发展，是无产阶级实现自己历史使命的必由之路。这个无产阶级专政，乃是消灭阶级和向无阶级社会的过渡。"代替那存在着阶级和阶级对立的资产阶级旧社会的，将是这样一个联合体，在那里，每个人的自由发展是一切人的自由发展的条件。"

《共产党宣言》是共产主义运动的伟大的不朽文献。在《共产党宣言》出版 25 年之后，马克思、恩格斯在 1872 年为它所写的德文版序言中谈道："不管最近 25 年来的情况发生了多大的变化，这个《宣言》中所阐述的一般原理整个说来直到现在还是完全正确的。"与此同时，他们又指出，"这些原理的实际

① 《列宁选集》第 2 卷，人民出版社 2012 年版，第 323 页。

运用，正如《宣言》中所说的，随时随地都要以当时的历史条件为转移"。今天，我们对待《共产党宣言》，也应当采取这样的科学态度。

《共产党宣言》发表 170 多年以来的历史表明，虽然 19 世纪末资本主义发展到了它的最高阶段——帝国主义阶段，20 世纪下半叶以来资本主义国家又发生了许多新的变化，但是资本主义社会所固有的基本矛盾仍然存在，历史发展的总趋势并没有改变。《共产党宣言》阐明的一般原理和基本原则经受住了实践的检验，仍然是正确的。我们要正确地理解和运用其中的原理，科学地分析和研究资本主义社会及其历史发展，认清人类社会发展的总趋势，坚定社会主义信念。

延伸阅读：

1. 恩格斯：《共产主义原理》，《马克思恩格斯文集》第 1 卷，人民出版社 2009 年版。

2. 列宁：《帝国主义是资本主义的最高阶段》，《列宁专题文集　论资本主义》，人民出版社 2009 年版。

思考题：

1. 什么是贯穿《共产党宣言》的基本思想？

2. 怎样认识资本主义的产生、发展及其灭亡的规律？

3. 为什么说资产阶级的灭亡和无产阶级的胜利是同样不可避免的？

4. 怎样认识无产阶级的历史使命？

卡·马克思

《政治经济学批判》序言

我考察资产阶级经济制度是按照以下的顺序：**资本、土地所有制、雇佣劳动；国家、对外贸易、世界市场**。在前三项下，我研究现代资产阶级社会分成的三大阶级的经济生活条件；其他三项的相互联系是一目了然的。第一册论述资本，其第一篇由下列各章组成：（1）商品；（2）货币或简单流通；（3）资本一般。前两章构成本分册的内容。我面前的全部材料①形式上都是专题论文，它们是在相隔很久的几个时期内写成的，目的不是为了付印，而是为了自己弄清问题，至于能否按照上述计划对它们进行系统整理，就要看环境如何了。

我把已经起草的一篇总的导言②压下了，因为仔细想来，我觉得预先说出正要证明的结论总是有妨害的，读者如果真想跟着我走，就要下定决心，从个别上升到一般。不过在这里倒不妨谈一下我自己研究政治经济学的经过。

我学的专业本来是法律，但我只是把它排在哲学和历史之次当做辅助学科来研究。1842—1843 年间，我作为《莱茵报》③的编辑，第一次遇到要对所谓物质利益发表意见的难事。莱茵省议会关于林木盗窃和地产析分的讨论，当时的莱茵省总督冯·沙培尔先生就摩泽尔农民状况同《莱茵报》展开的官方论战，最后，关于自由贸易和保护关税的辩论，是促使我去研究经济问题的最初动因。④ 另一方面，在善良的“前进”愿望大大超过实际知识的当时，在《莱茵报》上可以听到法国社会主义和共产主义的带着微弱哲学色彩的回声。我曾表示反对这种肤浅言论，但是同时在和奥格斯堡《总汇报》的一次争论中坦率承认，我以往的研究还不容许我对法兰西思潮的内容本身妄加评判。我倒非常乐意利用《莱茵报》发行人以为把报纸的态度放温和些就可以使那已经落在该报头上的死刑判决撤销的幻想，以便从社会舞台退回书房。

为了解决使我苦恼的疑问，我写的第一部著作是对黑格尔法哲学的批判性

---

① 这里所说的全部材料，是指马克思的《政治经济学批判（1857—1858 年手稿）》和一些准备材料、大纲及摘录笔记等。——编者注

② 指马克思为自己计划撰写的一部经济学巨著写的，但没有完成的《导言》。——编者注

③ 指《莱茵政治、商业和工业日报》。——编者注

④ 指马克思的著作《第六届莱茵省议会的辩论（第三篇论文）。关于林木盗窃法的辩论》和《摩泽尔记者的辩护》（见《马克思恩格斯全集》中文第 2 版第 1 卷）。——编者注

的分析，这部著作的导言曾发表在 1844 年巴黎出版的《德法年鉴》上。① 我的研究得出这样一个结果：法的关系正像国家的形式一样，既不能从它们本身来理解，也不能从所谓人类精神的一般发展来理解，相反，它们根源于物质的生活关系，这种物质的生活关系的总和，黑格尔按照 18 世纪的英国人和法国人的先例，概括为"市民社会"②，而对市民社会的解剖应该到政治经济学中去寻求。我在巴黎开始研究政治经济学，后来因基佐先生下令驱逐而移居布鲁塞尔，在那里继续进行研究。我所得到的，并且一经得到就用于指导我的研究工作的总的结果，可以简要地表述如下：人们在自己生活的社会生产中发生一定的、必然的、不以他们的意志为转移的关系，即同他们的物质生产力的一定发展阶段相适合的生产关系。这些生产关系的总和构成社会的经济结构，即有法律的和政治的上层建筑竖立其上并有一定的社会意识形式与之相适应的现实基础。物质生活的生产方式制约着整个社会生活、政治生活和精神生活的过程。不是人们的意识决定人们的存在，相反，是人们的社会存在决定人们的意识。社会的物质生产力发展到一定阶段，便同它们一直在其中运动的现存生产关系或财产关系（这只是生产关系的法律用语）发生矛盾。于是这些关系便由生产力的发展形式变成生产力的桎梏。那时社会革命的时代就到来了。随着经济基础的变更，全部庞大的上层建筑也或慢或快地发生变革。在考察这些变革时，必须时刻把下面两者区别开来：一种是生产的经济条件方面所发生的物质的、可以用自然科学的精确性指明的变革，一种是人们借以意识到这个冲突并力求把它克服的那些法律的、政治的、宗教的、艺术的或哲学的，简言之，意识形态的形式。我们判断一个人不能以他对自己的看法为根据，同样，我们判断这样一个变革时代也不能以它的意识为根据；相反，这个意识必须从物质生活的矛盾中，从社会生产力和生产关系之间的现存冲突中去解释。无论哪一个社会形态，在它所能容纳的全部生产力发挥出来以前，是决不会灭亡的；而新的更高的生产关系，在它的物质存在条件在旧社会的胎胞里成熟以前，是决不会出现的。所以人类始终只提出自己能够解决的任务，因为只要仔细考察就可以发

---

① 《德法年鉴》是由马克思提议创办，由阿·卢格和马克思在巴黎编辑出版的德文刊物，仅在 1844 年 2 月出版过一期双刊号。——编者注

② 市民社会（bürgerliche Gesellschaft）这一术语出自黑格尔《法哲学原理》第 182 节（见《黑格尔全集》1833 年柏林版第 8 卷）。在马克思的早期著作中，这一术语有两重含义。广义地说，是指社会发展各历史时期的经济制度，即决定政治制度和意识形态的物质关系总和；狭义地说，是指资产阶级社会的物质关系。因此，应按照上下文作不同的理解。——编者注

现，任务本身，只有在解决它的物质条件已经存在或者至少是在生成过程中的时候，才会产生。大体说来，亚细亚的、古希腊罗马的、封建的和现代资产阶级的生产方式可以看做是经济的社会形态演进的几个时代。资产阶级的生产关系是社会生产过程的最后一个对抗形式，这里所说的对抗，不是指个人的对抗，而是指从个人的社会生活条件中生长出来的对抗；但是，在资产阶级社会的胎胞里发展的生产力，同时又创造着解决这种对抗的物质条件。因此，人类社会的史前时期就以这种社会形态而告终。

自从弗里德里希·恩格斯批判经济学范畴的天才大纲①（在《德法年鉴》上）发表以后，我同他不断通信交换意见，他从另一条道路（参看他的《英国工人阶级状况》）得出同我一样的结果。当 1845 年春他也住在布鲁塞尔时，我们决定共同阐明我们的见解与德国哲学的意识形态的见解的对立，实际上是把我们从前的哲学信仰清算一下。这个心愿是以批判黑格尔以后的哲学的形式来实现的。两厚册八开本的原稿②早已送到威斯特伐利亚的出版所，后来我们才接到通知说，由于情况改变，不能付印。既然我们已经达到了我们的主要目的——自己弄清问题，我们就情愿让原稿留给老鼠的牙齿去批判了。在我们当时从这方面或那方面向公众表达我们见解的各种著作中，我只提出恩格斯与我合著的《共产党宣言》和我自己发表的《关于自由贸易的演说》。我们见解中有决定意义的论点，在我的 1847 年出版的为反对蒲鲁东而写的著作《哲学的贫困》中第一次作了科学的、虽然只是论战性的概述。我用德文写的关于《雇佣劳动》③ 一书，汇集了我在布鲁塞尔德意志工人协会④上对于这个问题的讲演，这本书的印刷由于二月革命和我因此被迫离开比利时而中断。

1848 年和 1849 年《新莱茵报》⑤ 的出版以及随后发生的一些事变，打断了我的经济研究工作，到 1850 年我才能在伦敦重新进行这一工作。英国博物馆中堆积着政治经济学史的大量资料，伦敦对于考察资产阶级社会是一个方便的地点，最后，随着加利福尼亚和澳大利亚金矿的发现，资产阶级社会看来进入

---

① 指恩格斯的《国民经济学批判大纲》，见《马克思恩格斯文集》第 1 卷。——编者注
② 指马克思和恩格斯的《德意志意识形态》手稿。——编者注
③ 即《雇佣劳动与资本》，见《马克思恩格斯文集》第 1 卷。——编者注
④ 德意志工人协会全称是布鲁塞尔德意志工人教育协会，是马克思和恩格斯于 1847 年 8 月底在布鲁塞尔建立的德国工人团体，旨在对侨居比利时的德国工人进行政治教育并向他们宣传科学共产主义思想。
⑤ 指《新莱茵报。民主派机关报》。——编者注

了新的发展阶段，这一切决定我再从头开始，批判地仔细钻研新的材料。这些研究一部分自然要涉及似乎完全属于本题之外的学科，在这方面不得不多少费些时间。但是使我所能够支配的时间特别受到限制的，是谋生的迫切需要。八年来，我一直为第一流的美国英文报纸《纽约每日论坛报》撰稿（写作真正的报纸通讯在我只是例外），这使我的研究工作必然时时间断。然而，由于评论英国和大陆突出经济事件的论文在我的投稿中占很大部分，我不得不去熟悉政治经济学这门科学本身范围以外的实际的细节。

我以上简短地叙述了自己在政治经济学领域进行研究的经过，这只是要证明，我的见解，不管人们对它怎样评论，不管它多么不合乎统治阶级的自私的偏见，却是多年诚实研究的结果。但是在科学的入口处，正像在地狱的入口处一样，必须提出这样的要求：

"这里必须根绝一切犹豫；

这里任何怯懦都无济于事。"①

卡尔·马克思

1859 年 1 月于伦敦

（选自《马克思恩格斯文集》第 2 卷，人民出版社 2009 年版，第 588—594 页）

---

① 但丁《神曲·地狱篇》第 3 部第 14—15 行。——编者注

学 习 导 读

1859 年，马克思出版了他的《政治经济学批判》第一分册。马克思说："这部著作第一次科学地表述了关于社会关系的重要观点。"① 这些重要观点以高度概括的语言集中表述在该书的序言中。这篇序言成了后来人们理解和阐述唯物主义历史观的经典的文献依据。

马克思在《〈政治经济学批判〉序言》（以下简称《序言》）中说明了自己研究政治经济学的经过，这同时也是唯物主义历史观形成、运用和得到证明的过程。马克思对自己经过长期研究所得到的，并且一经得到就用于指导自己研究工作的"总的结果"，作了简要的表述。他后来又讲过："在那里我说明了我的方法的唯物主义基础。"② 恩格斯认为，《序言》是马克思对唯物主义历史观的要点所作的"扼要的阐述"③。列宁也认为，这是马克思对历史唯物主义基本原理的"完整的表述"④。

一、社会存在决定社会意识

人类社会是一个由多种因素构成的有机整体。马克思在《序言》中阐明了唯物主义历史观最基本的范畴，勾画出社会形态的一般结构，论述了历史观的基本问题。

（一）生产力和生产关系、经济基础和上层建筑

生产力和生产关系、经济基础和上层建筑、生产方式、社会存在和社会意识，是唯物主义历史观最重要的基本范畴。马克思和恩格斯提出这些科学范畴并运用它们揭示出社会的本质和规律，是对社会历史认识的飞跃。

在马克思 19 世纪 40 年代的著作中，已经广泛使用"生产力"这一概念，

---

① 《马克思恩格斯文集》第 10 卷，人民出版社 2009 年版，第 167 页。
② 《马克思恩格斯文集》第 5 卷，人民出版社 2009 年版，第 20 页。
③ 《马克思恩格斯文集》第 2 卷，人民出版社 2009 年版，第 597 页。
④ 《列宁专题文集 论马克思主义》，人民出版社 2009 年版，第 13 页。

而对于人们之间的生产关系，当时还用了"交往关系"、"交往形式"、"交换和消费形式"等多种方式来表达，这种物质关系作为国家和观念的上层建筑的基础，则被称为"市民社会"。马克思指出，"市民社会包括各个人在生产力发展的一定阶段上的一切物质交往"①，"在一切时代都构成国家的基础以及任何其他的观念的上层建筑的基础"②。

到 1859 年，这些概念及其相互关系，在《序言》中得到了更精辟的表述。《序言》中说："人们在自己生活的社会生产中发生一定的、必然的、不以他们的意志为转移的关系，即同他们的物质生产力的一定发展阶段相适合的生产关系。"这一论断明确地阐述了"生产关系"这个概念：其一，生产关系是人们在自己生活的社会生产中发生的关系；其二，生产关系是不以人们自己的意志为转移的具有客观性的关系，即如后来列宁所指出的，它是"物质的社会关系（即不通过人们的意识而形成的社会关系）"③；其三，一定的生产关系是同物质生产力的一定发展阶段相适应的，也就是说，它是由生产力决定的，是因生产力的发展阶段不同而不同的关系。阐明"生产关系"这一科学概念，在唯物主义历史观的创立中具有关键性的意义。

《序言》进而运用"生产关系"的概念提出并阐明了"经济基础"和"上层建筑"这一对重要范畴。经济基础是社会的经济结构，它是由生产关系的总和构成的。社会的经济结构之所以被称为经济基础，是因为有上层建筑竖立其上，它是上层建筑的现实基础；而上层建筑，则包括建立在一定的经济基础之上的法律的和政治的制度、设施以及与之相适应的社会意识形态。

这样我们可以看到，生产力决定生产关系，生产关系的总和构成社会的经济基础，在经济基础之上竖立着法律的、政治的和意识形态的上层建筑，社会形态的基本结构就这样被清晰地勾画出来了。

（二）物质生活的生产方式制约着整个社会生活过程

马克思说："物质生活的生产方式制约着整个社会生活、政治生活和精神生活的过程。"这一论断指出了生产方式在历史发展中的决定作用。社会历史的发展最终是由什么因素决定的，这是历史研究中一个根本性的问题。旧的唯

---

① 《马克思恩格斯文集》第 1 卷，人民出版社 2009 年版，第 582 页。
② 《马克思恩格斯文集》第 1 卷，人民出版社 2009 年版，第 583 页。
③ 《列宁专题文集　论辩证唯物主义和历史唯物主义》，人民出版社 2009 年版，第 161 页。

心主义的历史观总是从人们的头脑中，或从社会之外的神秘力量去寻找历史变迁的终极原因，而马克思则揭示了，人们首先必须吃、喝、住、穿，然后才能从事其他活动，物质资料的生产是整个社会生活及整个历史的基础，因而物质生活的生产方式就是社会历史的最终决定因素。恩格斯指出，这个原理"对于一切历史科学（凡不是自然科学的科学都是历史科学）都是一个具有革命意义的发现"，因为这个原理揭示了，"在历史上出现的一切社会关系和国家关系，一切宗教制度和法律制度，一切理论观点，只有理解了每一个与之相应的时代的物质生活条件，并且从这些物质条件中被引申出来的时候，才能理解"①。

"生产方式"这一概念，作为唯物主义历史观的基本范畴，体现着生产力和生产关系的统一。马克思经常在这种既包括生产力又包括生产关系的意义上使用"生产方式"这一概念。

（三）不是人们的意识决定人们的存在，而是人们的社会存在决定人们的意识

社会存在和社会意识的关系问题是历史观的基本问题，对这一问题的回答是区分历史唯物主义和历史唯心主义的标准。阐明了生产关系的科学概念，揭示了生产方式在社会历史发展中的决定作用，也就正确地解决了社会存在和社会意识的关系问题。

马克思主义诞生之前，在对社会历史的认识中，唯心主义历史观占据着统治地位，而唯心史观的根本错误，就是颠倒了社会存在和社会意识的关系，把社会意识当做决定的方面。马克思和恩格斯在《德意志意识形态》中已经指出：意识在任何时候都只能是被意识到了的存在，而人们的存在就是他们的现实生活过程。"不是意识决定生活，而是生活决定意识。"② 在《序言》中，马克思把历史唯物主义的这一根本原理明确表述为："不是人们的意识决定人们的存在，相反，是人们的社会存在决定人们的意识。"

社会存在决定社会意识这一基本原理的确立，从根本上划清了历史唯物主义与历史唯心主义的界限，标志着马克思在整个世界观、历史观上实现了变革。

---

① 《马克思恩格斯文集》第 2 卷，人民出版社 2009 年版，第 597 页。
② 《马克思恩格斯文集》第 1 卷，人民出版社 2009 年版，第 525 页。

恩格斯在他写的书评《卡尔·马克思〈政治经济学批判。第一分册〉》中高度评价了马克思这一论断的重大理论意义和实践意义，他指出："这个原理看来很简单，但是仔细考察一下也会立即发现，这个原理的最初结论就给一切唯心主义，甚至给最隐蔽的唯心主义当头一棒。关于一切历史的东西的全部传统的和习惯的观点都被这个原理否定了。政治论证的全部传统方式崩溃了。"①从前所有对于历史的见解，都是建立在思想观念是历史变动的最终原因的基础之上的。确立了社会存在决定社会意识的历史唯物主义基本原理，历史才破天荒第一次被置于它的真正基础之上，有关社会历史的各门学问才有可能成为真正意义上的科学。

二、生产力和生产关系、经济基础和
上层建筑的矛盾运动与社会革命

人类社会是一个不断发展的过程。社会的变革和发展是由生产力和生产关系、经济基础和上层建筑的矛盾运动决定的。这些矛盾实际上是人类社会的基本矛盾。马克思揭示了这些矛盾运动的规律，得出了革命的结论。

（一）社会基本矛盾运动引起社会革命

第一，生产力的发展必然会同生产关系发生矛盾。

人们只有以一定的方式结合起来，才能进行生产，只有在一定的社会关系的范围内，才会有对自然界的关系，因此，生产总是在一定的生产关系中进行的，生产力总是在一定的生产关系中运动的。生产力处于不断发展之中。"社会的物质生产力发展到一定阶段，便同它们一直在其中运动的现存生产关系或财产关系（这只是生产关系的法律用语）发生矛盾。"

生产关系作为人们的经济关系会在上层建筑领域中反映为法的关系。法律上讲的所有权，就是生产资料所有制在法权上的反映。"财产关系"是一种法律用语，它的内容是由经济关系决定的，所以马克思指出，财产关系只是生产关系的法律用语。

---

① 《马克思恩格斯文集》第 2 卷，人民出版社 2009 年版，第 598 页。

第二，当生产关系变成生产力的桎梏时，社会革命的时代就会到来。

生产力和生产关系的矛盾在社会发展的不同阶段有不同的性质和特点。一定的生产关系是适应生产力的一定发展阶段而形成的，所以它在这一阶段，从总体上讲，是同生产力相适合的促进生产力发展的形式。随着生产力的发展，原有的生产关系会发生部分地不适合生产力发展的情况，这就需要对它进行局部的调整，即加以改良或改革。而当旧的生产关系从根本上严重阻碍生产力的发展，即这些生产关系"由生产力的发展形式变成生产力的桎梏"时，就产生了从根本上变革旧的生产关系的客观要求，"那时社会革命的时代就到来了"。

第三，随着经济基础的变更，全部庞大的上层建筑也或慢或快地发生变革。

一定社会的上层建筑都是建立在一定的经济基础之上并为自己的经济基础服务的。当生产力的发展引起生产关系的变革时，必然要求变革建立在原有经济基础之上的上层建筑。

马克思的这个论断包含相互关联的两个要点：一是"全部庞大的上层建筑"的各个部分都一定要随着经济基础的变更而发生变革，并无例外；二是上层建筑中不同部分的变革有"或慢或快"的不同，不是同步的。这是因为，由经济基础决定的上层建筑有其相对的独立性，上层建筑的不同部分有不同程度、不同表现的相对独立性。同革命时期以国家政权为核心的政治上层建筑的剧烈变革相比，观念上层建筑即意识形态的变革是一个相当漫长的过程。

生产关系和生产力之间的矛盾、上层建筑和经济基础之间的矛盾，贯穿人类社会始终，推动历史发展。历史唯物主义关于社会基本矛盾的理论揭示了历史发展的基本规律。

（二）"两个决不会"的科学思想

马克思指出：在考察社会变革时，"必须时刻把下面两者区别开来：一种是生产的经济条件方面所发生的物质的、可以用自然科学的精确性指明的变革，一种是人们借以意识到这个冲突并力求把它克服的那些法律的、政治的、宗教的、艺术的或哲学的，简言之，意识形态的形式。"考察社会变革，应当以物质经济条件为根据，而"不能以它的意识为根据"。因为意识本身只能

"从社会生产力和生产关系之间的现存冲突中去解释"。这样，马克思就把社会存在决定社会意识的原理转化成了认识社会历史的方法论原则，运用于考察变革的时代。

社会革命是指旧的社会形态被新的社会形态所取代。社会革命的终极原因，应当在生产力和生产关系的矛盾中去寻找。马克思说："无论哪一个社会形态，在它所能容纳的全部生产力发挥出来以前，是决不会灭亡的；而新的更高的生产关系，在它的物质存在条件在旧社会的胎胞里成熟以前，是决不会出现的。"

马克思关于"两个决不会"的思想所强调的，是社会革命有其深刻的社会经济根源，即源于生产关系与生产力之间的冲突，因而具有客观必然性，它不是也不可能是人为地制造出来的。这个思想启示我们：考察一个国家是不是具备发生社会革命的条件，关键就是要考察那里占统治地位的生产关系是不是"由生产力的发展形式变成生产力的桎梏"。这就是说，在考察社会革命的问题时，我们应当注意如恩格斯所说的"每个经历了动荡的国家的总的社会状况和生活条件"[1]。恩格斯说："把革命的发生归咎于少数煽动者的恶意那种迷信的时代，早已过去了。现在每个人都知道，任何地方发生革命动荡，其背后必然有某种社会要求，而腐朽的制度阻碍这种要求得到满足。"[2] 革命中强烈地表现出来的，是根源于生产力和生产关系、经济基础和上层建筑之间矛盾冲突的"必然性的物质力量"[3]。

应当注意到，进入资本主义时代之后，由于民族的、地域的历史日益成为世界历史，因而在考察社会革命的问题时，我们还必须具有世界历史的观点。马克思、恩格斯讲过："按照我们的观点，一切历史冲突都根源于生产力和交往形式之间的矛盾。"但是，"不一定非要等到这种矛盾在某一国家发展到极端尖锐的地步，才导致这个国家内发生冲突。由广泛的国际交往所引起的同工业比较发达的国家的竞争，就足以使工业比较不发达的国家内产生类似的矛盾"[4]。这个情况，也是我们在研究近代以来一些国家的革命问题时所不能忽略的。

---

[1] 《马克思恩格斯文集》第2卷，人民出版社2009年版，第352页。
[2] 《马克思恩格斯文集》第2卷，人民出版社2009年版，第351—352页。
[3] 《马克思恩格斯全集》第27卷，人民出版社1972年版，第210页。
[4] 《马克思恩格斯文集》第1卷，人民出版社2009年版，第567—568页。

三、社会形态的历史演进

（一）社会形态演进的几个时代

在揭示社会基本矛盾运动规律的基础上，《序言》提出了"社会形态"、"经济的社会形态"的概念。马克思两个"决不会"的论断是用"社会形态"的概念来表达的。马克思还指出："大体说来，亚细亚的、古希腊罗马的、封建的和现代资产阶级的生产方式可以看做是经济的社会形态演进的几个时代。"这一简明的论断包含着极为丰富的深刻的思想。

"社会形态"、"经济的社会形态"，是唯物主义历史观的重要范畴。"社会形态"是概括一定性质的社会并把社会发展不同阶段区分开来的一个整体性概念。与一定的生产力状况相适应，一定的经济基础与上层建筑结合起来，就构成一定的社会形态。

划分不同社会形态的标准是生产方式，所以社会历史的发展表现为"经济的社会形态"的演进。马克思在 19 世纪 40 年代发表的《雇佣劳动与资本》中，就把一定历史阶段上的社会理解为一定的生产关系的总和，并以此为根据划分出"古典古代社会"、"封建社会"和"资产阶级社会"等几个阶段。① 在《序言》中，马克思把"亚细亚的"、"古希腊罗马的"、"封建的"和"现代资产阶级的"生产方式看做是社会形态演进的几个时代。这里所说的"亚细亚的"生产方式，是当时马克思对原初的社会形态的一种推断。1877 年摩尔根的《古代社会》出版后，马克思和恩格斯运用这一成果对原始社会的历史做了深入研究。② 从总体上说，人类社会历史的发展过程表现为原始社会、奴隶社会、封建社会、资本主义社会和社会主义社会这五种社会形态的依次更替。

马克思的社会形态理论是通过对社会历史的深入研究，从客观实际中抽象出来的科学理论，它揭示了人类社会发展的一般规律，经受住了历史实践的检验。

人类社会发展的一般规律并不排斥不同民族、不同国家在社会发展的顺序和形式上的独特性。由于自身具体条件的不同和国际环境的影响，并非所有民族、国家都依次经历五种社会形态的更替，其间既有某一社会形态的跨越，也

---

① 参见《马克思恩格斯文集》第 1 卷，人民出版社 2009 年版，第 724 页。
② 参见《马克思恩格斯文集》第 3 卷，人民出版社 2009 年版，第 586 页。

有前进中暂时的曲折、倒退；一定形态的社会并非以某种纯粹的形式存在，而是包含着或多或少的其他社会形态的因素。这些复杂的情况并未否定社会形态演进的一般规律，而是表明历史的发展既具有统一性，又具有多样性。

（二）资产阶级生产关系是社会生产过程的最后一个对抗形式

资产阶级生产关系的基础是生产资料的资本家所有制。资本主义生产方式是以生产剩余价值为目的的生产方式，它的存在以两个社会阶级的存在为前提，一方面是占有生产资料的资本家阶级，一方面是失去生产资料、仅有自己的劳动力可以出卖的无产阶级。资本和雇佣劳动的关系决定着这种生产方式的全部性质。剩余价值的占有是资本主义剥削的实质，因而资本主义生产关系是对抗性的生产关系。这种对抗从本质上说不是个人的对抗，而是个人生活于其中的社会关系的对抗。生产的社会性和生产资料的资本主义私人占有之间的矛盾是资本主义生产方式固有的基本矛盾，它包含着资本主义社会中一切冲突的萌芽，决定了资本主义的历史命运。

资本主义生产关系曾经极大地推动了生产力的发展，但是，这种社会化的生产力发展到一定阶段，就不可避免地同狭隘的资本主义私有制发生冲突，达到同它们的资本主义外壳不能相容的地步，要求炸毁这个外壳。虽然资产阶级可以在资本主义生产方式容许的范围内通过对生产关系作某些局部的调整来缓和矛盾，但终究不能从根本上克服这种矛盾和对抗。在资产阶级社会的胎胞里发展起来的强大的社会化的生产力，为全社会占有生产资料和共同组织社会化生产准备了物质经济条件；同时，资本主义越发展，无产阶级的力量就越壮大，资产阶级社会造就了置自身于死地的社会力量。因此，资本主义生产方式固有的矛盾决定了它的历史过渡性质，它必然为社会主义社会所代替。资本主义社会是人类历史上最后一个内在地包含着对抗性的社会基本矛盾和阶级结构的社会形态。

恩格斯在复述了《序言》的主要观点之后明确地讲过："只要进一步发挥我们的唯物主义论点，并且把它应用于现时代，一个强大的、一切时代中最强大的革命远景就会立即展现在我们面前。"[①] 这充分体现了马克思主义世界观、历史观的科学性与革命性的有机统一。

---

① 《马克思恩格斯文集》第 2 卷，人民出版社 2009 年版，第 597—598 页。

　　《序言》作为对唯物主义历史观所作的经典性表述，指明了把历史当做一个十分复杂并充满矛盾的、有规律的、统一的过程来研究的途径，提供了认识人类社会的基本结构、矛盾运动和发展趋势的科学方法，对于我们科学地研究历史，具有根本性的指导意义。

延伸阅读：

　　1. 恩格斯：《卡尔·马克思〈政治经济学批判。第一分册〉》，《马克思恩格斯文集》第 2 卷，人民出版社 2009 年版。

　　2. 马克思：《资本论》第一卷第一版序言、第一卷第二版跋，《马克思恩格斯文集》第 5 卷，人民出版社 2009 年版。

思考题：

　　1. 为什么说社会存在和社会意识的关系问题是历史观的基本问题？

　　2. 如何认识人类社会的基本结构、矛盾运动和发展趋势？

　　3. 如何认识社会形态历史演进的统一性和多样性？

弗·恩格斯

反杜林论（节选）

引　　论

一　概　　论

现代社会主义，就其内容来说，首先是对现代社会中普遍存在的有财产者和无财产者之间、资产者和雇佣工人之间的阶级对立以及生产中普遍存在的无政府状态这两个方面进行考察的结果。但是，就其理论形式来说，它起初表现为 18 世纪法国伟大的启蒙学者们所提出的各种原则的进一步的、据称是更彻底的发展。① 同任何新的学说一样，它必须首先从已有的思想材料出发，虽然它的根子深深扎在经济的事实中。

在法国为行将到来的革命启发过人们头脑的那些伟大人物，本身都是非常革命的。他们不承认任何外界的权威，不管这种权威是什么样的。宗教、自然观、社会、国家制度，一切都受到了最无情的批判；一切都必须在理性的法庭面前为自己的存在作辩护或者放弃存在的权利。思维着的知性成了衡量一切的唯一尺度。那时，如黑格尔所说的，是世界用头立地的时代。② 最初，这句话的意思是：人的头脑以及通过头脑的思维发现的原理，要求成为人类的一切活动和社会结合的基础；后来这句话又有了更广泛的含义：同这些原理相矛盾的现实，实际上都被上下颠倒了。以往的一切社会形式和国家形式、一切传统观念，都被当做不合理性的东西扔到垃圾堆里去了；到现在为止，世界所遵循的只是一些成见；过去的一切只值得怜悯和鄙视。只是现在阳光才照射出来。从今以后，迷信、非正义、特权和压迫，必将为永恒的真理、永恒的正义、基于

---

① 在《引论》的草稿中，这一段是这样写的：“**现代社会主义**，虽然实质上是由于对现存社会中有财产者和无财产者之间、工人和剥削者之间的阶级对立进行考察而产生的，但是，就其理论形式来说，起初却表现为 18 世纪法国伟大的启蒙学者们所提出的各种原则的更彻底的、进一步的发展，因为它的最初代表摩莱里和马布利也是属于启蒙学者之列的。”——编者注

② 恩格斯在《社会主义从空想到科学的发展》中的这个地方加了一个注，见《马克思恩格斯文集》第 3 卷第 523 页。——编者注

自然的平等和不可剥夺的人权所取代。

现在我们知道，这个理性的王国不过是资产阶级的理想化的王国；永恒的正义在资产阶级的司法中得到实现；平等归结为法律面前的资产阶级的平等；被宣布为最主要的人权之一的是资产阶级的所有权；而理性的国家、卢梭的社会契约①在实践中表现为，而且也只能表现为资产阶级的民主共和国。18世纪伟大的思想家们，也同他们的一切先驱者一样，没有能够超出他们自己的时代使他们受到的限制。

但是，除了封建贵族和资产阶级之间的对立，还存在着剥削者和被剥削者、游手好闲的富人和从事劳动的穷人之间的普遍的对立。正是由于这种情形，资产阶级的代表才能标榜自己不是某一特殊的阶级的代表，而是整个受苦人类的代表。不仅如此，资产阶级从它产生的时候起就背负着自己的对立物：资本家没有雇佣工人就不能存在，随着中世纪的行会师傅发展成为现代的资产者，行会帮工和行会外的短工便相应地发展成为无产者。虽然总的说来，资产阶级在同贵族斗争时有理由认为自己同时代表当时的各个劳动阶级的利益，但是在每一个大的资产阶级运动中，都爆发过作为现代无产阶级的发展程度不同的先驱者的那个阶级的独立运动。例如，德国宗教改革和农民战争时期的托马斯·闵采尔派，英国大革命时期的平等派②，法国大革命时期的巴贝夫。伴随着一个还没有成熟的阶级的这些革命暴动，产生了相应的理论表现；在16世纪和17世纪有理想社会制度的空想的描写③，而在18世纪已经有了直接共产主义的理论（摩莱里和马布利）。平等的要求已经不再限于政治权利方面，它也应当扩大到个人的社会地位方面；不仅应当消灭阶级特权，而且应当消灭阶级差别本身。禁欲主义的、斯巴达式的共产主义，是这种新学说的第一个表现形式。后来出现了三个伟大的空想主义者：圣西门、傅立叶和欧文。在圣西门

---

① 社会契约是让·雅·卢梭提出的政治理论。按照这一理论，人们最初生活在自然状态，在这种状态下，人人都是平等的。私有财产的形成和不平等的占有关系的发展决定了人们从自然状态向市民状态的过渡，并导致以社会契约为基础的国家的形成。政治上的不平等的进一步发展破坏了这种社会契约，导致某种新的自然状态的形成。能够消除这一自然状态的，据说是以某种新的社会契约为基础的理性国家。——编者注

② 指"真正平等派"，又称"掘地派"。他们是17世纪英国资产阶级革命时期的激进派，代表城乡贫民阶层的利益，要求消灭土地私有制，宣传原始的平均共产主义思想，并企图通过集体开垦公有土地来实现这种思想。——编者注

③ 这里首先是指空想共产主义的代表人物托·莫尔的著作《乌托邦》（1516年出版）和托·康帕内拉的《太阳城》（1623年出版）。——编者注

那里，除无产阶级的倾向外，资产阶级的倾向还有一定的影响。欧文在资本主义生产最发达的国家里，在这种生产所造成的种种对立的影响下，直接从法国唯物主义出发，系统地阐述了他的消除阶级差别的方案。

所有这三个人有一个共同点：他们都不是作为当时已经历史地产生的无产阶级的利益的代表出现的。他们和启蒙学者一样，并不是想解放某一个阶级，而是想解放全人类。他们和启蒙学者一样，想建立理性和永恒正义的王国；但是他们的王国和启蒙学者的王国是有天壤之别的。按照这些启蒙学者的原则建立起来的资产阶级世界也是不合理性的和非正义的，所以也应该像封建制度和一切更早的社会制度一样被抛到垃圾堆里去。真正的理性和正义至今还没有统治世界，这只是因为它们没有被人们正确地认识。所缺少的只是个别的天才人物，现在这种人物已经出现而且已经认识了真理；至于天才人物是在现在出现，真理正是在现在被认识到，这并不是从历史发展的联系中必然产生的、不可避免的事情，而纯粹是一种侥幸的偶然现象。这种天才人物在 500 年前也同样可能诞生，这样他就能使人类免去 500 年的迷误、斗争和痛苦。

这种见解本质上是英国和法国的一切社会主义者以及包括魏特林在内的第一批德国社会主义者的见解。对所有这些人来说，社会主义是绝对真理、理性和正义的表现，只要它被发现了，它就能用自己的力量征服世界；因为绝对真理是不依赖于时间、空间和人类的历史发展的，所以，它在什么时候和什么地方被发现，那纯粹是偶然的事情。同时，绝对真理、理性和正义在每个学派的创始人那里又是各不相同的；而因为在每个学派的创始人那里，绝对真理、理性和正义的独特形式又是由他们的主观知性、他们的生活条件、他们的知识水平和思维训练水平所决定的，所以，解决各种绝对真理的这种冲突的办法就只能是它们互相磨损。由此只能得出一种折中的不伦不类的社会主义，这种社会主义实际上直到今天还统治着法国和英国大多数社会主义工人的头脑，它是由各学派创始人的比较温和的批判性言论、经济学原理和关于未来社会的观念组成的色调极为复杂的混合物，这种混合物的各个组成部分，在辩论的激流中越是磨去其锋利的棱角，就像溪流中的卵石一样，这种混合物就越容易构成。为了使社会主义变为科学，就必须首先把它置于现实的基础之上。

在此期间，同 18 世纪的法国哲学并列和继它之后，近代德国哲学产生了，并且在黑格尔那里完成了。它的最大的功绩，就是恢复了辩证法这一最高的思维形式。古希腊的哲学家都是天生的自发的辩证论者，他们中最博学的人物亚里士多德就已经研究了辩证思维的最主要的形式①。而近代哲学虽然也有辩证法的卓越代表（例如笛卡儿和斯宾诺莎），但是特别由于英国的影响却日益陷入所谓形而上学的思维方式；18世纪的法国人也几乎全都为这种思维方式所支配，至少在他们的专门哲学著作中是如此。可是，在本来意义的哲学之外，他们同样也能够写出辩证法的杰作；我们只要提一下狄德罗的《拉摩的侄子》②和卢梭的《论人间不平等的起源》就够了。——在这里，我们就简略地谈谈这两种思维方法的实质；我们回头还要更详细地谈这个问题。

当我们通过思维来考察自然界或人类历史或我们自己的精神活动的时候，首先呈现在我们眼前的，是一幅由种种联系和相互作用无穷无尽地交织起来的画面，其中没有任何东西是不动的和不变的，而是一切都在运动、变化、生成和消逝。这种原始的、素朴的、但实质上正确的世界观是古希腊哲学的世界观，而且是由赫拉克利特最先明白地表述出来的：一切都存在而又不存在，因为一切都在**流动**，都在不断地变化，不断地生成和消逝。但是，这种观点虽然正确地把握了现象的总画面的一般性质，却不足以说明构成这幅总画面的各个细节；而我们要是不知道这些细节，就看不清总画面。为了认识这些细节，我们不得不把它们从自然的或历史的联系中抽出来，从它们的特性、它们的特殊的原因和结果等等方面来分别加以研究。这首先是自然科学和历史研究的任务；而这些研究部门，由于十分明显的原因，在古典时代的希腊人那里只占有从属的地位，因为他们首先必须搜集材料。精确的自然研究只是在亚历山大里亚时期③的希腊人那里才开始，而后来在中世纪由阿拉伯人继续发展下去；可是，真正的自然科学只是从15世纪下半叶才开始，从这时起它就获得了日益迅速的进展。把自然界分解为各个部分，把各种自然过程和自然对象分成一定的门类，对有机体的内部按其多种多样的解剖形态进行研究，这是最近400年来在认识自然界方面获得巨大进展的基本条件。但是，这种做法也给我们留下了一种习惯：把各种自然物和自然过程孤立起来，撇开宏大的总的联系去进行考察，因此，就不是从运动的状态，而是从静止的状态去考察；不是把它们看做本质上变化的东西，而是看做固定不变的东西；不是从活的状态，而是从死

---

① 在《引论》的草稿中，这句话是这样写的："古希腊的哲学家都是天生的自发的辩证论者，亚里士多德，古代世界的黑格尔，就已经研究了辩证思维的最主要的形式。"——编者注
② 德·狄德罗的对话《拉摩的侄子》写成于1762年前后，后又经作者修改了两次。——编者注
③ 亚历山大里亚时期是指公元前3世纪到公元7世纪时期。——编者注

的状态去考察。这种考察方式被培根和洛克从自然科学中移植到哲学中以后，就造成了最近几个世纪所特有的局限性，即形而上学的思维方式。

在形而上学者看来，事物及其在思想上的反映即概念，是孤立的、应当逐个地和分别地加以考察的、固定的、僵硬的、一成不变的研究对象。他们在绝对不相容的对立中思维；他们的说法是："是就是，不是就不是；除此以外，都是鬼话。"① 在他们看来，一个事物要么存在，要么就不存在；同样，一个事物不能同时是自身又是别的东西。正和负是绝对互相排斥的；原因和结果也同样是处于僵硬的相互对立中。初看起来，这种思维方式对我们来说似乎是极为可信的，因为它是合乎所谓常识的。然而，常识在日常应用的范围内虽然是极可尊敬的东西，但它一跨入广阔的研究领域，就会碰到极为惊人的变故。形而上学的考察方式，虽然在相当广泛的、各依对象性质而大小不同的领域中是合理的，甚至必要的，可是它每一次迟早都要达到一个界限，一超过这个界限，它就会变成片面的、狭隘的、抽象的，并且陷入无法解决的矛盾，因为它看到一个一个的事物，忘记它们互相间的联系；看到它们的存在，忘记它们的生成和消逝；看到它们的静止，忘记它们的运动；因为它只见树木，不见森林。例如，在日常生活中，我们知道并且可以肯定地说，某一动物存在还是不存在；但是，在进行较精确的研究时，我们就发现，这有时是极其复杂的事情。这一点法学家们知道得很清楚，他们为了判定在子宫内杀死胎儿是否算是谋杀，曾绞尽脑汁去寻找一条合理的界限，结果总是徒劳。同样，要确定死亡的那一时刻也是不可能的，因为生理学证明，死亡并不是突然的、一瞬间的事情，而是一个很长的过程。同样，任何一个有机体，在每一瞬间都既是它本身，又不是它本身；在每一瞬间，它消化着外界供给的物质，并排泄出其他物质；在每一瞬间，它的机体中都有细胞在死亡，也有新的细胞在形成；经过或长或短的一段时间，这个机体的物质便完全更新了，由其他物质的原子代替了，所以，每个有机体永远是它本身，同时又是别的东西。在进行较精确的考察时，我们也发现，某种对立的两极，例如正和负，既是彼此对立的，又是彼此不可分离的，而且不管它们如何对立，它们总是互相渗透的；同样，原因和结果这两个概念，只有应用于个别场合时才有其本来的意义；可是，只要我们把这种个别的场合放到它同宇宙的总联系中来考察，这两个概念就交汇起来，融合在普遍

---

① 参看《新约全书·马太福音》第 5 章第 37 节。——编者注

相互作用的看法中，而在这种相互作用中，原因和结果经常交换位置；在此时或此地是结果，在彼时或彼地就成了原因，反之亦然。

所有这些过程和思维方法都是形而上学思维的框子所容纳不下的。相反，对辩证法来说，上述过程正好证明它的方法是正确的，因为辩证法在考察事物及其在观念上的反映时，本质上是从它们的联系、它们的联结、它们的运动、它们的产生和消逝方面去考察的。自然界是检验辩证法的试金石，而且我们必须说，现代自然科学为这种检验提供了极其丰富的、与日俱增的材料，并从而证明了，自然界的一切归根到底是辩证地而不是形而上学地发生的。可是，由于学会辩证地思维的自然科学家到现在还屈指可数，所以，现在理论自然科学中普遍存在的并使教师和学生、作者和读者同样感到绝望的那种无限混乱的状态，完全可以从已经发现的成果和传统的思维方式之间的这个冲突中得到说明。

因此，要精确地描绘宇宙、宇宙的发展和人类的发展，以及这种发展在人们头脑中的反映，就只有用辩证的方法，只有不断地注意生成和消逝之间、前进的变化和后退的变化之间的普遍相互作用才能做到。近代德国哲学一开始就是以这种精神进行活动的。康德一开始他的学术生涯，就把牛顿的稳定的太阳系和太阳系经过有名的第一推动后的永恒存在变成了历史的过程，即太阳和一切行星由旋转的星云团产生的过程。同时，他已经作出了这样的结论：太阳系的产生也预示着它将来的不可避免的灭亡。过了半个世纪，他的观点由拉普拉斯从数学上作出了证明；又过了半个世纪，分光镜证明了，在宇宙空间存在着凝聚程度不同的炽热的气团。①

这种近代德国哲学在黑格尔的体系中完成了，在这个体系中，黑格尔第一次——这是他的伟大功绩——把整个自然的、历史的和精神的世界描写为一个

---

① 根据伊·康德的星云假说，太阳系是从原始星云（拉丁文：nebula——雾）发展而来的。康德在 1755 年柯尼斯堡和莱比锡出版的著作《自然通史和天体论，或根据牛顿原理试论宇宙的结构和机械起源》中阐述了这一假说。这本书是匿名出版的。

　　皮·拉普拉斯关于太阳系的构成的假说最初是在法兰西共和四年（1796 年）在巴黎出版的《宇宙体系论》第 1—2 卷最后一章中阐述的。在他生前编好，死后即 1835 年出版的此书的最后一版（第 6 版）中，这个假说是在第七个注中阐述的。

　　宇宙空间存在着类似康德—拉普拉斯星云假说所设想的原始星云的炽热的气团，是由英国天文学家威·哈金斯于 1864 年用光谱学方法证实的，他在天文学中广泛地运用了古·基尔霍夫和罗·本生在 1859 年发明的光谱分析法。恩格斯在这里参考了安·赛奇《太阳》1872 年不伦瑞克版第 787、789—790 页。——编者注

过程，即把它描写为处在不断的运动、变化、转变和发展中，并企图揭示这种运动和发展的内在联系①。从这个观点来看，人类的历史已经不再是乱七八糟的、统统应当被这时已经成熟了的哲学理性的法庭所唾弃并最好尽快被人遗忘的毫无意义的暴力行为，而是人类本身的发展过程，而思维的任务现在就是要透过一切迷乱现象探索这一过程的逐步发展的阶段，并且透过一切表面的偶然性揭示这一过程的内在规律性。

黑格尔没有解决这个任务，这在这里没有多大关系。他的划时代的功绩是提出了这个任务。这不是任何个人所能解决的任务。虽然黑格尔和圣西门一样是当时最博学的人物，但是他毕竟受到了限制，首先是他自己的必然有限的知识的限制，其次是他那个时代的在广度和深度方面都同样有限的知识和见解的限制。但是，除此以外还有第三种限制。黑格尔是唯心主义者，就是说，在他看来，他头脑中的思想不是现实的事物和过程的或多或少抽象的反映，相反，在他看来，事物及其发展只是在世界出现以前已经在某个地方存在着的"观念"的现实化的反映。这样，一切都被头足倒置了，世界的现实联系完全被颠倒了。所以，不论黑格尔如何正确地和天才地把握了一些个别的联系，但由于上述原因，就是在细节上也有许多东西不能不是牵强的、造作的、虚构的，一句话，被歪曲的。黑格尔的体系作为体系来说，是一次巨大的流产，但也是这类流产中的最后一次。就是说，它还包含着一个无法解决的内在矛盾：一方面，它以历史的观点作为基本前提，即把人类的历史看做一个发展过程，这个过程按其本性来说在认识上是不能由于所谓绝对真理的发现而结束的；但是另一方面，它又硬说它自己就是这种绝对真理的化身。关于自然和历史的无所不包的、最终完成的认识体系，是同辩证思维的基本规律相矛盾的；但是，这样说决不排除，相反倒包含下面一点，即对整个外部世界的有系统的认识是可以一代一代地取得巨大进展的。

一旦了解到以往的德国唯心主义是完全荒谬的，那就必然导致唯物主义，但是要注意，并不是导致18世纪的纯粹形而上学的、完全机械的唯物主义。同

---

① 在《引论》的草稿中，对黑格尔哲学作了如下的描述："就哲学被看做是凌驾于其他一切科学之上的特殊科学来说，黑格尔体系是哲学的最后的最完善的形式。全部哲学都随着这个体系没落了。但是留下的是辩证的思维方式以及关于自然的、历史的和精神的世界是一个无止境地运动着和转变着的、处在不断的生成和消逝过程中的世界的观点。现在不再向哲学，而是向**一切**科学提出这样的要求：在自己的特殊领域内揭示这个不断的转变过程的运动规律。而这就是黑格尔哲学留给它的继承者的遗产。"——编者注

那种以天真的革命精神简单地抛弃以往的全部历史的做法相反，现代唯物主义把历史看做人类的发展过程，而它的任务就在于发现这个过程的运动规律。无论在18世纪的法国人那里，还是在黑格尔那里，占统治地位的自然观都认为，自然界是一个沿着狭小的圆圈循环运动的、永远不变的整体，牛顿所说的永恒的天体和林耐所说的不变的有机物种也包含在其中。同这种自然观相反，现代唯物主义概括了自然科学的新近的进步，从这些进步来看，自然界同样也有自己的时间上的历史，天体和在适宜条件下生存在天体上的有机物种都是有生有灭的；至于循环，即使能够存在，其规模也要大得无比。在这两种情况下，现代唯物主义本质上都是辩证的，而且不再需要任何凌驾于其他科学之上的哲学了。一旦对每一门科学都提出要求，要它们弄清它们自己在事物以及关于事物的知识的总联系中的地位，关于总联系的任何特殊科学就是多余的了。于是，在以往的全部哲学中仍然独立存在的，就只有关于思维及其规律的学说——形式逻辑和辩证法。其他一切都归到关于自然和历史的实证科学中去了。

但是，自然观的这种变革只能随着研究工作提供相应的实证的认识材料而实现，而在这期间一些在历史观上引起决定性转变的历史事实却老早就发生了。1831年在里昂发生了第一次工人起义①；在1838—1842年，第一次全国性的工人运动，即英国宪章派的运动②，达到了高潮。无产阶级和资产阶级之间的阶级斗争一方面随着大工业的发展，另一方面随着资产阶级新近取得的政治统治的发展，在欧洲最先进的国家的历史中升到了重要地位。事实日益令人信服地证明，资产阶级经济学关于资本和劳动的利益一致、关于自由竞争必将带来普遍和谐和人民的普遍福利的学说完全是撒谎。③ 所有这些事实都再也不能置之不理了，同样，作为这些事实的理论表现（虽然是极不完备的表现）的法国和英国的社会主义也不能再置之不理了。但是，旧的、还没有被排除掉的唯

---

① 1831年初，法国丝织业中心里昂的工人掀起了一场以要求提高工价为主要目标的运动。1831年11月21日，工人举行抗议示威，与军警发生冲突，随后转为自发的武装起义。工人一度占领里昂城。起义很快被七月王朝政府镇压下去。——编者注

② 指宪章运动。宪章运动是19世纪30—50年代中期英国工人的政治运动，其口号是争取实施人民宪章，人民宪章要求实行普选权并为保障工人享有此项权利而创造种种条件。——编者注

③ 在《引论》的草稿中，接着有下面一段话："在法国，1834年的里昂起义也宣告了无产阶级反对资产阶级的斗争。英国和法国的社会主义理论获得了历史价值，并且也必然在德国引起反响和评论，虽然在德国，生产还只是刚刚开始摆脱小规模的经营。因此，现在与其说在德国还不如说在德国人中间形成的理论的社会主义，其全部材料都不得不是进口的……"——编者注

心主义历史观不知道任何基于物质利益的阶级斗争，而且根本不知道任何物质利益；生产和一切经济关系，在它那里只是被当做"文化史"的从属因素顺便提一下。

新的事实迫使人们对以往的全部历史作一番新的研究，结果发现：以往的**全部**历史，都是阶级斗争的历史①；这些互相斗争的社会阶级在任何时候都是生产关系和交换关系的产物，一句话，都是自己时代的**经济**关系的产物；因而每一时代的社会经济结构形成现实基础，每一个历史时期的由法的设施和政治设施以及宗教的、哲学的和其他的观念形式所构成的全部上层建筑，归根到底都应由这个基础来说明。这样一来，唯心主义从它的最后的避难所即历史观中被驱逐出去了，一种唯物主义的历史观被提出来了，用人们的存在说明他们的意识，而不是像以往那样用人们的意识说明他们的存在这样一条道路已经找到了。

可是，以往的社会主义同这种唯物主义历史观是不相容的，正如法国唯物主义的自然观同辩证法和近代自然科学不相容一样。以往的社会主义固然批判了现存的资本主义生产方式及其后果，但是，它不能说明这个生产方式，因而也就不能对付这个生产方式；它只能简单地把它当做坏东西抛弃掉。但是，问题在于：一方面应当说明资本主义生产方式的历史联系和它在一定历史时期存在的必然性，从而说明它灭亡的必然性；另一方面应当揭露这种生产方式的一直还隐蔽着的内在性质，因为以往的批判主要是针对有害的后果，而不是针对事物的进程本身。这已经由于**剩余价值**的发现而完成了。已经证明，无偿劳动的占有是资本主义生产方式和通过这种生产方式对工人进行的剥削的基本形式；即使资本家按照劳动力作为商品在商品市场上所具有的全部价值来购买他的工人的劳动力，他从这种劳动力榨取的价值仍然比他对这种劳动力的支付要多；这种剩余价值归根到底构成了有产阶级手中日益增加的资本量由以积累起来的价值量。这样就说明了资本主义生产和资本生产的过程。

这两个伟大的发现——唯物主义历史观和通过剩余价值揭开资本主义生产的秘密，都应当归功于**马克思**。由于这两个发现，社会主义变成了科学，现在首先要做的是对这门科学的一切细节和联系作进一步的探讨。

① 在《社会主义从空想到科学的发展》德文第一版（1883 年）中，恩格斯对这个原理作了如下更加确切的表述："以往的全部历史，除原始状态外，都是阶级斗争的历史。"（见《马克思恩格斯文集》第 3 卷第 544 页）——编者注

当欧根·杜林先生大叫大嚷地跳上舞台，宣布他在哲学、政治经济学和社会主义中已实行了全面的变革的时候，理论上的社会主义和已经死去的哲学方面的情形大体上就是这样。

现在我们来看看，杜林先生对我们许下了什么诺言，他又是怎样履行他的诺言的。

······

第一编　哲　　学

······

九　道德和法。永恒真理

杜林先生在整整 50 页内把陈词滥调和玄妙词句的杂拌，一句话，把纯粹的**无稽之谈**当做关于意识要素的根底深厚的科学提供给读者享受，我们决不想把这些东西的样品都陈列出来。我们只摘引这样一句话：

"谁要是只能通过语言来思维，那他就永远不懂得抽象的和纯正的思维是什么意思。"

这样说来，动物是最抽象的和最纯正的思维者，因为它们的思维从来不会被语言的强制性的干涉弄得模糊不清。的确，从杜林的思想和表达这些思想的语言中可以看出，这些思想是多么不适合于任何一种语言，而德语又是多么不适合于这些思想。

最后，第四编拯救了我们，这一编除了连篇累牍的糊涂话，至少有时还给我们提供一些有关**道德**和**法**的可以捉摸的东西。这一次，我们一开始就被请到别的天体上去旅行：

道德的要素必定"以协调一致的方式……重新出现于人以外的一切生物中，在这些生物中，能动的知性必须自觉地调整以本能形式表现出来的生命活动…… 不过对于这样的结论，我们是不怎么感兴趣的…… 但是除此以外，下面的想法始终是一种有益地扩展眼界的思想：我们设想，在其他天体上个体的和公共的生活必须遵循一种模式，这种模式……不能废弃或避开按知性行动的生物的一般的基本规章"。

　　如果说在这里例外地，不是在这一章的末尾，而是在开头就指出，杜林的真理也适用于其他一切可能的世界，那么这是有其充足理由的。如果先确定了杜林的道德观和正义观适用于一切**世界**，那就可以比较容易地把它们的适用性有益地扩展到一切**时代**。而这里谈的又不折不扣地是关于最后的终极的真理的问题。

　　道德的世界，"和一般知识的世界一样……有其恒久的原则和单纯的要素"，道德的原则凌驾于"历史之上和现今的民族特性的差别之上……　在发展过程中构成比较完全的道德意识和所谓良心的那些特殊真理，只要它们的最终的基础都已经被认识，就可以要求具有同数学的认识和运用相似的适用性和有效范围。真正的真理是根本不变的……　因此，把认识的正确性设想成是受时间和现实变化影响的，那完全是愚蠢"。所以严格知识的可靠性和日常认识的充足性，不容许我们在深思熟虑的情况下对知识原则的绝对适用性表示失望。"长久的怀疑本身已经是一种病态的软弱状态，而且无非是极端紊乱的表现，这种紊乱有时企图在对自身虚无的系统化意识中装出某种镇定的外表。在伦理问题上，对一般原则的否定，是同风尚和准则在地理上和历史上的多样性牢固地联在一起的，而且一承认伦理上的邪恶和罪孽的不可避免的必然性，那就要否定起协调一致作用的道德本能的庄严意义和实际效用。这种似乎不是反对个别的伪学说而是反对人类达到自觉道德的能力本身的腐蚀性怀疑，最后就流为真正的虚无，甚至实质上流为比单纯虚无主义更坏的东西……　它自炫能在它的已被推翻的伦理观念的一片混乱中很容易地起支配作用，并为无原则的随心所欲敞开一切门户。但是它大错特错了，因为，只要指出知性在谬误和真理中的不可避免的命运，就足以借助这个唯一的类比表明，自然规律可能有的缺陷并不需要排除正确的东西的实现。"

　　到目前为止我们静静地听了杜林先生关于最后的终极的真理、思维的至上性、认识的绝对可靠性等等所讲的这一切华丽的词句，因为这一问题只有在我们现在所到达的这一点上才能予以解决。在此以前，只需要研究现实哲学的个别论断在多大程度上具有"至上的意义"和"无条件的真理权"就够了；在这里，我们却遇到了这样一个问题：人的认识的产物究竟能否具有至上的意义和无条件的真理权，如果能有，那么是哪些产物。当我说**人的**认识的时候，我无意冒犯其他天体上的居民，我还没有认识他们的荣幸，我这样说只是因为动物也能够认识，虽然它们的认识决不是至上的。狗认为它的主人是它的上帝，尽管这个主人可能是最大的无赖。

　　人的思维是至上的吗？在我们回答"是"或"不是"以前，我们必须先研究一下：什么是人的思维。它是单个人的思维吗？不是。但是，它只是作为无数亿过去、现在和未来的人的个人思维而存在。如果我现在说，这种概括于我的观念中的所有这些人（包括未来的人）的思维是**至上的**，是能够认识现存世界的，只要人类足够长久地延续下去，只要在认识器官和认识对象中没有给这种认识规定界限，那么，我只是说了些相当陈腐而又相当无聊的空话。因为最可贵的结果就是使得我们对我们现在的认识极不信任，因为很可能我们还差不多处在人类历史的开端，而将来会纠正**我们**的错误的后代，大概比我们有可能经常以十分轻蔑的态度纠正其认识错误的前代要多得多。

杜林先生本人宣布下面这一点是一种必然性：意识，因而也包括思维和认识，都只能表现在一系列的个人中。我们能够说这些个人中的每一个人的思维具有至上性，这只是就这样一点而言的，即我们不知道有任何一种力量能够强制处在健康清醒状态的每一个人接受某种思想。但是，至于说到每一个人的思维所达到的认识的至上意义，那么我们大家都知道，它是根本谈不上的，而且根据到目前为止的一切经验看来，这些认识所包含的需要改善的东西，无例外地总是要比不需要改善的或正确的东西多得多。

换句话说，思维的至上性是在一系列非常不至上地思维着的人中实现的；拥有无条件的真理权的认识是在一系列相对的谬误中实现的；二者都只有通过人类生活的无限延续才能完全实现。

在这里，我们又遇到了在上面已经遇到过的矛盾①：一方面，人的思维的性质必然被看做是绝对的，另一方面，人的思维又是在完全有限地思维着的个人中实现的。这个矛盾只有在无限的前进过程中，在至少对我们来说实际上是无止境的人类世代更迭中才能得到解决。从这个意义来说，人的思维是至上的，同样又是不至上的，它的认识能力是无限的，同样又是有限的。按它的本性、使命、可能和历史的终极目的来说，是至上的和无限的；按它的个别实现情况和每次的现实来说，又是不至上的和有限的。

永恒真理的情况也是一样。如果人类在某个时候达到了只运用永恒真理，只运用具有至上意义和无条件真理权的思维成果的地步，那么人类或许就到达了这样的一点，在那里，知识世界的无限性就现实和可能而言都穷尽了，从而就实现了数清无限数这一著名的奇迹。

然而，不正是存在着如此确凿的、以致在我们看来表示任何怀疑都等于发

---

① 见《马克思恩格斯文集》第9卷第40页。——编者注

疯的那种真理吗？二乘二等于四，三角形三内角的和等于两个直角，巴黎在法国，人不吃饭就会饿死，等等，这些不都是这种真理吗？这不就是说，还是存在着**永恒**真理，最后的终极的真理吗？

确实是这样。我们可以按照早已知道的方法把整个认识领域分成三大部分。第一个部分包括所有研究非生物界的并且或多或少能用数学方法处理的科学，即数学、天文学、力学、物理学、化学。如果有人喜欢对极简单的事物使用大字眼，那么也可以说，这些科学的**某些**成果是永恒真理，是最后的终极的真理，所以这些科学也叫做**精密**科学。然而决不是一切成果都是如此。由于变数的应用以及它的可变性被推广于无限小和无限大，一向非常循规蹈矩的数学犯了原罪；它吃了智慧果，这为它开辟了获得最大成就但也造成谬误的道路。数学上的一切东西的绝对适用性、不可争辩的确证性的童贞状态一去不复返了；争论的王国出现了，而且我们到了这样一种地步：大多数人进行微分和积分，并不是由于他们懂得他们在做什么，而是出于单纯的信任，因为直到现在得出的结果总是正确的。天文学和力学方面的情况更糟，而在物理学和化学方面，人们就像处在蜂群之中那样处在种种假说之中。情况也根本不可能不是这样。我们在物理学中研究分子的运动，在化学中研究分子的原子构成，如果光波的干扰不是一种虚构，那我们绝对没有希望在某个时候亲眼看到这些有趣的东西。最后的终极的真理在这里随着时间的推移变得非常罕见了。

地质学的情况还要糟，地质学按其性质来说主要是研究那些不但我们没有经历过而且任何人都没有经历过的过程。所以要挖掘出最后的终极的真理在这里要费很大的力气，而所得是极少的。

第二类科学是研究活的有机体的科学。在这一领域中，展现出如此错综复杂的相互关系和因果联系，以致不仅每个已经解决的问题都引起无数的新问题，而且每一个问题也多半都只能一点一点地、通过一系列常常需要花几百年时间的研究才能得到解决；此外，对各种相互联系作系统理解的需要，总是一再迫使我们在最后的终极的真理的周围造起茂密的假说之林。为了正确地确定像哺乳动物的血液循环这样简单的事实，需要经历从盖仑到马尔比基之间的多么长的一系列中间阶段！我们关于血球的形成知道得多么少！比如说为了确定某种疾病的现象和致病的原因之间的合理联系，我们今天还缺乏多少中间环节！此外还常常有像细胞的发现这样的发现，这些发现迫使我们对生物学领域中以前已经确立的一切最后的终极的真理作全面的修正，并且把它们整堆地永远抛弃掉。因此，谁想在这里确立确实是真正的不变的真理，那么他就必须满足于一些陈词滥调，如所有的人必定要死，所有的雌性哺乳动物都有乳腺等等；他甚至不能说，高等动物是靠胃和肠而不是靠头脑消化的，因为集中于头脑的神经活动对于消化是必不可少的。

但是，在第三类科学中，即在按历史顺序和现今结果来研究人的生活条件、社会关系、法的形式和国家形式及其由哲学、宗教、艺术等等组成的观念上层建筑的历史科学中，永恒真理的情况还更糟。在有机界中，我们至少是研究这样一些依次相继的过程，这些过程，就我们直接观察的领域而言，正在非常广阔的范围内相当有规律地重复着。自亚里士多德以来，有机体的种总的说来没有变化。在社会历史中情况则相反，自从我们脱离人类的原始状态即所谓石器时代以来，情况的重复是例外而不是通例；即使在某个地方发生这样的重复，也决不是在完全同样的状况下发生的。在一切文明民族那里，原始土地公有制的出现和这种所有制解体的形式就是如此。因此，我们在人类历史领域中的科学比在生物学领域中的科学还要落后得多；不仅如此，如果一旦例外地能够认识到某一时代的社会存在形式和政治存在形式的内在联系，那么这照例是发生在这些形式已经半衰退和濒于瓦解的时候。因此，在这里认识在本质上是相对的，因为它只限于了解只存在于一定时代和一定民族中的、而且按其本性来说是暂时的一定社会形式和国家形式的联系和结果。因此，谁要在这里猎取最后的终极的真理，猎取真正的、根本不变的真理，那么他是不会有什么收获的，除非是一些陈词滥调和老生常谈，例如，人一般地说不劳动就不能生活，人直到现在总是分为统治者和被统治者，拿破仑死于1821年5月5日，如此等等。

但是，值得注意的是：正是在这一领域，我们最常遇到所谓永恒真理，最后的终极的真理等等。宣布二乘二等于四，鸟有喙，或诸如此类的东西为永恒真理的，只是这样的人，他企图从永恒真理的存在得出结论：在人类历史的领域内也存在着永恒真理、永恒道德、永恒正义等等，它们要求具有同数学的认识和应用相似的适用性和有效范围。这时，我们可以准确地预料，这位人类的朋友一有机会就向我们声明：一切以往的永恒真理的制造者或多或少都是蠢驴和骗子，全都陷入谬误，犯了错误；但是**他们的**谬误和**他们的**错误的存在是合乎自然规律的，并且证明真理和合乎实际的东西掌握在**他手里**；而他这个现在刚出现的预言家在提包里带着已经准备好的最后的终极的真理，永恒道德和永恒正义。这一切已经出现过成百上千次，如果现在还有人竟如此轻率地认为，别人做不到这一点，只有他才能做到，那就不能不令人感到奇怪了。但是在这里，我们至少还遇到了这样一位预言家，他在别人否认任何个人能提供最后的终极的真理的时候，照例总是表现出高度的义愤。这样的否认，甚至单纯的怀疑，都是软弱状态、极端紊乱、虚无、比单纯的虚无主义更坏的腐蚀性怀疑、一片混乱以及诸如此类的可爱的东西。像所有的预言家那样，他也没有作批判性的科学的研究和判断，而只是直接进行道义上的谴责。

我们本来在上面还可以举出研究人的思维规律的科学，即逻辑学和辩证法。但是在这方面，永恒真理的情况也不见得好些。杜林先生把本来意义的辩证法宣布为纯粹的无稽之谈，而已经写成的和现在还在写的关于逻辑学的许多书籍充分证明，在这里播下的最后的终极的真理也远比有些人所想的要稀少得多。

此外，我们根本不用担心我们现在所处的认识阶段和先前的一切阶段一样都不是最后的。这一阶段已经包括大量的认识材料，并且要求每一个想在任何专业内成为内行的人进行极深刻的专门研究。但是认识就其本性而言，或者对漫长的世代系列来说是相对的而且必然是逐步趋于完善的，或者就像在天体演化学、地质学和人类历史中一样，由于历史材料不足，甚至永远是有缺陷的和不完善的，而谁要以真正的、不变的、最后的终极的真理的标准来衡量认识，那么，他只是证明他自己的无知和荒谬，即使真正的动机并不像在这里那样是要求个人不犯错误。真理和谬误，正如一切在两极对立中运动的逻辑范畴一样，只是在非常有限的领域内才具有绝对的意义；这一点我们刚才已经看到了，即使是杜林先生，只要他稍微知道一点正是说明一切两极对立的不充分性的辩证法的初步知识，他也会知道的。只要我们在上面指出的狭窄的领域之外应用真理和谬误的对立，这种对立就变成相对的，因而对精确的科学的表达方式来说就是无用的；但是，如果我们企图在这一领域之外把这种对立当做绝对有效的东西来应用，那我们就会完全遭到失败；对立的两极都向自己的对立面转化，真理变成谬误，谬误变成真理。我们举著名的波义耳定律为例，根据这一定律，在温度不变的情况下，气体的体积和它所受的压力成反比。雷尼奥发现，这一定律不适合于某些情况。如果雷尼奥是一个现实哲学家，那么他就有义务宣布：波义耳定律是可变的，所以不是真正的真理，所以根本不是真理，所以是谬误。但是，如果他这样做，他就会造成一个比波义耳定律所包含的谬误更大得多的谬误；他的一小粒真理就会消失在谬误的沙丘中；这样他就会把他的本来正确的结论变为谬误，而与这一谬误相比，波义耳定律就连同附在它上面的少许谬误也可以说是真理了。但是雷尼奥是科学家，没有玩弄这样的儿戏，而是继续研究，并发现波义耳定律只是近似地正确，特别是对于可以因压力而液化的气体，当压力接近液化开始的那一点时，波义耳定律就失去了效力。所以波义耳定律只在一定的范围内才是正确的。但是在这个范围内，它是不是绝对地最终地正确的呢？没有一个物理学家会断定说是。他会说，这一定律在一定的压力和温度的范围内对一定的气体是有效的；而且即使在这种更加狭窄的范围内，他也不会排除这样的可能性，即通过未来的研究对它作更加严格的限制，或者改变它的表述方式①。可见，关于最后的终极的真理，例如在物理学上，情况就是这样。因此，真正科学的著作照例要避免使用像谬误和真理这种教条式的道德的说法，而这种说法我们在现实哲学这样的著作中到处可以碰到，这种著作想强迫我们把空空洞洞的信口胡说当做至上的思维的至上的结论来接受。

但是，天真的读者或许要问，杜林先生在什么地方清楚地说过，他的现实哲学的内容是最后的甚至是终极的真理呢？在什么地方？例如在我们在第二章部分地引证的对他自己的体系的颂歌中②（第13页），或者在上面引证的那段话里③，他说：道德的真理，只要它们的最终的基础都已经被认识，就可以要求具有同数学的认识相似的适用性。而且，杜林先生难道不是断定，从他的真正批判的观点出发，通过他的穷根究底的研究，就可以深入到这种最终的基础，基本的模式，因而就赋予道德的真理以最后的终极性吗？如果杜林先生既不是为自己也不是为他的时代提出这样的要求，如果他只是想说，在渺茫的未来的某个时候能够确立最后的终极的真理，因而，他想大致地、只是较为混乱地说些与"腐蚀性怀疑"和"极端紊乱"相同的东西，那么，这种喧嚣是为了什么呢？这位先生想要做什么呢？④

---

① 自从我写了上面这几行以来，这些话看来已经得到证实。根据门捷列夫和博古斯基运用比较精密的仪器所进行的最新的研究，一切真正的气体都表现出压力和体积之间的可变关系；氢的膨胀系数在直到现在为止所应用的各种压力强度下都是正的（体积的缩小比压力的增大要慢）；对大气和其他研究过的气体来说，每一种气体都有一个压力零点，压力小于零点，此系数是正的，压力大于零点，此系数是负的。因此，到现在为止实际上还一直是可用的波义耳定律，需要一整系列特殊定律来作补充。（现在——1885年——我们也知道根本不存在任何"真正的"气体。所有的气体都可以变成液体状态。）

② 见《马克思恩格斯文集》第9卷第31—32页。——编者注

③ 见《马克思恩格斯文集》第9卷第90页。——编者注

④ 参看歌德《浮士德》第1部第3场（《书斋》）。——编者注

　　如果说，在真理和谬误的问题上我们没有什么前进，那么在善和恶的问题上就更没有前进了。这一对立完全是在道德领域中，也就是在属于人类历史的领域中运动，在这里播下的最后的终极的真理恰恰是最稀少的。善恶观念从一个民族到另一个民族、从一个时代到另一个时代变更得这样厉害，以致它们常常是互相直接矛盾的。但是，如果有人反驳说，无论如何善不是恶，恶不是善；如果把善恶混淆起来，那么一切道德都将完结，而每个人都将可以为所欲为了。杜林先生的意见，只要除去一切隐晦玄妙的词句，就是这样的。但是问题毕竟不是这样简单地解决的。如果事情真的这样简单，那么关于善和恶就根本不会有争论了，每个人都会知道什么是善，什么是恶。但是今天的情形是怎样的呢？今天向我们宣扬的是什么样的道德呢？首先是由过去信教时代传下来的基督教的封建的道德，这种道德主要又分成天主教的和新教的道德，其中又不乏不同分支，从耶稣会①天主教的和正统新教的道德，直到松弛的启蒙的道德。和这些道德并列的，有现代资产阶级的道德，和资产阶级道德并列的，又有未来的无产阶级道德，所以仅仅在欧洲最先进国家中，过去、现在和将来就提供了三大类同时和并列地起作用的道德论。哪一种是合乎真理的呢？如果就绝对的终极性来说，哪一种也不是；但是，现在代表着现状的变革、代表着未来的那种道德，即无产阶级道德，肯定拥有最多的能够长久保持的因素。

　　但是，如果我们看到，现代社会的三个阶级即封建贵族、资产阶级和无产阶级都各有自己的特殊的道德，那么我们由此只能得出这样的结论：人们自觉地或不自觉地，归根到底总是从他们阶级地位所依据的实际关系中——从他们进行生产和交换的经济关系中，获得自己的伦理观念。

　　但是在上述三种道德论中还是有一些对所有这三者来说都是共同的东西——这不至少就是一成不变的道德的一部分吗？——这三种道德论代表同一历史发展的三个不同阶段，所以有共同的历史背景，正因为这样，就必然有许多共同之处。不仅如此，对同样的或差不多同样的经济发展阶段来说，道德论必然是或多或少地互相一致的。从动产的私有制发展起来的时候起，在一切存在着这种私有制的社会里，道德戒律一定是共同的：切勿偷盗②。这个戒律是

---

①　耶稣会是天主教的修会之一，以对抗宗教改革运动为宗旨。耶稣会会士以各种形式渗入社会各阶层进行活动，为达到目的而不择手段，在欧洲声誉不佳。——编者注

②　参看《旧约全书·出埃及记》第 20 章第 15 节和《旧约全书·申命记》第 5 章第 19 节。——编者注

否因此而成为永恒的道德戒律呢？绝对不会。在偷盗动机已被消除的社会里，就是说在随着时间的推移顶多只有精神病患者才会偷盗的社会里，如果一个道德说教者想庄严地宣布一条永恒真理：切勿偷盗，那他将会遭到什么样的嘲笑啊！

因此，我们拒绝想把任何道德教条当做永恒的、终极的、从此不变的伦理规律强加给我们的一切无理要求，这种要求的借口是，道德世界也有凌驾于历史和民族差别之上的不变的原则。相反，我们断定，一切以往的道德论归根到底都是当时的社会经济状况的产物。而社会直到现在是在阶级对立中运动的，所以道德始终是阶级的道德；它或者为统治阶级的统治和利益辩护，或者当被压迫阶级变得足够强大时，代表被压迫者对这个统治的反抗和他们的未来利益。没有人怀疑，在这里，在道德方面也和人类认识的所有其他部门一样，总的说是有过进步的。但是我们还没有越出阶级的道德。只有在不仅消灭了阶级对立，而且在实际生活中也忘却了这种对立的社会发展阶段上，超越阶级对立和超越对这种对立的回忆的、真正人的道德才成为可能。现在可以去评价杜林先生的自我吹嘘了。他竟在旧的阶级社会中要求在社会革命的前夜把一种永恒的、不以时间和现实变化为转移的道德强加给未来的无阶级的社会！我们姑且假定他对这种未来社会的结构至少是有概略了解的，——这一点我们直到现在还不知道。

最后，还有一个"完全独特的"、但是并不因此不再是"穷根究底的"发现：

> 在恶的起源方面，"我们认为，在动物形态中存在着带着固有虚伪性的猫的类型，这一事实同人类中也存在着类似的性格形态的情形处于同一阶段…… 因此，恶不是什么神秘的东西，除非人们有兴趣在猫或所有食肉动物的存在中也嗅出神秘的东西来"。

恶就是猫。所以魔鬼没有犄角和马蹄，而有爪子和绿眼睛。当歌德使靡菲斯特斐勒司具有黑狗的形象[1]而不是黑猫的形象的时候，他犯了一个不可饶恕的错误。恶就是猫！这是不仅适用于一切世界，而且也适用于猫[2]的道德！

十　道德和法。平等

我们已经不止一次地领教了杜林先生的方法。他的方法就是：把每一类认

---

[1]　参看歌德《浮士德》第1部第2场和第3场（《城门之前》和《书斋》）。——编者注
[2]　"适用于猫"的德文是"für die Katze"，也有"毫无用处、徒劳无益"的意思。——编者注

识对象分解成它们的所谓最简单的要素，把同样简单的所谓不言而喻的公理应用于这些要素，然后再进一步运用这样得出的结论。社会生活领域内的问题也

"应当从单个的、简单的基本形式上，按照公理来解决，正如对待简单的……数学基本形式一样"。

这样，数学方法在历史、道德和法方面的应用，应当在这些领域内使所获结果的真理性也具有数学的确实性，使这些结果具有真正的不变的真理的性质。

这不过是过去有人爱用的意识形态的或者也称为先验主义的方法的另一种说法，这一方法是：不是从对象本身去认识某一对象的特性，而是从对象的概念中逻辑地推导出这些特性。首先，从对象构成对象的概念；然后颠倒过来，用对象的映象即概念去衡量对象。这时，不是概念应当和对象相适应，而是对象应当和概念相适应了。在杜林先生那里，他所能得到的最简单的要素，终极的抽象，执行着概念的职能，可是这丝毫没有改变事情的实质；这种最简单的要素，最多只带有纯粹概念的性质。所以现实哲学在这里也是纯粹的意识形态，它不是从现实本身推导出现实，而是从观念推导出现实。

当这样一位意识形态家不是从他周围的人们的现实社会关系中，而是从"社会"的概念或所谓最简单的要素中构造出道德和法的时候，可用于这种构造的材料是什么呢？显然有两种：第一，是在那些被当做基础的抽象中可能存在的现实内容的一点点残余，第二，是我们这位意识形态家从他自己的意识中再次带入的内容。而他在自己的意识中发现了什么呢？绝大部分是道德和法的观点，这些观点或多或少地是他所处的社会关系和政治关系的相应表现——肯定的或否定的，得到赞同的或遭到反对的；其次或许是从有关的文献上抄来的看法；最后，可能还有个人的狂想。我们的意识形态家可以随心所欲地要花招，他从大门扔出去的历史现实，又从窗户进来了，而当他以为自己制定了适用于一切世界和一切时代的伦理学说和法的学说的时候，他实际上是为他那个时代的保守潮流或革命潮流制作了一幅因脱离现实基础而扭曲的、像在凹面镜上反映出来的头足倒置的画像。

于是杜林先生把社会分解为它的最简单的要素，而且在这里发现最简单的社会至少由**两个**人组成。杜林先生就按公理同这两个人打交道。而从这里很自然地得出一个道德的基本公理：

　　"两个人的意志，就其本身而言，是彼此完全平等的，而且一方不能一开始就向另一方提出任何肯定的要求。"因此，"道德上的正义的基本形式就被表述出来了"；同样，法律上的正义的基本形式也被表述出来了，因为"为了阐发法的基本概念，我们只要有两个人的十分简单的和基本的关系就够了"。

　　两个人或两个人的意志就其本身而言是彼此**完全**平等的——这不仅不是公理，而且甚至是过度的夸张。首先，两个人甚至就其本身而言，在性别上可能就是不平等的，这一简单的事实立刻使我们想到：社会的最简单的要素——如果我们暂且接受这样的童稚之见——不是两个男人，而是一个男人和一个女人，他们建立了**家庭**，即以生产为目的的社会结合的最简单的和最初的形式。但是这丝毫不合杜林先生的心意。因为，一方面，必须使这两个社会奠基者尽可能地平等。另一方面，甚至杜林先生也不能从原始家庭构造出男女之间在道德上和法上的平等地位。这样，二者必居其一：或者是杜林所说的通过自身繁衍而建立起整个社会的社会分子一开始就注定要灭亡，因为两个男人是永远不能生出小孩来的；或者是我们必须设想他们是两个家长。在这种情况下，十分简单的基本模式就转成自己的反面：它不是证明人的平等，而最多只是证明家长的平等，而且因为妇女是不被理睬的，所以还证明妇女的从属地位。

　　在这里我们不得不给读者一个不愉快的通知：读者在今后一段颇长的时间内摆脱不了这两个了不起的人物。这两个人在社会关系的领域中起着我们现在希望不再与之打交道的其他天体上的居民以前所起的类似作用。只要有经济、政治等等的问题需要解决，这两个人就飞快地出动，而且立刻"按照公理"来解决问题。这是我们那位现实哲学家的卓越的、创造性的、创造体系的发现！但遗憾的是，如果我们愿意尊重真理，那应当说这两个人不是杜林先生发现的。他们是整个 18 世纪所共有的。他们在 1754 年卢梭关于不平等的论著①中已经出现——附带说一下，在那里，他们按照公理证明了和杜林的论断恰恰相反的东西。他们在从亚当·斯密到李嘉图的政治经济学家那里扮演着主要角色；可是在那里他们各操不同的行业——大多是猎人和渔夫，而且互相交换自己的产品，他们至少在这方面是不平等的。此外，在整个 18 世纪，他们主要充当单纯用做说明的例子，而杜林先生的独创性只是在于，他把这种举例说明的方法提升为一切社会科学的基本方法和一切历史形态的尺度。要把"关于事物

① 指让·雅·卢梭《论人间不平等的起源和原因》，该书于 1754 年写成，1755 年出版。——编者注

和人的严格科学的观念"变得简单些，肯定是做不到的。

为了制定基本公理——两个人以及他们的意志是彼此完全平等的，他们之间没有一方能命令另一方，我们决不能用随便什么样的两个人。这两个人应当是这样的：他们摆脱了一切现实，摆脱了地球上发生的一切民族的、经济的、政治的和宗教的关系，摆脱了一切性别的和个人的特性，以致留在这两个人身上的除了人这个光秃秃的概念以外，再没有别的什么了，于是，他们当然是"完全平等"了。因此，他们成了这一位到处搜索和揭发"降神术"活动的杜林先生所召来的两个十足的幽灵。这两个幽灵自然必须做他们的召唤者要求做的一切，正因为如此，他们的一切鬼把戏对世界上的其他人来说是完全无关紧要的。

我们再稍微往下看看杜林先生的公理论。两个意志中一方不能向另一方提出任何肯定的要求。如果一方竟然这样做了，并以暴力来实现他的要求，那就产生了非正义的状态，而杜林先生就是按照这一基本模式来说明非正义、暴力、奴役，一句话，说明全部以往的应唾弃的历史的。可是卢梭早在上面提到的著作中，正是通过两个人，同样是按照公理证明了相反的东西，这就是：在A和B两个人之中，A不能用暴力来奴役B，只能用使B处于非有A不可的境地这一办法来奴役B；这对于杜林先生来说的确是一个已经过分唯物主义的观点。因此，让我们以稍微不同的方式来说明这件事情。两个舟破落海的人，漂流到一个孤岛上，组成了社会。他们的意志在形式上是完全平等的，而这一点也是两个人都承认的。但是在素质上存在着巨大的不平等。A果断而有毅力，B优柔、懒惰和委靡不振；A伶俐，B愚笨。A照例先是通过说服，以后就按照习惯，但始终是采取自愿的形式，把自己的意志强加给B，这要经过很长时间吗？无论自愿的形式是受到维护，还是遭到践踏，奴役依旧是奴役。甘受奴役的现象在整个中世纪都存在，在德国直到三十年战争①后还可以看到。普鲁士在1806年和1807年战败之后，废除了依附农制，同时还取消了仁慈的领主照顾贫病老弱的依附农的义务，当时农民曾向国王请愿，请求让他们继续处于

---

① 三十年战争（1618—1648年）是一次全欧洲范围的战争，由新教徒和天主教徒之间的斗争引起，是欧洲国家集团之间矛盾尖锐化的结果。德国是这场战争的主要场所，是战争参加者进行军事掠夺和侵略的对象。

　　三十年战争分为四个时期：捷克时期（1618—1624年），丹麦时期（1625—1629年），瑞典时期（1630—1635年）以及法国瑞典时期（1635—1648年）。

　　三十年战争以1648年缔结威斯特伐利亚和约而告结束，和约的签订加深了德国政治上的分裂。——编者注

受奴役的地位——否则在他们遭到不幸的时候谁来照顾他们呢？这样，两个人的模式既"适用"于不平等和奴役，也同样"适用"于平等和互助；而且因为我们害怕受到灭亡的惩罚而不得不承认他们是家长，所以在这里已经预先安排了世袭的奴役制。

但是，让我们暂时把这一切放在一旁。我们假定杜林先生的公理论说服了我们，而且我们热衷于两个意志的完全平等的权利、"一般人的主权"、"个人的主权"——真正壮丽的字眼，和这些字眼比起来，施蒂纳的拥有自己的所有物的"唯一者"① 相形见绌了，虽然他在这方面也可以要求有自己的一席之地。这样，现在我们所有人都**完全平等**和独立了。是所有人吗？不，的确不是所有人。

也存在着"可以允许的隶属关系"，但是它们存在的"原因不应当到两个意志本身的活动中，而应当到第三领域中去寻找，例如对儿童来说，就应当到他们的自我规定的欠缺中去寻找"。

的确如此！隶属关系的原因不应当到两个意志本身的活动中去寻找！自然不应当，因为一个意志的活动恰恰是受到阻碍的！而应当到第三领域中去寻找！那么什么是这第三领域呢？这是一个受压制的意志即一个欠缺的意志的具体规定性！我们的现实哲学家同现实脱离得如此之远，以致在他看来，对意志这个抽象的、没有内容的用语来说，意志的真实的内容、特有的规定性，已经是"第三领域"了。但是，无论如何，我们必须认定，平等是有例外的。对于自我规定欠缺的意志来说，平等是无效的。**退却之一**。

其次，

"在野兽和人混合在一个人身上的地方，人们可以以第二个具有完全的人性的人的名义提出问题：他的行为方式，是否应当像所谓只具有人性的人相互间所表现的那样呢…… 所以我们关于两个在道德上不平等的人——其中一个在某种意义上带有特有的兽性——的假定，就是依照这种区别而可能在人的集团之中和之间……出现的一切关系的典型的基本形式"。

请读者自己去看看紧跟在这些窘态百出的遁词之后的那些可怜的咒骂吧，

---

① 指麦·施蒂纳在《唯一者及其所有物》（1845年莱比锡版）一书中所鼓吹的"唯一者"。马克思和恩格斯在《德意志意识形态》中对这部著作进行了尖锐的批判（见《马克思恩格斯全集》中文第1版第3卷）。——编者注

在那些咒骂里，杜林先生像一个耶稣会会士那样耍花招，以便用决疑法确定具有人性的人可以多么严厉地对付具有兽性的人，多么严厉地运用不信任、计谋、严酷的甚至恐怖的以及欺骗的手段来对付后者，而且这样做还丝毫不违背不变的道德。

因此，如果两个人"在道德上不平等"，那么平等也就完结了。但是这样一来就根本不值得费力去召唤两个完全平等的人，因为两个在道德上完全平等的人是根本没有的。——但是，不平等应当在于一个是具有人性的人，而另一个则带有一些兽性。而人来源于动物界这一事实已经决定人永远不能完全摆脱兽性，所以问题永远只能在于摆脱得多些或少些，在于兽性或人性的程度上的差异。把人分成截然不同的两类，分成具有人性的人和具有兽性的人，分成善人和恶人，绵羊和山羊，这样的分类，除现实哲学外，只有基督教才知道，基督教也一贯有自己的世界审判者来实行这种分类。但是在现实哲学中，世界审判者应当是谁呢？这个问题大概要照基督教的做法来处理，在那里，虔诚的羔羊对自己的世俗近邻山羊行使世界审判者的职权，而且成绩卓著。现实哲学家的教派一旦出现，在这方面一定不会比地上的虔信者逊色。然而，这对我们是无所谓的；使我们感兴趣的，是承认这样一点：由于人们之间的道德上的不平等，平等再一次化为乌有。**退却之二**。

再往下看：

"如果一个人按照真理和科学行动，而另一个人按照某种迷信或偏见行动，那么……照例一定要发生相互争执……　一定程度的无能、粗暴或恶癖，在任何情况下总要引起冲突……　暴力不仅仅是对付儿童和疯人的最后手段。人的整个自然集团和文明阶级的本性，能够使得对它们的由于本身荒谬而成为敌对性的愿望进行的压服，即促使这种愿望向共同联系手段的还原，成为不可避免的必要。异己的意志在这里也被认为是有平等权利的；但是由于它的危害活动和敌对活动的荒谬性，它就引起了恢复平衡的行动，如果它遭到暴力，那么它只是受到它自身的非正义的反作用而已。"

可见，不仅道德上的不平等，而且精神上的不平等也足以排除两个意志的"完全平等"，并树立这样一种道德，按照这种道德，各文明掠夺国对落后民族所干的一切可耻行径，直到俄国人在突厥斯坦的暴行①，都可以认为是正当的。1873年夏天，当考夫曼将军下令进攻鞑靼部落的约穆德人，焚毁他们的帐篷，

———————————

① 指沙皇俄国占领中亚细亚时期发生的事件。——编者注

并且像在命令上所说的"按照真正高加索的习俗"屠杀他们的妇女和儿童时，他也断言：对约穆德人的由于本身荒谬而成为敌对性的愿望进行的压服，即促使这种愿望向共同联系手段的还原，已经成为不可避免的必要，而且他所采用的手段是最合乎目的的；谁想要达到目的，谁也就必然要采用这种手段。不过他还没有残酷到另外还去嘲弄约穆德人，说他屠杀他们是为了恢复平衡，他这样做正是承认他们的意志是有平等权利的。在这一冲突中，又是上帝的选民，所谓按照真理和科学行动的人，归根到底也就是现实哲学家，应该去决定什么是迷信、偏见、粗暴和恶癖，什么时候暴力和压服对于恢复平衡是必要的。因此，平等现在就是通过暴力恢复平衡；而第二个意志被第一个意志通过压服而认为是有平等权利的。**退却之三**，在这里，这次退却简直堕落为可耻的逃跑。

附带说一下，所谓异己的意志正是在通过暴力恢复平衡的行动中被认为是有平等权利的这句话，不过是对黑格尔学说的一种歪曲。按照黑格尔学说，刑罚是罪犯的权利：

> "刑罚被认为包含着罪犯本人的权利，在这里罪犯是被当做有理性者来尊重的。"（《法哲学》第 100 节附释）

我们可以就此结束。没有必要继续跟着杜林先生去一点一点地击破他如此按照公理建立起来的平等、一般人的主权等等；没有必要去观察他如何用两个男人来组成社会，而为了建立国家又使用第三个人，因为简单地说，没有这第三个人就不可能有多数的决议，而没有这样的决议，因而也就没有多数对少数的统治，也就不能有国家存在；没有必要去看他往后如何逐步转入建立他那共同社会的未来国家的那条较为平静的航路——我们将来总有一天有幸在那里拜访他。我们已经充分地看到：两个意志的完全平等，只是在这两个意志**什么愿望也没有**的时候才存在；一当它们不再是抽象的人的意志而转为现实的个人的意志，转为两个现实的人的意志的时候，平等就完结了；一方面是幼稚、疯狂、所谓的兽性、设想的迷信、硬说的偏见、假定的无能，另一方面是想象的人性、对真理和科学的洞察力；总之，两个意志以及与之相伴的智慧在质量上的任何区别，都是为那种可以一直上升到压服的不平等辩护的。既然杜林先生这样从根本上破坏了他自己的平等大厦，那我们还要求什么呢？

虽然我们关于杜林先生对平等观念的浅薄而拙劣的论述已经谈完，但是我们对平等观念本身的论述没有因此结束，这一观念特别是通过卢梭起了一种理论的作用，在大革命中和大革命之后起了一种实际的政治的作用，而今天在差不多所有国家的社会主义运动中仍然起着巨大的鼓动作用。这一观念的科学内容的确立，也将确定它对无产阶级鼓动的价值。

一切人，作为人来说，都有某些共同点，在这些共同点所及的范围内，他们是平等的，这样的观念自然是非常古老的。但是现代的平等要求与此完全不同；这种平等要求更应当是从人的这种共同特性中，从人就他们是人而言的这种平等中引申出这样的要求：一切人，或至少是一个国家的一切公民，或一个社会的一切成员，都应当有平等的政治地位和社会地位。要从这种相对平等的原始观念中得出国家和社会中的平等权利的结论，要使这个结论甚至能够成为某种自然而然的、不言而喻的东西，必然要经过而且确实已经经过几千年。在最古老的自然形成的公社中，最多只谈得上公社成员之间的平等权利，妇女、奴隶和外地人自然不在此列。在希腊人和罗马人那里，人们的不平等的作用比任何平等要大得多。如果认为希腊人和野蛮人、自由民和奴隶、公民和被保护民、罗马的公民和罗马的臣民（该词是在广义上使用的），都可以要求平等的政治地位，那么这在古代人看来必定是发了疯。在罗马帝国时期，所有这些区别，除自由民和奴隶的区别外，都逐渐消失了；这样，至少对自由民来说产生了私人的平等，在这种平等的基础上罗马法发展起来了，它是我们所知道的以私有制为基础的法的最完备形式。但是只要自由民和奴隶之间的对立还存在，就谈不上从一般人的平等得出的法的结论，这一点我们不久前在北美合众国各蓄奴州里还可以看得到。

基督教只承认一切人的**一种**平等，即原罪的平等，这同它曾经作为奴隶和被压迫者的宗教的性质是完全适合的。此外，基督教至多还承认上帝的选民的平等，但是这种平等只是在开始时才被强调过。在新宗教的最初阶段同样可以发现财产共有的痕迹，这与其说是来源于真正的平等观念，不如说是来源于被迫害者的团结。僧侣和俗人对立的确立，很快就使这种基督教平等的萌芽也归于消失。——日耳曼人在西欧的横行，逐渐建立了空前复杂的社会的和政治的等级制度，从而在几个世纪内消除了一切平等观念，但是同时使西欧和中欧卷入了历史的运动，在那里第一次创造了一个牢固的文化区域，并在这个区域内第一次建立了一个由互相影响和互相防范的、主要是民族国家所组成的体系。这样就准备了一个基础，后来只是在这个基础上才有可能谈人的平等和人权的问题。

此外，在封建的中世纪的内部孕育了这样一个阶级，这个阶级在它进一步的发展中，注定成为现代平等要求的代表者，这就是资产阶级。资产阶级本身最初是一个封建等级，当15世纪末海上航路的伟大发现为它开辟了一个新的更加广阔的活动场所时，它使封建社会内部的主要靠手工进行的工业和产品交换发展到比较高的水平。欧洲以外的、以前只在意大利和黎凡特①之间进行的贸易，这时已经扩大到了美洲和印度，就重要性来说，很快就超过了欧洲各国之间的和每个国家内部的交换。美洲的黄金和白银在欧洲泛滥起来，它好似一种瓦解因素渗入封建社会的一切罅隙、裂缝和细孔。手工业生产不再能满足日益增长的需要；在最先进的国家的主要工业部门里，手工业生产为工场手工业代替了。

可是社会的政治结构决不是紧跟着社会经济生活条件的这种剧烈的变革立即发生相应的改变。当社会日益成为资产阶级社会的时候，国家制度仍然是封建的。大规模的贸易，特别是国际贸易，尤其是世界贸易，要求有自由的、在行动上不受限制的商品占有者，他们作为商品占有者是有平等权利的，他们根据对他们所有人来说都平等的、至少在当地是平等的权利进行交换。从手工业向工场手工业转变的前提是，有一定数量的自由工人（所谓自由，一方面是他们摆脱了行会的束缚，另一方面是他们失去了自己使用自己劳动力所必需的资料），他们可以和厂主订立契约出租他们的劳动力，因而作为缔约的一方是和厂主权利平等的。最后，一切人类劳动由于而且只是由于都是一般**人类**劳动而具有的等同性和同等意义②，在现代资产阶级经济学的价值规律中得到了自己的不自觉的，但最强烈的表现，根据这一规律，商品的价值是由其中所包含的社会必要劳动来计量的③。——但是，在经济关系要求自由和平等权利的地方，政治制度却每一步都以行会束缚和各种特权同它对抗。地方特权、差别关税以及各种各样的特别法令，不仅在贸易方面打击外国人或殖民地居民，而且还时常打击本国的各类国民；行会特权处处和时时都一再阻挡着工场手工业发展的道路。无论在哪里，道路都不是自由通行的，对资产阶级竞争者来说机会都不是平等的，而自由通行和机会平等是首要的和愈益迫切的要求。

---

① 地中海东岸诸国的旧称。——编者注
② 参看马克思《资本论》第1卷，《马克思恩格斯文集》第5卷第70—75页。——编者注
③ 从资产阶级社会的经济条件中这样推导出现代平等观念，首先是由马克思在《资本论》中作出的。

　　社会的经济进步一旦把摆脱封建桎梏和通过消除封建不平等来确立权利平等的要求提上日程，这种要求就必定迅速地扩大其范围。只要为工业和商业的利益提出这一要求，就必须为广大农民要求同样的平等权利。农民遭受着从十足的农奴制开始的各种程度的奴役，他们必须把自己绝大部分的劳动时间无偿地献给仁慈的封建领主，此外，还得向领主和国家交纳无数的贡税。另一方面，也不能不要求废除封建特惠、贵族免税权以及个别等级的政治特权。由于人们不再生活在像罗马帝国那样的世界帝国中，而是生活在那些相互平等地交往并且处在差不多相同的资产阶级发展阶段的独立国家所组成的体系中，所以这种要求就很自然地获得了普遍的、超出个别国家范围的性质，而自由和平等也很自然地被宣布为**人权**。这种人权的特殊资产阶级性质的典型表现是美国宪法，它最先承认了人权，同时确认了存在于美国的有色人种奴隶制：阶级特权不受法律保护，种族特权被神圣化。

　　可是大家知道，从资产阶级由封建时代的市民等级破茧而出的时候起，从中世纪的等级转变为现代的阶级的时候起，资产阶级就由它的影子即无产阶级不可避免地一直伴随着。同样地，资产阶级的平等要求也由无产阶级的平等要求伴随着。从消灭阶级**特权**的资产阶级要求提出的时候起，同时就出现了消灭**阶级本身**的无产阶级要求——起初采取宗教的形式，借助于原始基督教，以后就以资产阶级的平等理论本身为依据了。无产阶级抓住了资产阶级所说的话，指出：平等应当不仅仅是表面的，不仅仅在国家的领域中实行，它还应当是实际的，还应当在社会的、经济的领域中实行。尤其是从法国资产阶级自大革命开始把公民的平等提到重要地位以来，法国无产阶级就针锋相对地提出社会的、经济的平等的要求，这种平等成了法国无产阶级所特有的战斗口号。

　　因此，无产阶级所提出的平等要求有双重意义。或者它是对明显的社会不平等，对富人和穷人之间、主人和奴隶之间、骄奢淫逸者和饥饿者之间的对立的自发反应——特别是在初期，例如在农民战争中，情况就是这样；它作为这种自发反应，只是革命本能的表现，它在这里，而且仅仅在这里找到自己被提出的理由。或者它是从对资产阶级平等要求的反应中产生的，它从这种平等要求中吸取了或多或少正当的、可以进一步发展的要求，成了用资本家本身的主张发动工人起来反对资本家的鼓动手段；在这种情况下，它是和资产阶级平等本身共存亡的。在上述两种情况下，无产阶级平等要求的实际内容都是**消灭阶级**的要求。任何超出这个范围的平等要求，都必然要流于荒谬。我们已经举出了关于这方面的例子，当我们转到杜林先生关于未来的幻想时，我们还会发现更多的这类例子。

可见，平等的观念，无论以资产阶级的形式出现，还是以无产阶级的形式出现，本身都是一种历史的产物，这一观念的形成，需要一定的历史条件，而这种历史条件本身又以长期的以往的历史为前提。所以，这样的平等观念说它是什么都行，就不能说它是永恒的真理。如果它现在对广大公众来说——在这种或那种意义上——是不言而喻的，如果它像马克思所说的，"已经成为国民的牢固的成见"①，那么这不是由于它具有公理式的真理性，而是由于18世纪的思想得到普遍传播和仍然合乎时宜。因此，如果杜林先生能够直截了当地让他的有名的两个男人在平等的基础上料理家务，那是由于这对国民的成见来说是十分自然的。的确，杜林先生把他的哲学叫做**自然**哲学，因为这种哲学是仅仅从那些对他来说是十分自然的东西出发的。但是为什么这些东西对他来说是自然的呢？——这一问题他当然是不会提出来的。

十一　道德和法。自由和必然

"对于政治和法律的领域，本教程中所阐述的原则是以最深入的专门研究为基础的。所以……出发点必然是：这里的问题……在于前后一贯地陈述法学和国家学领域中的成果。我最初的专门研究正好是法学，我在这上面不仅用了大学理论准备通常所需的三年时间，而且在往后审判实践的三年中，继续致力于研究，特别是旨在加深它的科学内容的研究……　如果对私法关系和相应的法律缺陷的批判不善于像了解这门学科的优点那样了解它的一切缺点，那么，这种批判肯定也不能以同样的自信心发表出来。"

有理由这样谈到自己的人，必定一开始就取得人们对他的信任，特别是和"马克思先生以往对法所作的自己也承认是粗枝大叶的研究"比起来，就更是这样了。

因此，我们不能不感到惊奇的是，带着这样的自信心出场的对私法关系的批判，竟只限于向我们陈述：

"在科学性上，法学……前进得不远"；成文的民法是非正义，因为它确认基于暴力的所有制；刑法的"自然根据"是复仇，——

在这种论断中，顶多只有"自然根据"这件神秘的外衣是新东西。国家学的成

---

① 见马克思《资本论》第1卷，《马克思恩格斯文集》第5卷第75页。

果只限于论述已知的三个男人的关系，其中一人至今还对其他两人施行暴力，而且杜林先生还在非常认真地研究首先采用暴力和实行奴役的是第二个人还是第三个人。

但是，让我们往下看看我们这位自信的法学家的最深入的专门研究和经过三年审判实践而加深的科学性吧。

关于拉萨尔，杜林先生对我们说：

> 他是"由于策动盗窃首饰匣未遂"而被控告的，"但是没有作出判决，因为那时还容许所谓由法院宣告无罪……这种半宣告无罪"。

这里所说的拉萨尔案件是 1848 年夏天在科隆陪审法庭审理的①，那里和几乎整个莱茵省一样，通行的是法兰西刑法。仅仅对政治上的违法和犯罪才例外地实施普鲁士邦法②，但是早在 1848 年 4 月，这种例外规定又被康普豪森取消了。法兰西法根本没有像普鲁士邦法中所说的"策动"犯罪这种不确切的范畴，更不用说什么策动犯罪未遂了。法兰西法只有**教唆**犯罪，而这只有在"通过送礼、许愿、威胁、滥用威望或权力、狡猾的挑拨或该受惩罚的诡计"（刑法典③第 60 条）来进行时才可以判罪。埋头于普鲁士邦法的检察机关，完全和杜林先生一样，忽略了法兰西法的十分明确的规定和普鲁士邦法的含糊的不确定性之间的重大差别，对拉萨尔提出了预谋的诉讼并引人注目地失败了。因为只有对现代法兰西法领域完全无知的人，才敢断言法国的刑事诉讼可以允许普鲁士邦法所说的由法院宣告无罪，这种**半**宣告无罪；现代法兰西法在刑事诉讼中只有判罪或宣告无罪，而没有介于两者之间的判决。

这样，我们不得不说，如果杜林先生手头有过一本拿破仑法典④，那么，

---

① 斐·拉萨尔于 1848 年 2 月因被控教唆盗窃一只存放哈茨费尔特伯爵夫人离婚案（1846—1854 年拉萨尔是该案的律师）需用文件的首饰匣而被捕。拉萨尔案件于 1848 年 8 月 5—11 日审理，拉萨尔本人被陪审法庭宣判无罪。——编者注

② 普鲁士邦法指《普鲁士国家通用邦法》，包括私法、国家法、教会法和刑法，自 1794 年 6 月 1 日起开始生效。——编者注

③ 刑法典是法国的法典，1810 年通过，从 1811 年起在法国以及法国人占领的德国西部和西南部地区实施。——编者注

④ 拿破仑法典在这里不仅仅是指在拿破仑统治时期于 1804 年通过并以《拿破仑法典》著称的民法典，而是广义地指 1804—1810 年拿破仑第一统治时期通过的五部法典：民法典、民事诉讼法典、商业法典、刑法典和刑事诉讼法典。恩格斯称法兰西民法典（《拿破仑法典》本身）为"典型的资产阶级社会的法典"。——编者注

他肯定不能以同样的自信心对拉萨尔作出这种"具有伟大风格的历史记述"。因此，我们必须断定，杜林先生对于以法国大革命的社会成果为依据并把这些成果转化为法律的**唯一的**现代民法典，即现代法兰西法，是**完全无知的**。

在另外一个地方，当杜林先生批判整个大陆上按照法国典范实行的、以陪审员的多数票作出判决的那种陪审法庭的时候，我们受到这样的教导：

> "是的，甚至可以去熟悉一下那再说在历史上也不是没有先例的思想：在完美的共同体中，有反对票的判罪应当属于不可能的制度……　但是，这种严肃的和思想深刻的理解方式，正像上面已经说过的，对传统的形式看来是不适当的，因为对这种形式来说，它是太好了。"

杜林先生又一次不懂得，按照英国的普通法，即从远古以来至少是从 14 世纪以来就通行的不成文的习惯法，陪审员的一致，不仅在刑事判罪上，而且在民事诉讼的判决上都是绝对必要的。因此，这种在杜林先生看来对于当今世界来说是**太好**的严肃的和思想深刻的理解方式，早在最黑暗的中世纪就已经在英国具有了法律效力，并且从英国被推行到爱尔兰、美利坚合众国以至英国的一切殖民地，而关于这一点，最深入的专门研究竟连一个字也没有向杜林先生透露！由此可见，以陪审员的一致来实行判决的地区，不但比通行普鲁士邦法的狭小区域大得无可比拟，而且比所有以陪审员的多数来实行判决的地区的总和还要广大。杜林先生不但对唯一的现代法即法兰西法完全无知，而且他对直到现在仍然不依赖于罗马法权威而向前发展的、传播于世界各大洲的唯一的日耳曼法，即英吉利法，也同样无知。为什么不知道呢？杜林先生说，

因为英国式的法律思维方式"面对按古典罗马法学家的纯粹概念在德国土地上实施的那种训练，总是站不住脚的"，

他接着说：

> "同我们天然的语言形式相比，讲幼稚的混合语言的英语世界算得了什么呢?"

对此，我们只能用斯宾诺莎的话来回答：Ignorantia non est argumentum，无知并不是论据①。

---

①　无知并不是论据是斯宾诺莎在《伦理学》第一部中讲的一句话。——编者注

从这里我们只能得出这样的结论：杜林先生的最深入的专门研究是在于他用了三年时间在理论方面钻研了民法大全①，以后又用了三年时间在实践中钻研了高贵的普鲁士邦法。这方面的功底肯定已经十分可嘉了，也足以当一个极可尊敬的旧普鲁士地方法官或律师了。但是，如果要给一切世界和一切时代编写法哲学，那么总应当也多少知道一些像法国人、英国人和美国人这样的民族的法的关系，这些民族在历史上所起的作用同德国盛行普鲁士邦法的那个角落完全不同。我们再往下看。

"地方法、省法和邦法杂乱地混合在一起，它们以非常随意的方式，时而作为习惯法，时而作为成文法（经常使最重要的事务具有纯粹的规章形式），按迥然不同的方向交叉起来，这种无秩序和矛盾的样本——其中个别使一般无效，而有时一般又使特殊无效——的确不适于在任何人那里……造成清楚的法的意识。"

但是，这种混乱状态存在于什么地方呢？又是在通行普鲁士邦法的地域内，那里，在这种邦法的旁边、上面或者下面，还有省法、地方法令，有些地方还有普通法以及其他乱七八糟的东西，它们都具有各种各样的不同程度的效力，并且使一切实践的法学家发出杜林先生在这里满怀同情地一再重复的呼救声。他根本不需要离开他心爱的普鲁士，他只要到莱茵省走一趟，就可以确信，在那里70年来这一切都已经根本不提了，至于其他文明国家不用说了，这些国家早已消除了这类过时状态。

再往下看：

"集议机构或其他行政机构的秘密的、因而是不记名的集体决断和集体行动对个人的自然责任的掩盖，是以不太尖锐的形式表现出来的，这种集体决断和集体行动把每一个成员的个人参与隐藏起来了。"

在另一个地方又说：

"在我们目前的情况下，要是不愿意让集议机构遮盖和掩饰个人的责任，那么，这将被认为是一种惊人的和极端苛刻的要求。"

---

① 民法大全指罗马的民法大全，是调整罗马奴隶占有制社会的财产关系的一部民法汇编，于6世纪查士丁尼皇帝在位时编纂。恩格斯称它是"商品生产者社会的第一个世界性法律"。——编者注

如果我们告诉杜林先生：在通行英吉利法的地区，审判员集议机构的每一个成员必须在公开开庭时单独提出自己的判决并陈述其理由；不经过选举、不公开进行审理和表决的行政集议机构，主要是**普鲁士的**制度，在大多数其他国家里是没有的，所以他的要求只有在**普鲁士**才可能被认为是惊人的和极端苛刻的，那么，对他来说，这也许是一个惊人的消息。

同样，他对教会在出生、结婚、死亡和殡葬方面的强制性干预的抱怨，就所有比较大的文明国家来说，也只适合于普鲁士，而且自从采用了户籍簿以来，甚至对普鲁士也不适合了。① 杜林先生认为只有通过"共同社会的"未来制度才能实现的事情，俾斯麦目前甚至凭一个简单的法律就完成了。——在"对法学家在履行职务上准备不足的抱怨"中，在这种也可以扩大为对"行政官员"的抱怨中，同样唱出了一曲普鲁士特有的耶利米哀歌；甚至杜林先生一有机会就表露出来的夸张到可笑程度的对犹太人的仇恨，即使不是一种普鲁士特有的特征，也是一种易北河以东地区特有的特征。这个傲然蔑视一切偏见和迷信的现实哲学家，本身却如此深深地沉浸在个人的怪想中，以致把中世纪的迷信中流传下来的反犹太人的民族偏见叫做建立在"自然根据"之上的"自然判断"，并且竟作出了这样伟大的论断：

> "社会主义是能够对抗那种带有比较强烈的犹太混合物的人口状态〈带有犹太混合物的状态！多么自然的德语！〉的唯一力量。"

够了。这种对渊博的法学知识的炫耀，顶多也只是以一个最普通的旧普鲁士法学家的最平常的专门知识作为根据的。杜林先生向我们彻底地陈述其结论的法学和国家学领域，是和实施普鲁士邦法的地域相"吻合"的。除了每个法学家都熟悉的、目前甚至在英国也为人们所十分熟悉的罗马法以外，他的法律知识仅仅限于普鲁士邦法这部开明宗法专制制度的法典，这部法典是用德语写的，似乎杜林先生就是从中开始识字的，这部带有道德性的注释、法律上的不确定性和不稳固性、以鞭挞作为刑讯和处罚手段的法典，还完全是属于革命以前的时代的。除此以外的东西，无论是现代的法兰西民法，还是自身发展十分

---

① 关于在普鲁士强制实行出生、结婚和死亡等民事登记的法律于 1874 年 3 月 9 日最后批准并于同年 10 月 1 日开始生效。1875 年 2 月 6 日在全德意志帝国范围内也颁布了同样的法律。这一法律主要是针对天主教会的，它剥夺了教会登记户籍的权利，从而大大地限制了教会的影响和收入。这是俾斯麦的所谓"文化斗争"政策中的一个重要环节。——编者注

独特的和整个大陆对其保障个人自由一无所知的英吉利法，在杜林先生看来都是邪恶的。这种"不承认任何纯属**虚幻的**地平线，而是要在自己的强有力地实行变革的运动中揭示外部自然和内部自然的一切地和天"的哲学，它的**真正的**地平线就是旧普鲁士东部六省①的疆界，至多还包括德国的其他几小块施行高贵的普鲁士邦法的地方；在这个地平线以外，它既没有揭示地也没有揭示天，既没有揭示外部自然也没有揭示内部自然，而只是揭示了对世界其他地方所发生的事情的极端无知的景象。

如果不谈所谓自由意志、人的责任能力、必然和自由的关系等问题，就不能很好地议论道德和法的问题。现实哲学对这一问题的解答，不仅有一个，而且甚至有两个。

"人们用来代替一切伪自由学说的，是这样一种关系的合乎经验的特性，在这种关系中，一方面是理性的认识，另方面是本能的冲动，双方似乎联成一个合力。动力学的这种基本事实应当从观察中取得，而且为了对尚未发生的事情进行预测，要按照性质和大小尽可能地作出一般的估计。这样，几千年来人们为之费尽心机的关于内在自由的愚蠢幻想不仅被彻底扫除，而且还被生活的实际安排所需要的某种积极的东西所代替。"

根据这种看法，自由是在于：理性的认识把人拉向右边，非理性的冲动把人拉向左边，而在这样的力的平行四边形中，真正的运动就按对角线的方向进行。这样说来，自由就是认识和冲动、知性和非知性之间的平均值，而在每一个人身上，这种自由的程度，用天文学的术语来说，可以根据经验用"人差"②来确定。但是在几页以后，杜林先生又说：

"我们把道德责任建立在自由上面，但是这种自由在我们看来，只不过是按照先天的和后天的知性对自觉动机的感受。所有这样的动机，尽管会觉察到行动中可能出现对立，总是以不可回避的自然规律性起着作用；但是，当我们应用道德杠杆时，我们正是估计到了这种不可回避的强制。"

这第二个关于自由的定义随随便便地就给了第一个定义一记耳光，它又只

---

① 指勃兰登堡、东普鲁士、西普鲁士、波兹南、波美拉尼亚和西里西亚六省，在 1815 年维也纳会议以前这些省份归属普鲁士王国。——编者注
② 人差指确定天体通过已知平面瞬间的系统误差，这种误差是以观察员的心理生理特点和记录天体通过时刻的方式为转移的。——编者注

是对黑格尔观念的极端庸俗化。黑格尔第一个正确地叙述了自由和必然之间的关系。在他看来，自由是对必然的认识。"必然只有在它没有被理解时才是盲目的。"① 自由不在于幻想中摆脱自然规律而独立，而在于认识这些规律，从而能够有计划地使自然规律为一定的目的服务。这无论对外部自然的规律，或对支配人本身的肉体存在和精神存在的规律来说，都是一样的。这两类规律，我们最多只能在观念中而不能在现实中把它们互相分开。因此，意志自由只是借助于对事物的认识来作出决定的能力。因此，人对一定问题的判断越是**自由**，这个判断的内容所具有的**必然性**就越大；而犹豫不决是以不知为基础的，它看来好像是在许多不同的和相互矛盾的可能的决定中任意进行选择，但恰好由此证明它的不自由，证明它被正好应该由它支配的对象所支配。因此，自由就在于根据对自然界的必然性的认识来支配我们自己和外部自然；因此它必然是历史发展的产物。最初的、从动物界分离出来的人，在一切本质方面是和动物本身一样不自由的；但是文化上的每一个进步，都是迈向自由的一步。在人类历史的初期，发现了从机械运动到热的转化，即摩擦生火；在到目前为止的发展的末期，发现了从热到机械运动的转化，即蒸汽机。而尽管蒸汽机在社会领域中实现了巨大的解放性的变革——这一变革还没有完成一半——，但是毫无疑问，就世界性的解放作用而言，摩擦生火还是超过了蒸汽机，因为摩擦生火第一次使人支配了一种自然力，从而最终把人同动物界分开。蒸汽机永远不能在人类的发展中引起如此巨大的飞跃，尽管在我们看来，蒸汽机确实是所有那些以它为依靠的巨大生产力的代表，唯有借助于这些生产力，才有可能实现这样一种社会状态，在这里不再有任何阶级差别，不再有任何对个人生活资料的忧虑，并且第一次能够谈到真正的人的自由，谈到那种同已被认识的自然规律和谐一致的生活。但是，整个人类历史还多么年轻，硬说我们现在的观点具有某种绝对的意义，那是多么可笑，这一点从下述的简单的事实中就可以看到：到目前为止的全部历史，可以称为从实际发现机械运动转化为热到发现热转化为机械运动这样一段时间的历史。

当然，杜林先生对历史的看法是不同的。一般说来，历史作为谬误的历史、无知和野蛮的历史、暴力和奴役的历史，是现实哲学所厌恶的一个对象，但是具体说来，历史被分为两大段落：（1）从物质的自身等同的状态到法国革

---

① 见黑格尔《哲学全书纲要》第1部（即《小逻辑》）第147节附释。——编者注

命，（2）从法国革命到杜林先生；在这里，

19 世纪"在实质上还是反动的，在精神方面，它甚至比 18 世纪还更加这样〈!〉"。虽然如此，它已经孕育着社会主义，因而也孕育着"比法国革命的先驱们和英雄们所臆想的〈!〉更加巨大的变革的萌芽"。

现实哲学对于到目前为止的历史的蔑视，是以下述议论为理由的：

"如果想到未来的那些千年的系列，那么要靠原始记载来作历史回忆的那很少的几个千年，连同这期间的以往人类状态，是没有多大意义的……人类作为整体来说，还很年轻，如果有朝一日科学的回忆不是以千年而是以万年来计算，那么，我们的制度在精神上不成熟的幼稚状态，对于以后将被视为太古时代的我们的时代来说，将具有无可争辩的意义，不言而喻的前提。"

我们不去推敲最后一句话的真正"天然的语言形式"，我们仅仅指出下面两点：第一，这个"太古时代"在一切情况下，对一切未来的世代来说，总还是一个极有趣的历史时期，因为它建立了全部以后的更高的发展的基础，因为它以人从动物界分离出来为出发点，并且以克服将来联合起来的人们永远不会再遇到的那些困难为内容。第二，同这个太古时代相比，未来的、不再为这些困难和障碍所妨碍的历史时期，将有空前的科学、技术和社会的成果，所以，选择这个太古时代的终结作为一个时机，以便利用在我们这个十分"落后"和"退步"的世纪的精神上不成熟的幼稚状态的基础上所发现的最后的终极的真理、不变的真理和根底深厚的概念，来为这些未来的千年制定种种规范，这无论如何是非常奇怪的。人们只有成为哲学上的理查·瓦格纳（但没有瓦格纳那样的才能），才看不到：对于到目前为止的历史发展的这一切蔑视，同样非常适用于这个历史发展的所谓最后成果，即所谓现实哲学。

新的根底深厚的科学中最突出的部分之一，是关于生活的个人化和生活价值的提高那一篇。在这里，神谕式的老生常谈犹如不可遏止的涌泉从整整三章中喷流而出。可惜我们只能举出几个简短的例子。

"一切感觉的因而也是一切主观生活方式的更深刻的本质，都是以各种状态的差异为基础的……但是对于完全的〈!〉生活来说，甚至可以直截了当地〈!〉证明，它不是固定不变的状况，而是从一种生活状态到另一种生活状态的转变，这样，生活的感情才得以提高，具有决定意义的刺激才得以发展……近似自身等同的、可说是停留在一贯不变的惰性状态并且好像

是停留在同一平衡状态中的情况，不论其性质如何，对于验证存在是没有多大意义的…… 习惯和可说是适应，使这种生活状况完全变成某种冷漠而无关紧要的、同死的状态没有特殊区别的东西。最多再加上无聊的痛苦作为一种消极的生活冲动…… 在停滞的生活中，对于个人和人民来说，对存在的一切热情和一切兴趣都会熄灭。但是所有这些现象都可以从我们的差异规律中得到说明。"

简直无法相信，杜林先生以什么样的速度完成他的完全独特的结论。对同一神经的持续的刺激或者同一刺激的持续，会使任何一根神经和任何一个神经系统疲劳，所以在正常的情况下应该使神经的刺激有间断和变换——这是多年来在任何生理学手册中都可以读到的，而且是任何庸人根据自己的经验都知道的。杜林先生刚把这些老生常谈译为现实哲学的语言，刚给这种陈词滥调套上"一切感觉的更深刻的本质都是以各种状态的差异为基础的"这一神秘的形式，这种陈词滥调就已经转变为"**我们的**差异规律"了。而且，这一差异规律使得一整系列现象"完全得到说明"，而这些现象又无非是变换的愉快性的具体说明和例子，它们甚至对最平凡的庸人的理解力来说也是完全不需要说明的，而且没有因援引所谓的差异规律而清楚一丝一毫。

但是"**我们的**差异规律"的深厚根底还远不止此：

"年龄期的更替以及与此相联系的生活条件的变化，为说明我们的差异原则提供了一个非常明显的例子。儿童、少年、青年和成年人对他们各自的生活感情的力量的体验，在他们所处的已经固定的状态中所得到的，要少于在一种状态向另一种状态转变时期所得到的。"

这还不够：

"如果考虑到这样一个事实，即重复已经验证的或者已经做过的事情是没有任何吸引力的，那么我们的差异规律就能得到更加广泛的应用。"

现在读者自己可以想象一下以上述那种深刻的和根底深厚的文句为出发点的神谕式的胡话了。当然，杜林先生尽可以在他这本书的结尾得意扬扬地宣告：

"差异规律对于生活价值的评价和提高无论在理论上还是在实践上都具有决定性意义！"

它对于杜林先生对自己的读者的精神价值的评价也具有同样的意义：他一定以为读者是纯粹的蠢驴或庸人。

接着，我们就得到下面这些极为实际的生活准则：

"保持旺盛的总体生活兴趣〈对于庸人和想成为庸人的人倒是一项美妙的任务!〉的手段,就在于使得整体所由构成的个别的、可说是元素般的兴趣,按照自然的时间尺度发展或相互更替。同时,对于同样的状态,也可以利用较高的和效力较持久的刺激去逐渐代替较低的和较易满足的刺激,以避免完全丧失了兴趣的空隙的产生。但是除此以外,还应当防止以任意的方式积累和强迫实现那些自然产生的或在社会存在的正常进程中产生的紧张,或者防止出现相反的扭曲,即这种紧张在最轻微的激动下就得到满足,并从而使一种有享受能力的需要的发展受到阻碍。自然旋律的保持在这里也像在其他地方一样,是均匀的和使人动心的运动的先决条件。也不应该给自己提出不能解决的任务:企求把某种状态所造成的刺激延伸到自然或环境给它划定的时间界限以外",等等。

如果老实人把一个拿最乏味的陈词滥调来故弄玄虚的学究作出的这种庄严的庸人神谕,当做他"体验生活"的准则,那他当然不会抱怨"完全丧失了兴趣的空隙"。他将不得不用他所有的时间来对各种享受作合乎准则的准备和安排,结果他甚至没有任何自由时间去享受。

我们应当体验生活,体验完全的生活。只是杜林先生禁止我们做两件事:

第一,"吸烟所造成的不洁",第二,"具有令人厌恶的或为比较精细的感觉所排斥的那些特性"的饮料和食物。

但是杜林先生在《经济学教程》中如此狂热地赞美烧酒酿造业,所以他不可能把烧酒理解为这类饮料;因此,我们不得不作出结论:他的禁令只涉及葡萄酒和啤酒。他只要再禁止肉类,就可以把现实哲学提升到古斯塔夫·司徒卢威过去非常成功地达到过的高度,即纯粹儿戏的高度。

此外,杜林先生对于酒精饮料可能会稍为宽容一些。一个自己承认还一直不能找到从静到动的桥的人,如果碰到一个可怜的家伙一时过于贪杯,因而在寻找从动到静的桥的方面同样白费了力气,那么,他肯定有一切理由以宽容的态度去进行评断。

第二编　政治经济学

......

二　暴　力　论

"在我的体系中,一般政治对经济法的形式的关系被规定得十分肯定,同时又十分独特,为了使研究易于进行而特别把这点指出来，想必不会是多余的。政治关系的形式是历史上基础性的东西，而经济的依存不过是一种结果或特殊情形，因而总是次等的事实。有些最新的社会主义体系把完全相反的关系的一目了然的假象当做指导原则，他们以为政治的从属似乎是从经济状态中产生的。当然，这些次等的结果本身确实是存在的，而且在目前是最能使人感到的；但是本原的东西必须从直接的政治暴力中去寻找，而不是从间接的经济力量中去寻找。"

在另一个地方也是这样，在那里杜林先生

"从这样的原理出发：政治状态是经济状况的决定性的原因，相反的关系只是次等的相反结果……　只要人们把政治组合不是看做达到自己目的的出发点，而仅仅把它当做达到糊口目的的手段，那么不管这些人看来是多么激进社会主义的和革命的，他们总是包藏着一部分隐蔽的反动性"。

这就是杜林先生的理论。这一理论在这里和其他许多地方都是直截了当地提出的，可以说是颁布下来的。在厚厚的三大部书里，任何地方都没有作过证明这一理论或者反驳相反意见的哪怕一点点尝试。即使论据像乌莓子一样便宜①，杜林先生也没有给我们拿出一个来。事情本来已经由鲁滨逊奴役星期五这一著名的原罪证明了。这是一种暴力行为，因而是一种政治行为。这种奴役构成了到现在为止的全部历史的出发点和基本事实，并给这一历史注入了非正义的原罪，以致这种奴役在往后的时期中只是有所缓和并"变为较为间接的经济依存形式"；同样，直到现在还通行的全部"基于暴力的所有制"也是以这种原始奴役为基础的，——正因为如此，很显然，一切经济现象都应该由政治原因来解释，即由暴力来解释。而谁对此不满意，谁就是隐蔽的反动派。

首先应当指出，一个人只有像杜林先生那样自以为是，才能把这个毫不独特的观点看得"十分独特"。把重大政治历史事件②看做历史上起决定作用的东西的这种观念，像历史编纂学本身一样已经很古老了，并且主要是由于这种观念的存在，保留下来的关于各国人民的发展的材料竟如此之少，而这种发展正是在这个喧嚣的舞台背后悄悄地进行的，并且起着真正的推动作用。这种观

---

① 恩格斯在这里引用了莎士比亚的历史剧《亨利四世》（奥·威·施勒格尔的德译本）前篇第 2 幕第 4 场中福斯泰夫的话："即使论据像乌莓子一样便宜，我也不会在人家的强迫之下给他一个论据。"——编者注

② 重大政治历史事件的德文原文是 Haupt-und Staatsaktion，其原意是大型政治历史剧，指 17 世纪和 18 世纪上半叶德国巡回剧团演出的戏剧。这些戏剧用夸张的、同时也用粗俗的和笑剧的方式展现悲剧性的历史事件。——编者注

念曾支配已往的整个历史观，只是法国复辟时代的资产阶级历史编纂学家①才使之发生动摇；在这里，"独特"的只是杜林先生对这一切又毫无所知。

其次，即使我们暂且认为，杜林先生关于到目前为止的全部历史可以归结为人对人的奴役的说法是正确的，那还远未弄清事情的根底。而首先发生了这样的问题：鲁滨逊为什么要奴役星期五呢？单是为了取乐吗？完全不是。相反，我们看到，星期五是"被迫作为奴隶或单纯的工具去从事经济的劳务，而且也只是作为工具被养活着"。鲁滨逊奴役星期五，只不过是要星期五为鲁滨逊的利益来劳动。但是鲁滨逊怎样能够从星期五的劳动中获得好处呢？这只是因为星期五以他的劳动所生产的生活资料，多于鲁滨逊为维持他的劳动能力而不得不给予他的东西。因此，鲁滨逊违背了杜林先生的明确的规定，把由于奴役星期五而造成的"政治组合不是看做达到自己目的的出发点，而仅仅把它当做达到糊口目的的手段"，现在可以让他自己想想，他怎样去向他的主人和师长杜林交代。

这样，杜林先生为了证明暴力是"历史上基础性的东西"而特意编造的天真的例子证明：暴力仅仅是手段，相反，经济利益才是目的。目的比用来达到目的的手段要具有大得多的"基础性"，同样，在历史上，关系的经济方面也比政治方面具有大得多的基础性。因此，上述例子证明的同它所要证明的正好相反。在鲁滨逊和星期五的例子上如此，在到目前为止的一切统治和奴役的事例上也都是如此。用杜林先生的优雅词汇来说，压迫始终是"达到糊口目的的手段"（指最广义的糊口目的），但是无论何时何地，它都不是什么为"达到自己目的"而实行的政治组合。只有像杜林先生这样的人才能设想，捐税在国家中只是"次等的结果"，或者，进行统治的资产阶级和被统治的无产阶级的目前的政治组合是为了"达到自己目的"而存在，而不是为了进行统治的资产者的"糊口目的"，即为了榨取利润和积累资本而存在。

现在回过头来再谈我们的两个男人。鲁滨逊"手持利剑"把星期五变成自己的奴隶。但是鲁滨逊为了做到这一点，除利剑之外还需要别的东西。并不是每个人都能使用奴隶服役。为了能使用奴隶，必须掌握两种东西：第一，奴隶劳动所需的工具和对象；第二，维持奴隶困苦生活所需的资料。因此，先要在生产上达到一定的阶段，并在分配的不平等上达到一定的程度，奴隶制才会成

---

① 指奥·梯叶里、弗·基佐、弗·米涅和阿·梯也尔。——编者注

为可能。奴隶劳动要成为整个社会中占统治地位的生产方式，生产、贸易和财富积聚就要有大得多的增长。在古代自然形成的土地公有的公社中，奴隶制或是根本还没有出现，或是只起极其次要的作用。在最初的农民城市罗马，情形也是如此；当罗马变成"世界城市"，意大利的地产日益集中于人数不多的非常富有的所有者阶级手里的时候，农民人口才被奴隶人口所排挤。波斯战争时期，在科林斯奴隶数目达到46万，在埃吉纳岛达到47万，平均每个自由民有10个奴隶①，为此，除"暴力"之外，还需要其他东西，即高度发展的工艺美术业和手工业以及广泛的贸易。美国的奴隶制对暴力的依赖，要比它对英国的棉纺织工业的依赖少得多；在不种植棉花的地方，或者不像边境各州那样为各植棉州蓄奴的地区，奴隶制未经使用暴力就自行消失，这仅仅是因为奴隶制不上算。

这样，杜林先生把现代的所有制叫做基于暴力的所有制，并且称它为

"这样一种统治形式，这种统治形式的基础不仅在于禁止同胞使用天然的生活资料，而且更重要得多的是在于强迫人们从事奴隶的劳役"——

他就把全部关系弄颠倒了。

要强迫人们从事任何形式的奴隶的劳役，强迫者就必须拥有劳动资料，他只有借助这些劳动资料才能使用被奴役者；而在实行奴隶制的情况下，除此以外，他还必须拥有用来维持奴隶生活所必需的生活资料。这样，在任何情况下，他都必须拥有一定的超过平均水平的财产。但是这种财产是怎样来的呢？无论如何，有一点是清楚的：虽然财产可以由掠夺而得，就是说可以建立在**暴力**基础上，但是决不是必须如此。它可以通过劳动、偷窃、经商、欺骗等办法取得。无论如何，财产必须先由劳动生产出来，然后才能被掠夺。

私有财产在历史上的出现，决不是掠夺和暴力的结果。相反，在一切文明民族的古代自然形成的公社中，私有财产已经存在了，虽然只限于某几种对象。在这种公社的内部，最初是在同外地人进行的交换中，它就已经发展成商品的形式。公社的产品越是采取商品的形式，就是说，产品中为生产者自己消费的部分越小，为交换目的而生产的部分越大，在公社内部，原始的自发的分

---

① 恩格斯的这些材料引自恩·库尔齐乌斯的《希腊史》1869年柏林第3版第2卷第48、731页。大约在1876年3月底至5月底，恩格斯对该书全三卷曾作过大量摘录。——编者注

工被交换排挤得越多，公社各个社员的财产状况就越不平等，旧的土地公有制就被埋葬得越深，公社就越迅速地瓦解为小农的乡村。东方的专制制度以及东征西讨的游牧民族的不断更迭的统治，几千年来都对这些旧的公社无可奈何；由大工业产品的竞争引起的自然形成的家庭工业的逐渐破坏，却使公社日益瓦解。在这里，像目前在摩泽尔河地区和霍赫瓦尔德地区仍在进行的"农户公社"公有耕地的分配一样，谈不上什么暴力；农民恰恰认为，耕地公有被耕地私有取而代之，对自己是有利的。① 甚至原始贵族的形成，像在凯尔特人中、日耳曼人中和在印度旁遮普是在土地公有制的基础上发生的那样，最初也完全不是基于暴力，而是基于自愿和习惯。私有财产的形成，到处都是由于生产关系和交换关系发生变化，都是为了提高生产和促进交换——因而都是由于经济的原因。在这里，暴力没有起任何作用。显然，在掠夺者能够**占有**他人的财物以前，私有财产的制度必须是已经存在了；因此，暴力虽然可以改变占有状况，但是不能创造私有财产本身。

甚至"强迫人们从事奴隶的劳役"的最现代的形式，即雇佣劳动，我们也不能用暴力或基于暴力的所有制去说明。我们已经说过，劳动产品转化为商品，即不是为自身消费而是为交换所进行的产品生产，对古代公社的瓦解，因而对私有制的直接或间接的普遍化，起了怎样的作用。马克思在《资本论》中再清楚不过地证明（杜林先生小心翼翼地对此甚至一字不提），商品生产达到一定的发展程度，就转变为资本主义的生产；在这个阶段上，"以商品生产和商品流通为基础的占有规律或私有权规律，通过它本身的、内在的、不可避免的辩证法转变为自己的对立物。表现为最初活动的等价物交换，已经变得仅仅在表面上是交换，因为，第一，用来交换劳动力的那部分资本本身只是不付等价物而占有的他人的劳动产品的一部分；第二，这部分资本不仅必须由它的生产者即工人来补偿，而且在补偿时还要加上新的剩余额〈余额〉…… 最初，在我们看来，所有权似乎是以自己的劳动为基础的…… 现在〈据马克思分析的结果〉，所有权对于资本家来说，表现为占有他人无酬劳动的权利，而对于工人来说，则表现为不能占有自己的产品。所有权和劳动的分离，成了似乎是一个以它们的同一性为出发点的规律的必然结果。"② 换句话说，即使我们排除

① 参看格·汉森《特里尔专区的农户公社（世代相承的协作社）》1863年柏林版。——编者注
② 参看马克思《资本论》第1卷，《马克思恩格斯文集》第5卷第673—674页。——编者注

任何掠夺、任何暴力行为和任何欺骗的可能性，即使假定一切私有财产起初都基于占有者自己的劳动，而且在往后的全部进程中，都只是相等的价值和相等的价值进行交换，那么，在生产和交换的进一步发展中也必然要产生现代资本主义的生产方式，生产资料和生活资料必然被一个人数很少的阶级所垄断，而另一个构成人口绝大多数的阶级必然沦为一无所有的无产者，必然出现狂热生产和商业危机的周期交替，出现整个现在的生产无政府状态。全部过程都由纯经济的原因来说明，而根本不需要用掠夺、暴力、国家或任何政治干预来说明。"基于暴力的所有制"，在这里，原来也不过是用来掩饰对真实的事物进程毫不了解的一句大话。

历史地说，这个进程是资产阶级的发展史。如果"政治状态是经济状况的决定性的原因"，那么，现代资产阶级就不应当是在反对封建制度的斗争中发展起来的，而应当是封建制度自愿生产的宠儿。任何人都知道，实际情形正好相反。资产阶级起初是一个被压迫的等级，它不得不向进行统治的封建贵族交纳贡税，它由各种各样的依附农和农奴补充自己的队伍，它在反对贵族的不断斗争中占领了一个又一个的阵地，最后，在最发达的国家中取代了贵族的统治；在法国它直接推翻了贵族，在英国它逐步地使贵族资产阶级化，并把贵族同化，作为它自己装潢门面的上层。它是怎样达到这个地步的呢？只是通过"经济状况"的改变，而政治状态的改变则是或早或迟，或自愿或经过斗争随之发生的。资产阶级反对封建贵族的斗争是城市反对乡村、工业反对地产、货币经济反对自然经济的斗争，在这一斗争中，资产者的决定性的武器是他们的**经济上的**权力手段，这些手段由于工业（起初是手工业，后来扩展成为工场手工业）的发展和商业的扩展而不断增长起来。在这整个斗争中，政治暴力始终在贵族方面，只有一个时期是例外，那时王权利用资产阶级反对贵族，以便利用一个等级去控制另一个等级；但是，自从政治上还软弱无力的资产阶级因其经济力量的增长而开始变得危险起来的时候起，王权又和贵族联合起来，因而起初在英国随后在法国引起了资产阶级的革命。在法国，在"政治状态"还没有发生变化的时候，"经济状况"已经发展得超过它了。就政治状态来说，贵族拥有一切，资产者一无所有；可是就社会状况来说，那时资产者是国家里最重要的阶级，而贵族已经丧失了他们的全部社会职能，他们只是继续取得固定收入，以作为失去这些职能的补偿。不仅如此，资产阶级在他们的全部生产中，还受到早已被这种生产（不但被工场手工业，而且甚至被手工业）所超过的中世纪封建政治形式的箝制，受到所有那些已经成为生产的障碍和桎梏的无数行会特权以及各地和各省的关税壁垒的箝制。资产阶级的革命结束了这种状况。但是，革命不是按照杜林先生的原则，使经济状况适应政治状态（贵族和王权在长时期内正是枉费心机地企图这样做的），而是相反，把陈腐的政治废物抛开，并造成使新的"经济状况"能够存在和发展的政治状态。"经济状况"在这个与之适合的政治的和法的氛围中蓬勃地发展起来，以致资产阶级已经接近贵族在 1789 年所处的地位了：它不仅日益成为社会的多余，而且日益成为社会的障碍；它日益脱离生产活动，日益像旧时的贵族那样成为一个只收取固定收入的阶级；它不是用任何暴力的戏法，而是以纯经济的方法，实现了它自己的地位的变革，并造成了新的阶级，即无产阶级。此外，它决不愿意它自己的行为和活动产生这样的结果，相反，这种结果是在违背它的意志和愿望的情况下以不可抗拒的力量实现的；它拥有的生产力发展得超过了它的驾驭能力，好似以自然的必然性把整个资产阶级社会推向毁灭，或者推向变革。资产者现在求助于暴力，以挽救日趋瓦解的"经济状况"免于崩溃，他们这样做只是证明：他们陷入了杜林先生陷入的那条迷途，以为"政治状态是经济状况的决定性的原因"，他们完全和杜林先生一样想入非非，以为用"本原的东西"，用"直接的政治暴力"就能改造那些"次等的事实"，即经济状况及其不可避免的发展，用克虏伯炮和毛瑟枪就能把蒸汽机和由它推动的现代机器的经济结果，把世界贸易以及现代银行和信用的发展的经济结果从世界上消除掉。

三　暴力论（续）

让我们稍微仔细地看一看杜林先生的这个万能的"暴力"吧。鲁滨逊"手持利剑"奴役星期五。他是从什么地方得到这把利剑的呢？就是在鲁滨逊漂流记中的幻想岛上，利剑也从来不是树上长出来的，而杜林先生对这个问题却不作任何答复。既然鲁滨逊能够获得利剑，那我们同样可以设想，星期五有朝一日将手握子弹上膛的手枪出现，那时全部"暴力"关系就颠倒过来了：星期五发号施令，而鲁滨逊则不得不做苦工。请读者原谅我们如此经常地回到关于鲁滨逊和星期五的故事上来，这个故事其实只属于儿童游戏室而不属于科学。但是我们有什么办法呢？我们不得不老老实实地应用杜林先生的公理般的方法。如果我们经常在纯粹儿戏的范围内兜圈子，那么这不是我们的过错。总之，手枪战胜利剑，这样，即使最幼稚的公理论者也可以理解，暴力不是单纯的意志行为，它要求具备各种实现暴力的非常现实的前提，特别是**工具**，其中，较完善的战胜较不完善的；其次，这些工具必然是生产出来的，同时也可以说，较完善的暴力工具即一般所说的武器的生产者，战胜较不完善的暴力工具的生产者；一句话，暴力的胜利是以武器的生产为基础的，而武器的生产又是以整个生产为基础，因而是以"经济力量"，以"经济状况"，以可供暴力支配的**物质**手段为基础的。

目前，暴力是陆军和海军，而我们大家遗憾地知道，这两者需要"巨额的金钱"。但是暴力不能铸造金钱，它最多只能夺取已经铸造出来的金钱，而我们从法国的数十亿法郎①中同样遗憾地知道，这也没有起多大作用。因此，归根到底，金钱必须通过经济的生产才能取得；就是说，暴力还是由经济状况来决定的，经济状况给暴力提供配备和保持暴力工具的手段。但是还不仅如此。没有什么东西比陆军和海军更依赖于经济前提。装备、编成、编制、战术和战略，首先依赖于当时的生产水平和交通状况。这里起变革作用的，不是天才统帅的"知性的自由创造"，而是更好的武器的发明和士兵成分的改变；天才统帅的影响最多只限于使战斗的方式适合于新的武器和新的战士。②

在14世纪初，火药从阿拉伯人那里传入西欧，像每一个小学生都知道的那样，它使整个作战方法发生了变革。但是火药和火器的采用决不是一种暴力行为，而是一种工业的，也就是经济的进步。不管工业是以生产什么东西为目的，还是以破坏什么东西为目的，工业总还是工业。火器的采用不仅对作战方法本身，而且对政治上的统治和奴役关系起了变革的作用。要获得火药和火器，就要有工业和金钱，而这两者都为市民所占有。因此，火器一开始就是城市和以城市为依靠的新兴君主政体反对封建贵族的武器。以前一直攻不破的贵族城堡的石墙抵不住市民的大炮；市民的枪弹射穿了骑士的盔甲。贵族的统治跟身披铠甲的贵族骑兵队同归于尽了。随着市民等级的发展，步兵和炮兵越来越成为决定性的兵种；在炮兵的压力下，军事行业不得不增加新的纯粹工业的

---

① 指法国在1870—1871年普法战争失败后根据1871年5月10日签订的法兰克福和约的规定，于1871—1873年向德国交付的50亿法郎赔款。——编者注

② 在《反杜林论》第二编最初的手稿中，关于以下六段文字的内容有更详尽的论述，后来恩格斯把这些论述抽出来，冠以《步兵战术及其物质基础。1700—1870年》的标题。见《马克思恩格斯文集》第9卷第375—381页。——编者注

部门——工程部门。

火器的改善非常缓慢。火炮仍然是笨重的，枪虽经多次局部的改进，还是很粗笨。经过 300 多年，才出现了适合装备全体步兵的枪。只是在 18 世纪初，装有刺刀的燧发枪才把长矛最后从步兵的装备中排挤出去。那时的步兵是由经过严格训练的、但完全不可靠的诸侯雇佣兵组成的，他们是从社会中最堕落的分子中招募来的，只有在鞭笞之下才俯首听命，这种步兵还常常是由强迫编入军队的怀有敌意的战俘组成的；这些士兵能够应用新武器的唯一战斗形式就是线式战术，这种战术在弗里德里希二世时代达到了最完善的地步。军队的全体步兵排成三线，形成一个非常狭长而中空的四边形，只能以战斗队形为一个整体来运动；最多只准许两翼之中的一翼稍稍前进或后退。这种动转不灵的队伍，只有在十分平坦的地形上才能整齐地运动，而且只能以缓慢的步伐（每分钟 75 步）行进；战斗队形的变换在作战时是不可能的，步兵一进入战斗，只经一次突击，在很短的时间内就决定胜败了。

在美国独立战争①中，起义者的队伍曾经同这种动转不灵的线式队形作战。起义者虽然没有经过步法操练，但是他们能很好地用他们的线膛枪射击；他们为自己的切身利益而战，所以并不像雇佣兵那样临阵脱逃；他们并没有迎合英国人的愿望，同样以线式队形在开阔地上和他们对抗，而是以行动敏捷的散兵群在森林的掩护下袭击英国人。在这里，线式队形是无能为力的，被既看不见又无法接近的敌人击败。于是又发明了散兵战——由于士兵成分的改变而产生的一种新的作战方式。

美国革命所开始的事情由法国革命来完成，在军事方面也是如此。法国革命同样只能以训练很差但人数很多的兵力，以全民武装来和反法同盟的训练有素的雇佣军队相对抗。它不得不以这些兵力去保卫巴黎，即保卫一定的地区，但要做到这一点，不在投入众多兵力的野战中获得胜利是不行的。仅仅散兵战已经不够了；必须找出一种形式来使用众多兵力，这种形式就是**纵队**。这种纵队队形使训练较差的军队也能够相当有序地运动，甚至行进速度比较快（每分钟 100 步或 100 步以上）。这种队形使他们能够突破旧的线式队形的死板形式，能够在任何地形上，也就是说能够在对线式队形最不利的地形上作战，能够以

① 美国独立战争即 1775—1783 年北美独立战争，是 13 个英属北美殖民地推翻英国殖民统治、争取民族独立的战争。——编者注

任何适宜的方法去部署军队，同时能够和散兵战相配合来阻滞、牵制和疲惫列成线式队形的敌人，一直到最后用预备队的兵力在阵地的决定性地点上突破敌人的线式队形。这种新的作战方式以散兵和步兵纵队的配合为基础，以军队划分为由各兵种组成的独立的师或军为基础，它在战术和战略方面都被拿破仑发展到了完善的地步。这种作战方式之所以成为必要，首先是由于法国革命的士兵成分发生了变化。但是这种作战方式还需要两个非常重要的技术前提：第一，格里博瓦尔设计的较轻便的野炮架，它使野炮能以现在所要求的速度转移；第二，1777年法国采用的按照猎枪仿造的弯曲的枪托（以前作为枪管的延长部分的枪托是直的），它使射手能够向某一个人瞄准而不会屡击不中。没有这些进步，使用旧式武器是不能进行散兵战的。

全民武装这种革命的制度，很快就仅仅变成一种强迫征兵制（富人可以出钱雇人代服兵役），而欧洲大陆上大多数大国都采用了这种形式的兵役制度。只有普鲁士企图通过自己的后备军制度①更大规模地组成国民的防御力量。在1830年和1860年之间得到改善的、适于作战的前装线膛枪起了短期的作用以后，普鲁士又是第一个以最新式的武器，即后装线膛枪来装备全体步兵的国家。普鲁士在1866年的胜利②是应当归功于这两项措施的。

在普法战争中，对垒的双方军队第一次都使用后装线膛枪，而且实质上都采用旧式滑膛燧发枪时代的战斗队形。只是普鲁士人尝试采用连纵队，以图找到一种更适合于新式武器的战斗形式。但是，当8月18日普鲁士近卫军在圣普里瓦③认真地试用连纵队时，参战最多的五个团在不到两小时内就损失了三分之一以上的兵力（176名军官和5 114名士兵），从那时起，连纵队这种战斗形式也同营纵队和线式队形一样被摒弃了；以后不再有人尝试把任何密集的队伍置于敌人步枪的火力之下。在普军方面，只是以稠密的散兵群进行战斗，其实从前纵队在敌人的弹雨下就已常常自行分散为散兵群，尽管上级把这种行为看做破坏队形而加以反对。同样，在敌人步枪的射程内，**跑步**变成了唯一的运动形式。士兵又一次表现得比军官聪明；正是士兵本能地找到了在后装线膛枪的

---

① 普鲁士的后备军制度是把已在正规军中服满现役和尚在规定的预备期限内年龄较大的人员编成一支武装部队的制度。——编者注
② 指1866年的普奥战争。——编者注
③ 在1870年8月18日圣普里瓦会战中德国军队以巨大的伤亡为代价，打败了法国莱茵军团而获胜。历史文献中，这一会战又称格拉沃洛特会战。——编者注

火力下至今仍然行之有效的唯一的战斗形式，而且不管长官如何反对，还是成功地坚持了这种战斗形式。

普法战争是一个转折点，这个转折点具有同以前的一切转折点完全不同的意义。第一，武器已经大大完善，难以再取得具有任何变革作用的新的进步了。既然有火炮可以在目力所及的范围内射击一营人，步枪又能在同样的范围内射击单个的人这样的目标，而装弹所花的时间又比瞄准少，那么，往后的一切改进在一定程度上对野战是无关紧要的。因此，在这方面发展的时代实质上已经结束了。第二，这一战争迫使欧洲大陆上的一切大国在国内采用更严格的普鲁士式的后备军制度，因而加重了军事负担，而在这种重担之下，它们过不了几年就一定要陷于崩溃。军队变成了国家的主要目的，变成了目的本身；人民之所以存在，只是为了当兵和养兵。军国主义统治着并且吞噬着欧洲。但是这种军国主义本身也包含着自身毁灭的萌芽。各国之间的相互竞争，使它们一方面不得不每年在陆军、海军、火炮等方面花费更多的金钱，从而越来越加速财政的崩溃；另一方面不得不越来越严格地采用普遍义务兵役制，结果使全体人民学会使用武器；这就使人民有可能在一定时机反对军事长官而实现自己的意志。一旦人民群众——农村工人、城市工人和农民——**有了**自己的意志，这样的时机就要到来。那时，君主的军队将转变为人民的军队，机器将拒绝效劳，军国主义将由于自身发展的辩证法而灭亡。1848年资产阶级民主主义不能做到使劳动群众具有一种内容适合于他们的阶级地位的意志，正是因为这种民主主义是**资产阶级的**，而不是无产阶级的，而这一点社会主义一定会做到。而这就意味着**从内部**炸毁军国主义并随之炸毁一切常备军。

这是我们的现代步兵史上的第一个教训。另一个教训使我们又回到杜林先生那里，这个教训是：军队的全部组织和作战方式以及与之有关的胜负，取决于物质的即经济的条件：取决于人和武器这两种材料，也就是取决于居民的质和量以及技术。只有像美国人这样的狩猎民族才能够发明散兵战，而他们之所以曾经是猎人，是由于纯经济的原因，正如今天由于纯经济的原因，旧有各州的同样的美国人已转变为农民、工业家、航海家和商人，他们不再在原始森林中进行散兵战，而是在投机的战场上更干练地进行散兵战，在那里他们在使用众多兵力方面也大有进展。——只有像在经济上解放了资产者，特别是解放了农民的法国革命那样的革命，才能找到人数众多的军队，同时给这种军队找到自由的运动形式，这种运动形式打破了旧的呆板的线式队形——它所保卫的专制主义在军事上的反映。我们在上面已经一一看到，一旦技术上的进步可以用于军事目的并且已经用于军事目的，它们便立刻几乎强制地，而且往往是违反指挥官的意志而引起作战方式上的改变甚至变革。此外，战争的进行对后方的和战区的生产率和交通工具依赖到多大程度，关于这个问题，现在每一个肯用功的军士都能够向杜林先生讲清楚。总之，在任何地方和任何时候，都是经济条件和经济上的权力手段帮助"暴力"取得胜利，没有它们，暴力就不成其为暴力。谁要是想依据杜林的原则从相反的观点来改革军事，那么他除了挨揍是不会有别的结果的。①

如果我们把话题从陆地转到海上，那么仅仅在最近 20 年中就发生了一个完全不同的彻底的变革。克里木战争②时，军舰只是两层或三层的木质舰船，装有 60—100 门火炮，这种舰船主要还是靠帆力航行，有一部马力很小的蒸汽机，只起辅助作用。它的主要装备有约重 50 公担③的三十二磅炮，只有少数是重 95 公担的六十八磅炮。到这次战争快结束时，出现了浮动的装甲炮台，它很笨重，几乎不能运动，但是对当时的火炮来说，这已经是不能损伤的奇物了。不久以后，军舰也装上了铁甲；起初还很薄，4 英寸厚的装甲已经算是很重的了。但是火炮的进步很快就超过了它，装甲每加厚一次，就有新的更重的火炮轻而易举地打穿它。这样，一方面，我们现在已经有了 10、12、14 和 24 英寸厚的装甲（意大利想建造装甲厚 3 英尺的军舰）；另一方面，我们已经有了 25、35、80 甚至 100 吨（每吨 20 公担）重的线膛炮，能把 300、400、1 700 直到 2 000 磅的炮弹发射到前所未闻的距离之外。现在的军舰是一种巨大的装甲的螺旋推进式蒸汽舰，有 8 000—9 000 吨的排水量，有 6 000—8 000 匹马力，有旋转的炮塔，四门以至六门重炮，有装在舰首吃水线以下的突出的冲角来冲撞敌人的舰船。这种军舰是一部庞大的机器，唯有在这种军舰上，蒸汽不仅能推动它快速前进，而且还被用来掌舵、抛锚、起锚、转动炮塔、进行瞄准、装填弹药、抽水、升降小船（这些小船本身，一部分也是用蒸汽的力量推动的）等等。装甲防护能力和火炮威力之间的竞赛，还远远没有结束，以致军舰现在几乎总是不再能满足要求，在它下水之前就已经过时了。现代的军舰不仅是现代大工业的产物，同时还是现代大工业的样板，是浮在水上的工

---

① 在普鲁士总参谋部内，人们都已经清楚地知道这一点。总参谋部的上尉麦克斯·耶恩斯先生在一个学术报告中指出："军事的基础首先就是人民的经济生活状况。"（1876 年 4 月 20 日《科隆日报》第 3 版）

② 克里木战争是 1853—1856 年俄国对英国、法国、土耳其和撒丁的联盟进行的战争。——编者注

③ 德国 1 公担等于 50 公斤。——编者注

厂——的确，主要是浪费大量金钱的工厂。大工业最发达的国家差不多掌握了建造这种舰船的垄断权。土耳其的全部装甲舰、俄国的几乎全部装甲舰以及德国的大部分装甲舰，都是在英国建造的；凡是可用的装甲几乎都是在设菲尔德制造的；欧洲只有三个钢铁厂能够制造最重的火炮，两个（伍利奇和埃尔斯维克）在英国，一个（克虏伯）在德国。这里十分清楚地表明，杜林先生认为是"经济状况的决定性的原因"的"直接的政治暴力"，反而是完全受经济状况支配的；不仅海上的暴力工具即军舰的建造，而且它的操作本身都成为现代大工业的一个部门。事情发展成这样，谁也不会比"暴力"即国家更感到苦恼，国家现在建造一艘军舰要花费像以前建立整整一支小舰队那样多的金钱；而且它还不能不眼睁睁地看到，这种贵重的军舰甚至还没有下水就已经过时，因而贬值了；国家肯定会像杜林一样，感到恼火的是：掌握"经济状况"的人即工程师，现在在舰上竟比掌握"直接暴力"的人即舰长重要得多。而我们却不然，我们完全没有理由在看到下述情况时感到恼怒：在装甲和火炮之间的竞赛中，军舰建造得极为精良，以致它造价昂贵而又不适于战争①；这种竞赛同时也在海战领域里揭示出内在的辩证的运动规律，按照这种规律，军国主义将同任何其他历史现象一样，由于它自身发展的结果而走向灭亡。

因此，在这里我们也非常清楚地看到，决不能说"本原的东西必须从直接的政治暴力中去寻找，而不是从间接的经济力量中去寻找"。恰恰相反。暴力本身的"本原的东西"是什么呢？是经济力量，是支配大工业这一权力手段。以现代军舰为基础的海上政治暴力，表明它自己完全不是"直接的"，而正是**借助于**经济力量，即冶金术的高度发展、对熟练技术人员和丰富的煤矿的支配。

但是这一切有什么用呢？在下一次海战中，请把最高的指挥权交给杜林先生吧，让他不用鱼雷及其他技巧，而只用他的"直接暴力"去消灭受经济状况支配的各种装甲舰队吧。

四　暴力论（续完）

"一个非常重要的情况是：事实上，对自然界的统治，无论如何〈！〉，只是通过对人的统治

---

① 恩格斯在这里加了一个注："大工业供给海战的最新产品自动鱼雷的完善化，看来会造成这一结果：最小的鱼雷艇因此会比威力最大的装甲舰厉害。"

在《反杜林论》1894 年第 3 版中，恩格斯在原注文之后又加了一句话："此外，请读者记住，上述文字是在 1878 年写的。"——编者注

才实现的〈实现统治！〉。如果事先没有奴役人们，强迫他们从事某种形式的奴隶劳役或徭役，在任何时候和任何地方大面积的地产经营都是不可能实现的。对物的经济统治的建立，是以人对人的政治、社会和经济的统治为前提的。如果不同时想到大地主对奴隶、依附农或间接不自由者的统治，怎么能想象一个大地主呢？无论过去和现在，单个人的力量，最多再加上他的家庭成员的辅助力量，对于大规模的农业耕作来说能有什么意义呢？在超出单个人的天然力量的规模上使用土地或者扩大对土地的经济统治，这在到目前为止的历史中之所以成为可能，只是因为在建立对土地的统治以前，或者与此同时，也建立了相应的对人的奴役。在发展的更后时期，这种奴役变得缓和了……在高度文明的国家里，它现在的形式是或多或少由警察统治所指挥的雇佣劳动。因此，表现为大规模土地支配和〈！〉大规模土地占有的现代财富形式的实际可能性，是以这种雇佣劳动为基础的。不言而喻，分配财富的一切其他形式，也应该按类似的方式历史地加以说明；人对人的间接依附关系，现在构成经济上最发达的制度的基本特征，这种关系是不能由它本身去理解和说明的，而只有把它看做已往的直接奴役和剥夺的稍有变化的遗物才能理解和说明。"

杜林先生就是这样说的。

命题：（人）对自然界的统治，是以（人）对人的统治为前提的。

证明：**大面积的地产**的经营，在任何时候和任何地方，都是由被奴役者来进行的。

证明的证明：如果没有被奴役者，怎么能有大土地占有者呢？因为没有被奴役者，大土地占有者及其家属只能够耕种他所占有的土地的极小一部分。

所以：为了证明人要征服自然界就必须先奴役别人，杜林先生便直截了当地把"自然界"转换为"大面积的地产"，并且把这个地产——不知是谁的？——又立即转换为大地主的财产，而没有被奴役者，大地主自然是不能耕种他的土地的。

第一，"对自然界的统治"和"地产的经营"决不是一回事。对自然界的统治的规模，在工业中比在农业中大得多，直到今天，农业不但不能控制气候，还不得不受气候的控制。

第二，如果我们只限于谈大面积的地产的经营，那么，问题就在于：这个地产是属于谁的。我们在所有的文明民族的历史初期所看到的不是"大地主"——杜林先生在这里以他惯用的、被他称为"自然的辩证法"① 的那套变戏法的手法把大地主塞了进来——，而是土地共同占有的氏族公社和农村公社。从印度到爱尔兰，大面积的地产的经营，最初正是由这种氏族公社和农村

① 杜林把自己的"辩证法"称做"自然的辩证法"，以便区别于黑格尔的"非自然的"辩证法。——编者注

公社来进行的，同时，耕地或者以公社为单位共同耕种，或者分成小块，由公社在一定时期内分配给各个家庭去耕种，而森林和牧场继续共同使用。所有这些事情，杜林先生都毫无所知；他的全部著作都表明他完全不知道毛勒关于原始德意志马尔克制度、整个德意志法的基础的划时代的著作①，同时也表明他完全不知道那些主要受毛勒影响的、日益增多的其他著作，这些著作证明在所有欧洲和亚洲的文明民族中都存在过原始的土地公有，而且阐述了这种所有制的存在和解体的各种形式。杜林先生的这种无知又一次表明了他在"政治和法律的领域"中所进行的"最深刻的专门研究"的特色。杜林先生在法兰西法和英吉利法的领域中已经"自己为自己赢得他自己的全部无知"②，这种无知尽管是非常惊人的，可是他在德意志法的领域中赢得了更加惊人得多的无知。这个人对大学教授的狭隘眼界十分愤怒，而他现在在德意志法的领域中所具有的水平最多也不过是 20 年前大学教授的水平。

杜林先生断言，大面积的地产的经营需要有地主和被奴役者，这种说法纯粹是他的"自由创造物和想象物"。在整个东方，公社或国家是土地的所有者，在那里的语言中甚至没有地主这个名词，关于这一点，杜林先生尽可以向英国的法学家请教，他们曾在印度徒劳地苦苦思索"谁是土地的所有者？"这个问题，正像已去世的邦君亨利希七十二世·罗伊斯-施莱茨-格赖茨-洛本施泰因-埃伯斯多夫③徒劳地苦苦思索"谁是守夜者？"这个问题一样。只有土耳其人才第一次在被他们征服的东方国家推行了一种地主封建制度。希腊早在英雄时代就已经带着等级划分进入历史，这种等级划分本身显然只是我们所不知道的久远的史前时代的产物；但是就在这里，土地也主要是由独立的农民耕种的；成为例外的，是贵族和部落首领的较大的田产，而且它们很快就消失了。在意大利，土地主要是由农民垦殖的；在罗马共和国末期，大田庄即大庄园排挤小农而代之以奴隶，它们同时也以畜牧业代替了农业，而且像普林尼所已经知道

---

① 格·路·毛勒研究中世纪德国的土地制度、城市制度和国家制度以及马尔克的经济社会作用的著作共 12 卷。——编者注
② 见海涅《科贝斯第一》。——编者注
③ 恩格斯讽刺性地改变了亨利希七十二世的称号。德国一小邦罗伊斯幼系的两个领主之一亨利希七十二世的称号是罗伊斯-洛本施泰因-埃伯斯多夫。格赖茨是罗伊斯长系（罗伊斯-格赖茨）公国的首都。施莱茨是罗伊斯幼系另一领主（罗伊斯-施莱茨）的领地，它不属于亨利希七十二世。——编者注

的那样，使意大利趋于崩溃（latifundia Italiam perdidere）①。在中世纪，农民的耕作在整个欧洲占支配地位（特别是在开垦荒地方面），至于农民是否必须向某个封建主交纳贡赋，交纳什么，这对于目前的问题是无关紧要的。弗里斯兰、下萨克森、佛兰德和下莱茵的移民耕种了从斯拉夫人那里夺来的易北河以东的土地，他们作为自由农进行耕作，交纳很低的赋税，但他们决不是处于"某种形式的徭役"之下。——在北美洲，绝大部分的土地是自由农的劳动开垦出来的，而南部的大地主用他们的奴隶和掠夺性的耕作制度耗尽了地力，以致在这些土地上只能生长云杉，而棉花的种植则不得不越来越往西移。在澳大利亚和新西兰，英国政府人为地制造土地贵族的一切企图都遭到了失败。总之，除了气候使欧洲人无法在当地从事农业劳动的热带和亚热带的殖民地以外，利用奴隶或徭役制农奴来征服自然界和开垦土地的大地主，纯粹是幻想的产物。相反，在古代出现大地主的地方，例如意大利，他们不是把荒地变为可耕的土地，而是把农民已经开垦的土地变为牧场，把人赶走，使整片整片的土地荒芜。只是在近代，自从比较稠密的人口抬高了地价以来，特别是自从农艺学的发展使劣等的土地也较能适于耕种以来，大地产才开始大规模地参与荒地和牧场的开垦，而这主要是通过夺取农民的公地进行的，在英国是这样，在德国也是这样。但当时不是没有对应的措施。例如大土地占有者每在英格兰开垦一英亩公地，总要在苏格兰至少把三英亩耕地变成牧羊场，最后甚至把这些耕地变成单纯的猎取大猎物的围场。

这里我们只是针对杜林先生的下述论断：大面积土地的开垦，实际上差不多就是全部耕地的开垦，"在任何时候和任何地方"都只是由大地主和被奴役者来进行的。这种论断，如我们已经看到的，是以对历史的真正空前的无知"为前提"的。因此，我们在这里既不必去研究已经完全开垦或大部分开垦了的土地，在各个时代，有多少是由奴隶（如在希腊的极盛时期）所耕种或为依附农所耕种（如中世纪以来的徭役田庄），也不必去研究大土地占有者在各个时代具有什么样的社会职能。

杜林先生在我们面前展示了这样一幅独具匠心的幻想图——在这幅图中，不知是演绎的戏法还是历史的捏造更值得赞叹——，然后就得意扬扬地高呼：

———————————
① 参看普林尼《博物志》第18卷第35章。——编者注

　　"不言而喻，分配财富的一切其他形式，也应该按类似的方式历史地加以说明！"

　　这样一来，他自然就用不着再多说一句话，去解释例如资本的产生。

　　杜林先生断言，人对人的统治是人对自然界的统治的前提。如果他一般地只想以此来表明：我们现代的整个经济状况，目前已经达到的农业和工业的发展阶段，是在阶级对立中，在统治关系和奴役关系中展开的社会历史的结果，那么他所说的不过是《共产主义宣言》①发表以来早已成为老生常谈的事情。问题恰恰是要去说明阶级和统治关系的产生，如果杜林先生对这个问题总是只用"暴力"这个词来回答，那么这并不能使我们前进一步。被统治者和被剥削者在任何时代都比统治者和剥削者多得多，所以真正的力量总是在前者的手里，仅仅这一简单的事实就足以说明整个暴力论的荒谬性。因此，问题仍然是要去说明统治关系和奴役关系。

　　这些关系是通过两种途径产生的。

　　人们最初怎样脱离动物界（就狭义而言），他们就怎样进入历史：他们还是半动物，是野蛮的，在自然力量面前还无能为力，还不认识他们自己的力量；所以他们像动物一样贫困，而且生产能力也未必比动物强。那时普遍存在着生活状况的某种平等，对于家长，也存在着社会地位的某种平等，至少没有社会阶级，这种状况在后来的文明民族的自然形成的农业公社中还继续存在着。在每个这样的公社中，一开始就存在着一定的共同利益，维护这种利益的工作，虽然是在全体的监督之下，却不能不由个别成员来担当：如解决争端；制止个别人越权；监督用水，特别是在炎热的地方；最后，在非常原始的状态下执行宗教职能。这样的职位，在任何时候的原始公社中，例如在最古的德意志的马尔克公社中可以看到，甚至在今天的印度还可以看到。不言而喻，这些职位被赋予了某种全权，这是国家权力的萌芽。生产力逐渐提高；较稠密的人口使各个公社之间在一些场合产生共同利益，在另一些场合又产生相互抵触的利益，而这些公社集合为更大的整体又引起新的分工，建立保护共同利益和防止相互抵触的利益的机构。这些机构，作为整个集体的共同利益的代表，在对每一个公社的关系上已经处于特别的、在一定情况下甚至是对立的地位，它们很快就变得更加独立了，这种情况的出现，部分地是由于职位的世袭（这种世

――――――――――――――

① 即《共产党宣言》。——编者注

袭在一切事情都是自发地进行的世界里差不多是自然而然地形成的），部分地是由于同别的集团的冲突的增多，使得这种机构越来越必不可少了。在这里我们没有必要来深入研究：社会职能对社会的这种独立化怎样逐渐上升为对社会的统治；起先的公仆在情况有利时怎样逐步变为主人；这种主人怎样分别成为东方的暴君或总督，希腊的部落首领，凯尔特人的族长等等；在这种转变中，这种主人在什么样的程度上终究也使用了暴力；最后，各个统治人物怎样结合成一个统治阶级。在这里，问题仅仅在于确定这样的事实：政治统治到处都是以执行某种社会职能为基础，而且政治统治只有在它执行了它的这种社会职能时才能持续下去。不管在波斯和印度兴起和衰落的专制政府有多少，每一个专制政府都十分清楚地知道它们首先是河谷灌溉的总管，在那里，没有灌溉就不可能有农业。只有文明的英国人才在印度忽视了这一点；他们听任灌溉渠道和水闸毁坏，现在，由于周期性地发生饥荒，他们才终于发现，他们忽视了唯一能使他们在印度的统治至少同他们前人的统治一样具有某种合理性的那种行动。

但是，除了这样的阶级形成过程之外，还有另一种阶级形成过程。农业家族内的自发的分工，达到一定的富裕程度时，就有可能吸收一个或几个外面的劳动力到家族里来。在旧的土地公有制已经崩溃或者至少是旧的土地共同耕作已经让位于各个家族分得地块单独耕作的那些地方，上述情形尤为常见。生产已经发展到这样一种程度：现在人的劳动力所能生产的东西超过了单纯维持劳动力所需要的数量；维持更多的劳动力的资料已经具备了；使用这些劳动力的资料也已经具备了；劳动力获得了某种**价值**。但是公社本身和公社所属的集团还不能提供多余的可供自由支配的劳动力。战争却提供了这种劳动力，而战争就像相邻几个公社集团的同时并存一样古老。先前人们不知道怎样处理战俘，因此就简单地把他们杀掉，在更早的时候甚至把他们吃掉。但是在这时已经达到的“经济状况”的水平上，战俘获得了某种价值；因此人们就让他们活下来，并且使用他们的劳动。这样，不是暴力支配经济状况，而是相反，暴力被迫为经济状况服务。**奴隶制**被发现了。奴隶制很快就在一切已经发展得超过古代公社的民族中成了占统治地位的生产形式，但是归根到底也成为它们衰落的主要原因之一。只有奴隶制才使农业和工业之间的更大规模的分工成为可能，从而使古代世界的繁荣，使希腊文化成为可能。没有奴隶制，就没有希腊国家，就没有希腊的艺术和科学；没有奴隶制，就没有罗马帝国。没有希腊文化和罗马帝国所奠定的基础，也就没有现代的欧洲。我们永远不应该忘记，我们的全部经济、政治和智力的发展，是以奴隶制既成为必要、又得到公认这种状况为前提的。在这个意义上，我们有理由说：没有古希腊罗马的奴隶制，就没有现代的社会主义。

讲一些泛泛的空话来痛骂奴隶制和其他类似的现象，对这些可耻的现象发泄高尚的义愤，这是最容易不过的事情。可惜，这样做仅仅说出了一件人所共知的事情，这就是：这种古希腊罗马的制度已经不再适合我们目前的状况和由这种状况所决定的我们的感情。但是，这种制度是怎样产生的，它为什么存在，它在历史上起了什么作用，关于这些问题，我们并没有因此而得到任何的说明。如果我们深入地研究一下这些问题，我们就不得不说——尽管听起来是多么矛盾和离奇——在当时的情况下，采用奴隶制是一个巨大的进步。人类是从野兽开始的，因此，为了摆脱野蛮状态，他们必须使用野蛮的、几乎是野兽般的手段，这毕竟是事实。古代的公社，在它们继续存在的地方，从印度到俄国，在数千年中曾经是最野蛮的国家形式即东方专制制度的基础。只是在公社瓦解的地方，各民族才靠自身的力量继续向前迈进，它们最初的经济进步就在于借助奴隶劳动来提高和进一步发展生产。有一点是清楚的：当人的劳动的生产率还非常低，除了必要生活资料只能提供很少的剩余的时候，生产力的提高、交往的扩大、国家和法的发展、艺术和科学的创立，都只有通过更大的分工才有可能，这种分工的基础是从事单纯体力劳动的群众同管理劳动、经营商业和掌管国事以及后来从事艺术和科学的少数特权分子之间的大分工。这种分工的最简单的完全自发的形式，正是奴隶制。在古代世界、特别是希腊世界的历史前提之下，进步到以阶级对立为基础的社会，这只能通过奴隶制的形式来完成。甚至对奴隶来说，这也是一种进步；成为大批奴隶来源的战俘以前都被杀掉，在更早的时候甚至被吃掉，现在至少能保全生命了。

在这里我们顺便补充一下，剥削阶级和被剥削阶级、统治阶级和被压迫阶级之间的到现在为止的一切历史对立，都可以从人的劳动的这种相对不发展的生产率中得到说明。只要实际从事劳动的居民必须占用很多时间来从事自己的必要劳动，因而没有多余的时间来从事社会的公共事务——劳动管理、国家事务、法律事务、艺术、科学等等，总是必然有一个脱离实际劳动的特殊阶级来从事这些事务；而且这个阶级为了它自己的利益，从来不会错过机会来把越来越沉重的劳动负担加到劳动群众的肩上。只有通过大工业所达到的生产力的极大提高，才有可能把劳动无例外地分配给一切社会成员，从而把每个人的劳动时间大大缩短，使一切人都有足够的自由时间来参加社会的公共事务——理论的和实际的公共事务。因此，只是在现在，任何统治阶级和剥削阶级才成为多余的，而且成为社会发展的障碍；也只是在现在，统治阶级和剥削阶级，无论拥有多少"直接的暴力"，都将被无情地消灭。

因此，既然杜林先生因为希腊文化是以奴隶制为基础而对它嗤之以鼻，那他可以用同样的理由去责备希腊人没有蒸汽机和电报。既然他断言，我们现代的雇佣奴役制只能解释为奴隶制的稍有变化和稍微缓和的遗物，而不能从它本身（即从现代社会的经济规律）去加以说明，那么这种论断，要么只是说雇佣劳动同奴隶制一样，是奴役和阶级统治的形式——这是每个小孩子都知道的——，要么就是错误的。因为根据同样的理由，我们也可以说，雇佣劳动只能被解释为缓和的吃人形式，现在到处都已经证实，吃人曾是处理战败的敌人的原始形式。

由此可以清楚地看到，对于经济的发展，暴力在历史中起着什么样的作用。第一，一切政治权力起先都是以某种经济的、社会的职能为基础的，随着社会成员由于原始公社的瓦解而变为私人生产者，因而和社会公共职能的执行者更加疏远，这种权力不断得到加强。第二，政治权力在对社会独立起来并且从公仆变为主人以后，可以朝两个方向起作用。或者它按照合乎规律的经济发展的精神和方向发生作用，在这种情况下，它和经济发展之间没有任何冲突，经济发展加快速度。或者它违反经济发展而发生作用，在这种情况下，除去少数例外，它照例总是在经济发展的压力下陷于崩溃。这少数例外就是个别的征服事件：比较野蛮的征服者杀光或者驱逐某个地方的居民，并且由于不会利用生产力而使生产力遭到破坏或衰落下去。例如在摩尔西班牙，基督徒就是这样对待摩尔人赖以从事高度发展的农业和园艺业的大部分灌溉工程的。由比较野蛮的民族进行的每一次征服，不言而喻，都阻碍了经济的发展，摧毁了大批的生产力。但是在长时期的征服中，比较野蛮的征服者，在绝大多数情况下，都不得不适应由于征服而面临的比较高的"经济状况"；他们为被征服者所同化，而且多半甚至不得不采用被征服者的语言。但是，如果撇开征服的情况不谈，当某一个国家内部的国家权力同它的经济发展处于对立地位的时候——直到现在，几乎一切政治权力在一定的发展阶段上都是这样——，斗争每次总是以政治权力被推翻而告终。经济发展总是毫无例外地和无情地为自己开辟道路，最近这方面最显著的例子，就是我们已经提到过的法国大革命。如果根据杜林先生的学说，某个国家的经济状况以及与此相关的经济制度完全依赖于政治暴力，那就根本不能理解，为什么弗里德里希-威廉四世在 1848 年之后，尽管有"英勇军队"①，却不能把中世纪的行会制度和其他浪漫的狂念，嫁接到本国的铁路、蒸汽机以及刚刚开始发展的大工业上去；或者为什么强暴得多的俄国沙皇②不但不能偿付他的债务，而且如果不利用西欧的"经济状况"不断借债，甚至不能保持他的"暴力"。

在杜林先生看来，暴力是绝对的坏事，第一次暴力行为是原罪，他的全部叙述只是哀诉这一暴力行为怎样作为原罪玷污了到现在为止的全部历史，一切自然规律和社会规律怎样被这种恶魔力量即暴力可耻地歪曲了。但是，暴力在历史中还起着另一种作用，革命的作用；暴力，用马克思的话说，是每一个孕育着新社会的旧社会的助产婆③；它是社会运动借以为自己开辟道路并摧毁僵化的垂死的政治形式的工具——关于这些，杜林先生一个字也没有提到。他只是在叹息和呻吟中承认这样一种可能性：为了推翻进行剥削的经济，也许需要暴力，这很遗憾！因为在他看来，暴力的任何使用都会使暴力使用者道德堕落。他说这话竟不顾每一次革命的胜利带来的道德上和精神上的巨大跃进！而且这话是在德国说的，在那里，人民可能被迫进行的暴力冲突至少有一个好处，即扫除三十年战争的屈辱在民族意识中造成的奴才气。而这种枯燥的、干瘪的、软弱无力的传教士的思维方式，竟要强加给历史上最革命的政党！

第三编　社会主义

......

二　理　　论

唯物主义历史观从下述原理出发：生产以及随生产而来的产品交换是一切社

---

① 引自弗里德里希-威廉四世给普鲁士军队的新年文告（1849 年 1 月 1 日）。1849 年以来，这一用语就在革命的工人运动中被用来表示普鲁士德意志的军国主义行为。——编者注
② 亚历山大二世。——编者注
③ 参看马克思《资本论》第 1 卷，《马克思恩格斯文集》第 5 卷第 861 页。——编者注

会制度的基础；在每个历史地出现的社会中，产品分配以及和它相伴随的社会之划分为阶级或等级，是由生产什么、怎样生产以及怎样交换产品来决定的。所以，一切社会变迁和政治变革的终极原因，不应当到人们的头脑中，到人们对永恒的真理和正义的日益增进的认识中去寻找，而应当到生产方式和交换方式的变更中去寻找；不应当到有关时代的**哲学**中去寻找，而应当到有关时代的**经济**中去寻找。对现存社会制度的不合理性和不公平、对"理性化为无稽，幸福变成苦痛"① 的日益觉醒的认识，只是一种征兆，表示在生产方法和交换形式中已经不知不觉地发生了变化，适合于早先的经济条件的社会制度已经不再同这些变化相适应了。同时这还说明，用来消除已经发现的弊病的手段，也必然以或多或少发展了的形式存在于已经发生变化的生产关系本身中。这些手段不应当从头脑中**发明出来**，而应当通过头脑从生产的现成物质事实中**发现出来**。

那么，照此看来，现代社会主义是怎么回事呢？

现在大家几乎都承认，现存的社会制度是由现在的统治阶级即资产阶级创立的。资产阶级所固有的生产方式（从马克思以来称为资本主义生产方式），是同封建制度的地方特权、等级特权以及相互的人身束缚不相容的；资产阶级摧毁了封建制度，并且在它的废墟上建立了资产阶级的社会制度，建立了自由竞争、自由迁徙、商品占有者平等的王国，以及其他一切资产阶级的美妙东西。资本主义生产方式现在可以自由发展了。自从蒸汽和新的工具机把旧的工场手工业变成大工业以后，在资产阶级领导下造成的生产力，就以前所未闻的速度和前所未闻的规模发展起来了。但是，正如从前工场手工业以及在它影响下进一步发展了的手工业同封建的行会桎梏发生冲突一样，大工业得到比较充分的发展时就同资本主义生产方式对它的种种限制发生冲突了。新的生产力已经超过了这种生产力的资产阶级利用形式；生产力和生产方式之间的这种冲突，并不是像人的原罪和神的正义的冲突那样产生于人的头脑中，而是存在于事实中，客观地、在我们之外，甚至不依赖于引起这种冲突的那些人的意志或行动而存在着。现代社会主义不过是这种实际冲突在思想上的反映，是它在头脑中，首先是在那个直接吃到它的苦头的阶级即工人阶级的头脑中的观念上的反映。

那么，这种冲突表现在哪里呢？

在资本主义生产出现之前，即在中世纪，普遍地存在着以劳动者私人占

---

① 歌德《浮士德》第 1 部第 4 场《书斋》。——编者注

有生产资料为基础的小生产：小农的即自由农或依附农的农业和城市的手工业。劳动资料——土地、农具、作坊、手工工具——都是个人的劳动资料，只供个人使用，因而必然是小的、简陋的、有限的。但是，正因为如此，它们也照例是属于生产者自己的。把这些分散的小的生产资料加以集中和扩大，把它们变成现代的强有力的生产杠杆，这正是资本主义生产方式及其承担者即资产阶级的历史作用。资产阶级怎样从 15 世纪起经过简单协作、工场手工业和大工业这三个阶段历史地实现了这种作用，马克思在《资本论》第四篇中已经作了详尽的阐述。但是，正如马克思在那里所证明的，资产阶级要是不把这些有限的生产资料从个人的生产资料变为**社会化的**即只能由**一批人共同使用**的生产资料，就不能把它们变成强大的生产力。纺纱机、机械织机和蒸汽锤代替了纺车、手工织机和手工锻锤；需要成百上千的人进行协作的工厂代替了小作坊。同生产资料一样，生产本身也从一系列的个人行动变成了一系列的社会行动，而产品也从个人的产品变成了社会的产品。现在工厂所出产的纱、布、金属制品，都是许多工人的共同产品，都必须顺次经过他们的手，然后才变为成品。他们当中没有一个人能够说：这是我做的，这是**我的**产品。

但是，在自发的社会内部分工成了生产的基本形式的地方，这种分工就使产品具有**商品**的形式，而商品的相互交换，即买和卖，使个体生产者有可能满足自己的各式各样的需要。中世纪的情况就是这样。例如，农民把农产品卖给手工业者，从他们那里买得手工业品。在这种个体生产者即商品生产者的社会中，渗入了一种新的生产方式。它在整个社会中占支配地位的自发的**无计划的**分工中间，确立了在个别工厂里的有组织的**有计划的**分工；在**个体**生产旁边出现了**社会化**生产。两者的产品在同一市场上出卖，因而价格至少大体相等。但是，有计划的组织要比自发的分工有力量；采用社会化劳动的工厂里所制造的产品，要比分散的小生产者所制造的便宜。个体生产在一个又一个的部门中遭到失败，社会化生产使全部旧的生产方式发生革命。但是它的这种革命性质并不为人所认识，结果它反而被用来当做提高和促进商品生产的手段。它的产生，是同商品生产和商品交换的一定的已经存在的杠杆即商人资本、手工业、雇佣劳动直接联系着的。由于它本身是作为商品生产的一种新形式出现的，所以商品生产的占有形式对它也保持着全部效力。

在中世纪得到发展的那种商品生产中，劳动产品应当属于谁的问题根本不可能发生。当时个体生产者通常都用自己所有的、往往是自己生产的原料，用自己的劳动资料，用自己或家属的手工劳动来制造产品。这样的产品根本用不着他去占有，它自然是属于他的。因此，产品的所有权是以**自己的劳动**为基础的。即使利用过别人的帮助，这种帮助通常也是次要的，而且往往除工资以外还得到别的报酬：行会的学徒和帮工与其说是为了吃饭和挣钱而劳动，不如说是为了自己学成手艺当师傅而劳动。后来生产资料开始集中在大的作坊和手工工场中，开始变为真正社会化的生产资料。但是，这些社会化的生产资料和产品还像从前一样仍被当做个人的生产资料和产品来处理。从前，劳动资料的占有者占有产品，因为这些产品通常是他自己的产品，别人的辅助劳动是一种例外，而现在，劳动资料的占有者还继续占有产品，虽然这些产品已经不是**他的**产品，而完全是**别人劳动**的产品了。这样，现在按社会化方式生产的产品已经不归那些真正使用生产资料和真正生产这些产品的人占有，而是归**资本家**占有。生产资料和生产实质上已经社会化了。但是，它们仍然服从于这样一种占有形式，这种占有形式是以个体的私人生产为前提，因而在这种形式下每个人都占有自己的产品并把这个产品拿到市场上去出卖。生产方式虽然已经消灭了这一占有形式的前提，但是它仍然服从于这一占有形式①。赋予新的生产方式以资本主义性质的这一矛盾，**已经包含着现代的一切冲突的萌芽**。新的生产方式越是在一切有决定意义的生产部门和一切在经济上起决定作用的国家里占统治地位，并从而把个体生产排挤到无足轻重的残余地位，**社会化生产和资本主义占有的不相容性**，也必然越加鲜明地表现出来。

如上所述，最初的资本家就已经遇到了现成的雇佣劳动形式。但是，那时雇佣劳动是一种例外，一种副业，一种辅助办法，一种暂时措施。不时出去打短工的农业劳动者，都有自己的几亩土地，不得已时单靠这些土地也能生活。行会条例是要使今天的帮工明天成为师傅。但是，生产资料一旦变为社会化的生产资料并集中在资本家手中，情形就改变了。个体小生产者的生产资料和产品变得越来越没有价值；他们除了受雇于资本家就没有别的出路。雇佣劳动以

---

① 这里无须解释，虽然占有**形式**还是原来那样，可是占有的**性质**由于上述过程而经历的革命，并不亚于生产所经历的革命。我占有我自己的产品还是占有别人的产品，这自然是两种很不相同的占有。顺便提一下：包含着整个资本主义生产方式的萌芽的雇佣劳动是很古老的；它个别地和分散地同奴隶制度并存了几百年。但是，只有在历史前提已经具备时，这一萌芽才能发展成为资本主义生产方式。

前是一种例外和辅助办法，现在成了整个生产的通例和基本形式；以前是一种副业，现在成了工人的唯一职业。暂时的雇佣劳动者变成了终身的雇佣劳动者。此外，由于同时发生了封建制度的崩溃，封建主扈从人员被解散，农民被逐出自己的家园等等，终身的雇佣劳动者大量增加了。集中在资本家手中的生产资料和除了自己的劳动力以外一无所有的生产者彻底分离了。**社会化生产和资本主义占有之间的矛盾表现为无产阶级和资产阶级的对立。**

我们已经看到，资本主义生产方式渗入了商品生产者即通过自己产品的交换来实现社会联系的个体生产者的社会。但是，每个以商品生产为基础的社会都有一个特点：这里的生产者丧失了对他们自己的社会关系的控制。每个人都用自己偶然拥有的生产资料并为自己的个人的交换需要而各自进行生产。谁也不知道，他的那种商品在市场上会出现多少，究竟需要多少；谁也不知道，他的个人产品是否真正为人所需要，是否能收回它的成本，到底是否能卖出去。社会生产的无政府状态占统治地位。但是，商品生产同任何其他生产形式一样，有其特殊的、固有的、和它分不开的规律；这些规律不顾无政府状态、在无政府状态中、通过无政府状态而为自己开辟道路。这些规律在社会联系的唯一继续存在的形式即交换中表现出来，并且作为竞争的强制规律对各个生产者发生作用。所以，这些规律起初连这些生产者也不知道，只是由于长期的经验才逐渐被他们发现。所以，这些规律是在不经过生产者并且同生产者对立的情况下，作为他们的生产形式的盲目起作用的自然规律而为自己开辟道路。产品支配着生产者。

在中世纪的社会里，特别是在最初几世纪，生产基本上是为了供自己消费。它主要只是满足生产者及其家属的需要。在那些有人身依附关系的地方，例如在农村中，生产还满足封建主的需要。因此，在这里没有交换，产品也不具有商品的性质。农民家庭差不多生产了自己所需要的一切：食物、用具和衣服。只有当他们在满足自己的需要并向封建主交纳实物贡赋以后还能生产更多的东西时，他们才开始生产商品；这种投入社会交换即拿去出卖的多余产品就成了商品。诚然，城市手工业者一开始就必然为交换而生产。但是，他们也自己生产自己所需要的大部分东西；他们有园圃和小块土地；他们在公共森林中放牧牲畜，并且从这些森林中取得木材和燃料；妇女纺麻，纺羊毛等等。以交换为目的的生产，即商品生产，还只是在形成中。因此，交换是有限的，市场是狭小的，生产方式是稳定的，地方和外界是隔绝的，地方内部是统一的；农村中有马尔克①，城市中有行会。

但是，随着商品生产的扩展，特别是随着资本主义生产方式的出现，以前潜伏着的商品生产规律也就越来越公开、越来越有力地发挥作用了。旧日的束缚已经松弛，旧日的壁垒已经突破，生产者日益变为独立的、分散的商品生产者了。社会生产的无政府状态已经表现出来，并且越来越走向极端。但是，资本主义生产方式用来加剧社会生产中的这种无政府状态的主要工具正是无政府状态的直接对立物：每一单个生产企业中的生产作为社会化生产所具有的日益加强的组织性。资本主义生产方式利用这一杠杆结束了旧日的和平的稳定状态。它在哪一个工业部门被采用，就不容许任何旧的生产方法在那里和它并存。它在哪里控制了手工业，就把那里的旧的手工业消灭掉。劳动场地变成了战场。伟大的地理发现以及随之而来的殖民地的开拓使销售市场扩大了许多倍，并且加速了手工业向工场手工业的转化。斗争不仅爆发于地方的各个生产者之间；地方性的斗争又发展为全国性的，发展为 17 世纪和 18 世纪的商业战争②。最后，大工业和世界市场的形成使这个斗争成为普遍的，同时使它具有了空前的剧烈性。在资本家和资本家之间，在工业部门和工业部门之间以及国家和国家之间，生死存亡都取决于天然的或人为的生产条件的优劣。失败者被无情地淘汰掉。这是从自然界加倍疯狂地搬到社会中来的达尔文的个体生存斗争。动物的自然状态竟表现为人类发展的顶点。社会化生产和资本主义占有之间的矛盾表现为**个别工厂中生产的组织性和整个社会中生产的无政府状态之间的对立**。

资本主义生产方式在它生而具有的矛盾的这两种表现形式中运动着，它毫无出路地处在早已为傅立叶所发现的"恶性循环"中。诚然，傅立叶在他那个时代还不能看到：这种循环在逐渐缩小；更确切地说，运动沿螺线行进，并且必然像行星的运动一样，由于同中心相碰撞而告终。社会的生产无政府状态的推动力使大多数人日益变为无产者，而无产者群众又将最终结束生产的无政府状态。社会的生产无政府状态的推动力，使大工业中的机器无止境地改进的可能性变成一种迫使每个工业资本家在遭受毁灭的威胁下不断改进自己的机器的强制性命令。但是，机器的改进就造成人的劳动的过剩。如果说机器的采用和增加意味着成百万的手工劳动者为少数机器劳动者所排挤，那么，机器的改进

① 参看恩格斯《马尔克》，《马克思恩格斯全集》中文第 2 版第 25 卷。——编者注
② 指欧洲各大国之间为争夺同印度和美洲通商的霸权以及殖民地市场而在 17 世纪和 18 世纪进行的一系列战争。——编者注

就意味着越来越多的机器劳动者本身受到排挤，而归根到底就意味着造成一批超过资本雇工的平均需要的、可供支配的雇佣劳动者，一支真正的产业后备军（我早在 1845 年就这样称呼他们①），这支后备军在工业开足马力工作的时期可供随意支配，而由于随后必然到来的崩溃又被抛到街头，这支后备军任何时候都是工人阶级在自己同资本进行生存斗争中的绊脚石，是把工资抑制在合乎资本家需要的低水平上的调节器。这样一来，机器，用马克思的话来说，就成了资本用来对付工人阶级的最强有力的武器，劳动资料不断地夺走工人手中的生活资料，工人自己的产品变成了奴役工人的工具。② 于是，劳动资料的节约，一开始就同时成为对劳动力的最无情的浪费和对劳动发挥作用的正常条件的剥夺③；机器这一缩短劳动时间的最有力的手段，变成了使工人及其家属一生的时间转化为可以随意用来增殖资本的劳动时间的最可靠的手段；于是，一部分人的过度劳动成了另一部分人失业的前提，而在全世界追逐新消费者的大工业，却在国内把群众的消费限制到忍饥挨饿这样一个最低水平，从而破坏了自己的国内市场。"使相对过剩人口或产业后备军同资本积累的规模和能力始终保持平衡的规律把工人钉在资本上，比赫斐斯塔司的楔子把普罗米修斯钉在岩石上钉得还要牢。这一规律制约着同资本积累相适应的贫困积累。因此，在一极是财富的积累，同时在另一极，即在把自己的产品作为资本来生产的阶级方面，是贫困、劳动折磨、受奴役、无知、粗野和道德堕落的积累。"④ 而期待资本主义生产方式有另一种产品分配，那就等于要求电池的电极和电池相联时不使水分解，不在阳极放出氧和在阴极放出氢。

我们已经看到，现代机器的已经达到极高程度的改进的可能性，怎样由于社会中的生产无政府状态而变成一种迫使各个工业资本家不断改进自己的机器、不断提高机器的生产能力的强制性命令。对资本家来说，扩大自己的生产规模的单纯的实际可能性也变成了同样的强制性命令。大工业的巨大的扩张力——气体的膨胀力同它相比简直是儿戏——现在在我们面前表现为不顾任何反作用力而在质量上和数量上进行扩张的**需要**。这种反作用力是由大工业产品的消费、销

---

① 恩格斯在这里加了一个注："《英国工人阶级状况》第 109 页"，见《马克思恩格斯全集》中文第 1 版第 2 卷第 369 页。——编者注

② 参看马克思《资本论》第 1 卷，《马克思恩格斯文集》第 5 卷第 501、560 页。——编者注

③ 参看马克思《资本论》第 1 卷，《马克思恩格斯文集》第 5 卷第 532 页。——编者注

④ 参看马克思《资本论》第 1 卷，《马克思恩格斯文集》第 5 卷第 743—744 页。——编者注

路、市场形成的。但是，市场向广度和深度扩张的能力首先是受完全不同的、力量弱得多的规律支配的。市场的扩张赶不上生产的扩张。冲突成为不可避免的了，而且，因为它在把资本主义生产方式本身炸毁以前不能使矛盾得到解决，所以它就成为周期性的了。资本主义生产造成了新的"恶性循环"。

事实上，自从1825年第一次普遍危机爆发以来，整个工商业世界，一切文明民族及其野蛮程度不同的附属地中的生产和交换，差不多每隔十年就要出轨一次。交易停顿，市场盈溢，产品大量滞销积压，银根奇紧，信用停止，工厂停工，工人群众因为他们生产的生活资料过多而缺乏生活资料，破产相继发生，拍卖纷至沓来。停滞状态持续几年，生产力和产品被大量浪费和破坏，直到最后，大批积压的商品以或多或少压低了的价格卖出，生产和交换又逐渐恢复运转。步伐逐渐加快，慢步转成快步，工业快步转成跑步，跑步又转成工业、商业、信用和投机事业的真正障碍赛马中的狂奔，最后，经过几次拼命的跳跃重新陷入崩溃的深渊。如此反复不已。从1825年以来，这种情况我们已经历了整整五次，目前（1877年）正经历着第六次。这些危机的性质表现得这样明显，以致傅立叶把第一次危机称为crise pléthorique［多血症危机］，即由过剩引起的危机时，就中肯地说明了所有这几次危机的实质。①

在危机中，社会化生产和资本主义占有之间的矛盾剧烈地爆发出来。商品流通暂时停顿下来；流通手段即货币成为流通的障碍；商品生产和商品流通的一切规律都颠倒过来了。经济的冲突达到了顶点：**生产方式起来反对交换方式，生产力起来反对已经被它超过的生产方式。**

工厂内部的生产的社会化组织，已经发展到同存在于它之旁并凌驾于它之上的社会中的生产无政府状态不能相容的地步。资本家自己也由于资本的猛烈积聚而感觉到这一事实，这种积聚是在危机期间通过许多大资本家和更多的小资本家的破产实现的。资本主义生产方式的全部机制在它自己创造的生产力的压力下失灵了。它已经不能把这大批生产资料全部变成资本；生产资料闲置起来，因此，产业后备军也不得不闲置起来。生产资料、生活资料、可供支配的工人——生产和一般财富的一切因素，都过剩了。但是，"过剩成了贫困和匮乏的源泉"（傅立叶），因为正是这种过剩阻碍生产资料和生活资料变为资本。因为在资本主义社会里，生产资料要不先变为资本，变为剥削人的劳动力的工

---

① 参看《傅立叶全集》1845年巴黎版第6卷第393—394页。——编者注

具，就不能发挥作用。生产资料和生活资料的资本属性的必然性，像幽灵一样横在这些资料和工人之间。唯独这个必然性阻碍着生产的物的杠杆和人的杠杆的结合；唯独它不允许生产资料发挥作用，不允许工人劳动和生活。因此，一方面，资本主义生产方式暴露出它没有能力继续驾驭这种生产力。另一方面，这种生产力本身以日益增长的威力要求消除这种矛盾，要求摆脱它作为资本的那种属性，要求**在事实上承认它作为社会生产力的那种性质**。

猛烈增长着的生产力对它的资本属性的这种反作用力，要求承认生产力的社会本性的这种日益增长的压力，迫使资本家阶级本身在资本关系内部可能的限度内，越来越把生产力当做社会生产力看待。无论是信用无限膨胀的工业高涨时期，还是由大资本主义企业的破产造成的崩溃本身，都使大量生产资料不得不采取像我们在各种股份公司中所遇见的那种社会化形式。某些生产资料和交通手段一开始规模就很大，它们，例如铁路，排斥任何其他的资本主义经营形式。在一定的发展阶段上，这种形式也嫌不够了：资本主义社会的正式代表——国家不得不①承担起对它们的管理。这种转化为国家财产的必要性首先表现在大规模的交通机构，即邮政、电报和铁路方面。

如果说危机暴露出资产阶级没有能力继续驾驭现代生产力，那么，大的生产机构和交通机构向股份公司和国家财产的转变就表明资产阶级在这方面是多余的。资本家的全部社会职能现在由领工薪的职员来执行了。资本家除了拿红利、持有剪息票、在各种资本家相互争夺彼此的资本的交易所中进行投机以外，再也没有任何其他的社会活动了。资本主义生产方式起初排挤工人，现在却在排挤资本家了，完全像对待工人那样把他们赶到过剩人口中去，虽然暂时还没有把他们赶到产业后备军中去。

---

① 我说"**不得不**"，因为只有在生产资料或交通手段**真正**发展到不适于由股份公司来管理，因而国有化**在经济上**已成为不可避免的情况下，国有化——即使是由目前的国家实行的——才意味着经济上的进步，才意味着达到了一个新的为社会本身占有一切生产力作准备的阶段。但是最近，自从俾斯麦致力于国有化以来，出现了一种冒牌的社会主义，它有时甚至堕落为某些奴才气，无条件地把**任何一种**国有化，甚至俾斯麦的国有化，都说成社会主义的。显然，如果烟草国营是社会主义的，那么拿破仑和梅特涅也应该算入社会主义创始人之列了。比利时国家出于纯粹日常的政治和财政方面的考虑而自己修建国家的铁路干线，俾斯麦并非考虑经济上的必要，而只是为了使铁路能够更好地适用于战时，只是为了把铁路官员训练成政府的投票家畜，主要是为了取得一种不依赖于议会决定的新的收入来源而把普鲁士的铁路干线收归国有，这无论如何不是社会主义的步骤，既不是直接的，也不是间接的，既不是自觉的，也不是不自觉的。否则，皇家海外贸易公司、皇家陶瓷厂，甚至陆军被服厂，也都是社会主义的设施了。

但是，无论向股份公司的转变，还是向国家财产的转变，都没有消除生产力的资本属性。在股份公司的场合，这一点是十分明显的。而现代国家也只是资产阶级社会为了维护资本主义生产方式的一般外部条件使之不受工人和个别资本家的侵犯而建立的组织。现代国家，不管它的形式如何，本质上都是资本主义的机器，资本家的国家，理想的总资本家。它越是把更多的生产力据为己有，就越是成为真正的总资本家，越是剥削更多的公民。工人仍然是雇佣劳动者，无产者。资本关系并没有被消灭，反而被推到了顶点。但是在顶点上是要发生变革的。生产力归国家所有不是冲突的解决，但是这里包含着解决冲突的形式上的手段，解决冲突的线索。

这种解决只能是在事实上承认现代生产力的社会本性，因而也就是使生产、占有和交换的方式同生产资料的社会性质相适应。而要实现这一点，只有由社会公开地和直接地占有已经发展到除了适于社会管理之外不适于任何其他管理的生产力。现在，生产资料和产品的社会性质反过来反对生产者本身，周期性地突破生产方式和交换方式，并且只是作为盲目起作用的自然规律强制性地和破坏性地为自己开辟道路，而随着社会占有生产力，这种社会性质就将为生产者完全自觉地运用，并且从造成混乱和周期性崩溃的原因变为生产本身的最有力的杠杆。

社会力量完全像自然力一样，在我们还没有认识和考虑到它们的时候，起着盲目的、强制的和破坏的作用。但是，一旦我们认识了它们，理解了它们的活动、方向和作用，那么，要使它们越来越服从我们的意志并利用它们来达到我们的目的，就完全取决于我们了。这一点特别适用于今天的强大的生产力。只要我们固执地拒绝理解这种生产力的本性和性质（而资本主义生产方式及其辩护士正是抗拒这种理解的），它就总是像上面所详细叙述的那样，起违反我们、反对我们的作用，把我们置于它的统治之下。但是，它的本性一旦被理解，它就会在联合起来的生产者手中从魔鬼似的统治者变成顺从的奴仆。这里的区别正像雷电中的电的破坏力同电报机和弧光灯的被驯服的电之间的区别一样，正像火灾同供人使用的火之间的区别一样。当人们按照今天的生产力终于被认识了的本性来对待这种生产力的时候，社会的生产无政府状态就让位于按照社会总体和每个成员的需要对生产进行的社会的有计划的调节。那时，资本主义的占有方式，即产品起初奴役生产者而后又奴役占有者的占有方式，就让位于那种以现代生产资料的本性为基础的产品占有方式：一方面由社会直接占有，作为维持和扩大生产的资料，另一方面由个人直接占有，作为生活资料和享受资料。

资本主义生产方式日益把大多数居民变为无产者，从而就造成一种在死亡的威胁下不得不去完成这个变革的力量。这种生产方式日益迫使人们把大规模的社会化的生产资料变为国家财产，因此它本身就指明完成这个变革的道路。**无产阶级将取得国家政权，并且首先把生产资料变为国家财产**。但是这样一来，它就消灭了作为无产阶级的自身，消灭了一切阶级差别和阶级对立，也消灭了作为国家的国家。到目前为止在阶级对立中运动着的社会，都需要有国家，即需要一个剥削阶级的组织，以便维护这个社会的外部生产条件，特别是用暴力把被剥削阶级控制在当时的生产方式所决定的那些压迫条件下（奴隶制、农奴制或依附农制、雇佣劳动制）。国家是整个社会的正式代表，是社会在一个有形的组织中的集中表现，但是，说国家是这样的，这仅仅是说，它是当时独自代表整个社会的那个阶级的国家：在古代是占有奴隶的公民的国家，在中世纪是封建贵族的国家，在我们的时代是资产阶级的国家。当国家终于真正成为整个社会的代表时，它就使自己成为多余的了。当不再有需要加以镇压的社会阶级的时候，当阶级统治和根源于至今的生产无政府状态的个体生存斗争已被消除，而由此二者产生的冲突和极端行动也随着被消除了的时候，就不再有什么需要镇压了，也就不再需要国家这种特殊的镇压力量了。国家真正作为整个社会的代表所采取的第一个行动，即以社会的名义占有生产资料，同时也是它作为国家所采取的最后一个独立行动。那时，国家政权对社会关系的干预在各个领域中将先后成为多余的事情而自行停止下来。那时，对人的统治将由对物的管理和对生产过程的领导所代替。国家不是"被废除"的，**它是自行消亡的**。应当以此来衡量"自由的人民国家"[①] 这个用语，这个用语在鼓动的意义上暂时有存在的理由，但归根到底是没有科学根据的；同时也应当以此来衡量所谓无政府主义者提出的在一天之内废除国家的要求。

自从资本主义生产方式在历史上出现以来，由社会占有全部生产资料，常常作为未来的理想隐隐约约地浮现在个别人物和整个整个派别的头脑中。但

---

① "自由的人民国家"是 19 世纪 70 年代德国社会民主党人提出的纲领性要求和流行口号。对这个口号所作的马克思主义的批判，见《马克思恩格斯文集》第 3 卷第 414、443—446 页，并见列宁的著作《国家与革命》第 1 章第 4 节和第 4 章第 3 节（《列宁全集》中文第 2 版第 31 卷第 14—20、61—63 页）。——编者注

是，这种占有只有在实现它的物质条件已经具备的时候，才能成为可能，才能成为历史的必然性。正如其他一切社会进步一样，这种占有之所以能够实现，并不是由于人们认识到阶级的存在同正义、平等等等相矛盾，也不是仅仅由于人们希望废除这些阶级，而是由于具备了一定的新的经济条件。社会分裂为剥削阶级和被剥削阶级、统治阶级和被压迫阶级，是以前生产不大发展的必然结果。只要社会总劳动所提供的产品除了满足社会全体成员最起码的生活需要以外只有少量剩余，就是说，只要劳动还占去社会大多数成员的全部或几乎全部时间，这个社会就必然划分为阶级。在这被迫专门从事劳动的大多数人之旁，形成了一个脱离直接生产劳动的阶级，它掌管社会的共同事务：劳动管理、国家事务、司法、科学、艺术等等。因此，分工的规律就是阶级划分的基础。但是，这并不妨碍阶级的这种划分曾经通过暴力和掠夺、欺诈和蒙骗来实现，这也不妨碍统治阶级一旦掌握政权就牺牲劳动阶级来巩固自己的统治，并把对社会的领导变成对群众的剥削。

但是，如果说阶级的划分根据上面所说具有某种历史的理由，那也只是对一定的时期、一定的社会条件才是这样。这种划分是以生产的不足为基础的，它将被现代生产力的充分发展所消灭。的确，社会阶级的消灭是以这样一个历史发展阶段为前提的，在这个阶段上，不仅某个特定的统治阶级的存在，而且任何统治阶级的存在，从而阶级差别本身的存在，都将成为时代错乱，成为过时现象。所以，社会阶级的消灭是以生产高度发展的阶段为前提的，在这个阶段上，某一特殊的社会阶级对生产资料和产品的占有，从而对政治统治、教育垄断和精神领导地位的占有，不仅成为多余的，而且在经济上、政治上和精神上成为发展的障碍。这个阶段现在已经达到了。资产阶级的政治和精神的破产甚至对他们自己来说也未必是一种秘密了，而他们的经济破产则有规律地每十年重复一次。在每次危机中，社会在它自己的而又无法加以利用的生产力和产品的重压下奄奄一息，面对着生产者没有什么可以消费是因为缺乏消费者这种荒谬的矛盾而束手无策。生产资料的扩张力撑破了资本主义生产方式所加给它的桎梏。把生产资料从这种桎梏下解放出来，是生产力不断地加速发展的唯一先决条件，因而也是生产本身实际上无限增长的唯一先决条件。但是还不止于此。生产资料由社会占有，不仅会消除生产的现存的人为障碍，而且还会消除生产力和产品的有形的浪费和破坏，这种浪费和破坏在目前是生产的无法摆脱的伴侣，并且在危机时期达到顶点。此外，这种占有还由于消除了现在的统治阶级及其政治代表的穷奢极欲的挥霍而为全社会节省出大量的生产资料和产品。通过社会化生产，不仅可能保证一切社会成员有富足的和一天比一天充裕的物质生活，而且还可能保证他们的体力和智力获得充分的自由的发展和运用，这种可能性现在第一次出现了，**但它确实是出现了**①。

一旦社会占有了生产资料，商品生产就将被消除，而产品对生产者的统治也将随之消除。社会生产内部的无政府状态将为有计划的自觉的组织所代替。个体生存斗争停止了。于是，人在一定意义上才最终地脱离了动物界，从动物的生存条件进入真正人的生存条件。人们周围的、至今统治着人们的生活条件，现在受人们的支配和控制，人们第一次成为自然界的自觉的和真正的主人，因为他们已经成为自身的社会结合的主人了。人们自己的社会行动的规律，这些一直作为异己的、支配着人们的自然规律而同人们相对立的规律，那时就将被人们熟练地运用，因而将听从人们的支配。人们自身的社会结合一直是作为自然界和历史强加于他们的东西而同他们相对立的，现在则变成他们自己的自由行动了。至今一直统治着历史的客观的异己的力量，现在处于人们自己的控制之下了。只是从这时起，人们才完全自觉地自己创造自己的历史；只是从这时起，由人们使之起作用的社会原因才大部分并且越来越多地达到他们所预期的结果。这是人类从必然王国进入自由王国的飞跃。

完成这一解放世界的事业，是现代无产阶级的历史使命。深入考察这一事业的历史条件以及这一事业的性质本身，从而使负有使命完成这一事业的今天受压迫的阶级认识到自己的行动的条件和性质，这就是无产阶级运动的理论表现即科学社会主义的任务。

（选自《马克思恩格斯文集》第 9 卷，人民出版社 2009 年版，第 19—30、89—125、165—192、283—300 页）

---

① 有几个数字可以使人们对现代生产资料即使在资本主义压制下仍然具有的巨大扩张力有个大体的概念。根据吉芬的最新统计，大不列颠和爱尔兰的全部财富约计如下：

1814 年……22 亿英镑 =   440 亿马克

1865 年……61 亿英镑 = 1 220 亿马克

1875 年……85 亿英镑 = 1 700 亿马克

至于在危机中生产资料和产品被破坏的情况，根据 1878 年 2 月 21 日在柏林举行的德国工业家第二次代表大会所作的统计，在最近一次崩溃中，单是**德国制铁工业**所遭受的全部损失就达45 500万马克。

学 习 导 读

　　《反杜林论》（原名《欧根·杜林先生在科学中实行的变革》）是恩格斯于1876年5月底至1878年6月间撰写的著作。从1877年1月至1878年7月，其一、二、三编分别在《前进报》及其附刊上发表。1878年7月，在莱比锡出版了《反杜林论》第一版，1886年在苏黎世出版第二版。1894年经过修订的第三版在斯图加特出版。

　　杜林（1833—1921年）当时是柏林大学未经政府正式任命的私人讲师。1871—1875年，他先后在《哲学教程——严格科学的世界观和人生观》、《国民经济学和社会经济学教程——兼论财政政策的基本问题》、《国民经济学和社会主义批判史》等著作中，全面诋毁马克思主义，自称是社会主义理论的"行家"、"改革家"，创立了新的"包罗万象的科学"，达到了永恒的最后的终极真理。杜林的思想在德国社会民主党人中间产生了恶劣影响，直接危害着德国工人阶级政党的健康发展。

　　在马克思、恩格斯的帮助下，德国社会民主党的左派领导人威廉·李卜克内西逐渐同杜林主义划清了界限，并于1875年2月1日至11月1日期间多次致信恩格斯，要求他在《人民国家报》上"收拾杜林"。恩格斯认为，为了使刚刚统一起来的党沿着正确的道路前进，"不管我们是否愿意，我们必须应战，把斗争进行到底"[①]。

　　1876年5月，马克思、恩格斯决定彻底地批判杜林。在马克思的支持下，恩格斯用两年多时间写成了《反杜林论》。这个时期，恩格斯曾多次写信与马克思商定写作计划、论述方式及基本内容。写成之后，他曾把全部原稿念给马克思听。第二编第十章《〈批判史〉论述》是由马克思撰写的。

　　《反杜林论》由《序言》、《引论》与《哲学》、《政治经济学》和《社会主义》三编二十九章组成。全书以辩证唯物主义和历史唯物主义为根本的理论基础和指导线索，以社会主义为落脚点和归宿，第一次系统地阐发了马克思主义哲学、政治经济学、科学社会主义的基本原理及其内在联系。恩格斯在《反杜林论》第二版序言中说："消极的批判成了积极的批判；论战转变成对马克

_____

[①]　《马克思恩格斯文集》第3卷，人民出版社2009年版，第499页。

思和我所主张的辩证方法和共产主义世界观的比较连贯的阐述，而这一阐述包括了相当多的领域。"他强调，这部书"所阐述的世界观，绝大部分是由马克思确立和阐发的，而只有极小的部分是属于我的"。

马克思认为，《反杜林论》对于正确理解德国社会主义是很重要的。① 恩格斯指出，《反杜林论》"百科全书式地概述了我们在哲学、自然科学和历史问题上的观点"②。列宁也曾指出，《反杜林论》"分析了哲学、自然科学和社会科学中最重大的问题"③，它同《共产党宣言》一样，是每个觉醒工人必读的书籍。

1894年1月25日，恩格斯在致瓦尔特·博尔吉乌斯的信中说：关于唯物主义历史观的"大多数问题都已经在《反杜林论》第一编第九至十一章、第二编第二至四章和第三编第一章或导言里，后来又在《费尔巴哈》（指《路德维希·费尔巴哈和德国古典哲学的终结》一书——本书编者注）最后一章里谈到了"④。下面，我们根据恩格斯的这个提示，着重对上述章节中的有关论述作一些阐释。

一、唯物主义历史观的产生及其意义（引论一）

《引论》的"概论"是全书的总论。它概述了马克思主义的基本原理。把握其丰富而深刻的内容，是理解和掌握全书的基础。

（一）辩证的思维方式如实地把人类历史看做一个发展过程

为了给人们提供考察自然界和人类历史的正确的世界观和方法论，恩格斯历史地考察了人类认识的思维方法发展史，全面地探讨了辩证法发展的三种历史形态，即从古代朴素的辩证法，到唯心主义辩证法，再到唯物辩证法的历史发展；并从辩证思维方法和形而上学思维方法的比较中，说明只有以辩证思维方法为前提，才能对人类社会历史做出唯物主义的科学解释。

① 参见《马克思恩格斯全集》第34卷，人民出版社1972年版，第322页。
② 《马克思恩格斯全集》第36卷，人民出版社1975年版，第139页。
③ 《列宁专题文集 论马克思主义》，人民出版社2009年版，第58页。
④ 《马克思恩格斯文集》第10卷，人民出版社2009年版，第670页。

1. 古代的朴素辩证法与近代的形而上学思维方式

古代的朴素辩证法是辩证法的第一种历史形态。恩格斯指出，古希腊的哲学家是自发的辩证论者。他们认为世界是一幅由种种联系和相互作用无穷无尽地交织起来的画面，其中的一切都在运动、变化、生成和消逝着。其杰出代表赫拉克利特（公元前540—前480）说，这个世界"它过去、现在和未来永远是一团永恒的活火"。"一切皆流，无物常住。""人不能两次踏进同一条河流。"这是一种原始的、素朴的但实质上正确的世界观。不过这种观点也有局限性。它虽然正确地把握了现象的总画面的一般性质，却不足以说明构成这幅总画面的各个细节；而我们要是不知道这些细节，就看不清总画面。为了认识这些细节，我们不得不把它们从自然的或历史的联系中抽出来，从它们的特性、它们的特殊的原因和结果等方面来分别加以研究。这首先是自然科学和历史研究的任务。比如，把自然界分解为各个部分、门类，而后进行分别的研究；把人类历史分解为政治、思想、文化等各个方面，而后进行分别的研究。

有分析才能进行综合。把自然界分解为各个部分、门类，进行分门别类的研究，是认识自然界一般规律的基础或必要条件。从15世纪下半叶以来，近代自然科学得到迅速发展，人类在认识自然界方面获得巨大进展。但是，对自然界进行分解、分门别类进行研究的做法也给我们留下了一种习惯：把各种自然物和自然过程孤立起来，撇开宏大的总的联系去进行考察。不仅如此，这种考察方法还被培根和洛克等一些哲学家从自然科学移植到哲学中，上升到哲学世界观和方法论的高度。这就造成了近代几个世纪所特有的局限性，即形而上学的思维方式，并在思维方式中占据了统治地位。

形而上学思维方法的特点是：把事物看做是孤立、静止、片面的，而不是从其联系、联结、运动、产生和消逝方面去考察。这种思维方法在常识范围内似乎极为可信，但它也有很大的局限性，因为从根本上说，这是与自然界和人类社会本身发展的实际情况相违背的，自然界的一切是辩证地而不是形而上学地运行的。所以我们必须用辩证的方法描绘自然界、人类社会的发展以及这些发展在人们头脑中的反映。

2. 黑格尔唯心主义辩证法的历史功绩及其局限性

社会实践和自然科学的发展越来越要求人们突破形而上学的狭隘眼界。近代德国哲学家黑格尔（1770—1831年）恢复了辩证法这一最高的思维形式，形成了它的第二种历史形态——唯心主义辩证法。恩格斯指出，黑格尔的巨大功绩是他第一次把整个自然的、历史的和精神的世界描写为一个过程，即把它描写为处在不断的运动、变化、转变和发展中，并企图揭示这种运动和发展的内在联系。依照黑格尔的观点，人类的历史不是乱七八糟的暴力行为，而是人类本身的发展过程，而思维的任务现在就是要透过一切迷乱现象探索这一过程的逐步发展的阶段，并且透过一切表面的偶然性揭示这一过程的内在规律性。但是，黑格尔颠倒了思维和存在的真实关系，辩证方法的革命精神被其唯心主义的、保守封闭的哲学体系闷死了。黑格尔在历史观上虽然靠辩证法把人类历史当做一个有规律的过程，但是，他却把人类历史的发展当做"绝对精神"的实现过程，认为普鲁士国家制度是"绝对精神"的完美体现。这样，一切都被头足倒置了。因为事情不在于把辩证法规律硬塞进自然界，而在于从自然界中找出这些规律并从自然界出发加以阐发。体系和方法的矛盾造成了黑格尔哲学的巨大流产。

3. 费尔巴哈恢复唯物主义的贡献和局限性

费尔巴哈打破了黑格尔的体系，使唯物主义重新登上王座。但是，他简单地把黑格尔的体系抛在一旁，而不是从它的本来意义上"扬弃"它，即批判地消灭它的形式，救出通过这个形式获得的新内容。他的历史观也仍然是唯心主义的。

4. 马克思、恩格斯创立了唯物辩证法

马克思和恩格斯从德国唯心主义哲学中拯救了自觉的辩证法，并把它运用于唯物主义的自然观和历史观，创立了辩证法的第三种历史形态——唯物辩证法。

现代唯物主义本质上是辩证的。现代唯物主义把历史看做人类的发展过程，而它的任务就在于发现这个过程的运动规律。这样一来，任何凌驾于其他科学之上的哲学，就不再需要了。历史学，应当成为关于历史的实证科学。这是在历史观上发生的决定性的转变。

（二）唯物主义历史观的产生

恩格斯对唯物主义历史观的产生作了进一步阐述。

以往，唯心主义历史观把理性即概念、判断、推理等思维形式和思维活动，作为衡量历史发展的标准和动力，根本不知道在人们的思想动机背后支配着人们行动的物质利益以及基于物质利益的阶级斗争在人类历史中的重要作用；生产和一切经济关系只是当做"文化史"的从属因素被顺便提一下而已。

马克思、恩格斯之所以能够发现唯物主义历史观，是因为一些在历史观上引起决定性转变的历史事实早就发生了。恩格斯列举了 1831 年法国里昂的工人起义和 1838—1842 年英国的宪章运动，说明无产阶级和资产阶级之间的阶级斗争一方面随着大工业的发展，另一方面随着资产阶级新近取得的政治统治的发展，在欧洲最先进的国家的历史中升到了重要地位。而阶级斗争的根源正是不同阶级在社会经济关系中所处的不同地位及其物质利益的对立。这是以往的唯心主义历史观根本不知道、也从来没有说明过的。

需要探讨的问题在于：既然在资本主义社会中，基于物质利益的阶级斗争具有如此重要的作用，那么在其他社会中，情况是不是也这样呢？正是这个新的事实迫使人们对以往的全部历史作一番新的研究。

马克思、恩格斯进而研究了以往的全部历史。结果发现：第一，"以往的全部历史，都是阶级斗争的历史"（1883 年，恩格斯在《社会主义从空想到科学的发展》德文第一版中，对这个原理作了如下更加确切的表述："以往的全部历史，除原始状态外，都是阶级斗争的历史"）；第二，这些互相斗争的阶级在任何时候都是生产关系和交换关系的产物，一句话，都是自己时代的经济关系的产物；第三，每一时代的社会经济结构形成现实基础，每一个历史时期的由法的设施和政治设施以及宗教的、哲学的和其他的观念形式所构成的全部上层建筑，归根到底都应由这个基础来说明。

由于这些发现，一种崭新的历史观，即唯物主义的历史观，被提出来了。如果说，费尔巴哈使唯物主义重新登上了王座，主要是指对自然界的认识，那么，在历史观方面，情况就远不是这样的。在这个领域中，唯心主义仍然占据着支配的地位。费尔巴哈本人，也是一个"半截子"的唯物主义者。而随着唯物主义历史观的发现，情况才发生了根本性的变化。正因为如此，恩格斯才说："这样一来，唯心主义从它的最后的避难所即历史观中被驱逐出去了。"

（三）唯物主义历史观与社会主义从空想变为科学

马克思、恩格斯把唯物主义历史观运用于对资本主义生产方式的分析，创立了剩余价值理论。这个理论证明：剩余价值是由劳动力这种特殊商品在实现其使用价值时创造出来的、比自己具有的价值更多的价值，它被资本家无偿占有。无偿占有剩余价值是资本主义剥削的基本形式。① 这个理论揭示了资本主义生产的秘密。

19 世纪初期的批判的空想社会主义，是近代空想社会主义发展的最高阶段。恩格斯指出，科学社会主义"永远不会忘记，它是站在圣西门、傅立叶和欧文这三个人的肩上的。虽然这三个人的学说含有十分虚幻和空想的性质，但他们终究是属于一切时代最伟大的智士之列的，他们天才地预示了我们现在已经科学地证明了其正确性的无数真理"②。但是，他们的社会历史观在总体上仍然是唯心主义的。他们从抽象的"理性原则"出发，一方面指责资本主义违背了理性，另一方面把社会主义看成是人类理性、永恒正义的体现，而不是以社会生产方式的辩证运动为客观依据，把社会主义看做是资本主义高度发展的必然产物。他们幻想通过宣传、教育、示范和向统治者及有产者呼吁等手段实现自己的社会改革方案。他们只把无产阶级当做一个受苦受难的阶级来给予同情，不了解无产阶级担负着埋葬资本主义、实现社会主义的历史使命。

恩格斯指出："为了使社会主义变为科学，就必须首先把它置于现实的基础之上。"

"立足现实"，首先是指：一切社会变迁和政治变革的终极原因，不应当到所谓绝对真理或先天理性中去寻找，而应当到现实的生产方式和交换方式中去寻找；揭露和消除资本主义社会弊病的手段，"不应当从头脑中**发明出来**，而应当通过头脑从生产的现成物质事实中**发现出来**"③。

"立足现实"，还必须具体解剖资本主义经济关系的发展过程，从而"一方面应当说明资本主义生产方式的历史联系和它在一定历史时期存在的必然性，从而说明它灭亡的必然性，另一方面应当揭露这种生产方式的一直还隐蔽着的内在性质"。

这两项任务，由唯物主义历史观和剩余价值学说这"两大发现"而完成了。这就使社会主义理论获得了现实基础，从而由空想变成了科学。

---

① 参见《马克思恩格斯文集》第 5 卷，人民出版社 2009 年版，第 714 页。
② 《马克思恩格斯文集》第 2 卷，人民出版社 2009 年版，第 218 页。
③ 《马克思恩格斯文集》第 3 卷，人民出版社 2009 年版，第 547 页。

二、道德和法的历史性（第一编九、十、十一）

（一）人的思维是至上的，同样又是不至上的

杜林哲学体系的一个部分，是《哲学教程》中"关于人的学说"，其核心内容是关于"道德和法"的理论。杜林认为，道德的世界，和一般知识的世界一样，"有其恒久的原则和单纯的要素"。它是由善恶、正义、平等诸要素组成的。这些原则凌驾于"历史之上和现今的民族特性的差别之上"，具有普遍适用性和终极真理的性质。他不是从现实本身推论出现实，而是从观念推论出现实。这是十足的唯心主义历史观。

恩格斯通过对杜林在"道德和法"的问题上表现出来的唯心主义历史观的批判，科学地论述了马克思主义的真理观、道德观、平等观以及关于自由与必然的辩证关系等一系列基本原理。

由于杜林把正义、平等等看做"永恒真理"和社会的现实基础，恩格斯首先对所谓"永恒真理"即"人的认识的产物究竟能否具有至上的意义和无条件的真理权"这个问题，展开了剖析。

恩格斯主要阐明了以下思想：

第一，从根本上说，"人的思维是至上的，同样又是不至上的，它的认识能力是无限的，同样又是有限的"。这是因为，一方面，人的认识按它的本性、使命、可能和历史的终极目的来说，是至上的和无限的。即是说，客观世界是可以被人类认识的。另一方面，人的认识按它的个别实现情况和每次的现实来说，又是不至上的和有限的。即是说，作为认识主体的人，总是在一定历史条件下从事实践活动的，人们的认识能力不能不受各种主客观条件的限制，比如生产发展的水平、阶级斗争实践的经验、整个社会的科学文化状况以及个人的知识水准等，因而不可避免地有其局限性。正因为如此，恩格斯说："思维的至上性是在一系列非常不至上地思维着的人中实现的；拥有无条件的真理权的认识是在一系列相对的谬误中实现的；二者都只有通过人类生活的无限延续才能完全实现。"

第二，从已经获得的认识成果来看，人类并不是已经提供出了最后的终极真理。恩格斯是在具体地分析了整个认识领域的三大部分，即研究非生物界的科学、研究活的有机体的科学以及研究人类社会的历史科学的状况之后，得出这样的结论的。他指出，很可能我们还差不多处在人类历史的开端，而将来会

纠正我们的错误的后代，大概比我们有可能经常以十分轻蔑的态度纠正其认识错误的前代要多得多。

第三，真理和谬误，正如一切在两极对立中运动的逻辑范畴一样，只是在非常有限的领域内才具有绝对的意义。在一定的条件下，对立的两极都向自己的对立面转化，真理变成谬误，谬误变成真理。这说明真理和谬误是辩证统一的关系，既相互排斥又相互联系。在一定的领域内，真理和谬误的对立具有绝对的意义。超出这个领域，在另外的条件下，二者又会互相转化，一切以具体条件为转移。

由此可见，把人们在一定历史阶段上的某种认识宣布为永恒的绝对的真理，是不符合人类认识发展的实际的。认为人们对客观世界及其规律的认识已经达到极致，这在实际上等于把科学研究的任务本身取消了。恩格斯通过论证真理的相对性和绝对性的辩证关系，驳斥了杜林关于超历史的"永恒真理"的观点，这就从根本上否定了他关于"道德和法"的学说立论的主要依据。

为了批判杜林在真理观上的绝对主义，恩格斯在这里着重强调的是真理的相对性。但他并没有因此走向相对主义。他认为，相对之中有绝对。事实上，在绝对真理的长河中，人们对于各个一定发展阶段上的具体过程的认识只具有相对的真理性。无数相对真理之总和构成绝对真理。

（二）道德和法的观点是人们社会关系和政治关系的相应表现

在批驳杜林关于绝对的终极真理和超历史的道德原则的基础上，恩格斯深入论证了道德的历史性。他着重阐明了以下三个观点：

第一，道德和法的观点是历史的范畴。

恩格斯指出：道德观念是随着历史的发展而发展的，在不同的民族、不同的时代，由于社会物质生活条件的差别，道德观念也存在差别和对立。善恶观念从一个民族到另一个民族、从一个时代到另一个时代变更得这样厉害，以致它们常常是互相直接矛盾的。

这是因为，道德属于社会的上层建筑。道德和法作为意识形态是人们社会关系和政治关系的反映。"一切以往的道德论归根到底都是当时的社会经济状况的产物。"人们自觉地或不自觉地，归根到底总是从他们阶级地位所依据的实际关系中——从他们进行生产和交换的经济关系中，获得自己的伦理观念。因此，人们的经济关系和政治关系变化了，道德和法的观念就会随着发生变化。

当时，在欧洲资本主义国家里存在着三种道德，即封建道德、资产阶级道德和无产阶级道德。它们都是历史的产物，分别代表着社会的过去、现在和未来的不同阶段，各自起着不同的作用。杜林所说的适用于一切世界、一切时代的道德，在现实社会中是根本不存在的。

第二，阶级社会的道德始终是阶级的道德。

在阶级社会中，道德始终是一定阶级的利益的反映，并且是为一定阶级服务的。它或者为统治阶级的统治和利益辩护，或者当被压迫阶级变得足够强大时，代表被压迫者对这个统治的反抗和他们的未来利益。强调阶级社会的道德"始终是阶级的道德"，并不意味着道德在阶级社会中没有进步。恩格斯指出："在道德方面也和人类认识的所有其他部门一样，总的说是有过进步的。"

封建道德、资产阶级道德和无产阶级道德，哪一种是合乎真理的呢？如果就绝对的终极性来说，哪一种也不是；但是，现在代表着现状的变革、代表着未来的那种道德，即无产阶级道德，肯定拥有最多的能够长久保持的因素。只有在不仅消灭了阶级对立，而且在实际生活中也忘却了这种对立的社会发展阶段上，超越阶级对立和超越对这种对立的回忆的、真正人的道德才成为可能。

第三，道德的某种共同性问题。

既然阶级社会的道德"始终是阶级的道德"，而不同的阶级又有着各自的利益，那么，各种道德论之间是否有共同之处？这也是需要思考和回答的一个问题。

在肯定道德的发展依赖于社会经济关系的发展和阶级社会中道德具有阶级性的前提下，恩格斯论述了道德发展中的相对独立性和某种共同性的问题。

首先，封建贵族的、资产阶级的和无产阶级的道德论，都是阶级社会的道德论，分别"代表同一历史发展的三个不同阶段，所以有共同的历史背景，正因为这样，就必然有许多共同之处"。比如，封建道德和资产阶级道德，都是剥削阶级的道德，后者同前者有共同之处和直接的继承关系是不难理解的。无产阶级道德主要继承历史上劳动人民的优秀道德传统；同时也批判地继承历史上处于进步时期的剥削阶级的某些优秀道德传统，使之成为构成无产阶级道德的某种因素。

其次，对同样的或差不多同样的经济发展阶段来说，道德论必然是或多或少地互相一致的。比如，"切勿偷盗"就是在从私有制产生以来的一切私有制社会里存在着的共同的道德戒律。

不过，这些共同的道德因素，不仅在不同阶级的道德论中有着不同的阶级内容，而且随着社会经济状况的变化终究要发生变化。比如，当社会发展到物质财富极大丰富、消灭了私有制和阶级、人们思想境界大大提高、偷盗的动机随之消除的时候，"切勿偷盗"的道德戒律就成为多余的了。所以，它并不是什么超历史、超民族的永恒的道德规范。

（三）平等的观念是历史的产物

杜林在研究社会平等问题时，把两个抽象的人作为社会的"简单要素"，认定这两个人的意志本来是"完全平等"的，只是由于一方对另一方使用暴力才造成了不平等。因此，他把过去不平等的社会历史一概斥为谬误。

恩格斯指出：杜林不是从对象本身去认识某一对象的特性，而是从对象的概念中逻辑地推导出这些特性，这是本末倒置的唯心主义方法。事实上，不平等产生的根源在于私有财产的出现，暴力不过是一种表现形式，而不是根源。抹杀不平等产生的经济根源，实际上就掩盖了剥削阶级对广大劳动人民奴役的实质。

恩格斯在揭露了杜林平等观念的谬误之后，着重从以下几个方面阐明了马克思主义的平等观：

第一，平等观念的历史发展及其阶级内容。

平等是一个法权观念，属于上层建筑。各个历史时期的平等观念，都是当时历史的产物，是各个社会的经济基础、阶级关系在社会意识中的反映。

在以往的社会中，与生产力的发展水平和阶级斗争的状况相适应，平等只能是局部的、范围有限的。

在原始社会末期的农村公社中，由于私有制和奴隶的出现，以及妇女经济地位的下降等，就开始出现了不平等。当时只有男性公社成员之间的平等，奴隶和外地人根本就没有平等。奴隶社会只有自由民之间的平等，自由民和奴隶之间没有什么平等可言。就是在自由民内部，工商业奴隶主、贵族和一般平民在政治地位和社会地位上也都是不平等的。在封建社会里，更存在着复杂的社会等级制度，不仅农奴和封建主之间毫无平等可言，就是在封建统治阶级内部各阶层之间，也没有什么平等。

现代的平等观念要求："一切人，或至少是一个国家的一切公民，或一个社会的一切成员，都应当有平等的政治地位和社会地位。"这种观念是直到在西欧和中欧形成的文化区域内建立了民族国家所组成的体系的基础上才形成的。"只是在这个基础上才有可能谈人的平等和人权的问题"。

第二，资产阶级平等观的阶级本质和历史作用。

在封建社会内部孕育了"这样一个阶级，这个阶级在它进一步的发展中，注定成为现代平等要求的代表者，这就是资产阶级"。

首先，资产阶级要求废除封建特权、冲破地方关卡，取得平等的权利进行交换，以便于发展大规模的贸易；它要求冲破行会的束缚，使工人能够作为权利平等的一方与厂主订立契约出租自己的劳动力，以便于发展雇佣劳动制。这就是说，社会的经济进步"把摆脱封建桎梏和通过消除封建不平等来确立权利平等的要求"提上了日程。

其次，为了实现这个要求，资产阶级不能不利用农民的力量。只要为工业和商业的利益提出这一要求，就必须为广大农民要求同样的平等权利。因为农民遭受封建制度的严重压迫，是反对封建压迫的主要群体。

再次，由于人们生活在那些相互平等地交往并且处在差不多相同的资产阶级发展阶段的独立国家所组成的体系中，这种要求很自然地获得了普遍的、超出个别国家范围的性质。在这样的社会历史条件下，自由和平等也就"很自然地被宣布为**人权**"。

在反封建的资产阶级革命的历史条件下，资产阶级提出的平等要求，曾经在不同程度上代表过各被压迫阶级的共同诉求，起过积极的历史作用。

那么，这是不是意味着，自由和平等由此真正成了普遍的人权呢？不是。恩格斯尖锐地揭露这种人权的特殊资产阶级性质，即资产阶级提出的这种平等要求，主要是为了反对妨碍它自由发展的封建阶级的特权。资产阶级标榜的个人的人身自由和平等的权利，不过是资产阶级处理自己的财产和雇佣工人的自由，在市场上进行商品交换的平等。这种平等，没有、也不可能改变资本家剥削和压榨工人的事实。对于广大农民来讲，要求平等固然有助于解除他们对封建主的人身依附，摆脱封建压迫，但是，他们中的大多数在获得这种"自由平等"之后，却将随着资本主义的发展而走向破产，沦为一无所有、仅仅有出卖自己劳动力自由的无产者。

资产阶级平等观的虚伪性，在1787年美国宪法中表现得最为明显：它一方面把自由、平等标榜为"人权"；另一方面却明文规定保留奴隶制，允许贩卖黑奴。所以恩格斯说，这是"这种人权的特殊资产阶级性质的典型表现"。

资产阶级平等观，是资本主义商品经济关系在思想上的反映。因为根据价值规律，商品的价值是由其中所包含的社会必要劳动来计量的，由于一切劳动都是人类劳动因而具有等同性和同等意义。在资本主义社会中，商品生产占统治地位，由于体现这种"平等"的价值规律在普遍地起着作用，所以在这个社会中就必然会提出关于自由平等的要求。现代平等观念，就是"从资产阶级社会的经济条件中"产生出来的。

第三，无产阶级平等要求的双重意义和实际内容。

伴随着资产阶级平等观念的提出，无产阶级也提出了自己的平等要求。"从消灭阶级**特权**的资产阶级要求提出的时候起，同时就出现了消灭**阶级本身**的无产阶级要求"。

无产阶级的平等观与资产阶级平等观有本质区别。无产阶级只有解放全人类，才能最终解放自己，所以它不仅仅要求废除某一阶级的特权，而且要求废除私有制，建立公有制，消灭阶级和阶级差别，实现人类在政治上和与之相适应的社会地位上，以及经济权利上的真正平等。

从历史上看，无产阶级提出平等的要求具有双重意义。或者它是在无产阶级斗争的初期对极端的社会不平等，对富人和穷人之间、主人和奴隶之间、骄奢淫逸者和饥饿者之间的对立的自发的反应。这种自发反应本身只是革命本能的简单表现。或者它是从对资产阶级平等要求的反应中产生的，吸收了资产阶级平等要求中或多或少正确的、可以进一步发展的要求，成了用资本家本身的主张发动工人起来反对资本家的鼓动手段。

在上述两种情况下，"无产阶级平等要求的实际内容都是**消灭阶级**的要求"。这就是平等观念的科学内容。任何超出这个范围的平等要求都必然要流于荒谬。这也就意味着，无产阶级要实现真正的事实上的平等，必须通过社会革命，推翻资本主义制度，直至消灭一切阶级和阶级差别。

确立平等观念的上述科学内容，具有重要的意义。因为这一观念在差不多所有国家的社会主义运动中都起着巨大的鼓动作用。因此，"这一观念的科学内容的确立，也将确定它对无产阶级鼓动的价值"，从而有助于推动社会主义运动摆脱资产阶级的影响、沿着正确的方向发展。

（四）自由在于根据对必然的认识来支配自己和外部自然

自由与必然的关系问题是世界观和历史观的一个重要问题。恩格斯指出："如果不谈所谓自由意志、人的责任能力、必然和自由的关系等问题，就不能很好地议论道德和法的问题。"认识自由与必然的辩证关系，是运用道德和法律规范评价人们行为的前提。

杜林说，自由是理性的认识和本能的冲动的合力。这也就是说，自由是由主观条件决定的，与客观规律无关。他又说，自由受着自然规律不可避免的强制。这两个定义是互相矛盾的，表明他在人的意志自由问题上陷入了折中主义。而第二个定义不过是对黑格尔的思想的庸俗化。他的基本观点，是把自由说成是绝对的，是不受客观规律支配的。这同他关于永恒真理等的观点是一脉相承的。

恩格斯揭露了杜林的错误观点，批判地吸收了黑格尔的合理思想，对自由与必然的关系作了科学的概括和阐述。

恩格斯指出："自由不在于幻想中摆脱自然规律而独立，而在于认识这些规律，从而能够有计划地使自然规律为一定的目的服务。……意志自由只是借助于对事物的认识来作出决定的能力。"这就是说，只有在认识了事物必然性的基础上，人们才能作出正确的判断和切实可行的决定，才有意志自由。行动的自由，并不意味着人们可以摆脱事物的规律性而为所欲为，而是承认事物规律的客观存在，在认识和把握它的基础上在实践中有目的地驾驭和利用它。所以，"自由就在于根据对自然界的必然性的认识来支配我们自己和外部自然"。只有坚持这样的观点，我们才能一方面同不承认客观规律的"唯意志论"划清界限；一方面又同不承认人的主观能动作用的"宿命论"划清界限。

自由是历史的产物。人本身的发展就是不断地从必然走向自由的过程。由于人类各个历史时代认识自然和改造自然的成果积淀在各时代的科学、技术和文化之中，所以，文化上的每一个进步，都是迈向自由的一步。只有到了生产力高度发达的社会状态，任何阶级差别以及任何对个人生活资料的忧虑一起消失，才"能够谈到真正的人的自由，谈到那种同已被认识的自然规律和谐一致的生活"。在这之前去奢谈什么普适性的"真正的人的自由"，只能是一种欺骗。

三、经济、政治权力及其相互关系
（第二编二、三、四）

（一）关系的经济方面比政治方面具有大得多的基础性

暴力论是杜林唯心主义经济学体系的基础。他认为，"政治关系的形式是历史上基础性的东西","本原的东西必须从直接的政治暴力中去寻找，而不是从间接的经济力量中去寻找"。这种观念曾支配以往的整个历史观。

恩格斯在政治经济学编中用三章的篇幅揭露杜林的错误，进一步论证了经济与政治的相互关系的原理。他主要阐明了以下思想：

第一，暴力仅仅是手段，相反，经济利益才是目的。目的比用来达到目的的手段要具有大得多的"基础性"。

比如，一个民族对另一个民族的武力征服，是为了掠夺对方的财富，奴役那里的人民。总之，是为了获得经济利益。

第二，古代奴隶制是在生产发展到一定阶段的历史条件下产生的。

要迫使人们去从事奴役劳动，强迫者就必须事先拥有使被强迫者从事劳动的生产资料和维持困苦生活的生活资料。因此，先要在生产上达到一定的阶段，并在分配的不平等上达到一定的程度，奴隶制才会成为可能。这就是说，奴役制度的产生，是基于经济的原因，而不是基于暴力。

第三，强迫者奴役他人的条件是，必须拥有超出平均水平的财产，而私有财产的形成也是由于经济的原因，而不是源于暴力。

恩格斯指出：虽然财产可以由掠夺而得到，但是它必须先由劳动者生产出来，然后才能被掠夺。在历史上，私有财产的形成，到处都是由于生产关系和交换关系发生变化，都是为了提高生产和促进交换——因而都是由于经济的原因。在这里，暴力没有起任何作用。

第四，是"经济状况"的改变促使政治状态的改变。

恩格斯以资产阶级的发展史为例，来证明这一点。历史地说，资产阶级战胜封建贵族、取得统治以前，封建贵族始终掌握着政治暴力。资产阶级是依靠什么去占领一个又一个阵地的呢？其决定性的武器是他们手中的经济权力，这种权力随着工业（起初是手工业，后来扩展成为工场手工业）的发展和商业的扩展而不断增长起来。所以，资本主义发展的全部过程都可以由纯经济的原因来说明。

历史的事实表明，随着"经济状况"的改变，政治状况的改变总是要或早或迟地、或自愿或经过斗争随之发生的。所以，"如果'政治状态是经济状况的决定性的原因'，那么，现代资产阶级就不应当是在反对封建制度的斗争中发展起来的，而应当是封建制度自愿生产的宠儿"。显然这是不符合历史实际的。

第五，暴力本身是以"经济力量"、"经济状况"为基础的。

暴力不是单纯的意志行为。它要求有实现意志行为的工具、武器。暴力的胜利是以武器的生产为基础的，而武器的生产又是以整个生产为基础的，因而是以"经济力量"、"经济状况"，是以可供暴力支配的物质手段为基础的。

还要看到，现代化的军队的全部组织和作战方式以及与之有关的胜负，也取决于物质的即经济的条件：取决于人和武器这两种材料，也就是取决于居民的质和量以及技术。比如现代的军舰不仅是现代大工业的产物，同时还是现代大工业的样板，是浮在水上的工厂。"现代军舰为基础的海上政治暴力，表明它自己完全不是'直接的'，而正是**借助于**经济力量，即冶金术的高度发展、对熟练技术人员和丰富的煤矿的支配。"这就进一步说明，暴力不是"本原的东西"，经济状况才是暴力的基础。

总之，"在任何地方和任何时候，都是经济条件和经济上的权力手段帮助'暴力'取得胜利，没有它们，暴力就不成其为暴力"。

（二）生产的发展和相对不发展与统治和奴役的关系

统治和奴役关系的形成，并非像杜林断言的是由于暴力，而是由于经济的原因，是同生产的发展和相对不发展相联系的。恩格斯在批驳杜林时论证了以下几个重要观点：

第一，阶级统治和奴役关系的形成，是同经济发展的一定历史阶段相联系的。

恩格斯阐述了统治和奴役关系形成的两种过程。他指出：

一个过程是社会职能独立化上升为对社会的统治，社会公仆变成社会主人。

在原始社会里，由于生产力水平很低，人人都必须参加劳动，都享受着生活状况和社会地位的某种平等。但是，每个公社内部，"一开始就存在着一定的共同利益，维护这种利益的工作，虽然是在全体的监督之下，却不能不由个别成员来担当"。这些职位被赋予了某些特权，这是国家权力的萌芽。随着社会成员由于原始公社的瓦解而变为私人生产者，而和社会公共职能的执行者更加疏远，这种权力不断得到加强。后来，社会职能对社会的这种独立化逐渐上升为对社会的统治，起初的社会公仆逐步变成社会的主人，成为具有特权的统治者，进而形成统治阶级。

这就是说，"一切政治权力起先都是以某种经济的、社会的职能为基础的"，"政治统治到处都是以执行某种社会职能为基础，而且政治统治只有在它执行了它的这种社会职能时才能持续下去"。

一个过程是生产力发展到出现剩余产品的条件下，形成阶级和统治关系。

随着生产力发展到劳动力可以生产出超过单纯维持自身所需要的产品的数量，劳动力就获得了某种价值。"在这时已经达到的'经济状况'的水平上，战俘获得了某种价值；因此人们就让他们活下来，并且使用他们的劳动。"这样，奴隶制就形成了。

以上表明，统治和奴役关系的形成，主要是由于经济的原因。从历史上看，不是暴力支配经济状况，而是暴力为经济状况服务。

第二，阶级统治和奴役关系在一定历史阶段存在和被消灭的必然性。

杜林认为，人类原本是自由、平等的，只是由于使用暴力，才产生统治和奴役的关系。因此，全部以往的历史都应当加以唾弃。这种观点，完全是非历史的。

阶级统治和奴役关系在一定历史阶段的存在，有其必然性。因为随着生产力的发展，交往和分工逐步扩大。而分工的规律，正是阶级划分的基础。"只要实际从事劳动的居民必须占用很多时间来从事自己的必要劳动，因而没有多余的时间来从事社会的公共事务——劳动管理、国家事务、法律事务、艺术、科学等等，总是必然有一个脱离实际劳动的特殊阶级来从事这些事务；而且这个阶级为了它自己的利益，从来不会错过机会来把越来越沉重的劳动负担加到劳动群众的肩上。"

在当时的情况下，采用奴隶制是一个巨大的历史进步。"我们的全部经济、政治和智力的发展，是以奴隶制既成为必要、又得到公认这种状况为前提的。"事实上，"当一种生产方式处在自身发展的上升阶段的时候，甚至在和这种生产方式相适应的分配方式下吃了亏的那些人也会欢迎这种生产方式"。奴隶制是一种极残酷的奴役制度。但是，在开始时，"甚至对奴隶来说，这也是一种进步；成为大批奴隶来源的战俘以前都被杀掉，在更早的时候甚至被吃掉，现在至少能保全生命了"。

只有当一种生产方式已经走完自身的没落阶段的颇大一段行程，而它的后继者已经在敲门的时候，不平等的分配才会被普遍认为是非正义的。这种道义上的愤怒只是一个征兆，表明这种生产方式即将走向灭亡了。

第三，统治和奴役关系消灭的经济社会条件。

如果说"剥削阶级和被剥削阶级、统治阶级和被压迫阶级之间的到现在为止的一切历史对立，都可以从人的劳动的这种相对不发展的生产率中得到说明"；那么，"只有通过大工业所达到的生产力的极大提高，才有可能把劳动无例外地分配给一切社会成员，从而把每个人的劳动时间大大缩短，使一切人都有足够的自由时间来参加社会的公共事务——理论的和实际的公共事务"。因此，只是在那个时候，任何统治阶级和剥削阶级才成为多余的，而且成为社会发展的障碍；统治阶级和剥削阶级，都将被无情地消灭。

（三）政治权力对经济发展的两种相反方向的作用

恩格斯在详细论证了经济决定政治的原理之后，又论述了政治权力对于经济发展的反作用。

恩格斯指出，政治权力一旦对社会独立起来并且形成对社会的统治力量，可以朝着两个方向发展，即对于经济的发展有两种相反的作用。

一种是按照合乎规律的经济发展的方向发生作用，在这种情况下，它和经济发展之间没有任何冲突，经济发展会加快速度。在这里，政治权力起着适应和促进经济发展的作用。另一种是"违反经济发展而发生作用，在这种情况下，除去少数例外，它照例总是在经济发展的压力下陷于崩溃"。这里的例外是指个别的征服事件。历史上比较野蛮的民族每一次对较为文明的民族的征服，都毫无例外地阻碍了经济的发展，摧毁了大批的生产力。但是比较野蛮的民族在长时期的征服中，在绝大多数情况下，都不得不适应由于征服而面临的比较高的"经济状况"，为被征服者较为先进的经济所同化，甚至不得不采用被征服者的语言。在一般情况下，当某一国家内部的国家政权同它的经济发展处于对立地位时，斗争每次总是以政治权力被推翻而告终。经济发展总是毫无例外地和无情地为自己开辟道路。

（四）革命：造成新的经济状况能够存在和发展的政治状态

当一种生产方式走到了自身的尽头，而陈腐的政治权力又竭力维护陈腐的生产关系、从根本上阻碍生产力发展的时候，革命就会被提上日程。革命的目的不是为了使经济状况适应政治状态；相反，是为了把陈腐的政治废物抛开，并造成使新的经济状况能够存在和发展的政治状态。陈腐的政治权力的主要依靠，是军队等暴力工具。因此，在一定的历史条件下，革命的阶级和政治力量为了摧毁陈腐的政治权力，为经济的发展扫清障碍、开辟道路，就不能不使用革命的暴力。正因为如此，恩格斯认为，对暴力的性质和历史作用必须进行具体的分析，必须区别反动的暴力和革命的暴力。他指出："暴力在历史中还起着另一种作用，革命的作用；暴力，用马克思的话说，是每一个孕育着新社会的旧社会的助产婆；它是社会运动借以为自己开辟道路并摧毁僵化的垂死的政治形式的工具。"

由于革命者用暴力摧毁了陈腐的政治权力、造成了使新的经济状况能够存在和发展的政治状态，这就必然会带来人们思想上的极大解放，把人们引向新的精神境界。杜林认为，暴力的任何使用都会使暴力使用者道德堕落。这是违背历史实际的。每一次革命的胜利都带来了人们在"道德上和精神上的巨大跃进"。这是任何人都无法否认的历史事实。

四、唯物主义历史观与科学 社会主义（第三编二）

在社会主义编，恩格斯运用历史唯物主义的基本观点科学评述了三大空想社会主义者的学说，系统阐明了科学社会主义的原理，彻底批判了杜林的反动的小资产阶级社会主义。第二章是全编的重点。

（一）用唯物主义历史观科学阐明社会主义基本理论

恩格斯对历史唯物主义基本原理作了进一步的概括。科学社会主义就是在唯物主义历史观的基础上发展起来的。其主要思想包括：

1. 科学社会主义是资本主义的矛盾和冲突在工人阶级头脑中的正确反映

19世纪三四十年代，新的生产力的发展同资本主义生产关系的矛盾进一步加剧，无产阶级同资产阶级之间的阶级斗争日益激化。恩格斯说："现代社会主义不过是这种实际冲突在思想上的反映，是它在头脑中，首先是在那个直接吃到它的苦头的阶级即工人阶级的头脑中的观念上的反映。"

2. 资本主义社会基本矛盾的发展必然导致资本主义的灭亡

资本主义的基本矛盾是生产的社会化和资本主义的私人占有之间的矛盾。

恩格斯始终以分析这个矛盾为中心来考察资本主义的整个发展过程。

第一，资本主义的基本矛盾表现在阶级关系上就是"**无产阶级和资产阶级的对立**"，它的另一种表现是"**个别工厂中生产的组织性和整个社会中生产的无政府状态之间的对立**"。

第二，资本主义基本矛盾的不断发展，社会贫富两极分化的加剧，造成了生产无限扩大的可能性和劳动群众的有效需求即有购买力的需求相对缩小的矛盾。竞争和社会生产无政府状态的推动力，又使这一矛盾日益尖锐。结果，"市场的扩张赶不上生产的扩张。冲突成为不可避免的了，而且，因为它在把资本主义生产方式本身炸毁以前不能使矛盾得到解决，所以它就成为周期性的了"。经济危机表明："经济的冲突达到了顶点：**生产方式起来反对交换方式，生产力起来反对已经被它超过的生产方式**"。

第三，在资本积累和集中高度发展的基础上，作为生产力社会化形式的各种股份公司相继产生，某些部门和企业的资本主义国有化也随之出现。但是，无论是股份公司，还是资本主义国有化，都是资本主义的占有形式，根本不能消除生产力的资本主义属性。

3. 只有社会主义革命才能解决资本主义社会的矛盾

要解决资本主义的基本矛盾，只能在事实上承认现代生产力的社会本性，即必须消灭以生产资料私有制为基础的资本主义生产关系，建立以生产资料公有制为基础的新的生产关系，使生产关系与现代化生产力的社会本性相适应。为此，就必须进行社会主义革命，用暴力打碎资产阶级的国家机器，实行无产阶级专政。

"**无产阶级将取得国家政权，并且首先把生产资料变为国家财产。**"由于实行了生产资料公有制，一切阶级差别和阶级对立消灭了。"对人的统治将由对物的管理和对生产过程的领导所代替。国家不是'被废除'的，**它是自行消亡的**。"

恩格斯说："完成这一解放世界的事业，是现代无产阶级的历史使命。深入考察这一事业的历史条件以及这一事业的性质本身，从而使负有使命完成这一事业的今天受压迫的阶级认识到自己的行动的条件和性质，这就是无产阶级运动的理论表现即科学社会主义的任务。"

（二）人们将成为社会结合的主人

1. 社会占有生产资料

无产阶级夺取国家政权之后，国家真正作为整个社会的代表所采取的第一个行动，即以社会的名义占有生产资料，同时也是它作为国家所采取的最后一个独立行动。劳动者在生产过程中和社会上的地位都将发生根本的变化。生产资料的社会占有决定了与之相适应的劳动产品的占有方式：一方面由社会直接占有，作为维持和扩大生产的资料；另一方面由个人直接占有，作为生活资料和享受资料。通过社会生产，不仅可以保证一切社会成员有富足的和一天比一天充裕的物质生活，而且还可能保证他们的体力和智力获得充分的自由的发展和运用。这就阐明了新社会的生产的性质和目的。

社会占有生产资料是社会主义社会的最基本特征，社会主义社会的其他特征都是由其决定的。

2. 商品生产将要被消灭

在社会占有生产资料的条件下，生产是直接为了社会消费的生产，因而不再具有商品生产的形式。随着商品生产的消亡，产品对生产者的统治也将随之消除。生产者将成为自己产品的主人。

3. 社会有计划地自觉地组织生产

代替商品生产内部无政府状态的，将是社会有计划地自觉地组织生产。这将使人从动物的生存条件进入真正人的生存条件，使一直统治历史的客观的异己力量处于社会结合的主人的控制之下，变成了他们自己的自由行动。"只是从这时起，人们才完全自觉地自己创造自己的历史；只是从这时起，由人们使之起作用的社会原因才大部分并且越来越多地达到他们所预期的结果。这是人类从必然王国进入自由王国的飞跃。"

在社会占有生产资料的条件下，社会"通过有计划地利用和进一步发展一切社会成员的现有的巨大生产力，在人人都必须劳动的条件下，人人也都将同等地、愈益丰富地得到生活资料、享受资料、发展和表现一切体力和智力所需的资料"①。而随着阶级对立和阶级差别的消灭，国家也将自行消亡。

恩格斯关于社会主义社会基本特征的描述，以及关于在未来社会里人们将完全自觉地自己创造自己的历史的科学设想，是指已经充分发展了的社会主义，是对人类社会发展总趋势的揭示和展望；而不是说，一个国家一旦建立社会主义制度，就会立即全部地、充分地具备上述基本特征。只有从这个角度进行解读，我们才能对恩格斯关于社会主义社会基本特征的描述有一个正确的

---

① 《马克思恩格斯文集》第 1 卷，人民出版社 2009 年版，第 709—710 页。

把握。

　　当前，我国仍处于并将长期处于社会主义初级阶段，这是中国共产党对当代中国基本国情作出的科学判断，并在此基础上形成了社会主义初级阶段的基本路线和基本纲领。学习《反杜林论》，应当准确把握马克思主义经典作家揭示的人类社会发展总趋势，认清社会主义初级阶段的基本国情和我国发展的阶段性特征，既不能妄自菲薄、自甘落后，也不能脱离实际、急于求成，必须坚持把社会主义初级阶段作为推进改革、谋划发展的根本依据，更加自觉地走科学发展道路，奋力开拓中国特色社会主义更为广阔的发展前景。

延伸阅读：

　　恩格斯：《社会主义从空想到科学的发展》，《马克思恩格斯文集》第 3 卷，人民出版社 2009 年版。

思考题：

　　1. 唯物主义历史观是怎样产生的？

　　2. 怎样认识唯物主义历史观关于经济、政治权力及其相互关系的观点？

　　3. 怎样认识唯物主义历史观与科学社会主义的关系？

弗·恩格斯

路德维希·费尔巴哈和德国
古典哲学的终结（节选）

四

施特劳斯、鲍威尔、施蒂纳、费尔巴哈，就他们没有离开哲学这块土地来说，都是黑格尔哲学的分支。施特劳斯写了《耶稣传》和《教义学》① 以后，就只从事写作勒南式的哲学和教会史的美文学作品；鲍威尔只是在基督教起源史方面做了一些事情，虽然他在这里所做的也是重要的；施蒂纳甚至在巴枯宁把他同蒲鲁东混合起来并且把这个混合物命名为"无政府主义"以后，依然是一个怪物；唯有费尔巴哈是个杰出的哲学家。但是，不仅哲学这一似乎凌驾于一切专门科学之上并把它们包罗在内的科学的科学，对他来说，仍然是不可逾越的屏障，不可侵犯的圣物，而且作为一个哲学家，他也停留在半路上，他下半截是唯物主义者，上半截是唯心主义者；他没有批判地克服黑格尔，而是简单地把黑格尔当做无用的东西抛在一边，同时，与黑格尔体系的百科全书式的丰富内容相比，他本人除了矫揉造作的爱的宗教和贫乏无力的道德以外，拿不出什么积极的东西。

但是，从黑格尔学派的解体过程中还产生了另一个派别，唯一的真正结出果实的派别。这个派别主要是同马克思的名字联系在一起的。②

同黑格尔哲学的分离在这里也是由于返回到唯物主义观点而发生的。这就

---

① 指大·施特劳斯《基督教教理的历史发展及其同现代科学的斗争》1840—1841 年蒂宾根—斯图加特版第1—2卷，该书第二部的标题是《基督教教理的物质内容（教义学）》。——编者注

② 请允许我在这里作一点个人的说明。近来人们不止一次地提到我参加了制定这一理论的工作，因此，我在这里不得不说几句话，把这个问题澄清。我不能否认，我和马克思共同工作40年，在这以前和这个期间，我在一定程度上独立地参加了这一理论的创立，特别是对这一理论的阐发。但是，绝大部分基本指导思想（特别是在经济和历史领域内），尤其是对这些指导思想的最后的明确的表述，都是属于马克思的。我所提供的，马克思没有我也能够做到，至多有几个专门的领域除外。至于马克思所做到的，我却做不到。马克思比我们大家都站得高些，看得远些，观察得多些和快些。马克思是天才，我们至多是能手。没有马克思，我们的理论远不会是现在这个样子。所以，这个理论用他的名字命名是理所当然的。

是说，人们决心在理解现实世界（自然界和历史）时按照它本身在每一个不以先入为主的唯心主义怪想来对待它的人面前所呈现的那样来理解；他们决心毫不怜惜地抛弃一切同事实（从事实本身的联系而不是从幻想的联系来把握的事实）不相符合的唯心主义怪想。除此以外，唯物主义并没有别的意义。不过在这里第一次对唯物主义世界观采取了真正严肃的态度，把这个世界观彻底地（至少在主要方面）运用到所研究的一切知识领域里去了。

黑格尔不是简单地被放在一边，恰恰相反，上面所阐述的他的革命方面即辩证方法被接过来了。但是这种方法在黑格尔的形式中是无用的。在黑格尔那里，辩证法是概念的自我发展。绝对概念不仅是从来就存在的（不知在哪里？），而且是整个现存世界的真正的活的灵魂。它通过在《逻辑学》中详细探讨过的并且完全包含在它自身中的一切预备阶段而向自身发展；然后它使自己"外化"，转化为自然界，它在自然界中并没有意识到它自己，而是采取自然必然性的形式，经过新的发展，最后在人身上重新达到自我意识；这个自我意识，在历史中又从粗糙的形式中挣脱出来，直到绝对概念终于在黑格尔哲学中又完全地达到自身为止。因此，在自然界和历史中所显露出来的辩证的发展，即经过一切迂回曲折和暂时退步而由低级到高级的前进运动的因果联系，在黑格尔那里，只是概念的自己运动的翻版，而这种概念的自己运动是从来就有的（不知在什么地方），但无论如何是不依任何能思维的人脑为转移的。这种意识形态上的颠倒是应该消除的。我们重新唯物地把我们头脑中的概念看做现实事物的反映，而不是把现实事物看做绝对概念的某一阶段的反映。这样，辩证法就归结为关于外部世界和人类思维的运动的一般规律的科学，这两个系列的规律在本质上是同一的，但是在表现上是不同的，这是因为人的头脑可以自觉地应用这些规律，而在自然界中这些规律是不自觉地、以外部必然性的形式、在无穷无尽的表面的偶然性中实现的，而且到现在为止在人类历史上多半也是如此。这样，概念的辩证法本身就变成只是现实世界的辩证运动的自觉的反映，从而黑格尔的辩证法就被倒转过来了，或者宁可说，不是用头立地而是重新用脚立地了。而且值得注意的是，不仅我们发现了这个多年来已成为我们最好的工具和最锐利的武器的唯物主义辩证法，而且德国工人约瑟夫·狄慈根不依靠我们，甚至不依靠黑格尔也发现了它。①

————————

① 见《人脑活动的实质。一个手艺人的描述》汉堡迈斯纳出版社版。

　　而这样一来，黑格尔哲学的革命方面就恢复了，同时也摆脱了那些曾经在黑格尔那里阻碍它贯彻到底的唯心主义装饰。一个伟大的基本思想，即认为世界不是既成**事物**的集合体，而是**过程**的集合体，其中各个似乎稳定的事物同它们在我们头脑中的思想映象即概念一样都处在生成和灭亡的不断变化中，在这种变化中，尽管有种种表面的偶然性，尽管有种种暂时的倒退，前进的发展终究会实现——这个伟大的基本思想，特别是从黑格尔以来，已经成了一般人的意识，以致它在这种一般形式中未必会遭到反对了。但是，口头上承认这个思想是一回事，实际上把这个思想分别运用于每一个研究领域，又是一回事。如果人们在研究工作中始终从这个观点出发，那么关于最终解决和永恒真理的要求就永远不会提出了；人们就始终会意识到他们所获得的一切知识必然具有的局限性，意识到他们在获得知识时所处的环境对这些知识的制约性；人们对于还在不断流行的旧形而上学所不能克服的对立，即真理和谬误、善和恶、同一和差别、必然和偶然之间的对立也不再敬畏了；人们知道，这些对立只有相对的意义，今天被认为是合乎真理的认识都有它隐蔽着的、以后会显露出来的错误的方面，同样，今天已经被认为是错误的认识也有它合乎真理的方面，因而它从前才能被认为是合乎真理的；被断定为必然的东西，是由纯粹的偶然性构成的，而所谓偶然的东西，是一种有必然性隐藏在里面的形式，如此等等。

　　旧的研究方法和思维方法，黑格尔称之为"形而上学的"方法，主要是把**事物**当做一成不变的东西去研究，它的残余还牢牢地盘踞在人们的头脑中，这种方法在当时是有重大的历史根据的。必须先研究事物，尔后才能研究过程。必须先知道一个事物是什么，尔后才能觉察这个事物中所发生的变化。自然科学中的情形正是这样。认为事物是既成的东西的旧形而上学，是从那种把非生物和生物当做既成事物来研究的自然科学中产生的。而当这种研究已经进展到可以向前迈出决定性的一步，即可以过渡到系统地研究这些事物在自然界本身中所发生的变化的时候，在哲学领域内也就响起了旧形而上学的丧钟。事实上，直到上一世纪末，自然科学主要是**搜集材料的**科学，关于既成事物的科学，但是在本世纪，自然科学本质上是**整理材料的**科学，是关于过程、关于这些事物的发生和发展以及关于联系——把这些自然过程结合为一个大的整体——的科学。研究植物机体和动物机体中的过程的生理学，研究单个机体从胚胎到成熟的发育过程的胚胎学，研究地壳逐渐形成过程的地质学，所有这些科学都是我们这个世纪的产儿。

　　但是，首先是三大发现使我们对自然过程的相互联系的认识大踏步地前进了：第一是发现了细胞，发现细胞是这样一种单位，整个植物体和动物体都是从它的繁殖和分化中发育起来的。这一发现，不仅使我们知道一切高等有机体都是按照一个共同规律发育和生长的，而且使我们通过细胞的变异能力看出有机体能改变自己的物种从而能完成比个体发育更高的发育的道路。——第二是能量转化，它向我们表明了一切首先在无机界中起作用的所谓力，即机械力及其补充，所谓位能、热、辐射（光或辐射热）、电、磁、化学能，都是普遍运动的各种表现形式，这些运动形式按照一定的度量关系由一种转变为另一种，因此，当一种形式的量消失时，就有另一种形式的一定的量代之出现，因此，自然界中的一切运动都可以归结为一种形式向另一种形式不断转化的过程。——最后，达尔文第一次从联系中证明，今天存在于我们周围的有机自然物，包括人在内，都是少数原始单细胞胚胎的长期发育过程的产物，而这些胚胎又是由那些通过化学途径产生的原生质或蛋白质形成的。

　　由于这三大发现和自然科学的其他巨大进步，我们现在不仅能够说明自然界中各个领域内的过程之间的联系，而且总的说来也能说明各个领域之间的联系了，这样，我们就能够依靠经验自然科学本身所提供的事实，以近乎系统的形式描绘出一幅自然界联系的清晰图画。描绘这样一幅总的图画，在以前是所谓自然哲学的任务。而自然哲学只能这样来描绘：用观念的、幻想的联系来代替尚未知道的现实的联系，用想象来补充缺少的事实，用纯粹的臆想来填补现实的空白。它在这样做的时候提出了一些天才的思想，预测到一些后来的发现，但是也发表了十分荒唐的见解，这在当时是不可能不这样的。今天，当人们对自然研究的结果只要辩证地即从它们自身的联系进行考察，就可以制成一个在我们这个时代是令人满意的"自然体系"的时候，当这种联系的辩证性质，甚至违背自然科学家的意志，使他们受过形而上学训练的头脑不得不承认的时候，自然哲学就最终被排除了。任何使它复活的企图不仅是多余的，而且**是倒退**。

　　这样，自然界也被承认为历史发展过程了。而适用于自然界的，同样适用于社会历史的一切部门和研究人类的（和神的）事物的一切科学。在这里，历史哲学、法哲学、宗教哲学等等也都是以哲学家头脑中臆造的联系来代替应当在事变中去证实的现实的联系，把全部历史及其各个部分都看做观念的逐渐实现，而且当然始终只是哲学家本人所喜爱的那些观念的逐渐实现。这样看来，历史是不自觉地，但必然是为了实现某种预定的理想目的而努力，例如在黑格尔那里，是为了实现他的绝对观念而努力，而力求达到这个绝对观念的坚定不移的意向就构成了历史事变中的内在联系。这样，人们就用一种新的——不自觉的或逐渐自觉的——神秘的天意来代替现实的、尚未知道的联系。因此，在这里也完全像在自然领域里一样，应该通过发现现实的联系来清除这种臆造的人为的联系；这一任务，归根到底，就是要发现那些作为支配规律在人类社会的历史上起作用的一般运动规律。

但是，社会发展史却有一点是和自然发展史根本不相同的。在自然界中（如果我们把人对自然界的反作用撇开不谈）全是没有意识的、盲目的动力，这些动力彼此发生作用，而一般规律就表现在这些动力的相互作用中。在所发生的任何事情中，无论在外表上看得出的无数表面的偶然性中，或者在可以证实这些偶然性内部的规律性的最终结果中，都没有任何事情是作为预期的自觉的目的发生的。相反，在社会历史领域内进行活动的，是具有意识的、经过思虑或凭激情行动的、追求某种目的的人；任何事情的发生都不是没有自觉的意图，没有预期的目的的。但是，不管这个差别对历史研究，尤其是对各个时代和各个事变的历史研究如何重要，它丝毫不能改变这样一个事实：历史进程是受内在的一般规律支配的。因为在这一领域内，尽管各个人都有自觉预期的目的，总的说来在表面上好像也是偶然性在支配着。人们所预期的东西很少如愿以偿，许多预期的目的在大多数场合都互相干扰，彼此冲突，或者是这些目的本身一开始就是实现不了的，或者是缺乏实现的手段的。这样，无数的单个愿望和单个行动的冲突，在历史领域内造成了一种同没有意识的自然界中占统治地位的状况完全相似的状况。行动的目的是预期的，但是行动实际产生的结果并不是预期的，或者这种结果起初似乎还和预期的目的相符合，而到了最后却完全不是预期的结果。这样，历史事件似乎总的说来同样是由偶然性支配着的。但是，在表面上是偶然性在起作用的地方，这种偶然性始终是受内部的隐蔽着的规律支配的，而问题只是在于发现这些规律。

无论历史的结局如何，人们总是通过每一个人追求他自己的、自觉预期的目的来创造他们的历史，而这许多按不同方向活动的愿望及其对外部世界的各种各样作用的合力，就是历史。因此，问题也在于，这许多单个的人所预期的是什么。愿望是由激情或思虑来决定的。而直接决定激情或思虑的杠杆是各式各样的。有的可能是外界的事物，有的可能是精神方面的动机，如功名心、

"对真理和正义的热忱"、个人的憎恶，或者甚至是各种纯粹个人的怪想。但是，一方面，我们已经看到，在历史上活动的许多单个愿望在大多数场合下所得到的完全不是预期的结果，往往是恰恰相反的结果，因而它们的动机对全部结果来说同样地只有从属的意义。另一方面，又产生了一个新的问题：在这些动机背后隐藏着的又是什么样的动力？在行动者的头脑中以这些动机的形式出现的历史原因又是什么？

旧唯物主义从来没有给自己提出过这样的问题。因此，它的历史观——如果它有某种历史观的话——本质上也是实用主义的，它按照行动的动机来判断一切，把历史人物分为君子和小人，并且照例认为君子是受骗者，而小人是得胜者。旧唯物主义由此得出的结论是，在历史的研究中不能得到很多有教益的东西；而我们由此得出的结论是，旧唯物主义在历史领域内自己背叛了自己，因为它认为在历史领域中起作用的精神的动力是最终原因，而不去研究隐藏在这些动力后面的是什么，这些动力的动力是什么。不彻底的地方并不在于承认**精神的**动力，而在于不从这些动力进一步追溯到它的动因。相反，历史哲学，特别是黑格尔所代表的历史哲学，认为历史人物的表面动机和真实动机都决不是历史事变的最终原因，认为这些动机后面还有应当加以探究的别的动力；但是它不在历史本身中寻找这种动力，反而从外面，从哲学的意识形态把这种动力输入历史。例如黑格尔，他不从古希腊历史本身的内在联系去说明古希腊的历史，而只是简单地断言，古希腊的历史无非是"美好的个性形式"的制定，是"艺术作品"本身的实现。① 在这里，黑格尔关于古希腊人作了许多精彩而深刻的论述，但是这并不妨碍我们今天对那些纯属空谈的说明表示不满。

因此，如果要去探究那些隐藏在——自觉地或不自觉地，而且往往是不自觉地——历史人物的动机背后并且构成历史的真正的最后动力的动力，那么问题涉及的，与其说是个别人物，即使是非常杰出的人物的动机，不如说是使广大群众、使整个整个的民族，并且在每一民族中间又是使整个整个阶级行动起来的动机；而且也不是短暂的爆发和转瞬即逝的火光，而是持久的、引起重大历史变迁的行动。探讨那些作为自觉的动机明显地或不明显地，直接地或以意识形态的形式，甚至以被神圣化的形式反映在行动着的群众及其领袖即所谓伟大人物的头脑中的动因——这是能够引导我们去探索那些在整个历史中以及个

---

① 参看黑格尔《历史哲学讲演录》第 2 部第 2 篇。——编者注

别时期和个别国家的历史中起支配作用的规律的唯一途径。使人们行动起来的一切，都必然要经过他们的头脑；但是这一切在人们的头脑中采取什么形式，这在很大程度上是由各种情况决定的。现在工人不再像1848年在莱茵地区那样简单地捣毁机器，但是，这决不是说，他们已经容忍按照资本主义方式应用机器。

但是，在以前的各个时期，对历史的这些动因的探究几乎是不可能的，因为它们和自己的结果的联系是混乱而隐蔽的，在我们今天这个时期，这种联系已经简化了，以致人们有可能揭开这个谜了。从采用大工业以来，就是说，至少从1815年签订欧洲和约以来，在英国，谁都知道，土地贵族（landed aristocracy）和资产阶级（middle class）这两个阶级争夺统治的要求，是英国全部政治斗争的中心。在法国，随着波旁王室的返国，同样的事实也被人们意识到了；复辟时期的历史编纂学家，从梯叶里到基佐、米涅和梯也尔，总是指出这一事实是理解中世纪以来法国历史的钥匙。而从1830年起，在这两个国家里，工人阶级即无产阶级，已被承认是为争夺统治而斗争的第三个战士。当时关系已经非常简化，只有故意闭起眼睛的人才看不见，这三大阶级的斗争和它们的利益冲突是现代历史的动力，至少是这两个最先进国家的现代历史的动力。

但是，这些阶级是怎样产生的呢？初看起来，那种从前是封建的大土地占有制的起源，还可以（至少首先可以）归于政治原因，归于暴力掠夺，但是对于资产阶级和无产阶级，这就说不通了。在这里，显而易见，这两大阶级的起源和发展是由于纯粹经济的原因。而同样明显的是，土地占有制和资产阶级之间的斗争，正如资产阶级和无产阶级之间的斗争一样，首先是为了经济利益而进行的，政治权力不过是用来实现经济利益的手段。资产阶级和无产阶级这两个阶级是由于经济关系发生变化，确切些说，是由于生产方式发生变化而产生的。最初是从行会手工业到工场手工业的过渡，随后又是从工场手工业到使用蒸汽和机器的大工业的过渡，使这两个阶级发展起来了。在一定阶段上，资产阶级推动的新的生产力——首先是分工和许多局部工人在一个综合性手工工场里的联合——以及通过生产力发展起来的交换条件和交换需要，同现存的、历史上继承下来的而且被法律神圣化的生产秩序不相容了，就是说，同封建社会制度的行会特权以及许多其他的个人特权和地方特权（这些特权对于非特权等级来说都是桎梏）不相容了。资产阶级所代表的生产力起来反抗封建土地占有者和行会师傅所代表的生产秩序了；结局是大家都知道的：封建桎梏被打碎了，在英国是逐渐打碎的，在法国是一下子打碎的，在德国还没有完全打碎。但是，正像工场手工业在一定发展阶段上曾经同封建的生产秩序发生冲突一样，大工业现在已经同代替封建生产秩序的资产阶级生产秩序相冲突了。被这种秩序、被资本主义生产方式的狭隘范围所束缚的大工业，一方面使全体广大人民群众越来越无产阶级化，另一方面生产出越来越多的没有销路的产品。生产过剩和大众的贫困，两者互为因果，这就是大工业所陷入的荒谬的矛盾，这个矛盾必然要求通过改变生产方式来使生产力摆脱桎梏。

因此，在现代历史中至少已经证明，一切政治斗争都是阶级斗争，而一切争取解放的阶级斗争，尽管它必然地具有政治的形式（因为一切阶级斗争都是政治斗争），归根到底都是围绕着**经济**解放进行的。因此，至少在这里，国家、政治制度是从属的东西，而市民社会、经济关系的领域是决定性的因素。从传统的观点看来（这种观点也是黑格尔所尊崇的），国家是决定的因素，市民社会是被国家决定的因素。表面现象是同这种看法相符合的。就单个人来说，他的行动的一切动力，都一定要通过他的头脑，一定要转变为他的意志的动机，才能使他行动起来，同样，市民社会的一切要求（不管当时是哪一个阶级统治着），也一定要通过国家的意志，才能以法律形式取得普遍效力。这是问题的形式方面，这方面是不言而喻的；不过要问一下，这个仅仅是形式上的意志（不论是单个人的或国家的）有什么内容呢？这一内容是从哪里来的呢？为什么人们所期望的正是这个而不是别的呢？在寻求这个问题的答案时，我们就发现，在现代历史中，国家的意志总的说来是由市民社会的不断变化的需要，是由某个阶级的优势地位，归根到底，是由生产力和交换关系的发展决定的。

但是，既然甚至在拥有巨量生产资料和交往手段的现代，国家都不是一个具有独立发展的独立领域，而它的存在和发展归根到底都应该从社会的经济生活条件中得到解释，那么，以前的一切时代就必然更是这样了，那时人们物质生活的生产还没有使用这样丰富的辅助手段来进行，因而这种生产的必要性必不可免地在更大程度上支配着人们。既然在今天这个大工业和铁路的时代，国家总的说来还只是以集中的形式反映了支配着生产的阶级的经济需要，那么，在以前的时代，国家就必然更加是这样了，那时每一代人都要比我们今天更多得多地耗费一生中的时间来满足自己的物质需要，因而要比我们今天更多地依赖于这种物质需要。对从前各个时代的历史的研究，只要在这方面是认真进行的，都会最充分地证实这一点；但是，在这里当然不能进行这种研究了。

　　如果说国家和公法是由经济关系决定的，那么不言而喻，私法也是这样，因为私法本质上只是确认单个人之间的现存的、在一定情况下是正常的经济关系。但是，这种确认所采取的形式可以是很不相同的。人们可以把旧的封建的法的形式大部分保存下来，并且赋予这种形式以资产阶级的内容，甚至直接给封建的名称加上资产阶级的含义，就像在英国与民族的全部发展相一致而发生的那样；但是人们也可以像在西欧大陆上那样，把商品生产者社会的第一个世界性法律即罗马法以及它对简单商品占有者的一切本质的法的关系（如买主和卖主、债权人和债务人、契约、债务等等）所作的无比明确的规定作为基础。这样做时，为了仍然是小资产阶级的和半封建的社会的利益，人们可以或者是简单地通过审判的实践降低罗马法，使它适合于这个社会的状况（普通法），或者是依靠所谓开明的进行道德说教的法学家的帮助把它加工成一种适应于这种社会状况的特殊法典，这种法典，在这种情况下即使从法学观点看来也是不好的（普鲁士邦法）；但是这样做时，人们也可以在资产阶级大革命以后，以同一个罗马法为基础，制定出像法兰西民法典这样典型的资产阶级社会的法典。因此，如果说民法准则只是以法的形式表现了社会的经济生活条件，那么这种准则就可以依情况的不同而把这些条件有时表现得好，有时表现得坏。

　　国家作为第一个支配人的意识形态力量出现在我们面前。社会创立一个机关来保护自己的共同利益，免遭内部和外部的侵犯。这种机关就是国家政权。它刚一产生，对社会来说就是独立的，而且它越是成为某个阶级的机关，越是直接地实现这一阶级的统治，它就越独立。被压迫阶级反对统治阶级的斗争必然要变成政治的斗争，变成首先是反对这一阶级的政治统治的斗争；对这一政治斗争同它的经济基础的联系的认识，就日益模糊起来，并且会完全消失。即使在斗争参加者那里情况不完全是这样，但是在历史编纂学家那里差不多总是这样的。在关于罗马共和国内部斗争的古代史料中，只有阿庇安一人清楚而明确地告诉我们，这一斗争归根到底是为什么进行的，即为土地所有权进行的。

　　但是，国家一旦成了对社会来说是独立的力量，马上就产生了另外的意识形态。这就是说，在职业政治家那里，在公法理论家和私法法学家那里，同经济事实的联系就完全消失了。因为经济事实要以法律的形式获得确认，必须在每一个别场合都采取法律动机的形式，而且，因为在这里，不言而喻地要考虑到现行的整个法的体系，所以，现在法律形式就是一切，而经济内容则什么也不是。公法和私法被看做两个独立的领域，它们各有自己的独立的历史发展，它们本身都可以系统地加以说明，并需要通过彻底根除一切内部矛盾来作出这种说明。

更高的即更远离物质经济基础的意识形态，采取了哲学和宗教的形式。在这里，观念同自己的物质存在条件的联系，越来越错综复杂，越来越被一些中间环节弄模糊了。但是这一联系是存在着的。从15世纪中叶起的整个文艺复兴时期，本质上是城市的从而是市民阶级的产物，同样，从那时起重新觉醒的哲学也是如此。哲学的内容本质上仅仅是那些和中小市民阶级发展为大资产阶级的过程相适应的思想的哲学表现。在上一世纪的那些往往既是哲学家又是政治经济学家的英国人和法国人那里，这种情形是表现得很明显的，而在黑格尔学派那里，这一情况我们在上面已经说明了。

现在我们再简略地谈谈宗教，因为宗教离开物质生活最远，而且好像同物质生活最不相干。宗教是在最原始的时代从人们关于他们自身的自然和周围的外部自然的错误的、最原始的观念中产生的。但是，任何意识形态一经产生，就同现有的观念材料相结合而发展起来，并对这些材料作进一步的加工；不然，它就不是意识形态了，就是说，它就不是把思想当做独立地发展的、仅仅服从自身规律的独立存在的东西来对待了。人们头脑中发生的这一思想过程，归根到底是由人们的物质生活条件决定的，这一事实，对这些人来说必然是没有意识到的，否则，全部意识形态就完结了。因此，大部分是每个有亲属关系的民族集团所共有的这些原始的宗教观念，在这些集团分裂以后，便在每个民族那里依各自遇到的生活条件而独特地发展起来，而这一过程对一系列民族集团来说，特别是对雅利安人（所谓印欧人）来说，已由比较神话学详细地证实了。这样在每一个民族中形成的神，都是民族的神，这些神的王国不越出它们所守护的民族领域，在这个界线以外，就无可争辩地由别的神统治了。只要这些民族存在，这些神也就继续活在人们的观念中；这些民族没落了，这些神也就随着灭亡。罗马世界帝国使得古老的民族没落了（关于罗马世界帝国产生的经济条件，我们没有必要在这里加以研究），古老的民族的神就灭亡了，甚至罗马的那些仅仅适合于罗马城这个狭小圈子的神也灭亡了；罗马曾企图除本地的神以外还承认和供奉一切多少受崇敬的异族的神，这就清楚地表明了有以一种世界宗教来充实世界帝国的需要。但是一种新的世界宗教是不能这样用皇帝的敕令创造出来的。新的世界宗教，即基督教，已经从普遍化了的东方神学，特别是犹太神学同庸俗化了的希腊哲学，特别是斯多亚派哲学①的混合中悄悄地产生了。我们必须重新进行艰苦的研究，才能够知道基督教最初是什么样子，因为它那流传到我们今天的官方形式仅仅是尼西亚宗教会议②为了使它成为国教而赋予它的那种形式。它在250年后已经变成国教这一事实，足以证明它是适应时势的宗教。在中世纪，随着封建制度的发展，基督教成为一种同它相适应的、具有相应的封建等级制的宗教。当市民阶级兴起的时候，新教异端首先在法国南部的阿尔比派③中间，在那里的城市最繁荣的时代，同封建的天主教相对抗而发展起来。中世纪把意识形态的其他一切形式——哲学、政治、法学，都合并到神学中，使它们成为神学中的科目。因此，当时任何社会运动和政治运动都不得不采取神学的形式；对于完全由宗教培育起来的群众感情说来，要掀起巨大的风暴，就必须让群众的切身利益披上宗教的外衣出现。市民阶级从最初起就给自己制造了一种由无财产的、不属于任何公认的等级的城市平民、短工和各种仆役所组成的附属品，即后来的无产阶级的前身，同样，宗教异端也早就分成了两派：市民温和派和甚至也为市民异教徒所憎恶的平民革命派。

新教异端的不可根绝是同正在兴起的市民阶级的不可战胜相适应的；当这个市民阶级已经充分强大的时候，他们从前同封建贵族进行的主要是地方性的斗争便开始具有全国性的规模了。第一次大规模的行动发生在德国，这就是所谓的宗教改革④。那时市民阶级既不够强大又不够发展，不足以把其他的反叛等级——城市平民、下层贵族和乡村农民——联合在自己的旗帜之下。贵族首先被击败；农民举行了起义，形成了这次整个革命运动的顶点；城市背弃了农

---

① 斯多亚派是公元前4世纪末产生于古希腊的一个哲学派别，因其创始人芝诺通常在雅典集市的画廊（画廊的希腊文是"στοά"）讲学，故称斯多亚派，又称画廊学派。这个学派主要宣扬服从命运并带有浓厚宗教色彩的泛神论思想，其中既有唯物主义倾向，又有唯心主义思想。——编者注

② 尼西亚宗教会议是基督教会第一次世界性主教会议。这次会议于325年由罗马皇帝君士坦丁一世在小亚细亚的尼西亚城召开，会议通过了一切基督徒必须遵守"三位一体"的信条（正统基督教教义的基本原则），不承认信条以叛国罪论。会议还制定了教会法规，以加强主教权力，实为加强皇帝权力。因主教由皇帝任免，从此基督教成为罗马帝国国教。——编者注

③ 阿尔比派是基督教的一个教派，12—13世纪广泛传播于法国南部和意大利北部的城市，其主要发源地是法国南部阿尔比城。阿尔比派反对天主教的豪华仪式和教阶制度，它以宗教的形式反映了城市商业和手工业居民对封建制度的反抗。——编者注

④ 指16世纪德国马丁·路德领导的宗教改革运动。——编者注

民，革命被各邦君主的军队镇压下去了，这些君主攫取了革命的全部果实。从那时起，德国有整整三个世纪从那些能独立地干预历史的国家的行列中消失了。但是除德国人路德外，还出现了法国人加尔文，他以真正法国式的尖锐性突出了宗教改革的资产阶级性质，使教会共和化和民主化。当路德的宗教改革在德国已经蜕化并把德国引向灭亡的时候，加尔文的宗教改革却成了日内瓦、荷兰和苏格兰共和党人的旗帜，使荷兰摆脱了西班牙和德意志帝国的统治，并为英国发生的资产阶级革命的第二幕提供了意识形态的外衣。在这里，加尔文教派显示出它是当时资产阶级利益的真正的宗教外衣，因此，在 1689 年革命①由于一部分贵族同资产阶级间的妥协而结束以后，它也没有得到完全的承认。英国的国教会恢复了，但不是恢复到它以前的形式，即由国王充任教皇的天主教，而是强烈地加尔文教派化了。旧的国教会庆祝欢乐的天主教礼拜日，反对枯燥的加尔文教派礼拜日。新的资产阶级化的国教会，则采用后一种礼拜日，这种礼拜日至今还在装饰着英国。

在法国，1685 年加尔文教派中的少数派曾遭到镇压，被迫皈依天主教或者被驱逐出境。② 但是这有什么用处呢？那时自由思想家皮埃尔·培尔已经在忙于从事活动，而 1694 年伏尔泰也诞生了。路易十四的暴力措施只是使法国的资产阶级更便于以唯一同已经发展起来的资产阶级相适应的、非宗教的、纯粹政治的形式进行自己的革命。出席国民议会的不是新教徒，而是自由思想家了。由此可见，基督教进入了它的最后阶段。此后，它已不能成为任何进步阶级的意向的意识形态外衣了；它越来越变成统治阶级专有的东西，统治阶级只把它当做使下层阶级就范的统治手段。同时，每个不同的阶级都利用它自己认为适合的宗教：占有土地的容克利用天主教的耶稣会派或新教的正统派，自由的和激进的资产者则利用理性主义，至于这些先生们自己相信还是不相信他们各自的宗教，这是完全无关紧要的。

这样，我们看到，宗教一旦形成，总要包含某些传统的材料，因为在一

---

① 1689 年革命指 1688 年英国政变。这次政变驱逐了斯图亚特王朝的詹姆斯二世，宣布荷兰共和国的执政者奥伦治的威廉三世为英国国王。从 1689 年起，在英国确立了以土地贵族和大资产阶级的妥协为基础的立宪君主制。这次没有人民群众参加的政变被资产阶级史学家称做"光荣革命"。——编者注

② 17 世纪 20 年代起对胡格诺教徒（加尔文派新教徒）施加的政治迫害和宗教迫害加剧，路易十四于 1685 年取消了亨利四世 1598 年颁布的南特敕令。这个敕令曾给予胡格诺教徒以信教和敬神的自由；由于南特敕令的取消，数十万胡格诺教徒离开了法国。——编者注

切意识形态领域内传统都是一种巨大的保守力量。但是，这些材料所发生的变化是由造成这种变化的人们的阶级关系即经济关系引起的。在这里只说这一点就够了。

上面的叙述只能是对马克思的历史观的一个概述，至多还加了一些例证。证明只能由历史本身提供；而在这里我可以说，在其他著作中证明已经提供得很充分了。但是，这种历史观结束了历史领域内的哲学，正如辩证的自然观使一切自然哲学都成为不必要的和不可能的一样。现在无论在哪一个领域，都不再是从头脑中想出联系，而是从事实中发现联系了。这样，对于已经从自然界和历史中被驱逐出去的哲学来说，要是还留下什么的话，那就只留下一个纯粹思想的领域：关于思维过程本身的规律的学说，即逻辑和辩证法。

————

随着 1848 年革命而来的是，"有教养的"德国抛弃了理论，转入了实践的领域。以手工劳动为基础的小手工业和工场手工业已经为真正的大工业所代替；德国重新出现在世界市场上；新的小德意志帝国①至少排除了由小邦分立、封建残余和官僚制度造成的阻碍这一发展的最显著的弊病。但是，思辨②在多大程度上离开哲学家的书房而在证券交易所筑起自己的殿堂，有教养的德国也就在多大程度上失去了在德国最深沉的政治屈辱时代曾经是德国的光荣的伟大理论兴趣——那种不管所得成果在实践上是否能实现，不管它是否违反警方规定都照样致力于纯粹科学研究的兴趣。诚然，德国的官方自然科学，特别是在专门研究的领域中仍然保持着时代的高度，但是，正如美国《科学》杂志已经公正地指出的，在研究单个事实之间的重大联系方面的决定性进步，即把这些联系概括为规律，现在更多地是出在英国，而不像从前那样出在德国。而在包括哲学在内的历史科学的领域内，那种旧有的在理论上毫无顾忌的精神已随着古典哲学完全消失了；起而代之的是没有头脑的折中主义，是对职位和收入的担忧，直到极其卑劣的向上爬的思想。这种科学的官方代表都变成毫无掩饰的资产阶级的和现存国家的意识形态家，但这已经是在资产阶级和现存国家同工人阶级公开对抗的时代了。

德国人的理论兴趣，只是在工人阶级中还没有衰退，继续存在着。在这

————

① 小德意志帝国指 1871 年 1 月在普鲁士领导下建立的不包括奥地利在内的德意志帝国。——编者注
② 德文"Spekulation"既有"思辨"的意思，也有"投机"的意思。——编者注

里，它是根除不了的。在这里，对职位、牟利，对上司的恩典，没有任何考虑。相反，科学越是毫无顾忌和大公无私，它就越符合工人的利益和愿望。在劳动发展史中找到了理解全部社会史的锁钥的新派别，一开始就主要是面向工人阶级的，并且从工人阶级那里得到了同情，这种同情是它在官方科学那里既没有寻找也没有期望过的。德国的工人运动是德国古典哲学的继承者。

（选自《马克思恩格斯文集》第 4 卷，人民出版社
2009 年版，第 296—313 页）

学 习 导 读

《路德维希·费尔巴哈和德国古典哲学的终结》（以下简称《费尔巴哈论》）写作于 1886 年。1890 年，恩格斯在一封信中特别提到了《费尔巴哈论》和《反杜林论》，他说"我在这两部书里对历史唯物主义作了就我所知是目前最为详尽的阐述"①。

以康德、黑格尔和费尔巴哈为主要代表的德国古典哲学是马克思主义哲学的直接理论来源，二者既密切关联，又有本质区别。19 世纪 70 年代以后，在德国、英国等国流行起来的新康德主义和新黑格尔主义，复活和发展了德国古典哲学中唯心主义和形而上学的消极保守因素，成为马克思主义传播的思想障碍。所以恩格斯认为，很有必要对马克思主义与德国古典哲学的关系作出全面系统的阐述，既阐明马克思和他怎样从黑格尔哲学出发又怎样同它脱离，也阐明他们同费尔巴哈的思想的关系。丹麦哲学家施达克在他 1885 年出版的《路德维希·费尔巴哈》一书中极力维护费尔巴哈，但他把费尔巴哈说成是唯心主义者。德国社会民主党的理论杂志《新时代》约请恩格斯撰文评述《路德维希·费尔巴哈》一书，是恩格斯写作《费尔巴哈论》的直接起因。

《费尔巴哈论》全书共四章。第一章论述黑格尔的哲学，阐明黑格尔辩证法的革命性质及其与唯心主义体系之间的矛盾以及费尔巴哈唯物主义的产生。第二章阐明费尔巴哈的哲学是唯物主义，同时指出它的缺陷，也分析了 18 世纪法国唯物主义的机械性和形而上学性的缺陷。第三章批评费尔巴哈在历史观方面的唯心主义，着重评析了其唯心主义的宗教观和道德观。第四章的内容是"对马克思的历史观的一个概述"。

第四章主要论述了以下四个方面的问题。

一、从唯心主义、形而上学到唯物辩证法

唯物主义是同唯心主义相对立的哲学派别。哲学家们依照如何回答思维与

---

① 《马克思恩格斯文集》第 10 卷，人民出版社 2009 年版，第 593 页。

存在、精神与自然界何者是本原的问题而分成了唯物主义和唯心主义两大阵营，其中，"凡是认为自然界是本原的，则属于唯物主义的各种学派"①。这是一切唯物主义哲学的共同特征。但是，从前的唯物主义都未能把这一观点贯彻到底。马克思主义与它们的不同就在于，它"第一次对唯物主义世界观采取了真正严肃的态度，把这个世界观彻底地（至少在主要方面）运用到所研究的一切知识领域里去了"。历史唯物主义就是把唯物主义世界观贯彻到社会历史领域的伟大成果。

（一）对黑格尔辩证法的改造

历史唯物主义的创立，是同对黑格尔的辩证法的改造分不开的。

黑格尔哲学是一个庞大的客观唯心主义体系。在黑格尔看来，"绝对观念"从来就存在，并且在辩证发展着，而黑格尔的整个体系，就是对它的辩证发展过程的描述。

黑格尔哲学体系包括"逻辑学"、"自然哲学"和"精神哲学"三部分，依次描述绝对观念发展的三个阶段。在"逻辑学"中，绝对观念作为纯粹概念自我发展。在这一阶段的最后，它使自己"外化"为自然界，于是进入"自然哲学"阶段。在这个阶段的最后出现了人，于是进入"精神哲学"阶段，绝对观念在人身上达到了自我意识，它的发展体现到历史中，而全部发展的最高阶段就是黑格尔哲学。这就是说，在黑格尔那里，绝对观念是本原的存在，自然界和历史中的辩证发展被看做是概念的自己运动的翻版。他把概念与现实世界的关系完全颠倒了。"这种意识形态上的颠倒是应该消除的"。

马克思和恩格斯对黑格尔的辩证法的改造，就是重新唯物地把人们头脑中的概念看做现实事物的反映。这样一来，"辩证法就归结为关于外部世界和人类思维的运动的一般规律的科学"。

对立统一的辩证运动是包括自然界和人类社会在内的现实世界所固有的；人类思维运动也是受辩证规律支配的，所不同的只是，人的头脑可以自觉地认识和运用这些规律。所以外部世界的辩证规律和人类思维运动的辩证规律在本质上是同一的，只是在表现上不同。这两个系列的规律，都具有客观性。马克思主义的唯物辩证法就是对这些辩证规律的自觉反映。

---

① 《马克思恩格斯文集》第 4 卷，人民出版社 2009 年版，第 278 页。

黑格尔以唯心主义的方式第一个全面地有意识地叙述了辩证法的一般运动形式。马克思和恩格斯剥去了黑格尔体系的神秘外壳，把在黑格尔那里倒立着的辩证法倒转过来，拯救了自觉的辩证法。

按照辩证法的基本思想，"世界不是既成**事物**的集合体，而是**过程**的集合体"，一切事物和反映事物的概念、思想，都处在生成和灭亡的不断变化中。辩证法摆脱了阻碍它贯彻到底的唯心主义的束缚后，它的这一基本思想就可以被彻底地运用到一切领域中去了。唯物辩证法推翻了一切关于最终的绝对真理和与之相应的绝对的人类状态的观念。在它看来，"一切依次更替的历史状态都只是人类社会由低级到高级的无穷发展进程中的暂时阶段"[①]。这样，正确认识社会历史的方法就找到了。

（二）自然科学的发展与唯物辩证法的创立

马克思、恩格斯创立唯物辩证法和唯物主义历史观，既是对黑格尔的唯心辩证法的改造，也是对旧唯物主义的形而上学思维方法的克服。

形而上学是同辩证法相对立的发展观和思维方法，它的主要特征是：用静止的而不是发展的、孤立的而不是联系的、片面的而不是全面的观点去看世界，"把**事物**当做一成不变的东西去研究"。17、18 世纪，这种思维方法无论在自然科学或哲学中都占据了支配地位，这是由当时的历史条件特别是自然科学发展的状况决定的。人们必须先分门别类地研究不同的事物，然后才能把它们联系起来去把握。所以直到 18 世纪末，自然科学仍"主要是**搜集材料**的科学"，关于既成事物的科学。人类对自然的认识在这种研究中获得了巨大进展，但同时也在自然科学和哲学中造成了静止地、孤立地、片面地观察事物的形而上学思维方法。

进入 19 世纪后，自然科学在迅速发展中呈现出新的特点，成为"本质上是**整理材料**的科学"，关于过程、关于发生和发展、关于联系的科学。19 世纪诞生的生理学、胚胎学、地质学，都是研究其客观对象形成、发展过程的科学。特别是细胞学说、能量守恒和转化定律以及达尔文的进化论这三大成果，使人类对自然过程的相互联系的认识大踏步地前进了。当自然科学发展到可以系统地研究自然界中事物的发展变化和相互联系的时候，"在哲学领域内也就

---

① 《马克思恩格斯文集》第 4 卷，人民出版社 2009 年版，第 270 页。

响起了旧形而上学的丧钟"。形而上学思维方法被唯物辩证法所取代，是人类认识合乎规律地发展的结果。

二、历史进程受内在一般规律支配

在马克思创立唯物主义历史观之前，社会历史的理论领域被唯心史观统治着。哲学家们把历史看做是由某种观念支配的过程。费尔巴哈是个杰出的哲学家，但是"他也停留在半路上，他下半截是唯物主义者，上半截是唯心主义者"。一进入社会历史领域，他就陷入了唯心主义。

要清除唯心主义臆造的人为的联系，就必须发现现实的联系。因此，把唯物主义世界观贯彻到社会历史领域，创立科学的历史观，"归根到底，就是要发现那些作为支配规律在人类社会的历史上起作用的一般运动规律"。

恩格斯深入地阐述了唯物主义历史观是如何揭示社会发展客观规律的。他着重地阐明了以下思想。

（一）个人动机对历史结果的意义及偶然性与必然性的关系

社会发展史和自然发展史相比，有一个根本不同的特点。自然界中的运动是由各种无意识的盲目的动力相互作用形成的，其中没有任何事情是作为预期的自觉的目的发生的，因而自然规律的客观性比较容易被人们认识。而社会历史是由人的活动构成的，每个人无论是经过深思熟虑或凭激情行动，都是在追求自己的目的，没有任何事情的发生是没有自觉的意图、预期的目的的。这样就容易产生一个问题：支配历史进程的是否就是人们个人的主观动机呢？

恩格斯对这个问题的答复是否定的。他指出，虽然人们行动的目的是预期的，但是行动实际产生的结果并不是预期的。因为人们预期的目的在大多数场合都互相干扰，彼此冲突，所以很少如愿以偿，甚至得到的是恰恰相反的结果。无数的单个愿望和单个行动冲突的结果，在社会历史领域中造成了一种同自然界中相似的状况，即似乎都是受偶然性支配。这表明，个人的动机对历史的结果来说只有从属的意义，它不是决定历史的真正动力。

但是，恩格斯认为，没有离开必然性的纯粹的偶然性。在社会历史中也和在自然界中一样，在表面上是偶然性起作用的地方，这种偶然性始终是受内部隐蔽着的规律支配的，而问题只是在于发现这些规律。

（二）探究使广大群众行动起来并引起重大历史变迁的动因

诚然，人们是通过每一个人追求自己预期的目的来创造历史的，"而这许多按不同方向活动的愿望及其对外部世界的各种各样作用的合力，就是历史"。

既然是人们行动的合力构成了社会的历史，那么，探索历史的规律，就应该探究支配人们行动的动机是如何产生的，隐藏在行动者思想动机背后的历史原因究竟是什么。旧唯物主义的肤浅之处就在于，它从来没有提出这样的问题，没有想到去研究人们思想动机背后的动力。它把思想动机当成了历史的决定因素。所以恩格斯说："旧唯物主义在历史领域内自己背叛了自己，因为它认为在历史领域中起作用的精神的动力是最终原因。"

黑格尔的历史哲学虽然比旧唯物主义要深刻得多，它认为历史人物的表面动机和真实动机都不是历史事实的最终原因，在这些动机背后还有别的动力。但是黑格尔哲学的唯心主义体系决定了它不是从历史本身中寻找历史的动力，而是"从哲学的意识形态把这种动力输入历史"，把他的绝对观念当做历史发展的动力。这样，他也不可能找到这个问题的正确答案。

恩格斯指出，要探究那些自觉或不自觉地隐藏在历史人物动机背后的真正的最后的动力，那么，"与其说是个别人物，即使是非常杰出的人物的动机，不如说是使广大群众、使整个整个的民族，并且在每一民族中间又是使整个整个阶级行动起来的动机"；"不是短暂的爆发和转瞬即逝的火光，而是持久的、引起重大历史变迁的行动"。这一论述指出了探索历史发展规律的唯一正确的途径。因为历史活动是群众的事业，创造历史、决定历史发展方向的，是人民群众而不是个别人物。因此，只有探究使广大群众、整个民族、整个阶级行动起来的动机背后的原因，才能找到历史发展的真正动力。历史发展是偶然性和必然性的统一，偶然性受必然性支配，所以只有不拘泥于历史的细节，探究持久地引起重大历史变迁的广大群众行动背后的原因，才能透过偶然的表现找到支配历史进程的规律。

循着这样的途径去探索历史的动力和社会发展的规律，就必须研究阶级斗争在历史发展中的作用。

（三）揭示阶级斗争的根源和作用

恩格斯以英国和法国为例，揭示了阶级斗争的社会经济根源，阐明了阶级斗争"是现代历史的动力"的思想。

自从原始公社解体以后，社会分裂为对立的阶级，社会的历史成为阶级斗争的历史。但是，在奴隶制社会和封建社会中，由于社会划分为各个不同的等级，阶级的对立被掩盖了，阶级斗争在社会发展中的作用不容易被人们所认识。18世纪从英国开始的工业革命，使机器大工业发展起来，同时在社会关系方面造就了工业资产阶级和工业无产阶级，阶级对立简单化了。英国工业资产阶级的经济力量随着大工业发展起来，但土地贵族仍然在政治权力中占据着优势地位。土地贵族和资产阶级对统治权的争夺，成为英国全部政治斗争的中心。法国历史上的复辟时期，资产阶级的力量已经空前强大起来，资产阶级与封建贵族对权力的争夺，成为法国政治斗争的中心。阶级斗争存在的事实，已经被法国复辟时期的历史学家梯叶里、基佐、米涅、梯也尔等人意识到了，所以他们把阶级斗争看做是"理解中世纪以来法国历史的钥匙"。

在法国，1831年和1834年的两次里昂工人起义，标志着无产阶级作为独立力量登上了政治舞台。无产阶级和资产阶级之间的阶级斗争在历史中提升到了重要地位。英国19世纪三四十年代的宪章运动，是英国无产阶级第一次独立的政治斗争。这样，在英国和法国，无产阶级已经被承认是"为争夺统治而斗争的第三个战士"。这些表明，揭示阶级斗争在社会历史中的作用的客观条件已经具备了。这时阶级关系已经非常简化，除了闭眼不看事实的人之外，人们都可以看到，资产阶级、土地贵族、无产阶级"这三大阶级的斗争和它们的利益冲突是现代历史的动力"。

为什么认识到阶级斗争"是现代历史的动力"就可以从人们行为的思想动机探寻到隐藏在精神动力背后的历史的真正动力呢？因为阶级是由于经济的原因而产生的，阶级斗争是为了经济利益而进行的。比如，在资本主义时代，随着资本主义的发展，一方面是人民群众越来越无产阶级化和贫困化；另一方面是生产出越来越多的没有销路的产品，陷入了生产无限扩大的趋势与劳动群众有支付能力的需求相对缩小的矛盾，并由此引发周期性的经济危机。"这个矛盾必然要求通过改变生产方式来使生产力摆脱桎梏"。这一矛盾的阶级表现，就是无产阶级反对资产阶级的阶级斗争。这些情况说明，阶级斗争"归根到底都是围绕着**经济**解放进行的"。为争取和维护自身的经济利益而斗争，是使整个阶级行动起来的动机；而围绕经济利益进行的阶级斗争，就成了"现代历史的动力"。

对于这个问题，恩格斯后来作过进一步的概括。他说："一切重要历史事件的终极原因和伟大动力是社会的经济发展，是生产方式和交换方式的改变，是由此产生的社会之划分为不同的阶级，是这些阶级彼此之间的斗争。"①

（四）阐明政治斗争和阶级斗争的关系

恩格斯指出：一方面，"一切政治斗争都是阶级斗争"。这一论断指出了政治斗争的阶级实质和经济根源。他认为，以前所有的历史观都把政治变动当做最重要的支配历史的变动，马克思则证明，"在全部纷繁复杂的政治斗争中，问题的中心仅仅是社会阶级的社会的和政治的统治，即旧的阶级要保持统治，新兴的阶级要争得统治"，而阶级的产生和存在则是由于"基本的物质条件"②。看不到由经济关系决定的阶级划分是政治派别划分最根本的基础，就看不清政治斗争的实质。另一方面，"一切阶级斗争都是政治斗争"。这一论断指出了以国家政权为中心的政治斗争在阶级斗争中的重要地位。政治是经济的集中表现。被压迫阶级不取得国家政权，就不能获得解放。因此，"被压迫阶级反对统治阶级的斗争必然要变成政治的斗争，变成首先是反对这一阶级的政治统治的斗争"。所以马克思说："一切阶级运动**本身**必然是而且从来就是**政治**运动"③。工人阶级反对资本主义雇佣劳动制度不能仅仅局限于经济斗争，必须把政治斗争提到首位。只有当阶级斗争抓住国家政权机构时，才是充分发展的阶级斗争。

这些论断告诉人们，观察阶级社会的历史和各种现象，必须坚持马克思主义阶级分析的方法，揭示政治事变中的阶级关系和各阶级的经济利益，同时看到围绕着经济利益进行的阶级斗争必然具有政治的形式，归根到底以维护或夺取政治权力为集中表现。这样，才能抓住问题的本质，才能在看来迷离混沌的状态中发现支配历史进程的一般规律。

三、国家、政治制度和意识形态归根 到底是由经济关系决定的

怎样认识国家、政治制度、法以及意识形态同经济关系之间的联系呢？

---

① 《马克思恩格斯文集》第 3 卷，人民出版社 2009 年版，第 509 页。
② 《马克思恩格斯文集》第 3 卷，人民出版社 2009 年版，第 458 页。
③ 《马克思恩格斯文集》第 10 卷，人民出版社 2009 年版，第 333 页。

（一）经济关系领域是决定性的因素，国家、政治制度处于从属地位

传统的唯心主义历史观把国家看做是决定因素，而把市民社会即社会经济关系看做是被国家决定的因素。诚然，一个社会中的要求只有通过国家以法律的形式变成国家的意志，才能得到普遍推行。但是，这只是问题的形式方面，如果从形式深入到内容，就可以看到，国家意志的内容都是反映了社会经济关系变化的需要，反映了经济关系中占优势地位的阶级的需要，而一定阶级在社会经济关系中的优势地位是由生产力的发展及其与生产关系的矛盾运动决定的。这表明，"国家、政治制度是从属的东西，而市民社会、经济关系的领域是决定性的因素"。

这种形式与内容、表面现象与本质的矛盾，也表现在国家与社会中统治阶级的关系上。虽然国家意志实质上是由社会中占优势地位的阶级的需要决定的，但是国家一旦产生，就表现出对社会的独立性，似乎它是凌驾于社会各阶级之上的，而且它代表一定阶级的性质越明显，就越需要掩盖自己的阶级性，因而"它越是成为某个阶级的机关，越是直接地实现这一阶级的统治，它就越独立"。这说明，不透过表面现象，就看不清国家和政治制度被经济关系所决定的实质。

国家的意志是通过法律形式取得普遍效力的。法是社会的经济生活条件的表现，由经济关系所决定。

西方法制思想史上曾经用公法和私法来划分法部门。恩格斯指出，无论公法或私法，都是由经济关系决定的。恩格斯这里所说的私法，是指确认单个人之间经济关系的法。由于经济关系是一定社会中已经存在的人与人之间的正常关系，法只是确认它，而不是创造出现实中还没有的经济关系，所以法是由这些经济关系所决定并为它服务的。

在资本主义国家，由于历史条件的不同，这种确认所采取的形式也不尽相同。有的是把旧的封建的法的形式大部分保存下来，赋予这种形式以资产阶级的内容，英国就是如此。有的是把"商品生产者社会的第一个世界性法律即罗马法"作为基础，或者通过审判的实践使它适合于当时社会的状况，或者依靠法学家把它加工成适合于当时社会状况的特殊法典。而在建立了纯粹的资产阶级统治的法国，则是"在资产阶级大革命以后，以同一个罗马法为基础，制定出像法兰西民法典这样典型的资产阶级社会的法典"。不同资本主义国家的民法准则在反映自己的经济基础并为它服务时，有表现得好或坏、服务得好或不

好的区别，但它们都是"以法的形式表现了社会的经济生活条件"。

（二）意识形态与其物质存在条件的联系

意识形态与国家、政治制度一样，也是由经济关系决定的。

"国家作为第一个支配人的意识形态力量出现在我们面前"。恩格斯的这一论断，指出了国家作为阶级统治的机关，既是一种有组织的暴力，同时也是一种意识形态力量。一个阶级是社会上占统治地位的物质力量，同时也是社会上占统治地位的精神力量。

意识形态具有相对独立性。"任何意识形态一经产生，就同现有的观念材料相结合而发展起来，并对这些材料作进一步的加工。"意识形态的一个特点是，"把思想当做独立地发展的、仅仅服从自身规律的独立存在的东西来对待"。意识形态的这种相对独立性使人们容易忘记它是由经济关系所决定的这一本质。但是，实际上，当思想家、理论家们从事精神生产的时候，对观念材料的取舍和加工改造，都不能不受自身所具有的经济关系和所处的社会环境的制约，所以，"人们头脑中发生的这一思想过程，归根到底是由人们的物质生活条件决定的"，只不过他们自己并没有意识到而已。

哲学和宗教是意识形态中抽象层次更高的因而离物质经济基础更远的形式。哲学主要是通过总结自然知识和社会知识，也通过政治法律制度等中间环节形成世界观层面的哲学范畴、哲学命题来反映客观世界，所以它同物质经济基础之间的关系因多种错综复杂的因素变得模糊了。但是，这一联系是客观存在的。比如文艺复兴时期的思想文化，包括哲学思想，虽然形式上打着复兴古希腊罗马文化的旗帜，但实际上是反映了当时新的资本主义生产方式的发展和新兴资产阶级的要求，其内容本质上是和中小市民阶级发展为大资产阶级的过程相适应的。而在资本主义发展起来之后的 18 世纪的英国和法国的哲学以及 19 世纪德国黑格尔的哲学中，特别是在一些既是哲学家又是政治经济学家的学者那里，其思想观念同资本主义生产方式的关系就更加明显。比如 18 世纪英国的哲学家、经济学家休谟就是如此。休谟"对当时英国迅速发展的资本主义社会作了进步的和乐观的赞扬，因而他的论丛自然要博得资本主义社会的'赞许'"[1]。

---

[1] 《马克思恩格斯文集》第 9 卷，人民出版社 2009 年版，第 256 页。

四、宗教的起源、发展归根到底是由物质生活条件决定的

在论述意识形态时，恩格斯通过考察宗教产生和发展的历史，阐明了它归根到底也是由物质生活条件决定的。

（一）原始宗教的产生和民族宗教的兴灭

恩格斯说："宗教是在最原始的时代从人们关于他们自身的自然和周围的外部自然的错误的、最原始的观念中产生的。"这一论断对原始宗教产生的根源作出了明确的概括。

在原始社会，由于生产力水平低，知识贫乏，人们不能正确认识自身和外部自然界。由于完全不知道自己身体的构造，不能正确解释做梦的现象，人们把自己的思维和感觉当成了寓于身体之中而在死亡时就离开身体的灵魂的活动，因而产生了灵魂不死的观点。灵魂不死是宗教的基本观念之一。由于人类受异己的自然力量的支配，产生了对自然界的依赖感、恐惧感和神秘感，因而把自然力人格化，产生了最初的神的观念。恩格斯说："在原始人看来，自然力是某种异己的、神秘的、压倒一切的东西。在所有文明民族所经历的一定阶段上，他们用人格化的方法来同化自然力。正是这种人格化的欲望，到处创造了许多神"①。可见，原始宗教产生于由当时的生产力水平、实践发展水平决定的愚昧无知的观念。

民族宗教的兴灭同样也表明了宗教同物质生活条件之间不可分割的联系。民族宗教"从各民族的社会条件和政治条件中产生，并和这些条件紧紧连在一起"②。在每一个民族中形成的民族的神，不越出它们所守护的民族领域。"只要这些民族存在，这些神也就继续活在人们的观念中；这些民族没落了，这些神也就随着灭亡"。这就表明，民族宗教也依赖于一定的社会基础，"宗教的这种基础一旦遭到破坏，沿袭的社会形式、传统的政治设施和民族独立一旦遭到毁灭，那么从属于此的宗教自然也就会崩溃"③。

事实表明，宗教的产生、发展归根到底决定于人们的物质生活条件。

---

① 《马克思恩格斯文集》第 9 卷，人民出版社 2009 年版，第 356 页。
② 《马克思恩格斯文集》第 3 卷，人民出版社 2009 年版，第 597 页。
③ 《马克思恩格斯文集》第 3 卷，人民出版社 2009 年版，第 597 页。

（二）世界宗教的产生及其历史演变：以基督教为例

原始社会的宗教是自发的宗教，阶级社会的宗教则是人为的宗教，其产生有阶级的根源，其中的世界宗教尤其如此。恩格斯着重论述了基督教的产生及其演变的历史。

基督教最初产生于公元 1 世纪中叶，到公元 2 世纪发展成为罗马帝国境内影响很大的宗教。

基督教起初流传于穷人和奴隶之中。他们在现实的物质生活中感到绝望而去追寻精神上的安慰，设法从外在世界遁入内心世界，蔑视一切尘世享乐。后来罗马帝国的上层人士和显贵也加入教会。

罗马世界帝国需要建立一个世界宗教来为巩固自己的统治服务。在基督教流传演化的过程中，忍耐顺从、精神忏悔、宿命论等观点的流行使罗马统治者看到基督教可以为自己服务，由迫害它转为利用它，在公元 4 世纪正式承认基督教为合法宗教，进而使其上升为罗马帝国国教。这一变化过程"足以证明它是适应时势的宗教"。

基督教往后的发展、演变，进一步表明了它同社会环境的紧密联系。

在中世纪的欧洲，基督教按照封建的方式建立了自己的教阶制。它以罗马教皇为最高统治者，内有红衣主教、大主教、主教、修道院长等不同等级。罗马天主教会成为封建制度的巨大的国际中心。

由于中世纪的欧洲只知道一种形式的意识形态，即宗教和神学，因此，当时任何社会运动和政治运动都不得不采取神学的形式。要在群众中掀起巨大的风暴，就必须让群众的切身利益披上宗教的外衣。实际上，宗教异端和宗教改革的出现，都有其世俗的基础，都反映了一定阶级或阶层、集团的现实要求。比如，12 世纪至 13 世纪传播于法国南部的阿尔比派，就是基督教的一个异端，它反映了城乡商人和手工业居民对封建的天主教的反抗，遭到了教皇英诺森三世组织的十字军的残酷镇压。

随着市民阶级的发展，他们反对封建贵族的斗争发展成为全国性的宗教改革。16 世纪德国由马丁·路德领导的宗教改革，就是市民阶级披着宗教的意识形态外衣反对封建主义和罗马教皇独裁统治的第一次大规模的行动。后来，德国农民将宗教改革引向了社会革命，爆发了由闵采尔领导的大规模农民战争，使整个革命达到了顶点，但是因遭到封建统治者的镇压而失败。由于当时德国市民阶级没有发展到足够强大，不足以把城市平民、下级贵族和农民联合起来，并且在农民战争中背弃了农民，路德的宗教改革发生了蜕化，主张由世俗统治者进行教会改革，教会必须服从世俗权力。路德教取得了合法地位，君主攫取了革命的成果。

同路德在德国的宗教改革相比，出走到瑞士日内瓦的法国人加尔文突出了宗教改革的资产阶级性质。加尔文主张个人的财富和奋斗中的成功是上帝恩典的标志，鼓励新生的资产阶级去冒险、创业。"加尔文的信条正适合当时资产阶级中最果敢大胆的分子的要求。"① 他在日内瓦成功地实践了自己的宗教改革主张，废除了罗马教阶体制，教职人员通过选举产生。

正因为加尔文教适合新兴资产阶级的要求，它传播到了许多国家和地区，并且被当做资产阶级革命的旗帜。比如：尼德兰发生了以加尔文教为旗帜的资产阶级革命，建立了共和国，使荷兰摆脱了西班牙和德意志帝国的统治。在英国，特别是在苏格兰，加尔文教创立了一些活跃的共和主义政党。在英国 1688 年发生的被称为"光荣革命"的政变中，"加尔文教派显示出它是当时资产阶级利益的真正的宗教外衣"。尽管由于资产阶级同贵族间的妥协，加尔文教没有得到完全的承认，英国的国教会恢复了，但不是恢复到由国王充任教皇的天主教，而是强烈地加尔文教化了，它更多的是采用了加尔文教的形式。

加尔文教在法国的境遇是另一种情形。法国国王路易十四对新教徒进行暴力镇压，促使资产阶级抛弃宗教外衣，以纯粹政治的形式进行反对封建专制的革命。1789 年法国大革命时期，出席国民议会的资产阶级代表已经不是新教徒，而是自由思想家了。法国大革命中还推行了教会世俗化和非基督教化。恩格斯指出，这表明"基督教进入了它的最后阶段。此后，它已不能成为任何进步阶级的意向的意识形态外衣了；它越来越变成统治阶级专有的东西，统治阶级只把它当做使下层阶级就范的统治手段"。

从形式上看，宗教是通过对传统材料的加工而发展的。但是，"这些材料所发生的变化是由造成这种变化的人们的阶级关系即经济关系引起的"。这些历史事实进一步有力地证明了，宗教的发展、演变及其在不同时期所起的不同的历史作用，都是同各个历史时期社会的现实生活紧密关联的，归根到底是由物质生活条件决定的。

马克思的历史观的产生是人类认识史上一个空前的大革命。马克思和恩格

① 《马克思恩格斯文集》第 3 卷，人民出版社 2009 年版，第 511 页。

斯之所以能够在劳动发展史中找到理解全部社会史的锁钥而创立新的历史观，一个根本原因就在于他们"一开始就主要是面向工人阶级的，并且从工人阶级那里得到了同情"。

工人阶级是马克思唯物主义历史观的阶级基础。我们学习、理解和运用马克思的历史观，也必须坚持科学真理性与工人阶级的阶级性相统一。

《费尔巴哈论》所体现的马克思主义对待黑格尔哲学批判继承的科学方法，为我们正确对待人类历史上的文明成果树立了光辉典范。事实表明，任何思想文化成果总是一定时代经济和政治条件的反映，必然具有历史的局限性，不加分析地全盘接受是错误的。同时，思想文化的发展同物质生产一样具有历史的连续性，新的思想文化总是在传统思想文化成果的基础上产生和发展的，对传统文明成果采取全盘否定、历史虚无主义的态度也不正确。对待人类文明成果的科学态度和方法，应该是采取批判继承的态度，取其精华、去其糟粕，使之与当今实践相适应、与时代发展相协调。

延伸阅读：

1. 恩格斯：《路德维希·费尔巴哈和德国古典哲学的终结》第一至三章，《马克思恩格斯文集》第 4 卷，人民出版社 2009 年版。

2. 恩格斯：《社会主义从空想到科学的发展》1892 年英文版导言，《马克思恩格斯文集》第 3 卷，人民出版社 2009 年版。

思考题：

1. 为什么说历史进程是受内在的一般规律支配的？

2. 如何认识人民群众和个人在历史上的作用？

3. 如何认识阶级斗争的根源及其作用？

4. 为什么说国家、政治制度和意识形态归根到底是由经济关系决定的？

弗·恩格斯

论历史唯物主义的书信

恩格斯致康拉德·施米特

柏　林

1890 年 8 月 5 日于伦敦

亲爱的施米特：

　　……我在维也纳的《德意志言论》杂志上看到了莫里茨·维尔特这只不祥之鸟所写的关于保尔·巴尔特所著一书①的评论②，**这个**评论使我也对该书本身产生了不良的印象。我想看看这本书，但是我应当说，如果莫里茨这家伙正确地引用了巴尔特的一段话，在这段话中，巴尔特说他在马克思的一切著作中所能找到的哲学等等依赖于物质存在条件的唯一的例子，就是笛卡儿宣称动物是机器，那么我就只好为这个人竟能写出这样的东西感到遗憾了。既然这个人还没有发现，物质存在方式虽然是始因，但是这并不排斥思想领域也反过来对物质存在方式起作用，然而是第二性的作用，那么，他就决不可能了解他所谈论的那个问题了。但是，我已经说过，这全是第二手的东西，而莫里茨这家伙是一个危险的朋友。唯物史观现在也有许多朋友，而这些朋友是把它当做**不研究历史的借口**的。正像马克思就 70 年代末的法国"马克思主义者"所曾经说过的："我只知道我自己不是马克思主义者。"

　　在《人民论坛》上也发生了关于未来社会中的产品分配问题的辩论：是按照劳动量分配呢，还是用其他方式。③ 人们对于这个问题，是一反某些关于公

---

① 保·巴尔特《黑格尔和包括马克思及哈特曼在内的黑格尔派的历史哲学》1890 年莱比锡版。——编者注

② 莫·维尔特《现代德国对黑格尔的侮辱和迫害》，载于 1890 年《德意志言论》第 10 年卷。——编者注

③ 1890 年 6 月 14 日、28 日和 7 月 5 日、12 日《柏林人民论坛》以《每个人的全部劳动产品归自己》为总标题连续刊载了斐·纽文胡斯、保·恩斯特、理·费舍以及署名"一个工人"的文章，展开了关于未来社会中的产品分配问题的辩论，7 月 12 日还刊载了关于辩论的结束语。——编者注

平原则的唯心主义空话而处理得非常"唯物主义"的。但奇怪的是谁也没有想到，分配方式本质上毕竟要取决于**有多少产品可供分配**，而这当然随着生产和社会组织的进步而改变，从而分配方式也应当改变。但是，在所有参加辩论的人看来，"社会主义社会"并不是不断改变、不断进步的东西，而是稳定的、一成不变的东西，所以它应当也有个一成不变的分配方式。而合理的想法只能是：（1）设法发现将来由以**开始的**分配方式，（2）尽力找出进一步的发展将循以进行的**总趋向**。可是，在整个辩论中，我没有发现一句话是关于这方面内容的。

对德国的许多青年著作家来说，"唯物主义"这个词大体上只是一个套语，他们把这个套语当做标签贴到各种事物上去，再不作进一步的研究，就是说，他们一把这个标签贴上去，就以为问题已经解决了。但是我们的历史观首先是进行研究工作的指南，并不是按照黑格尔学派的方式构造体系的杠杆。必须重新研究全部历史，必须详细研究各种社会形态的存在条件，然后设法从这些条件中找出相应的政治、私法、美学、哲学、宗教等等的观点。在这方面，到现在为止只做了很少的一点工作，因为只有很少的人认真地这样做过。在这方面，我们需要人们出大力，这个领域无限广阔，谁肯认真地工作，谁就能做出许多成绩，就能超群出众。但是，许许多多年轻的德国人却不是这样，他们只是用历史唯物主义的套语（**一切**都可能被变成套语）来把自己的相当贫乏的历史知识（经济史还处在襁褓之中呢！）尽速构成体系，于是就自以为非常了不起了。那时就可能有一个巴尔特冒出来，并攻击在他那一圈人中间确实已经退化为套语的东西本身。

但是所有这一切都是会好转的。我们在德国现在已经非常强大，足以经得起许多变故。反社会党人法①给予我们一种极大的好处，那就是它使我们摆脱了那些染有社会主义色彩的德国大学生的纠缠。现在我们已经非常强大，足以

---

① 反社会党人法即反社会党人非常法，是俾斯麦政府在帝国国会多数的支持下于 1878 年 10 月 19 日通过并于 10 月 21 日生效的一项法律，其目的在于反对社会主义运动和工人运动。这项法律把德国社会民主党置于非法地位，党的一切组织、群众性的工人组织被取缔，社会主义的和工人的刊物都被查禁，社会主义文献被没收，社会民主党人遭到镇压。但是，社会民主党在马克思和恩格斯的积极帮助下战胜了自己队伍中的机会主义分子和极"左"分子，得以在非常法生效期间正确地把地下工作同利用合法机会结合起来，大大加强和扩大了自己在群众中的影响。在日益壮大的工人运动的压力下，反社会党人非常法于 1890 年 10 月 1 日被废除。恩格斯对这项法律的评价，见《俾斯麦和德国工人党》（《马克思恩格斯全集》中文第 2 版第 25 卷）一文。——编者注

消化掉这些重又趾高气扬的德国大学生。您自己确实已经做出些成绩，您一定会注意到，在依附于党的青年著作家中间，是很少有人下一番功夫去钻研经济学、经济学史、商业史、工业史、农业史和社会形态发展史的。有多少人除知道毛勒的名字之外，还对他有更多的了解呢！在这里，新闻工作者的自命不凡必定支配一切，不过结果也是可想而知的。这些先生们往往以为，一切东西对工人来说都是足够好的。他们竟不知道，马克思认为自己的最好的东西对工人来说也还不够好，他认为给工人提供的东西比最好的稍差一点，那就是犯罪！……

（选自《马克思恩格斯文集》第 10 卷，人民出版社
2009 年版，第 585—588 页）

恩格斯致约瑟夫·布洛赫

柯 尼 斯 堡

1890 年 9 月 21〔—22〕日于伦敦

尊敬的先生：

……根据唯物史观，历史过程中的决定性因素**归根到底**是现实生活的生产和再生产。无论马克思或我都从来没有肯定过比这更多的东西。如果有人在这里加以歪曲，说经济因素是**唯一**决定性的因素，那么他就是把这个命题变成毫无内容的、抽象的、荒诞无稽的空话。经济状况是基础，但是对历史斗争的进程发生影响并且在许多情况下主要是决定着这一斗争的**形式**的，还有上层建筑的各种因素：阶级斗争的各种政治形式及其成果——由胜利了的阶级在获胜以后确立的宪法等等，各种法的形式以及所有这些实际斗争在参加者头脑中的反映，政治的、法律的和哲学的理论，宗教的观点以及它们向教义体系的进一步发展。这里表现出这一切因素间的相互作用，而在这种相互作用中归根到底是经济运动作为必然的东西通过无穷无尽的偶然事件（即这样一些事物和事变，它们的内部联系是如此疏远或者是如此难于确定，以致我们可以认为这种联系并不存在，忘掉这种联系）向前发展。否则把理论应用于任何历史时期，就会

比解一个简单的一次方程式更容易了。

　　我们自己创造着我们的历史，但是第一，我们是在十分确定的前提和条件下创造的。其中经济的前提和条件归根到底是决定性的。但是政治等等的前提和条件，甚至那些萦回于人们头脑中的传统，也起着一定的作用，虽然不是决定性的作用。普鲁士国家也是由于历史的、归根到底是经济的原因而产生出来和发展起来的。但是，恐怕只有书呆子才会断定，在北德意志的许多小邦中，勃兰登堡成为一个体现了北部和南部之间的经济差异、语言差异，而自宗教改革以来也体现了宗教差异的强国，这只是由经济的必然性决定的，而不是也由其他因素所决定的（在这里首先起作用的是这样一个情况：勃兰登堡由于掌握了普鲁士而卷入了波兰事件，并因而卷入了国际政治关系，这种关系在奥地利王室权力的形成过程中也起过决定性的作用）。要从经济上说明每一个德意志小邦的过去和现在的存在，或者要从经济上说明那种把苏台德山脉至陶努斯山所形成的地理划分扩大成为贯穿全德意志的真正裂痕的高地德语音变的起源，那么，很难不闹出笑话来。

　　但是第二，历史是这样创造的：最终的结果总是从许多单个的意志的相互冲突中产生出来的，而其中每一个意志，又是由于许多特殊的生活条件，才成为它所成为的那样。这样就有无数互相交错的力量，有无数个力的平行四边形，由此就产生出一个合力，即历史结果，而这个结果又可以看做一个作为整体的、**不自觉地**和不自主地起着作用的力量的产物。因为任何一个人的愿望都会受到任何另一个人的妨碍，而最后出现的结果就是谁都没有希望过的事物。所以到目前为止的历史总是像一种自然过程一样地进行，而且实质上也是服从于同一运动规律的。但是，各个人的意志——其中的每一个都希望得到他的体质和外部的、归根到底是经济的情况（或是他个人的，或是一般社会性的）使他向往的东西——虽然都达不到自己的愿望，而是融合为一个总的平均数，一个总的合力，然而从这一事实中决不应作出结论说，这些意志等于零。相反，每个意志都对合力有所贡献，因而是包括在这个合力里面的。

　　另外，我请您根据原著来研究这个理论，而不要根据第二手的材料来进行研究——这的确要容易得多。在马克思所写的文章中，几乎没有一篇不是贯穿着这个理论的。特别是《**路易·波拿巴的雾月十八日**》①，这本书是运用这个

_____

① 见《马克思恩格斯文集》第2卷。——编者注

理论的十分出色的例子。《**资本论**》中的许多提示也是这样。再者，我也可以向您指出我的《欧根·杜林先生在科学中实行的变革》①和《路德维希·费尔巴哈和德国古典哲学的终结》②，我在这两部书里对历史唯物主义作了就我所知是目前最为详尽的阐述。

青年们有时过分看重经济方面，这有一部分是马克思和我应当负责的。我们在反驳我们的论敌时，常常不得不强调被他们否认的主要原则，并且不是始终都有时间、地点和机会来给其他参与相互作用的因素以应有的重视。但是，只要问题一关系到描述某个历史时期，即关系到实际的应用，那情况就不同了，这里就不容许有任何错误了。可惜人们往往以为，只要掌握了主要原理——而且还并不总是掌握得正确，那就算已经充分地理解了新理论并且立刻就能够应用它了。在这方面，我不能不责备许多最新的"马克思主义者"，他们也的确造成过惊人的混乱……

（选自《马克思恩格斯文集》第 10 卷，人民出版社 2009 年版，第 591—594 页）

恩格斯致康拉德·施米特

柏　林

1890 年 10 月 27 日于伦敦

亲爱的施米特：

我现在刚刚抽出空来给您写回信。我认为，如果您接受《苏黎世邮报》的聘请，那您做得很对。在那里，您总可以在经济方面学到一些东西，特别是如果您注意到，苏黎世毕竟只是第三等的货币和投机市场，因而在那里得到的印象都是由于双重和三重的反映而被削弱或者被故意歪曲了的。但是您会在实践中熟悉全部机制，并且不得不注意来自伦敦、纽约、巴黎、柏林、维也纳的第

① 恩格斯《反杜林论》，见《马克思恩格斯文集》第 9 卷。——编者注
② 见《马克思恩格斯文集》第 4 卷。——编者注

一手交易所行情报告，这样，您就会看到反映为货币和证券市场的世界市场。经济的、政治的和其他的反映同人的眼睛中的反映完全一样，它们都通过聚光透镜，因而表现为倒立的影像——头足倒置。只是缺少一个使它们在观念中又正过来的神经器官。货币市场的人所看到的工业和世界市场的运动，恰好只是货币和证券市场的倒置的反映，所以在他们看来结果就变成了原因。这种情况我早在 40 年代就在曼彻斯特看到过[①]：伦敦的交易所行情报告对于认识工业的发展进程及其周期性的起落是绝对无用的，因为这些先生们想用货币市场的危机来解释一切，而这种危机本身多半只是一些征兆。当时的问题是有人要否认工业危机来源于暂时的生产过剩，所以问题还有让人们趋向于进行曲解这一方面。现在，至少对我们来说这一点已经永远消失，而且事实的确是这样：货币市场也会有自己的危机，工业中的直接的紊乱对这种危机只起次要的作用，甚至根本不起作用。这里还需要弄清和研究一些问题，特别是要考虑到最近 20 年的历史。

凡是存在着社会规模的分工的地方，局部劳动过程也都成为相互独立的。生产归根到底是决定性的东西。但是，产品贸易一旦离开本来的生产而独立起来，它就循着本身的运动方向运行，这一运动总的说来是受生产运动支配的，但是在单个的情况下和在这个总的隶属关系以内，它毕竟还是循着这个新因素的本性所固有的规律运行的，这个运动有自己的阶段，并且也对生产运动起反作用。美洲的发现是先前就已经驱使葡萄牙人到非洲去的那种黄金欲所促成的（参看泽特贝尔《贵金属的生产》），因为 14 世纪和 15 世纪蓬勃发展的欧洲工业以及与之相适应的贸易，要求有更多的交换手段，这是德国——1450—1550年的白银大国——所提供不出来的。葡萄牙人、荷兰人和英国人在 1500—1800年间侵占印度，目的是要从印度**输入**，谁也没有想到要向那里输出。但是这些纯粹由贸易利益促成的发现和侵略，终归还是对工业起了极大的反作用：只是由于有**向**这些国家**输出**的需要，才创立和发展了大工业。

货币市场也是如此。货币贸易同商品贸易一分离，它就有了——在生产和商品贸易所决定的一定条件下并在这一范围内——它自己的发展，它自己的本性所决定的特殊规律和独特阶段。此外，货币贸易在这种进一步的发展中扩大

[①] 恩格斯指自己 1842—1844 年在曼彻斯特的欧门—恩格斯公司所属的纺纱厂实习经商。这几年的经历在恩格斯世界观的形成以及他从唯心主义向唯物主义、从革命民主主义向共产主义的转变过程中起了重要的作用。——编者注

到证券贸易，这些证券不仅是国家证券，而且也包括工业和运输业的股票，因而总的说来支配着货币贸易的生产，有一部分就为货币贸易所直接支配，这样货币贸易对于生产的反作用就变得更为厉害而复杂了。金融家是铁路、矿山、钢铁厂等的所有者。这些生产资料获得了双重的性质：它们的经营时而应当适合于直接生产的利益，时而应当适合于股东（就他们同时是金融家而言）的需要。关于这一点，最明显的例子就是北美的铁路。这些铁路的经营完全取决于杰·古尔德、万德比尔特这样一些人当前的交易所业务——这种业务同某条特定的铁路及其作为交通工具来经营的利益是完全不相干的。甚至在英国这里我们也看到过各个铁路公司为了划分地盘而进行的长达数十年之久的斗争，这种斗争耗费了巨额资金，它并不是为了生产和运输的利益，而完全是由于竞争造成的，这种竞争往往只有一个目的，即让握有股票的金融家便于经营交易所业务。

在上述关于我对生产和商品贸易的关系以及两者和货币贸易的关系的见解的几点说明中，我基本上也已经回答了您关于历史唯物主义本身的问题。从分工的观点来看问题最容易理解。社会产生它不能缺少的某些共同职能。被指定执行这种职能的人，形成**社会内部分工**的一个新部门。这样，他们也获得了同授权给他们的人相对立的特殊利益，他们同这些人相对立而独立起来，于是就出现了国家。然后便发生像在商品贸易中和后来在货币贸易中发生的那种情形：新的独立的力量总的说来固然应当尾随生产的运动，然而由于它本身具有的、即它一经获得便逐渐向前发展的相对独立性，它又对生产的条件和进程发生反作用。这是两种不相等的力量的相互作用：一方面是经济运动，另一方面是追求尽可能大的独立性并且一经确立也就有了自己的运动的新的政治权力。总的说来，经济运动会为自己开辟道路，但是它也必定要经受它自己所确立的并且具有相对独立性的政治运动的反作用，即国家权力的以及和它同时产生的反对派的运动的反作用。正如在货币市场中，总的说来，并且在上述条件之下，反映出，而且当然是**头足倒置地**反映出工业市场的运动一样，在政府和反对派之间的斗争中也反映出先前已经存在着并且正在斗争着的各个阶级的斗争，但是这个斗争同样是头足倒置地、不再是直接地、而是间接地、不是作为阶级斗争、而是作为维护各种政治原则的斗争反映出来的，并且是这样头足倒置起来，以致需要经过上千年我们才终于把它的真相识破。

国家权力对于经济发展的反作用可以有三种：它可以沿着同一方向起作用，在这种情况下就会发展得比较快；它可以沿着相反方向起作用，在这种情况下，像现在每个大民族的情况那样，它经过一定的时期都要崩溃；或者是它可以阻止经济发展沿着某些方向走，而给它规定另外的方向——这种情况归根到底还是归结为前两种情况中的一种。但是很明显，在第二和第三种情况下，政治权力会给经济发展带来巨大的损害，并造成大量人力和物力的浪费。

此外，还有侵占和粗暴地毁灭经济资源的情况；由于这种情况，从前在一定条件下某一地方和某一民族的全部经济发展可能被毁灭。现在，这种情况多半都有相反的作用，至少在各大民族中间是如此：从长远看，战败者在经济上、政治上和道义上赢得的东西有时比胜利者更多。

法也与此相似：产生了职业法学家的新分工一旦成为必要，就又开辟了一个新的独立领域，这个领域虽然一般地依赖于生产和贸易，但是它仍然具有对这两个领域起反作用的特殊能力。在现代国家中，法不仅必须适应于总的经济状况，不仅必须是它的表现，而且还必须是不因内在矛盾而自相抵触的**一种内部和谐一致的**表现。而为了达到这一点，经济关系的忠实反映便日益受到破坏。法典越是不把一个阶级的统治鲜明地、不加缓和地、不加歪曲地表现出来（否则就违反了"法的概念"），这种现象就越常见。1792—1796 年时期革命资产阶级的纯粹而彻底的法的概念，在许多方面已经在拿破仑法典中被歪曲了，而就它在这个法典中的体现来说，它必定由于无产阶级的不断增长的力量而每天遭到各种削弱。但是这并不妨碍拿破仑法典成为世界各地编纂一切新法典时当做基础来使用的法典。这样，"法的发展"的进程大部分只在于首先设法消除那些由于将经济关系直接翻译成法律原则而产生的矛盾，建立和谐的法的体系，然后是经济进一步发展的影响和强制力又一再突破这个体系，并使它陷入新的矛盾（这里我暂时只谈民法）。

经济关系反映为法的原则，同样必然是一种头足倒置的反映。这种反映是在活动者没有意识到的情况下发生的；法学家以为他是凭着先验的原理来活动的，然而这只不过是经济的反映而已。这样一来，一切都头足倒置了。而这种颠倒——在它没有被认识的时候构成我们称之为**意识形态观点**的那种东西——又对经济基础发生反作用，并且能在某种限度内改变经济基础，我认为这是不言而喻的。以家庭的同一发展阶段为前提，继承法的基础是经济的。尽管如此，也很难证明：例如在英国立遗嘱的绝对自由，在法国对这种自由的严格限制，在一切细节上都只是出于经济的原因。但是二者都对经济起着很大的反作用，因为二者都影响财产的分配。

至于那些更高地悬浮于空中的意识形态的领域，即宗教、哲学等等，它们都有一种被历史时期所发现和接受的史前的东西，这种东西我们今天不免要称之为愚昧。这些关于自然界、关于人本身的性质、关于灵魂、魔力等等的形形色色的虚假观念，多半只是在消极意义上以经济为基础；史前时期低水平的经济发展有关于自然界的虚假观念作为补充，但是有时也作为条件，甚至作为原因。虽然经济上的需要曾经是，而且越来越是对自然界的认识不断进展的主要动力，但是，要给这一切原始状态的愚昧寻找经济上的原因，那就太迂腐了。科学的历史，就是逐渐消除这种愚昧的历史，或者说，是用新的、但越来越不荒唐的愚昧取而代之的历史。从事这些事情的人们又属于分工的特殊部门，并且认为自己是致力于一个独立的领域。只要他们形成社会分工之内的独立集团，他们的产物，包括他们的错误在内，就要反过来影响全部社会发展，甚至影响经济发展。但是，尽管如此，他们本身又处于经济发展的起支配作用的影响之下。例如在哲学上，拿资产阶级时期来说这种情形是最容易证明的。霍布斯是第一个现代唯物主义者（18世纪意义上的），但是当专制君主制在整个欧洲处于全盛时期，并在英国开始和人民进行斗争的时候，他是专制制度的拥护者。洛克在宗教上和政治上都是1688年的阶级妥协①的产儿。英国自然神论者②和他们的更彻底的继承者法国唯物主义者都是真正的资产阶级哲学家，法国人甚至是资产阶级革命的哲学家。在从康德到黑格尔的德国哲学中始终显现着德国庸人的面孔——有时积极地，有时消极地。但是，每一个时代的哲学作为分工的一个特定的领域，都具有由它的先驱传给它而它便由此出发的特定的思想材料作为前提。因此，经济上落后的国家在哲学上仍然能够演奏第一小提琴：18世纪的法国对英国来说是如此（法国人是以英国哲学为依据的），后来的德国对英法两国来说也是如此。但是，不论在法国或是在德国，哲学和那个时代的普遍的学术繁荣一样，也是经济高涨的结果。经济发展对这些领域也具有最终的至上权力，这在我看来是确定无疑的，但是这种至上权力是发生在各个领域本身所规定的那些条件的范围内：例如在哲学中，它是发生在这样一种作用所规定的条件的范围内，这种作用就是各种经济影响（这些经济影响多半又只是在它的政治等等的外衣下起作用）对先驱所提供的现有哲学材料发生的作用。经济在这里并不重新创造出任何东西，但是它决定着现有思想材料的改变和进一步发展的方式，而且多半也是间接决定的，因为对哲学发生最大的直接影响的，是政治的、法律的和道德的反映。

关于宗教，我在论费尔巴哈①的最后一章里已经把最必要的东西说过了。

因此，如果巴尔特认为我们否认经济运动的政治等等的反映对这个运动本身的任何反作用，那他就简直是跟风车作斗争了。他只需看看马克思的《**雾月十八日**》②，那里谈到的几乎都是政治斗争和政治事件所起的**特殊**作用，当然是在它们**一般**依赖于经济条件的范围内。或者看看《资本论》，例如关于工作日的那一篇③，那里表明立法起着多么重大的作用，而立法就是一种政治行动。也可以看看关于资产阶级的历史的那一篇（第二十四章）④。再说，如果政治权力在经济上是无能为力的，那么我们何必要为无产阶级的政治专政而斗争呢？暴力（即国家权力）也是一种经济力量！

但是我现在没有时间来评论这本书⑤了。首先必须出版第三卷⑥，而且我相信，例如伯恩施坦也能把这件事情很好地完成。

所有这些先生们所缺少的东西就是辩证法。他们总是只在这里看到原因，在那里看到结果。他们从来看不到：这是一种空洞的抽象，这种形而上学的两极对立在现实世界只存在于危机中，而整个伟大的发展过程是在相互作用的形式中进行的（虽然相互作用的力量很不相等：其中经济运动是最强有力的、最

---

① 恩格斯《路德维希·费尔巴哈和德国古典哲学的终结》，见《马克思恩格斯文集》第 4 卷。——编者注
② 马克思《路易·波拿巴的雾月十八日》，见《马克思恩格斯文集》第 2 卷。——编者注
③ 见《马克思恩格斯文集》第 5 卷第 267—350 页。——编者注
④ 见《马克思恩格斯文集》第 5 卷第 820—875 页。——编者注
⑤ 保·巴尔特《黑格尔和包括马克思及哈特曼在内的黑格尔派的历史哲学》1890 年莱比锡版。——编者注
⑥ 马克思《资本论》第三卷。——编者注

本原的、最有决定性的），这里没有什么是绝对的，一切都是相对的。对他们说来，黑格尔是不存在的……

（选自《马克思恩格斯文集》第10卷，人民出版社
2009年版，第594—601页）

恩格斯致弗兰茨·梅林

柏　林

1893年7月14日于伦敦

亲爱的梅林先生：

直到今天我才有机会感谢您惠寄的《莱辛传奇》。我不想仅仅是正式通知您书已经收到，还想同时谈谈这本书本身——它的内容，因此就拖延下来了。

我从末尾，即从《论历史唯物主义》这篇附录①谈起。在这里主要的东西您都论述得很出色，对每一个没有成见的人都是有说服力的。如果说我有什么异议，那就是您加在我身上的功绩大于应该属于我的，即使我把我经过一定时间也许会独立发现的一切都计算在内也是如此，但是这一切都已经由眼光更锐利、眼界更开阔的马克思早得多地发现了。如果一个人能有幸和马克思这样的人一起工作40年之久，那么他在后者在世时通常是得不到他以为应当得到的承认的；后来，伟大的人物逝世了，那个平凡的人就很容易得到过高的评价——在我看来，现在我的处境正好是这样。历史最终会把一切都纳入正轨，到那时那个人已经幸运地长眠于地下，什么也不知道了。

此外，只有一点还没有谈到，这一点在马克思和我的著作中通常也强调得不够，在这方面我们大家都有同样的过错。这就是说，我们大家首先是把重点放在从基本经济事实中**引出**政治的、法的和其他意识形态的观念以及以这些观念为中介的行动，而且**必须这样做**。但是我们这样做的时候为了内容方面而忽

---

① 弗·梅林《论历史唯物主义》，作为附录收入《莱辛传奇》1893年版。——编者注

略了形式方面，即这些观念等等是由什么样的方式和方法产生的。这就给了敌人以称心的理由来进行曲解或歪曲，保尔·巴尔特就是个明显的例子①。

意识形态是由所谓的思想家通过意识、但是通过虚假的意识完成的过程。推动他的真正动力始终是他所不知道的，否则这就不是意识形态的过程了。因此，他想象出虚假的或表面的动力。因为这是思维过程，所以它的内容和形式都是他从纯粹的思维中——或者从他自己的思维中，或者从他的先辈的思维中引出的。他只和思想材料打交道，他毫不迟疑地认为这种材料是由思维产生的，而不去进一步研究这些材料的较远的、不从属于思维的根源。而且他认为这是不言而喻的，因为在他看来，一切行动既然都以思维为**中介**，最终似乎都以思维为**基础**。

历史方面的意识形态家（历史在这里应当是政治、法律、哲学、神学，总之，一切属于**社会**而不是单纯属于自然界的领域的简单概括）在每一科学领域中都有一定的材料，这些材料是从以前的各代人的思维中独立形成的，并且在这些世代相继的人们的头脑中经过了自己的独立的发展道路。当然，属于本领域或其他领域的外部事实对这种发展可能共同起决定性的作用，但是这种事实本身又被默认为只是思维过程的果实，于是我们便始终停留在纯粹思维的范围之中，而这种思维仿佛顺利地消化了甚至最顽强的事实。

正是国家制度、法的体系、各个不同领域的意识形态观念的独立历史这种外观，首先迷惑了大多数人。如果说，路德和加尔文"克服了"官方的天主教，黑格尔"克服了"费希特和康德，卢梭以其共和主义的《社会契约论》间接地"克服了"立宪主义者孟德斯鸠，那么，这仍然是神学、哲学、政治学内部的一个过程，它表现为这些思维领域历史中的一个阶段，完全不越出思维领域。而自从出现了关于资本主义生产永恒不变和绝对完善的资产阶级幻想以后，甚至重农主义者和亚当·斯密克服重商主义者，也被看做纯粹的思想胜利；不是被看做改变了的经济事实在思想上的反映，而是被看做对始终普遍存在的实际条件最终达到的真正理解。如果狮心理查和菲力浦-奥古斯特实行了自由贸易，而不是卷入了十字军征讨，那我们就可以避免 500 年的贫穷和愚昧。

---

① 指保·巴尔特《黑格尔和包括马克思及哈特曼在内的黑格尔派的历史哲学》1890 年莱比锡版。——编者注

对问题的这一方面（我在这里只能稍微谈谈），我觉得我们大家都有不应有的疏忽。这是一个老问题：起初总是为了内容而忽略形式。如上所说，我也这样做过，而且我总是在事后才发现错误。因此，我不仅根本不想为此对您提出任何责备——我在您之前就在这方面有过错，我甚至没有权利这样做——，相反，我只是想让您今后注意这一点。

与此有关的还有意识形态家们的一个愚蠢观念。这就是：因为我们否认在历史中起作用的各种意识形态领域有独立的历史发展，所以我们也否认它们对**历史**有任何**影响**。这是由于通常把原因和结果非辩证地看做僵硬对立的两极，完全忘记了相互作用。这些先生们常常几乎是故意地忘记，一种历史因素一旦被其他的、归根到底是经济的原因造成了，它也就起作用，就能够对它的环境，甚至对产生它的原因发生反作用。例如在您的书中第 475 页上巴尔特讲到教士等级和宗教的地方，就是如此。我很高兴您收拾了这个平庸得令人难以置信的家伙。而他们还让这个人在莱比锡当历史教授呢！那里曾经有个老瓦克斯穆特，这个人头脑也很平庸，但对事实很敏感，完全是另一种人！

此外，关于这本书，我只能再重复一下那些文章在《新时代》上发表①时我已经不止一次地讲过的话：这是现有的对普鲁士国家形成过程的最好的论述，我甚至可以说，是唯一出色的论述，对大多数事情，甚至各个细节，都正确地揭示出相互联系。令人遗憾的，只是您未能把直到俾斯麦为止的全部进一步发展也包括进去，我不由地希望您下一次会做到这一点，连贯地描绘出自选帝侯弗里德里希-威廉到老威廉②为止的整个情景。您已经做过准备性的研究工作，至少在主要问题上可以说已经完成了。而在破马车散架以前这件事无论如何是必须做好的。打破保皇爱国主义的神话，这即使不是铲除掩盖着阶级统治的君主制度（因为**纯粹的**资产阶级共和制在德国还没有产生出来就已经过时了）的必要前提，也毕竟是完成这一任务的最有效的杠杆之一。

这样您就会有更多的余地和机会把普鲁士的地方史当做全德苦难的一部分描绘出来。正是在这一点上，我在某些地方不同意您的意见，不同意您对德国

---

① 弗·梅林《莱辛传奇》1891—1892 年在《新时代》杂志上连载。——编者注
② 威廉一世。——编者注

的割据局面和 16 世纪德国资产阶级革命失败的先决条件的见解。如果我有机会重新改写我的《农民战争》① 的历史导言（希望这能在今年冬季实现），那么我就能在那里阐述有关的各点。② 这并不是说我认为您列举的各种先决条件不正确，但是除此之外我还要提出其他一些，并加以稍许不同的分类。

在研究德国历史（它完全是一部苦难史）时，我始终认为，只有拿法国的相应的时代来作比较，才可以得出正确的标准，因为那里发生的一切正好和我们这里发生的相反。那里是封建国家的各个分散的成员组成一个民族国家，我们这里恰好是处于最严重的衰落时期。那里的整个发展过程中贯穿着罕见的客观逻辑，我们这里则表现出不可救药的，而且越来越不可救药的紊乱。在那里，在中世纪，英国征服者是外国干涉的代表，帮助普罗旺斯族反对北法兰西族。对英国人的战争可说是三十年战争，但是战争的结果是外国干涉者被驱逐出去和南部被北部制服。随后是中央政权同依靠国外领地、起着勃兰登堡—普鲁士所起作用的勃艮第藩国的斗争，但是这一斗争的结果是中央政权获得胜利和民族国家最后形成。③ 在我们这里，当时恰好是民族国家彻底瓦解（如果神圣罗马帝国④范围内的"德意志王国"可以称为民族国家的话），德国领土开始大规模被掠夺。这对德国人来说是极其令人羞愧的对照，但是正因为如此就

---

① 恩格斯《德国农民战争》，见《马克思恩格斯文集》第 2 卷。——编者注
② 恩格斯曾计划修改《德国农民战争》（见《马克思恩格斯文集》第 2 卷），增加有关德国史的大量材料，但由于要整理和编辑《资本论》第二、三卷及撰写其他文章，他的这个计划未能实现。不过，他为这个新版准备的片断和提纲保存了下来（见《马克思恩格斯全集》中文第 1 版第 21 卷第 448—460 页）。——编者注
③ 勃艮第公国是 9 世纪在法国东部塞纳河和卢瓦尔河的上游地区建立的，后来兼并了大片领土（弗朗什孔泰，法国北部一部分和尼德兰），在 14—15 世纪成了独立的封建国家，15 世纪下半叶在勃艮第公爵大胆查理时代达到鼎盛。勃艮第公国力图扩张自己的属地，成了建立中央集权的法兰西君主国的障碍；勃艮第的封建贵族和法国封建主结成联盟，共同对抗法国国王路易十一的中央集权政策，并对瑞士和洛林发动了侵略战争。路易十一建立了瑞士人和洛林人的联盟来对付勃艮第。在反对联盟的战争（1474—1477 年）中大胆查理的军队被击溃，他本人在南锡附近的会战（1477 年）中被瑞士、洛林联军击毙；勃艮第公国本土遂为法国所并，尼德兰部分则转归哈布斯堡王朝。——编者注
④ 神圣罗马帝国（962—1806 年）是欧洲封建帝国。公元 962 年，德意志国王奥托一世在罗马由教皇加冕，成为帝国的最高统治者。1034 年帝国正式称为罗马帝国。1157 年称神圣帝国，1254 年称神圣罗马帝国。到了 1474 年，神圣罗马帝国被称为德意志民族神圣罗马帝国。帝国在不同时期包括德意志、意大利北部和中部、法国东部、捷克、奥地利、匈牙利、荷兰和瑞士，是由具有不同政治制度、法律和传统的封建王国和公国以及教会领地和自由城市组成的松散的联盟。1806 年，对法战争失败后，弗兰茨二世被迫放弃神圣罗马帝国皇帝的称号，这一帝国便不复存在了。——编者注

更有教益，自从我们的工人重又使德国站在历史运动的前列以来，我们对过去的耻辱就稍微容易忍受了。

德国的发展还有一点是极其特殊的，这就是：最终共同瓜分了整个德国的两个帝国组成部分，都不纯粹是德意志的，而是在被征服的斯拉夫人土地上建立的殖民地：奥地利是巴伐利亚的殖民地，勃兰登堡是萨克森的殖民地；它们之所以**在德国内部**取得了政权，仅仅是因为它们依靠了国外的、非德意志的领地：奥地利依靠了匈牙利（更不用说波希米亚了），勃兰登堡依靠了普鲁士。在最受威胁的西部边境上，这类事情是根本没有的，在北部边境上，保护德国不受丹麦人侵犯一事是让丹麦人自己去做的，而南部则很少需要保卫，甚至国境保卫者瑞士人自己就能从德国分立出去！

我已经天南地北地扯得太远了；让这些空话至少给您作个证据，证明您的著作使我多么兴奋吧。

再次表示衷心的感谢和问候。

您的　弗·恩格斯

（选自《马克思恩格斯文集》第 10 卷，人民出版社
2009 年版，第 656—661 页）

恩格斯致瓦尔特·博尔吉乌斯

布 雷 斯 劳

1894 年 1 月 25 日于伦敦西北区
瑞琴特公园路 122 号

尊敬的先生：

对您的问题回答如下：

1. 我们视之为社会历史的决定性基础的经济关系，是指一定社会的人们生产生活资料和彼此交换产品（在有分工的条件下）的方式。因此，这里包括生产和运输的**全部技术**。这种技术，照我们的观点看来，也决定着产品的交换方式以及分配方式，从而在氏族社会解体后也决定着阶级的划分，决定着统治关系和奴役关系，决定着国家、政治、法等等。此外，在经济关系中还包括这些关系赖以发展的**地理基础**和事实上由过去沿袭下来的先前各经济发展阶段的残余（这些残余往往只是由于传统或惰性才继续保存着），当然还包括围绕着这一社会形式的外部环境。

如果像您所说的，技术在很大程度上依赖于科学状况，那么，科学则在更大得多的程度上依赖于技术的**状况**和**需要**。社会一旦有技术上的需要，这种需要就会比十所大学更能把科学推向前进。整个流体静力学（托里拆利等）是由于 16 世纪和 17 世纪意大利治理山区河流的需要而产生的。关于电，只是在发现它在技术上的实用价值以后，我们才知道了一些理性的东西。可惜在德国，人们撰写科学史时习惯于把科学看做是从天上掉下来的。

2. 我们把经济条件看做归根到底制约着历史发展的东西。而种族本身就是一种经济因素。不过这里有两点不应当忽视：

（a）政治、法、哲学、宗教、文学、艺术等等的发展是以经济发展为基础的。但是，它们又都互相作用并对经济基础发生作用。这并不是说，只有经济状况才是**原因**，**才是积极的**，其余一切都不过是消极的结果，而是说，这是在**归根到底**不断为自己开辟道路的经济必然性的基础上的相互作用。例如，国家就是通过保护关税、自由贸易、好的或者坏的财政制度发生作用的，甚至德国庸人的那种从 1648—1830 年德国经济的可怜状况中产生的致命的疲惫和软弱（最初表现为虔诚主义，尔后表现为多愁善感和对诸侯贵族的奴颜婢膝），也不是没有对经济起过作用。这曾是重新振兴的最大障碍之一，而这一障碍只是由于革命战争和拿破仑战争把慢性的穷困变成了急性的穷困才动摇了。所以，并不像人们有时不加思考地想象的那样是经济状况自动发生作用，而是人们自己创造自己的历史，但他们是在既定的、制约着他们的环境中，是在现有的现实关系的基础上进行创造的，在这些现实关系中，经济关系不管受到其他关系——政治的和意识形态的——多大影响，归根到底还是具有决定意义的，它构成一条贯穿始终的、唯一有助于理解的红线。

（b）人们自己创造自己的历史，但是到现在为止，他们并不是按照共同的意志，根据一个共同的计划，甚至不是在一个有明确界限的既定社会内来创造自己的历史。他们的意向是相互交错的，正因为如此，在所有这样的社会里，都是那种以**偶然性**为其补充和表现形式的**必然性**占统治地位。在这里通过各种

论历史唯物主义的书信 **219**

偶然性来为自己开辟道路的必然性，归根到底仍然是经济的必然性。这里我们就来谈谈所谓伟大人物问题。恰巧某个伟大人物在一定时间出现于某一国家，这当然纯粹是一种偶然现象。但是，如果我们把这个人去掉，那时就会需要有另外一个人来代替他，并且这个代替者是会出现的，不论好一些或差一些，但是最终总是会出现的。恰巧拿破仑这个科西嘉人做了被本身的战争弄得精疲力竭的法兰西共和国所需要的军事独裁者，这是个偶然现象。但是，假如没有拿破仑这个人，他的角色就会由另一个人来扮演。这一点可以由下面的事实来证明：每当需要有这样一个人的时候，他就会出现，如凯撒、奥古斯都、克伦威尔等等。如果说马克思发现了唯物史观，那么梯叶里、米涅、基佐以及1850年以前英国所有的历史编纂学家则表明，人们已经在这方面作过努力，而摩尔根对于同一观点的发现表明，发现这一观点的时机已经成熟了，这一观点**必定被发现**。

历史上所有其他的偶然现象和表面的偶然现象都是如此。我们所研究的领域越是远离经济，越是接近于纯粹抽象的意识形态，我们就越是发现它在自己的发展中表现为偶然现象，它的曲线就越是曲折。如果您画出曲线的中轴线，您就会发现，所考察的时期越长，所考察的范围越广，这个轴线就越是接近经济发展的轴线，就越是同后者平行而进。

在德国，达到正确理解的最大障碍，就是著作界对于经济史的不负责任的忽视。不仅很难抛掉学校里灌输的那些历史观，而且更难搜集为此所必需的材料。例如，老古·冯·居利希在自己的枯燥的材料汇集①中的确收集了能够说明无数政治事实的大量材料，可是他的著作又有谁读过呢！

此外，我认为马克思在《雾月十八日》② 一书中所作出的光辉范例，能对您的问题给予颇为圆满的回答，正是因为那是一个实际的例子。我还认为，大多数问题都已经在《反杜林论》第一编第九至十一章、第二编第二至四章和第三编第一章或导言里，后来又在《费尔巴哈》③ 最后一章里谈到了。

---

① 古·居利希《关于当代主要商业国家的商业、工业和农业的历史叙述》1830—1845年耶拿版。——编者注
② 马克思《路易·波拿巴的雾月十八日》，见《马克思恩格斯文集》第2卷。——编者注
③ 恩格斯《路德维希·费尔巴哈和德国古典哲学的终结》，见《马克思恩格斯文集》第4卷。——编者注

请您不要过分推敲上面所说的每一句话，而要把握总的联系；可惜我没有时间能像给报刊写文章那样字斟句酌地向您阐述这一切。

请代我向……①先生问好并代我感谢送来的……②，它使我十分高兴。

致以崇高的敬意。

您的　弗·恩格斯

（选自《马克思恩格斯文集》第 10 卷，人民出版社
2009 年版，第 667—670 页）

---

① 原信此处缺损。——编者注
② 原信此处缺损。——编者注

学 习 导 读

1883 年马克思逝世后，"恩格斯是整个文明世界中最卓越的学者和现代无产阶级的导师"①。许多国家的社会主义者都向恩格斯请教，书信成为他阐述马克思主义理论的一种重要形式。

恩格斯 1890 年 8 月 5 日和 10 月 27 日致康·施米特的信，1890 年 9 月 21—22 日致约·布洛赫的信，1893 年 7 月 14 日致弗·梅林的信和 1894 年 1 月 25 日致瓦·博尔吉乌斯的信，集中阐释了有关历史唯物主义的一系列重大理论问题，捍卫和发展了历史唯物主义。

19 世纪 90 年代，历史唯物主义面临着来自两方面的挑战。

一方面是来自资产阶级学者的挑战。其代表人物保·巴尔特（1858—1922 年）是德国资产阶级社会学家，莱比锡大学的教授。他在 1890 年出版的《黑格尔和包括马克思及哈特曼在内的黑格尔派的历史哲学》一书中，把马克思的理论歪曲为"经济唯物主义"，贬斥为"技术经济史观"、"社会静力学"，批评马克思把经济发展当成了在历史中唯一起作用的因素，否定一切观念的力量。回应巴尔特的挑战是恩格斯在这些书信中阐释历史唯物主义的一个直接原因。

另一方面的挑战来自德国社会民主党内小资产阶级半无政府主义的反对派——"青年派"。其核心是一些年轻的大学生、著作家和编辑，他们以党内理论家和领导者自居，自吹自擂，夸夸其谈。他们把唯物史观庸俗化、教条化，鼓吹经济唯物主义，正好给了巴尔特等人攻击历史唯物主义的口实。恩格斯在致"青年派"的理论家保尔·恩斯特的信中严肃地指出，巴尔特"抓住了您的这种错误，我看他是有点道理的"②。批评和清算"青年派"的错误观点，是恩格斯在通信中论述历史唯物主义的重要目的。

针对上述情况，恩格斯在晚年的通信中，在坚持经济的决定作用这个基本观点的基础上，论述了政治和社会意识形态的相对独立性和反作用，对丰富和发展历史唯物主义做出了新的贡献。

---

① 《列宁专题文集　论马克思主义》，人民出版社 2009 年版，第 51 页。
② 《马克思恩格斯文集》第 10 卷，人民出版社 2009 年版，第 583 页。

一、经济基础和上层建筑的相互作用

（一）经济关系是社会历史的决定性基础

确认物质生活的生产方式在社会发展中具有决定作用，经济基础对上层建筑具有决定作用，是历史唯物主义区别于历史唯心主义的根本观点。恩格斯在通信中反复强调："根据唯物史观，历史过程中的决定性因素**归根到底**是现实生活的生产和再生产。""我们把经济条件看做归根到底制约着历史发展的东西"。"经济运动是最强有力的、最本原的、最有决定性的"。重申这一唯物史观的基本立场非常重要，因为这是全面认识经济基础和上层建筑的关系、正确理解上层建筑的相对独立性和反作用的前提。只有在这一前提下才能全面认识它们之间的相互作用，防止偏离历史唯物主义。

恩格斯在论述社会历史中的决定性因素时，使用了多种相互关联的概念，如"物质存在条件"、"物质存在方式"、"现实生活的生产和再生产"、"经济条件"、"经济运动"、"经济发展"、"经济状况"、"经济关系"、"经济基础"等。这些概念的含义有所区别，被分别运用于不同场合，但它们是属于同一序列的概念，总体上都是相对于上层建筑中的政治和意识形态、思想观念而言的，其中的关键词是"经济"和"生产"。

在1894年1月致瓦·博尔吉乌斯的信中，恩格斯把"社会历史的决定性基础"概括地称为"经济关系"，并阐述了其中包括的内容。他指出："我们视之为社会历史的决定性基础的经济关系，是指一定社会的人们生产生活资料和彼此交换产品（在有分工的条件下）的方式。"

这里所说的经济关系，是指体现了生产力与生产关系的统一的生产方式，既包括生产和产品交换中人们之间的关系，也"包括生产和运输的**全部技术**"。技术，或以技术装备为标志的生产力，"决定着产品的交换方式以及分配方式，从而在氏族社会解体后也决定着阶级的划分，决定着统治关系和奴役关系，决定着国家、政治、法等等"。恩格斯还论述了科学对技术的依赖关系。人们通常都看到技术在很大程度上依赖于科学，而实际上科学在更大得多的程度上依赖于技术的状况和需要。"社会一旦有技术上的需要，这种需要就会比十所大学更能把科学推向前进。"

恩格斯认为，除此之外，制约着历史发展的经济条件还包括：人们的社会关系"赖以发展的**地理基础**"，即一定社会的地理环境、自然条件；"先前各经济发展阶段的残余"，即在一定时期内保存下来的旧经济的残余；"围绕着这一社会形式的外部环境"，即国际经济环境、对外经济交往。恩格斯还指出："种族本身就是一种经济因素。"这是因为，生产是历史中的决定性因素，而"生产本身又有两种"，除生活资料的生产外，还有"人自身的生产，即种的繁衍"①。所以人口也是制约社会发展的重要因素。

总之，只有全面地认识所有这些因素的作用，才能把握复杂的社会运动。经济条件中的这些因素在社会发展中的作用并不是等同的，其中最重要的是物质资料的生产方式。生产方式是决定社会存在和发展的基本力量。

（二）上层建筑的相对独立性和反作用

针对巴尔特的攻击和"青年派"对唯物史观的曲解，恩格斯阐述了上层建筑各种因素的相对独立性和反作用的问题。他指出："总的说来，经济运动会为自己开辟道路，但是它也必定要经受它自己所确立的并且具有相对独立性的政治运动的反作用。"

什么是"相对独立性"和"反作用"？"相对独立性"是指虽然政治的和思想的因素从根本上讲依赖于经济，但它们一旦形成，就有其自身运动的规律和自己的发展阶段，就会相互影响并且反过来对经济产生影响。被经济决定的因素追求其独立性，但又必定受到经济的制约。在依赖于经济的前提下具有一定的独立性，而又不能完全独立，这就是相对独立性。"反作用"是相对于经济的"决定"作用而言的，是指政治等"反过来"对决定自身的经济起作用。这就是恩格斯所说的："经济的前提和条件归根到底是决定性的。但是政治等等的前提和条件，甚至那些萦回于人们头脑中的传统，也起着一定的作用，虽然不是决定性的作用。""物质存在方式虽然是始因，但是这并不排斥思想领域也反过来对物质存在方式起作用，然而是第二性的作用。"

为什么会有相对独立性和反作用？恩格斯认为，这"从分工的观点来看问题最容易理解"。比如，国家是由于社会分工中产生了某些共同职能，部分人被授权执行这种职能而产生的，但是它一旦产生，就"获得了同授权给他们的人相对立的特殊利益"，在被经济运动所决定的条件下和范围内，成为"追求尽可能大的独立性并且一经确立也就有了自己的运动的新的政治权力"。国家

---

① 《马克思恩格斯文集》第4卷，人民出版社2009年版，第16页。

权力的相对独立性和反作用正是由此而产生的。

国家权力对经济发展是如何发生反作用的呢？恩格斯将其概括为三种情况：一是"沿着同一方向起作用"，二是"沿着相反方向起作用"，三是"阻止经济发展沿着某些方向走，而给它规定另外的方向"。在第一种情况下，国家权力对经济发展起同向促进作用，推动它较快发展；在第二种情况下，国家权力对经济发展起反向阻碍作用，由于经济最终起决定作用，因而将会在一定时期导致国家权力的崩溃；在第三种情况下，如果国家权力强行改变经济发展方向，其作用同第二种情况相似，都会给经济发展带来巨大损害，造成大量人力和物力的浪费。

依靠国家暴力机器侵占和粗暴地毁灭经济资源，也是国家权力对经济发展起反作用的一种表现。从历史上看，这种反作用曾经在一定条件下导致某一地区或某一民族全部经济发展的毁灭。

政府和反对派之间的斗争也对经济运动发生反作用。恩格斯分析了这种斗争的性质和特点。它实际上是已经存在的经济利益不同的各阶级之间斗争的反映，但却表现为维护各种政治原则的斗争，似乎不是阶级利益的争夺，所以政治斗争是基于经济利益的阶级斗争的间接的而不是直接的反映，是头足倒置的反映。

建立无产阶级专政的国家政权，能够有力地反作用于经济的发展，而这正是无产阶级为夺取政权而斗争的重要目的。恩格斯说："如果政治权力在经济上是无能为力的，那么我们何必要为无产阶级的政治专政而斗争呢？暴力（即国家权力）也是一种经济力量！"实际上，只有在无产阶级取得政权的条件下，生产资料公有制经济才能产生和发展。

法也有相对独立性和反作用。法是同国家密切关联的社会现象。随着分工的发展，产生了职业法学家，法成为社会中一个新的独立领域。法依赖于生产和贸易，但又具有起反作用的特殊能力。法是经济状况的表现，而且"必须是不因内在矛盾而自相抵触的**一种内部和谐一致的**表现"。法的完善和发展要求它自身必须根除内部矛盾，保持内部和谐一致，这是法的相对独立性的表现。如果将经济关系都鲜明地、不加缓和地直接翻译成法律原则，会使法产生内在矛盾而自相抵触，破坏法体系的和谐；而追求法体系的内部和谐又会使对经济关系的忠实反映受到破坏，不能以纯粹而彻底的形式表现统治阶级的利益。被统治阶级力量的增长也会使这种反映遭到削弱。因此，法的发展的进程表现为，一方面设法消除体系内部矛盾去建立和谐的法的体系，一方面经济的发展又必然反映为法的变化，而强制性地突破法的体系，使它陷入新的矛盾。这种矛盾运动正好表明，法既是由经济关系决定的，又具有相对独立性。

在法学家那里，为了使经济事实以法律形式获得确认，必须采取法律动机的形式，似乎法的制定和修改仅仅是为了法自身的完善，"法律形式就是一切，而经济内容则什么也不是"①。法的原则归根到底是经济关系的反映。这种反映"又对经济基础发生反作用，并且能在某种限度内改变经济基础"。比如，继承法的基础是经济关系，但英国和法国继承法的区别，并非只是出于经济的原因。然而不同的继承法都影响财产的分配，对经济起着很大的反作用。

马克思和恩格斯创立唯物主义历史观时，着重就思想观念的内容揭示其客观根源，论证经济的决定作用。恩格斯在晚年通信中，则着重分析了"形式方面"，"即这些观念等等是由什么样的方式和方法产生的"，由此进一步阐明了意识形态的相对独立性和反作用。

哲学、神学、政治学、法学、经济学等不同的学科各自构成分工的一个特定领域，从事该学科的人们属于分工的一个特殊部门。每一学科领域都有一定的思想材料，这些材料是在世代相继的人们的头脑中经过独立的发展道路形成的，而新的一代就以此为前提，通过对先驱所提供的现有思想材料的加工来制造思想产品。社会意识的这种历史继承性使其在受经济发展支配的前提下有自己相对独立的发展道路、发展规律，也使社会意识的发展同经济的发展具有不平衡性。比如，"经济上落后的国家在哲学上仍然能够演奏第一小提琴"，18 世纪的法国哲学、18 世纪末至 19 世纪初的德国古典哲学就是如此。经济发展对哲学的最终决定作用是通过影响对现有哲学材料的加工而发生的，"经济在这里并不重新创造出任何东西，但是它决定着现有思想材料的改变和进一步发展的方式"。而且，经济对于哲学的影响，"多半也是间接决定的，因为对哲学发生最大的直接影响的，是政治的、法律的和道德的反映"。不同社会意识形式之间的相互作用、相互影响，也是意识形态相对独立性的表现。思想家们制造的精神产品，包括他们的错误在内，都会反过来影响经济发展和全部社会发展。反作用突出地表现了意识形态的相对独立性。

---

① 《马克思恩格斯文集》第 4 卷，人民出版社 2009 年版，第 308 页。

经济基础的决定作用和上层建筑的反作用，构成了历史运动中的相互作用。上层建筑的不同因素包括不同形式的意识形态之间也相互作用。恩格斯说："整个伟大的发展过程是在相互作用的形式中进行的。""相互作用"是恩格斯反复强调的一个重要思想，是历史辩证法的重要体现。

所谓"经济唯物主义"，就是把经济说成是唯一决定性因素而否认相互作用。恩格斯指出，"说经济因素是**唯一**决定性的因素"是对唯物史观的歪曲，是把"历史过程中的决定性因素**归根到底**是现实生活的生产和再生产"这个命题"变成毫无内容的、抽象的、荒诞无稽的空话"。恩格斯总是在"归根到底"的意义上讲经济的决定作用。"归根到底"，既意味着经济因素具有根源性和终极性，起着最终的和最强有力的决定作用，同时又意味着它不具有唯一性，起作用的还有其他因素，它的作用也不一定具有直接性，而可能是通过中间环节间接地起作用的。恩格斯指出，"经济状况是基础，但是对历史斗争的进程发生影响并且在许多情况下主要是决定着这一斗争的形式的，还有上层建筑的各种因素"，如政治斗争，宪法和法律，政治的、法律的和哲学的理论，以及宗教观点和教义体系等。把如此复杂的相互作用简单化为单一的经济决定论，那么"把理论应用于任何历史时期，就会比解一个简单的一次方程式更容易了"。当然，这里一刻也不能忘记，相互作用的力量很不相等，"这是在**归根到底**不断为自己开辟道路的经济必然性的基础上的相互作用"。

二、历史发展中的必然性和偶然性

恩格斯在通信中论述了人们自己创造历史与社会客观规律的关系、历史发展中必然与偶然的关系。

（一）历史是由人们自己创造的

恩格斯指出："人们自己创造自己的历史。"所谓"历史"，不外是各个世代的依次更替，它是由社会中追求着自己目的的人的活动构成的，并不是把人当做达到自己目的的工具来利用的某种特殊人格；历史规律是人们自己实践活动中的内在的、必然的联系，并不是由社会之外强加给社会的某种神秘的"天意"。离开人们自己的活动，就不能理解历史，就会陷入宿命论。

人们是怎样创造自己的历史的呢？

第一，人们是在十分确定的前提和条件下创造历史的。每一代人都要面对前一代人传承下来的生产力和社会关系，它们预先规定了新一代人的生活条件。这些条件不是由人们自己选择的。新一代人可以通过自己的活动改变环境，但他们首先必须从现有的环境出发。所以人们并不能随心所欲地创造历史。现有的环境是由多种因素构成的，其中经济的前提和条件归根到底是决定性的。政治的前提和条件以及人们的思想观念也起着一定的、不是决定性的作用，都会对人们创造历史的活动产生影响；而且在一定的条件下，还会反过来表现为主要的决定的作用。

第二，历史创造的最终结果是从许多单个意志的相互冲突中产生出来的。到现在为止，人们并不是按照共同的意志，根据一个共同的计划来创造历史的。每一个人都追求自己自觉预期的目的，希望得到他向往的东西。各个人的意志是由于许多特殊的生活条件（其中归根到底是经济情况）而产生的。任何一个人的愿望都会受到另外任何一个人的妨碍。因此，在历史的创造中发生作用的，有无数互相交错的力量，形成了无数个力的平行四边形，由此而产生一个合力，构成了历史结果。这个结果可以看做一个作为整体的、不自觉地、不自主地起着作用的力量的产物。所以，"到目前为止的历史总是像一种自然过程一样地进行，而且实质上也是服从于同一运动规律的"。这就表明，历史发展有其客观规律，不依个人意志为转移。但是这并不意味着个人意志在历史创造中的作用等于零。既然总的合力是各个人的意志融合成的总的平均数，那也就是说，每个意志都对合力的形成起作用，都是包括在合力里面的。当人类通过社会制度的变革成为自己社会关系的主人时，人们将遵循社会规律自觉地创造历史。但是，新与旧、正确与错误之间的斗争永远不会完结，人类不断地从必然王国走向自由王国的历史也永远不会完结。

（二）经济运动作为必然的东西通过偶然事件向前发展

由于人们是在既定的现实关系的基础上创造自己的历史的，其中经济关系与其他因素起着不同的作用，因此，一方面，经济关系不管受到其他关系多大影响，都必将为自己开辟道路，它决定着历史发展的总趋势，构成一条贯穿历史始终的、唯一有助于理解历史过程的红线；另一方面，多种因素的相互作用和随机结合又使历史事件的发生具有偶然性。这样，社会历史的进程，就呈现为必然规律和偶然事件的统一，"这里表现出这一切因素间的相互作用，而在这种相互作用中归根到底是经济运动作为必然的东西通过无穷无尽的偶然事件"向前发展。否认必然性或忽视偶然性，都不能正确地认识历史。

必然性和偶然性在历史发展中的地位和作用是不同的。必然性占统治地位，偶然性是必然性的补充和表现形式。恩格斯反复强调，通过各种偶然性来为自己开辟道路的必然性，"归根到底仍然是经济的必然性"。正因为如此，除经济外的其他领域离经济越远，越是接近于纯粹抽象的意识形态，就越是在自己的发展中表现为偶然现象，它的曲线就越是曲折。但是，如果画出曲线的中轴线，那么所考察的时期越长、范围越广，这个中轴线就越接近于经济发展的轴线，与它平行而进。

比如，历史上伟大人物的出现，就是必然性与偶然性的统一。每当历史的发展需要有某种历史角色的时候，就会出现这样的人物，这是历史必然性的体现。恰巧某个伟大人物在一定时间出现于某一国家，则是一种偶然现象。但是，如果把这个人去掉，就会有另外一个人来代替他，这个代替者不论好一些或差一些，最终总是会出现的。这说明偶然性背后有必然性，它是必然性的表现形式。比如，18世纪末，政局动荡不安、被战争弄得精疲力竭的法兰西共和国需要一个强有力的人物来执掌政权，这是历史的必然，而恰巧拿破仑这个科西嘉岛人充当了这个角色，则是个偶然现象。假如没有拿破仑这个人，他的角色也会由另一个人来扮演，历史的必然性会以其他形式表现出来。

三、唯物主义历史观是历史研究工作的指南

正当马克思主义经过数十年的发展和实践检验在工人运动中广泛传播的时候，"青年派"对唯物史观的歪曲和巴尔特对马克思主义的攻击使如何对待马克思主义的问题凸显出来。恩格斯着重对这一问题进行了论述。

（一）不能把历史唯物主义当做套语

"青年派"的理论家保尔·恩斯特等人自诩在研究马克思主义，甚至声称恩格斯和他们持有相同的观点，但是"唯物主义"对他们来说只是一个套语，他们把这个套语当做标签贴到各种事物上，以为这样问题就解决了。这种用套

语来构造体系的方法曲解了唯物史观的精神实质，也为巴尔特这样的资产阶级学者攻击马克思主义制造了借口。针对"青年派"的错误态度，恩格斯指出："我们的历史观首先是进行研究工作的指南，并不是按照黑格尔学派的方式构造体系的杠杆。"黑格尔把否定之否定的辩证法规律当做正题、反题、合题的公式，用来构造自己的体系，把它变成了强制性的结构。把唯物主义历史观当做套语去构造体系，就把它同黑格尔的思辨唯心主义混同了。

恩格斯曾在给保尔·恩斯特的信中严肃批评了他的错误："如果不把唯物主义方法当做研究历史的指南，而把它当做现成的公式，按照它来剪裁各种历史事实，那它就会转变为自己的对立物。"恩格斯还在 1895 年 3 月写的一封信中强调："马克思的整个世界观不是教义，而是方法。它提供的不是现成的教条，而是进一步研究的出发点和**供**这种研究**使用**的方法。"① 这是恩格斯提出的正确对待马克思主义的思想原则，是所有马克思主义者必须遵循的。

（二）必须重新研究全部历史

在唯物史观创立之前，人类虽然也努力认识社会历史，积累了丰富的资料，提出了许多有价值的思想，但由于社会历史条件的局限，未能达到对历史的本质和规律的科学认识。所以，马克思、恩格斯在创立唯物主义历史观的同时，就提出了"深入研究"人类史的任务。他们说："我们需要深入研究的是人类史，因为几乎整个意识形态不是曲解人类史，就是完全撇开人类史。"②

历史唯物主义揭示了社会发展的一般规律，但是一般规律在不同国家、不同历史时期，在社会生活的不同方面，各有其特殊的表现。对一般规律的理解和对历史发展总趋势的预见不能代替对具体历史过程的认识和把握，因此，唯物史观的诞生决不是认识历史的任务的完成，而是新的重新研究的开始。恩格斯提出，"必须详细研究各种社会形态的存在条件，然后设法从这些条件中找出相应的政治、私法、美学、哲学、宗教等等的观点"。这是无限广阔的领域，需要人们投入大量精力，认真地开展研究工作。

恩格斯特别强调要研究经济史。为了克服正确理解历史的障碍，抛掉学校里灌输的那些错误的历史观，必须纠正"对于经济史的不负责的忽视"。对于

① 《马克思恩格斯文集》第 10 卷，人民出版社 2009 年版，第 691 页。
② 《马克思恩格斯文集》第 1 卷，人民出版社 2009 年版，第 519 页注释。

经济学、经济学史、商业史、工业史、农业史和社会形态史，都应该有人下功夫去钻研。为此，必须克服困难去搜集材料，对于汇集在已有的著作中的枯燥的材料也应该认真研读。

在给梅林的信中，恩格斯还通过评论梅林的《莱辛传奇》，具体论述了应该如何去研究德国历史。他提出，在研究德国历史时，只有拿法国的相应的时代来做比较，才可以得出正确的标准。法国自中世纪以来，就是阶级斗争的政治形式表现得最为鲜明、最为典型的国家。同法国做比较，有利于理解贯穿在历史发展过程中的客观逻辑，从而为认识德国的历史找出正确的标准。历史比较法是唯物辩证法在历史研究中的重要体现。

恩格斯论历史唯物主义的书信中关于经济基础和上层建筑的关系、关于历史发展中必然性和偶然性的关系等的论述，对于我们完整、准确地理解和运用历史唯物主义的理论和方法，科学地研究社会和历史，具有重要的指导作用。他关于应当以唯物主义历史观为指导、重新研究全部历史的论述，为马克思主义史学的发展指示了明确的方向。

延伸阅读：

1. 马克思：《马克思致帕维尔·瓦西里耶维奇·安年科夫》，《马克思恩格斯文集》第 10 卷，人民出版社 2009 年版。
2. 列宁：《唯物主义和经验批判主义》第六章，《列宁专题文集 论辩证唯物主义和历史唯物主义》，人民出版社 2009 年版。

思考题：

1. 怎样全面地理解经济基础和上层建筑的相互作用？
2. 如何认识历史发展中的必然性、偶然性及其相互关系？
3. 为什么说历史唯物主义是历史研究工作的指南而不是构造体系的杠杆？

卡·马克思

路易·波拿巴的雾月十八日（节选）

1869 年第二版序言

我的早逝的朋友**约瑟夫·魏德迈**①曾打算从 1852 年 1 月 1 日起在纽约出版一个政治周刊。他曾请求我给这个刊物写政变的历史。因此，我直到 2 月中旬为止每周都在为他撰写题为《路易·波拿巴的雾月十八日》的论文。这时，魏德迈原来的计划遭到了失败。作为变通办法，他在 1852 年春季开始出版名为《革命》的月刊，月刊第一期的内容就是我的《雾月十八日》。那时这一刊物已有数百份输送到德国，不过没有在真正的书籍市场上出售过。当我向一个行为极端激进的德国书商建议销售这种刊物时，他带着真正的道义上的恐惧拒绝了这种"不合时宜的要求"。

从上述事实中就可以看出，本书是在形势的直接逼迫下写成的，而且其中的历史材料只截止到（1852 年）2 月。现在把它再版发行，一方面是由于书籍市场上的需求，另一方面是由于我那些在德国的朋友们的催促。

在与我这部著作差不多**同时**出现的、论述同一问题的著作中，值得注意的只有两部：**维克多·雨果**的《小拿破仑》和**蒲鲁东**的《政变》②。

维克多·雨果只是对政变的主要发动者作了一些尖刻的和机智的痛骂。事变本身在他笔下被描绘成了一个晴天霹雳。他认为这个事变只是某一个人的暴力行为。他没有觉察到，当他说这个人表现了世界历史上空前强大的个人主动性时，他就不是把这个人写成小人物而是写成巨人了。蒲鲁东呢，他想把政变描述成以往历史发展的结果。但是，在他那里关于政变的历史构想不知不觉地变成了对政变主角所作的历史辩护。这样，他就陷入了我们的那些所谓**客观**历史编纂学家所犯的错误。相反，我则是证明，法国**阶级斗争**怎样造成了一种局势和条件，使得一个平庸而可笑的人物有可

---

① 约·魏德迈在美国内战时期担任过圣路易斯区的军事指挥官。

② 即蒲鲁东的《从十二月二日政变看社会革命》。——编者注

能扮演了英雄的角色。

现在如果对本书加以修改，就会使它失掉自己的特色。因此，我只限于改正印错的字，并去掉那些现在已经不再能理解的暗示。

我这部著作的结束语："但是，如果皇袍终于落在路易·波拿巴身上，那么拿破仑的铜像就将从旺多姆圆柱①顶上倒塌下来。"——这句话已经实现了。

沙尔腊斯上校在他论述 1815 年会战的著作②中，开始攻击对拿破仑的崇拜。从那时起，特别是在最近几年中，法国的出版物借助历史研究、批评、讽刺和诙谐等等武器彻底破除了关于拿破仑的奇谈。在法国境外，这种与传统的民众信仰的断然决裂，这个非同寻常的精神革命，很少有人注意，更不为人所理解。

最后，我希望，我这部著作对于清除那种特别是现今在德国流行的所谓**凯撒主义**的书生用语，将会有所帮助。在作这种肤浅的历史对比时，人们忘记了主要的一点，即在古罗马，阶级斗争只是在享有特权的少数人内部进行，只是在富有的自由民与贫穷的自由民之间进行，而从事生产的广大民众，即奴隶，则不过为这些斗士充当消极的舞台台柱。人们忘记了**西斯蒙第**所说的一句名言：罗马的无产阶级依靠社会过活，现代社会则依靠无产阶级过活。③ 由于古代阶级斗争同现代阶级斗争在物质经济条件方面存在这样的根本区别，由这种斗争所产生的政治怪物之间的共同点也就不可能比坎特伯雷大主教与最高祭司撒母耳之间的共同点更多。

卡尔·马克思

1869 年 6 月 23 日于伦敦

（选自《马克思恩格斯文集》第 2 卷，人民出版社

2009 年版，第 465—467 页）

---

① 旺多姆圆柱又称凯旋柱，是为了纪念拿破仑第一的战功，于 1806—1810 年在巴黎旺多姆广场修建的。整个圆柱全部用缴获的武器上的青铜制成，顶上铸有一座拿破仑雕像，雕像在复辟时期被拆除，但在 1883 年又重新复原。1871 年根据巴黎公社的决议，旺多姆圆柱作为军国主义的象征被推倒。1875 年圆柱又被资产阶级政府修复。——编者注

② 即让·巴·沙尔腊斯的《1815 年滑铁卢会战史》。——编者注

③ 参看西斯蒙第《政治经济学概论》1837 年巴黎版第 1 卷第 35 页。——编者注

恩格斯写的 1885 年第三版序言

《雾月十八日》在初版问世 33 年后还需要印行新版，证明这部著作就是在今天也还丝毫没有失去自己的价值。

的确，这是一部天才的著作。当时事变像晴天霹雳一样震惊了整个政治界，有的人出于道义的愤怒大声诅咒它，有的人把它看做是脱离革命险境的办法和对于革命误入迷途的惩罚，但是所有的人对它都只是感到惊异，而没有一个人理解它；紧接着这一事变之后，马克思立即写出一篇简练的讽刺作品，叙述了二月事变①以来法国历史的全部进程的内在联系，揭示了 12 月 2 日的奇迹②就是这种联系的自然和必然的结果，而他在这样做的时候对政变的主角除了给予其应得的蔑视以外，根本不需要采取别的态度。这幅图画描绘得如此高明，以致后来每一次新的揭露，都只是提供出新的证据，证明这幅图画是多么忠实地反映了实际。他对活生生的时事有这样卓越的理解，他在事变刚刚发生时就对事变有这样透彻的洞察，的确是无与伦比。

但是要做到这一点，就需要像马克思那样深知法国历史。法国是这样一个国家，在那里历史上的阶级斗争，比起其他各国来每一次都达到更加彻底的结局；因而阶级斗争借以进行、阶级斗争的结果借以表现出来的变换不已的政治形式，在那里也表现得最为鲜明。法国在中世纪是封建制度的中心，从文艺复兴时代起是统一的等级君主制的典型国家，它在大革命中粉碎了封建制度，建立了纯粹的资产阶级统治，这种统治所具有的典型性是欧洲任何其他国家所没有的。而正在上升的无产阶级反对占统治地位的资产阶级的斗争，在这里也以其他各国所没有的尖锐形式表现出来。正因为如此，马克思不仅特别热衷于研

---

① 二月革命指 1848 年 2 月爆发的法国资产阶级民主革命。代表金融资产阶级利益的"七月王朝"推行极端反动的政策，反对任何政治改革和经济改革，阻碍资本主义发展，加剧对无产阶级和农民的剥削，引起全国人民的不满；农业歉收和经济危机进一步加深了国内矛盾。1848 年 2 月 22—24 日巴黎爆发革命，推翻了"七月王朝"，建立了资产阶级共和派的临时政府，宣布成立法兰西第二共和国。二月革命为欧洲 1848—1849 年革命拉开了序幕。无产阶级和小资产阶级积极参加了这次革命，但革命果实却落到了资产阶级手里。——编者注

② 1848 年 12 月 10 日当选法兰西共和国总统的路易·波拿巴于 1851 年 12 月 2 日在法国发动政变，立法议会和国务会议被解散，许多议员被逮捕，全国有 32 个省宣布处于战时状态，社会党和共和党的领导人被驱逐出法国。1852 年 1 月 14 日通过的新宪法规定，一切权力都集中在总统手中，而在 1852 年 12 月 2 日却宣布路易·波拿巴为法国皇帝，帝号拿破仑第三。——编者注

究法国过去的历史，而且还考察了法国时事的一切细节，搜集材料以备将来使用。因此，各种事变从未使他感到意外。

此外还有另一个情况。正是马克思最先发现了重大的历史运动规律。根据这个规律，一切历史上的斗争，无论是在政治、宗教、哲学的领域中进行的，还是在其他意识形态领域中进行的，实际上只是或多或少明显地表现了各社会阶级的斗争，而这些阶级的存在以及它们之间的冲突，又为它们的经济状况的发展程度、它们的生产的性质和方式以及由生产所决定的交换的性质和方式所制约。这个规律对于历史，同能量转化定律对于自然科学具有同样的意义。这个规律在这里也是马克思用以理解法兰西第二共和国历史的钥匙。在这部著作中，他用这段历史检验了他的这个规律；即使已经过了 33 年，我们还是必须承认，这个检验获得了辉煌的成果。

弗·恩·

（选自《马克思恩格斯文集》第 2 卷，人民出版社
2009 年版，第 468—469 页）

六

……在抓紧作结论之前，我们且把它们的历史作个简括的概述。

I. **第一个时期**，从 1848 年 2 月 24 日起到 5 月 4 日止。二月时期。序幕。普遍友爱的骗局。

II. **第二个时期**，共和国成立和制宪国民议会时期。

（1）从 1848 年 5 月 4 日起到 6 月 25 日止。一切阶级同无产阶级进行斗争。无产阶级在六月事变中遭受失败。

（2）从 1848 年 6 月 25 日起到 12 月 10 日止。纯粹的资产阶级共和派专政。起草宪法。宣布巴黎戒严。资产阶级专政因 12 月 10 日波拿巴当选为总统而废除。

（3）从 1848 年 12 月 20 日起到 1849 年 5 月 28 日止。制宪议会同波拿巴以及和波拿巴联合起来的秩序党进行斗争。制宪议会灭亡。共和派资产阶级遭受失败。

III. 第三个时期，**立宪共和国和立法国民议会**时期。

（1）从 1849 年 5 月 28 日起到 1849 年 6 月 13 日止。小资产阶级同资产阶级和波拿巴进行斗争。小资产阶级民主派遭受失败。

（2）从 1849 年 6 月 13 日起到 1850 年 5 月 31 日止。秩序党实行议会专政。秩序党以废除普选权而完成自己的统治，但失去议会制内阁。

（3）从 1850 年 5 月 31 日起到 1851 年 12 月 2 日止。议会资产阶级和波拿巴进行斗争。

（a）从 1850 年 5 月 31 日起到 1851 年 1 月 12 日止。议会失去军队总指挥权。

（b）从 1851 年 1 月 12 日起到 4 月 11 日止。议会重新支配行政权的企图遭到失败。秩序党失去独立的议会多数。秩序党同共和派和山岳党联合。

（c）从 1851 年 4 月 11 日起到 10 月 9 日止。尝试修改宪法，企图实现融合和延长任期。秩序党分解为各个构成部分。资产阶级议会和资产阶级报刊同资产阶级群众最后决裂。

（d）从 1851 年 10 月 9 日起到 12 月 2 日止。议会和行政权公开决裂。议会正在死亡和崩溃，被自己的阶级、军队以及其余各阶级所抛弃。议会制度和资产阶级的统治覆灭。波拿巴获得胜利。对帝制复辟的拙劣可笑的模仿。

七

社会共和国在二月革命开始的时候是作为一个词句、作为一个预言出现的。1848 年六月事变时，它被扼杀在**巴黎无产阶级**的血泊中，但是它像幽灵一样出现在戏剧的下几幕中。**民主共和国**登上了舞台。它在 1849 年 6 月 13 日和它那些四散奔逃的**小资产者**一同消失了，但是它在逃走时却随身散发了大吹大擂的广告。**议会制共和国**同资产阶级一起占据了全部舞台，在它的整个生存空间为所欲为，但是 1851 年十二月二日事件在联合的保皇党人的"共和国万岁！"的惊慌叫喊声中把它埋葬了。①

法国资产阶级反对劳动无产阶级的统治，它把政权送给了以十二月十日会的

---

① 在 1852 年版中这一段后面还有如下一段话："社会共和国和民主共和国失败了，而议会制共和国、保皇派资产阶级的共和国已经覆灭，同样，纯粹的共和国、资产者共和派的共和国也已经覆灭。"——编者注

头目为首的流氓无产阶级。资产阶级使得法国一想到红色无政府状态的可怕前景就心惊肉跳。12月4日，当那些为烧酒所鼓舞的秩序军队根据波拿巴的命令，对蒙马特尔林荫道上和意大利林荫道上的凭窗眺望的显贵资产者射击的时候，波拿巴就把这一可怕前景贴现给了资产阶级。资产阶级曾把马刀奉为神，马刀统治了它。资产阶级消灭了革命的报刊，它自己的报刊也被消灭了。它把人民的集会置于警察监视之下，它自己的沙龙也遭到了警察的监视。它解散了民主派的国民自卫军，它自己的国民自卫军也被解散了。它实行了戒严，戒严也实行到了它头上。它用军事委员会代替了陪审团，它自己的陪审团也被军事委员会代替。它把国民教育置于教士的支配之下，教士也把它置于自己的教育之下。它不经审判就流放囚犯，它自己也未经审判就被流放了。它以国家权力镇压社会的一切运动，它自己的一切社会运动也遭到了国家权力的镇压。它因偏爱自己的钱袋而反对自己的政治家和著作家，它的政治家和著作家被排除了，但是它的钱袋也在它的口被封死和笔被折断后被抢劫了。资产阶级曾不倦地像圣徒阿尔塞尼乌斯对基督徒那样向革命叫喊道："Fuge，tace，quiesce！——快跑，住嘴，安静！"波拿巴也向资产阶级叫喊道："Fuge，tace，quiesce！——快跑，住嘴，安静！"

　　法国资产阶级早已把拿破仑的"50年后欧洲是共和制的欧洲还是哥萨克式的欧洲"[①] 这个二难推理给解决了。它以"哥萨克式的共和国"解决了这个二难推理。无须瑟西的魔法就把资产阶级共和国这个杰作变成一个畸形怪物了。这个共和国除了外表的体面之外，什么也没有丧失。今天的法国采用了议会制共和国这一成熟的形式。只要刺刀一戳，水泡就破了，怪物就出现在眼前。[②]

---

① 艾·拉斯卡斯《圣赫勒拿岛回忆录》。——编者注

② 在1852年版中这一段话后面是这样写的："二月革命的最近的目标是推翻奥尔良王朝和在奥尔良王朝时期当政的那一部分资产阶级。到1851年12月2日才达到这个目标。这时，奥尔良王室的大量财产，即它的影响的物质基础，被没收了。二月革命后人们所期待的，在12月以后出现了，自1830年以来那些以自己的大喊大叫弄得法国精疲力竭的人遭到监禁、流亡、撤职、放逐、缴械、嘲笑。然而在路易-菲力浦时期执政的，只是商业资产阶级中的一部分。它的其他派别形成一个王朝反对派和一个共和主义反对派，或者完全站在所谓合法国土之外。只有议会制共和国把商业资产阶级的所有派别吸收到它的国家范围里。另外，在路易-菲力浦时期，商业资产阶级排斥了占有土地的资产阶级。只有议会制共和国使他们彼此处于平等地位，让七月王朝和正统王朝联姻并把财产统治的两个时期合而为一。在路易 菲力浦时期，资产阶级的享有特权的部分将其统治隐匿于王冠之下；在议会制共和国时期，资产阶级统治在联合了它的所有的构成部分并把它的帝国扩展为它的阶级的帝国之后，赤裸裸地露出头角。因此，革命本身首先必须创造一种形式，使资产阶级统治在这种形式下可以得到最广泛、最普遍、最彻底的表现，因而也可以被推翻，再也不能站立起来。

为什么巴黎无产阶级在 12 月 2 日后没有举行起义呢？

当时资产阶级的倾覆还只见之于法令，而法令还没有被执行。无产阶级的任何重大起义都会立刻使资产阶级重新活跃起来，使它和军队协调起来，从而为工人造成第二个六月失败。

12 月 4 日，资产者和小店主唆使无产阶级起来战斗。当天晚上，国民自卫军的几个联队答应拿着武器穿着军装到战场上来。因为资产者和小店主已经得知波拿巴在 12 月 2 日的一项命令中废除了秘密投票，命令他们在正式登记名册上把"赞成"或"反对"写在他们的名字后边。12 月 4 日的抵抗吓坏了波拿巴。夜间他就下令在巴黎各个街口张贴了广告，宣布恢复秘密投票。资产者和小店主认为自己的目的已经达到了。次日早晨留在家里的正是小店主和资产者。

12 月 1 日深夜，波拿巴以突然的袭击使巴黎的无产阶级失掉了它的领袖，失掉了街垒战的指挥者。这支没有指挥官的军队，由于对 1848 年六月事变、1849 年六月事变和 1850 年五月事变记忆犹新，不愿意在山岳党的旗帜下作战，于是就听凭自己的先锋队即秘密团体去挽救巴黎的起义的荣誉，这种荣誉已被资产阶级如此恭顺地交给兵痞们去蹂躏，以致波拿巴后来能够用一个刻薄的理由解除国民自卫军的武装：他担心无政府主义者滥用国民自卫军的武器来反对国民自卫军自己！

"这是社会主义的完全而彻底的胜利！"——基佐曾这样评论 12 月 2 日的政变。但是，如果说议会制共和国的倾覆包含有无产阶级革命胜利的萌芽，那么它的直接的具体结果就是**波拿巴对议会的胜利，行政权对立法权的胜利，不讲空话的权力对讲空话的权力的胜利**。[①] 在议会中，国民将自己的普遍意志提

直到这时才执行了 2 月宣布的对奥尔良派资产阶级，即法国资产阶级中最有生命力的派别的判决。它的议会、律师协会、商业法庭、地方代议机关、公证处、大学、讲坛和法庭、报刊和书籍、行政收入和法院诉讼费、军饷和国债，它的精神和肉体都被击溃了。布朗基把解散资产阶级自卫军作为向革命提出的第一个要求，曾经在 2 月阻挡过革命前进的资产阶级自卫军在 12 月从舞台上消失了，万神庙又重新变成了普通的教堂。曾经把资产阶级制度的 18 世纪的发起人神圣化的魔法也同资产阶级制度的最后形式一起破灭了。当基佐得知 12 月 2 日的政变成功时，他宣告：C'est le triomphe complet et définitif du Socialisme! **这是社会主义的完全而彻底的胜利！** 也就是说：这是资产阶级统治的彻底而完全的灭亡。

为什么无产阶级没有拯救资产阶级呢？这个问题转化为另一个问题："——编者注

[①] 在 1852 年版中这句话后面还有这样一句话："这样，旧国家的一种权力首先只是从它自身的局限中解放了出来，变成了无限制的绝对的权力。"——编者注

升为法律，即将统治阶级的法律提升为国民的普遍意志。在行政权面前，国民完全放弃了自己的意志，而服从于他人意志的指挥，服从于权威。和立法权相反，行政权所表现的是国民的他治而不是国民的自治。这样，法国逃脱一个阶级的专制，好像只是为了服从于一个人的专制，并且是服从于一个没有权威的人的权威。斗争的结局，好像是一切阶级都同样软弱无力地和同样沉默地跪倒在枪托之前了。

然而革命是彻底的。它还处在通过涤罪所的历程中。它在有条不紊地完成自己的事业。1851 年 12 月 2 日以前，它已经完成了前一半准备工作，现在它在完成另一半。它先使议会权力臻于完备，为的是能够推翻这个权力。现在，当它已达到这一步时，它就来使**行政权**臻于完备，使行政权以其最纯粹的形式表现出来，使之孤立，使之成为和自己对立的唯一的对象，以便集中自己的一切破坏力量来反对行政权。而当革命完成自己这后一半准备工作的时候，欧洲就会从座位上跳起来欢呼：掘得好，老田鼠！①

这个行政权有庞大的官僚机构和军事机构，有复杂而巧妙的国家机器，有 50 万人的官吏大军和 50 万人的军队。这个俨如密网一般缠住法国社会全身并阻塞其一切毛孔的可怕的寄生机体，是在专制君主时代，在封建制度崩溃时期产生的，同时这个寄生机体又加速了封建制度的崩溃。土地所有者和城市的领主特权转化为国家权力的同样众多的属性；封建的显贵人物转化为领取薪俸的官吏；互相对抗的中世纪的无限权力的五颜六色的样本转化为确切规定了的国家权力的方案，国家权力的运作像工厂一样有分工，又有集中。第一次法国革命的任务是破坏一切地方的、区域的、城市的和各省的特殊权力以造成全国的公民的统一，它必须把专制君主制已经开始的事情——中央集权加以发展，但是它同时也就扩大了政府权力的容量、属性和走卒数目。拿破仑完成了这个国家机器。正统王朝和七月王朝并没有增添什么东西，不过是扩大了分工，这种分工随着资产阶级社会内部的分工愈益造成新的利益集团，即造成用于国家管理的新材料，而愈益扩大起来。每一种**共同的**利益，都立即脱离社会而作为一种最高的**普遍的**利益来与社会相对立，都不再是社会成员的自主行动而成为政府活动的对象——从某一村镇的桥梁、校舍和公共财产，直到法国的铁路、国家财产和国立大学。最后，议会制共和国在它反对革命的斗争中，除采用高压

---

① 莎士比亚《哈姆雷特》第 1 幕第 5 场。——编者注

手段外，还不得不加强政府权力的工具和中央集权。一切变革都是使这个机器更加完备，而不是把它摧毁。那些相继争夺统治权的政党，都把这个庞大国家建筑物的夺得视为胜利者的主要战利品。

但是在专制君主时代，在第一次革命时期，在拿破仑统治时期，官僚不过是为资产阶级的阶级统治进行准备的手段。在复辟时期，在路易-菲力浦统治时期，在议会制共和国时期，官僚虽力求达到个人专制，但它终究是统治阶级的工具。

只是在第二个波拿巴统治时期，国家才似乎成了完全独立的东西。和市民社会相比，国家机器已经大大地巩固了自己的地位，它现在竟能以十二月十日会的头目，一个从外国来的、被喝醉了的兵痞拥为领袖的冒险家做首脑，而这些兵痞是他用烧酒和腊肠收买过来的，并且他还要不断地用腊肠来讨好他们。由此便产生了怯懦的绝望和遭受奇耻大辱的情感，这种情感压住法国的胸膛，让它喘不过气来。法国觉得自己被凌辱了。①

虽然如此，国家权力并不是悬在空中的。波拿巴代表一个阶级，而且是代表法国社会中人数最多的一个阶级——**小农**。

正如波旁王朝是大地产的王朝，奥尔良王朝是金钱的王朝一样，波拿巴王朝是农民的王朝，即法国人民群众的王朝。被农民选中的不是服从资产阶级议会的那个波拿巴，而是驱散了资产阶级议会的那个波拿巴。城市在三年中成功地曲解了 12 月 10 日选举的意义，辜负了农民恢复帝国的希望。1848 年 12 月 10 日的选举只是在 1851 年 12 月 2 日的政变中才得以实现。

小农人数众多，他们的生活条件相同，但是彼此间并没有发生多种多样的关系。他们的生产方式不是使他们互相交往，而是使他们互相隔离。这种隔离状态由于法国的交通不便和农民的贫困而更为加强了。他们进行生产的地盘，即小块土地，不容许在耕作时进行分工，应用科学，因而也就没有多种多样的

---

① 在 1852 年版中这一段是这样写的："只是在第二个波拿巴统治时期，国家才似乎成了完全独立于社会并对它进行奴役的东西。行政权具有明显的独立性，这时它的首脑不再需要天赋，它的军队不再需要声誉，它的官僚不再需要道义上的权威，便可以合法存在。和市民社会相比，国家机器已经大大地巩固了自己的地位，它现在竟能以十二月十日会的头目，一个从外国来的、被喝醉了的兵痞拥为领袖的冒险家做首脑，而这些兵痞是他用烧酒和腊肠收买过来的，并且他还要不断地用腊肠来讨好他们。由此便产生了怯懦的绝望和遭受奇耻大辱的情感，这个情感压住法国的胸膛，让它喘不过气来。法国觉得自己被凌辱了。如果说拿破仑还勉强能够以为法国争自由作为借口，那么第二个波拿巴已不再可能以让法国受奴役作为借口。"——编者注

发展，没有各种不同的才能，没有丰富的社会关系。每一个农户差不多都是自给自足的，都是直接生产自己的大部分消费品，因而他们取得生活资料多半是靠与自然交换，而不是靠与社会交往。一小块土地，一个农民和一个家庭；旁边是另一小块土地，另一个农民和另一个家庭。一批这样的单位就形成一个村子；一批这样的村子就形成一个省。这样，法国国民的广大群众，便是由一些同名数简单相加而形成的，就像一袋马铃薯是由袋中的一个个马铃薯汇集而成的那样。数百万家庭的经济生活条件使他们的生活方式、利益和教育程度与其他阶级的生活方式、利益和教育程度各不相同并互相敌对，就这一点而言，他们是一个阶级。而各个小农彼此间只存在地域的联系，他们利益的同一性并不使他们彼此间形成共同关系，形成全国性的联系，形成政治组织，就这一点而言，他们又不是一个阶级。因此，他们不能以自己的名义来保护自己的阶级利益，无论是通过议会或通过国民公会。他们不能代表自己，一定要别人来代表他们。他们的代表一定要同时是他们的主宰，是高高站在他们上面的权威，是不受限制的政府权力，这种权力保护他们不受其他阶级侵犯，并从上面赐给他们雨水和阳光。所以，归根到底，小农的政治影响表现为行政权支配社会。①

历史传统在法国农民中间造成了一种迷信，以为一个名叫拿破仑的人将会把一切美好的东西送还他们。于是就出现了一个人来冒充这个人，因为他取名为拿破仑，而且拿破仑法典规定："不许寻究父方"。经过 20 年的流浪生活和许多荒唐的冒险行径之后，预言终于实现了，这个人成了法国人的皇帝。侄子的固定观念实现了，因为这个观念是和法国社会中人数最多的阶级的固定观念一致的。

但是，也许有人会反驳我说：在半个法国不是发生过农民起义吗？军队不是围攻过农民吗？农民不是大批被捕，大批被流放吗？②

从路易十四时起，法国农民还没有"因为蛊惑者的阴谋"而遭到过这样

---

① 在 1852 年版中这句话是这样写的："所以，归根到底，小农的政治影响表现为行政权支配议会，国家支配社会。"——编者注

② 1851 年 12 月共和派在巴黎举行了反对波拿巴政变的起义。外省农民、小城镇手艺人、工人、商人和知识分子等也纷纷起义。反抗波拿巴的运动波及法国东南部、西南部和中部 20 多个省，将近 200 个地区。但是，由于缺乏统一领导，起义很快就被警察和政府军队镇压下去了。

马克思在这里把波拿巴当局对包括农民在内的共和派运动采取的报复措施，同 19 世纪二三十年代德国当局迫害所谓蛊惑者的行为作了类比。——编者注

的迫害。

但是，要正确地理解我的意思。波拿巴王朝所代表的不是革命的农民，而是保守的农民；不是力求摆脱其社会生存条件即小块土地的农民，而是想巩固这种条件的农民；不是力求联合城市并以自己的力量去推翻旧制度的农村居民，而是相反，是愚蠢地固守这个旧制度，期待帝国的幽灵来拯救自己和自己的小块土地并赐给自己以特权地位的农村居民。波拿巴王朝所代表的不是农民的开化，而是农民的迷信；不是农民的理智，而是农民的偏见；不是农民的未来，而是农民的过去；不是农民的现代的塞文①，而是农民的现代的旺代。②

议会制共和国三年的严酷统治，使一部分法国农民摆脱了对于拿破仑的幻想，并使他们（虽然还只是表面上）革命化了；可是，每当他们发动起来的时候，资产阶级就用暴力把他们打回去。在议会制共和国时期，法国农民的现代意识同传统意识展开了斗争。这一过程是以教师和教士之间不断斗争的形式进行的。资产阶级打垮了教师。农民第一次力图对政府的行动采取独立的态度；这表现在镇长和省长之间的不断冲突上。资产阶级撤换了镇长。最后，法国各地农民在议会制共和国时期曾起来反对他们自己的产物，即军队。资产阶级用宣布戒严和死刑惩罚了他们。这个资产阶级现在却公然叫喊什么群众是可鄙的群氓，十分愚蠢，说这些群众把它出卖给波拿巴了。它自己曾以暴力加强了农民阶级对帝制的信赖，它曾把这种农民宗教产生的条件保留下来。当群众墨守成规的时候，资产阶级害怕群众的愚昧，而在群众刚有点革命性的时候，它又害怕起群众的觉悟了。

在政变以后发生的各次起义中，一部分法国农民拿起武器抗议他们自己在1848年12月10日的投票表决。1848年以来的教训，使他们学聪明了。但是他们已经投身于历史的地狱，历史迫使他们履行诺言，而大多数农民当时还抱有成见，以致恰恰是在最红的省份中农村居民公开把选票投给波拿巴。在他们看来，国民议会妨碍了波拿巴的活动。波拿巴现在只是打破了城市加之于乡村意

---

① 塞文是法国南部朗格多克省的一个山区，1702—1705年爆发了农民起义，被称为"卡米扎尔"（"穿衬衫的人"）起义。由于新教徒遭受迫害而引发的这些起义具有明显的反封建性质。个别地区直到1715年还有这类起义发生。——编者注

② 旺代是法国西部的一个省。1793年春季，该省经济落后地区的农民在贵族和僧侣的唆使和指挥下举行反对法国大革命的暴动，围攻并夺取了共和国军队防守的索米尔城。暴动于1795年被平定，但是在1799年和以后的年代中，这一地区的农民又多次试图叛乱。旺代因此而成为反革命叛乱策源地的代名词。——编者注

志的桎梏。在有些地方，农民甚至荒唐地幻想在拿破仑身旁建立一个国民公会。

第一次革命把半农奴式的农民变成了自由的土地所有者之后，拿破仑巩固和调整了某些条件，以保证农民能够自由无阻地利用他们刚得到的法国土地并满足其强烈的私有欲。可是法国农民现在没落的原因，正是他们的小块土地、土地的分割，即被拿破仑在法国固定下来的所有制形式。这正是使法国封建农民成为小块土地的所有者，而使拿破仑成为皇帝的物质条件。只经过两代就产生了不可避免的结果：农业日益恶化，农民负债日益增加。"拿破仑的"所有制形式，在19世纪初期原是保证法国农村居民解放和致富的条件，而在本世纪的进程中却已变成使他们受奴役和贫困化的法律了。而这个法律正是第二个波拿巴必须维护的"拿破仑观念"中的第一个观念。如果他和农民一样，还有一个错觉，以为农民破产的原因不应在这种小块土地所有制中去探求，而应在这种土地所有制以外，在一些次要情况的影响中去探求，那么，他的实验一碰上生产关系，就会像肥皂泡一样破灭。

小块土地所有制的经济发展根本改变了农民与其他社会阶级的关系。在拿破仑统治时期，农村土地的小块化补充了城市中的自由竞争和正在兴起的大工业。[①] 农民阶级是对刚被推翻的土地贵族的普遍抗议。[②] 小块土地所有制在法国土地上扎下的根剥夺了封建制度的一切营养物。小块土地的界桩成为资产阶级抵抗其旧日统治者的一切攻击的自然堡垒。但是在19世纪的进程中，封建领主已被城市高利贷者所代替；土地的封建义务已被抵押债务所代替；贵族的地产已被资产阶级的资本所代替。农民的小块土地现在只是使资本家得以从土地上榨取利润、利息和地租，而让农民自己考虑怎样去挣自己的工资的一个借口。法国土地所负担的抵押债务每年从法国农民身上取得的利息，等于英国全部国债的年债息。受到资本这样奴役的小块土地所有制（而它的发展不可避免地要招致这样的奴役）使法国的一大半国民变成穴居人。1 600万农民（包括妇女和儿童）居住在洞穴中，大部分的洞穴只有一个洞口，有的有两个小洞

---

① 在1852年版中这之后还有如下几句话："对农民阶级实行优待本身有利于新的资产阶级制度。这个新造就的阶级是资产阶级制度向城市以外的地区的全面伸延，是资产阶级制度在全国范围内的实施。"——编者注

② 在1852年版中这之后还有如下一句话："如果说它首先受到优待，那么它也首先为封建领主的复辟提供了进攻点。"——编者注

口，最好的也只有三个洞口。而窗户之于住房，正如五官之于脑袋一样。资产阶级制度在本世纪初曾让国家守卫新产生的小块土地，并对它尽量加以赞扬，现在却变成了吸血鬼，吸吮它的心血和脑髓并把它投入资本的炼金炉中去。拿破仑法典现在至多不过是一个执行法庭判决、查封财产和强制拍卖的法典。在法国，除了官方计算的 400 万（包括儿童等等）乞丐、游民、犯人和妓女之外，还有 500 万人濒于死亡，他们或者是居住在农村，或者是带着他们的破烂和孩子到处流浪，从农村到城市，又从城市到农村。由此可见，农民的利益已不像拿破仑统治时期那样同资产阶级的利益、同资本相协调，而是同它们相对立了。因此，农民就把负有推翻资产阶级制度使命的**城市无产阶级**看做自己的天然同盟者和领导者。可是，**强有力的和不受限制的政府**（这是第二个拿破仑应该实现的第二个"拿破仑观念"）应该用强力来保卫这种"物质的"制度。这种"物质制度"也是波拿巴反对造反农民的一切文告中的口号。

小块土地除了肩负资本加于它的抵押债务外，还肩负着**赋税**的重担。赋税是官僚、军队、教士和宫廷的生活来源，一句话，它是行政权的整个机构的生活来源。强有力的政府和繁重的赋税是一回事。小块土地所有制按其本性说来是无数全能的官僚立足的基础。它造成全国范围内各种关系和个人的均质的水平。所以，它也就使得一个最高的中心对这个均质的整体的各个部分发生均质的作用。它消灭人民群众和国家权力之间的贵族中间阶梯。所以，它也就引起这一国家权力的全面的直接的干涉和它的直属机关的全面介入。最后，它造成无业的过剩人口，使他们无论在农村或城市都找不到容身之地，因此他们钻营官职，把官职当做一种体面的施舍，迫使增设官职。① 拿破仑借助于他用刺刀开辟的新市场，借助于对大陆的掠夺，连本带利一并偿还了强制性赋税。这种赋税曾是刺激农民发展产业的手段，而现在赋税却使这些产业失去最后的资源，失去抵御贫困化的能力。大批衣着华贵和脑满肠肥的官僚，是最符合第二个波拿巴心意的一种"拿破仑观念"。既然波拿巴不得不创造一个同社会各真实阶级并列的人为等级，而对这个等级来说，维护波拿巴的政权就成了饭碗问

---

① 在 1852 年版中这后面还有如下一段话："在拿破仑时期，这一大批政府人员不仅仅直接提供生产成果，因为他们在公共工程等等的形式下采用国家的强制手段为新形成的农民阶级做出了资产阶级在私人产业的道路上还不可能做出的事情。国家赋税是维持城市和农村之间交换的必要的强制手段，否则，小块土地所有者就会像在挪威和瑞士的部分地区那样，由于农民的自给自足而破坏同城市的联系。"——编者注

题，那么，事情又怎能不是这样呢？正因为如此，他的最初的财政措施之一就是把官吏薪俸提高到原来的水平，并添设了领干薪的新官职。

另一个"拿破仑观念"是作为政府工具的**教士**的统治。可是，如果说刚刚出现的小块土地由于它和社会相协调，由于它依赖自然力并且对从上面保护它的权威采取顺从态度，因而自然是相信宗教的，那么，债台高筑、同社会和权威反目并且被迫越出自己的有限范围的小块土地自然要变成反宗教的了。苍天是刚刚获得的一小块土地的相当不错的附加物，何况它还创造着天气；可是一到有人硬要把苍天当做小块土地的代替品的时候，它就成为一种嘲弄了。那时，教士就成为地上警察的涂了圣油的警犬——这也是一种"拿破仑观念"。①对罗马的征讨下一次将在法国内部进行，不过它的意义和蒙塔朗贝尔先生所想的②正好相反。

最后，"拿破仑观念"登峰造极的一点，就是**军队**占压倒的优势。军队是小农的光荣，军队把小农造就成为英雄，他们保护新得的财产免受外敌侵犯，颂扬他们刚获得的民族性，掠夺世界并使之革命化。军服是他们的大礼服，战争是他们的诗篇，在想象中扩大和完整起来的小块土地是他们的祖国，而爱国主义是财产观念的理想形态。可是，现在法国农民为了保护自己的财产所要对付的敌人，已不是哥萨克，而是法警和税吏了。小块土地已不是躺在所谓的祖国中，而是存放在抵押账簿中了。军队本身已不再是农民青年的精华，而是农民流氓无产阶级的败类了。军队大部分都是招募来的新兵，都是些顶替者，正如第二个波拿巴本人只是一个招募来的人物，只是拿破仑的顶替者一样。现在军队是在执行宪兵勤务围捕农民时树立英雄业绩的；所以，如果十二月十日会的头目在其制度内在矛盾的驱使下到法国境外去用兵，那么军队在干了几桩强盗勾当后就不是获得荣誉，而是遭到痛打了。

这样，我们就看到，**一切"拿破仑观念"都是不发达的、朝气蓬勃的小块土地所产生的观念**；对于已经衰老的小块土地说来，这些观念是荒谬的，只是它垂死挣扎时的幻觉，只是变成了空话的词句，只是变成了幽灵的魂魄。但是，为了使法国国民大众解脱传统的束缚，为了使国家权力和社会之间的对立

---

① 在1852年版中这后面还有如下一句话："和拿破仑时期不同，在第二个波拿巴时期，地上警察的使命不是监视农民体制在城市里的敌人，而是监视波拿巴在农村里的敌人。"——编者注

② 指正统派首领沙·蒙塔朗贝尔1850年5月22日在一篇演说中要求国民议会议员"同社会主义进行严肃的斗争"。——编者注

以纯粹的形态表现出来，一出模仿帝国的滑稽剧是必要的。随着小块土地所有制日益加剧的解体，建立在它上面的国家建筑物将倒塌下来。现代社会所需要的国家中央集权制，只能在军事官僚政府机器的废墟上建立起来，这种军事官僚政府机器是在同封建制度的对立中锻造而成的。①

12 月 20 日和 21 日大选之谜，要从法国农民的状况中找到解答。这次大选把第二个波拿巴推上西奈山②，并不是为了让他去接受法律，而是为了让他去颁布法律。

显然，资产阶级现在除了投票选举波拿巴之外，再没有别的出路了。③ 当清教徒④在康斯坦茨宗教会议⑤上诉说教皇生活淫乱并悲叹必须改革风气时，红衣主教彼得·大利向他们大声喝道："现在只有魔鬼还能拯救天主教会，而你们却要求天使！"法国资产阶级在政变后也同样高声嚷道：现在只有十二月十日会⑥的头目还能拯救资产阶级社会！只有盗贼还能拯救财产；只有假誓还能拯救宗教；只有私生子还能拯救家庭；只有无秩序还能拯救秩序！

波拿巴作为行政权的自主的力量，自命为负有保障"资产阶级秩序"的使命。但是这个资产阶级秩序的力量是中等阶级。所以他就自命为中等阶级的代

---

① 在 1852 年版中没有最后这两句话，本段的结尾是这样写的："打碎国家机器不会危及中央集权制。官僚政治不过是中央集权制受其对立物即封建制度累赘时的低级和粗糙形态。法国农民一旦对拿破仑帝制复辟感到失望，就会把对于自己小块土地的信念抛弃；那时建立在这种小块土地上面的全部国家建筑物都将会倒塌下来，于是**无产阶级革命就会形成一种合唱，若没有这种合唱，它在一切农民国度中的独唱是不免要变成孤鸿哀鸣的。**"——编者注

② 西奈山是阿拉伯半岛上的山脉。据圣经传说，摩西在西奈山上聆受了耶和华的"十诫"（见《旧约全书·出埃及记》第 19—20 章）。

③ 在 1852 年版中这后面还有如下一句话："专制或者无政府主义，它自然投票赞成专制。"——编者注

④ 清教徒是基督教新教教徒中的一派，16 世纪中叶产生于英国，原为英国国教会（圣公会）内以加尔文教义为旗帜的新宗派，如长老会、公理会等。清教徒要求"清洗"英国国教内保留的天主教旧制和烦琐仪文，反对王公贵族的骄奢淫逸，提倡"勤俭清洁"的简朴生活，因而得名。16 世纪末，清教徒中开始形成两派，即温和派（长老派）和激进派（独立派）。温和派代表大资产阶级和上层新贵族的利益，主张立宪君主政体。激进派代表中层资产阶级和中小贵族的利益，主张共和政体。——编者注

⑤ 康斯坦茨宗教会议（1414—1418 年）是宗教改革运动开始后为巩固天主教会已经动摇的地位而召开的。这次会议谴责了宗教改革运动的首领约·威克利夫和扬·胡斯的教理，消除了天主教会的分裂状态并推选出新的教会首脑以代替三个争夺教皇皇位的人。——编者注

⑥ 十二月十日会是波拿巴派的秘密团体，以纪念其庇护人路易·波拿巴 1848 年 12 月 10 日当选为法兰西共和国总统而得名。该组织成立于 1849 年，主要由堕落分子、政治冒险家、军人等组成。虽然该团体于 1850 年 11 月表面上被解散，但实际上其党羽仍然继续进行波拿巴主义的宣传，并积极参加了 1851 年 12 月 2 日政变。——编者注

表人物，并颁布了相应的法令。可是，他之所以能够成为一个人物，只是因为他摧毁了并且每天都在重新摧毁这个中等阶级的政治力量。所以他又自命为中等阶级的政治力量和著作力量的敌人。可是，既然他保护中等阶级的物质力量，那么就不免要使这个阶级的政治力量重新出现。因此，必须保护原因并在结果出现的地方把结果消灭掉。但是，原因和结果总不免有某些混淆，因为原因和结果在相互作用中不断丧失自己的特征。于是就有抹掉界限的新法令出现。同时波拿巴针对资产阶级，自命为农民和人民大众的代表，想使人民中的下层阶级在资产阶级社会的范围内得到幸福。于是就有一些预先抄袭"真正的社会主义者"①的治国良策的新法令出现。但是波拿巴首先觉得自己是十二月十日会的头目，是流氓无产阶级的代表。他本人、他的亲信、他的政府和他的军队都属于这个阶级，而这个阶级首先关心的是自己能生活得舒服，是从国库中抽取加利福尼亚的彩票。于是他就以颁布法令、撤开法令和违反法令来证实他真不愧为十二月十日会的头目。

这个人所负的这种充满矛盾的使命，就可以说明他的政府的各种互相矛盾的行动。这个政府盲目摸索前进，时而拉拢这个阶级，时而又拉拢另一个阶级，时而侮辱这个阶级，时而又侮辱另一个阶级，结果使一切阶级一致起来和它作对。他这个政府在实际行动上表现的犹豫，和他从伯父那里盲目抄袭来的政府法令的独断果敢的风格形成一种十分可笑的对照。②

工业和商业，即中等阶级的事业，应该在强有力的政府治理下像温室中的花卉一样繁荣。于是就让出了无数的铁路承租权。但是波拿巴派的流氓无产阶级是要发财致富的。于是就有事先知悉秘密的人在交易所进行承租权上的投机。但是又没有建筑铁路的资本。于是就强令银行以铁路股票作抵押来发放贷款。但是银行同时要由波拿巴本人来经营，因此就要优待银行。于是银行就免除了公布每周结算的义务，它和政府订立了只对它有利的契约。人民应该有工作。于是就安排公共工程。但是公共工程增加人民的税负。因此必须对食利者下手，把利息由五厘改为四厘半，以此来减低税额。但是必须再给中间等级一些甜头。因此零买酒喝的大众的葡萄酒税增加了一倍，而大批买酒喝的中间等

---

① "真正的社会主义者"原指 1844 年起在德国传播的所谓德国的或"真正的"社会主义思潮的代表人物。马克思在这里是指大约 1850 年初出现在法国的所谓社会民主派。——编者注
② 在 1852 年版中这里还有一句话："因此，这些互相矛盾的行动的匆忙和草率，应该模仿皇帝的面面俱到和善于应对。"——编者注

级的酒税却减低了一半。现有的工人团体被解散了，但是许诺将来会出现团体兴旺的奇迹。必须帮助农民。于是要有抵押银行，以加重农民债务并加速财产集中。但是必须利用这些银行来从被没收的奥尔良王室财产中榨取金钱。可是没有一个资本家同意这个在法令中没有规定的条件，结果抵押银行也就始终只是一纸法令，如此等等。

波拿巴想要扮演一切阶级的家长似的恩人。但是，他要是不从一个阶级那里取得一些什么，就不能给另一个阶级一些什么。正如吉斯公爵在弗伦特运动时期由于曾把自己的一切财产变成他的党徒欠他的债务而被称为法国最该受感激的人一样，波拿巴也想做法国最该受感激的人，把法国所有的财产和所有的劳动都变成欠他个人的债务。他想窃取整个法国，以便将它再赠给法国，或者说得更确切些，以便能够用法国的钱再来收买法国，因为他作为十二月十日会的头目，就不得不收买应归他所有的东西。于是所有一切国家设施，即参议院、国务会议、立法机关、荣誉军团勋章、士兵奖章、洗衣房、公共工程、铁路、没有士兵的国民自卫军司令部以及被没收的奥尔良王室财产，都成了用于收买的设施。军队和政府机器中的每一个位置，都成了收买手段。然而在这种先把法国攫取过来，然后再把它交给法国自己的过程中，最重要的东西还是在买卖过程中流到十二月十日会的头目和会员的腰包里去的利润。莫尔尼先生的情妇 L. 伯爵夫人，对没收奥尔良王室财产一事曾说过这样一句俏皮话："C'est le premier vol de l'aigle"（"这是鹰的最初的飞翔"①），这句俏皮话对于这只更像是**乌鸦**的鹰的每一次飞翔都适用。一个意大利的加尔都西会②修士曾对一个夸耀地计算自己还可以受用多年的财产的守财奴说过："Tu fai conto sopra i beni，bisogna prima far il conto sopra gli anni."③ 波拿巴和他的信徒每天都对自己说这句话。为了不致算错年月，他们按分钟来计算。钻进宫廷，钻进内阁，钻进行政机关和军队的上层去的是一群连其中最好的一个也来历不明的流氓，是一群吵吵嚷嚷的、声名狼藉的、贪婪的浪荡者。他们穿着缀有标志级别的金银边饰的制服，装出俨如苏路克的高官显宦那样可笑的庄严的样子。如果人们

---

① vol 有"飞翔"和"盗窃"两个意思。

② 加尔都西会是 1084 年法国人圣布鲁诺创立的天主教隐修院修会之一，因创建于法国加尔都西山中而得名。该会会规以本笃会会规为蓝本，但更严格。修士各居一小室，以便独自专务苦身、默想、诵经；终身严守静默，只能在每周六聚谈一次；在每年的 40 天封斋期内，仅食面包和清水，有"苦修会"之称。——编者注

③ "你总是计算你的财产，但你最好是先计算一下你的年岁。"

注意到，**韦隆-克勒维尔**①是十二月十日会的道德说教者，**格朗尼埃·德卡桑尼亚克**是它的思想家，那么人们对这个会的上层人物就能有个清楚的概念了。基佐主持内阁的时候，曾在一家地方小报上利用这个格朗尼埃作为攻击王朝反对派的工具，并且总是给他如下的赞语："C'est le roi des drôles"，"这是丑角之王"②。如果把路易·波拿巴的朝廷和家族拿来跟摄政时期③或路易十五统治时期对比，那是不公正的。因为"法国已不止一次地有过姘妇的政府，但是从来还没有过面首的政府"④。

波拿巴既被他的处境的自相矛盾的要求所折磨，同时又像个魔术师，不得不以不断翻新的意外花样吸引观众把视线集中在他这个拿破仑的顶替者身上，也就是说，他不得不每天发动小型政变，使整个资产阶级经济陷于混乱状态，侵犯一切在 1848 年革命中显得不可侵犯的东西，使一些人容忍革命而使另一些人欢迎革命，以奠定秩序为名造成无政府状态，同时又使整个国家机器失去圣光，渎犯它，使它成为可厌而又可笑的东西。他模仿特里尔的圣衣⑤的礼拜仪式在巴黎布置拿破仑的皇袍的礼拜仪式。但是，如果皇袍终于落在路易·波拿巴身上，那么拿破仑的铜像就将从旺多姆圆柱顶上倒塌下来。

（选自《马克思恩格斯文集》第 2 卷，人民出版社
2009 年版，第 558—578 页）

---

① 巴尔扎克在其长篇小说《贝姨》中，把克勒维尔描绘为最淫乱的巴黎庸人，这个克勒维尔是以《立宪主义者报》报社主人韦隆博士为模特描摹出来的。

② 这是雅·杜邦·德勒尔在《内部纪事》一文中对弗·基佐的称谓，该文发表在 1850 年 12 月 15 日《流亡者之声》第 8 期。——编者注

③ 指法国奥尔良王朝的菲力浦摄政时期（1715—1723 年）。当时路易十五尚未成年。——编者注

④ 马克思在这里加了一个注："德·日拉丹夫人的话。"在 1852 年版中本段的结尾还有一句话："卡托为了在极乐世界同英雄相会，宁愿一死！可怜的卡托！"——编者注

⑤ 特里尔的圣衣是保存在特里尔教堂里的天主教圣物，传说是耶稣受刑时脱下的。特里尔的圣衣是朝圣者的崇拜物。——编者注

学 习 导 读

《路易·波拿巴的雾月十八日》是马克思总结法国 1848 年革命经验和评述 1851 年 12 月 2 日路易·波拿巴政变的重要著作。

马克思在 19 世纪 40 年代创立唯物主义历史观之后，即以此为指导，对社会历史问题进行重新研究。恩格斯认为，《路易·波拿巴的雾月十八日》这部著作，"是运用这个理论的十分出色的例子"①。马克思用这段历史检验了他的理论，"这个检验获得了辉煌的成果"。

马克思把这部著作定名为"路易·波拿巴的雾月十八日"，含有讽刺意味。法国大革命后的共和八年雾月十八日，即 1799 年 11 月 9 日，拿破仑第一发动政变，实行军事独裁，改行帝制。1851 年 12 月 2 日，他的侄子路易·波拿巴（1808—1873 年）步他的后尘，发动政变，解散立法国民议会。随后，路易·波拿巴废除"二月革命"后重新建立起来的共和国，复辟帝制，于 1852 年 12 月 2 日正式宣布自己为法兰西皇帝，称拿破仑第三。马克思用这个标题，意在讽刺路易·波拿巴的政变"演出了雾月十八日的可笑的模仿剧"②。

《路易·波拿巴的雾月十八日》共七节，完稿于 1852 年 3 月 25 日以前。同年 5 月，魏德迈以单行本形式出版了这部著作，作为不定期出版的刊物《革命》的第一期。

学习《路易·波拿巴的雾月十八日》这部著作，通过了解马克思对法国 1848 年革命经验的总结和对路易·波拿巴政变的评述这个范例，不仅可以帮助我们进一步领会历史唯物主义的一些重要原理，而且可以帮助我们提高运用科学的历史观和方法论研究历史问题的能力。

一、从 1848 年二月革命到 1851 年 路易·波拿巴的政变

马克思在《路易·波拿巴的雾月十八日》一书的第六节中，概述了法国

---

① 《马克思恩格斯文集》第 10 卷，人民出版社 2009 年版，第 593 页。
② 《马克思恩格斯文集》第 10 卷，人民出版社 2009 年版，第 97 页。

1848 年革命的历史。这里对有关情况作一些说明，因为了解这些情况是理解马克思提出有关论断的必要条件。

1848 年的法国革命，根源于当时法国社会的经济状况和阶级关系。以主要代表大金融资本家利益的路易-菲力浦为国王的七月王朝统治法国 18 年，引起了人民的不满。1845 年和 1846 年法国发生马铃薯病虫害，导致农业歉收，地主和资本家乘机提高粮价，加剧了人民生活的贫困。1847 年英国爆发的工商业总危机对欧洲大陆经济的连锁性影响，使法国工业生产急剧下滑，工厂倒闭，工人失业，小资产阶级大量破产。工人不断掀起罢工浪潮，饥民暴动几乎遍及全国，社会阶级矛盾加剧。1848 年 2 月 24 日，法国爆发起义。

法国 1848 年革命从 1848 年 2 月 24 日起到 1851 年 12 月止，可以划分为三个主要时期，即：二月时期；共和国成立和制宪国民议会时期；立宪共和国和立法国民议会时期。

（一）二月时期（从 1848 年 2 月 24 日起到 5 月 4 日止）

这个时期是革命的序幕时期。

1848 年 2 月 24 日，巴黎起义群众对政府各主要据点发动猛烈进攻，获得胜利，成立了临时政府，但胜利果实却落在资产阶级手中。临时政府于 2 月 25 日宣布成立共和国，即法兰西第二共和国。这个共和国是工业资本家与金融贵族的联合统治。

法兰西第二共和国成立后，工人阶级同资产阶级的矛盾迅速上升到首位。当政的资产阶级共和派要求通过共和国来确立对工人阶级和其他劳动人民的全面统治，工人阶级则提出建立"社会共和国"的模糊口号，要求实现没有剥削、没有压迫的愿望。

当时工人群众手中掌握着武器，一度争得了一些胜利成果，如实行普选、规定劳动日减少一小时、保证工人的劳动权利、设立劳动委员会、建立国立工场等等。但是资产阶级共和派在被迫同意颁布这些法令的同时，却在暗中采取多种手段迫害和孤立工人。4 月 16 日，巴黎 10 万工人集会进行抗议。临时政府煽动小资产阶级群众举行反对工人的示威，提出了"打倒共产主义者"的口号，政治气氛对工人阶级十分不利。4 月 23 日，举行制宪议会选举，结果资产阶级共和派获得胜利。

（二）共和国成立和制宪国民议会时期（从 1848 年 5 月 4 日起到 1849 年 5 月 28 日止）

这是资产阶级共和国创立、奠定的时期。大致包括三个基本阶段：

1. 从 1848 年 5 月 4 日起到同年 6 月 25 日止

5 月 4 日，制宪会议开幕，选出执行委员会，组成法兰西第二共和国的新政府。5 名执委成员中，资产阶级共和派占 4 名，小资产阶级民主派占 1 名，工人阶级的代表全被排斥在外。执行委员会通过了禁止集会请愿的法令。在对外政策上，执行委员会决定支持俄国和奥地利镇压波兰民族革命运动。

执行委员会的反人民政策，激起了巴黎工人的愤慨。5 月 15 日，巴黎 15 万工人举行示威游行。示威群众向制宪议会提出给失业者工作、对富豪征课重税、成立劳动部、允许工人代表参加政府、援助波兰革命等要求。执行委员会调集军队，驱散示威群众，逮捕了布朗基、阿尔伯等工人领袖。5 月 17 日，执行委员会任命前阿尔及利亚总督卡芬雅克为军政部长，把大批军队调进巴黎，禁止群众集会。6 月 22 日，制宪会议下令封闭国立工场，18—25 岁的未婚男工一律编入军队，其余工人则送往常有霍乱流行的沼泽地带——索伦垦荒或做其他苦役。

巴黎工人为回应资产阶级的挑衅，于 6 月 22 日举行游行示威，进行抗议。当晚，示威工人发动起义。起义工人以建立"社会民主共和国"为中心口号，以 45 000 人对抗 25 万人以上的政府军队，经过 6 月 23—26 日 4 天的浴血奋战，最后被镇压下去，史称"六月起义"。

六月起义虽然失败了，但意义重大。马克思说："这是分裂现代社会的两个阶级之间的第一次大规模的战斗。这是保存还是消灭**资产阶级**制度的斗争。"[1]

2. 从 1848 年 6 月 25 日起到同年 12 月 10 日止

六月起义失败后，卡芬雅克被任命为国家首脑，组成了清一色的资产阶级共和派政府，巩固了资产阶级共和派右翼的专政。卡芬雅克采取一系列反动措施，如解散全国所有的国家工场、封闭政治团体和进步报刊等，严重地打击了工人阶级，也损害了农民和小资产阶级的利益。1848 年 11 月，制宪

---

[1] 《马克思恩格斯文集》第 2 卷，人民出版社 2009 年版，第 101 页。

议会通过法兰西第二共和国宪法，即 1848 年宪法。根据宪法规定，立法权赋予一院制的议会，3 年改选一次；总统任期 4 年，不得连任，但握有军政大权，有权直接任免官吏。但是资产阶级共和派右翼的统治并不巩固。它的税收和财政政策引起众多的农民和小资产者的怨恨；多数大资产阶级属于保皇派，不拥护共和而拥护君主政体。在 12 月 10 日进行的总统选举中，代表大资产阶级中最反动、最富有侵略性阶层利益的路易·波拿巴当选为总统。

3. 从 1848 年 12 月 10 日起到 1849 年 5 月 28 日止

路易·波拿巴就职后，任命七月王朝的最后一个大臣、君主派分子巴罗组阁。巴罗集结代表金融巨头、大工业家的奥尔良派和代表大地主的正统派组织了秩序党内阁。但是资产阶级共和派在制宪国民议会中仍占多数，并依靠立法大权与波拿巴及其秩序党内阁进行斗争。秩序党内阁利用各阶层对共和政府的不满，在全国各地掀起要求立即解散制宪议会的请愿运动，并以武力相威胁，迫使制宪议会于 1849 年 1 月自动宣布解散，并决定在 1849 年 5 月进行立法国民议会的选举。

1849 年初，立法国民议会的选举活动开始。2 月间，小资产阶级民主派和小资产阶级社会主义者联合组成新山岳派参加议会选举，提出了以共和制度、普选权和劳动权等为内容的竞选纲领。5 月 13 日选举的结果，资产阶级共和派和新山岳派均遭失败。秩序党以绝对优势完全控制了议会。资产阶级共和派统治彻底垮台。

（三）立宪共和国和立法国民议会时期（从 1849 年 5 月 28 日起到 1851 年 12 月 2 日止）

这个时期，大致分为三个小阶段：

1. 从 1849 年 5 月 28 日起到同年 6 月 13 日止

1849 年 5 月 28 日，立法议会开幕，开始了立宪共和国的正常活动。当时秩序党与新山岳派之间在对外政策问题上发生冲突。路易·波拿巴为得到天主教会的支持，出兵协助罗马教皇镇压意大利革命。小资产阶级民主派利用宪法关于禁止动用军队干涉别国人民自由的规定，在立法国民议会上提出反对意见，并于 6 月 13 日发动保卫宪法的示威游行，结果遭军队驱散，其领袖人物赖德律-洛兰逃往英国。小资产阶级民主派被击败。

2. 从 1849 年 6 月 13 日起到 1850 年 5 月 31 日止

从 1849 年 6 月 13 日起,秩序党独揽议会制共和国大权,实行议会专政。它着手制定一系列镇压人民、禁止任何民主活动和出版进步书刊的法令,使革命沿着下降线发展。路易·波拿巴则依靠秩序党逐步加强了自己的统治。

击败共和派、摧毁民主派后,统治集团内部的纷争日趋表面化,由哪个君主派来恢复王权成为斗争焦点。路易·波拿巴既反对正统派复辟波旁王朝,也反对奥尔良派复辟七月王朝,他力图自己称帝。他一面成立反动组织十二月十日会,加强自己的力量;一面竭力削弱秩序党。他罢免了秩序党的巴罗内阁,组织并亲自领导由波拿巴分子组成的新内阁,使秩序党失去了行政权。随后,由于小资产阶级民主派与无产阶级的联合势力又再次兴起,波拿巴不得不暂时联合秩序党对付这种威胁。民主势力的威胁消除以后,路易·波拿巴又转而对付秩序党。1850 年 5 月 31 日,在波拿巴的策动下,通过了《1849 年 3 月 15 日选举法修正案》。该法案规定,在固定居住地居住 3 年以上并直接纳税的人才有表决权。这实际上废除了普选权。该法案的通过,使秩序党人把持的立法议会在人民心目中更加威信扫地。

3. 从 1850 年 5 月 31 日起到 1851 年 12 月 2 日止

波拿巴在同秩序党的斗争中集注意力于军权。1851 年 1 月,他用自己的亲信取代了奥尔良派尚加尔涅将军的巴黎卫戍司令的职务,使军队脱离了秩序党的控制。部分议员出于私利也离开秩序党阵营,天主教的首领亦投向路易·波拿巴。1851 年 2 月开始的工商业危机,使大资产阶级和地方官吏要求加强行政权,拥护路易·波拿巴建立稳定的"强有力的政府"。路易·波拿巴从各方面巩固自己的统治地位以后,于 1851 年 10 月间要求议会修改宪法,包括恢复普选权、取消总统不得连任的条款等,借以取悦群众,进一步打击秩序党的残余,为政变做准备。1851 年 7 月 19 日议会拒绝修改宪法后,路易·波拿巴决心以武力来保持统治地位。1851 年 12 月 2 日是奥斯特利茨战役和拿破仑加冕称帝的纪念日。路易·波拿巴于 12 月 1 日深夜调集 7 万多人的军队占领巴黎,解散立法国民议会,逮捕秩序党分子及一切反对他的议员。这就是法国历史上有名的路易·波拿巴政变。紧接着他调集重兵,镇压了共和派在巴黎和外省进行的武装反抗,逮捕反抗者,在全国实行警察恐怖统治。

(四)路易·波拿巴对帝制复辟的拙劣模仿

路易·波拿巴于拿破仑帝国倾覆后,被逐出法国,寄居瑞士。1832 年拿破仑的儿子死后，他被确定为拿破仑法定的继承人。路易·波拿巴效仿拿破仑，时刻梦想恢复帝业。1836年、1840年，他两次组织暴动，企图夺取政权，均遭失败，后被判终身监禁。1846年，他越狱逃往英国；1848年法国二月起义爆发后，他回国重登政治舞台。他一面伪装同情劳动人民，写了反资本主义的小册子《论消灭贫困》；一面暗中同大资产阶级勾结。路易·波拿巴之所以能当选总统，主要是在当时特殊的阶级斗争背景下，他不仅得到了流氓无产阶级的支持，而且得到多方面的拥护。他首先是得到占法国人口大多数的农民的拥护。这是因为，卡芬雅克政府的反动措施加重了农民负担，处于破产境地的农民把路易·波拿巴看做是"好皇帝"拿破仑的再现。他们高呼着"取消捐税，打倒富人，打倒共和国，皇帝万岁！"的口号，投路易·波拿巴的票。城市小资产阶级出于对资产阶级共和派政府财政政策的抗议也投路易·波拿巴的票。大资产阶级和大土地所有者把路易·波拿巴视为复辟君主制的象征也投了他的票。路易·波拿巴利用这些矛盾，巧使诡计，从一个普通军官一跃而成为总统。1851年12月2日，路易·波拿巴发动政变，开始了对帝制复辟的拙劣模仿。1852年1月14日，路易·波拿巴公布新宪法，把总统任期改为10年，规定政府对总统负责。11月21—22日，路易·波拿巴强迫人民赞同参议员提出的恢复帝制的决议。12月2日，路易·波拿巴正式宣布自己为法兰西皇帝，帝号拿破仑第三。由此法兰西第二帝国代替了法兰西第二共和国。

二、法国阶级斗争的局势、条件与波拿巴的政变

如何解释1848年革命这一历史事件和评价波拿巴这个历史人物？一场人民革命为何以帝制复辟而终结呢？对此，人们提出了各自的不同看法。

恩格斯指出："当时事变像晴天霹雳一样震惊了整个政治界，有的人出于道义的愤怒大声诅咒它，有的人把它看做是脱离革命险境的办法和对于革命误入迷途的惩罚，但是所有的人对它都只是感到惊异，而没有一个人理解它。"如法国作家维克多·雨果（1802—1885年）撰写了《小拿破仑》一书。他在书中对政变的主要发动者作了尖刻和机智的斥责。事变本身被描绘成一个晴天霹雳。他认为这个事变只是某一个人的暴力行为。然而当他说这个人表现了世界历史上空前强大的个人主动性时，他就不是把这个人写成小人物而是写成

巨人了。再如蒲鲁东写的《从十二月二日政变看社会革命》，想把政变描述成以往历史发展的结果。但是，他关于政变的历史构想不知不觉地变成了对政变主角所作的历史辩护，从而陷入了客观历史编纂学家所犯的主观唯心主义错误。

马克思与雨果、蒲鲁东等人不同，他不仅深知法国历史，更为重要的是，他运用唯物主义历史观对 1848 年革命进行科学的分析，从而证明了"法国**阶级斗争**怎样造成了一种局势和条件，使得一个平庸而可笑的人物有可能扮演了英雄的角色"。他还通过总结这场革命的历史经验，提出了许多有重要意义的科学论断。

（一）基于经济利益的阶级斗争是马克思用以理解法兰西第二共和国历史的钥匙

法国的阶级斗争在欧洲国家中具有典型性。"法国是这样一个国家，在那里历史上的阶级斗争，比起其他各国来每一次都达到更加彻底的结局；因而阶级斗争借以进行、阶级斗争的结果借以表现出来的变换不已的政治形式，在那里也表现得最为鲜明"。正因为如此，"马克思不仅特别热衷于研究法国过去的历史，而且还考察了法国时事的一切细节，搜集材料以备将来使用。因此，各种事变从未使他感到意外"。

马克思认为："一切历史上的斗争，无论是在政治、宗教、哲学的领域中进行的，还是在其他意识形态领域中进行的，实际上只是或多或少明显地表现了各社会阶级的斗争，而这些阶级的存在以及它们之间的冲突，又为它们的经济状况的发展程度、它们的生产的性质和方式以及由生产所决定的交换的性质和方式所制约。这个规律对于历史，同能量转化定律对于自然科学具有同样的意义。"马克思运用这个历史运动的规律解释了法兰西第二共和国的历史。

马克思认为，运用这个规律来分析历史问题，必须看到各个阶级之间、同一阶级不同集团之间的斗争都有着深刻的经济原因。"在不同的财产形式上，在社会生存条件上，耸立着由各种不同的，表现独特的情感、幻想、思想方式和人生观构成的整个上层建筑。整个阶级在其物质条件和相应的社会关系的基础上创造和构成这一切。通过传统和教育承受了这些情感和观点的个人，会以为这些情感和观点就是他的行为的真实动机和出发点"。而在实际上，其"真实动机和出发点"恰恰是人们由自身的阶级地位所决定的物质利益。比如，正统派和奥尔良派是秩序党中的两个大集团，它们彼此分离，"决不是由于什么所谓的原则，而是由于各自的物质生存条件"，即资本和地产的竞争。

怎样看待政治家、著作家与社会阶级的关系？马克思指出，确定一些个人是否为某一阶级的代表人物，决不应只简单地以他们外观上属于哪一阶级来作出判断，而要以这些人物的思想是受哪个阶级的社会生活界限的限制为依据。他在揭露民主派代表人物的小资产阶级性时说过："不应该认为，所有的民主派代表人物都是小店主或崇拜小店主的人。按照他们所受的教育和个人的地位来说，他们可能和小店主相隔天壤。使他们成为小资产者代表人物的是下面这样一种情况：他们的思想不能越出小资产者的生活所越不出的界限，因此他们在理论上得出的任务和解决办法，也就是小资产者的物质利益和社会地位在实际生活上引导他们得出的任务和解决办法。一般说来，一个阶级的**政治代表**和**著作界代表**同他们所代表的阶级之间的关系，都是这样。"①

阶级分析是马克思从迷离混沌的阶级社会历史中找出其规律性时所采用的基本方法。他用这种方法来理解法兰西第二共和国的历史，许多问题就迎刃而解了。

（二）资产阶级为反对无产阶级统治把政权送给波拿巴

法国资产阶级为什么接受波拿巴的政变？马克思指出："法国资产阶级反对劳动无产阶级的统治，它把政权送给了以十二月十日会的头目为首的流氓无产阶级。"

1848 年法国的二月革命不同于 1789 年法国大革命的重要特点在于：伴随资本主义的发展，无产阶级已经走上政治斗争的舞台。不仅资产者的背后到处都有无产阶级，而且在革命的第二天，无产阶级总要提出完全不是资产者和小市民所希望的要求。在六月起义中，工人提出了"社会的民主的共和国"的要求，虽然这种要求被"扼杀在**巴黎无产阶级**的血泊中"，但是其性质已经"是保存还是消灭资产阶级制度的斗争"了。这种两个根本对立的阶级之间的斗争与资产阶级同一阶级内部不同阶层之间的斗争在性质上是完全不同的。

马克思把法国资产阶级划分为共和派、秩序党（又分为正统派和奥尔良

① 《马克思恩格斯文集》第 2 卷，人民出版社 2009 年版，第 501 页。

派）、波拿巴派。共和派代表了普遍的资产阶级统治的愿望和要求，它的政治理想就是将资产阶级不成熟的统治形式——君主国转变为成熟的统治形式共和国。秩序党是大资产阶级的政治代表（正统派代表大地产所有者，奥尔良派代表金融贵族），它极力坚守旧秩序，以维护自己集团的特殊利益，反对普遍的资产阶级共同利益，因而反对任何变革。波拿巴派代表的是资产阶级的独裁专政的行政权力，因而坚决反对共和国的政体形式。尽管在整个 1848 年至 1850 年法国的阶级斗争中，资产阶级各派别之间的斗争占有重要的地位，但是相对于资产阶级和无产阶级之间的斗争来说，这种斗争是处在次要地位的。正如马克思在分析金融贵族复辟时所指出的，共和派资产阶级感到直接的大量的威胁自己财产和利益的是工人，"**诚然，金融巨头是在削减他们的利润，但是这和无产阶级消灭利润比起来，又算得了什么呢**?"[1] 因此在他们感到资产阶级成熟的统治形式——共和国不足以有力地镇压无产阶级时，他们就从比较完备的形式后退，放弃议会权力，赋予行政机关以愈来愈大的权力，即采用更加残暴的专制统治形式。波拿巴的胜利不是政权的转移，只不过是代表资产阶级独裁专政的行政权力的胜利。它表明资产阶级在不同时期可以根据不同情况采取不同的统治形式。

波拿巴和秩序党对资产阶级共和派的胜利，是法国资产阶级结束革命、开始走向全面反动的标志。这是法国阶级斗争的必然结局。

（三）波拿巴的突然袭击使巴黎无产阶级失去起义的指挥者

1851 年 11 月 2 日夜间，路易·波拿巴发动军事政变。12 月 4 日，资产者和小店主曾经唆使无产阶级起来战斗，然而巴黎无产阶级为什么没有举行起义呢？

原因在于：其一，由于资产阶级的镇压，"革命工人阶级当中的基本力量和精华，有的已经在六月起义中被残杀，有的则在六月事件之后在数不清的**种种借口下被流放或者被关进监狱**"[2]，"无产阶级从这次失败后，就退到革命舞台的**后台**去了"[3]。革命力量的损失已使无产阶级很难立即行动起来。其二，巴黎无产阶级知道，这时任何重大起义都会使资产阶级重新活跃起来，使它和军

---

[1] 《马克思恩格斯文集》第 2 卷，人民出版社 2009 年版，第 155 页。
[2] 《马克思恩格斯全集》第 11 卷，人民出版社 1995 年版，第 262 页。
[3] 《马克思恩格斯文集》第 2 卷，人民出版社 2009 年版，第 478 页。

队协调起来，反过来镇压工人。加之，12 月 1 日深夜，路易·波拿巴以突然的袭击使巴黎的无产阶级又一次失掉了它的领袖，失掉了街垒战的指挥者。工人成为一支没有指挥官的军队，自然没有力量组织起义。其三，从根本上说，法国无产阶级还不成熟，思想上还在一定程度上受着小资产阶级民主派的影响，马克思主义并未在法国无产阶级中取得统治地位；政治上没有解决同盟军问题，特别是没有获得农民的支持；组织上还只是秘密团体，还没有组成为坚强的无产阶级革命政党。

对于这些情况，马克思在《1848 年至 1850 年的法兰西阶级斗争》中曾经作过分析。

（四）"小农的政治影响表现为行政权支配社会"

波拿巴能够获胜，一个决定性的因素，是得到了法国社会中人数最多的一个阶级——小农的支持。这是因为，1793 年宪法，特别是雅各宾派的土地法，使农民得到好处，他们把这些同拿破仑联系在一起，以为一个名叫拿破仑的人将会把一切美好的东西送还给他们。路易·波拿巴就是借助"拿破仑观念"在农民中的广泛影响，把自己冒充为拿破仑。而且，从临时政府时期起，农民就因资产阶级增加税收使他们负担"革命"费用而"构成了反革命方面的主力军"，即站到路易·波拿巴一边，成为反对资产阶级的主要力量。这样，农民就在 1848 年 12 月选举中投票给路易·波拿巴，拥他为总统。后来他又把自己变成了法国的皇帝。

马克思指出，小农的政治影响表现为行政权支配社会。这是因为：一方面，数百万家庭的经济条件使他们的生活方式、利益与教育程度与其他阶级的生活方式、利益与教育程度各不相同并互相敌对，所以他们就形成一个阶级。另一方面，"各个小农彼此间只存在地域的联系，他们利益的同一性并不使他们彼此间形成共同关系，形成全国性的联系，形成政治组织，就这一点而言，他们又不是一个阶级"。正因为如此，"他们不能以自己的名义来保护自己的阶级利益，无论是通过议会或通过国民公会。他们不能代表自己，一定要别人来代表他们。他们的代表一定要同时是他们的主宰，是高高站在他们上面的权威，是不受限制的政府权力，这种权力保护他们不受其他阶级侵犯，并从上面赐给他们雨水和阳光"。分散的小农经济的生产方式，使得他们希望能有一个善良的真命天子，有一个强有力的行政权力，来保持小农经济的农村社会秩序的安定并保护自己。所以，在国民议会与波拿巴、立法权与行政权的斗争中，小农支持后者，不是偶然的。

正是在这个意义上，即小农把自己的希望和幻想寄托在波拿巴的身上，马克思才说波拿巴"代表法国社会中人数最多的一个阶级——**小农**"。这个论断并不表明马克思认为波拿巴真正是劳动农民利益的代表者，因为他在当时就指出：波拿巴王朝所代表的不是革命的农民，而是保守的农民；"是愚蠢地固守这个旧制度，期待帝国的幽灵来拯救自己和自己的小块土地并赐给自己以特权地位的农村居民"。而在这之前，他还曾经明确地讲过，是"农民的轻信使他当上了总统"①。

三、马克思对从二月革命到波拿巴政变时期 法国阶级斗争历史经验的总结

（一）要认识资产阶级害怕群众的本性

马克思指出："当群众墨守成规的时候，资产阶级害怕群众的愚昧，而在群众刚有点革命性的时候，它又害怕起群众的觉悟了。"这是因为：资产阶级在反对封建专制主义、为资本主义的发展扫清障碍的斗争中，感到自己力量的弱小，不能不利用工人和农民的力量，所以这时它害怕群众的愚昧；可是，从根本上说，资产阶级的利益与工农群众的利益是不一致的，如果群众在斗争中觉醒，日益意识到自己独立的利益，进而组织起来为自己的利益而斗争，这是它不能容许的，所以在群众刚有点革命性的时候，它又害怕起群众的觉悟了。资产阶级的这种本性，使它一旦获得胜利，第一个目标就是剥夺工人农民手中的武装，进而用血腥镇压来回报工人农民的独立要求。

（二）必须摧毁资产阶级的国家机器

马克思对 1848—1851 年法国阶级斗争中提出的一个重大而尖锐的理论问题，即无产阶级革命同资产阶级国家的关系问题作了科学的回答。他明确指出：过去一切革命都是使国家机器更加完备，而这个机器是必须打碎，必须摧

---

① 《马克思恩格斯文集》第 2 卷，人民出版社 2009 年版，第 129 页。

毁的。这个结论，"是马克思主义国家学说中主要的基本的东西"①。

马克思是怎样得出这个结论的呢？

第一，通过历史地考察法国资产阶级国家机器的演变过程，深化了对资产阶级国家机器的结构、职能的认识。他说：法国的行政权力有庞大的官僚机构和军事机构，有复杂而巧妙的国家机器。这个可怕的寄生机体，"是在专制君主时代，在封建制度崩溃时期产生的，同时这个寄生机体又加速了封建制度的崩溃"。第二次法国革命是要破坏一切地方的、区域的、城市的和各省的特殊权力，造成全国的公民的统一，为此它必须发展中央集权，这就同时扩大了政府权力的容量、属性和帮手的数目。拿破仑组建了这个国家机器，正统王朝和七月王朝并没有增添什么新的东西，不过是扩大了分工。在镇压 1848 年巴黎工人六月起义中，实行了纯粹的资产阶级共和派专政，加强了政府权力的集中化。随后，资产阶级面对无产阶级等被奴役的阶级及其斗争，感觉到自己软弱无力，从其阶级统治比较完备的状况下退缩下来，放弃议会权力，赋予行政机关以愈来愈大的权力，依靠军事官僚机器来加强自己的统治。1851 年 12 月 2 日波拿巴发动政变，实行独裁统治，用行政权力消灭了议会权力，使国家似乎成了完全独立于社会之上的力量。一个基本事实是，以往"一切变革都是使这个机器更加完备，而不是把它摧毁"。那些争夺统治权而相继更替的政党，都把夺得这个庞大的国家建筑物视为自己胜利的主要战利品。正因为资产阶级国家机器是资产阶级压迫和奴役无产阶级的工具，所以无产阶级就不能简单地把压迫自己的国家机器拿过来作为解放自己的工具，而必须把它摧毁。

第二，考察了法国资产阶级国家的本质特征。他指出，常备军和官僚机构是中央集权的资产阶级国家的本质特征。这个庞大的资产阶级国家机器通过压制、镇压社会特别是被奴役阶级的不满和反抗，维护资产阶级的政治利益；通过安插人员、高额薪俸和各种形式的政府补贴等，来补充其用利润、利息、地租和酬金形式所不能获得的东西，以维护资产阶级的经济利益。所以他提出了**"推翻资产阶级！工人阶级专政！"**的口号。

（三）农民的两重性与实现工农联盟的重要性

第一，农民具有两重性。

---

① 《列宁专题文集　论马克思主义》，人民出版社 2009 年版，第 200 页。

马克思认为，农民作为劳动者，具有伟大的革命潜力。农民之所以能够具有革命性，一是因为他们作为劳动者，同剥削者、压迫者存在着根本利害冲突，天然具有反抗剥削和压迫的本性；二是因为资本主义的发展，必然不断剥夺农民，使广大农民落入无产阶级的队伍。但是，作为小私有者，他们又有保守的一面。法国农民具有根深蒂固的"拿破仑观念"，对波拿巴的幻想集中反映了这一面。

第二，农民是无产阶级同盟军。

这主要有两方面原因：其一，小块土地所有制和资产阶级的利益不能相协调。在1789年法国大革命时期，农民曾是资产阶级的同盟军。但是，在1848年革命中，农民却被资产阶级出卖了。从临时政府时期起，资产阶级就增加农民的税收负担，到波拿巴政权下农民的处境更加恶化了。由于资本主义生产方式日益发展，小块土地所有制和资产阶级的利益已经不能相协调，而只能日益成为大资本榨取和吞食的对象，成为农民受奴役和贫困的根源。处境日益恶化的农民逐渐革命化，开始接受无产阶级的革命思想宣传，逐渐地站到无产阶级一面。其二，无产阶级和农民的根本利益是一致的。在资本主义奴役下，农民所受的剥削和工业无产阶级所受的剥削只是在形式上不同罢了。剥削者是同一个："资本"。"只有资本的瓦解，才能使农民地位提高；只有反资本主义的无产阶级的政府，才能结束农民经济上的贫困和社会地位的低落。"① 这样，在无产阶级革命进程中，"农民就把负有推翻资产阶级制度使命的**城市无产阶级**看做自己的天然同盟者和领导者"。

第三，无产阶级应当与农民实行联合。

马克思指出，无产阶级领导的工农联盟，是夺取革命胜利的基本阶级力量和前提条件。在一个农民占人口多数的国家里，无论是反对封建主义还是反对资本主义的革命斗争，革命阶级能否与农民结成联盟，直接关系到革命的成败。法国二月革命的结局和巴黎工人六月起义的失败充分地证明了这一点。在二月革命尤其是巴黎工人六月起义中，由于农民的态度是冷淡的甚至是仇视的；由于资产阶级竭力唆使农民仇视工人，致使工人陷入孤军奋斗的境地，终于遭到失败。因此，马克思指出："在革命进程把站在无产阶级与资产阶级之间的国民大众即农民和小资产者发动起来反对资产阶级制度，反对资本统治以

---

① 《马克思恩格斯文集》第2卷，人民出版社2009年版，第160—161页。

前，在革命进程迫使他们承认无产阶级是自己的先锋队而靠拢它以前，法国的工人们是不能前进一步，不能丝毫触动资产阶级制度的。"① 又说："法国农民一旦对拿破仑帝制复辟感到失望，就会把对于自己小块土地的信念抛弃；那时建立在这种小块土地上面的全部国家建筑物都将会倒塌下来，于是**无产阶级革命就会形成一种合唱，若没有这种合唱，它在一切农民国度中的独唱是不免要变成孤鸿哀鸣的。**"②

第四，无产阶级是工农联盟的领导者。

马克思指出：无产阶级是彻底革命的阶级，它能成为社会革命利益的汇集中心，在斗争中"直接在自己的处境中找到自己革命活动的内容和材料"③。农民会在斗争实践中逐渐认识到，只有无产阶级才能真正代表他们的利益，从而把无产阶级看做自己的先锋队和天然同盟者。

马克思的这些观点，进一步阐明了唯物主义历史观关于国家与革命等问题的重要原理，丰富了无产阶级革命的战略策略思想。

马克思的《路易·波拿巴的雾月十八日》是运用唯物主义历史观研究历史的范例。他以基于经济利益的阶级斗争作为基本线索，对法国二月革命到波拿巴政变时期的历史作出了令人信服的解读和总结。而他之所以能够做到这一点，也是与他十分注意系统地收集和科学地分析这个时期的历史资料分不开的。这些原则和方法，是我们在进行历史研究时必须遵循的。马克思在总结这个时期法国阶级斗争历史经验时所得出的基本结论，也为我们研究世界和中国的历史，提供了有益的启示。

延伸阅读：

1. 马克思：《路易·波拿巴的雾月十八日》第一至六节，《马克思恩格斯文集》第 2 卷，人民出版社 2009 年版。

2. 马克思：《1848 年至 1850 年的法兰西阶级斗争》，《马克思恩格斯文集》第 2 卷，人民出版社 2009 年版。

---

① 《马克思恩格斯文集》第 2 卷，人民出版社 2009 年版，第 89 页。
② 《马克思恩格斯文集》第 2 卷，人民出版社 2009 年版，第 573 页注释①。
③ 《马克思恩格斯文集》第 2 卷，人民出版社 2009 年版，第 88 页。

思考题：

1. 马克思是如何运用基于经济利益的阶级斗争作为基本线索来理解法兰西第二共和国历史的？

2. 马克思是怎样总结法国二月革命至波拿巴政变时期的历史经验的？这些经验对历史研究有何启示？

卡·马克思

不列颠在印度的统治
不列颠在印度统治的未来结果

不列颠在印度的统治

1853 年 6 月 10 日星期五于伦敦

来自维也纳的电讯报道，那里都认为土耳其问题、撒丁问题和瑞士问题肯定会得到和平解决。

昨晚下院继续辩论印度问题，辩论情况同往日一样平淡无味。布莱克特先生责备查理·伍德爵士和詹·霍格爵士，说他们的发言带有假装乐观的味道。内阁和董事会①的一批辩护士对这个责难极力加以反驳，而无所不在的休谟先生则在结论中要大臣们把他们的法案收回。辩论暂停。

印度斯坦是亚洲规模的意大利。喜马拉雅山相当于阿尔卑斯山，孟加拉平原相当于伦巴第平原，德干高原相当于亚平宁山脉，锡兰岛相当于西西里岛。它们在土地出产方面是同样地富庶繁多，在政治结构方面是同样地四分五裂。意大利常常被征服者的刀剑压缩为各种大大小小的国家，印度斯坦的情况也是这样，在它不处于伊斯兰教徒、莫卧儿人②或不列颠人的压迫之下时，它就分解成像它的城镇甚至村庄那样多的各自独立和互相敌对的邦。但是从社会的观点来看，印度斯坦却不是东方的意大利，而是东方的爱尔兰。意大利和爱尔兰——一个淫乐世界和一个悲苦世界——的这种奇怪的结合，早在印度斯坦宗教的古老传统里已经显示出来了。这个宗教既是纵欲享乐的宗教，又是自我折

---

① 指东印度公司董事会。——编者注

② 莫卧儿人是 16 世纪从中亚细亚东部入侵印度的突厥征服者，1526 年在印度北部建立伊斯兰教国家大莫卧儿帝国。到了 18 世纪上半叶莫卧儿帝国便分裂成许多小邦，这些小邦逐渐被英国殖民主义者侵占。1803 年英国人占领德里以后，大莫卧儿王朝的后裔靠东印度公司的赡养费维持生计，成了该公司的傀儡。1858 年英国殖民者宣布印度为不列颠王国的领地之后，莫卧儿帝国遂亡。——编者注

磨的禁欲主义的宗教；既是崇拜林伽①的宗教，又是崇拜札格纳特②的宗教；既是僧侣的宗教，又是舞女的宗教。

我不同意那些相信印度斯坦有过黄金时代的人的意见，不过为了证实我的看法也不必搬出库利汗统治时期，像查理·伍德爵士那样。但是，作为例子大家可以举出奥朗则布时期；或者莫卧儿人出现在北方而葡萄牙人出现在南方的时代；或者伊斯兰教徒入侵和南印度七国争雄③的年代；或者，如果大家愿意，还可以追溯到更远的古代去，举出婆罗门④本身的神话纪年，它把印度灾难的开端推到了甚至比基督教的世界创始时期更久远的年代。

但是，不列颠人给印度斯坦带来的灾难，与印度斯坦过去所遭受的一切灾难比较起来，毫无疑问在本质上属于另一种，在程度上要深重得多。我在这里所指的还不是不列颠东印度公司在亚洲式专制的基础上建立起来的欧洲式专制，这两种专制结合起来要比萨尔赛达庙里任何狰狞的神像都更为可怕。这并不是不列颠殖民统治独有的特征，它只不过是对荷兰殖民统治的模仿，而且模仿得惟妙惟肖，所以为了说明不列颠东印度公司的所作所为，只要把**英国的**爪哇总督斯坦福·拉弗尔斯爵士谈到旧日的荷兰东印度公司⑤时说过的一段话一

① 林伽是印度教的主神之一湿婆神的象征。崇拜林伽的宗教盛行于印度南部。这一印度教派不承认种姓，反对斋戒、祭祀和朝圣。——编者注

② 札格纳特是印度教的主神之一毗湿奴的化身。崇拜札格纳特的教派的特点是宗教仪式十分豪华，充满极端的宗教狂热，这种狂热表现为教徒的自我折磨和自我残害。在举行大祭的日子里，某些教徒往往投身于载着毗湿奴神像的车轮下将自己轧死。——编者注

③ 七国争雄亦称七国时代，是英国史编纂学中用以表示英国中世纪初期七国并立时代的术语，在6—8世纪，英国分为七个盎格鲁撒克逊王国，这些王国极不稳定，分合无常。马克思借用这一术语来描绘德干（印度的中部和南部）在穆斯林入侵以前的封建割据状态。——编者注

④ 婆罗门是梵文 Brāhmana 的音译，意译为"净行"或"承习"，是印度古代的僧侣贵族、印度的第一种姓，世代以祭祀、诵经（吠陀）、传教为业。

　　婆罗门教是印度古代宗教之一，约于公元前7世纪形成，因崇拜梵天，并由婆罗门种姓担任祭司而得名。以吠陀为最古的经典，信奉多神，其中主神为婆罗贺摩（梵天，即创造之神）、毗湿奴（遍入天，即保护之神）和湿婆（大自在天，即毁灭之神），并认为三者代表宇宙的"创造"、"保全"和"毁灭"三个方面。主张善恶有因果、人生有轮回之说。——编者注

⑤ 荷兰东印度公司是存在于1602—1798年的荷兰贸易公司。它是荷兰在印度尼西亚推行殖民主义掠夺政策的工具。公司不仅控制贸易垄断权，而且具有政府职权。它用强制手段巩固和保存当地的奴隶占有制关系和封建关系，在为荷兰效劳的土著政权的封建官僚机构的帮助下，掠夺当地被征服的居民。公司从印度尼西亚运出农产品，通过销售这些产品获取巨额收入；后来，还强制性地引进新的农作物（特别是咖啡），其收获全部归公司占有。荷兰人的残酷剥削和压迫引起印度尼西亚人民举行一系列大规模的起义，随着荷兰共和国的全面衰落，该公司于1798年宣告倒闭。——编者注

字不改地引过来就够了：

"荷兰东印度公司一心只想赚钱，它对它的臣民还不如过去的西印度种植场主对那些在他们的种植场干活的奴隶那样关心，因为这些种植场主买人的时候是付了钱的，而荷兰东印度公司却没有花过钱，它开动全部现有的专制机器压榨它的臣民，迫使他们献出最后一点东西，付出最后一点劳力，从而加重了恣意妄为的半野蛮政府所造成的祸害，因为它把政客的全部实际技巧和商人的全部独占一切的利己心肠全都结合在一起。"①

内战、外侮、革命、征服、饥荒——尽管所有这一切接连不断地对印度斯坦造成的影响显得异常复杂、剧烈和具有破坏性，它们却只不过触动它的表面。英国则摧毁了印度社会的整个结构，而且至今还没有任何重新改建的迹象。印度人失掉了他们的旧世界而没有获得一个新世界，这就使他们现在所遭受的灾难具有一种特殊的悲惨色彩，使不列颠统治下的印度斯坦同它的一切古老传统，同它过去的全部历史断绝了联系。

在亚洲，从远古的时候起一般说来就只有三个政府部门：财政部门，或者说，对内进行掠夺的部门；战争部门，或者说，对外进行掠夺的部门；最后是公共工程部门。气候和土地条件，特别是从撒哈拉经过阿拉伯、波斯、印度和鞑靼区直至最高的亚洲高原的一片广大的沙漠地带，使利用水渠和水利工程的人工灌溉设施成了东方农业的基础。无论在埃及和印度，或是在美索不达米亚、波斯以及其他地区，都利用河水的泛滥来肥田，利用河流的涨水来充注灌溉水渠。节省用水和共同用水是基本的要求，这种要求，在西方，例如在佛兰德和意大利，曾促使私人企业结成自愿的联合；但是在东方，由于文明程度太低，幅员太大，不能产生自愿的联合，因而需要中央集权的政府进行干预。所以亚洲的一切政府都不能不执行一种经济职能，即举办公共工程的职能。这种用人工方法提高土壤肥沃程度的设施归中央政府管理，中央政府如果忽略灌溉或排水，这种设施立刻就会废置，这就可以说明一件否则无法解释的事实，即大片先前耕种得很好的地区现在都荒芜不毛，例如巴尔米拉、佩特拉、也门废墟以及埃及、波斯和印度斯坦的广大地区就是这样。同时这也可以说明为什么一次毁灭性的战争就能够使一个国家在几百年内人烟萧条，并且使它失去自己的全部文明。

① 托·斯·拉弗尔斯《爪哇史》1817年伦敦版第1卷第151页。——编者注

　　现在，不列颠人在东印度从他们的前人那里接收了财政部门和战争部门，但是却完全忽略了公共工程部门。因此，不能按照不列颠的自由竞争原则——自由放任①原则——行事的农业便衰败下来。但是我们在一些亚洲帝国经常可以看到，农业在一个政府统治下衰败下去，而在另一个政府统治下又复兴起来。在那里收成取决于政府的好坏，正像在欧洲随时令的好坏而变化一样。因此，假如没有同时发生一种重要得多的、在整个亚洲的历史上都算是一种新事物的情况，那么无论对农业的抑制和忽视多么严重，都不能认为这是不列颠入侵者给予印度社会的致命打击。从遥远的古代直到19世纪最初十年，无论印度过去在政治上变化多么大，它的社会状况却始终没有改变。曾经造就无数训练有素的纺工和织工的手织机和手纺车，是印度社会结构的枢纽。欧洲从远古的时候起就得到印度制作的绝妙的纺织品，同时运送它的贵金属去进行交换，这样就给当地的金匠提供了材料，而金匠是印度社会必不可少的成员，因为印度人极其爱好装饰品，甚至社会最下层中的那些几乎是衣不蔽体的人们通常都戴着一副金耳环，脖子上套着某种金饰品。手指和脚趾上戴环戒也很普遍。妇女和孩子常常戴着沉甸甸的金银手镯和脚镯，而金银的小神像在很多家庭中都可以看到。不列颠入侵者打碎了印度的手织机，毁掉了它的手纺车。英国起先是把印度的棉织品挤出了欧洲市场，然后是向印度斯坦输入棉纱，最后就使英国棉织品泛滥于这个棉织品的故乡。从1818年到1836年，大不列颠向印度输出的棉纱增长的比例是1∶5 200。在1824年，输入印度的不列颠细棉布不过100万码，而到1837年就超过了6 400万码。但是在同一时期，达卡的人口却从15万人减少到2万人。然而，曾以纺织品闻名于世的印度城市的这种衰败决不是不列颠统治的最坏的结果。不列颠的蒸汽机和科学在印度斯坦全境彻底摧毁了农业和制造业的结合。

　　在印度有这样两种情况：一方面，印度人也像所有东方人一样，把他们的农业和商业所凭借的主要条件即大规模公共工程交给中央政府去管，另一方面，他们又散处于全国各地，通过农业和制造业的家庭结合而聚居在各个很小的中心地点。由于这两种情况，从远古的时候起，在印度便产生了一种特殊的社会制度，即所谓**村社制度**，这种制度使每一个这样的小结合体都成为独立的

————————

① "自由放任"（laissez faire, laissez aller）是英国资产阶级自由贸易派经济学家的信条，他们主张贸易自由，反对国家干涉经济范围内的任何事务。——编者注

组织，过着自己独特的生活。从过去英国下院关于印度事务的一份官方报告的下面一段描写中，可以看出这个制度的特殊性质：

"从地理上看，一个村社就是一片占有几百到几千英亩耕地和荒地的地方；从政治上看，它很像一个地方自治体或市镇自治区。它固有的管理机构包括以下各种官员和职员：**帕特尔**，即居民首脑，一般总管村社事务，调解居民纠纷，行使警察权力，执行村社里的收税职务——这个职务由他担任最合适，因为他有个人影响，并且对居民的状况和营生十分熟悉。**卡尔纳姆**负责督察耕种情况，登记一切与耕种有关的事情。还有**塔利厄尔**和**托蒂**，前者的职务是搜集关于犯罪和过失的情况，护送从一个村社到另一个村社去的行人；后者的职务范围似乎更直接地限于本村社，主要是保护庄稼和帮助计算收成。**边界守卫员**负责保护村社边界，在发生边界争议时提供证据。蓄水池和水道管理员主管分配农业用水。婆罗门主持村社的祭祀。教师教村社的儿童在沙土上读写，另外还有管历法的婆罗门或占星师等等。村社的管理机构通常都是由这些官员和职员组成；可是在国内某些地方，这个机构的人数较少，上述的某些职务有的由一人兼任；反之，也有些地方超过上述人数。从远古的时候起，这个国家的居民就在这种简单的自治制的管理形式下生活。村社的边界很少变动。虽然村社本身有时候受到战争、饥荒或疫病的严重损害，甚至变得一片荒凉，可是同一个村名、同一条村界、同一种利益、甚至同一个家族却一个世纪又一个世纪地保持下来。居民对各个王国的崩溃和分裂毫不关心；只要他们的村社完整无损，他们并不在乎村社转归哪一个政权管辖，或者改由哪一个君主统治，反正他们内部的经济生活始终没有改变。帕特尔仍然是居民的首脑，仍然充当着全村社的小法官或地方法官，全村社的收税官或收租官。"①

这些细小刻板的社会机体大部分已被破坏，并且正在归于消失，这与其说是由于不列颠收税官和不列颠士兵的粗暴干涉，还不如说是由于英国蒸汽机和英国自由贸易的作用。这些家庭式公社本来是建立在家庭工业上面的，靠着手织业、手纺业和手耕农业的特殊结合而自给自足。英国的干涉则把纺工放在兰开夏郡，把织工放在孟加拉，或是把印度纺工和印度织工一齐消灭，这就破坏了这种小小的半野蛮半文明的公社，因为这摧毁了它们的经济基础；结果，就在亚洲造成了一场前所未闻的最大的、老实说也是唯一的一次**社会**革命。

从人的感情上来说，亲眼看到这无数辛勤经营的宗法制的祥和无害的社会组织一个个土崩瓦解，被投入苦海，亲眼看到它们的每个成员既丧失自己的古老形式的文明又丧失祖传的谋生手段，是会感到难过的；但是我们不应该忘记，这些田园风味的农村公社不管看起来怎样祥和无害，却始终是东方专制制度的牢固基础，它们使人的头脑局限在极小的范围内，成为迷信的驯服工具，成为传统规则的奴隶，表现不出任何伟大的作为和历史首创精神。我们不应该

---

① 托·斯·拉弗尔斯《爪哇史》1817 年伦敦版第 1 卷第 285 页。——编者注

忘记那些不开化的人的利己主义，他们把全部注意力集中在一块小得可怜的土地上，静静地看着一个个帝国的崩溃、各种难以形容的残暴行为和大城市居民的被屠杀，就像观看自然现象那样无动于衷；至于他们自己，只要哪个侵略者肯于垂顾他们一下，他们就成为这个侵略者的驯顺的猎获物。我们不应该忘记，这种有损尊严的、停滞不前的、单调苟安的生活，这种消极被动的生存，在另一方面反而产生了野性的、盲目的、放纵的破坏力量，甚至使杀生害命在印度斯坦成为一种宗教仪式。我们不应该忘记，这些小小的公社带着种姓①划分和奴隶制度的污痕；它们使人屈服于外界环境，而不是把人提高为环境的主宰；它们把自动发展的社会状态变成了一成不变的自然命运，因而造成了对自然的野蛮的崇拜，从身为自然主宰的人竟然向猴子哈努曼和母牛撒巴拉虔诚地叩拜这个事实，就可以看出这种崇拜是多么糟蹋人了。

的确，英国在印度斯坦造成社会革命完全是受极卑鄙的利益所驱使，而且谋取这些利益的方式也很愚蠢。但是问题不在这里。问题在于，如果亚洲的社会状态没有一个根本的革命，人类能不能实现自己的使命？如果不能，那么，英国不管犯下多少罪行，它造成这个革命毕竟是充当了历史的不自觉的工具。

总之，无论一个古老世界崩溃的情景对我们个人的感情来说是怎样难过，但是从历史观点来看，我们有权同歌德一起高唱：

  "我们何必因这痛苦而伤心，

  既然它带给我们更多欢乐？

  难道不是有千千万万生灵

  曾经被帖木儿的统治吞没？"②

卡尔·马克思

（选自《马克思恩格斯文集》第 2 卷，人民出版社
2009 年版，第 677—684 页）

---

① 种姓是职业世袭、内部通婚和不准外人参加的社会等级集团。种姓的出现和阶级社会形成时期的分工有关。种姓制度曾以不同形式存在于古代和中世纪各国，但在印度社会中表现得最为典型。古印度的《摩奴法典》规定有四个种姓：婆罗门、刹帝利、吠舍及首陀罗。——编者注

② 歌德《致祖莱卡》。——编者注

不列颠在印度统治的未来结果

1853 年 7 月 22 日星期五于伦敦

在这篇通讯里，我打算归纳一下我对印度问题的意见。

英国在印度的统治是怎样建立起来的呢？大莫卧儿的无上权力被它的总督们摧毁，总督们的权力被马拉塔人①摧毁，马拉塔人的权力被阿富汗人摧毁；而在大家这样混战的时候，不列颠人闯了进来，把他们全都征服了。这是一个不仅存在着伊斯兰教徒和印度教徒的对立，而且存在着部落与部落、种姓与种姓对立的国家，这是一个建立在所有成员之间普遍的互相排斥和与生俱来的排他思想所造成的均势上面的社会。这样一个国家，这样一个社会，难道不是注定要做征服者的战利品吗？就算我们对印度斯坦过去的历史一点都不知道，那么，甚至现在英国还在用印度出钱供养的印度人军队来奴役印度，这难道不是一个重大的、不容争辩的事实吗？所以，印度本来就逃不掉被征服的命运，而它过去的全部历史，如果还算得上是什么历史的话，就是一次又一次被征服的历史。印度社会根本没有历史，至少是没有为人所知的历史。我们通常所说的它的历史，不过是一个接着一个的入侵者的历史，他们就在这个一无抵抗、二无变化的社会的消极基础上建立了他们的帝国。因此，问题并不在于英国人是否有权征服印度，而在于我们是否宁愿让印度被土耳其人、波斯人或俄国人征服而不愿让它被不列颠人征服。

英国在印度要完成双重的使命：一个是破坏的使命，即消灭旧的亚洲式的社会；另一个是重建的使命，即在亚洲为西方式的社会奠定物质基础。

相继侵入印度的阿拉伯人、土耳其人、鞑靼人和莫卧儿人，不久就被**印度化**了——野蛮的征服者，按照一条永恒的历史规律，本身被他们所征服的臣民的较高文明所征服。不列颠人是第一批文明程度高于印度因而不受印度文明影响的征服者。他们破坏了本地的公社，摧毁了本地的工业，夷平了本地社会中

---

① 马拉塔人是印度境内居住在德干西北部地区的一个部族。从 17 世纪中叶起，这个部族开始进行反对莫卧儿封建主的武装斗争，建立了一个马拉塔人的独立邦，这个邦的封建上层人物不久就走上了发动侵略战争的道路。马拉塔封建主为了称霸印度而与阿富汗人进行斗争，1761 年遭到惨重的失败。在 1803—1805 年英国—马拉塔战争中诸马拉塔王国被东印度公司征服。——编者注

伟大和崇高的一切，从而毁灭了印度的文明。他们在印度进行统治的历史，除破坏以外很难说还有别的什么内容。他们的重建工作在这大堆大堆的废墟里使人很难看得出来。尽管如此，这种工作还是开始了。

使印度达到比从前在大莫卧儿人统治下更加牢固和更加扩大的政治统一，是重建印度的首要条件。不列颠人用刀剑实现的这种统一，现在将通过电报而巩固起来，永存下去。由不列颠的教官组织和训练出来的印度人军队，是印度自己解放自己和不再一遇到外国入侵者就成为战利品的必要条件。第一次被引进亚洲社会并且主要由印度人和欧洲人的共同子孙所领导的自由报刊，是改建这个社会的一个新的和强有力的因素。柴明达尔制度①和莱特瓦尔制度本身虽然十分可恶，但这两种不同形式的土地私有制却是亚洲社会迫切需要的。从那些在英国人监督下在加尔各答勉强受到一些很不充分的教育的印度当地人中间，正在崛起一个具有管理国家的必要知识并且熟悉欧洲科学的新的阶级。蒸汽机使印度能够同欧洲经常地、迅速地交往，把印度的主要港口同整个东南海洋上的港口联系起来，使印度摆脱了孤立状态，而孤立状态是它过去处于停滞状态的主要原因。在不远的将来，铁路加上轮船，将使英国和印度之间的距离以时间计算缩短为八天，而这个一度是神话中的国度就将同西方世界实际地联结在一起。

大不列颠的各个统治阶级过去只是偶尔地、暂时地和例外地对印度的发展问题表示兴趣。贵族只是想征服它，金融寡头只是想掠夺它，工业巨头只是想通过廉价销售商品来压垮它。但是现在情势改变了。工业巨头们发现，使印度变成一个生产国对他们大有好处，而为了达到这个目的，首先就要供给印度水利设备和国内交通工具。现在他们正打算用铁路网覆盖整个印度。他们会这样做。其后果将是无法估量的。

大家知道，由于印度极端缺乏运输和交换其各种产品的工具，它的生产力陷于瘫痪状态。尽管自然资源丰富，但由于缺乏交换工具而使社会非常穷困，这种情况在印度比世界任何一个地方都要严重。1848年在英国下院的一个委员

---

① 柴明达尔在大莫卧儿帝国时代指主要来自被征服的印度教徒中的封建领主。他们的世袭土地持有权被保留了下来，条件是从自己向被压迫农民征收的租税中抽出一定份额交给政府。"柴明达尔"这个名词还被用来指孟加拉的土地税大包税主。1793年英国政府用"永久柴明达尔"法把柴明达尔（包税主）变成了私有土地的地主，以他们作为英国殖民当局的阶级支柱。随着英国人对印度的步步征服，柴明达尔制度在形式上略经改变后也在印度某些地区实行起来。——编者注

会的会议上曾经证明：

　　"在坎德什，每夸特粮食售价是6—8先令，而在布纳却高达64—70先令，那里的居民饿死在街头，粮食却无法从坎德什运来，因为道路泥泞不堪，无法通行。"①

　　铁路的敷设可以很容易地用来为农业服务，例如在建筑路堤需要取土的地方修水库，给铁路沿线地区供水。这样一来，作为东方农业的必要条件的水利事业就会大大发展，常常因为缺水而造成的地区性饥荒就可以避免。从这样的观点来看，铁路有多方面的重要性是很明显的，因为甚至在高止山脉附近地区，经过灌溉的土地也比面积相同而未经灌溉的土地多纳2倍的税，多用9—11倍的人，多得11—14倍的利润。

　　铁路可以缩减军事机构的数量和开支。圣威廉堡②司令沃伦上校曾在下院的专门委员会中作过如下的说明：

　　"如果不是像现在这样，要用几天甚至几个星期才能从这个国家的边远地区收到情报，而是用几小时就能收到，如果能在更短的时间内把命令连同军队和给养一起送到目的地，其意义将是不可估量的。军队可以驻扎在彼此距离比现在更远和更卫生的地方，这样就可以免得使许多人因疾病而丧生。仓库里的给养也用不着储存得像现在这样多，因而就能避免由于腐烂和天气不好而造成的损失。军队的人数也将因效率提高而相应地减少。"③

　　我们知道，农村公社的自治制组织和经济基础已经被破坏了，但是，农村公社的最坏的一个特点，即社会分解为许多固定不变、互不联系的原子的现象，却残留下来。村庄的孤立状态在印度造成了道路的缺少，而道路的缺少又使村庄的孤立状态长久存在下去。在这种情况下，公社就一直处在既有的很低的生活水平上，同其他村庄几乎没有来往，没有推动社会进步所必需的愿望和行动。现在，不列颠人把村庄的这种自给自足的**惰性**打破了，铁路将造成互相交往和来往的新的需要。此外，

───────────

① 约·狄金逊《官僚制度下的印度管理》第81—82页。——编者注
② 圣威廉堡（威廉堡）是英国人于1696年在加尔各答修建的一座城堡，以当时英国国王奥伦治的威廉三世的名字命名。英国人在1757年征服孟加拉以后，把政府机关迁入这座城堡，城堡的名字遂被用来指"孟加拉管区政府"，后来指"印度英国政府"。——编者注
③ 《印度的铁路及其可能产生的后果。附地图和附录》1848年伦敦第3版第20—22页。——编者注

"铁路系统的效果之一，就是它将把其他地方的各种发明和实际设备的知识以及如何掌握它们的手段带给它所经过的每一个村庄，这样就将使印度世代相传的、领取工薪的农村手工工匠既能够充分显示他们的才能，又能够弥补他们的缺陷。"（查普曼《印度的棉花和贸易》）

　　我知道，英国的工业巨头们之所以愿意在印度修筑铁路，完全是为了要降低他们的工厂所需要的棉花和其他原料的价格。但是，你一旦把机器应用于一个有铁有煤的国家的交通运输，你就无法阻止这个国家自己去制造这些机器了。如果你想要在一个幅员广大的国家里维持一个铁路网，那你就不能不把铁路交通日常急需的各种必要的生产过程都建立起来，而这样一来，也必然要在那些与铁路没有直接关系的工业部门应用机器。所以，铁路系统在印度将真正成为现代工业的先驱。何况，正如英国当局自己所承认的，印度人特别有本领适应完全新的劳动并取得管理机器所必需的知识。在加尔各答造币厂操纵蒸汽机多年的本地技师们表现出来的本领和技巧，在布德万①煤区看管各种蒸汽机的本地人的情况以及其他许多实例，都充分证明了这个事实。甚至受东印度公司的偏见影响很深的坎伯尔先生本人也不得不承认：

　　"广大的印度人民群众具有巨大的**工业活力**，很善于积累资本，有清晰的数学头脑，有长于计算和从事精密科学的非凡才能。"他还说，"他们的智慧是卓越的。"②

　　由铁路系统产生的现代工业，必然会瓦解印度种姓制度所凭借的传统的分工，而种姓制度则是印度进步和强盛的基本障碍。

　　英国资产阶级将被迫在印度实行的一切，既不会使人民群众得到解放，也不会根本改善他们的社会状况，因为这两者不仅仅决定于生产力的发展，而且还决定于生产力是否归人民所有。但是，有一点他们是一定能够做到的，这就是为这两者创造物质前提。难道资产阶级做过更多的事情吗？难道它不使个人和整个民族遭受流血与污秽、蒙受苦难与屈辱就实现过什么进步吗？

　　在大不列颠本国现在的统治阶级还没有被工业无产阶级取代以前，或者在印度人自己还没有强大到能够完全摆脱英国的枷锁以前，印度人是不会收获到不列颠资产阶级在他们中间播下的新的社会因素所结的果实的。但是，无论如何我们都可以满怀信心地期待，在比较遥远的未来，这个巨大而诱人的国家将

----

① 《纽约每日论坛报》误为"赫尔德瓦尔"。——编者注

② 乔·坎伯尔《现代印度。民政管理制度概述》1852年伦敦版第59—60页。——编者注

得到重建。这个国家的人举止文雅，用萨尔蒂科夫公爵的话来说，甚至最下层阶级里的人都"比意大利人更精细更灵巧"①；他们的沉静的高贵品格甚至足以抵消他们所表现的驯服态度；他们虽然天生一副委靡不振的样子，但他们的勇敢却使英国军官大为吃惊；他们的国家是我们的语言、我们的宗教的发源地，从他们的贾特身上我们可以看到古代日耳曼人的原型，从他们的婆罗门身上我们可以看到古代希腊人的原型。

在结束印度这个题目时，我不能不表示一些结论性的意见。

当我们把目光从资产阶级文明的故乡转向殖民地的时候，资产阶级文明的极端伪善和它的野蛮本性就赤裸裸地呈现在我们面前，它在故乡还装出一副体面的样子，而在殖民地它就丝毫不加掩饰了。资产阶级是财产的捍卫者，但是难道曾经有哪个革命党发动过孟加拉、马德拉斯和孟买那样的土地革命吗？当资产阶级在印度单靠贪污不能填满他们那无底的欲壑的时候，难道他们不是都像大强盗克莱夫勋爵本人所说的那样，采取了凶恶的勒索手段吗？当他们在欧洲大谈国债神圣不可侵犯的时候，难道他们不是同时就在印度没收了那些把私人积蓄投给东印度公司作股本的拉甲所应得的红利吗？当他们以保护"我们的神圣宗教"为口实反对法国革命的时候，难道他们不是同时就在印度禁止传播基督教吗？而且为了从络绎不绝的朝拜奥里萨和孟加拉的神庙的香客身上榨取钱财，难道他们不是把札格纳特庙里的杀生害命和卖淫变成了一种职业吗？②这就是维护"财产、秩序、家庭和宗教"的人的真面目！

对于印度这样一个和欧洲一样大的、幅员 15 000 万英亩的国家，英国工业的破坏作用是显而易见的，而且是令人吃惊的。但是，我们不应当忘记：这种作用只是整个现存的生产制度所产生的有机的结果。这个生产建立在资本的绝对统治上面。资本的集中是资本作为独立力量而存在所十分必需的。这种集中对于世界市场的破坏性影响，不过是在广大范围内显示目前正在每个文明城市起着作用的政治经济学本身的内在规律罢了。资产阶级历史时期负有为新世界创造物质基础的使命：一方面要造成以全人类互相依赖为基础的普遍交往，以

---

① 阿·德·萨尔蒂科夫《印度信札》1848 年巴黎版第 61 页。——编者注
② 奥里萨（东印度）的札格纳特庙是崇拜印度教主神之一毗湿奴-札格纳特的中心。庙里的僧侣受东印度公司的庇护，从群众朝拜以及豪华祭祀中取得巨额收入。在群众朝拜时，他们乘机怂恿住在庙里的妇女卖淫，而在举行祭祀时，则有一些狂热信徒进行自我折磨和自我残害。——编者注

及进行这种交往的工具；另一方面要发展人的生产力，把物质生产变成对自然力的科学支配。资产阶级的工业和商业正为新世界创造这些物质条件，正像地质变革创造了地球表层一样。只有在伟大的社会革命支配了资产阶级时代的成果，支配了世界市场和现代生产力，并且使这一切都服从于最先进的民族的共同监督的时候，人类的进步才会不再像可怕的异教神怪那样，只有用被杀害者的头颅做酒杯才能喝下甜美的酒浆。

卡尔·马克思

（选自《马克思恩格斯文集》第 2 卷，人民出版社
2009 年版，第 685—691 页）

学 习 导 读

马克思在 1853 年写的《不列颠在印度的统治》和《不列颠在印度统治的未来结果》，是他运用唯物史观比较系统地考察殖民主义问题的重要著作。

随着资本主义的发展和国际交往的增多，民族和地区的历史越来越成为世界历史。不过，这个世界历史并不是全世界各民族的普遍繁荣与和谐发展的历史，其基本特点之一恰恰在于"它使未开化和半开化的国家从属于文明的国家，使农民的民族从属于资产阶级的民族，使东方从属于西方"[1]。所以，为了揭示资本主义社会的发展规律以及世界历史的发展规律，我们不仅要研究资本主义国家自身的历史发展，而且要研究它们的殖民地、附属国的境况和命运，研究这两者之间的相互关联及其前景。

在 1848—1849 年法国和德国革命之后，马克思集中力量总结这两个资本主义国家革命的经验，撰写了《1848 年至 1850 年的法兰西阶级斗争》等著作。与此同时，他对被压迫人民的民族解放斗争也给予了越来越多的关切，并且联系无产阶级革命的前景来考察和研究民族与殖民地问题，撰写了一批相关论著。

英国是当时最主要的资本主义国家，而印度则是英国最主要的殖民地。马克思在上述两篇文章中就英国对印度的统治及其未来结果的论述，对于研究资本主义、殖民主义的历史及其相互关联，对于考察民族、殖民地问题及其与无产阶级革命前景的相互关联，都提供了典型性的例证，具有重要的意义。

一、西方殖民者入侵时的印度社会

西方资本主义的兴起，是同它在东方的殖民掠夺联系在一起的。

印度是西方殖民者竞相争夺的重要对象之一。当时的印度包括今天的印度、巴基斯坦和孟加拉国等广大的地区。这是一个和欧洲一样大的、幅员 15 000 万英亩的国家。

---

[1] 《马克思恩格斯文集》第 2 卷，人民出版社 2009 年版，第 36 页。

英国在印度的殖民主义活动首先是通过东印度公司进行的。这个始建于1600年的英国贸易公司，是英国在印度等亚洲国家推行殖民掠夺政策的工具，它从18世纪中叶起即已拥有军队和舰队，成为巨大的从事侵略扩张的军事力量。在逐步排挤葡萄牙、荷兰、法国等势力的同时，从1757年起到1849年的92年间，东印度公司通过发动多次侵略战争并采取其他手段，实现了英国对全印度的征服。

西方殖民者入侵时，印度正处在封建社会的晚期。它的基层社会组织是村社。印度人一方面把他们的农业和商业所凭借的主要条件即大规模公共工程交给中央政府去管理；另一方面他们又散处于全国各地，通过农业和制造业的家庭结合而聚居在各个很小的中心地点。这些家庭式公社本来是建立在家庭工业上面的，靠着手织业、手纺业和手耕农业的特殊结合而自给自足。这种村社制度使每一个这样的小结合体都成为独立的组织，过着自己独特的生活。

村社制度在印度的古代就存在。到了近代，它越来越严重地束缚着印度经济的发展和社会的进步。这从马克思的有关分析中可以看得很清楚。

首先，马克思指出：农村公社的最坏的一个特点，即社会分解成许多固定不变、互不联系的原子的现象。它们各自同其他村庄几乎没有往来，没有推动社会进步所必需的愿望和行动。印度社会结构中的这种"孤立状态是它过去处于停滞状态的主要原因"。因为"它们使人屈服于外界环境，而不是把人提高为环境的主宰；它们把自动发展的社会状态变成了一成不变的自然命运"。

其次，马克思又指出：这些田园风光的农村公社不管看起来怎样祥和无害，却始终是东方专制制度的牢固基础。因为"它们使人的头脑局限在极小的范围内，成为迷信的驯服工具，成为传统规则的奴隶，表现不出任何伟大的作为和历史首创精神"。

再次，马克思还认为，印度是一个不仅存在着伊斯兰教徒和印度教徒的对立，而且存在着部落与部落、种姓与种姓对立的国家，"是一个建立在所有成员之间普遍的互相排斥和与生俱来的排他思想所造成的均势上面的社会"。在众多孤立的、分散的、自给自足的村社的基础之上，这个国家必定会形成封建的割据和纷争，而不可能形成持久的、巩固的统一。

正因为如此，马克思认为，入侵者是在"一无抵抗、二无变化的社会的消极基础上"建立他们的帝国的。

诚然，这里所说的"一无抵抗、二无变化的社会"，不能从绝对的意义上去理解。一方面，印度人民包括一些爱国的王公曾经进行过不止一次反对入侵者的斗争，但由于人民群众受到封建制度的束缚，处于分散、孤立的状态，由于封建势力的割据和纷争，以致不可能形成统一的、持久的、足以有效遏制乃至战胜入侵者的强大力量；另一方面，印度社会也并非陷于绝对的停滞，从 17 世纪中叶以来，一些城市中已经开始出现资本主义性质的手工工场和包买商制度等资本主义的萌芽，但是由于它们的数量很少，发展缓慢，力量过于微弱，还远不足以突破封建制度的坚硬的躯壳，改变"社会的消极基础"。

基于以上事实，马克思得出的结论是：这样的国家，这样的社会，是"注定要做征服者的战利品"的。他写道："英国在印度的统治是怎样建立起来的呢？大莫卧儿的无上权力被它的总督们摧毁，总督们的权力被马拉塔人摧毁，马拉塔人的权力被阿富汗人摧毁；而在大家这样混战的时候，不列颠人闯了进来，把他们全都征服了。"历史的事实就是这样。

二、殖民主义者的入侵和印度人民的深重灾难

（一）英国在印度的统治

英国殖民者在侵略印度的过程中，采取了直接的军事占领和建立藩属国两种形式。这样，在英国的统治下，印度就被分成了两部分：一部分是东印度公司直接领有的殖民地，即"英属印度"；另一部分是附属国体系，即"印度土邦"。在"英属印度"，全部官职由英国人垄断，契约文官都是由东印度公司董事们从英国送来的贵族子弟，在农村由村社上层为他们征税，村社继续起着基层政权的作用。在"印度土邦"，则保留王公制度，由王公们在英国的"监护"下继续进行统治，并为其服务和效力。在印度被全部征服时，这样的土邦共有 554 个，其人口占总人口的四分之一，其面积占总面积的五分之二。①

在早期，英国对印度的统治，主要是进行直接的殖民掠夺；而在 18 世纪末 19 世纪初英国完成工业革命以后，其殖民政策的一个重要目的，是把印度不仅变成英国倾销商品的市场，而且更要变成其廉价原料的供应地。这就是马克思所说的：在过去，在大不列颠的各个统治阶级中，"贵族只是想征服它，金融

---

① 参见林承节：《殖民统治时期的印度史》，北京大学出版社 2004 年版，第 40—41 页。

寡头只是想掠夺它，工业巨头只是想通过廉价销售商品来压垮它。但是现在情势改变了。工业巨头们发现，使印度变成一个生产国对他们大有好处"。

无论是采取何种统治方式和实行何种殖民政策，其出发点和归宿都是为了掠夺印度的财富，奴役印度的人民，以满足英国资产阶级的利益。

（二）"资产阶级文明的极端伪善和它的野蛮本性"

马克思对英国殖民主义进行了无情的揭露。他指出："当我们把目光从资产阶级文明的故乡转向殖民地的时候，资产阶级文明的极端伪善和它的野蛮本性就赤裸裸地呈现在我们面前，它在故乡还装出一副体面的样子，而在殖民地它就丝毫不加掩饰了。"这从下面的历史事实可以看得很清楚。

从 1757 年起，东印度公司就通过扶植傀儡、拥立省督的手段，获取"酬金"和"礼金"，勒索"赔偿费"（它发动侵略印度的战争，却要印度人加倍偿付其战争费用）；它借助手中的权势，把贸易变成强制和劫掠；它利用获得的征收田赋的权力，对印度人民进行敲骨吸髓的压榨。据估计，从 1757 年至 1815 年的 58 年间，英国从印度掠取的财富约达 10 亿英镑。在整个 18 世纪期间，由印度流入英国的财富，主要是通过对印度的直接搜刮和掠夺得到的，而不是通过比较次要的贸易手段。

印度农民是英国殖民者的主要掠夺对象。殖民者向农民征收巨额土地税，以致劳动条件的再生产、生产资料的再生产都严重地受到威胁，以致生产的扩大或多或少成为不可能，并压迫直接生产者，使他们只能得到维持肉体生存的最小限量的生活资料。马克思指出，印度自古以来就存在着三个政府部门：财政部门、战争部门和公共工程部门。英国殖民者从印度人手里接收了财政部门和战争部门，却完全忽略了公共工程部门。19 世纪初，他们在孟加拉等三省的全部收入，用于印度农业水利灌溉工程的不足百分之一，直接导致了印度农业的衰败。早在 18 世纪末，孟加拉已经有三分之一的地区变成丛林。到 1830 年，马德拉斯又有四分之一的土地荒废。在整个印度，遍地荒凉，饥馑不断，居民大批死亡。[①]

在英国殖民者对印度的直接掠夺中，征收田赋占有重要的地位。为了保障田赋收入，他们改变了印度原有的土地关系。东印度公司首先在孟加拉等地实

---

① 参见周一良、吴于廑：《世界通史》（近代部分上册），人民出版社 1972 年版，第 231 页。

行柴明达尔制。柴明达尔是孟加拉的世袭包税人。根据新的规定，这些包税人成为土地所有者（地主），由他们直接向政府缴纳土地税（田赋）。1820年，英国殖民者在印度南部地区实行莱特瓦尔（莱特，意为农民；莱特瓦尔，意为农民持有者）制。根据这一制度，个体农户成为土地所有者，也是土地纳税人。他们处于东印度公司的直接控制下，应缴的税额由该公司确定。他们实际上成了殖民者统治的国家的佃农。19世纪40年代，英国殖民者又在信德和旁遮普地区实行农村租佃制。根据这一制度，村社为缴纳土地税的单位，村社农民对土地有占有权。整个村社的土地税税额确定以后，由村社头人向农民摊派，并实行联保制度。村社也变形了。以上这些制度加强了英国"对印度的封建剥削和殖民掠夺，培育了一批驯顺的帮凶作为巩固殖民统治的社会基础，并使印度逐步沦为英国的农业—原料附庸"①。

英国殖民者对印度实行的殖民剥削，毁灭了印度的纺织工业以及其他手工业：一方面，英国殖民者依靠机器生产的成本低廉的工业品，使印度依靠手工生产的工业品无法与之竞争；另一方面，他们又利用其宗主国的地位实行单方面的自由贸易——英国输入印度的工业品享受法定的免税或实际免税的特惠，而印度货物输往英国则被课以高额关税，使英国在竞争中处于特殊有利的地位。在这种情况下，不列颠入侵者就"打碎了印度的手织机，毁掉了它的手纺车"。英国对印度的出口迅速增加，而印度制成品的出口则日益萎缩。② 曾经发达的印度手工业遭到致命的打击，许多手工业者丧失了生计。总督本丁克承认："这种悲惨的境况，在商业史上是无与伦比的。棉织工人的白骨使印度平原都白色一片了。"以纺织品闻名于世的城市迅速衰败，农村的家庭手工业也被摧毁。建立在家庭工业上面的或者说建立在"农业和制造业的结合"基础上的村社，随之逐步趋于解体。

（三）印度人"失掉了旧世界，但没有获得新世界"

马克思认为，印度灾难的开端，可以追溯到遥远的古代，并不是始于英国殖民者的入侵。但是，不列颠人给印度带来的灾难，与印度过去所遭受的一切灾难比较起来，"在本质上属于另一种，在程度上要深重得多"。这又是

---

① 宋则行、樊亢主编：《世界经济史》（上卷），经济科学出版社1998年版，第140—141页。
② 参见宋则行、樊亢主编：《世界经济史》（上卷），经济科学出版社1998年版，第142页。

什么缘故呢?

从历史上看,野蛮的征服者被他们所征服的臣民的较高文明所征服,这是一条永恒的规律。相继侵入印度的阿拉伯人、土耳其人、鞑靼人和莫卧儿人,由于自身的文明程度低于印度,他们不久就被印度化了。他们带来的破坏,只触及印度社会的表面。尽管在政治上占统治地位的集团、个人以及他们实行统治的方式在不断改变,但是封建社会的经济基础仍然保持着,封建社会的基层组织即村社也仍然保持着。所以马克思说:"无论印度过去在政治上变化多么大,它的社会状况却始终没有改变。"

英国殖民者与以往的入侵者不同。不列颠人是第一批文明程度高于印度的征服者。马克思之所以说他们给印度带来比过去深重得多的灾难,不只是因为他们在亚洲式专制的基础上建立起来了欧洲式专制,事实上,这两种专制的结合更为可怕,更主要的是因为他们不只是像以往入侵者进行的破坏那样只触及印度的表面,而是把印度社会的基层组织、经济基础,把印度社会的整个结构摧毁了。"他们破坏了本地的公社,摧毁了本地的工业,夷平了本地社会中伟大和崇高的一切,从而毁灭了印度的文明。"

英国殖民者来到印度是为了掠夺而不是为了建设,是为了把印度变成任凭自己宰割的殖民地而不是像英国一样的资本主义国家。所以,马克思说:英国"摧毁了印度社会的整个结构,而且至今还没有任何重新改建的迹象。""印度人失掉了他们的旧世界而没有获得一个新世界,这就使他们现在所遭受的灾难具有一种特殊的悲惨色彩。"因为在过去,无论经历怎样的动荡、混乱、饥饿和死亡,印度的社会生活还是会回复到原先的秩序和轨道的;而如今,原先的秩序和轨道已经被摧毁,动荡、混乱、饥饿和死亡在持续,人们由于"既丧失自己的古老形式的文明又丧失祖传的谋生手段"而陷于无助与无奈的绝望境地,深重的灾难似乎变得没有尽头了。

正因为如此,作为伟大的无产阶级革命家,马克思对殖民地人民遭受的苦难怀着深切的同情,对殖民主义者的罪行进行了严厉的谴责和愤怒的声讨。

三、殖民主义者的入侵和印度社会的变化

(一)用历史的观点考察印度社会的变动

马克思说,印度宗法制社会组织即村社的解体,从感情上来说,是让人感

到难过的。"但是从历史观点来看"，仅仅停留在这种感情上面，就不够了。对于英国在印度的统治及其造成的破坏，不仅要揭露它的罪恶，重要的是应当以严格的科学态度，对它进行历史的考察，揭示它的未来结果。

马克思认为，不应当把英国殖民者入侵以前的印度社会加以美化。他不同意把过去的印度看做是什么黄金时代。既然村社制度已经成了印度经济发展和社会进步的障碍，那么它的被破坏就是不值得惋惜的了，尽管印度人在这个过程中付出了过于沉重的代价。

还应当看到，英国殖民者之所以会给印度社会造成严重的破坏性的后果，"这与其说是由于不列颠收税官和不列颠士兵的粗暴干涉，还不如说是由于英国蒸汽机和英国自由贸易的作用"。以手工业为基础的落后的生产力，是无法与以蒸汽机为动力的先进的生产力相匹敌的。"不列颠的蒸汽机和科学在印度斯坦全境彻底摧毁了农业和制造业的结合"，这是一个无法避免的结局。而这种农业和制造业相结合的自然经济的解体，在客观上会对商品经济的发展起某种促进作用，由此为印度资本主义的兴起创造某种前提。

正是在这个意义上，马克思说：英国破坏了那些半野蛮半文明的公社，摧毁了它们的经济基础，"结果，就在亚洲造成了一场前所未闻的最大的、老实说也是唯一的一次**社会**革命"。尽管"英国在印度斯坦造成社会革命完全是受极卑鄙的利益所驱使，而且谋取这些利益的方式也很愚蠢"，但是，"英国不管犯下多少罪行，它造成这个革命毕竟是充当了历史的不自觉的工具"。

能不能把马克思这个论断理解为，如果没有英国殖民者的入侵及其残暴统治，印度社会将永久地停留在封建社会、印度经济将永久地停留在自给自足的自然经济的基础之上呢？不能。认为一个社会如果没有外力推动就将永远停止不动的观点，是同唯物史观的基本思想完全不符合的。这不是也不可能是马克思的思想。毛泽东在分析外国资本主义入侵前后中国社会的状况时说过："中国封建社会内的商品经济的发展，已经孕育着资本主义的萌芽，如果没有外国资本主义的影响，中国也将缓慢地发展到资本主义社会。外国资本主义的侵入，促进了这种发展。"① 这个分析，基本上也可以适用于印度。事实上，既然世界历史已经进入资本主义时代，既然资本主义的萌芽已经开始在印度发生和发展起来，那么，没有英国殖民者的入侵，印度社会也将逐步地发生变化，印

① 《毛泽东选集》第二卷，人民出版社1991年版，第626页。

度村社制度也将会缓慢地解体。英国殖民者的入侵，只是用一种猛烈和残暴的方式促进了这个过程，并且使印度人民为此蒙受了具有特殊悲惨色彩的深重苦难而已。

（二）经济、政治、社会生活的变化和新阶级的崛起

前面已经讲过，英国在印度的统治，在早期主要是进行直接的掠夺；在完成工业革命以后，更主要的是把印度变成英国倾销商品的市场尤其是廉价原料的供应地，变成英国资本主义的经济附庸。

马克思指出，英国的工业巨头们为了达到变印度为生产国的目的，首先就要供给印度水利设备和国内交通工具。

为了把印度变成牢固可靠的商品销售市场和原料产地，英国殖民当局设置了一些用以剥削和控制印度的经济工具和组织机构。19世纪40年代开始在印度修建铁路。1813年以后，英国资本家在印度广设银行：创立汇兑银行，从事对外贸易活动，融通资金和进行结算业务；成立许多管区银行，以便于英国产品向印度内地的销售和对内地资源的榨取。为了便于对印度的殖民控制和经济剥削，1818年英国殖民当局开始统一印度的货币制度。① 英国殖民主义者出于自私的动机而不得不在印度采取的这些步骤，将带来它没有预先设想的而且也是不愿意看到的后果。根据马克思的提示，这些后果主要有：

首先，印度自己的现代工业将产生和发展起来。本来，英国的工业巨头们之所以愿意在印度修筑铁路，完全是为了要降低他们的工厂所需要的棉花和其他原料的价格。但是，他们一旦把机器应用于一个有铁有煤的国家的交通运输，他们就无法阻止这个国家自己去制造这些机器了。印度人是特别有本领适应完全新的劳动并取得管理机器所必需的知识的。而随着印度机器工业的兴起和资本主义经济的发展，印度的资产阶级和无产阶级也将形成和发展起来，它们将成为新兴的反对殖民主义的力量。

其次，由铁路系统产生的现代工业，必然会瓦解印度种姓制度所凭借的传统的分工，而种姓制度则是印度进步和强盛的主要障碍。同这个历史进程相适应，在种姓制度下受传统分工束缚的主要群众——农民将逐步觉醒，而不会长

---

① 参见宋则行、樊亢主编：《世界经济史》（上卷），经济科学出版社1998年版，第142—143页。

久地继续"成为迷信的驯服工具,成为传统规则的奴隶"了。

再次,为了统治印度,英国殖民者需要培植一批具有新知识的印度知识分子。事实上,从那些在英国人监督下在加尔各答勉强受到一些很不充分的教育的印度当地人中间,正在崛起一个具有管理国家的必要知识并且熟悉欧洲科学的新的社会群体。而印度的这些新兴的知识分子,不会永久充当殖民者的驯服工具,他们中的许多人将成为印度重建的重要力量。

最后,为了利用印度人去统治印度人,英国殖民者需要培植掌握新式武器的由印度人组成的军队。而"由不列颠的教官组织和训练出来的印度人军队,是印度自己解放自己和不再一遇到外国入侵者就成为战利品的必要条件"。

据此,马克思才说,尽管"他们的重建工作在这大堆大堆的废墟里使人很难看得出来",但是"这种工作还是开始了"。

(三) 英国在印度要完成的双重使命

基于以上的分析,马克思说:"英国在印度要完成双重的使命:一个是破坏的使命,即消灭旧的亚洲式的社会;另一个是重建的使命,即在亚洲为西方式的社会奠定物质基础。"

这里所说的破坏的使命,前面已经讲过了。这里所说的重建的使命,主要并不是指英国殖民主义统治造成的直接现实,而是指它的"未来结果"。这就是说,殖民主义者为统治和奴役印度而采取的措施和步骤,并不会使印度直接成为"西方式的社会",但是它们将会最终违背殖民者本来的意愿,产生出埋葬殖民主义的物质基础和社会力量;就像在资本主义国家中,资本主义发展的结果,"资产阶级不仅锻造了置自身于死地的武器;它还产生了将要运用这种武器的人——现代的工人,即**无产者**"[①] 一样。这就是历史的辩证法。

四、反对殖民主义、摆脱外国枷锁,是东方社会获得重建与新生的前提

(一) 殖民主义者没有也不能使印度获得重建与新生

尽管英国殖民者摧毁了印度社会的整个结构,并在印度"为西方式的社会

---

① 《马克思恩格斯文集》第2卷,人民出版社2009年版,第38页。

奠定物质基础"，但马克思强调的是："英国资产阶级将被迫在印度实行的一切，既不会使人民群众得到解放，也不会根本改善他们的社会状况，因为这两者不仅仅决定于生产力的发展，而且还决定于生产力是否归人民所有。"

这里涉及两个问题。首先，是关于生产力的发展问题。

"不列颠的蒸汽机和科学在印度斯坦全境彻底摧毁了农业和制造业的结合"，虽然在客观上对商品经济的发展起某种促进作用，由此为印度资本主义的兴起创造了某种前提；但是，英国殖民者在印度享有的种种特权，对印度经济命脉和金融、海关等的控制，对印度人进行敲骨吸髓的压榨，变印度为英国所需的原料产地和商品倾销市场的殖民政策等，将严重地阻碍印度民族资本主义工商业的发展；他们在印度培植地主作为殖民统治的社会支柱，对土邦制度加以维持和利用等，更使印度的主要群众——农民继续遭受封建性的压迫和剥削，严重地阻碍农村生产力的解放和发展，成为印度工业发展的根本性的制约因素。这就是说，在考察外国资本主义的入侵和印度社会的变化时，我们不能仅仅看到商品经济和资本主义生产的发展这一个方面；还应当看到和这个变化同时存在而且阻碍这个变化的另一个方面。

其次，是关于生产力是否归人民所有的问题。

生产力是人们利用自然、改造自然的能力，表示人们在生产过程中对自然界的关系，生产力具有它本身的自然属性。人类的生产又都是在一定的生产关系下进行的，是在一定的社会形式中发展的。生产力也就有为谁占有、怎样占有和为谁的利益而生产的问题，这就是生产力的社会属性。作为唯物主义历史观的创立者，马克思充分肯定生产力的发展在社会发展中的最终决定作用，但他不是孤立地，而是联系着一定的生产关系来考察生产力的。作为伟大的无产阶级革命家，他关心"生产力是否归人民所有"这个问题。英国殖民者的目的，是为了把印度变成任凭自己宰割的殖民地，以便发展英国自身的资本主义。所以，对于作为殖民地的印度来说，"生产力归人民所有"是根本无从谈起的。

由此可见，要使生产力得到充分发展，要使生产力归人民所有，并由此使人民群众得到解放并根本改善他们的社会状况，其前提就是推翻殖民主义的统治。这是马克思分析英国在印度的统治及其未来结果所得出的最重要的结论。

正因为如此，马克思对印度人民反抗英国殖民主义的斗争给予了极大同情和坚决支持。对于 1857 年至 1858 年的印度民族大起义，他写道："人民想赶走那些对自己的臣民这样滥用职权的外国征服者，难道不对吗？既然英国人能够冷酷无情地干这种事情，那么就算是起义的印度人在起义和斗争的狂怒中犯下了那些所谓的残暴罪行，又有什么奇怪呢？"① 1858年1月14日，他在致恩格斯的信中不仅肯定了印度人民对民族压迫的反抗，并且指出，"印度使英国不断消耗人力和财力，现在是我们最好的同盟军"②。

（二）印度社会重建与新生的前提是进行"伟大的社会革命"

怎样才能推翻殖民主义的统治，使印度社会得到重建与新生？这就是要进行"伟大的社会革命"。因为英国殖民者的统治是印度发展的枷锁。只有经过革命，"完全摆脱英国的枷锁"，摧毁外国殖民主义者享有的种种特权，摧毁外国殖民主义的社会支柱——封建势力的统治，印度才能独立自主地得到发展，才能具有使"生产力归人民所有"的可能性。所以马克思强调："在大不列颠本国现在的统治阶级还没有被工业无产阶级取代以前，或者在印度人自己还没有强大到能够完全摆脱英国的枷锁以前，印度人是不会收获到不列颠资产阶级在他们中间播下的新的社会因素所结的果实的。"

不过，马克思并没有对印度的未来表示悲观。他指出："资产阶级历史时期负有为新世界创造物质基础的使命：一方面要造成以全人类互相依赖为基础的普遍交往，以及进行这种交往的工具；另一方面要发展人的生产力，把物质生产变成对自然力的科学支配。资产阶级的工业和商业正为新世界创造这些物质条件，正像地质变革创造了地球表层一样。"

这就是说，马克思是用唯物史观并联系无产阶级革命的前景来考察殖民主义问题的。他揭示了资本主义文明、进步及其在全世界扩张的矛盾性质，指明了解决这种矛盾的途径和依靠力量。他写道："只有在伟大的社会革命支配了资产阶级时代的成果，支配了世界市场和现代生产力，并且使这一切都服从于最先进的民族的共同监督的时候，人类的进步才会不再像可怕的异教神怪那样，只有用被杀害者的头颅做酒杯才能喝下甜美的酒浆。"

尽管印度人民面临的现实苦难无比的深重，马克思还是满怀信心地预言，"在比较遥远的未来，这个巨大而诱人的国家将得到重建"。他相信，既然

---

① 《马克思恩格斯全集》第16卷，人民出版社2007年版，第307页。
② 《马克思恩格斯全集》第29卷，人民出版社1972年版，第250页。

随着印度工业和商业的兴起，新的阶级力量特别是无产阶级将不可遏制地成长起来，那么，不管未来的道路多么漫长和曲折，殖民主义的统治终将被推翻，印度社会终将得到重建和新生。

马克思在论述不列颠在印度的统治及其未来结果时，深刻地揭露了殖民主义的侵略给殖民地人民造成的深重苦难，科学地提出并论证了英国殖民主义者"充当了历史的不自觉的工具"这个论断，强调了反对殖民主义、摆脱外国枷锁是东方社会获得重建和新生的前提，阐明了民族殖民地问题与资本主义国家无产阶级革命前景的相互关系，对于我们研究近代世界历史尤其是东方国家的历史，具有重要的指导意义和启示作用。

延伸阅读：

1. 马克思：《中国革命和欧洲革命》，《马克思恩格斯文集》第 2 卷，人民出版社 2009 年版。

2. 马克思：《波斯和中国》，《马克思恩格斯文集》第 2 卷，人民出版社 2009 年版。

3. 列宁：《亚洲的觉醒》，《列宁专题文集　论资本主义》，人民出版社 2009 年版。

4. 列宁：《落后的欧洲和先进的亚洲》，《列宁专题文集　论资本主义》，人民出版社 2009 年版。

思考题：

1. 怎样科学地理解英国殖民者"充当了历史的不自觉的工具"这个论断？

2. 为什么说反对殖民主义和摆脱外国枷锁是东方社会获得重建和新生的前提？

3. 如何认识民族殖民地问题与资本主义国家无产阶级革命前景的相互关联？

卡·马克思

给维·伊·查苏利奇的复信

［初　稿］

（1）在分析资本主义生产的起源时，我说过，它实质上是"生产者和生产资料彻底分离"（《资本论》法文版第 315 页第 1 栏），并且说过，"全部过程的**基础是对农民的剥夺**。这种剥夺只是在英国才彻底完成了……　但是，**西欧的其他一切国家**都正在经历着同样的运动"（同上，第 2 栏）①。

可见，我**明确地**把这一运动的"历史必然性"限制在**西欧各国**的范围内。为什么呢？请看第三十二章，那里写道：

"它被消灭的过程，即个人的分散的生产资料转化为社会的积聚的生产资料，多数人的小财产转化为少数人的大财产，——这种对劳动人民的痛苦的、残酷的剥夺，就是资本的起源……　以自己的劳动为基础的**私有制**……被以剥削他人劳动即以雇佣劳动为基础的**资本主义私有制**所排挤。"（第 341 页第 2 栏）②

可见，归根到底这里所说的是**把一种私有制形式变为另一种私有制形式**。但是，既然俄国农民手中的土地从来没有成为**他们的私有财产**，那么这一论述又如何应用呢？

（2）从历史观点来看，证明**俄国农民**的公社**必然解体**的唯一有力论据如下：

回顾一下遥远的过去，我们发现西欧到处都有不同程度上是古代类型的公有制；随着社会的进步，它在各地都不见了。为什么它只是在俄国免于这种遭遇呢？

我的回答是：在俄国，由于各种独特情况的结合，至今还在全国范围内存

---

① 见马克思《资本论》（根据作者修订的法文版第一卷翻译）1983 年中国社会科学出版社版第 769、770 页。——编者注

② 见马克思《资本论》（根据作者修订的法文版第一卷翻译）1983 年中国社会科学出版社版第 825 页。——编者注

在着的农村公社能够逐渐摆脱其原始特征，并直接作为集体生产的因素在全国范围内发展起来。正因为它和资本主义生产是同时存在的东西，所以它能够不经受资本主义生产的可怕的波折而占有它的一切**积极的成果**。俄国不是脱离现代世界孤立生存的；同时，它也不像东印度那样，是外国征服者的猎获物。

如果资本主义制度的俄国崇拜者要否认这种进化的**理论上的**可能性，那我要向他们提出这样的问题：俄国为了采用机器、轮船、铁路等等，是不是一定要像西方那样先经过一段很长的机器工业的孕育期呢？同时也请他们给我说明：他们怎么能够把西方需要几个世纪才建立起来的一整套交换机构（银行、信用公司等等）一下子就引进到自己这里来呢？

如果在农民解放的时候，农村公社立即被置于正常的发展条件下，其次，如果主要靠农民来偿付的巨额国债，以及通过国家（仍然要靠农民来偿付）向那些转化为资本家的"社会新栋梁"提供的其他巨款，都用于进一步发展农村公社，那么，现在谁也不会再臆测消灭公社的"历史必然性"了，因为大家都将会承认，公社是俄国社会新生的因素和一种优于其他还处在资本主义制度奴役下的国家的因素。

另外一个有利于（通过发展公社）保存俄国公社的情况是：俄国公社不仅和资本主义生产是同时存在的东西，而且经历了这种社会制度尚未受触动的时期而幸存下来；相反，在俄国公社面前，不论是在西欧，还是在美国，这种社会制度现在都处于同科学、同人民群众以至同它自己所产生的生产力本身相对抗的境地。总之，在俄国公社面前，资本主义制度正经历着危机，这种危机只能随着资本主义的消灭，随着现代社会回复到"古代"类型的公有制而告终，这种形式的所有制，或者像一位美国著作家（这位著作家是不可能有革命倾向的嫌疑的，他的研究工作曾得到华盛顿政府的支持）所说的，现代社会所趋向的"新制度"，将是"古代类型社会在一种高级的形式下（in a superior form）的复活（a revival）"①。因此，不应该过分地害怕"古代"一词。

如果是这样，那至少应该了解这些波折。然而，关于这些波折，我们还什么都不了解。

不管怎样，这种公社是在连绵不断的内外战争的情况下灭亡的，很可能是

---

① 见路·亨·摩尔根《古代社会，或人类从蒙昧时代经过野蛮时代到文明时代的发展过程的研究》1877 年伦敦版第 552 页。——编者注

亡于暴力之下的。在日耳曼部落征服意大利、西班牙、高卢等地时，那里的古代类型的公社已经不存在了。但是，它的**天然的生命力**却为两个事实所证实。一些公社零零散散地分布于各地，经历了中世纪的一切波折，一直保存到今天，例如，在我的家乡特里尔专区就有。然而更重要的是，这种公社的各种特征非常清晰地表现在取代它的公社里面，在后一种公社里，耕地变成了私有财产，然而森林、牧场、荒地等仍为公有财产，所以毛勒在研究了这种次生形态的公社后，就能还原出它的古代原型。由日耳曼人在所有被征服的地区引入的新公社，由于继承了古代原型的特征，在整个中世纪时期，成了人民自由和人民生活的唯一中心。

如果说，在塔西佗时代以后，我们关于**公社**的生活，关于公社是怎样消失和在什么时候消失的，都一点也不了解，那么，至少由于尤利乌斯·凯撒的叙述，我们对这一过程的起点还是知道的。在凯撒的那个时代，已是逐年分配土地，但是这种分配是在日耳曼人的部落联盟的**各氏族**和部落之间，还不是在公社各个社员之间进行的。由此可见，日耳曼人的**农村公社**是从较古的类型的公社中产生出来的。在这里，它是自然发展的产物，而决不是从亚洲现成地输入的东西。在那里，在东印度也有这种农村公社，并且往往是古代形态的**最后阶段**或最后时期。

为了从纯理论观点，即始终以正常的生活条件为前提，来判断农村公社可能有的命运，我现在必须指出"农业公社"不同于较古的类型的公社的某些特征。

首先，所有较早的原始公社都是建立在公社社员的血缘亲属关系上的；"农业公社"割断了这种牢固然而狭窄的联系，就更能够扩大范围并经受得住同外界的接触。

其次，在公社内，房屋及其附属物——园地，已经是农民的私有财产，可是远在引入农业以前，共有的房屋曾是早先各种公社的物质基础之一。

最后，虽然耕地仍然是公有财产，但定期在农业公社各个社员之间进行分配，因此，每个农民自力经营分配给他的田地，并且把产品留为己有，然而在较古的公社中，生产是共同进行的，只有产品才拿来分配。这种原始类型的合作生产或集体生产显然是单个人的力量太小的结果，而不是生产资料社会化的结果。

不难了解，"农业公社"所固有的二重性能够赋予它强大的生命力，因为，一方面，公有制以及公有制所造成的各种社会联系，使公社基础稳固，同时，房屋的私有、耕地的小块耕种和产品的私人占有又使那种与较原始的公社条件不相容的个性获得发展。但是，同样明显，这种二重性也可能逐渐成为公社解体的根源。撇开敌对环境的一切影响不说，仅仅从积累牲畜开始的动产的逐步积累（甚至有像农奴这样一种财富的积累），动产因素在农业本身中所起的日益重要的作用以及与这种积累密切相关的许多其他情况（如果我要对此加以阐述就会离题太远），都起着破坏经济平等和社会平等的作用，并且在公社内部产生利益冲突，这种冲突先是使耕地变为私有财产，最后造成私人占有那些已经变成私有财产的**公社附属物**的森林、牧场、荒地等等。正由于这个原因，"农业公社"到处都是古代社会形态的**最近的类型**；由于同样原因，在古代和现代的西欧的历史运动中，农业公社时期是从公有制到私有制、从原生形态到次生形态的过渡时期。但这是不是说，不管在什么情况下，"农业公社"的发展都要遵循这条道路呢？绝对不是的。"农业公社"的构成形式只能有两种选择：或者是它所包含的私有制因素战胜集体因素，或者是后者战胜前者。先验地说，两种结局都是可能的，但是，对于其中任何一种，显然都必须有完全不同的历史环境。一切都取决于它所处的历史环境。（见第10页）

俄国是在全国范围内把"农业公社"保存到今天的唯一的欧洲国家。它不像东印度那样，是外国征服者的猎获物。同时，它也不是脱离现代世界孤立生存的。一方面，土地公有制使它有可能直接地、逐步地把小地块个体耕作转化为集体耕作，并且俄国农民已经在没有进行分配的草地上实行着集体耕作。俄国土地的天然地势适合于大规模地使用机器。农民习惯于**劳动组合**关系，这有助于他们从小地块劳动向合作劳动过渡；最后，长久以来靠农民维持生存的俄国社会，也有义务给予农民必要的垫款，来实现这一过渡。另一方面，和控制着世界市场的西方生产**同时存在**，就使俄国可以不通过资本主义制度的卡夫丁峡谷①，而把资本主义制度所创造的一切积极的成果用到公社中来。

如果"社会新栋梁"的代言人要否认现代农村公社上述进化的**理论上的**可能性，那么，可以向他们提出这样的问题：俄国为了获得机器、轮船、铁

---

① 公元前321年第二次萨姆尼特战争时期，萨姆尼特人在古罗马卡夫丁城（今蒙泰萨尔基奥）附近的卡夫丁峡谷包围并击败了罗马军队。按照意大利双方交战的惯例，罗马军队必须在由长矛交叉构成的"轭形门"下通过。这被认为是对战败军的最大羞辱。"通过卡夫丁峡谷"（"通过卡夫丁轭形门"）一语即由此而来。——编者注

路等等，是不是一定要像西方那样先经过一段很长的机器工业的孕育期呢？也可以向他们提出这样的问题：他们怎么能够把西方需要几个世纪才建立起来的一整套交换机构（银行、股份公司等等）一下子就引进到自己这里来呢？

俄国的"农业公社"有一个特征，这个特征造成它的软弱性，从各方面来看对它都是不利的。这就是它的孤立性，公社与公社之间的生活缺乏联系，这种**与世隔绝的小天地**并不到处都是这种类型的公社的内在特征，但是，在有这一特征的地方，这种与世隔绝的小天地就使一种或多或少集权的专制制度凌驾于公社之上。俄罗斯北部各公国的联合证明，这种孤立性在最初似乎是由于领土辽阔而形成的，在相当大的程度上又由于蒙古人入侵以来俄国遭到的政治命运而加强了。在今天，这个障碍是很容易消除的。也许只要用各公社自己选出的农民代表会议代替乡①这一政府机关就行了，这种会议将成为维护它们利益的经济机关和行政机关。

从历史观点来看，一个十分有利于通过"农业公社"的进一步发展来保存这种公社的情况是："农业公社"不仅和西方资本主义生产是同时存在的东西，这使它可以不必屈从于资本主义的活动方式而占有它的各种成果；而且，它经历了资本主义制度尚未受触动的时期而幸存下来；相反，在俄国公社面前，不论是在西欧，还是在美国，资本主义制度现在都处于同劳动群众、同科学以至同它自己所产生的生产力本身相对抗的境地。总之，在俄国公社面前，资本主义制度正经历着危机，这种危机将随着资本主义的消灭，随着现代社会回复到"古代"类型的集体所有制和集体生产的高级形式而告终。

不言而喻，公社的进化将是逐步的，第一步可能是在**它目前的基础上**把它置于正常条件之下。

因此，从理论上说，俄国"农村公社"可以通过发展它的基础即土地公有制和消灭它也包含着的私有制原则来保存自己；它能够成为现代社会所趋向的那种经济制度的**直接出发点**，不必自杀就可以获得新的生命；它能够不经历资本主义制度（这个制度单纯从它可能**延续的时间**来看，在社会生活中是微不足道的）而占有资本主义生产使人类丰富起来的那些成果。但是我们必须从纯理论回到俄国现实中来。

---

① 这个词马克思写的是俄文：ВОЛОСТЬ。——编者注

（3）要剥夺农民，不必像在英国和在其他国家那样，把他们从他们的土地上赶走；同样，也不必用命令来消灭公有制。请你们试一试，从农民那里夺取他们的农业劳动产品一旦超过一定的限度，那么，你们即使动用宪兵和军队也不能再把他们束缚在他们的土地上！罗马帝国末年，各行省的十人长（不是农民，而是土地所有者）就曾抛弃自己的家园，离开自己的土地，甚至卖身当奴隶，只是为了摆脱那种不过成了官方无情压榨的借口的财产。

正是从所谓农民解放的时候起，国家把俄国公社置于不正常的经济条件之下，并且从那时候起，国家借助集中在它手中的各种社会力量来不断地压迫公社。由于国家的财政搜刮而被削弱得一筹莫展的公社，成了商业、地产、高利贷随意剥削的任人摆布的对象。这种外来的压迫激发了公社内部原来已经产生的各种利益的冲突，并加速了公社的各种瓦解因素的发展。但是，还不止如此。国家靠牺牲农民培植起来的是西方资本主义制度的这样一些部门，它们丝毫不发展农业生产能力，却特别有助于不从事生产的中间人更容易、更迅速地窃取它的果实。这样，国家就帮助了那些吮吸"农村公社"本来已经枯竭的血液的新资本主义寄生虫去发财致富。

——总之，那些最能促进和加速剥削农民（俄国的最巨大的生产力）、并最能使"社会新栋梁"发财致富的一切技术和经济手段，都在**国家**的促进下过早地发展起来。

破坏性影响的这种共同作用，只要不被强大的反作用打破，就必然会导致农村公社的灭亡。

但是要问，为什么从农村公社的现状中得到好处的所有这些利害关系者（包括政府监护下的大工业企业），合谋要杀死给他们下金蛋的母鸡呢？正因为它们感到："这种现状"不能继续维持下去，因而现在的剥削方式已经过时了。由于农民的贫困状况，地力已经耗尽而变得贫瘠不堪。丰年被荒年抵消。最近十年的平均数字表明，农业生产不仅停滞，甚至下降。最后，第一次出现了俄国不仅不能输出粮食，反而必须输入粮食的情况。因此，不能再浪费时间。必须结束这一切。必须创造一个由比较富裕的少数农民组成的农村中等阶级，并把大多数农民干脆都变为无产者。正是为了这一目的，"社会新栋梁"的代言人才把公社所受的创伤说成是公社衰老的自然征兆。

撇开目前压迫着俄国"农村公社"的一切灾难而仅仅考察它的构成形式和历史环境，那么一看就很清楚，它的一个基本特征，即土地公有制，是构成集体生产和集体占有的自然基础。此外，俄国农民习惯于**劳动组合**关系，这有助于他们从小地块劳动向集体劳动过渡，而且，俄国农民在没有进行分配的草地上、在排水工程以及其他公益事业方面，已经在一定程度上实行集体劳动了。但是，要使集体劳动在农业本身中能够代替小地块劳动这个私人占有的根源，必须具备两样东西：在经济上有这种改造的需要，在物质上有实现这种改造的条件。

关于经济上的需要，只要把"农村公社"置于正常条件之下，就是说，只要把压在它肩上的重担除掉，只要它获得正常数量的耕地，那么它本身就立刻会感到有这种需要。俄国农业只要求有土地和用比较原始的工具装备起来的小地块农民的时期已经过去了。这个时期之所以很快地成为过去，是因为对农民的压迫耗尽了农民的土地的地力，使他们的土地贫瘠。现在，农民需要的是大规模组织起来的合作劳动。况且，现在他们连种两三俄亩土地都还缺乏各种最必要的东西，难道把他们的耕地增加到 10 倍，他们的状况就会变得好些吗？

设备、肥料、农艺上的各种方法等等集体劳动所必需的一切资料，到哪里去找呢？俄国"农村公社"比同一类型的古代公社大大优越的地方正是在这里。在欧洲，只有俄国的"农村公社"在全国范围内广泛地保存下来了。因此，它目前处在这样的历史环境中：它和资本主义生产的同时存在为它提供了集体劳动的一切条件。它有可能不通过资本主义制度的卡夫丁峡谷，而占有资本主义制度所创造的一切积极的成果。俄国土地的天然地势，适合于利用机器进行大规模组织起来的、实行合作劳动的农业经营。至于最初的创办费用（包括智力上的和物质的），俄国社会有支付的义务，因为它长久以来靠"农村公社"维持生存并且也必须从"农村公社"中去寻找它的"新生的因素"。

"农村公社"的这种发展是符合我们时代历史发展的方向的，对这一点的最好证明，是资本主义生产在它最发达的欧美各国中所遭到的致命危机，而这种危机将随着资本主义的消灭，随着现代社会回复到古代类型的高级形式，回复到集体生产和集体占有而告终。

既然这么多不同的利害关系者，特别是在亚历山大二世仁慈的统治下成长起来的"社会新栋梁"从"农村公社"的**现状**中得到好处，那么，为什么他们还合谋要使公社灭亡呢？为什么他们的代言人还把公社所受的创伤说成是公社自然衰老的确凿证据呢？为什么他们要杀死下金蛋的母鸡呢？

只是因为经济上的事实（我要来分析这些事实，就会离题太远）揭开了这样一个秘密：**公社的现状不能继续维持下去了**，并且纯粹由于事物的必然性，现在的剥削人民群众的方式已经过时了。因此，必须有点新东西，而这种新东西，虽然表现为各种不同的形式，但总不外是：消灭公有制，创造一个由比较富裕的少数农民组成的农村中等阶级，并把大多数农民干脆都变为无产者。

一方面，"农村公社"几乎陷入绝境；另一方面，强有力的阴谋正等待着它，准备给它以最后的打击。要挽救俄国公社，就必须有俄国革命。可是，那些掌握着各种政治力量和社会力量的人正在尽一切可能准备把群众推入这一灾祸之中。

俄国"农村公社"的历史环境是独一无二的！在欧洲，只有俄国"农村公社"不是像稀有的残存的微缩模型那样以不久前在西方还可见到的那种古代形式零星地保存下来，而几乎是作为巨大帝国疆土上人民生活的占统治地位的形式保存下来的。如果说土地公有制是俄国"农村公社"的集体占有制的基础，那么，它的历史环境，即它和资本主义生产同时存在，则为它提供了大规模地进行共同劳动的现成的物质条件。因此，它能够不通过资本主义制度的卡夫丁峡谷，而占有资本主义制度所创造的一切积极的成果。它能够以应用机器的大农业来逐步代替小地块耕作，而俄国土地的天然地势又非常适于这种大农业。因此，它能够成为现代社会所趋向的那种经济制度的**直接出发点**，不必自杀就可以获得新的生命。相反，作为开端，必须把它置于正常条件之下。

但是，同公社相对立，出现了这样的地产，它掌握了将近一半土地，而且是优等地，更不用说国有土地了。正因为如此，所以通过"农村公社"的进一步发展来保存它是和俄国社会总的运动一致的，俄国社会的新生只有付出这个代价才能获得。

甚至仅仅从经济观点来看，俄国能够通过本国农村公社的发展来摆脱它在农业上所处的绝境；通过英国式的资本主义的租佃来摆脱这种绝境的尝试，将是徒劳无功的，因为这种制度是同俄国的整个社会条件相抵触的。①

要能发展，首先必须生存，可是任何人都不能否认，"农村公社"目前正处于危险境地。

撇开敌对环境的一切其他有害因素的影响不说，仅仅是个别家庭手中的动

---

① 初稿中原来没有这段话，这里是马克思从他给维·伊·查苏利奇的复信第三稿第4页上移过来的。——编者注

产，例如它们的牲畜、有时甚至是奴隶或农奴这样的财富的逐步增长，这种私人积累，从长远来看足以破坏原始的经济平等和社会平等，并且在公社内部产生利益冲突，这种冲突首先触及作为公共财产的耕地，最后扩展到森林、牧场和荒地等等这样一些已经变成私有财产的**公社附属物**的公共财产。

（4）各种原始公社（把所有的原始公社混为一谈是错误的；正像在地质的层系构造中一样，在历史的形态[①]中，也有原生类型、次生类型、再次生类型等一系列的类型）的衰落的历史，还有待于撰述。到现在为止，我们只有一些粗糙的描绘。但是，无论如何，研究的进展已经足以证明：（1）原始公社的生命力比闪米特人社会、希腊社会、罗马社会以及其他社会，尤其是现代资本主义社会的生命力要强大得多；（2）它们衰落的原因，是那些阻碍它们越过一定发展阶段的经济条件，是和今日俄国公社的历史环境毫无相似之处的历史环境。

我们在阅读资产者所写的原始公社历史时必须有所警惕。他们是甚至不惜伪造的。例如，亨利·梅恩爵士本来是英国政府用暴力破坏印度公社行动的热心帮手，但他却伪善地要我们相信：政府维护这些公社的一切崇高的努力，碰到经济规律的自发力量都失败了![②]

（5）[③] 您完全清楚，现在俄国公社的存在本身由于强大的利害关系者的阴谋而处于危险境地。除了被国家的直接搜刮压得喘不过气来，除了遭受侵入公社的"资本家"、商人等等以及土地"所有者"的狡诈的剥削以外，公社还受到乡村高利贷者以及由于它所处的环境而在内部引起的利益冲突的损害。

要剥夺农民，不必像在英国和在其他国家那样，把他们从他们的土地上赶走；同样，也不必用命令来消灭公社所有制。相反，请你们试一试，从农民那里夺取他们的农业劳动产品一旦超过一定的限度，那么，你们即使动用听你们指挥的宪兵也不能再把他们束缚在他们的土地上！罗马帝国末年，各行省的十人长（大土地所有者）就曾抛弃自己的土地，成为流浪者，甚至卖身当奴隶，只是为了摆脱那种不过成了官方压榨的借口的"财产"。

正当人们吸着公社的血、蹂躏它、耗尽它的地力、使它的土地贫瘠的时

---

① "地质的层系构造"和"历史的形态"中的"层系构造"和"形态"，原文为"formation"。——编者注

② 参看亨·梅恩《东方和西方的农村公社》1871年伦敦版。——编者注

③ 马克思在这段文字旁画了一条竖线，可能是删除记号。——编者注

候，"社会新栋梁"的文坛奴仆却以嘲弄的口吻指出，公社所受的创伤正是它自然衰老的征兆；并宣称，公社的灭亡是自然的死亡，缩短它的临终的时间是一件好事。因此，这里涉及的已经不是有待解决的问题，而简直是应给以打击的敌人。要挽救俄国公社，就必须有俄国革命。而且，政府和"社会新栋梁"正在尽一切可能准备把群众推入这一灾祸之中。如果革命在适当的时刻发生，如果它能把自己的一切力量集中起来以保证农村公社的自由发展，那么，农村公社就会很快地变为俄国社会新生的因素，变为优于其他还处在资本主义制度奴役下的国家的因素。

［三　　稿］

亲爱的女公民：

　　要深入分析您 2 月 16 日来信中提出的问题，我必须钻研事物的细节而放下紧急的工作。但是，我希望，现在我很荣幸地写给您的这一简短的说明，就足以消除对所谓我的理论的一切误解。

　　一、我在分析资本主义生产的起源时说："因此，在资本主义制度的基础上，生产者和生产资料彻底分离了……全部过程的基础是**对农民的剥夺**。这种剥夺只是在英国才彻底完成了……　**但是，西欧的其他一切国家**都正在经历着同样的运动。"（《资本论》法文版第 315 页）[①]

　　可见，这一运动的"**历史必然性**"**明确地**限制在**西欧各国**的范围内。造成这种限制的原因在第三十二章的下面这一段里已经指出："**以自己的劳动为基础的私有制**……被以剥削他人劳动即以雇佣劳动为基础的**资本主义私有制**所排挤。"（同上，第 341 页）[②]

　　因此，在这种西方的运动中，问题是**把一种私有制形式变为另一种私有制形式**。相反，在俄国农民中，则是**要把他们的公有制变为私有制**。人们承认还是否认这种转变的必然性，提出赞成或反对这种转变的理由，都和我对资本主

---

① 见马克思《资本论》（根据作者修订的法文版第一卷翻译）1983 年中国社会科学出版社版第 769、770 页。——编者注

② 见马克思《资本论》（根据作者修订的法文版第一卷翻译）1983 年中国社会科学出版社版第 825 页。——编者注

义制度起源的分析毫无关系。从这一分析中，至多只能作出这样的结论：在目前俄国农民占绝大多数的情况下，把他们变成小私有者，不过是对他们进行迅速剥夺的序幕。

二、用来反对俄国公社的最有力的论据如下：

如果您回顾一下西方社会的起源，那么您到处都会发现土地公有制；随着社会的进步，它又到处让位给私有制；因此，它不可能只是在俄国免于这种遭遇。

我之所以注意这一推论，仅仅因为它是以欧洲的经验为根据的。至于比如说东印度，那么，大概除了亨·梅恩爵士及其同流人物之外，谁都知道，那里的土地公有制是由于英国的野蛮行为才被消灭的，这种行为不是使当地人民前进，而是使他们后退。

并不是所有的原始公社都是按照同一形式建立起来的。相反，从整体上看，它们是一系列社会组织，这些组织的类型、生存的年代彼此都不相同，标志着依次进化的各个阶段。**俄国的公社**就是通常称做**农业公社**的一种类型。在西方相当于这种公社的是存在时期很短的**日耳曼公社**。在尤利乌斯·凯撒时代，日耳曼公社尚未出现，而到日耳曼部落征服意大利、高卢、西班牙等地的时候，它已经不存在了。在尤利乌斯·凯撒时代，各集团之间、**各氏族**和**部落**之间已经逐年分配耕地，但还不是在公社的各个家庭之间分配；大概，耕种也是由集团共同进行的。在日耳曼尼亚本土，这种较古类型的公社通过自然的发展而变为塔西佗所描绘的那种**农业公社**。从那时起，我们就看不到它了。它在连绵不断的战争和迁徙的情况下不知不觉地灭亡了；它有可能是亡于暴力之下的。但是，它的天然的生命力却为两个不可争辩的事实所证实。这种类型的一些公社零零散散地分布于各地，经历了中世纪的一切波折，一直保存到今天，例如，在我的家乡特里尔专区就有。然而更重要的是，这种"农业公社"的烙印是如此清晰地表现在从它产生出来的新公社里面，以致毛勒在辨认了新公社后能够还原出这种"农业公社"。在新公社里，耕地是农民的**私有财产**，而森林、牧场、荒地等等仍然是**公共财产**；这种新公社由日耳曼人引入所有被征服的地区。由于它继承了原型的特征，所以，在整个中世纪时期，成了人民自由和人民生活的唯一中心。

同样在亚洲，在阿富汗人及其他人中间也有"农村公社"。但是，这些地方的公社都是**最近类型**的公社，也可以说，是**古代**社会**形态**的最近形式。为了指出这一事实，所以我就谈了关于日耳曼公社的一些细节。

现在，我们必须考察一下"农业公社"不同于较古的公社的最主要的特征。

（1）所有其他公社都是建立在公社社员的血缘亲属关系上的。在这些公社中，只容许有血缘亲属或收养来的亲属。他们的结构是系谱树的结构。"农业公社"是最早的没有血缘关系的自由人的社会组织。

（2）在农业公社中，房屋及其附属物——园地，是农民私有的。相反，**公共房屋**和**集体住所**是远在畜牧生活和农业生活形成以前时期的较原始的公社的经济基础。当然，也有一些农业公社，它们的房屋虽然已经不再是集体的住所，但仍然定期改换占有者。这样，个人用益权就和公有制结合起来。但是，这样的公社仍然带有它的起源的烙印，因为它们是处在由较古的公社向真正的农业公社过渡的状态。

（3）耕地是不可让渡的公共财产，定期在农业公社各个社员之间进行分配，因此，每一社员自力经营分配给他的田地，并把产品留为己有。而在较原始的公社中，生产是共同进行的；共同的产品，除储存起来以备再生产的部分外，都根据消费的需要陆续分配。

显然，农业公社制度所固有的这种**二重性**能够赋予它强大的生命力。它摆脱了牢固然而狭窄的血缘亲属关系的束缚，并以土地公有制以及公有制所造成的各种社会联系为自己的稳固基础；同时，各个家庭单独占有房屋和园地、小地块耕种和私人占有产品，促进了那种与较原始的公社机体不相容的个性的发展。

但是，同样明显，就是这种二重性也可能逐渐成为公社解体的萌芽。除了外来的各种破坏性影响，公社内部就有使自己毁灭的因素。土地私有制已经通过房屋及农作园地的私有渗入公社内部，这就可能变为从那里准备对公有土地进攻的堡垒。这是已经发生的事情。但是，最重要的还是私人占有的源泉——小地块劳动。它是牲畜、货币、有时甚至奴隶或农奴等动产积累的根源。这种不受公社控制的动产，个体交换的对象（在交换中，投机取巧起极大的作用）将对整个农村经济产生越来越大的压力。这就是破坏原始的经济平等和社会平等的因素。它把异质的因素带进来，引起公社内部各种利益和私欲的冲突，这种冲突首先触及作为公共财产的耕地，然后触及作为公共财产的森林、牧场、荒地等等；一旦这些东西变成了私有财产的**公社附属物**，也就会逐渐变成私有了。

农业公社既然是原生的社会形态的最后阶段，所以它同时也是向次生形态过渡的阶段，即以公有制为基础的社会向以私有制为基础的社会的过渡。不言而喻，次生形态包括建立在奴隶制上和农奴制上的一系列社会。

但是，这是不是说，农业公社的历史道路必然要导致这种结果呢？绝对不是的。农业公社固有的二重性使得它只能有两种选择：或者是它的私有制因素战胜集体因素，或者是后者战胜前者。一切都取决于它所处的历史环境。

现在，我们暂且不谈俄国公社所遭遇的灾难，只来考察一下它的可能的发展。它的环境是独一无二的，在历史上没有先例。在整个欧洲，它是唯一在一个巨大的帝国内的农村生活中尚占统治地位的组织形式。土地公有制赋予它以集体占有的自然基础，而它的历史环境，即它和资本主义生产同时存在，则为它提供了大规模组织起来进行合作劳动的现成的物质条件。因此，它可以不通过资本主义制度的卡夫丁峡谷，而占有资本主义制度所创造的一切积极的成果。它可以借使用机器而逐步以联合耕作代替小地块耕作，而俄国土地的天然地势又非常适合于使用机器。如果它在现在的形式下事先被置于正常条件之下，那它就能够成为现代社会所趋向的那种经济制度的**直接出发点**，不必自杀就可以获得新的生命。

英国人在东印度就进行过让公社自杀的尝试；他们得到的结果不过是破坏了当地的农业，使荒年更加频繁，饥馑更加严重。

可是公社受到诅咒的是它的孤立性，公社与公社之间的生活缺乏联系，不正是这种**与世隔绝的小天地**使它至今不能有任何历史创举吗？**而这种与世隔绝的小天地**将在俄国社会的普遍动荡中消失。

俄国农民习惯于**劳动组合**，这特别有助于他们从小地块劳动向合作劳动过渡，并且他们在翻晒草料，以及像排除积水等公社的作业中，已经在某种程度上实行了合作劳动。一种与古代类型十分相似的特性（这是现代农学家感到头痛的东西）也有利于实行合作劳动。如果您在某一个地方看到有垄沟痕迹的小块土地组成的棋盘状耕地，那您就不必怀疑，这就是已经死亡的农业公社的地产！农业公社的社员并没有学过地租理论，可是他们了解，在天然肥力和位置不同的土地上消耗等量的农业劳动，会得到不等的收入。为了使自己的劳动机会均等，他们根据土壤的自然差别和经济差别把土地分成一定数量的地段，然后按农民的人数把这些比较大的地段再分成小块。然后，每一个人在每一地段中得到一份土地。这种直到今天还在俄国公社里实行的做法，毫无疑问是和农艺学的要求相矛盾的。除其他种种不便外，这种做法也造成人力和时间的浪费。可是，这种做法虽然乍看起来似乎和集体耕种相矛盾，但它的确有助于向集体耕种的过渡。小块土地……①

［复　信］

1881 年 3 月 8 日于伦敦西北区
梅特兰公园路 41 号

亲爱的女公民：

最近十年来定期发作的神经痛妨碍了我，使我不能较早地答复您 2 月 16 日的来信。承蒙您向我提出问题，但很遗憾，我却不能给您一个适合于发表的简短说明。几个月前，我曾经答应给圣彼得堡委员会②就同一题目写篇文章。可是，我希望寥寥几行就足以消除您因误解所谓我的理论而产生的一切疑问。

在分析资本主义生产的起源时，我说：

"因此，在资本主义制度的基础上，生产者和生产资料彻底分离了……全部过程的基础是**对农民的剥夺**。这种剥夺只是在英国才彻底完成了……　但是，**西欧的其他一切国家**都正在经历着同样的运动。"（《资本论》法文版第 315 页）③

可见，这一运动的"**历史必然性**"明确地限制在**西欧各国**的范围内。造成这种限制的原因在第三十二章的下面这一段里已经指出：

"以自己的劳动为基础的**私有制**……被以剥削他人劳动即以雇佣劳动为基础的**资本主义私有制**所排挤。"（同上，第 341 页）④

因此，在这种西方的运动中，问题是**把一种私有制形式变为另一种私有制**

---

① 手稿到此中断。——编者注
② 指俄国民意党执行委员会。民意党是 1879 年 8 月成立的俄国最大的民粹派组织。——编者注
③ 见马克思《资本论》（根据作者修订的法文版第一卷翻译）1983 年中国社会科学出版社版第 769、770 页。——编者注
④ 见马克思《资本论》（根据作者修订的法文版第一卷翻译）1983 年中国社会科学出版社版第 825 页。——编者注

形式。相反，在俄国农民中，则是要把**他们的公有制变为私有制**。

由此可见，在《资本论》中所作的分析，既没有提供肯定俄国农村公社有生命力的论据，也没有提供否定农村公社有生命力的论据，但是，我根据自己找到的原始材料对此进行的专门研究使我深信：这种农村公社是俄国社会新生的支点；可是要使它能发挥这种作用，首先必须排除从各方面向它袭来的破坏性影响，然后保证它具备自然发展的正常条件。

亲爱的女公民，您忠实的

卡尔·马克思

（选自《马克思恩格斯文集》第3卷，人民出版社2009年版，第570—590页）

学 习 导 读

马克思在 1881 年 3 月写的《给维·伊·查苏利奇的复信》，是论述俄国农村公社的历史命运和俄国资本主义发展前景的重要著作。复信草稿中提出的关于"俄国可以不通过资本主义制度的卡夫丁峡谷"的论述，对于科学地认识经济不发达国家在一定条件下可以进行社会主义改造的问题，具有重要的启示性作用。

一、对俄国农村公社和俄国社会
发展问题的研究和探讨

（一）在俄国农村公社和社会发展问题上的争论

世界许多地区都经历过农村公社这个发展阶段。一些国家的农村公社后来消失了，一些国家曾长期保留着农村公社的遗迹。在俄国，由于各种独特情况的结合，直到 19 世纪八九十年代，农村公社仍然在全国范围内存在着，全部耕地的半数左右仍然是农村公社的公有财产。

俄国农民的公社所有制是普鲁士的政府顾问哈克斯特豪森于 1845 年发现的。俄国思想家赫尔岑得悉后，便据此认定俄国农民是真正的社会主义体现者、天生的共产主义者。他的这种认识传给了巴枯宁，又由巴枯宁传给了民粹派特卡乔夫。特卡乔夫说，俄国人民的绝大多数"都充满着公有制原则的精神"，他们是"本能的、传统的共产主义者"。他鼓吹俄国可以无条件地借助农村公社直接过渡到社会主义。革命民主主义者车尔尼雪夫斯基也把俄国农村公社看做从现存社会形式过渡到新的发展阶段的手段，这个新阶段一方面高于俄国的公社，另一方面也高于阶级对立的西欧资本主义社会。

1861 年农奴制改革以后，俄国的资本主义进一步发展起来，农村公社逐步趋向解体。与特卡乔夫等的观点相对立，俄国的自由派经济学家们希望，首先摧毁农村公社，以便过渡到资本主义制度。

1872 年，马克思的《资本论》第一卷俄文译本出版。俄国有一些自称是马克思主义者的人，以马克思主义的名义，"说农村公社是一种陈腐的形式，历史、科学社会主义，总而言之，所有一切最不容争辩的东西，都已断定这种陈腐的形式必然灭亡"。当有人反驳他们说："你们是用什么方法从他的《资本论》中推论出这一点的呢？他在《资本论》中并没有分析土地问题，也没有谈及俄国啊。"他们的回答是："要是谈到俄国的话，他是会说这个话的。"①

根据这些情况，俄国"劳动解放社"成员、女革命家维·伊·查苏利奇特地给马克思写信，向他求教。她说：俄国公社的发展前途问题"在我看来是个生死攸关的问题，对我们社会主义政党来说尤其如此"。"要是您肯对我国农村公社可能遭到的各种命运发表自己的观点，要是您肯对那种认为由于历史的必然性，世界上所有国家都必须经过资本主义生产的一切阶段这种理论阐述自己的看法，那末您会给我们多大的帮助啊。""我以我的同志们的名义，恳请您给予我们这种帮助。"②

（二）马克思对查苏利奇咨询的答复

马克思对查苏利奇提出的关于俄国公社和俄国社会的发展问题十分重视。实际上，在这之前，马克思、恩格斯已经对这个问题进行过研究。在1874年至1875年间写的《流亡者文献》的第五篇文章《论俄国的社会问题》中，恩格斯就驳斥了特卡乔夫的观点，强调农村公社向社会高级形式的过渡必须具备一定的条件。1877年，马克思在《给〈祖国纪事〉杂志编辑部的信》中，则驳斥了《祖国纪事》上的文章强加给他的观点，即认为马克思同俄国自由派一样，认为对俄国来说没有比消灭农民公有制和急速进入资本主义更为刻不容缓的事了。他表示，他并不无条件地否定"'俄国人为他们的祖国寻找一条不同于西欧已经走过而且正在走着的发展道路'的努力"③。

在给查苏利奇复信的过程中，马克思拟了四个草稿。他最后寄出的复信，只有寥寥几行。其中说：我"在《资本论》中所作的分析，既没有提供肯定俄国农村公社有生命力的论据，也没有提供否定农村公社有生命力的论据"。我对此问题所作的研究使我深信："这种农村公社是俄国社会新生的支点；可是要使它能发挥这种作用，首先必须排除从各方面向它袭来的破坏性影响，然后保证它具备自然发展的正常条件。"

在这之后，马克思、恩格斯对这个问题继续进行深入的研究，并且结合新

① 《马克思恩格斯与俄国政治活动家通信集》，人民出版社1987年版，第378页。
② 《马克思恩格斯与俄国政治活动家通信集》，人民出版社1987年版，第377、378、379页。
③ 《马克思恩格斯文集》第3卷，人民出版社2009年版，第463页。

的历史情况，提出了重要的意见。这主要体现在 1882 年他们为《共产党宣言》俄文第二版所写的序言和恩格斯在 1894 年所写的《〈论俄国的社会问题〉跋》等文章中。

为了比较准确地理解马克思给查苏利奇的复信，我们有必要认真研究复信的草稿；如果能联系阅读在此前后马克思、恩格斯就这个问题发表的意见，将更有助于做到这一点。

二、俄国农村公社的二重性与两种可能的发展

（一）俄国的国情与俄国农村公社的特征

俄国是一个地跨欧、亚两洲的国家。从 9 世纪起，俄国进入封建主义时期，这个时期延续了约一千年。1861 年农奴制改革以后，俄国开始走上资本主义道路，资本主义经济迅速发展起来。但在马克思于 1881 年 3 月给维·伊·查苏利奇复信时，俄国的资本主义还没有得到充分的发展，它的经济还远远落后于西欧国家，在广大农村中还广泛保留着前资本主义的生产方式。"俄国是在全国范围内把'农业公社'保存到今天的唯一的欧洲国家。"

农业公社不是原始公社的原生形态类型。马克思指出："在古代和现代的西欧的历史运动中，农业公社时期是从公有制到私有制、从原生形态到次生形态的过渡时期。"

（二）俄国农村公社的两种可能的发展

俄国农村公社将朝着什么方向发展？是资本主义私有制注定要消灭公社的土地公有制呢，还是公社的土地公有制有可能直接过渡到更高级形式的公有制即现代的社会主义公有制？这是关于农村公社命运的两种不同的答案。

对于这个问题，马克思并没有简单地做出肯定或否定的结论。他认为，农业公社具有二重性。一方面，公有制以及公有制所造成的各种社会联系，使公社基础稳固；另一方面，房屋的私有、耕地的小块耕种和产品的私人占有又使那种与较原始的公社条件不相容的个性获得发展。正因为如此，它面临着两种可能的选择，具有两种可能的发展道路。这就是，"或者是它所包含的私有制因素战胜集体因素，或者是后者战胜前者。先验地说，两种结局都是可能的"。

至于究竟会是哪一种结局，那么应该说，"一切都取决于它所处的历史环境"。

三、俄国跨越"资本主义制度的卡夫丁峡谷"的可能性及条件

（一）俄国可以不通过资本主义制度的卡夫丁峡谷

马克思并不赞同俄国自由派经济学家们的主张，即必须首先摧毁农村公社，以便过渡到资本主义制度。他认为，"'农业公社'所固有的二重性能够赋予它强大的生命力"，这是俄国之所以能够长时期地在全国范围内把"农业公社"保存下来的原因。"从理论上说，俄国'农村公社'可以通过发展它的基础即土地公有制和消灭它也包含着的私有制原则来保存自己；它能够成为现代社会所趋向的那种经济制度的**直接出发点**"。这是因为：第一，土地公有制使它有可能直接地、逐步地把小地块个体耕作转化为集体耕作，并且俄国农民已经在没有进行分配的草地上实行着集体耕作。第二，俄国农民习惯于劳动组合关系，这有助于他们从小地块劳动向合作劳动过渡。此外，俄国土地的天然地势也适合于大规模地使用机器。

不过，应当看到，当时俄国公社的公有制是同农业本身中小地块劳动这个私人占有相联系的；俄国的公社存在了几百年，但是在它内部从来没有出现过要把它自己发展成高级的公有制形式的促进因素。要使它发展成高级的公有制形式，要使集体劳动在农业本身中能够代替小地块劳动这个私人占有的根源，必须具备两样东西：在经济上有这种改造的需要，在物质上有实现这种改造的条件。

马克思认为，在俄国，在经济上进行这种改造的需要是存在的，因为对农民的压迫耗尽了农民的土地的地力，使他们需要大规模组织起来的合作劳动。至于实现这种改造的条件，如"设备、肥料、农艺上的各种方法等等集体劳动所必需的一切资料，到哪里去找呢？"马克思认为，这种条件在俄国也是有可能具备的。他说："如果说土地公有制是俄国'农村公社'的集体占有制的基础，那么，它的历史环境，即它和资本主义生产同时存在，则为它提供了大规模地进行共同劳动的现成的物质条件。""和控制着世界市场的西方生产**同时存在**，就使俄国可以不通过资本主义制度的卡夫丁峡谷，而把资本主义制度所创

造的一切积极的成果用到公社中来"，可以"占有资本主义生产使人类丰富起来的那些成果"。

这里所说的"一切积极的成果"包括哪些内容，马克思并没有具体指明；但是从他的相关论述来看，我们可以肯定，在经济上讲，这种成果至少应当包括先进的生产力、经济形式和管理方法方面符合社会化大生产需要的部分。因为这是俄国公社不通过资本主义制度而发展为高级的公有制形式所不可缺少的物质基础。

为什么马克思把不经过资本主义制度称做跨越"卡夫丁峡谷"呢？这是因为，在资本主义制度下，生产力得到了迅速的发展。但与此同时，创造社会财富的广大无产者却成为少数资产者的雇佣奴隶，过着贫困、屈辱的生活。这就是马克思为什么用古代罗马军队在卡夫丁峡谷所蒙受的差辱，来比喻劳动者在资本主义制度下的境遇的原因。

在经济文化落后的国家和地区，为什么在一定条件下可以实现这种跨越式的发展呢？这是因为，在这个交通和信息已经相当发达的世界上，这些国家和地区在发展生产时可以把当时西方国家已经达到的先进技术作为自己的出发点，而不需要重复这些国家以往技术进步的每一个阶段、每一个步骤。马克思预见到自由派经济学家们要否认上述进化在理论上的可能性，于是他向他们提出这样的问题："俄国为了获得机器、轮船、铁路等等，是不是一定要像西方那样先经过一段很长的机器工业的孕育期呢？也可以向他们提出这样的问题：他们怎么能够把西方需要几个世纪才建立起来的一整套交换机构（银行、股份公司等等）一下子就引进到自己这里来呢？"显然，这些问题是那些自由派经济学家们所无法回答的。

（二）俄国跨越"资本主义制度的卡夫丁峡谷"的条件

马克思肯定"俄国可以不通过资本主义制度的卡夫丁峡谷"，但同时又指出，这必须具备一定的历史条件。否则，实现这种跨越是不可能的。这些条件就是：

第一，"必须有俄国革命"。

基于对农业公社所固有的二重性的分析，马克思指出，这种二重性不仅能够赋予公社强大的生命力，同样"也可能逐渐成为公社解体的根源"。因为：（1）在俄国，土地不时在各个家长之间进行分配，并且每家各自耕种自己的一份土地。这就有可能造成公社社员间在富裕程度上的极大差异。几乎在一切地方，公社社员中总有几个富裕农民，有时是百万富翁，他们放高利贷，榨取农民大众的脂膏。（2）公社成员私有财产的逐步积累，起着破坏经济平等和社会平等的作用，这导致在公社内部产生利益冲突，还可能导致耕地逐步变为私有财产，造成私人占有森林、牧场、荒地等。事实上，耕地的公有制只是还表现在一次又一次的重新分配土地上，"只要这种重新分配土地的做法一终止或通过决定被废止，就会出现小农的农村"①。（3）国家的财政搜刮，商业、地产、高利贷的随意剥削，激发着公社内部原来已经产生的各种利益的冲突，加速了公社的各种瓦解因素的发展。（4）国家帮助那些吮吸公社血液的新资本主义寄生虫去发财致富，开始创造一个由比较富裕的少数农民组成的农村中等阶级，并逐步把大多数农民变为无产者。很明显，这些"破坏性影响的这种共同作用，只要不被强大的反作用打破，就必然会导致农村公社的灭亡"。

由于政府和那些转化为资本家的所谓"社会新栋梁"正在使公社处于危险境地，所以，马克思强调，"要挽救俄国公社，就必须有俄国革命"。因为只有这样，才有可能停止并摧毁它们对农村公社自由发展造成的"破坏性影响"。马克思相信："如果革命在适当的时刻发生，如果它能把自己的一切力量集中起来以保证农村公社的自由发展，那么，农村公社就会很快地变为俄国社会新生的因素，变为优于其他还处在资本主义制度奴役下的国家的因素。"

后来，恩格斯还对这个问题做过进一步的说明。他说："要想保全这个残存的公社，就必须首先推翻沙皇专制制度，必须在俄国进行革命。"除了革命将停止并摧毁对农村公社自由发展的"破坏性影响"以外，俄国的革命还"会把这个民族的大部分即农民从构成他们的'天地'、他们的'世界'的农村的隔绝状态中解脱出来，不仅会把农民引上一个大舞台，使他们通过这个大舞台认识外部世界，同时也认识自己，了解自己的处境和摆脱目前贫困的方法；俄国革命还会给西方的工人运动以新的推动，为它创造新的更好的斗争条件，从而加速现代工业无产阶级的胜利"②。

第二，俄国革命和西方革命的"互相补充"。

① 《马克思恩格斯文集》第4卷，人民出版社2009年版，第457页。
② 《马克思恩格斯文集》第4卷，人民出版社2009年版，第466页。

在马克思给查苏利奇复信之前，恩格斯在 1875 年 3 月底至 4 月中所写的《论俄国的社会问题》中就已经指出："如果有什么东西还能挽救俄国的公社所有制，使它有可能变成确实富有生命力的新形式，那么这正是西欧的无产阶级革命。"① 马克思在复信中虽然没有直接论述这一点，但在他与恩格斯合写的《共产党宣言》1882 年俄文版序言中着重对此进行了论述：俄国公社这一固然已经大遭破坏的原始土地公共占有形式，是能够直接过渡到高级的共产主义的公共占有形式呢？或者相反，它还必须先经历西方的历史发展所经历的那个瓦解过程呢？"对于这个问题，目前唯一可能的答复是：假如俄国革命将成为西方无产阶级革命的信号而双方互相补充的话，那么现今的俄国土地公有制便能成为共产主义发展的起点。"② 后来，恩格斯在忆及这个序言时再次强调：无论马克思还是他本人都认为，俄国在公社的基础上达到社会主义的改造的"第一个条件，是**外部的推动**，即西欧经济制度的变革，资本主义在最先产生它的那些国家中被消灭"③。

为什么说没有西方无产阶级革命的胜利，俄国在公社的基础上是不可能达到社会主义改造的呢？这是因为：俄国进行社会主义改造、实现跨越式发展的重要条件，是必须由"目前还是资本主义的西方作出榜样和积极支持"④；而没有西方无产阶级革命的胜利，这些条件是不可能具备的。

第一，从历史上看，从氏族社会遗留下来的农业共产主义在任何地方和任何时候除了本身的解体以外，都没有从自己身上生长出任何别的东西。俄国的农村公社也不会自然地从自身发展出公有制的高级形式。要做到这一点，需要由西方做出榜样。"只有当资本主义经济在自己故乡和在它兴盛的国家里被克服的时候，只有当落后国家从这个榜样上看到'这是怎么回事'，看到怎样把现代工业的生产力作为社会财产来为整个社会服务的时候——只有到那个时候，这些落后的国家才能开始这种缩短的发展过程。"⑤ 这就是说，西方无产阶级革命的胜利将对落后的国家提供社会主义优于资本主义的榜样。所以，"西欧无产阶级对资产阶级的胜利以及与之俱来的以社会管理的生产代替资本主义

---

① 《马克思恩格斯文集》第 3 卷，人民出版社 2009 年版，第 399 页。
② 《马克思恩格斯文集》第 2 卷，人民出版社 2009 年版，第 8 页。
③ 《马克思恩格斯文集》第 10 卷，人民出版社 2009 年版，第 649 页。
④ 《马克思恩格斯文集》第 4 卷，人民出版社 2009 年版，第 459 页。
⑤ 《马克思恩格斯文集》第 4 卷，人民出版社 2009 年版，第 459 页。

生产，这就是俄国公社上升到同样的阶段所必需的先决条件"。"这不仅适用于俄国，而且适用于处在资本主义以前的阶段的一切国家。"①

第二，农村公社是原生的社会形态的最后阶段，同时也是向次生形态过渡的阶段，即以公有制为基础的社会向以私有制为基础的社会的过渡。要脱开原有的轨道，使俄国农民无须经过资产阶级的小块土地所有制的中间阶段，而直接向高级形式过渡，"这只有在下述情况下才会发生，即西欧在这种公社所有制彻底解体以前就胜利地完成无产阶级革命并给俄国农民提供实现这种过渡的必要条件，特别是提供在整个农业制度中实行必然与此相联系的变革所必需的物质条件"②。

不过，无论是俄国革命还是西欧胜利的无产阶级革命，都没有"在适当的时刻发生"。1861 年农奴制改革之后，俄国在短短的时间里就奠定了资本主义生产方式的全部基础。与此同时，也就举起了连根砍断俄国农村公社的斧头。"随着农民的解放，俄国进入了资本主义时代，从而也进入了土地公有制迅速灭亡的时代。"③

马克思 1877 年在《给〈祖国纪事〉杂志编辑部的信》中曾经预言："如果俄国继续走它在 1861 年所开始走的道路，那它将会失去当时历史所能提供给一个民族的最好的机会，而遭受资本主义制度所带来的一切灾难性的波折。"④ 这样的预言，终于在俄国成为事实了。

四、马克思给查苏利奇复信提供的历史启示

马克思《给维·伊·查苏利奇的复信》，通过科学地论述俄国的农村公社命运和社会发展前景，为我们提供了运用唯物主义历史观和方法论研究历史的重要启示。这里着重讲两个问题。

（一）关于历史发展的多样性与统一性问题

人类社会历史的发展，是多样性与统一性的结合。这是马克思研究社会历

① 《马克思恩格斯文集》第 4 卷，人民出版社 2009 年版，第 459 页。
② 《马克思恩格斯文集》第 3 卷，人民出版社 2009 年版，第 399 页。
③ 《马克思恩格斯文集》第 4 卷，人民出版社 2009 年版，第 460 页。
④ 《马克思恩格斯文集》第 3 卷，人民出版社 2009 年版，第 464 页。

史问题时坚持的一个原则。

从原始社会的共产制共同体和合作生产或集体生产，经过阶级社会的私有制经济，再回复到"古代"类型的集体所有制和集体生产的高级形式，这是人类社会历史发展的总趋势，也就是它的统一性。这对于各个国家都是适用的。但是，由于各国的历史环境和基本国情不尽相同，它们所经历的具体的发展阶段和所走的具体的历史道路，也就各有其特殊性。这也就是人类社会历史发展的多样性。

基于这样的观点，马克思不赞成"那种认为由于历史的必然性，世界上所有国家都必须经过资本主义生产的一切发展阶段"的理论。可是一些人提出这种说法，恰恰是以他在《资本论》中对资本主义生产的起源所做的分析为依据的。

针对这种情况，马克思明确指出，他在分析资本主义生产的起源时所说的历史必然性，是指在资本主义制度的基础上，生产者和生产资料的彻底分离。而其"全部过程的基础是**对农民的剥夺**"。这种剥夺只是在英国才彻底完成了，西欧的其他一切国家都正在经历着同样的运动。这个分析是不是适用于包括俄国在内的一切国家呢？马克思强调，他是把这一运动的"历史必然性"明确地限制在西欧各国的范围内的，如果把它普遍化，认为它适用于一切国家，就不符合他的原意了。

就俄国来说，它面临的问题与西方是不同的。在这种西方的运动中，是把一种私有制形式变为另一种私有制形式，即以自己的劳动为基础的私有制被以剥削他人劳动即以雇佣劳动为基础的资本主义私有制所排挤。相反，在俄国农民中，则是要把他们的公有制变为私有制。把针对这种西方的运动所提出的论断，无条件地移植到俄国，应用到情况和性质极不相同的俄国农民问题上来，显然是不适当的。

那么，是不是说马克思对于资本主义生产起源的历史概述根本不适用于俄国呢？也不是。在特定的历史条件下，它才可以被应用到俄国去。这就是：假如俄国想要遵照西欧各国的先例成为一个资本主义国家，它不先把很大一部分农民变成无产者就达不到这个目的；而它一旦倒进资本主义制度的怀抱，它就会和尘世间的其他民族一样受那些铁面无情的规律的支配。

总之，马克思强调，决不能离开各国的历史环境和具体国情，"把我关于西欧资本主义起源的历史概述彻底变成一般发展道路的历史哲学理论，一切民族，不管它们所处的历史环境如何，都注定要走这条道路，——以便最后都达到在保证社会劳动生产力极高度发展的同时又保证每个生产者个人最全面的发展的这样一种经济形态"①。

马克思创立的唯物主义历史观与唯心主义历史观的不同，在于它始终站在现实历史的基础上，而不是从观念出发来解释实践。不研究具体的历史环境，把关于西欧资本主义起源的历史概述变成一切民族都注定要走的一般发展道路的历史哲学理论，实际上就是回到了从观念出发来解释实践的老路上。所以马克思说："这样做，会给我过多的荣誉，同时也会给我过多的侮辱。"②

历史事件及其发展进程，都是在特定的历史环境中展开的，有其内在的规律性。为了揭示这种规律性，我们必须对历史进行具体的研究，而不能由一般的历史哲学理论出发加以推演。因为"使用一般历史哲学理论这一把万能钥匙，那是永远达不到这种目的的，这种历史哲学理论的最大长处就在于它是超历史的"③。实际上，极为相似的事变发生在不同的历史环境中就会引起完全不同的结果。所以，简单地进行历史的类比是解决不了问题的。正确的研究方法应当是，把这些演变分别加以研究，弄清其历史背景、具体情况、发生原因，然后再把它们加以比较，这样，"我们就会很容易地找到理解这种现象的钥匙"④。马克思在考察俄国公社命运和社会发展时使用的这种方法，是我们在研究其他社会历史问题时也应当借鉴的。

（二）关于经济落后的国家在一定的条件下可以发展社会主义的问题

马克思在 1881 年给查苏利奇复信的时候，俄国资本主义才刚刚产生不久。如果说在西欧，农民公社所有制在社会发展的一定阶段上成了农业生产的桎梏和障碍，因而渐渐被取消了；那么，在俄国本土，"它一直保存到今天，这首先就证明农业生产以及与之相适应的农村社会状态在这里还处在很不发达的阶段"⑤。

---

① 《马克思恩格斯文集》第 3 卷，人民出版社 2009 年版，第 466 页。
② 《马克思恩格斯文集》第 3 卷，人民出版社 2009 年版，第 466 页。
③ 《马克思恩格斯文集》第 3 卷，人民出版社 2009 年版，第 467 页。
④ 《马克思恩格斯文集》第 3 卷，人民出版社 2009 年版，第 466—467 页。
⑤ 《马克思恩格斯文集》第 3 卷，人民出版社 2009 年版，第 397 页。

这种情况同时也表明，当时俄国资本主义的发展在整体上还处在很不发达的阶段。

在通常的情况下，随着俄国资本主义的发展，农村公社制度将会逐步解体，公社的公有制将被农民的私有制所代替，而由于资本主义的发展必定会把很大一部分农民变成无产者，农民的私有制将被资本主义私有制所代替。既然这样，马克思又是根据什么理由认为"俄国可以不通过资本主义制度的卡夫丁峡谷"、农村公社有可能"是俄国社会新生的支点"的呢？要弄清楚这个问题，必须了解马克思的世界历史理论，即"历史向世界历史的转变"①的理论。

在《德意志意识形态》中，马克思、恩格斯指出：在资本主义兴起以后，随着生产力的普遍发展和与之相适应的人们普遍交往的建立，就使得"每一民族都依赖于其他民族的变革"；使得"地域性的个人为**世界历史性的**、经验上普遍的个人所代替"②。正因为如此，我们在研究近代以来各国的历史时，就必须具有世界历史的眼光，就必须把它们置于广阔的时代背景之下。马克思就是运用这种世界历史理论来考察俄国问题，才得出上述具有创新意义的结论的。

当时的俄国虽然是一个资本主义刚刚起步、经济文化还比较落后的国家，但是它有可能实现跨越式的发展，即没有"经过资本主义生产的一切发展阶段"就直接提出社会主义改造的问题，这是因为：

第一，"一切历史冲突都根源于生产力和交往形式之间的矛盾。"这是没有疑问的。但是，"不一定非要等到这种矛盾在某一国家发展到极端尖锐的地步，才导致这个国家内发生冲突。由广泛的国际交往所引起的同工业比较发达的国家的竞争，就足以使工业比较不发达的国家内产生类似的矛盾"③。俄国这样一个经济文化还比较落后的国家，也是有可能提出社会主义改造的要求的。马克思在复信中特别提到：在俄国公社面前，资本主义制度正经历着危机，这种危机只能随着资本主义的消灭，随着现代社会回复到"古代"类型的公有制而告终。因此，农村公社的这种发展，是符合那个时代历史发展的方向的。

---

① 《马克思恩格斯文集》第 1 卷，人民出版社 2009 年版，第 541 页。
② 《马克思恩格斯文集》第 1 卷，人民出版社 2009 年版，第 538 页。
③ 《马克思恩格斯文集》第 1 卷，人民出版社 2009 年版，第 567、568 页。

第二，尽管俄国社会的生产力还没有在资本主义制度下得到充分的发展，但是农村公社"目前处在这样的历史环境中：它和资本主义生产的同时存在为它提供了集体劳动的一切条件。它有可能不通过资本主义制度的卡夫丁峡谷，而占有资本主义制度所创造的一切积极的成果"。它可以通过开展国际交往，采取以积极的态度吸取资本主义制度所创造的一切有益成果的办法，来为进行社会主义改造奠定物质基础。

第三，西方无产阶级革命的胜利，将为俄国在公社的基础上进行社会主义改造"作出榜样"和提供"积极支持"[1]。

对后面的两点，我们已经在前面作过论述，这里就不再细说了。

应当指出的是，马克思关于"俄国可以不通过资本主义制度的卡夫丁峡谷"的论断，虽然在当时并没有成为直接的现实，但是这种设想的提出，从历史观和方法论的角度来说，对于人们考察经济比较落后国家的社会发展问题，是具有重要的理论和实践意义的。因为它清楚地告诉人们，那种不考虑具体的历史环境，认为一个国家在资本主义得到高度发达以前绝对不可能进行社会主义革命的观点，不是马克思的观点，而是对马克思观点的误读或教条主义的歪曲。

马克思的上述思想，对于我们认识经济文化比较落后的中国在民主革命胜利以后能够进行社会主义改造，走上社会主义道路，提供了有力的指导。

延伸阅读：

1. 恩格斯：《流亡者文献》第五篇《论俄国的社会问题》，《马克思恩格斯文集》第 3 卷，人民出版社 2009 年版。

2. 马克思：《给〈祖国纪事〉杂志编辑部的信》，《马克思恩格斯文集》第 3 卷，人民出版社 2009 年版。

3. 恩格斯：《〈论俄国的社会问题〉跋》，《马克思恩格斯文集》第 4 卷，人民出版社 2009 年版。

---

[1] 《马克思恩格斯文集》第 4 卷，人民出版社 2009 年版，第 459 页。

思考题：

1. 为什么马克思认为俄国有可能跨越"资本主义制度的卡夫丁峡谷"？实现这种跨越必须具备什么条件？

2. 马克思给查苏利奇的复信对于经济文化落后的国家在一定条件下进行社会主义改造的问题提供了什么历史启示？

3. 马克思在给查苏利奇的复信中是怎样论述历史发展的多样性与统一性的关系的？

弗·恩格斯

家庭、私有制和国家的起源（节选）

1884 年第一版序言

　　以下各章，在某种程度上是实现遗愿。不是别人，正是卡尔·马克思曾打算联系他的——在某种限度内我可以说是我们两人的——唯物主义的历史研究所得出的结论来阐述摩尔根的研究成果，并且只是这样来阐明这些成果的全部意义。原来，摩尔根在美国，以他自己的方式，重新发现了 40 年前马克思所发现的唯物主义历史观，并且以此为指导，在把野蛮时代和文明时代加以对比的时候，在主要点上得出了与马克思相同的结果。正如德国的职业经济学家多年来热心地抄袭《资本论》同时又顽强地抹杀它一样，英国"史前史"科学的代表对摩尔根的《古代社会》①，也用了同样的办法。我这本书，只能稍稍补偿我的亡友未能完成的工作。不过，我手中有他写在摩尔根一书的详细摘要②中的批语，这些批语我在本书中有关的地方就加以引用。

　　根据唯物主义观点，历史中的决定性因素，归根结底是直接生活的生产和再生产。但是，生产本身又有两种。一方面是生活资料即食物、衣服、住房以及为此所必需的工具的生产；另一方面是人自身的生产，即种的繁衍。一定历史时代和一定地区内的人们生活于其下的社会制度，受着两种生产的制约：一方面受劳动的发展阶段的制约，另一方面受家庭的发展阶段的制约。劳动越不发展，劳动产品的数量，从而社会的财富越受限制，社会制度就越在较大程度上受血族关系的支配。然而，在以血族关系为基础的这种社会结构中，劳动生产率日益发展起来；与此同时，私有制和交换、财产差别、使用他人劳动力的可能性，从而阶级对立的基础等等新的社会成分，也日益发展起来；这些新的

---

① 路易斯·亨利·摩尔根《古代社会，或人类从蒙昧时代经过野蛮时代到文明时代的发展过程的研究》1877 年伦敦麦克米伦公司版。该书在美国刊印，在伦敦极难买到。作者已于数年前去世。

② 马克思《路易斯·亨·摩尔根〈古代社会〉一书摘要》，见《马克思恩格斯全集》中文第 1 版第 45 卷。——编者注

社会成分在几个世代中竭力使旧的社会制度适应新的条件，直到两者的不相容性最后导致一个彻底的变革为止。以血族团体为基础的旧社会，由于新形成的各社会阶级的冲突而被炸毁；代之而起的是组成为国家的新社会，而国家的基层单位已经不是血族团体，而是地区团体了。在这种社会中，家庭制度完全受所有制的支配，阶级对立和阶级斗争从此自由开展起来，这种阶级对立和阶级斗争构成了直到今日的全部**成文**史的内容。

摩尔根的伟大功绩，就在于他在主要特点上发现和恢复了我们成文史的这种史前的基础，并且在北美印第安人的血族团体中找到了一把解开希腊、罗马和德意志上古史上那些极为重要而至今尚未解决的哑谜的钥匙。而他的著作也并非一日之功。他研究自己所得的材料，到完全掌握为止，前后大约有 40 年。然而也正因为如此，他这本书才成为今日划时代的少数著作之一。

在后面的叙述中，读者大体上很容易辨别出来，哪些是属于摩尔根的，哪些是我补充的。在关于希腊和罗马历史的章节中，我没有局限于摩尔根的例证，而是补充了我所掌握的材料。关于凯尔特人和德意志人的章节，基本上是属于我的；在这里，摩尔根所掌握的差不多只是第二手的材料，而关于德意志人的材料——除了塔西佗以外——还只是弗里曼先生的不高明的自由主义的赝品①。经济方面的论证，对摩尔根的目的来说已经很充分了，对我的目的来说就完全不够，所以我把它全部重新改写过了。最后，凡是没有明确引证摩尔根而作出的结论，当然都由我来负责。

（选自《马克思恩格斯文集》第 4 卷，人民出版社
2009 年版，第 15—17 页）

九　野蛮时代和文明时代

我们已经根据希腊人、罗马人和德意志人这三大实例，探讨了氏族制度的解体。最后，我们来研究一下那些在野蛮时代高级阶段已经破坏了氏族社会组织，而随着文明时代的到来又把它完全消灭的一般经济条件。在这里，马克思

---

① 爱·弗里曼《比较政治》1873 年伦敦版。——编者注

的《资本论》对我们来说是和摩尔根的著作同样必要的。

氏族在蒙昧时代中级阶段发生，在高级阶段继续发展起来，就我们现有的资料来判断，到了野蛮时代低级阶段，它便达到了全盛时代。所以现在我们就从这一阶段开始。

这一阶段应当以美洲红种人为例；在这一阶段上，我们发现氏族制度已经完全形成。一个部落分为几个氏族，通常是分为两个；① 随着人口的增加，这些最初的氏族每一个又分裂为几个女儿氏族，对这些女儿氏族来说，母亲氏族便是胞族；部落本身分裂成几个部落，在其中的每一个部落中，我们多半又可以遇到那些老氏族；部落联盟至少是在个别情况下把亲属部落联合在一起。这种简单的组织，是同它所由产生的社会状态完全适应的。它无非是这种社会状态所特有的、自然长成的结构；它能够处理在这样组织起来的社会内部一切可能发生的冲突。对外的冲突，则由战争来解决；这种战争可能以部落的消灭而告终，但从没能以它的被奴役而告终。氏族制度的伟大，但同时也是它的局限，就在于这里没有统治和奴役存在的余地。在氏族制度内部，还没有权利和义务的分别；参与公共事务，实行血族复仇或为此接受赎罪，究竟是权利还是义务这种问题，对印第安人来说是不存在的；在印第安人看来，这种问题正如吃饭、睡觉、打猎究竟是权利还是义务的问题一样荒谬。同样，部落和氏族分为不同的阶级也是不可能的。这就使我们不能不对这种状态的经济基础加以研究了。

人口是极其稀少的；只有在部落的居住地才比较稠密，在这种居住地的周围，首先是一片广大的狩猎地带，其次是把这个部落同其他部落隔离开来的中立的防护森林。分工是纯粹自然产生的；它只存在于两性之间。男子作战、打猎、捕鱼，获取食物的原料，并制作为此所必需的工具。妇女管家，制备衣食——做饭、纺织、缝纫。男女分别是自己活动领域的主人：男子是森林中的主人，妇女是家里的主人。男女分别是自己所制造的和所使用的工具的所有者：男子是武器、渔猎用具的所有者，妇女是家内用具的所有者。家户经济是共产制的，包括几个、往往是许多个家庭。② 凡是共同制作和使用的东西，都是共同财产：如房屋、园圃、小船。所以，在这里，而且也只有在这里，才真

---

① "通常是分为两个；"是恩格斯在1891年版上增补的。——编者注
② 特别是在美洲的西北沿岸，见班克罗夫特的著作。在夏洛特皇后群岛上的海达人部落中，还有700人聚居在一所房屋中的家户经济。在努特卡人那里，整个部落都聚居在一所房屋中生活。

正存在着文明社会的法学家和经济学家所捏造的"自己劳动所得的财产"——现代资本主义所有制还依恃着的最后一个虚伪的法律借口。

但是，人们并不是到处都停留在这个阶段。在亚洲，他们发现了可以驯服并且在驯服后可以繁殖的动物。野生的雌水牛，需要去猎取；但已经驯服的雌水牛，每年可生一头小牛，此外还可以挤奶。有些最先进的部落——雅利安人、闪米特人，也许还有图兰人——，其主要的劳动部门起初就是驯养牲畜，只是到后来才又有繁殖和看管牲畜。游牧部落从其余的野蛮人群中分离出来——这是**第一次社会大分工**。游牧部落生产的生活资料，不仅比其余的野蛮人多，而且也不相同。同其余的野蛮人比较，他们不仅有数量多得多的乳、乳制品和肉类，而且有兽皮、绵羊毛、山羊毛和随着原料增多而日益增加的纺织物。这就第一次使经常的交换成为可能。在更早的阶段上，只能有偶然的交换；制造武器和工具的特殊技能，可能导致暂时的分工。例如，在许多地方，都发现石器时代晚期的石器作坊的无可置疑的遗迹；在这种作坊中发展了自己技能的匠人们，大概是为全体工作，正如印度的氏族公社的终身手艺人至今仍然如此一样。在这个阶段上，除了部落内部发生的交换以外，决不可能有其他的交换，而且，即使是部落内部的交换，也仍然是一种例外的事件。但是，自从游牧部落分离出来以后，我们就看到，各不同部落的成员之间进行交换以及把交换作为一种经常制度来发展和巩固的一切条件都具备了。起初是部落和部落之间通过各自的氏族酋长来进行交换；但是当畜群开始变为特殊财产①的时候，个人交换便越来越占优势，终于成为交换的唯一形式。不过，游牧部落用来同他们的邻人交换的主要物品是牲畜；牲畜变成了一切商品都用来估价并且到处都乐于与之交换的商品——一句话，牲畜获得了货币的职能，在这个阶段上就已经起货币的作用了。在商品交换刚刚产生的时候，对货币商品的需要，就以这样的必然性和速度发展起来了。

园圃种植业大概是亚洲的低级阶段野蛮人所不知道的，但它在那里作为田野耕作的先驱而出现决不迟于中级阶段。在图兰高原的气候条件下，在漫长而严寒的冬季，没有饲料储备，游牧生活是不可能的；因此，牧草栽培和谷物种植，在这里就成了必要条件。黑海以北的草原，也是如此。但谷物一旦作为家畜饲料而种植，它很快也成了人类的食物。耕地仍然是部落的财产，最初是交

---

① 在1884年版中不是"特殊财产"，而是"私有财产"。——编者注

给氏族使用，后来由氏族交给家庭公社使用，最后①交给个人使用；他们对耕地或许有一定的占有权，但是没有更多的权利。

在这一阶段工业的成就中，特别重要的有两件。第一是织布机；第二是矿石冶炼和金属加工。铜、锡以及二者的合金——青铜是顶顶重要的金属；青铜可以制造有用的工具和武器，但是并不能排挤掉石器；这一点只有铁才能做到，而当时还不知道冶铁。金和银已开始用于首饰和装饰，其价值肯定已比铜和青铜高。

一切部门——畜牧业、农业、家庭手工业——中生产的增加，使人的劳动力能够生产出超过维持劳动力所必需的产品。同时，这也增加了氏族、家庭公社或个体家庭的每个成员所担负的每日的劳动量。吸收新的劳动力成为人们向往的事情了。战争提供了新的劳动力：俘虏变成了奴隶。第一次社会大分工，在使劳动生产率提高，从而使财富增加并且使生产领域扩大的同时，在既定的总的历史条件下，必然地带来了奴隶制。从第一次社会大分工中，也就产生了第一次社会大分裂，分裂为两个阶级：主人和奴隶、剥削者和被剥削者。

至于畜群怎样并且在什么时候从部落或氏族的共同占有变为各个家庭家长的财产，我们至今还不得而知。不过，基本上，这一过渡一定是在这个阶段上发生的。随着畜群和其他新的财富的出现，便发生了对家庭的革命。谋取生活资料总是男子的事情，谋取生活资料的工具是由男子制造的，并且是他们的财产。畜群是新的谋取生活资料的工具，最初对它们的驯养和以后对它们的照管都是男子的事情。因此，牲畜是属于他们的；用牲畜交换来的商品和奴隶，也是属于他们的。这时谋生所得的全部剩余都归了男子；妇女参加它的享用，但在财产中没有她们的份儿。"粗野的"战士和猎人，以在家中次于妇女而占第二位为满足，但"比较温和的"牧人，却依恃自己的财富挤上了首位，把妇女挤到了第二位。而妇女是不能抱怨的。家庭内的分工决定了男女之间的财产分配；这一分工仍然和以前一样，可是它现在却把迄今所存在的家庭关系完全颠倒了过来，这纯粹是因为家庭以外的分工已经不同了。从前保证妇女在家中占统治地位的同一原因——妇女只限于从事家务劳动——，现在却保证男子在家中占统治地位：妇女的家务劳动现在同男子谋取生活资料的劳动比较起来已经相形见绌；男子的劳动就是一切，妇女的劳动是无足轻重的附属品。在这里就

---

① "交给家庭公社使用，最后"是恩格斯在 1891 年版上增补的。——编者注

已经表明，只要妇女仍然被排除于社会的生产劳动之外而只限于从事家庭的私人劳动，那么妇女的解放，妇女同男子的平等，现在和将来都是不可能的。妇女的解放，只有在妇女可以大量地、社会规模地参加生产，而家务劳动只占她们极少的工夫的时候，才有可能。而这只有依靠现代大工业才能办到，现代大工业不仅容许大量的妇女劳动，而且是真正要求这样的劳动，并且它还力求把私人的家务劳动逐渐溶化在公共的事业中。

随着男子在家中的实际统治的确立，实行男子独裁的最后障碍便崩毁了。这种独裁，由于母权制的倾覆、父权制的实行、对偶婚制向专偶制的逐步过渡而被确认，并且永久化了。但是这样一来，在古代的氏族制度中就出现了一个裂口：个体家庭已经成为一种力量，并且以威胁的姿态起来与氏族对抗了。

下一步把我们引向野蛮时代高级阶段，一切文明民族都在这个时期经历了自己的英雄时代：铁剑时代，但同时也是铁犁和铁斧的时代。铁已在为人类服务，它是在历史上起过革命作用的各种原料中最后的和最重要的一种原料。所谓最后的，是指直到马铃薯的出现为止。铁使更大面积的田野耕作，广阔的森林地区的开垦，成为可能；它给手工业工人提供了一种其坚硬和锐利非石头或当时所知道的其他金属所能抵挡的工具。所有这些，都是逐渐实现的；最初的铁往往比青铜还软。所以，石制武器只是慢慢地消失的；不仅在《希尔德布兰德之歌》① 中，而且在 1066 年的黑斯廷斯会战②中都还使用石斧。但是，进步现在是不可遏止地、更少间断地、更加迅速地进行着。用石墙、城楼、雉堞围绕着石造或砖造房屋的城市，已经成为部落或部落联盟的中心；这是建筑艺术上的巨大进步，同时也是危险增加和防卫需要增加的标志。财富在迅速增加，但这是个人的财富；织布业、金属加工业以及其他一切彼此日益分离的手工业，显示出生产的日益多样化和生产技术的日益改进；农业现在除了提供谷物、豆科植物和水果以外，也提供植物油和葡萄酒，这些东西人们已经学会了制造。如此多样的活动，已经不能由同一个人来进行了；于是发生了**第二次大分工**：手工业和农业分离了。生产的不断增长以及随之而来的劳动生产率的不

---

① 《希尔德布兰德之歌》这部英雄史诗，是古代德意志叙事诗文献，反映了民族大迁徙后期东哥特人的习俗，流传于 8 世纪，保留下来的仅是一些片断。——编者注

② 1066 年 10 月 14 日侵入英国的诺曼底公爵威廉的军队在黑斯廷斯附近同盎格鲁撒克逊人展开了会战。盎格鲁撒克逊人的军队由于在自己的军事组织中还保留着公社制度的残余，使用的也是原始的武器装备，因此被击败。盎格鲁撒克逊国王哈罗德战死，而威廉则成为英国国王，称威廉一世，史称征服者威廉一世。——编者注

断增长，提高了人的劳动力的价值；在前一阶段上刚刚产生并且是零散现象的奴隶制，现在成为社会制度的一个根本的组成部分；奴隶们不再是简单的助手了；他们被成批地赶到田野和工场去劳动。随着生产分为农业和手工业这两大主要部门，便出现了直接以交换为目的的生产，即商品生产；随之而来的是贸易，不仅有部落内部和部落边境的贸易，而且海外贸易也有了。然而，所有这一切都还很不发达；贵金属开始成为占优势的和普遍性的货币商品，但是还不是铸造的货币，只是不作加工按重量交换罢了。

除了自由民和奴隶的差别以外，又出现了富人和穷人的差别——随着新的分工，社会又有了新的阶级划分。各个家庭家长之间的财产差别，炸毁了各地迄今一直保存着的旧的共产制家庭公社；同时也炸毁了为这种公社而实行的土地的共同耕作。耕地起初是暂时地，后来便永久地分配给各个家庭使用，它向完全的私有财产的过渡，是逐渐进行的，是与对偶婚制向专偶制的过渡平行地发生的。个体家庭开始成为社会的经济单位了。

住得日益稠密的居民，对内和对外都不得不更紧密地团结起来。亲属部落的联盟，到处都成为必要的了；不久，各亲属部落的融合，从而分开的各个部落领土融合为一个民族［Volk］的整个领土，也成为必要的了。民族的军事首长——勒克斯、巴赛勒斯、狄乌丹斯——，成了不可缺少的常设的公职人员。还不存在人民大会的地方，也出现了人民大会。军事首长、议事会和人民大会构成了继续发展为军事民主制的氏族社会的各机关。其所以称为"军事"，是因为战争以及进行战争的组织现在已经成为民族生活的正常功能。邻人的财富刺激了各民族的贪欲，在这些民族那里，获取财富已成为最重要的生活目的之一。他们是野蛮人：掠夺在他们看来比用劳动获取更容易甚至更光荣。以前打仗只是为了对侵犯进行报复，或者是为了扩大已经感到不够的领土；现在打仗，则纯粹是为了掠夺，战争成了经常性的行当。在新的设防城市的周围屹立着高峻的墙壁并非无故：它们的堑壕成了氏族制度的墓穴，而它们的城楼已经高耸入文明时代了。内部也发生了同样的情形。掠夺战争加强了最高军事首长以及下级军事首长的权力；习惯地由同一家庭选出他们的后继者的办法，特别是从父权制实行以来，就逐渐转变为世袭制，他们最初是耐心等待，后来是要求，最后便僭取这种世袭制了；世袭王权和世袭贵族的基础奠定下来了。于是，氏族制度的机关就逐渐挣脱了自己在民族中，在氏族、胞族和部落中的根子，而整个氏族制度就转化为自己的对立物：它从一个自由处理自己事务的部落组织转变为掠夺和压迫邻近部落的组织，而它的各机关也相应地从人民意志的工具转变为独立的、压迫和统治自己人民的机关了。但是，如果不是对财富的贪欲把氏族成员分裂成富人和穷人，如果不是"同一氏族内部的财产差别把利益的一致变为氏族成员之间的对抗"（马克思语）①，如果不是奴隶制的盛行已经开始使人认为用劳动获取生活资料是只有奴隶才配做的、比掠夺更可耻的活动，那么这种情况是决不会发生的。

———

这样，我们就走到文明时代的门槛了。它是由分工方面的一个新的进步开始的。在野蛮时代低级阶段，人们只是直接为了自身的消费而生产；间或发生的交换行为也是个别的，只限于偶然的剩余物。在野蛮时代中级阶段，我们看到游牧民族已经有牲畜作为财产，这种财产，到了畜群具有相当规模的时候，就可以经常提供超出自身消费的若干余剩；同时，我们也看到了游牧民族和没有畜群的落后部落之间的分工，从而看到了两个并存的不同的生产阶段，也就是看到了进行经常交换的条件。在野蛮时代高级阶段，又进一步发生了农业和手工业之间的分工，于是劳动产品中日益增加的一部分是直接为了交换而生产的，这就把单个生产者之间的交换提升为社会的生活必需。文明时代巩固并加强了所有这些已经发生的各次分工，特别是通过加剧城市和乡村的对立（或者是像古代那样，城市在经济上统治乡村，或者是像中世纪那样，乡村在经济上统治城市）而使之巩固和加强，此外它又加上了一个第三次的、它所特有的、有决定意义的重要分工：它创造了一个不再从事生产而只从事产品交换的阶级——**商人**。在此以前，阶级的形成的一切萌芽，还都只是与生产相联系的；它们把从事生产的人分成了领导者和执行者，或者分成了规模较大和较小的生产者。这里首次出现一个阶级，它根本不参与生产，但完全夺取了生产的领导权，并在经济上使生产者服从自己；它成了每两个生产者之间的不可缺少的中间人，并对他们双方都进行剥削。在可以使生产者免除交换的辛劳和风险，可以使他们的产品的销路扩展到遥远的市场，而自己因此就成为居民当中最有用的阶级的借口下，一个寄生阶级，真正的社会寄生虫阶级形成了，它从国内和国外的生产上榨取油水，作为对自己的非常有限的实际贡献的报酬，它很快就

———

① 马克思《路易斯·亨·摩尔根〈古代社会〉一书摘要》，参看《马克思恩格斯全集》中文第 1 版第 45 卷第 522 页。——编者注

获得了大量的财富和相应的社会影响；正因为如此，它在文明时期便取得了越来越荣誉的地位和对生产的越来越大的统治权，直到最后它自己也生产出自己的产品——周期性的商业危机为止。

不过，在我们正在考察的这个发展阶段上，年轻的商人阶级还丝毫没有预感到它未来的伟大事业。但是这个阶级正在形成并且使自己成为必不可少的，而这就够了。随着这个阶级的形成，出现了**金属货币**即铸币，随着金属货币就出现了非生产者统治生产者及其生产的新手段。商品的商品被发现了，这种商品以隐蔽的方式包含着其他一切商品，它是可以任意变为任何值得向往和被向往的东西的魔法手段。谁有了它，谁就统治了生产世界。但是谁首先有了它呢？商人。他们把货币崇拜牢牢掌握在自己的手中。他们尽心竭力地叫人们知道，一切商品，从而一切商品生产者，都应该毕恭毕敬地匍匐在货币面前。他们在实践上证明，在这种财富本身的化身面前，其他一切财富形式都不过是一个影子而已。以后货币的权力再也没有像在它的这个青年时代那样，以如此原始的粗野和横暴的形式表现出来。在使用货币购买商品之后，出现了货币借贷，随着货币借贷出现了利息和高利贷。后世的立法，没有一个像古雅典和古罗马的立法那样残酷无情地、无可挽救地把债务人投在高利贷债权人的脚下——这两种立法都是作为习惯法而自发地产生的，都只有经济上的强制。

除了表现为商品和奴隶的财富以外，除了货币财富以外，这时还出现了表现为地产的财富。各个人对于原来由氏族或部落给予他们的小块土地的占有权，现在变得如此牢固，以致这些小块土地作为世袭财产而属于他们了。他们最近首先力求实现的，正是要摆脱氏族公社索取这些小块土地的权利，这种权利对他们已成为桎梏了。这种桎梏他们是摆脱了，但是不久他们也失去了新的土地所有权。完全的、自由的土地所有权，不仅意味着不折不扣和毫无限制地占有土地的可能性，而且也意味着把它出让的可能性。只要土地是氏族的财产，这种可能性就不存在。但是，当新的土地占有者彻底摆脱了氏族和部落的最高所有权这一桎梏的时候，他也就挣断了迄今把他同土地密不可分地连在一起的纽带。这意味着什么，和土地私有权同时被发明出来的货币，向他作了说明。土地现在可以成为出卖和抵押的商品了。土地所有权刚一确立，抵押就被发明出来了（见关于雅典的一章）。像淫游和卖淫紧紧跟着专偶制而来一样，如今抵押也紧紧跟着土地所有权而来了。你们曾希望有完全的、自由的、可以出售的土地所有权，那么好了，现在你们得到它了——这就是你所希望的，乔治·唐丹![①]

这样，随着贸易的扩大，随着货币和货币高利贷、土地所有权和抵押的产生，财富便迅速地积聚和集中到一个人数很少的阶级手中，与此同时，大众日益贫困化，贫民的人数也日益增长。新的财富贵族，只要从一开始就恰巧不是旧的部落显贵，便把部落显贵完全排挤到后面去了（在雅典，在罗马，以及在德意志人中间）。随着这种按照财富把自由民分成各个阶级的划分，奴隶的人数特别是在希腊便大大增加，奴隶的强制性劳动构成了整个社会的上层建筑所赖以建立的基础。

现在我们来看看，在这种社会变革中，氏族制度怎么样了。面对着没有它的参与而兴起的新因素，它显得软弱无力。氏族制度的前提，是一个氏族或部落的成员共同生活在纯粹由他们居住的同一地区中。这种情况早已不存在了。氏族和部落到处都杂居在一起，到处都有奴隶、被保护民和外地人在公民中间居住着。直到野蛮时代中级阶段末期才达到的定居状态，由于居住地受商业活动、职业变换和土地所有权转让的影响而变动不定，所以时常遭到破坏。氏族团体的成员再也不能集会来处理自己的共同事务了；只有不重要的事情，例如宗教节日，还勉强能够安排。除了氏族团体有责任并且能够予以保证的需要和利益以外，由于谋生条件的变革及其所引起的社会结构的变化，又产生了新的需要和利益，这些新的需要和利益不仅同旧的氏族制度格格不入，而且还千方百计在破坏它。由于分工而产生的手工业集团的利益，城市的对立于乡村的特殊需要，都要求有新的机构；但是，每一个这种集团都是由属于极不相同的氏族、胞族和部落的人们组成的，甚至还包括外地人在内；因此，这种机构必须在氏族制度以外，与它并列地形成，从而又是与它对立的。——同时，在每个氏族团体中，也表现出利益的冲突，这种冲突由于富人和穷人、高利贷者和债务人结合于同一氏族和同一部落中而达到最尖锐的地步。——此外，又加上了大批新的、氏族公社以外的居民，他们在当地已经能够成为一种力量，像罗马的情况那样，同时他们人数太多，不可能被逐渐接纳到血缘亲属的血族和部落中来。氏族公社作为一种封闭的享有特权的团体与这一批居民相对立；原始的自然形成的民主制变成了可憎的贵族制。——最后，氏族制度是从那种没有任何内部对立的社会中生长出来的，而且只适合于这种社会。除了舆论以外，它

---

① 莫里哀《乔治·唐丹》第 1 幕第 9 场。——编者注

没有任何强制手段。但是现在产生了这样一个社会，它由于自己的全部经济生活条件而必然分裂为自由民和奴隶，进行剥削的富人和被剥削的穷人，而这个社会不仅再也不能调和这种对立，反而必然使这些对立日益尖锐化。一个这样的社会，只能或者存在于这些阶级相互间连续不断的公开斗争中，或者存在于第三种力量的统治下，这第三种力量似乎站在相互斗争着的各阶级之上，压制它们的公开的冲突，顶多容许阶级斗争在经济领域内以所谓合法形式决出结果来。氏族制度已经过时了。它被分工及其后果即社会之分裂为阶级所炸毁。它**被国家代替**了。

———

前面我们已经分别考察了国家在氏族制度的废墟上兴起的三种主要形式。雅典是最纯粹、最典型的形式：在这里，国家是直接地和主要地从氏族社会本身内部发展起来的阶级对立中产生的。在罗马，氏族社会变成了封闭的贵族制，它的四周则是人数众多的、站在这一贵族制之外的、没有权利只有义务的平民；平民的胜利炸毁了旧的血族制度，并在它的废墟上面建立了国家，而氏族贵族和平民不久便完全溶化在国家中了。最后，在战胜了罗马帝国的德意志人中间，国家是直接从征服广大外国领土中产生的，氏族制度不能提供任何手段来统治这样广阔的领土。但是，由于同这种征服相联系的，既不是跟旧有居民的严重斗争，也不是更加进步的分工；由于被征服者和征服者差不多处于同一经济发展阶段，从而社会的经济基础依然如故，所以，氏族制度能够以改变了的、地区的形式，即以马尔克制度的形式，继续存在几个世纪，甚至在以后的贵族血族和城市望族的血族中，甚至在农民的血族中，例如在迪特马申①，还以削弱了的形式复兴了一个时期。

可见，国家决不是从外部强加于社会的一种力量。国家也不像黑格尔所断言的是"伦理观念的现实"，"理性的形象和现实"。② 确切地说，国家是社会在一定发展阶段上的产物；国家是承认：这个社会陷入了不可解决的自我矛盾，分裂为不可调和的对立面而又无力摆脱这些对立面。而为了使这些对立面，这些经济利益互相冲突的阶级，不致在无谓的斗争中把自己和社会消灭，就需要有一种表面上凌驾于社会之上的力量，这种力量应当缓和冲突，把冲突

---

① 对于氏族的本质至少已有大致概念的第一个历史编纂学家是尼布尔，这应归功于他熟悉迪特马申的血族。但是他的错误也是直接由此而来的。

② 黑格尔《法哲学原理》第257和360节。——编者注

保持在"秩序"的范围以内；这种从社会中产生但又自居于社会之上并且日益同社会相异化的力量，就是国家。

国家和旧的氏族组织不同的地方，第一点就是它**按地区**来划分它的国民。正如我们所看到的，由血缘关系形成和联结起来的旧的氏族公社已经很不够了，这多半是因为它们是以氏族成员被束缚在一定地区为前提的，而这种束缚早已不复存在。地区依然，但人们已经是流动的了。因此，按地区来划分就被作为出发点，并允许公民在他们居住的地方实现他们的公共权利和义务，不管他们属于哪一氏族或哪一部落。这种按照居住地组织国民的办法是一切国家共同的。因此，我们才觉得这种办法很自然；但是我们已经看到，当它在雅典和罗马能够代替按血族来组织的旧办法以前，曾经需要进行多么顽强而长久的斗争。

第二个不同点，是**公共权力**的设立，这种公共权力已经不再直接就是自己组织为武装力量的居民了。这个特殊的公共权力之所以需要，是因为自从社会分裂为阶级以后，居民的自动的武装组织已经成为不可能了。奴隶也包括在居民以内；9万雅典公民，对于365 000奴隶来说，只是一个特权阶级。雅典民主制的国民军，是一种贵族的、用来对付奴隶的公共权力，它控制奴隶使之服从；但是如前所述，为了也控制公民使之服从，宪兵队也成为必要了。这种公共权力在每一个国家里都存在。构成这种权力的，不仅有武装的人，而且还有物质的附属物，如监狱和各种强制设施，这些东西都是以前的氏族社会所没有的。在阶级对立还没有发展起来的社会和偏远的地区，这种公共权力可能极其微小，几乎是若有若无的，像有时在美利坚合众国的某些地方所看到的那样。但是，随着国内阶级对立的尖锐化，随着彼此相邻的各国的扩大和它们人口的增加，公共权力就日益加强。就拿我们今天的欧洲来看吧，在这里，阶级斗争和争相霸占已经把公共权力提升到大有吞食整个社会甚至吞食国家之势的高度。

为了维持这种公共权力，就需要公民缴纳费用——**捐税**。捐税是以前的氏族社会完全没有的。但是现在我们却十分熟悉它了。随着文明时代的向前进展，甚至捐税也不够了；国家就发行票据，借债，即发行**公债**。关于这点，老欧洲也已经屡见不鲜了。

官吏既然掌握着公共权力和征税权，他们就作为社会机关而凌驾于社会之上。从前人们对于氏族制度的机关的那种自由的、自愿的尊敬，即使他们能够获得，也不能使他们满足了；他们作为同社会相异化的力量的代表，必须用特别的法律来取得尊敬，凭借这种法律，他们享有了特殊神圣和不可侵犯的地位。文明国家的一个最微不足道的警察，都拥有比氏族社会的全部机构加在一起还要大的"权威"；但是文明时代最有势力的王公和最伟大的国家要人或统帅，也可能要羡慕最平凡的氏族酋长所享有的，不是用强迫手段获得的，无可争辩的尊敬。后者是站在社会之中，而前者却不得不企图成为一种处于社会之外和社会之上的东西。

由于国家是从控制阶级对立的需要中产生的，由于它同时又是在这些阶级的冲突中产生的，所以，它照例是最强大的、在经济上占统治地位的阶级的国家，这个阶级借助于国家而在政治上也成为占统治地位的阶级，因而获得了镇压和剥削被压迫阶级的新手段。因此，古希腊罗马时代的国家首先是奴隶主用来镇压奴隶的国家，封建国家是贵族用来镇压农奴和依附农的机关，现代的代议制的国家是资本剥削雇佣劳动的工具。但也例外地有这样的时期，那时互相斗争的各阶级达到了这样势均力敌的地步，以致国家权力作为表面上的调停人而暂时得到了对于两个阶级的某种独立性。17世纪和18世纪的专制君主制，就是这样，它使贵族和市民等级彼此保持平衡；法兰西第一帝国特别是第二帝国的波拿巴主义，也是这样，它唆使无产阶级去反对资产阶级，又唆使资产阶级来反对无产阶级。使统治者和被统治者都显得同样滑稽可笑的这方面的最新成就，就是俾斯麦国家的新的德意志帝国：在这里，资本家和工人彼此保持平衡，并为了破落的普鲁士土容克的利益而遭受同等的欺骗。

此外，在历史上的大多数国家中，公民的权利是按照财产状况分级规定的，这直接地宣告国家是有产阶级用来防御无产阶级的组织。在按照财产状况划分阶级的雅典和罗马，就已经是这样。在中世纪的封建国家中，也是这样，在那里，政治上的权力地位是按照地产来排列的。现代的代议制国家的选举资格，也是这样。但是，对财产差别的这种政治上的承认，决不是本质的东西。相反，它标志着国家发展的低级阶段。国家的最高形式，民主共和国，在我们现代的社会条件下正日益成为一种不可避免的必然性，它是无产阶级和资产阶级之间的最后决定性斗争只能在其中进行到底的国家形式——这种民主共和国已经不再正式讲什么财产差别了。在这种国家中，财富是间接地但也是更可靠地运用它的权力的。其形式一方面是直接收买官吏（美国是这方面的典型例子），另一方面是政府和交易所结成联盟，而公债越增长，股份公司越是不仅把运输业而且把生产本身集中在自己手中，越是把交易所变成自己的中心，这一联盟就越容易实现。除了美国以外，最新的法兰西共和国，也是这方面的一个显著例证，甚至一本正经的瑞士，在这方面也作出了自己的成绩。不过，为了使政府和交易所结成这种兄弟般的联盟，并不一定要有民主共和国，除英国以外，新的德意志帝国也证明了这一点，在德国，很难说普选制究竟是把谁抬得更高，是把俾斯麦还是把布莱希勒德。最后，有产阶级是直接通过普选制来统治的。只要被压迫阶级——在我们这里就是无产阶级——还没有成熟到能够自己解放自己，这个阶级的大多数人就仍将承认现存的社会秩序是唯一可行的秩序，而在政治上成为资本家阶级的尾巴，构成它的极左翼。但是，随着被压迫阶级成熟到能够自己解放自己，它就作为独立的党派结合起来，选举自己的代表，而不是选举资本家的代表了。因此，普选制是测量工人阶级成熟性的标尺。在现今的国家里，普选制不能而且永远不会提供更多的东西；不过，这也就足够了。在普选制的温度计标示出工人的沸点的那一天，他们以及资本家同样都知道该怎么办了。

所以，国家并不是从来就有的。曾经有过不需要国家，而且根本不知国家和国家权力为何物的社会。在经济发展到一定阶段而必然使社会分裂为阶级时，国家就由于这种分裂而成为必要了。现在我们正在以迅速的步伐走向这样的生产发展阶段，在这个阶段上，这些阶级的存在不仅不再必要，而且成了生产的真正障碍。阶级不可避免地要消失，正如它们从前不可避免地产生一样。随着阶级的消失，国家也不可避免地要消失。在生产者自由平等的联合体的基础上按新方式来组织生产的社会，将把全部国家机器放到它应该去的地方，即放到古物陈列馆去，同纺车和青铜斧陈列在一起。

————

所以，根据以上所述，文明时代是社会发展的这样一个阶段，在这个阶段上，分工、由分工而产生的个人之间的交换，以及把这两者结合起来的商品生产，得到了充分的发展，完全改变了先前的整个社会。

先前的一切社会发展阶段上的生产在本质上是共同的生产，同样，消费也是在较大或较小的共产制共同体内部直接分配产品。生产的这种共同性是在极狭小的范围内实现的，但是它随身带来的是生产者对自己的生产过程和产品的支配。他们知道，产品的结局将是怎样：他们把产品消费掉，产品不离开他们的手；只要生产在这个基础上进行，它就不可能越出生产者的支配范围，也不会产生鬼怪般的、对他们来说是异己的力量，像在文明时代经常地和不可避免地发生的那样。

但是，分工慢慢地侵入了这种生产过程。它破坏生产和占有的共同性，它使个人占有成为占优势的规则，从而产生了个人之间的交换——这是如何发生的，我们前面已经探讨过了。商品生产逐渐地成了占统治地位的形式。

随着商品生产，即不再是为了自己消费而是为了交换的生产的出现，产品必然易手。生产者在交换的时候交出自己的产品；他不再知道产品的结局将会怎样。当货币以及随货币而来的商人作为中间人插进生产者之间的时候，交换过程就变得更加错综复杂，产品的最终命运就变得更加不确定了。商人是很多的，他们谁都不知道谁在做什么。商品现在已经不仅是从一手转到另一手，而且是从一个市场转到另一个市场；生产者丧失了对自己生活领域内全部生产的支配权，这种支配权商人也没有得到。产品和生产都任凭偶然性来摆布了。

但是，偶然性只是相互依存性的一极，它的另一极叫做必然性。在似乎也是受偶然性支配的自然界中，我们早就证实，在每一个领域内，都有在这种偶然性中去实现自身的内在的必然性和规律性。而适用于自然界的，也适用于社会。一种社会活动，一系列社会过程，越是超出人们的自觉的控制，越是超出他们支配的范围，越是显得受纯粹的偶然性的摆布，它所固有的内在规律就越是以自然的必然性在这种偶然性中去实现自身。这些规律也支配着商品生产和商品交换的偶然性：它们作为异己的、起初甚至是未被认识的、其本性尚待努力研究和探索的力量，同各个生产者和交换的参加者相对立。商品生产的这些经济规律，随这个生产形式的发展阶段的不同而有所变化，但是总的说来，整个文明期都处在这些规律的支配之下。直到今天，产品仍然支配着生产者；直到今天，社会的全部生产仍然不是由共同制定的计划，而是由盲目的规律来调节，这些盲目的规律，以自发的威力，最后在周期性商业危机的风暴中显示着自己的作用。

上面我们已经看到，在相当早的生产发展阶段上，人的劳动力就能够提供大大超过维持生产者生存所需要的产品了，这个发展阶段，基本上就是产生分工和个人之间的交换的那个阶段。这时，用不了多久就又发现一个伟大的"真理"：人也可以成为商品；如果把人变为奴隶，人力①也是可以交换和消费的。

---

① 在1884年版中不是"人力"，而是"人的劳动力"。——编者注

人们刚刚开始交换，他们本身也就被交换起来了。主动态变成了被动态，不管人们愿意不愿意。

随着在文明时代获得最充分发展的奴隶制的出现，就发生了社会分成剥削阶级和被剥削阶级的第一次大分裂。这种分裂继续存在于整个文明期。奴隶制是古希腊罗马时代世界所固有的第一个剥削形式；继之而来的是中世纪的农奴制和近代的雇佣劳动制。这就是文明时代的三大时期所特有的三大奴役形式；公开的而近来是隐蔽的奴隶制始终伴随着文明时代。

文明时代所由以开始的商品生产阶段，在经济上有下列特征：（1）出现了金属货币，从而出现了货币资本、利息和高利贷；（2）出现了作为生产者之间的中间阶级的商人；（3）出现了土地私有制和抵押；（4）出现了作为占统治地位的生产形式的奴隶劳动。与文明时代相适应并随之彻底确立了自己的统治地位的家庭形式是专偶制、男子对妇女的统治，以及作为社会经济单位的个体家庭。国家是文明社会的概括，它在一切典型的时期毫无例外地都是统治阶级的国家，并且在一切场合在本质上都是镇压被压迫被剥削阶级的机器。此外，文明时代还有如下的特征：一方面，是把城市和乡村的对立作为整个社会分工的基础固定下来；另一方面，是实行所有者甚至在死后也能够据以处理自己财产的遗嘱制度。这种同古代氏族制度直接冲突的制度，在雅典直到梭伦时代之前还没有过；在罗马，它很早就已经实行了，究竟在什么时候我们不知道①；在德意志人中间，这种制度是由教士引入的，为的是使诚实的德意志人能够毫无阻碍地将自己的遗产遗赠给教会。

文明时代以这种基本制度完成了古代氏族社会完全做不到的事情。但是，它是用激起人们的最卑劣的冲动和情欲，并且以损害人们的其他一切秉赋为代价而使之变本加厉的办法来完成这些事情的。鄙俗的贪欲是文明时代从它存在的第一日起直至今日的起推动作用的灵魂；财富，财富，第三还是财富——不是社会的财富，而是这个微不足道的单个的个人的财富，这就是文明时代唯一

---

① 拉萨尔的《既得权利体系》一书第二部的中心，主要是这样一个命题：罗马的遗嘱制同罗马本身一样古老，以致在罗马历史上，从来"没有过无遗嘱制的时代"，遗嘱制确切些说是在罗马以前的时代从对死者的崇拜中产生的。拉萨尔作为一个虔诚的老年黑格尔派，不是从罗马人的社会关系中，而是从意志的"思辨概念"中引申出罗马的法的规定，从而得出了上述的完全非历史的论断。这在该书中是不足为奇的，因为该书根据同一个思辨概念得出结论，认为在罗马的继承制中财产的转移纯粹是次要的事情。拉萨尔不仅相信罗马法学家，特别是较早时期的罗马法学家的幻想，而且还比他们走得更远。

的、具有决定意义的目的。如果说在文明时代的怀抱中科学曾经日益发展，艺术高度繁荣的时期一再出现，那也不过是因为现代的一切积聚财富的成就不这样就不可能获得罢了。

由于文明时代的基础是一个阶级对另一个阶级的剥削，所以它的全部发展都是在经常的矛盾中进行的。生产的每一进步，同时也就是被压迫阶级即大多数人的生活状况的一个退步。对一些人是好事，对另一些人必然是坏事，一个阶级的任何新的解放，必然是对另一个阶级的新的压迫。这一情况的最明显的例证就是机器的采用，其后果现在已是众所周知的了。如果说在野蛮人中间，像我们已经看到的那样，不大能够区别权利和义务，那么文明时代却使这两者之间的区别和对立连最愚蠢的人都能看得出来，因为它几乎把一切权利赋予一个阶级，另方面却几乎把一切义务推给另一个阶级。

但是，这并不是应该如此的。凡对统治阶级是好的，对整个社会也应该是好的，因为统治阶级把自己与整个社会等同起来了。所以文明时代越是向前进展，它就越是不得不给它所必然产生的种种坏事披上爱的外衣，不得不粉饰它们，或者否认它们——一句话，即实行流俗的伪善，这种伪善，无论在较早的那些社会形式下还是在文明时代初期阶段都是没有的，并且最后在下述说法中达到了极点：剥削阶级对被压迫阶级进行剥削，完全是为了被剥削阶级本身的利益；如果被剥削阶级不懂得这一点，甚至想要造反，那就是对行善的人即对剥削者的一种最卑劣的忘恩负义行为。①

现在把摩尔根对文明时代的评断引在下面作一个结束：

"自从进入文明时代以来，财富的增长是如此巨大，它的形式是如此繁多，它的用途是如此广泛，为了所有者的利益而对它进行的管理又是如此巧妙，以致这种财富对人民说来已经**变成了一种无法控制的力量。人类的智慧在自己的创造物面前感到迷惘而不知所措了**。然而，总有一天，人类的理智一定会强健到能够支配财富，一定会规定国家对它所保护的财产的关系，以及所有者的权利的范围。社会的利益绝对地高于个人的利益，必须使这两者处于一种公正而和谐的关系之中。只要进步仍将是未来的规律，像它对于过去那样，那么单纯追求财富就不是人类的最终的命运了。自从文明时代开始以来所经过的时间，只是人类已经经历过的生存时间的一小部分，只是人类将要经历的生存时间的一小部分。社会的瓦解，即将成为以财富为唯一的

---

① 我最初打算引用散见于沙尔·傅立叶著作中的对文明时代的卓越的批判，同摩尔根和我自己对文明时代的批判并列。可惜我没有时间来做这个工作了。现在我只想说明，傅立叶已经把专偶制和土地所有制作为文明时代的主要特征，他把文明时代叫做富人对穷人的战争。同样，我们也发现他有一个深刻的观点，即认为在一切不完善的、分裂为对立面的社会中，个体家庭（les familles incohérentes）是一种经济单位。

最终目的的那个历程的终结，因为这一历程包含着自我消灭的因素。管理上的民主，社会中的博爱，权利的平等，教育的普及，将揭开社会的下一个更高的阶段，经验、理智和科学正在不断向这个阶段努力。**这将是古代氏族的自由、平等和博爱的复活，但却是在更高级形式上的复活。**"（摩尔根《古代社会》第 552 页）

（选自《马克思恩格斯文集》第 4 卷，人民出版社
2009 年版，第 177—198 页）

学 习 导 读

  《家庭、私有制和国家的起源》（以下简称《起源》）写于 1884 年 3 月至 5 月，是恩格斯阐发历史唯物主义原理的一部重要著作。它科学地阐明了人类社会早期发展阶段的历史，探讨了原始社会的家庭关系、氏族制度及其演变，论述了私有制和国家的起源，进一步丰富和发展了历史唯物主义的基本原理。

  在 19 世纪 60 年代以前，"社会的史前史、成文史以前的社会组织，几乎还没有人知道"①。其后，情况发生了很大的变化。以 1860 年出版的巴斯提安三卷本的《历史上的人》一书为标志，人们开始对人类文化的起源作系统、科学的研究，多种文化人类学专著纷纷问世。如巴霍芬的《母权论》（1861 年）、麦克伦南的《原始婚姻》（1865 年）、拉伯克的《文明的起源和人的原始状态》（1870 年）、摩尔根的《血亲制度和姻亲制度》（1871 年）等，形成了人类学史上的进化论学派。美国杰出的社会科学家、人类学进化论学派的代表人物之一摩尔根的《古代社会》（1877 年）一书，在人类学和文化学研究史上是一部划时代的科学巨著。他通过对印第安人的氏族制度、家庭、婚姻等具体社会结构、社会形式的详细探讨，提出了一系列关于追溯人类社会早期历史的独到见解。他认为婚姻和家庭是一个历史范畴，家庭是随着社会的发展而形成、发展的。他用从北美印第安人的血缘团体中找到的钥匙，解开了氏族这一原始社会制度基本组织的起源和本质之谜，证明了母系氏族是原始社会的基本单位，人类社会从母系氏族向父系氏族、从母权制向父权制发展的普遍性。他认为，人类从蒙昧时代向野蛮时代和文明时代过渡的决定性力量是生活资料生产的进步，私有制的产生导致专偶家庭的产生和文明社会的建立。

  摩尔根的《古代社会》一书在原始社会研究中引起了革命。恩格斯指出，在论述社会的原始状况方面，这是一本像达尔文学说对于生物学那样具有决定意义的书。"摩尔根的伟大功绩，就在于他在主要特点上发现和恢复了我们成文史的这种史前的基础。"他"在他自己的研究领域内独立地重新发现了马克思的唯物主义历史观，并且最后还对现代社会提出了直接的共产

---

① 《马克思恩格斯文集》第 2 卷，人民出版社 2009 年版，第 31 页。

主义的要求"①。

马克思对摩尔根的《古代社会》一书极为重视。他从 1881 年 5 月至 1882 年 2 月，花了近十个月的时间精心研究了这部著作，并作了大量摘录与分析、批判性的批注和补充。马克思在摘录中，一是增加了许多自己掌握的材料，如古希腊、古罗马的大量具体材料，使其内容更加充实；二是对某些论点作了重要纠正；三是对原始材料和观点给予了新的概括和总结；四是对摩尔根的观点作了阐发和补充。

恩格斯说，马克思晚年对摩尔根《古代社会》所做的科学研究工作，意在"联系他的——在某种限度内我可以说是我们两人的——唯物主义的历史研究所得出的结论来阐述摩尔根的研究成果"，以发展和丰富唯物主义历史观，完善自己的社会形态理论。但马克思没有来得及写出系统的著作就逝世了，这一遗志是由恩格斯完成的。恩格斯认为，他写作《起源》这部书，"在某种程度上是实现遗愿"，完成亡友马克思的未竟事业。

1884 年年初，恩格斯在整理马克思的遗物时，发现了马克思对摩尔根《古代社会》一书所做的摘要。恩格斯详尽而透彻地研究了马克思的摘录、评语，又深入研究了摩尔根的原著。他充分利用了马克思对《古代社会》一书摘要的结构、评语和评论中所表述的思想，用历史唯物主义观点对其进行了科学整理。《起源》就是在此基础上写成的，它的副标题就是"就路易斯·亨·摩尔根的研究成果而作"。不过恩格斯并非只是对摩尔根的著作作客观的叙述。他认为对摩尔根的著作"不作批判的探讨，不利用新得出的成果，不同我们的观点和已经得出的结论联系起来阐述，那就没有意义了"②。此前，恩格斯在 1881—1882 年间撰写了《论日耳曼人的古代社会历史》、《马尔克》等著作，他利用这些已有的科学研究成果，修正、丰富了摩尔根著作的内容。他说："在关于希腊和罗马历史的章节中，我没有局限于摩尔根的例证，而是补充了我所掌握的材料。关于凯尔特人和德意志人的章节，基本上是属于我的。"经济方面的论证，"我把它全部重新改写过了。最后，凡是没有明确引证摩尔根而作出的结论，当然都由我来负责。"

《起源》首次于 1884 年 10 月以单行本的形式在苏黎世出版。以后曾多次

---

① 《马克思恩格斯文集》第 10 卷，人民出版社 2009 年版，第 513 页。
② 《马克思恩格斯文集》第 10 卷，人民出版社 2009 年版，第 516 页。

再版，并经作者补充、修订。现在通行的是第四版的文本，其结构由第一版、第四版的序言和第一至九章的正文构成。其中第九章是全书的总结。该章概括地分析了氏族制度的解体以及私有制、阶级、国家产生的一般条件和基本过程，阐述了私有制、阶级和国家的必然灭亡以及阶级社会必将为无阶级的共产主义社会所代替的历史必然性。

《起源》一书在马克思主义发展史上具有重要的地位，列宁曾誉之为"现代社会主义的基本著作之一"①。

下面着重对该书的第九章作一些介绍和解读。

一、原始社会："共产制共同体"

《起源》中所说的原始社会的"共产制共同体"，也就是我们今天所说的原始公社制（primitive commune system）。这是以生产资料原始公社所有制为基础的社会制度，是人类历史上"完全形成人"的第一个社会形态，是人类历史发展的第一个阶段。它始于二三百万年之前人类的出现，终于国家的产生，占了全部人类历史绝大部分的时间。

摩尔根根据"生活资料生产的进步"、"生产上的技能"的进步，借用16世纪西班牙神父塞·法·阿科斯塔的分类法和术语，把人类社会分为蒙昧时代、野蛮时代和文明时代。前两个时代属于"史前各文化阶段"，即原始社会。蒙昧时代和野蛮时代各自又分为低级、中级、高级三个阶段。文明时代则包括整个阶级社会的历史过程。

恩格斯说："随同人，我们进入了**历史**。"② 原始社会的历史，从社会制度演进的角度来考察，可以分为血缘家族和氏族公社两个大的阶段。与上述根据"生活资料生产的进步"、"生产上的技能"的进步所划分的时代相对应，血缘家族主要是在蒙昧时代低级阶段、中级阶段存在。氏族则在蒙昧时代中级阶段产生、在高级阶段继续发展，而在野蛮时代低级阶段达到"全盛时代"，在野蛮时代的中级和高级阶段，它继续存在，并开始逐步走向衰落直至解体。原始

① 《列宁专题文集　论辩证唯物主义和历史唯物主义》，人民出版社2009年版，第284页。
② 《马克思恩格斯文集》第9卷，人民出版社2009年版，第421页。

社会由此结束，人类进入文明时代即阶级社会。

在《起源》的第一版序言中，恩格斯指出："根据唯物主义观点，历史中的决定性因素，归根结底是直接生活的生产和再生产。但是，生产本身又有两种。一方面是生活资料即食物、衣服、住房以及为此所必需的工具的生产；另一方面是人自身的生产，即种的繁衍。"人类的社会制度是受这两种生产的制约的。"劳动越不发展，劳动产品的数量，从而社会的财富越受限制，社会制度就越在较大程度上受血族关系的支配。"

在原始社会的早期，人类刚从动物界分离出来，人口极度稀少，生产力十分低下。为了进行共同的生产和生活，人们按照血族关系形成集体，这就是血缘家庭或血缘家族。马克思在《路易斯·亨·摩尔根〈古代社会〉一书摘要》中说："**血缘家庭**是第一个'有组织的社会形式'。"①

按照摩尔根的意见，血缘家庭或血缘家族，是从动物状态向人类状态过渡时期那种杂乱的性关系的原始状态中发展起来的第一种家庭形式和婚姻形式。与原始群的杂乱的性关系不同，"在这里，婚姻集团是按照辈分来划分的"②。所有的兄弟姐妹，包括从兄弟姐妹、再从兄弟姐妹，都互为夫妻，但是，亲子之间、不同辈之间的婚姻被禁止了。

摩尔根认为，由于"自然选择原则在发生作用"③，家庭组织上的进步，就表现为在排除了父母与子女之间的性关系之后，又排除了兄弟与姐妹之间的这种关系，于是就出现了第二种家庭形式和婚姻形式，这就是普那路亚家庭，即：一个集团的一群男人或女人，同另一个集团的一群女人或男人通婚。这样一来，随着族外婚制的实行，原来的血缘家庭就被氏族代替了。所以，恩格斯说："看来，**氏族**制度，在绝大多数情况下，都是从普那路亚家庭中直接发生的。"④

在这之后，由于自然选择的原则进一步发生作用，家庭形式又有了新的进步。这就是，"由于婚姻禁规日益错综复杂，群婚就越来越不可能；群婚就被**对偶制家庭**排挤了"⑤。不过，这种对偶制家庭还没有成为社会的经济单位。

---

① 《马克思恩格斯全集》第 45 卷，人民出版社 1985 年版，第 348 页。
② 《马克思恩格斯文集》第 4 卷，人民出版社 2009 年版，第 47 页。
③ 《马克思恩格斯文集》第 4 卷，人民出版社 2009 年版，第 49 页。
④ 《马克思恩格斯文集》第 4 卷，人民出版社 2009 年版，第 52 页。
⑤ 《马克思恩格斯文集》第 4 卷，人民出版社 2009 年版，第 58 页。

那么，原始社会到底有哪些本质特征呢？

血缘家庭早已绝迹，摩尔根是根据夏威夷人的亲属称谓，推断出远古曾经存在过这种婚姻形式的。我们对于血缘家庭时期的原始社会历史，已经无法具体描述。一些学者认为，大多数史前的狩猎者过着 25 人至 50 人的血缘家庭的集体生活。一个血缘家庭就是一个公社。但是，由于摩尔根对北美印第安人的氏族进行过深入的考察，并从中找到了解开希腊、罗马和德意志上古史中的谜团的钥匙，因此，我们对氏族公社时期的原始社会历史，已经有可能作出大体上比较切合实际的说明。

根据氏族制度时期的情况，原始社会的本质特征，可以着重指出以下几点。

（一）生产力水平低下与共同生产

在原始公社制度下，生产力水平极为低下。

人类历史在蒙昧时代的高级阶段以前，属于旧石器时代、中石器时代。到蒙昧时代的高级阶段，则进入新石器时代。它开始于弓箭发明之前，终结于发明制陶术之前。蒙昧时代是以获取现成的天然产物为主的时期。人工产品主要是用作获取天然产物的辅助工具。

野蛮时代开始于制陶术的发明，包括新石器时代、青铜时代、铁剑和铁犁铁斧时代，结束于文字的出现。这个时代，是学会畜牧和农耕的时期，是学会靠人的劳动来增加天然产物生产的方法的时期。

在原始社会时期，由于生产力水平十分低下，生活资料非常贫乏，人们只有聚处群居、彼此协作、共同生产，以群体的联合力量与集体行动来弥补个体力量的不足，才能维持人类自身的生存和延续。

（二）直接分配产品

在生产力极其低下的条件下，劳动所得只能满足集团成员最低的生活需要，所以，产品分配只能按平均原则在公社全体成员间进行，否则一些成员就不可能存活。由于这时生活资料极其有限，没有任何剩余产品，所以不可能产生人剥削人的现象。

（三）实行原始共产制

根据以上情况，恩格斯指出：在进入文明时代即阶级社会之前，"先前的一切社会发展阶段上的生产在本质上是共同的生产，同样，消费也是在较大或较小的共产制共同体内部直接分配产品。生产的这种共同性是在极狭小的范围内实现的，但是它随身带来的是生产者对自己的生产过程和产品的支配"。

在氏族制度下，在母系氏族时期，"男女分别是自己所制造的和所使用的工具的所有者：男子是武器、渔猎用具的所有者，妇女是家内用具的所有者。家户经济是共产制的，包括几个、往往是许多个家庭。凡是共同制作和使用的东西，都是共同财产：如房屋、园圃、小船"，即实行原始共产制。

（四）没有任何内部对立

在原始社会的历史上，氏族是继血缘家庭之后社会的基本组织和生产单位。氏族制度经过了母系氏族和父系氏族两个时期。

恩格斯说："氏族制度是从那种没有任何内部对立的社会中生长出来的，而且只适合于这种社会。"① 从一定的角度去观察，可以说"这种十分单纯质朴的氏族制度是一种多么美妙的制度呵！"这主要体现在以下几个方面：

第一，没有强制性质和压迫性质的权力机构，社会结构简单而自然。

在氏族制度下，由于没有任何内部对立，所以"没有士兵、宪兵和警察，没有贵族、国王、总督、地方官和法官，没有监狱，没有诉讼，而一切都是有条有理的"②。"除了舆论以外，它没有任何强制手段"。社会组织是自然生成的，组织结构仅仅由氏族、胞族、部落、部落联盟这样的简单机构组成，它们代表着不同的血缘集团，各自管理着自己内部的事务。在血缘组织内部，这些组织机构代表全体氏族成员的意愿，执行人民大会的决议。

母系氏族时期，每个氏族都有一个氏族长，一般选举年长而德高望重的妇女担任。氏族长领导和组织氏族的生产和生活，与氏族其他成员的社会地位平等，一起参加劳动而不享有特权。氏族内的重大事情，如选举、撤换氏族长或军事领袖，发动战争或媾和，收养外人入族，决定血族复仇等，均由氏族议事会民主讨论决定。氏族长对内管理氏族的日常公共事务，如调解纠纷、安排生产生活、裁定氏族成员遗物的继承、主持宗教祭祀活动等；对外代表氏族参加

① 《马克思恩格斯文集》第 4 卷，人民出版社 2009 年版，第 188 页。
② 《马克思恩格斯文集》第 4 卷，人民出版社 2009 年版，第 111 页。

部落议事会，拥有决策权。

父系氏族时期，氏族长由氏族成员选举产生，一般由年龄最高的男子担任。任氏族长无一定的年限，不是终身职务，不世袭，不称职者可以罢免。氏族长从事生产劳动，无特权。氏族长按习惯法有权处理氏族内部的事务，遇有重大事宜，由氏族长召开各家族长老组成的氏族会议民主讨论解决。

在氏族成员心目中，"部落、氏族及其制度，都是神圣而不可侵犯的，都是自然所赋予的最高权力，个人在感情、思想和行动上始终是无条件服从的"①。

第二，有自我解决冲突的能力。

氏族时代生产和生活的内容都非常简单，氏族成员之间的关系主要是血缘关系，再加上外界自然的压力，"自尊心、公正、刚强和勇敢"② 是社会风尚的主流，即使发生一些争端和纠纷，也"都由当事人的全体即氏族或部落来解决，或者由各个氏族相互解决；血族复仇仅仅当做一种极端的、很少应用的威胁手段"③。

第三，权利和义务没有区别。

由于氏族事务是大家共同的事情，所以，在氏族制度内部，还没有权利和义务的分别；参与公共事务，实行血族复仇或为此接受赎罪，究竟是权利还是义务这种问题，对氏族成员来说是不存在的；在他们看来，这种问题正如吃饭、睡觉、打猎究竟是权利还是义务的问题一样荒谬。

与此同时，恩格斯又指出："氏族制度的伟大，但同时也是它的局限，就在于这里没有统治和奴役存在的余地。"当时，人们之所以不能不在氏族制度下共同生产、共同消费，之所以没有统治和奴役存在的可能性，是由当时生产力水平极其低下、没有剩余产品这种情况决定的。但是，生产力总是要向前发展的，而随着社会生产力发展到一定高度，私有制和阶级、统治和奴役关系，就不可避免地产生出来了。这样，"没有统治和奴役存在的余地"的氏族制度，也就注定要走向解体和灭亡。

---

① 《马克思恩格斯文集》第 4 卷，人民出版社 2009 年版，第 112 页。
② 《马克思恩格斯文集》第 4 卷，人民出版社 2009 年版，第 111 页。
③ 《马克思恩格斯文集》第 4 卷，人民出版社 2009 年版，第 111 页。

二、私有制和阶级的产生

私有制和阶级都是历史范畴，不是从来就有的，也不是永恒存在的。它们是在人类历史发展到一定阶段上产生的，也只存在于一定阶段上。恩格斯对氏族制度下随着生产力的发展私有制和阶级产生的情况，进行了具体描述和深入分析。

（一）生产力的发展与剩余产品的出现

人类进入野蛮时代的低级阶段，开始由采集经济向原始农业畜牧业过渡，动物驯养成为野蛮时代的重要特征，也产生了原始纺织手工业。这时出现了少量剩余产品。到野蛮时代中级阶段，出现织布机、矿石冶炼和金属加工、用青铜制造的工具和武器，生产力得到进一步提高，进入到稳定的原始农业和畜牧业阶段。"一切部门——畜牧业、农业、家庭手工业——中生产的增加，使人的劳动力能够生产出超过维持劳动力所必需的产品。"到了野蛮时代高级阶段，"一切文明民族都在这个时期经历了自己的英雄时代：铁剑时代，但同时也是铁犁和铁斧的时代"。社会生产力进一步提高，剩余产品进一步增多。

恩格斯说："在相当早的生产发展阶段上，人的劳动力就能够提供大大超过维持生产者生存所需要的产品了，这个发展阶段，基本上就是产生分工和个人之间的交换的那个阶段。"这就为私有制和阶级的产生创造了必要的前提。

（二）三次社会大分工与交换和商品生产的出现

在原始社会早期，人类主要过着采集和狩猎生活。人口是极其稀少的，"分工是纯粹自然产生的；它只存在于两性之间。男子作战、打猎、捕鱼，获取食物的原料，并制作为此所必需的工具。妇女管家，制备衣食——做饭、纺织、缝纫"。

第一次社会大分工发生在野蛮时代的中级阶段，是游牧部落从野蛮人群中分离出来，即开始了游牧部落和没有畜群的落后部落之间的分工。这样，在各不同部落成员之间进行交换以及把交换作为一种经常制度来发展和巩固的条件具备了。

在这个阶段，以冶陶术的发明为标志，生产工具得到改善，劳动生产率得到提高。工业方面开始使用织布机、进行矿石冶炼和金属加工。青铜器的发明和使用，促使按性别和年龄的自然分工发展成为社会职业的分化。畜牧业、农业、家庭手工业的生产都由此得到了发展，交换也随之得到了发展。

第二次社会大分工出现在野蛮时代的高级阶段，是手工业和农业的分工。由于生产力的发展，铁器的发明和普遍使用，生产的工具和战争的武器都有了改进，建筑业、织布业、金属加工业、农副产品加工业逐步发展起来，生产日益多样化。如此多样的活动，已经不可能由同一个人来进行，于是手工业和农业便分离了。而随着生产分为手工业和农业两大部门，出现了直接以交换为目的的生产，即商品生产，贸易的规模和范围随之进一步扩大。

第三次社会大分工发生在文明时代之初，其主要内容是产生了一个不从事生产而只从事商品交换的商人阶级，从而使商业同生产部门分离。这一次大分工是在前两次社会大分工的基础上产生的，巩固了第二次社会大分工的成果，标志着人类彻底告别野蛮时代。

（三）社会大分工与社会大分裂

随着分工和交换的发展，私有制和阶级也逐步地形成和发展起来了。因为"分工和私有制是相等的表达方式，对同一件事情，一个是就活动而言，另一个是就活动的产品而言"①。而"分工的规律就是阶级划分的基础"②。

私有制和阶级是怎样随着分工和交换的发展而逐步地形成和发展起来的呢？恩格斯在这部著作中，主要讲述了以下几个途径：

第一，在第一次社会大分工之后，经常性的交换发生和发展起来。起初是部落和部落之间通过各自的氏族酋长来进行交换；但是当畜群开始变为特殊财产（1884年版为"私有财产"）的时候，个人交换便越来越占优势，终于成为交换的唯一形式。这样，氏族内部就慢慢开始了贫富的分化，拥有较多财富的氏族贵族和富人便逐渐出现了。在第二次社会大分工之后，出现了直接以交换为目的的生产，即商品生产，贵金属成为货币商品，随之也就出现了非生产者统治生产者及其生产的新手段。"谁有了它，谁就统治了生产世界。"

第二，由于随着生产力的发展，人的劳动力能够生产出超过维持劳动力所必需的产品，即剩余产品，吸收新的劳动力成为必要和可能的事情。新的劳动

---

① 《马克思恩格斯文集》第1卷，人民出版社2009年版，第536页。
② 《马克思恩格斯文集》第3卷，人民出版社2009年版，第562页。

力首先是由战争提供的。战争中的俘虏不再被杀掉甚至被吃掉，而是变成了奴隶。恩格斯指出："第一次社会大分工，在使劳动生产率提高，从而使财富增加并且使生产领域扩大的同时，在既定的总的历史条件下，必然地带来了奴隶制。"在第二次社会大分工之后，在前一阶段上刚刚产生并且是零散现象的奴隶制，现在成为社会制度的一个根本的组成部分；奴隶们不再是简单的助手了，他们被成批地赶到田野和工场去劳动。第三次社会大分工的社会意义在于，新出现的商人阶级根本不从事生产但完全夺取了生产领导权，并在经济上使生产者服从自己；这部分人成了每两个生产者之间的不可缺少的中间人。这样就使前两次社会大分工已经开始的奴隶制生产方式最终确立起来，使对奴隶的强制成为整个社会的基础。

第三，随着分工的发展，生产工具和生产技术的改进，几十个人在一起共同劳动已经不再是生产上的必需，而由小家庭进行的个体生产开始成为可能了。同时，各个家庭之间的财产差别，更炸毁了旧的共产制家庭公社和它实行的土地的共同耕作。"耕地起初是暂时地，后来便永久地分配给各个家庭使用，它向完全的私有财产的过渡，是逐渐进行的。"随着向文明时代过渡，专职商人的出现、铸造货币的流行，出现了地产这种财富。土地完全私有，并且可以出卖和作为债务抵押的商品。"这些小块土地作为世袭财产而属于他们了。"恩格斯说过，"财产的集中是一个规律"，它"是私有制所固有的"①。土地私有，使财富迅速地积聚和集中到一个人数很少的阶级手中。这样，除了奴隶主与奴隶的对立之外，自由民中的富人和穷人的阶级分化和对立也进一步发展起来了。

（四）母系氏族被父系氏族取代

与生产力发展和社会分工相适应，"对家庭的革命"也发生了。

本来，氏族制度是从族外群婚制中产生出来的。当时的人们只知其母不知其父，其出身和世系只能按母系计算。妇女在生产和家务劳动中占有重要地位。所以，最初的氏族是母系氏族。"在共产制家户经济中，大多数或全体妇女都属于同一氏族，而男子则来自不同的氏族，这种共产制家户经济是原始时代普遍流行的妇女占统治地位的客观基础。"②

---

① 《马克思恩格斯文集》第 1 卷，人民出版社 2009 年版，第 83 页。
② 《马克思恩格斯文集》第 4 卷，人民出版社 2009 年版，第 60 页。

第一次社会大分工以后，情况有了很大的变化。这时，"谋取生活资料总是男子的事情，谋取生活资料的工具是由男子制造的，并且是他们的财产。畜群是新的谋取生活资料的工具，最初对它们的驯养和以后对它们的照管都是男子的事情。因此，牲畜是属于他们的；用牲畜交换来的商品和奴隶，也是属于他们的。这时谋生所得的全部剩余都归了男子；妇女参加它的享用，但在财产中没有她们的份儿"。这样，在家庭中，男子就由于在生产中所占地位的上升并依恃自己掌握的财富而使自己挤上了首位，而把妇女挤到了第二位。畜群和奴隶"这些财富，一旦转归家庭私有并且迅速增加起来，就给了以对偶婚和母权制氏族为基础的社会一个强有力的打击"①。母系氏族终于被父系氏族所取代。这时，人们的出身和世系不再按母系而是按父系计算，并且开始实行父系财产继承制。为了确保亲子对于父系财产的继承，对偶婚制逐步过渡到了专偶制。对偶婚制家庭变成了专偶制家庭，即家长制家庭。妻子"被贬低，被奴役，变成丈夫淫欲的奴隶，变成单纯的生孩子的工具了"②。所以恩格斯认为："母权制被推翻，乃是**女性的具有世界历史意义的失败**。"③

随着个体化劳动和个体家庭的发展，家长制家庭逐渐成为整个社会的经济单位。这样一来，在古代的氏族制度中就出现了一个裂口：个体家庭已经成为一种力量，并且以威胁的姿态起来与氏族对抗了。正因为如此，恩格斯说："随着家长制家庭的出现，我们便进入成文史的领域，从而也进入比较法学能给我们以很大帮助的领域了。"④

三、国家的起源和实质

（一）氏族制度的过时与国家的产生

国家不是从来就有的，而是随着经济的发展、社会关系的变化，主要是阶级的产生而产生的。

氏族制度是怎样被国家所代替的呢？

---

① 《马克思恩格斯文集》第 4 卷，人民出版社 2009 年版，第 66 页。
② 《马克思恩格斯文集》第 4 卷，人民出版社 2009 年版，第 68 页。
③ 《马克思恩格斯文集》第 4 卷，人民出版社 2009 年版，第 68 页。
④ 《马克思恩格斯文集》第 4 卷，人民出版社 2009 年版，第 70 页。

第一，"氏族制度是从那种没有任何内部对立的社会中生长出来的，而且只适合于这种社会。"但是，随着生产力水平的提高、社会分工的发展，私人占有和阶级陆续出现。"现在产生了这样一个社会，它由于自己的全部经济生活条件而必然分裂为自由民和奴隶，进行剥削的富人和被剥削的穷人。"他们之间的对立不但不能调和，反而日益尖锐化。氏族制度"面对着没有它的参与而兴起的新因素，它显得软弱无力"。历史已经发展到这个阶段，"所缺少的只是这样一个机关，它不仅使正在开始的社会分裂为阶级的现象永久化，而且使有产者阶级剥削无产者阶级的权利以及前者对后者的统治永久化"①。

第二，氏族原本实行军事民主制。在氏族制度的发展进程中，先是两个或几个氏族组成部落，而后又由若干亲属部落成立亲属部落的联盟，而不久，各亲属部落又在其整个领土上融合为一个民族［Volk］。"军事首长、议事会和人民大会构成了继续发展为军事民主制的氏族社会的各机关。"但是，当战争能够带来物质财富和奴隶的时候，进行掠夺性的战争成了经常的行当，这就加强了军事首长的权力。他们开始利用这种权力，来为自己谋取利益，并且最后僭取这种权力使之变成了世袭制。这样，"整个氏族制度就转化为自己的对立物：它从一个自由处理自己事务的部落组织转变为掠夺和压迫邻近部落的组织，而它的各机关也相应地从人民意志的工具转变为独立的、压迫和统治自己人民的机关了"。

第三，"氏族制度的前提，是一个氏族或部落的成员共同生活在纯粹由他们居住的同一地区中"。但是，随着分工和交换的发展，这种情况不可能继续存在了。在同一个地区中，不再是氏族或部落的成员共同生活，而是不同氏族或部落的成员杂居在一起；其居民也不再主要是有血缘关系的亲属、具有平等地位的人，而是包括了奴隶主和奴隶、被保护民和外地人。每一个社会团体"都是由属于极不相同的氏族、胞族和部落的人们组成的"。这就是说，氏族制度存在的前提已经不存在了，它已经不可能像过去那样承担起管理社会公共事务的任务。

根据以上分析，恩格斯着重指出："氏族制度已经过时了。它被分工及其后果即社会之分裂为阶级所炸毁。它被国家代替了。"

（二）国家与氏族组织的不同点

恩格斯指出，与氏族组织相比较，国家有两个突出的不同点：

---

① 《马克思恩格斯文集》第 4 卷，人民出版社 2009 年版，第 125 页。

国家和旧的氏族组织不同的地方，第一点就是它按地区来划分它的国民。由于在同一个地区中，不同氏族或部落的成员杂居在一起，由血缘关系形成和联结起来的旧的氏族公社已经不能适应新的形势了。"因此，按地区来划分就被作为出发点，并允许公民在他们居住的地方实现他们的公共权利和义务，不管他们属于哪一氏族或哪一部落。这种按照居住地组织国民的办法是一切国家共同的。"

按地域划分国民，使人类突破了血缘关系的限制，拓宽了人类的社会视野和交往范围，扩大了经济、文化交流范围和人类通婚的范围，分别从不同的方面促进着经济、政治、文化乃至人类体质的长足发展。

国家和旧的氏族组织的第二个不同点，是公共权力的设立。"这种公共权力已经不再直接就是自己组织为武装力量的居民了。"氏族是以血缘关系为纽带的社会组织，氏族酋长代表全体氏族成员的意志，管理氏族的内部事务，权限极小，不存在强制性，管理机构本身也没有任何物质实体。文明社会与氏族公社不同，它已经分裂为敌对的阶级。如果这些阶级都有"自己组织"的武装，就会导致它们之间的武装斗争。于是国家形成了。国家与氏族不同，它是在具有暴力性质的阶级斗争中产生的，构成这种权力的，不仅有武装的人，而且还有物质的附属物，如监狱和各种强制设施，这些都是以前的氏族社会所没有的。

国家的公共权力是凌驾于全社会之上的、与人民大众分离的权力。它所代表的意志和利益不再是全体社会成员的，而只是部分人的，具体地说就是统治阶级的，但是它的管理对象却是全体社会成员。自身拥有独立于全体社会成员之外的物质实体，使管理具有了强制性质，从根本上改变了人类社会的管理方式。

国家诞生于阶级斗争，可是它的职能除了控制阶级斗争、调控社会冲突之外，还有管理社会经济、防卫外敌侵犯、对外代表全社会等，国家的公共权力就是全面履行这些职能的平台。

职业官吏是公共权力的掌握者。"官吏既然掌握着公共权力和征税权，他们就作为社会机关而凌驾于社会之上。"职业官吏拥有的权力虽然大，可是无法赢得类似于氏族酋长享有的威望与尊重。作为同社会相异化的力量的代表，"文明时代最有势力的王公和最伟大的国家要人或统帅，也可能要羡慕最平凡的氏族酋长所享有的，不是用强迫手段获得的，无可争辩的尊敬"。

（三）国家是阶级矛盾不可调和的产物

恩格斯指出："国家决不是从外部强加于社会的一种力量。""确切地说，国家是社会在一定发展阶段上的产物；国家是承认：这个社会陷入了不可解决的自我矛盾，分裂为不可调和的对立面而又无力摆脱这些对立面。而为了使这些对立面，这些经济利益互相冲突的阶级，不致在无谓的斗争中把自己和社会消灭，就需要有一种表面上凌驾于社会之上的力量，这种力量应当缓和冲突，把冲突保持在'秩序'的范围以内；这种从社会中产生但又自居于社会之上并且日益同社会相异化的力量，就是国家。"这说明，国家是阶级矛盾不可调和的产物和表现。在阶级矛盾客观上不能调和的时候和条件下，就产生了国家。

需要指出的是，这里所说的国家要保持的"秩序"，并不是社会全体成员之间的和谐共处，而是压迫阶级统治被压迫阶级的"秩序"，保持这种"秩序"的目的正是为了使这种压迫合法化、固定化；而这里所说的国家要"缓和冲突"，并不是要根本否定少数人对多数人的压迫，其实际含义主要是剥夺被压迫阶级用来推翻压迫者的一定的斗争手段和斗争方式。所以，国家并不像资产阶级思想家宣扬的那样，是调和阶级矛盾的。国家的存在本身，恰恰证明了阶级矛盾的不可调和。

诚然，"政治统治到处都是以执行某种社会职能为基础"①的。但是，这并没有改变国家作为阶级压迫工具的实质。因为历史上那些执行社会职能的人形成了自己的特殊利益，逐步和人民大众分离，其结果就使得起先的社会公仆变成了社会的主人。

（四）国家是在经济上占统治地位的阶级的国家

尽管国家在表面上是凌驾于社会之上的力量，但它既不是中立的，更不是属于全体居民的。恩格斯说："由于国家是从控制阶级对立的需要中产生的，由于它同时又是在这些阶级的冲突中产生的……在经济上占统治地位的阶级的国家，这个阶级借助于国家而在政治上也成为占统治地位的阶级，因而获得了镇压和剥削被压迫阶级的新手段。"这段话揭示了国家的阶级本质。这是因为，政治是经济的集中表现。一方面，在经济上占统治地位的阶级，需要一种强制力量来维护自身的特殊利益，即压迫和剥削广大劳动者的利益；另一方面，也只有在经济上占统治地位的阶级，才有能力建立专门的军队、警察、法庭、监

① 《马克思恩格斯文集》第9卷，人民出版社2009年版，第187页。

狱、行政机关，等等。所以，国家总是经济上占统治地位的阶级的国家。

国家是在经济上占统治地位的阶级的国家，这是一个普遍的原则。在国家发展的低级阶段，奴隶制和中世纪封建国家是直接宣告国家是少数压迫阶级用来对付广大被压迫阶级的机关。在国家的最高形式——民主共和制下，不再正式讲什么财产的差别，在法律上公民一律享有平等的权利，但是这并不意味着财富不再操控政治权力，它采用了间接地也是更可靠地运用它的权力的方式。如直接收买官吏、政府和交易所结成联盟等。所以，美国、法国等民主共和国，仍然是这些国家中在经济上占统治地位的资产阶级的国家，而且是资产阶级所能采用的最好的政治外壳。

（五）国家是阶级压迫的工具

正因为国家是在经济上占统治地位的阶级的国家，所以"它在一切典型的时期毫无例外地都是统治阶级的国家，并且在一切场合在本质上都是镇压被压迫被剥削阶级的机器"。但也有例外的时期，那时互相斗争的各阶级达到了势均力敌的地步，以致国家权力作为表面上的调停人而暂时获得了对于两个阶级的某种独立性。

国家的暴力机关，是国家作为阶级压迫工具的主要标志，其中常备军和警察是国家权力的主要强力工具。历史上出现的特殊的例外现象和表面上的某种"独立性"，是由各国的具体社会历史条件和阶级力量对比的情况决定的。这并不表明，这时的国家就是中立的、非阶级的国家了。因为国家运用强力工具，是为了维护当时的社会秩序，这种社会秩序根本上是有利于在经济上占统治地位的那个阶级的，所以从本质上讲，它仍然是在经济上占统治地位的那个阶级的国家。

（六）阶级和国家的消失

国家作为阶级压迫的工具，它的存在是以阶级和阶级斗争的存在为前提的。所以恩格斯指出，"阶级不可避免地要消失"，而"随着阶级的消失，国家也不可避免地要消失"。在共产主义社会，"将把全部国家机器放到它应该去的地方，即放到古物陈列馆去，同纺车和青铜斧陈列在一起"。

这样，恩格斯就对马克思主义的国家学说作出了系统的阐述和深刻的论证。

四、"文明时代"的历史演进与未来发展

(一)文明时代的基础：阶级对阶级的剥削

恩格斯指出："由于文明时代的基础是一个阶级对另一个阶级的剥削，所以它的全部发展都是在经常的矛盾中进行的。"这种矛盾表现在，生产的每一进步，同时也就是被压迫阶级即大多数人的生活状况的一个退步；一个阶级的任何新的解放，必然是对另一个阶级的新的压迫。这种情况在一切阶级社会都是如此，在资本主义社会中更是如此。由于机器的采用，资产阶级从行会、工场手工业中成长起来，成为经济上独立的阶级，最后推翻了封建地主阶级成为统治阶级，同时却迫使广大的生产者破产，转化成受其剥削的工人阶级。文明时代把一切权利都赋予了剥削阶级，而把一切义务都推给了被剥削阶级。这种区别和对立，表明了剥削阶级和被剥削阶级之间在一切方面的不平等和利益上的尖锐对立。

(二)历史上的三大奴役形式和三种剥削阶级国家机关

整个文明时期社会的历史，经历了三大奴役形式。"奴隶制是古希腊罗马时代世界所固有的第一个剥削形式；继之而来的是中世纪的农奴制和近代的雇佣劳动制。"在这三大时期所特有的三大奴役形式中，前两大时期的两大奴役形式是公开的、赤裸裸的，而近代的雇佣劳动制则是隐蔽的、更巧妙更狡猾的奴役形式，是在虚伪的平等、自由的口号下进行的。"公开的而近来是隐蔽的奴隶制始终伴随着文明时代。"

与三大奴役形式相对应，人类社会也产生了三种剥削阶级国家机关，即奴隶制国家机关、中世纪封建国家机关、资产阶级国家机关。这些国家在本质上都是剥削阶级镇压被剥削阶级的国家。但具体的阶级内涵不同。"古希腊罗马时代的国家首先是奴隶主用来镇压奴隶的国家，封建国家是贵族用来镇压农奴和依附农的机关，现代的代议制的国家是资本剥削雇佣劳动的工具。"

(三)未来社会将是氏族社会"在更高形式上的复活"

摩尔根在回顾人类历史时说过："自从文明时代开始以来所经过的时间，只是人类已经经历过的生存时间的一小部分，只是人类将要经历的生存时间的一小部分。社会的瓦解，即将成为以财富为唯一的最终目的的那个历程的终

结，因为这一历程包含着自我消灭的因素。管理上的民主，社会中的博爱，权利的平等，教育的普及，将揭开社会的下一个更高的阶段，经验、理智和科学正在不断向这个阶段努力。**这将是古代氏族的自由、平等和博爱的复活，但却是在更高级形式上的复活。**"

恩格斯在《起源》这部著作中，就是以摩尔根的这段话作为结束语的。他深信，人类通过广泛而深刻的一系列的革命，必将使这种理想境界得到实现。

恩格斯的这部著作科学地论述了家庭、私有制和阶级、国家的起源，系统地阐明了马克思主义的国家学说，揭示了人类社会发展的历史趋势，对于我们深入领会历史唯物主义的基本原理，准确把握人类社会发展的规律，进一步坚定共产主义理想和中国特色社会主义信念，具有重要意义。这部著作所阐明的重要原理，不仅对于原始社会史的研究，而且对于整个人类历史的研究，都有着直接的指导作用。这部著作"从叙述历史开始，讲国家是怎样产生的"，这也为我们"提供了正确观察问题的方法"①。

延伸阅读：

1. 恩格斯：《家庭、私有制和国家的起源》第一至八部分，《马克思恩格斯文集》第 4 卷，人民出版社 2009 年版。

思考题：

1. 原始社会有哪些本质特征？

2. 私有制和阶级是怎样产生的？

3. 如何认识国家的起源和实质？为什么说国家是在经济上占统治地位的阶级的国家？

---

① 《列宁专题文集　论辩证唯物主义和历史唯物主义》，人民出版社 2009 年版，第 284 页。

列　宁

什么是"人民之友"以及他们如何攻击社会民主党人？（节选）

（答《俄国财富》杂志反对马克思主义者的几篇文章）

（1894年春夏）

第　一　编

《俄国财富》[①] 对社会民主党人发动进攻了。这个杂志的头目之一尼·米海洛夫斯基先生，还在去年第10期上就宣布要对"我国所谓的马克思主义者或社会民主党人"进行一场"论战"。随后出现了谢·克里文柯先生的《论文化孤士》一文（第12期）和尼·米海洛夫斯基先生的《文学和生活》一文（1894年《俄国财富》第1期和第2期）。至于杂志本身对我国经济现实的看法，谢·尤沙柯夫先生在《俄国经济发展问题》一文（第11期和第12期）中已作了最充分的叙述。这些先生在他们的杂志上总是以真正"人民之友"的思想和策略的表达者自居，其实他们是社会民主党最凶恶的敌人。现在我们就把这些"人民之友"，把他们对马克思主义的批判、他们的思想、他们的策略仔细考察一下。

尼·米海洛夫斯基先生最注意马克思主义的理论根据，因此专门对唯物主义历史观作了分析。在概略地叙述了阐明这个学说的大量马克思主义文献的内容以后，米海洛夫斯基先生就用这样一大段话开始了他的批判。

他说："首先自然产生这样一个问题：马克思在哪一部著作中叙述了自己

[①] 《俄国财富》杂志（《Русское Богатство》）是俄国科学、文学和政治刊物。1879年起成为自由主义民粹派的刊物。1892年以后由尼·康·米海洛夫斯基和弗·加·柯罗连科领导，成为自由主义民粹派的中心。——编者注

的唯物主义历史观呢？他的《资本论》给我们提供了一个把逻辑力量同渊博学识、同对全部经济学文献和有关事实的细心研究结合起来的范例。他把那些早被遗忘或现在谁也不知道的经济学理论家搬出来，他对工厂视察员在各种报告中或专家在各种专门委员会上所陈述的证词中极其琐碎的细节也没有忽视；总之，他翻遍了数量惊人的实际材料，一部分用来论证，一部分用来说明他的经济理论。如果说他创立了'崭新的'历史过程观，用新的观点说明了人类的全部过去，总结了至今有过的一切历史哲学理论，那他当然会同样竭尽心力地做到这一点的，也就是说，他会真正重新审查并批判地分析一切关于历史过程的著名理论，研究世界历史的大量事实。同达尔文比较一下——在马克思主义文献中经常作这样的比较——就会更加确信这种看法。达尔文的全部著作是什么呢？就是把堆积如山的实际材料总结为几点概括性的、彼此紧相联系的思想。马克思的相称著作究竟在哪里呢？这样的著作是没有的。不仅马克思没有这样的著作，而且在全部马克思主义文献中也没有这样的著作，虽然这种文献数量很大，传播很广。"

　　这一大段话清楚地说明人们多么不理解《资本论》和马克思。他们被马克思论述中的巨大论证力量所折服，只得奉承他，称赞他，同时却完全忽视学说的基本内容，若无其事地继续弹着"主观社会学"的老调。由此不禁令人想起考茨基在他的一本论马克思经济学说的著作中所选用的一段很恰当的题词：

　　谁不称赞克洛普施托克的美名？
　　可是，会不会人人都读他的作品？不会。
　　但愿人们少恭维我们，
　　阅读我们的作品时多用心！①

　　正是这样！米海洛夫斯基先生应当少称赞马克思，多用心阅读他的著作，或者最好是更认真思索自己所读的东西。

　　米海洛夫斯基先生说，"马克思的《资本论》给我们提供了一个把逻辑力量同渊博学识结合起来的范例"。一个马克思主义者指出：米海洛夫斯基先生的这句话，给我们提供了一个把光辉词句和空洞内容结合起来的范例。这个评语是十分公正的。马克思的这种逻辑力量究竟表现在什么地方呢？它产生了什

---

① 见戈·埃·莱辛《致读者格言诗》。——编者注

么样的结果呢?读了米海洛夫斯基先生的上述那一大段话,会以为这全部力量不过是用于最狭义的"经济理论"而已。为了更加渲染马克思表现自己逻辑力量的范围是狭小的,米海洛夫斯基先生还着重指出"极其琐碎的细节"、"细心"、"谁也不知道的理论家"等等。这样一来,似乎马克思对于建立这些理论的方法,并没有提出任何值得一提的实质性的新东西,似乎他使经济学仍然停留在过去经济学家原有的范围以内,并没有将它扩大,并没有对这门科学本身提出"崭新的"见解。然而凡是读过《资本论》的人,都知道这完全不符合事实。由此不禁令人想起米海洛夫斯基先生 16 年前同一个庸俗的资产阶级先生尤·茹柯夫斯基进行论战时对马克思的评论。那时,也许是时代不同,也许是感觉比较新鲜,不管怎样,米海洛夫斯基先生的那篇文章,无论在笔调上或内容上,都是完全不同的。

"'本书的最终目的就是揭示现代社会的发展规律①〈原文是 Das ökonomische Bewegungsgesetz——经济运动规律〉',卡·马克思曾这样谈到他的《资本论》并严格地坚持了他的主旨",—— 1877 年米海洛夫斯基先生就是这样评论的。我们更仔细地来考察一下这个批评家也承认是严格地坚持了的主旨吧。这个主旨就是"揭示现代社会的经济发展规律"。

这句话本身就使我们碰到几个需要加以说明的问题。既然马克思以前的所有经济学家都谈论一般社会,为什么马克思却说"现代(modern)"社会呢?他在什么意义上使用"现代"一词,按什么标志来特别划出这个现代社会呢?其次,社会的经济运动规律是什么意思呢?我们总是听见经济学家说:只有财富的生产才完全受经济规律支配,而分配则以政治为转移,以政权和知识界等等对社会的影响如何为转移——而这也就是《俄国财富》所属的那个圈子里的政论家和经济学家们喜爱的思想之一。马克思谈到社会的经济运动规律,并把这个规律叫做 Naturgesetz——自然规律,这究竟是什么意思呢?我国如此众多的社会学家写了大堆大堆的著作,说社会现象领域根本不同于自然历史现象领域,因此,研究前者必须采用十分特别的"社会学中的主观方法"。既然如此,那对马克思的话又怎样理解呢?

发生这些疑问是自然的,必然的;当然,只有完全无知的人,才会在谈到《资本论》时回避这些疑问。为了弄清这些问题,我们且先从《资本论》的同

① 见《马克思恩格斯选集》第 2 卷人民出版社 1972 年版第 207 页。——编者注

一序言中再引一句话，这句话就在上述那句话的稍后几行。

马克思说："我的观点是：社会经济形态的发展是一种自然历史过程。"①

只要把序言里引来的这两句话简单地对照一下，就可以看出《资本论》的基本思想就在于此，而这个思想，正像我们听说的那样，是以罕见的逻辑力量严格地坚持了的。说到这里，我们首先要指出两个情况。马克思说的只是一个"社会经济形态"，即资本主义社会经济形态，也就是他说的，他研究的只是这个形态而不是别的形态的发展规律，这是第一。第二，我们还得指出马克思得出他的结论的方法，这些方法，像我们刚才听到米海洛夫斯基先生所说的那样，就是"对有关事实的细心研究"。

现在我们来分析《资本论》的这一基本思想，它是我们这位主观哲学家如此狡猾地企图加以回避的。社会经济形态这一概念指的究竟是什么呢？怎样才可以而且必须把这种形态的发展看做是自然历史过程呢？这就是现在摆在我们面前的问题。我已经指出，从旧的（对俄国说来不是旧的）经济学家和社会学家的观点看来，社会经济形态这一概念完全是多余的，因为他们谈论的是一般社会，他们同斯宾塞们争论的是一般社会是什么，一般社会的目的和实质是什么等等。在这种议论中，这些主观社会学家所依靠的是如下这类论据：社会的目的是为社会全体成员谋利益，因此，正义要求有一种组织，凡不合乎这种理想的（"社会学应从某种空想开始"，——主观方法的首创者之一米海洛夫斯基先生的这句话绝妙地说明了他们的方法的实质）组织的制度都是不正常的，应该取消的。例如，米海洛夫斯基先生说："社会学的根本任务是阐明那些使人的本性的这种或那种需要得到满足的社会条件。"可以看出，这位社会学家感兴趣的只是使人的本性得到满足的社会，而完全不是什么社会形态，何况这些社会形态还可能是以少数人奴役多数人这种不合乎"人的本性"的现象为基础的。同样可以看出，在这位社会学家看来，根本谈不上把社会发展看做自然历史过程。（"社会学家既然认为事物有合乎心愿的，有不合乎心愿的，他就应当找到实现合乎心愿的事物，消除不合乎心愿的事物的条件"，即"找到实现如此这般理想的条件"，——这也是同一个米海洛夫斯基先生说的。）不仅如此，甚至谈不上什么发展，而只能谈由于……由于人们不聪明，不善于很好了解人的本性的要求，不善于找到实现这种合理制度的条件而在历史上发生过的种种

---

① 见《马克思恩格斯选集》第 2 卷人民出版社 1972 年版第 208 页。——编者注

违背"心愿"的偏向，"缺陷"。显而易见，马克思关于社会经济形态发展的自然历史过程这一基本思想，从根本上摧毁了这种以社会学自命的幼稚说教。马克思究竟是怎样得出这个基本思想的呢？他做到这一点所用的方法，就是从社会生活的各种领域中划分出经济领域，从一切社会关系中划分出**生产关系**，即决定其余一切关系的基本的原始的关系。马克思自己曾这样描写过他对这个问题的推论过程：

"为了解决使我苦恼的疑问，我写的第一部著作是对黑格尔法哲学的批判性的分析……我的研究得出这样一个结果：法的关系正像国家的形式一样，既不能从它们本身来理解，也不能从所谓人类精神的一般发展来理解，相反，它们根源于物质的生活关系，这种物质的生活关系的总和，黑格尔按照18世纪的英国人和法国人的先例，称之为'市民社会'，而对市民社会的解剖应该到政治经济学中去寻求。我研究政治经济学所得到的结果，可以简要地表述如下：人们在自己生活的社会生产中发生一定的……关系，即同他们的物质生产力的一定发展阶段相适应的**生产关系**。这些生产关系的总和构成社会的经济结构，即有法律的和政治的上层建筑竖立其上并有一定的社会意识形式与之相适应的现实基础。物质生活的生产方式制约着整个社会生活、政治生活和精神生活的过程。不是人们的意识决定人们的存在，相反，是人们的社会存在决定人们的意识。社会的物质生产力发展到一定阶段，便同它们一直在其中运动的现存生产关系或财产关系（这只是生产关系的法律用语）发生矛盾。这些关系便由生产力的发展形式变成生产力的桎梏。那时社会革命的时代就到来了。随着经济基础的变更，全部庞大的上层建筑也或慢或快地发生变革。在考察这样的变革时，必须时刻把下面两者区别开来：一种是生产的经济条件方面所发生的物质的、可以像自然科学那样精确地确定的变革，一种是人们借以意识到这个冲突并力求把它解决的那些法律的、政治的、宗教的、艺术的或哲学的，简言之，意识形态的形式。我们判断一个人不能以他对自己的看法为根据，同样，我们判断这样一个变革时代也不能以它的意识为根据；相反，这个意识必须从物质生活的矛盾中，从社会生产力和生产关系之间的现存冲突中去解释。……从总体上来探讨的亚细亚的、古代的、封建的和现代的即资产阶级的生产制度可以看做是社会各经济形态历史上演进的几个时代。"①

---

① 参看《马克思恩格斯选集》第2卷人民出版社1972年版第82—83页。——编者注

社会学中这种唯物主义思想本身已经是天才的思想。当然，这在那时**暂且**还只是一个假设，但是，是一个第一次使人们有可能以严格的科学态度对待历史问题和社会问题的假设。在这以前，社会学家不善于往下探究像生产关系这样简单和这样原始的关系，而直接着手探讨和研究政治法律形式，一碰到这些形式是由当时人类某种思想产生的事实，就停了下来；这样一来，似乎社会关系是由人们自觉地建立起来的。但这个充分表现在《社会契约论》① 思想（这种思想的痕迹，在一切空想社会主义体系中都是很明显的）中的结论，是和一切历史观察完全矛盾的。社会成员把他们生活于其中的社会关系的总和，看做一个由某种原则所贯穿的一定的完整的东西，这是从来没有过而且现在也没有的事情；恰恰相反，大众是不自觉地适应这些关系的，而且根本不了解这些关系是特殊的历史的社会关系，例如人们在其中生活了很多世纪的交换关系，只是在最近才得到了解释。唯物主义继续深入分析，发现了人的这些社会思想本身的起源，也就消除了这个矛盾；因此，唯物主义关于思想进程取决于事物进程的结论，是唯一可与科学的心理学相容的。其次，再从另一方面说，这个假设第一次把社会学提高到科学的水平。在这以前，社会学家在错综复杂的社会现象中总是难于分清重要现象和不重要现象（这就是社会学中主观主义的根源），找不到这种划分的客观标准。唯物主义提供了一个完全客观的标准，它把**生产关系**划为社会结构，并使人有可能把主观主义者认为不能应用到社会学上来的重复性这个一般科学标准，应用到这些关系上来。当他们还局限于思想的社会关系（即通过人们的意识② 而形成的社会关系）时，他们不能发现各国社会现象中的重复性和常规性，他们的科学至多不过是记载这些现象，收集素材。一分析物质的社会关系（即不通过人们的意识而形成的社会关系：人们在交换产品时彼此发生生产关系，甚至都没有意识到这里存在着社会生产关系），立刻就有可能看出重复性和常规性，把各国制度概括为**社会形态**这个基本概念。只有这种概括才使人有可能从记载（和从理想的观点来评价）社会现象进而以严格的科学态度去分析社会现象，譬如说，划分出一个资本主义国家和另

---

① 《社会契约论》是法国启蒙思想家让·雅克·卢梭的主要著作之一，1762 年在阿姆斯特丹出版。这本书的中心思想是：人是生而自由平等的，国家只能是自由的人民自由协议的产物，如果自由被强力所剥夺，则人民有权进行革命，用强力夺回自己的自由。卢梭的这部著作对法国大革命产生了巨大的影响，但就其社会观来说是唯心主义的。——编者注

② 当然，这里说的始终是**社会**关系的意识，而不是其他什么关系的意识。

一个资本主义国家的不同之处，研究一切资本主义国家的共同之处。

最后，第三，这个假设之所以第一次使**科学的**社会学的出现成为可能，还由于只有把社会关系归结于生产关系，把生产关系归结于生产力的水平，才能有可靠的根据把社会形态的发展看做自然历史过程。不言而喻，没有这种观点，也就不会有社会科学。（例如，主观主义者虽然承认历史现象的规律性，但不能把这些现象的演进看做自然历史过程，这是因为他们只限于指出人的社会思想和目的，而不善于把这些思想和目的归结于物质的社会关系。）

马克思在40年代提出这个假设后，就着手实际地（请注意这点）研究材料。他从各个社会经济形态中取出一个形态（即商品经济体系）加以研究，并根据大量材料（他花了不下25年的工夫来研究这些材料）对这个形态的活动规律和发展规律作了极其详尽的分析。这个分析仅限于社会成员之间的生产关系。马克思一次也没有利用这些生产关系以外的任何因素来说明问题，同时却使人们有可能看到商品社会经济组织怎样发展，怎样变成资本主义社会经济组织而造成资产阶级和无产阶级这两个对抗的（这已经是在生产关系范围内）阶级，怎样提高社会劳动生产率，从而带进一个与这一资本主义组织本身的基础处于不可调和的矛盾地位的因素。

《资本论》的**骨骼**就是如此。可是全部问题在于马克思并不以这个骨骼为满足，并不仅以通常意义的"经济理论"为限；虽然他**完全**用生产关系来**说明**该社会形态的构成和发展，但又随时随地探究与这种生产关系相适应的上层建筑，使骨骼有血有肉。《资本论》的成就之所以如此之大，是由于"德国经济学家"的这部书使读者看到整个资本主义社会形态是个活生生的形态：有它的日常生活的各个方面，有它的生产关系所固有的阶级对抗的实际社会表现，有维护资本家阶级统治的资产阶级政治上层建筑，有资产阶级的自由平等之类的思想，有资产阶级的家庭关系。现在可以看出，把马克思同达尔文相比是完全恰当的：《资本论》不是别的，正是"把堆积如山的实际材料总结为几点概括性的、彼此紧相联系的思想"。如果谁读了《资本论》，竟看不出这些概括性的思想，那就怪不得马克思了，因为我们知道，马克思甚至在序言中就已指出这些思想。而且这种比较不仅从外表方面（不知为什么，这一方面使米海洛夫斯基先生特别感兴趣）看是正确的，就是从内容方面看也是正确的。达尔文推翻了那种把动植物物种看做彼此毫无联系的、偶然的、"神造的"、不变的东西的观点，探明了物种的变异性和承续性，第一次把生物学放在完全科学的基础之上。同样，马克思也推翻了那种把社会看做可按长官意志（或者说按社会意志和政府意志，反正都一样）随便改变的、偶然产生和变化的、机械的个人结合体的观点，探明了作为一定生产关系总和的社会经济形态这个概念，探明了这种形态的发展是自然历史过程，从而第一次把社会学放在科学的基础之上。

现在，自从《资本论》问世以来，唯物主义历史观已经不是假设，而是科学地证明了的原理。在我们还没有看见另一种科学地解释某种社会形态（正是社会形态，而不是什么国家或民族甚至阶级等等的生活方式）的活动和发展的尝试以前，没有看见另一种像唯物主义那样能把"有关事实"整理得井然有序，能对某一社会形态作出严格的科学解释并给以生动描绘的尝试以前，唯物主义历史观始终是社会科学的同义词。唯物主义并不像米海洛夫斯基先生所想的那样，"多半是科学的历史观"，而是唯一科学的历史观。

现在有人读了《资本论》，竟在那里找不到唯物主义，还有比这更可笑的怪事吗！唯物主义在哪里呢？——米海洛夫斯基先生带着实在莫名其妙的神情问道。

他读了《共产党宣言》，竟看不出那里对现代制度（法律制度、政治制度、家庭制度、宗教制度和哲学体系）的解释是唯物主义的，看不出那里甚至对种种社会主义和共产主义理论的批判也是在某种某种生产关系中寻找并找到这些理论的根源的。

他读了《哲学的贫困》，竟看不出那里对蒲鲁东社会学的剖析，是从唯物主义观点出发的，看不出对蒲鲁东所提出的解决各种历史问题的办法的批判，是从唯物主义原则出发的，看不出作者本人谈到应该在哪里寻找材料来解决这些问题时，总是举出生产关系。

他读了《资本论》，竟看不出这是用唯物主义方法科学地分析一个（而且是最复杂的一个）社会形态的范例，是大家公认的无与伦比的范例。于是他坐下来拼命思索这个深奥的问题："马克思在哪一部著作中叙述了自己的唯物主义历史观呢？"

凡熟悉马克思的人，都会反问他：马克思在哪一部著作中没有叙述过自己的唯物主义历史观呢？米海洛夫斯基先生大概只有等到某个卡列耶夫的某本玄奥的历史著作在"经济唯物主义"这个条目内，用相应的号码标明马克思的唯物主义著作的时候，才会知道这些著作吧。

而最可笑的是，米海洛夫斯基先生责备马克思，说他没有"重新审查〈原文如此！〉一切关于历史过程的著名理论"。这简直可笑极了。试问这些理论十分之九都是些什么东西呢？都是一些关于什么是社会、什么是进步等等纯粹先验的、独断的、抽象的议论（我有意举出这些合乎米海洛夫斯基先生心意的例子）。要知道，这样的理论，就其存在来说，已是无用的，就其基本方法，就其彻头彻尾的暗淡无光的形而上学性来说，也是无用的。要知道，从什么是社会，什么是进步等问题开始，就等于从末尾开始。既然你连任何一个社会形态都没有研究过，甚至还未能确定这个概念，甚至还未能对任何一种社会关系进行认真的、实际的研究，进行客观的分析，那你怎么能得出关于一般社会和一般进步的概念呢？过去任何一门科学都从形而上学开始，其最明显的标志就是：还不善于着手研究事实时，总是先验地臆造一些永远没有结果的一般理论。形而上学的化学家还不善于实际研究化学过程时，就臆造什么是化学亲和力的理论。形而上学的生物学家谈论什么是生命，什么是生命力。形而上学的心理学家议论什么是灵魂。这种方法是很荒谬的。不分别说明各种心理过程，就不能谈论灵魂；在这里要想有所进步，就必须抛弃那些什么是灵魂的一般理论和哲学议论，并且能够把说明这种或那种心理过程的事实的研究放在科学的基础上。因此，米海洛夫斯基先生的责备，正好像一个在什么是灵魂这个问题上写了一辈子"学术著作"的形而上学的心理学家，连一个最简单的心理现象都解释不清楚，竟来责备一个科学的心理学家，说他没有重新审查所有关于灵魂的著名理论。他，这个科学的心理学家，抛弃了关于灵魂的哲学理论，直接去研究心理现象的物质基质（神经过程），而且，譬如说，分析并说明了某个或某些心理过程。于是，我们这位形而上学的心理学家读这部著作时，称赞它，说过程描写得很好，事实研究得不错，但是并不满意。这位哲学家听见周围的人说那位学者对心理学有完全新的观点，有科学心理学的特殊方法，就激动起来，怒气冲冲地说：且慢，究竟在哪一部著作中叙述了这个方法呢？这部著作中不是"仅仅有一些事实"吗？其中不是丝毫没有重新审查"所有关于灵魂的著名哲学理论"吗？这是完全不相称的著作呀！

在形而上学的社会学家看来，《资本论》自然同样是不相称的著作。他看不出什么是社会这种先验的议论毫无用处，不懂得这种方法并不是研究问题和说明问题，不过是把英国商人的资产阶级思想或俄国民主主义者的小市民社会主义理想充做社会概念罢了。正因为如此，这一切历史哲学理论就像肥皂泡一样，一出现就化为乌有，至多不过是当时社会思想和社会关系的征象，丝毫没有促进人们对社会关系，即使是个别的但是现实的（而不是那些"适合人的本性的")社会关系的**理解**。马克思在这方面大大前进了一步：他抛弃了所有这些关于一般社会和一般进步的议论，而对**一种**社会（资本主义社会）和**一种**进步（资本主义进步）作了**科学的**分析。米海洛夫斯基先生却责备马克思，说他从头开始，而不从尾开始；从分析事实开始，而不从最终结论开始；从研究个别的、历史上一定的社会关系开始，而不从什么是一般社会关系的一般理论开始！于是他问："相称的著作究竟在哪里呢？"呵，好一个绝顶聪明的主观社会学家！！

如果我们这位主观哲学家，仅仅是对哪部著作论证过唯物主义这一问题疑惑不解，那也许还是小小的不幸。可是他，尽管在任何地方都没有找到对唯物主义历史观的论证，甚至没有找到对唯物主义历史观的叙述（也许正因为他没有找到），却开始把这个学说从未企求过的东西硬加到它的头上。他引证了布洛斯所说的马克思宣布了一种崭新的历史**观**的话，便毫不客气地推论下去，说这个理论企求"给人类解释其过去"，说明"人类的全部〈原文如此！！？〉过去"等等。这完全是捏造！这个理论所企求的只是说明资本主义一种社会组织，而不是任何别种社会组织。既然运用唯物主义去分析和说明一种社会形态就取得了这样辉煌的成果，那么，十分自然，历史唯物主义已不再是什么假设，而是经过科学检验的理论了；十分自然，这种方法也必然适用于其余各种社会形态，虽然这些社会形态还没有经过专门的实际研究和详细分析，正像已为充分事实所证实了的种变说思想适用于整个生物学领域一样，虽然对某些动植物物种来说，它们变化的事实还未能确切探明。种变说所企求的完全不是说明"全部"物种形成史，而只是把这种说明的方法提到科学的高度。同样，历史唯物主义也从来没有企求说明一切，而只企求指出"唯一科学的"（用马克思在《资本论》中的话来说）说明历史的方法。① 根据这一点可以判断，米海洛夫斯基先生所采用的是多么机智、多么郑重、多么体面的论战手法，他首先歪曲马克思，把一些妄诞的企求强加给历史唯物主义，说它企求"说明一切"，企求找到"打开一切历史门户的钥匙"（这种企求当然立即遭到马克思极其辛辣的反驳，见马克思为答复米海洛夫斯基的文章而写的"信"②），接着讥笑他自己所捏造的这种企求，最后，把恩格斯确切的意

---

① 参看《马克思恩格斯全集》第 1 版第 23 卷第 409—410 页脚注（89）。——编者注
② 指马克思给《祖国纪事》杂志编辑部的信（见《马克思恩格斯全集》第 1 版第 19 卷第 126—131 页）。——编者注

见（其所以确切，是因为这一次是摘录，而不是转述）引出来，即把唯物主义者所理解的政治经济学"尚有待于创造"、"我们所掌握的有关经济科学的东西，几乎只限于"资本主义社会史①等语引出来，于是作出这样的结论："这些话把经济唯物主义的适用范围缩得很小了！"要多么幼稚或多么自以为是的人，才会指望这种戏法不会被人识破呵！首先歪曲马克思，接着讥笑自己的捏造，然后引来确切的意见，便厚颜无耻地宣布这些意见把经济唯物主义的适用范围缩小了！

……

我当然不会去探究米海洛夫斯基先生是怎样分析三段式的例子的，我重说一遍，因为这无论对科学唯物主义还是对俄国马克思主义，都没有任何关系。但有一个问题值得注意：米海洛夫斯基先生这样曲解马克思主义者对辩证法的态度，究竟有些什么根据呢？根据有二：第一，米海洛夫斯基先生只知其一，不知其二；第二，米海洛夫斯基先生又玩了（或正确些说，从杜林那里剽窃了）一套歪曲捏造的手法。

关于第一点，米海洛夫斯基先生在读马克思主义文献时，常常碰见社会科学中的"辩证方法"，碰见社会问题范围（谈的也只是这个范围）内的"辩证思维"等等。由于头脑简单（如果只是简单那还好），他以为这个方法就是按黑格尔三段式的规律来解决一切社会学问题。他只要稍微细心一点看问题，就不能不确信这种看法是荒谬的。马克思和恩格斯称之为辩证方法（它与形而上学方法相反）的，不是别的，正是社会学中的科学方法，这个方法把社会看做处在不断发展中的活的机体（而不是机械地结合起来因而可以把各种社会要素随便配搭起来的一种什么东西），要研究这个机体，就必须客观地分析组成该社会形态的生产关系，研究该社会形态的活动规律和发展规律。辩证方法对形而上学方法（社会学中的主观方法无疑也属于这个概念）的态度，我们在下面将尽力以米海洛夫斯基先生自己的议论为例加以说明。现在我们仅仅指出，凡是读过恩格斯（在同杜林的论战中。俄文版：《社会主义从空想到科学的发展》）或马克思（《资本论》中的各条注解和第2版《跋》；《哲学的贫困》）关于辩证方法的定义和叙述的人，都会看出根本没有说到黑格尔的三段式，而全部问题不过是把社会演进看做是社会经济形态发展的自然历史过程。为了证明

---

① 见《马克思恩格斯选集》第3卷人民出版社1972年版第189页。——编者注

这一点，我把《欧洲通报》^① 1872 年第 5 期上描述辩证方法的那一段话（短评：《卡·马克思的政治经济学批判的观点》^②）全部引来，这段话马克思在《资本论》第 2 版《跋》中引证过。马克思在《跋》中说，他在《资本论》中应用的方法被人们理解得很差。"德国的评论家当然大叫什么黑格尔的诡辩。"马克思为要更明白地叙述自己的方法，于是摘引了上述短评中描述这个方法的那一段话。短评说：在马克思看来，有一件事情是重要的，那就是要发现他所研究的那些现象的规律，而在他看来，特别重要的是这些现象的变化和发展的规律，这些现象由一种形式过渡到另一种形式、由一种社会关系制度过渡到另一种社会关系制度的规律。所以马克思竭力去做的只是一件事：通过精确的科学研究来证明一定的社会关系制度的必然性，同时尽可能完全地指出那些作为他的出发点和根据的事实。为了这个目的，他只要证明现有制度的必然性，同时证明另一制度不可避免地要从前一制度中生长出来的必然性就完全够了，而不管人们相信或不相信这一点，不管人们意识到或意识不到这一点。马克思把社会运动看做受一定规律支配的自然历史过程，这些规律不仅不以人的意志、意识和意图为转移，反而决定人的意志、意识和意图。（请那些因为人抱有自觉的"目的"，遵循一定的理想，而主张把社会演进从自然历史演进中划分出来的主观主义者先生们注意。）既然意识要素在文化史上只起着这样从属的作用，那么不言而喻，以这个文化为对象的批判，比任何事情更不能以意识的某种形式或某种结果为依据。换句话说，作为这种批判的出发点的不能是观念，而只能是外部客观现象。批判应该是这样的：不是把一定的事实和观念比较对照，而是把它和另一种事实比较对照；对这种批判唯一重要的是，把两种事实尽量精确地研究清楚，使它们在相互关系上表现为不同的发展阶段，而且特别需要的是同样精确地把一系列已知的状态、它们的连贯性以及不同发展阶段之间的联系研究清楚。马克思所否定的正是这种思想：经济生活规律无论对于过去或现在都是一样的。恰恰相反，每个历史时期都有它自己的规律。经济生活是与生物学其他领域的发展史相类似的现象。旧经济学家不懂得经济规律的性

---

① 《欧洲通报》杂志（《Вестник Европы》）是俄国资产阶级自由派的历史、政治和文学刊物，1866 年 3 月—1918 年 3 月在彼得堡出版。——编者注

② 这篇短评是彼得堡大学教授伊·伊·考夫曼（伊·考一曼）写的。马克思认为它对辩证方法作了恰当的叙述。参看《马克思恩格斯选集》第 2 卷人民出版社 1972 年版第 215—217 页。——编者注

质，他们把经济规律与物理学定律和化学定律相提并论。更深刻的分析表明，各种社会机体和各种动植物机体一样，彼此有很大的不同。马克思认为自己的任务是根据这种观点来研究资本主义的经济组织，因而严格科学地表述了对经济生活的任何精确的研究所应抱的目的。这种研究的科学意义，在于阐明调节这个社会机体的产生、生存、发展和死亡以及这一机体为另一更高的机体所代替的特殊规律（历史规律）。

这就是马克思从报章杂志对《资本论》的无数评论中挑选出来并译成德文的一段对辩证方法的描述，马克思这样做，是因为这段对辩证方法的说明，正如他自己所说，是十分确切的。试问，这里有一句话提到三段式、三分法、辩证过程的无可争辩性等等胡说，即米海洛夫斯基先生用骑士姿态加以攻击的那些胡说吗？马克思紧接着这段描述之后还直截了当地说，他的方法和黑格尔的方法"截然相反"。在黑格尔看来，观念的发展，按照三段式的辩证规律，决定现实的发展。当然，只有在这种场合，才说得上三段式的作用，才说得上辩证过程的无可争辩性。马克思说，在我看来则相反，"观念的东西不过是物质的东西的反映"。因而全部问题归结为"对现存事物及其必然的发展的肯定的理解"：三段式只能起着使庸人们发生兴趣的盖子和外壳（"我卖弄起黑格尔的字眼来了"，——马克思在这个跋里说）的作用。现在要问，如果一个人想批判科学唯物主义的"基石"之一即辩证法，他无所不谈，甚至连蛤蟆和拿破仑都谈到了，可就是不谈这个辩证法有何内容，不谈社会的发展是否真的是自然历史过程，把社会经济形态看做特殊的社会机体的唯物主义概念是否正确，对这些形态的客观分析的方法是否正确，社会观念是否真的不决定社会发展反而为社会发展所决定等等问题，那么，我们应该怎样评判这个人呢？是否可以说只是由于他不理解呢？

关于第二点。米海洛夫斯基先生这样"批判"辩证法以后，就把这种"借"黑格尔三段式进行论证的办法硬加到马克思头上，并且当然是扬扬得意地攻击这种办法。他说："关于未来，社会内在规律纯粹是被辩证地提出来的。"（这也就是上文提到的例外。）马克思关于资本主义的发展规律必然使剥夺者被剥夺的论断，带有"纯粹辩证的性质"。马克思关于土地和资本公有的"理想"，"就其必然和毫无疑义来说，纯粹是维系在黑格尔三项式链条的最末一环上的"。

这个论据**完全**是从杜林那里**拿来**的，是杜林在他的《国民经济学和社会主义批判史》一书（1879 年第 3 版第 486—487 页）里运用过的。可是，米海洛夫斯基先生只字不提杜林。话又说回来，也许这套歪曲马克思的手法是他的独出心裁吧？

恩格斯给了杜林一个绝妙的答复，而且他也引述了杜林的批评，所以我们只引恩格斯的答复①就可以了。读者一定会看出，这个答复对米海洛夫斯基先生也是完全适用的。

"杜林说：'这一历史概述〈所谓英国原始资本积累的产生〉②，在马克思的书中比较起来还算是最好的，如果它除了挂学术的拐杖之外不再挂辩证法的拐杖，或许还要好些。由于缺乏较好的和较明白的方法，黑格尔的否定的否定不得不在这里执行助产婆的职务，因它之助，未来便从过去的怀中产生出来。从 16 世纪以来通过上述方法实现的个人所有制的消灭，是第一个否定。随之而来的是第二个否定，它被称为否定的否定，因而被称为"个人所有制"的恢复，但这已经是以土地和劳动资料的公有为基础的高级形式了。既然这种新的"个人所有制"在马克思先生那里同时也称为"公有制"，那么这里正表现出黑格尔的更高的统一，在这种统一中，矛盾被扬弃〈aufgehoben——这是黑格尔的专用术语〉，根据这种文字游戏，就是既被克服又被保存。

……这样，剥夺剥夺者，是历史现实在其外部物质条件中的仿佛自动的产物……　未必有一个深思熟虑的人，会凭着否定的否定这一类黑格尔遁词的信誉来确信土地和资本公有的必然性。其实，马克思观念的混混沌沌的杂种，并不会使那些知道从黑格尔辩证法这个科学原理能够得出什么，或者不如说一定能得出谬论来的人感到惊奇。对于不熟悉这些把戏的人，应该明确指出，在黑格尔那里，第一个否定是教义问答中的原罪概念，而第二个否定则是引向赎罪的更高的统一的概念。这种从宗教领域中抄袭来的荒唐类比，当然不能成为事实的逻辑的根据……　马克思先生安于他那既是个人的又是公共的所有制的混沌世界，却叫他的信徒们自己去解这个深奥的辩证法之谜。'杜林先生就是这样说的。

总之，——恩格斯总结说，——马克思不依靠黑格尔的否定的否定，就无法证明社会革命的必然性，证明建立土地公有制和劳动所创造的生产资料的公

---

① 以下引用的恩格斯的答复，见《反杜林论》第 1 编第 13 章（《马克思恩格斯选集》第 3 卷人民出版社 1972 年版第 169—174 页）。引文是列宁亲自译成俄文的。——编者注
② 这个尖括号〈 〉中的话是恩格斯加的。——编者注

有制的必然性;他在根据从宗教中抄袭来的这种荒唐类比创造自己的社会主义理论时,得出这样的结论:在未来的社会里,将存在一种既是个人的又是公共的所有制,即黑格尔的被扬弃的矛盾的更高的统一。①

我们先把否定的否定撇在一边,来看看'既是个人的又是公共的所有制'。杜林先生把这叫做'混沌世界',而且他在这里令人惊奇地确实说对了。但是很遗憾,处于这个'混沌世界'的不是马克思,而又是杜林先生自己。…… 他按照黑格尔来纠正马克思,把马克思只字未提的什么所有制的更高的统一硬加给马克思。

马克思是说:'这是否定的否定。这种否定重新建立个人所有制,但这是以资本主义时代的成就,即以自由劳动者的协作以及他们对土地和他们所生产的生产资料的共同占有为基础的。以自己劳动为基础的分散的个人私有制转变为资本主义私有制,同事实上已经以社会化生产为基础的资本主义私有制转变为公有制比较起来,自然是一个长久得多、艰苦得多、困难得多的过程。'这就是一切。可见,靠剥夺剥夺者而建立起来的状态,被称为以土地和劳动者自己创造出来的生产资料的公有制**为基础的**个人所有制的恢复。对任何一个懂德语的人来说〈懂俄语也一样,米海洛夫斯基先生,因为译文完全准确〉,这就是,公有制包括土地和其他生产资料,个人所有制包括产品即消费品。为了使甚至六岁的儿童也能明白这一点,马克思在第56页〈俄文版第30页〉② 设想了一个'自由人联合体,他们用公有的生产资料进行劳动,并且自觉地把他们的许多的个人劳动力当做一个社会劳动力来使用',也就是设想了一个按社会主义原则组织起来的联合体,并且说:'总产品是社会的产品。这些产品的一部分重新用做生产资料。**这一部分依旧是社会的**。而另一部分则作为生活资料

---

① 这段杜林观点的表述对米海洛夫斯基先生也完全适用,关于这点,他那篇《卡·马克思在尤·茹柯夫斯基先生的法庭上》的论文里还有下述一段可以证明。米海洛夫斯基先生在反驳那位断言马克思是私有制辩护者的茹柯夫斯基先生时,曾指出马克思的这个公式并解说如下:"马克思把黑格尔辩证法中两个尽人皆知的戏法搬到自己的公式中来,第一,这个公式是按黑格尔三段式规律造成的;第二,合题是以对立面(即个人所有制和公有制)的同一为基础的。可见'个人'一词,在这里具有一种特殊的、纯粹假设的,即辩证过程的一个组成部分的意义,而丝毫也不能引为根据。"这是一个怀有最善良愿望的人在俄国公众面前替"热血志士"马克思辩护以反对资产者茹柯夫斯基先生时所说的话。他就是怀着这种善良愿望而把马克思说成这样:马克思把自己对过程的看法建立在"戏法"上面! 米海洛夫斯基先生可以从这里吸取一个对他不无益处的教训:做任何一件事情单靠善良愿望都是有点不够的。

② 见《马克思恩格斯全集》第1版第23卷第95页。——编者注

由联合体成员消费。**因此，这一部分要在他们之间进行分配**。'这些话甚至对杜林先生来说，也是足够清楚的了。

既是个人的又是公共的所有制，这个混乱的杂种，这种从黑格尔辩证法中一定能得出的谬论，这个混沌世界，这个马克思叫他的信徒们自己去解的深奥的辩证法之谜——这又是杜林先生的自由创造和臆想……

那么，——恩格斯继续说，——否定的否定在马克思那里究竟起了什么作用呢？在第 791 页和以后几页〈俄文版第 648 页①及以下各页〉上，马克思概述了前 50 页〈俄文版前 35 页〉中所作的关于所谓资本的原始积累的经济研究和历史研究的最后结果。在资本主义时代之前，至少在英国，存在过以劳动者私人占有自己的生产资料为基础的小生产。所谓原始积累，在这里就是剥夺这些直接生产者，即消灭以自己劳动为基础的私有制。这种消灭之所以成为可能，是因为上述的小生产只能同生产和社会的狭隘的、自然产生的界限相容，因而它发展到一定程度就造成消灭它自己的物质基础。这种消灭，这种从个人的分散的生产工具到社会的集中的生产工具的转化，就构成资本的前史。劳动者一旦转化为无产者，他们的生产资料一旦转化为资本，资本主义生产方式一旦站稳脚跟，劳动的进一步社会化，土地和其他生产资料的进一步转化〈变为资本〉，从而对私有者的进一步的剥夺，都要采取新的形式。'现在要剥夺的已经不再是独立经营的劳动者，而是剥削许多工人的资本家了。这种剥夺是通过资本主义生产本身的内在规律的作用，即通过资本的集中进行的。一个资本家打倒许多资本家。随着这种集中或少数资本家对多数资本家的剥夺，规模不断扩大的劳动过程的协作形式日益发展，科学日益被自觉地应用于工艺方面，土地日益被有计划地共同利用，劳动工具日益转化为只能共同使用的东西，一切生产资料因作为结合的社会劳动的共同生产资料使用而日益节省。随着那些掠夺和垄断这一转化过程的全部利益的资本巨头不断减少，贫困、压迫、奴役、退化和剥削的程度不断加深，而日益壮大的、由资本主义生产过程的机制本身所训练、联合和组织起来的工人阶级的反抗也不断增长。资本成了和它一起并在它羽翼下繁盛起来的生产方式的桎梏。生产资料的集中和劳动的社会化，达到了同它们的资本主义外壳不能相容的地步。这个外壳就要炸毁了。资本主义私有制的丧钟就要响了。剥

---

① 见《马克思恩格斯选集》第 2 卷人民出版社 1972 年版第 265 页。——编者注

夺者就要被剥夺了。'

现在我请问读者：辩证法的混乱交织和阿拉伯式花纹在哪里呢？使一切差别化为乌有的那种概念的混淆在哪里呢？为信徒创造的辩证法奇迹和仿效黑格尔的逻各斯学说所玩弄的戏法——据杜林说，没有这些东西，马克思就不能自圆其说——在哪里呢？马克思历史地证明并在这里简略地概述：正像以往小生产由于自身的发展而造成消灭自身的条件一样，现在资本主义生产方式也自己造成使自己必然走向灭亡的物质条件。这是一个历史的过程，如果它同时又是辩证的过程，那么这不是马克思的罪过，尽管这对杜林先生说来好似命中注定的。

马克思只是在作了自己的历史的和经济的证明之后才继续说：'资本主义的生产方式和占有方式，从而资本主义的私有制，是对以自己劳动为基础的个人所有制的第一个否定。对资本主义生产的否定，是它自己由于自然历史过程的必然性而造成的。这是否定的否定'等等（如上面引证过的）。

因此，当马克思把这一过程称为否定的否定时，他并没有想到要以此来证明这一过程是历史地必然的。相反地，在他历史地证明了这一过程部分确已实现，部分还一定会实现以后，他才指出，这还是一个按一定的辩证规律完成的过程。这就是一切。由此可见，杜林先生断定，否定的否定不得不在这里执行助产婆的职务，因它之助，未来便从过去的怀中产生出来，或者断定，马克思要求人们凭着否定的否定的信誉来确信土地和资本的公有的必然性，这些论断又都是杜林先生的纯粹的捏造。"（第125页）

读者可以看出，恩格斯这段驳斥杜林的出色议论，对于米海洛夫斯基先生也是完全适用的，因为米海洛夫斯基先生同样断言，马克思把未来纯粹维系在黑格尔链条的最末一环上，断言对于未来的必然性的信念只能建立在信仰上①。

杜林和米海洛夫斯基先生之间的全部区别，只有下列两小点：第一，尽管杜林一说起马克思就怒火万丈，但他毕竟认为必须在他那部《批判史》② 的下

---

① 说到这里，我以为不妨指出：恩格斯的全部解释是载在他谈论麦粒、卢梭学说和其他辩证过程实例的那一章里的。看来只要把这些实例拿来和恩格斯（以及马克思，因为这本著作的手稿预先读给马克思听过）这样明白肯定的声明——根本谈不到用三段式来**证明**什么东西，或把这三段式的"假设成分"塞到现实过程的描述中，——对照一下，就完全可以明白，责难马克思主义是黑格尔辩证法，是荒谬绝伦的。

② 指杜林《国民经济学和社会主义批判史》。——编者注

一节里提到马克思如何在跋①中断然反驳了那种说他是黑格尔主义的责难，而米海洛夫斯基先生对马克思十分明确地说明自己是怎样理解辩证方法的那段话（上面引过的那段话）却避而不谈。

（选自《列宁专题文集　论辩证唯物主义和历史唯物主义》，人民出版社 2009 年版，第 153—167 页、185—194 页）

---

① 指马克思《资本论》第 1 卷第 2 版《跋》，见《马克思恩格斯选集》第 2 卷人民出版社 1972 年版第 210—218 页。——编者注

学 习 导 读

　　《什么是"人民之友"以及他们如何攻击社会民主党人?》（以下简称《什么是"人民之友"》）是列宁批驳俄国自由主义民粹派观点、捍卫马克思主义科学世界观的重要著作。该书写于 1894 年春夏，共三编，当年分编出版（其中第二编至今没有找到）。在第一编中，列宁通过批判米海洛夫斯基的唯心史观和他在社会学研究中的主观唯心主义方法，系统地阐述了唯物主义历史观的基本思想，捍卫了唯物主义历史观的崇高地位。

一、反对自由主义民粹派，捍卫唯物主义历史观

（一）在俄国传播马克思主义必须批判民粹主义

　　1861 年俄国废除农奴制后，资本主义得到发展，工人阶级队伍逐渐壮大。从 19 世纪 80 年代开始，俄国出现了一批马克思主义团体，开始在俄国传播马克思主义。当时在一些工人和同情革命的知识分子中流行的民粹主义思想，成了传播马克思主义的主要思想障碍。

　　早期的民粹派人都是坚决反对封建沙皇专制制度的民主革命者。他们穿着农民装"到民间去"，试图在农民中发动反对沙皇政府的斗争。但是民粹派不懂得社会发展的规律，把资本主义在俄国的出现看做是一种"偶然的"现象，认为俄国可以在小生产的基础上通过村社直接走向社会主义；不承认工人阶级是俄国最先进的阶级，把农民小生产者看做实现社会主义的主要依靠力量；认为历史是"英雄"创造的，人民群众是"群氓"。19 世纪 80 年代后，民粹派发生了分化，一部分民粹派分子继续坚持反对沙皇政府的立场；大多数民粹派分子放弃了反对沙皇政府的斗争，主张同沙皇政府调和妥协，与俄国自由派合流，变成了自由主义民粹派。

　　19 世纪 80 年代，普列汉诺夫从民粹主义转向马克思主义，1883 年创立了"劳动解放社"。他撰写了《社会主义与政治斗争》等一批著作宣传马克思主义，批判民粹主义，给民粹主义以沉重的打击。但是，直到 19 世纪 90年代初期，民粹主义仍然博得一些革命青年的同情。只有从思想上、理论

上彻底批判民粹主义，才能为进一步传播马克思主义、促进工人运动与社会主义的结合、创立俄国马克思主义政党扫清道路。这个任务是由列宁完成的。

（二）列宁回击自由主义民粹派对唯物主义历史观的进攻

《什么是"人民之友"》一书的副标题是"答《俄国财富》杂志反对马克思主义者的几篇文章"。列宁在全书开头就指出："《俄国财富》对社会民主党人发动进攻了。"当时《俄国财富》杂志在自由主义民粹派的理论家米海洛夫斯基等人领导下成了自由主义民粹派的中心。米海洛夫斯基在该刊1893年第10期宣布要对俄国的马克思主义者"论战"，随后该刊连续发表了几篇"批判"马克思主义的文章。列宁在《什么是"人民之友"》第一编中彻底批驳了米海洛夫斯基发表在该刊1894年第1期和第2期上的《文学和生活》一文，揭露了这些以"人民之友"自居者其实是"社会民主党最凶恶的敌人"。

米海洛夫斯基采用曲解、捏造等不正当的手法攻击马克思主义。他声称：马克思只有经济理论，没有哲学；马克思宣布自己发现了唯物主义历史观，但是这个历史观从来没有被科学地论证和检验过；唯物主义历史观企图说明"一切"，说明"人类的全部过去"；唯物主义历史观是"经济唯物主义"，只讲经济的作用，不考虑"社会生活的全部总和"；马克思关于历史必然性的思想否定了个人活动和道德观念的作用，把个人当成了受历史必然性支配的傀儡；马克思关于历史进程的观点，是建立在黑格尔的三段式上的；等等。这些说法，从根本上否定唯物主义历史观，具有相当大的迷惑性。

《什么是"人民之友"》是一部论战性著作。正是这部著作以及列宁后来写的《俄国资本主义的发展》完成了从思想上、理论上彻底粉碎民粹主义的任务。该书第一编以论战的方式对唯物史观基本原理及其历史地位作出了深刻的阐述，是我们学习时应着重领会的内容。

列宁的论述主要集中在两个问题上：一是通过论证"社会经济形态的发展是一种自然历史过程"，阐明了历史唯物主义的基本原理和方法；二是通过论述马克思从提出到检验唯物主义历史观的过程，阐明了历史唯物主义的科学真理性和历史地位。以下我们分别讨论这两个问题。

二、社会经济形态的发展是一种自然历史过程

马克思在《资本论》第 1 卷第 1 版序言中说："本书的最终目的就是揭示现代社会的发展规律。"他又说："我的观点是：社会经济形态的发展是一种自然历史过程。"列宁指出，只要把这两句话对照一下就可以看出，"《资本论》的基本思想就在于此"①。列宁在《什么是"人民之友"》一书中对唯物史观的阐述，正是围绕着"马克思关于社会经济形态发展的自然历史过程这一基本思想"展开的。

（一）用唯物主义的观点和方法研究社会历史

马克思主义和民粹主义在社会历史观中的对立，是历史唯物主义和历史唯心主义的对立。这种对立首先表现于对研究对象、研究任务和研究方法的不同看法。

米海洛夫斯基等主观社会学家把"一般社会"当做自己的研究对象。他们所争论的是"一般社会是什么，一般社会的目的和实质是什么"这一类的问题。米海洛夫斯基说："社会学的根本任务是阐明那些使人的本性的这种或那种需要得到满足的社会条件。"他用来衡量社会现象的标准，是所谓"人的本性"。在他看来，事物有合乎心愿的，有不合乎心愿的，社会学研究的任务就是"找到实现合乎心愿的事物，消除不合乎心愿的事物的条件"，即"找到实现如此这般理想的条件"。他明确提出："社会学应从某种空想开始。"

列宁一针见血地指出："这句话绝妙地说明了他们的方法的实质。"从"空想"开始，以先验的"人的本性"和主观"愿望"为尺度，去研究虚构出来的"一般社会"，寻找实现"理想"的条件，这就是他们给自己规定的研究对象、研究任务和研究方法，所以他们的社会学是"主观社会学"，他们的方法是"社会学中的主观方法"。米海洛夫斯基就是社会学主观学派的代表人物。

列宁指出："既然你连任何一个社会形态都没有研究过，甚至还未能确定这个概念，甚至还未能对任何一种社会关系进行认真的、实际的研究，进行客观的分析，那你怎么能得出关于一般社会和一般进步的概念呢？"米海洛夫斯基关于"一般社会"的种种议论，实际上是把历史上特定社会形态即资本主义

---

① 《列宁专题文集　论辩证唯物主义和历史唯物主义》，人民出版社 2009 年版，第 156、157 页。

社会形态下的范畴普遍化、永恒化，所以这是一种资产阶级观念。"资产者最大的特点，就是把现代制度的特征硬套在一切时代和一切民族身上。"① 这些理论"不过是把英国商人的资产阶级思想或俄国民主主义者的小市民社会主义理想充做社会概念罢了"。

与以往长期统治着社会历史理论领域的唯心主义历史观相对立，马克思给自己提出的任务是"揭示现代社会的经济运动规律"。这里所说的"现代社会"，就是资本主义社会，而不是什么"一般社会"。列宁说："他抛弃了所有这些关于一般社会和一般进步的议论，而对**一种**社会（资本主义社会）和**一种**进步（资本主义进步）作了**科学的**分析。"

马克思认为，判断一个时代不能以它的意识为根据，而应该考察它的物质生活中的矛盾，考察"生产的经济条件方面所发生的物质的、可以像自然科学那样精确地确定的变革"。他把物质决定意识的基本原理彻底地贯彻到社会历史领域。所以马克思对资本主义社会的研究，是从客观实际出发去揭示其本身固有的规律，而不是从空想出发用"人的本性"去评论它和设计它。列宁指出，"伟大的空想社会主义者及其渺小的模仿者即主观社会学家"用"人的本性"去评论现代制度，而马克思不限于评价和斥责这个制度。他对这个制度作了科学的解释，对它的活动规律作了客观分析。列宁指出："社会主义学说正是在它抛弃了关于合乎人的本性的社会条件的议论，而着手唯物主义地分析现代社会关系并说明现在剥削制度的必然性的时候取得成就的。"②

（二）把社会经济形态的发展看做是自然历史过程，揭示社会发展的规律

马克思的《资本论》专门研究资本主义社会的发展规律，"社会经济形态的发展是一种自然历史过程"是他研究得出的结论。

马克思是如何得出这一重要结论的呢？列宁指出，马克思"所用的方法，就是从社会生活的各种领域中划分出经济领域，从一切社会关系中划分出**生产关系**，即决定其余一切关系的基本的原始的关系"。

---

① 《列宁专题文集　论辩证唯物主义和历史唯物主义》，人民出版社 2009 年版，第 174 页注释①。
② 《列宁专题文集　论辩证唯物主义和历史唯物主义》，人民出版社 2009 年版，第 205 页。

　　在唯物史观创立之前，社会学家们都是直接着手探讨和研究政治法律形式，而不善于往下探究生产关系这样简单的、原始的关系，他们一碰到政治法律形式是由当时人类某种思想产生的事实，就停了下来，似乎社会关系是由人们自觉地建立起来的，社会历史是由人们的思想动机支配的。列宁指出，这种历史观是同对历史事实的观察相矛盾的。因为，社会成员自觉地按照某种原则建立一定的完整的社会关系，这是从来没有过的事情。实际的情形是，大众只是不自觉地去适应社会关系，而且根本不了解自己生活于其中的是特殊的历史的社会关系。

　　那么，人们的社会关系是如何产生的呢？列宁引证了马克思在《〈政治经济学批判〉序言》中对唯物主义历史观所做的经典性表述。按照马克思的观点，一定的上层建筑是由作为生产关系之总和的经济基础决定的，而一定的生产关系是由一定发展阶段的物质生产力决定的。所以社会关系并不是人们从主观愿望出发自觉地建立的，它归根到底是由物质生产力决定的。列宁反复指明，马克思的基本思想是把社会关系分成物质的社会关系和思想的社会关系，思想的社会关系是物质的社会关系的上层建筑，而物质的社会关系是不以人的意志和意识为转移而形成的，是人维持生存的活动即生产劳动的结果。对政治法律形式的说明，要在物质生活关系中去寻找。马克思正是通过这样的划分，才得出了社会经济形态的发展是一种自然历史过程的科学结论，揭示出社会发展的客观规律，从而把人类对社会的认识提高到了科学的水平。

　　在这以前，社会学家面对错综复杂的社会现象，分不清重要现象和不重要现象，由于他们对社会的考察局限于政治法律形式和人们的思想，所以不能发现各国社会现象中的重复性和常规性，至多只能记载这些现象，收集素材。只有按照唯物史观的要求，从各种社会关系中划分出生产关系，才能找到分析社会现象的客观标准。因为，正是生产关系的总和构成了社会的经济结构。而一分析生产关系，就可以看出社会现象中的重复性和常规性，把重复性这个一般科学标准应用到对社会的认识上来，把各国社会制度概括为社会形态这个基本概念，从而"使人有可能从记载（和从理想的观点来评价）社会现象进而以严格的科学态度去分析社会现象"。比如，不同资本主义国家由于历史和现实的种种原因各有其特殊性，呈现出纷繁复杂的不同社会现象，但只要分析生产关系就可以看到，资本家占有生产资料剥削雇佣劳动是其共同特征，这样就可以把在欧洲和非欧洲有关国家表现得不同的现代制度归结为一个共同基础，从而在划分出一个资本主义国家和另一个资本主义国家不同之处的同时，研究一切资本主义国家的共同之处。只有这样的研究，才能使对社会历史的认识成为真正的科学。

同自然史相比，人类社会的历史发展有其特殊性，即人类史是我们自己创造的，而自然史不是我们自己创造的。但是，"不管这个差别对历史研究，尤其是对各个时代和各个事变的历史研究如何重要，它丝毫不能改变这样一个事实：历史进程是受内在的一般规律支配的"①。其原因就在于，在社会发展中是物质的生产力决定物质的社会关系，物质的社会关系决定思想的社会关系。生产力和生产关系、经济基础和上层建筑的矛盾运动，推动着社会的发展和社会形态的合乎规律的更替。马克思正是在这个意义上指出社会形态的发展是一种自然历史过程。这一基本思想，从根本上摧毁了唯心主义历史观以社会学自命的幼稚说教。

基于以上的分析，列宁概括说："只有把社会关系归结于生产关系，把生产关系归结于生产力的水平，才能有可靠的根据把社会形态的发展看做自然历史过程。"这"两个归结"的概括对我们理解唯物主义历史观具有重要的方法论意义。马克思正是通过这"两个归结"，也就是通过对生产力和生产关系、经济基础和上层建筑之间关系的分析，才得出了"物质生活的生产方式制约着整个社会生活、政治生活和精神生活的过程"，"不是人们的意识决定人们的存在，相反，是人们的社会存在决定人们的意识"② 的根本结论，创立了历史唯物主义，结束了唯心主义在社会历史领域中的统治，把对历史的认识置于科学的基础之上。不弄懂"两个归结"的科学方法，就难以树立唯物主义的历史观，也不能深刻理解对社会历史的认识为什么能成为科学和怎样才能成为科学。

三、历史唯物主义是唯一科学的历史观

针对米海洛夫斯基攻击马克思没有自己的哲学，诋毁唯物主义历史观的言

---

① 《马克思恩格斯文集》第 4 卷，人民出版社 2009 年版，第 302 页。
② 《马克思恩格斯文集》第 2 卷，人民出版社 2009 年版，第 591 页。

论，列宁阐明了历史唯物主义是唯一科学的历史观。

（一）《资本论》的问世使唯物主义历史观从天才的假设成为得到科学证明的原理

米海洛夫斯基问道："马克思在哪一部著作中叙述了自己的唯物主义历史观呢？"他回答说，"没有这样的著作"。他还说，马克思"在 40 年代末发现并宣布了一个崭新的唯物主义的和真正科学的历史观"，但是"这个理论〈唯物主义理论〉一直没有被科学地论证过和检验过"。

列宁强调，历史唯物主义指出了唯一科学的说明历史的方法。马克思抛弃了关于一般社会的议论，从分析事实开始，通过研究资本主义这一社会形态，探明了社会形态的发展是自然历史过程。所以，读了《资本论》以及《共产党宣言》、《哲学的贫困》，"竟在那里找不到唯物主义，还有比这更可笑的怪事吗！"应该反问："马克思在哪一部著作中没有叙述过自己的唯物主义历史观呢？"

列宁还着重通过对《资本论》的理论和方法的阐述，驳斥了历史唯物主义"没有被科学地论证过和检验过"的责难。

我们知道，马克思的唯物主义历史观是在 19 世纪 40 年代诞生的。马克思和恩格斯 1845 年至 1846 年合著的《德意志意识形态》标志着它的形成。马克思 1847 年撰写出版的《哲学的贫困》，第一次以论战的方式概述了它的主要观点。1848 年发表的《共产党宣言》向全世界宣示了这一崭新的世界观。1859 年马克思在《〈政治经济学批判〉序言》中表述的"我研究政治经济学所得到的结果"，就是他在 40 年代形成的唯物史观的基本原理。不过，在 19 世纪 40 年代，马克思自己的政治经济学的科学体系还没有诞生，唯物史观还没有通过对资本主义社会经济形态的分析得到全面的验证，所以列宁说，唯物主义历史观"在那时**暂且**还只是一个假设"，虽然它"本身已经是天才的思想"，"是一个第一次使人们有可能以严格的科学态度对待历史问题和社会问题的假设"。

1848 年席卷欧洲的革命风暴使唯物主义历史观刚刚诞生就经受了革命实践的检验。在《路易·波拿巴的雾月十八日》、《德国的革命和反革命》等著作中，马克思和恩格斯成功地运用历史唯物主义总结了法国、德国革命的经验。这是唯物史观科学真理性的有力证明。

在《资本论》中，马克思通过全面、深刻地分析资本主义社会的历史与现实，验证了历史唯物主义的基本原理。

列宁指出，马克思揭示资本主义的发展规律时，他的分析"仅限于社会成员之间的生产关系"，"一次也没有利用这些生产关系以外的任何因素来说明问题"。马克思从分析商品开始，阐明了商品生产和商品交换必然地产生了货币，在进一步的发展中，货币转化为资本，产生了剩余价值的生产。马克思的分析使人们看到，商品社会经济组织怎样发展，怎样变成资本主义社会经济组织而在资本主义生产关系中造成了资产阶级和无产阶级这两个对抗的阶级，又怎样提高社会劳动生产率而"带进一个与这一资本主义组织本身的基础处于不可调和的矛盾地位的因素"，即造成了与资本主义私有制生产关系相对抗的强大的社会化的生产力。正是这种生产力发展到与资本主义生产关系不相容时将炸毁资本主义的外壳，敲响资本主义私有制的丧钟。马克思完全用生产关系来说明资本主义社会形态的构成和发展，"以对资本主义制度的这种**客观**分析，证明了资本主义制度变为社会主义制度的**必然性**"①。

但是，马克思在分析社会历史问题时从来没有局限于经济的领域。米海洛夫斯基把历史唯物主义曲解为"经济唯物主义"，"硬说它荒谬到不愿考虑社会生活的全部总和"，这是完全违背事实的。列宁指出，马克思主义者"是最先提出不仅必须分析社会生活的经济方面而且必须分析社会生活的各个方面这一问题的社会主义者"。《资本论》的研究并不以通常意义的"经济理论"为限。对资本主义生产关系的分析构成了《资本论》的骨骼，与此同时，马克思在《资本论》中"又随时随地探究与这种生产关系相适应的上层建筑，使骨骼有血有肉"，因而，"这部书使读者看到整个资本主义社会形态是个活生生的形态"。这里有资本主义社会日常生活的各个方面，有它的生产关系所固有的阶级对抗的实际社会表现，有维护资本家阶级统治的资产阶级政治上层建筑，有资产阶级的自由平等之类的思想，有资产阶级的家庭关系，等等。生产力和生产关系、经济基础和上层建筑，它们是社会的有机组成部分，彼此依存、相互作用。所以，马克思主义要求我们"把社会看做活动着和发展着的活的机体"来进行研究。

《资本论》"把堆积如山的实际材料总结为几点概括性的、彼此紧相联系的思想"，把对客观实际的深入分析上升到了社会历史观的高度。如同达尔

---

① 《列宁专题文集　论辩证唯物主义和历史唯物主义》，人民出版社 2009 年版，第 178 页。

文推翻了神创论，探明了物种的变异性和承续性，第一次把生物学放在完全科学的基础上一样，"马克思也推翻了那种把社会看做可按长官意志（或者说按社会意志和政府意志，反正都一样）随便改变的、偶然产生和变化的、机械的个人结合体的观点，探明了作为一定生产关系总和的社会经济形态这个概念，探明了这种形态的发展是自然历史过程，从而第一次把社会学放在科学的基础之上"。

《资本论》是运用唯物史观分析一个最复杂的社会形态的范例。这种运用就是对唯物史观的科学性的检验。它同时表明，"十分自然，这种方法也必然适用于其余各种社会形态"。所以列宁得出结论说："自从《资本论》问世以来，唯物主义历史观已经不是假设，而是科学地证明了的原理。"

（二）唯物主义历史观是唯一科学的说明历史的理论和方法

在《什么是"人民之友"》一书中，列宁还通过批驳米海洛夫斯基其他一些攻击唯物史观的观点，阐明了历史唯物主义理论和方法的科学性。其中最值得注意的是关于历史必然性和关于马克思的辩证方法的论述。

米海洛夫斯基歪曲和攻击唯物史观关于历史必然性的思想，宣扬"决定论和道德观念之间的冲突"、"历史必然性和个人作用之间的冲突"[①]，认为肯定决定论就否定了道德观念在历史上的作用，肯定历史必然性就否定了个人在历史上的作用，把个人当成了纯粹被动的"傀儡"。

列宁驳斥了米海洛夫斯基在这个问题上对唯物主义历史观的曲解，指出这里的所谓冲突完全是米海洛夫斯基捏造出来的。按照唯物主义历史观，经济关系归根到底决定着历史的发展，而道德等被经济关系所决定的思想观念也在历史中起着重要作用。历史发展有其必然的趋势，而体现着历史必然趋势的"合力"正是由无数个人意志构成的。所以，历史唯物主义既坚持决定论，反对理性、良心、自由意志等决定历史发展的唯心史观，又承认思想观念的作用；既确认历史必然性，反对英雄创造历史的唯心史观，又肯定个人在历史上的作用，把这两方面统一起来。列宁阐明了历史发展中这种辩证统一的关系："决定论思想确认人的行为的必然性，摒弃所谓意志自由的荒唐的神话，但丝毫不消灭人的理性、人的良心以及对人的行动的评价。恰巧相反，只有根据决定论

[①] 《列宁专题文集 论辩证唯物主义和历史唯物主义》，人民出版社 2009 年版，第 179 页。

的观点，才能作出严格正确的评价，而不致把什么都推到自由意志上去。同样，历史必然性的思想也丝毫不损害个人在历史上的作用：全部历史正是由那些无疑是活动家的个人的行动构成的。"① 这里的问题并不在于是否承认个人的作用，而在于如何看待个人作用同历史必然性的关系以及同人民群众作用的关系。列宁指出："在评价个人的社会活动时会发生的真正问题是：在什么条件下可以保证这种活动得到成功？有什么保证能使这种活动不致成为孤立的行动而沉没在相反行动的汪洋大海里?"② 唯物史观强调，历史活动是群众的活动，在历史活动中重要的是行动着的群众；同时又确认，英雄、杰出人物，只有当他们能在不同程度上正确理解社会发展条件、理解应当如何改变这些条件时，才能在社会生活中起重大的积极作用。同样，唯物史观从来没有否认过道德等思想观念的作用。它进一步指明的是，应当正确看待思想观念的作用同经济的决定作用的关系。米海洛夫斯基宣扬冲突论的目的，是"想把这个冲突解决得使道德观念和个人作用占上风"③，即坚持唯心主义历史观。他之所以用"冲突"论曲解和攻击关于历史必然性的思想，是因为这个思想同他的唯心主义历史观和主观唯心主义方法是不相容的。

米海洛夫斯基还歪曲和攻击马克思的辩证方法，把它混同于黑格尔的唯心辩证法，声称马克思的许多论断是按照黑格尔的三段式即肯定、否定、否定之否定的公式推导出来的，并将其说成是唯物主义历史观的"基石"。列宁分两点驳斥了这一谬论，阐述了马克思的辩证方法。

第一，列宁阐明了马克思的辩证法与黑格尔辩证法的本质区别。

列宁指出，米海洛夫斯基在读马克思主义文献时常常碰见"辩证方法"、"辩证思维"，他以为这个方法"就是按黑格尔三段式的规律来解决一切社会学问题"，但这种看法是荒谬的。马克思的辩证方法，"正是社会学中的科学方法"。这个方法就是"把社会看做处在不断发展中的活的机体"，"客观地分析组成该社会形态的生产关系，研究该社会形态的活动规律和发展规律"。凡是读过恩格斯在《反杜林论》和《社会主义从空想到科学的发展》中，以及马克思在《哲学的贫困》和《资本论》中关于辩证方法的定义和论述的人都可以看

---

① 《列宁专题文集　论辩证唯物主义和历史唯物主义》，人民出版社 2009 年版，第 179 页。
② 《列宁专题文集　论辩证唯物主义和历史唯物主义》，人民出版社 2009 年版，第 179—180 页。
③ 《列宁专题文集　论辩证唯物主义和历史唯物主义》，人民出版社 2009 年版，第 179 页。

出，其中根本没有说到黑格尔的三段式。马克思在《资本论》第 1 卷第 2 版的跋中明确指出，他的辩证方法不仅和黑格尔的方法不同，而且"截然相反"。黑格尔把观念当做现实事物的创造主，而马克思认为"观念的东西不过是物质的东西的反映"。米海洛夫斯基所攻击的，是马克思著作中没有而由他自己捏造出来的东西，他不过是像堂吉诃德一样，在"用骑士姿态"攻击自己想象出来的对象。

第二，列宁批驳了米海洛夫斯基攻击马克思依靠黑格尔的三段式来证明社会革命和建立生产资料公有制的必然性的观点。

米海洛夫斯基说，马克思关于未来必然建立公有制的观点"纯粹是维系在黑格尔三项式链条的最末一环上的"。列宁指出，这些攻击马克思的论据**"完全**是从**杜林**那里拿来的"。恩格斯在《反杜林论》中已经彻底批驳了杜林的谬论，"给了杜林一个绝妙的答复"，而"这个答复对米海洛夫斯基先生也是完全适用的"。列宁在引用恩格斯《反杜林论》中的有关论述之后着重指出，马克思并没有把辩证法当做证明的工具，不是通过三段式进行推导，而是通过历史的、经济的具体分析，才得出资本主义私有制必然被公有制所代替这个结论的。只是在此基础上，马克思才说，"这是否定的否定"，"这还是一个按一定的辩证规律完成的过程"。列宁指出，如果这个历史的过程"同时又是辩证的过程，那么这不是马克思的罪过"。事实上，马克思的辩证方法要求，不能从任何原则或公式出发，而必须从客观实际出发，去揭示社会历史的内在规律性。这种"辩证方法决不是三段式"，不是可以任意套用的公式，而是指导科学研究的方法。它"恰恰是社会学中的唯心主义方法和主观主义方法的否定"[①]。

通观全篇，列宁通过批驳米海洛夫斯基对马克思主义的攻击，深入地论述了历史唯物主义的基本原理，令人信服地阐明了，在我们还没有看见另一种科学地解释某种社会形态的活动和发展的尝试以前，"唯物主义历史观始终是社会科学的同义词"，"是唯一科学的历史观"。

学习列宁的这部著作，对于我们深入理解历史唯物主义的基本原理，在历史研究中自觉地坚持唯物史观的指导、反对唯心主义和主观主义的方法，具有重要的意义。

―――――――――

① 《列宁专题文集　论辩证唯物主义和历史唯物主义》，人民出版社 2009 年版，第 203 页。

延伸阅读:

列宁:《重要论述摘编》,《列宁专题文集　论辩证唯物主义和历史唯物主义》,人民出版社 2009 年版。

思考题:

1. 把握"两个归结"的思想对历史研究具有什么重要意义?

2. 为什么说唯物史观是唯一科学的历史观?

列　宁

卡尔·马克思（节选）　国家与革命（节选）

卡尔·马克思（节选）

（传略和马克思主义概述）

（1914年11月）

阶 级 斗 争

　　某一社会中一些成员的意向同另一些成员的意向相抵触；社会生活充满着矛盾；我们在历史上看到各民族之间，各社会之间，以及各民族、各社会内部的斗争，还看到革命和反动、和平和战争、停滞和迅速发展或衰落等不同时期的更迭，——这些都是人所共知的事实。马克思主义提供了一条指导性的线索，使我们能在这种看来扑朔迷离、一团混乱的状态中发现规律性。这条线索就是阶级斗争的理论。只有研究某一社会或某几个社会的全体成员的意向的总和，才能科学地确定这些意向的结果。其所以有各种矛盾的意向，是因为每个社会所分成的**各阶级**的地位和生活条件不同。马克思在《共产党宣言》中写道："至今一切社会的历史〈恩格斯后来补充说明，原始公社的历史除外〉都是阶级斗争的历史。自由民和奴隶，贵族和平民，领主和农奴，行会师傅和帮工，一句话，压迫者和被压迫者，始终处于相互对立的地位，进行不断的、有时隐蔽有时公开的斗争，而每一次斗争的结局都是整个社会受到革命改造或者斗争的各阶级同归于尽。……从封建社会的灭亡中产生出来的现代资产阶级社会并没有消灭阶级对立。它只是用新的阶级、新的压迫条件、新的斗争形式代替了旧的。但是，我们的时代，资产阶级时代，却有一个特点：它使阶级对立简单化了。整个社会日益分裂为两大敌对的阵营，分裂为两大相互直接对立的阶级：资产阶级和无产阶级。"[1] 从法国大革命以来，欧洲许多国家的历史非常

---

① 见《马克思恩格斯选集》第1卷人民出版社1972年版第250—251页。——编者注

明显地揭示出事变的这种真实背景，即阶级斗争。法国复辟时代就出现了这样一些历史学家（梯叶里、基佐、米涅、梯也尔），他们在总结当时的事变时，不能不承认阶级斗争是了解整个法国历史的锁钥。而当今这个时代，即资产阶级取得了完全胜利、设立了代议机构、实行了广泛的（甚至是普遍的）选举制、有了供群众阅读的廉价的日报等等的时代，已经建立起势力强大的、范围不断扩大的工人联合会和企业主同盟等等的时代，更加清楚地（虽然有时是用很片面的、"和平的"、"立宪的"形式）表明，阶级斗争是事变的推动力。马克思的《共产党宣言》中的下面一段话可以向我们表明，马克思怎样要求社会科学根据对现代社会中每个阶级的发展条件的分析对每个阶级所处的地位作出客观的分析："在当前同资产阶级对立的一切阶级中，只有无产阶级是真正革命的阶级。其余的阶级都随着大工业的发展而日趋没落和灭亡，无产阶级却是大工业本身的产物。中间等级，即小工业家、小商人、手工业者、农民，他们同资产阶级作斗争，都是为了维护他们这种中间等级的生存，以免于灭亡。所以，他们不是革命的，而是保守的。不仅如此，他们甚至是反动的，因为他们力图使历史的车轮倒转。如果说他们是革命的，那是鉴于他们行将转入无产阶级的队伍，这样，他们就不是维护他们目前的利益，而是维护他们将来的利益，他们就离开自己原来的立场，而站到无产阶级的立场上来。"① 在一系列历史著作中（见**书目**），马克思提供了用唯物主义观点研究历史、分析**每个**阶级以至一个阶级内部各个集团或阶层所处地位的光辉而深刻的范例，透彻地指明为什么和怎么说"一切阶级斗争都是政治斗争"②。我们上面引证的一段话清楚地说明，马克思为了测定历史发展的整个合力，分析了多么纷繁复杂的各种社会关系以及从一个阶级到另一个阶级、从过去到将来的各个**过渡**阶段。

　　但马克思的理论得到最深刻、最全面、最详尽的证明和运用的是他的经济学说。

（选自《列宁专题文集　论马克思主义》，人民出版社2009年版，第15—17页）

① 见《马克思恩格斯选集》第1卷人民出版社1972年版第261—262页。——编者注
② 见《马克思恩格斯选集》第1卷人民出版社1972年版第260页。——编者注

《国家与革命》（节选）

马克思主义关于国家的学说与无产阶级在革命中的任务

（1917 年 8—9 月）

1852 年马克思对问题的提法

1907 年，梅林把 1852 年 3 月 5 日马克思给魏德迈的信摘要登在《新时代》杂志①上（第 25 年卷第 2 册第 164 页）。在这封信里有这样一段精彩的论述：

"至于讲到我，无论是发现现代社会中阶级的存在还是发现这些阶级间的斗争，都不是我的功劳。在我以前很久，资产阶级的历史学家就叙述过这种阶级斗争的历史发展，资产阶级的经济学家也对这些阶级作过经济的剖析。我新做的工作就是证明了：（1）阶级的存在仅仅同生产的一定的历史发展阶段相联系；（2）阶级斗争必然导致无产阶级专政；（3）这个专政本身不过是达到消灭一切阶级和达到无阶级社会的过渡。……"②

在这一段话里，马克思极其鲜明地表达了两点：第一，他的学说同先进的和最渊博的资产阶级思想家的学说之间的主要的和根本的区别；第二，他的国家学说的实质。

马克思学说中的主要之点是阶级斗争。人们时常这样说，这样写。但这是不正确的。根据这个不正确的看法，往往会对马克思主义进行机会主义的歪曲，把马克思主义篡改为资产阶级可以接受的东西。因为阶级斗争学说**不是**由马克思**而是**由资产阶级**在马克思以前**创立的，一般说来是资产阶级**可以接受的**。谁要是**仅仅**承认阶级斗争，那他还不是马克思主义者，他还可以不超出资产阶级思想和资产阶级政治的范围。把马克思主义局限于阶级斗争学说，就是阉割马克思主义，歪曲马克思主义，把马克思主义变为资产阶级可以接受的东西。只有承认阶级斗争、**同时也**承认**无产阶级专政**的人，才是马克思主义者。马克思主义者同平庸的小资产者（以及大资产者）之间的最深刻的区别就在这里。必须用这块试金石来检验是否**真正**理解和承认马克思主义。无怪乎当欧洲的

① 《新时代》杂志（《Die Neue Zeit》）是德国社会民主党的理论刊物，1883—1923 年在斯图加特出版。——编者注
② 见《马克思恩格斯选集》第 4 卷人民出版社 1972 年版第 332—333 页。——编者注

历史**在实践上**向工人阶级提出这个问题时，不仅一切机会主义者和改良主义者，而且所有"考茨基主义者"（动摇于改良主义和马克思主义之间的人），都成了**否认**无产阶级专政的可怜的庸人和小资产阶级民主派。1918 年 8 月即本书第 1 版刊行以后很久出版的考茨基的小册子《无产阶级专政》，就是**口头上**假意承认马克思主义而**实际上**市侩式地歪曲马克思主义和卑鄙地背弃马克思主义的典型（见我的小册子《无产阶级革命和叛徒考茨基》1918 年彼得格勒和莫斯科版①）。

以过去的马克思主义者卡·考茨基为主要代表的现代机会主义，完全符合马克思对**资产阶级**立场所作的上述评语，因为这种机会主义把承认阶级斗争的领域局限于资产阶级关系的领域。（而在这个领域内，在这个领域的范围内，任何一个有知识的自由主义者都不会拒绝"在原则上"承认阶级斗争！）机会主义恰巧**不把**承认阶级斗争**贯彻**到最主要之点，**贯彻**到从资本主义向共产主义**过渡**的时期，**贯彻**到**推翻**资产阶级并完全**消灭**资产阶级的时期。实际上，这个时期必然是阶级斗争空前残酷、阶级斗争的形式空前尖锐的时期，因而这个时期的国家就不可避免地应当是**新型**民主的（对无产者和一般穷人是民主的）和**新型**专政的（对资产阶级是专政的）国家。

其次，只有懂得**一个**阶级的专政不仅对一般阶级社会是必要的，不仅对推翻了资产阶级的**无产阶级**是必要的，而且对介于资本主义和"无阶级社会"即共产主义之间的整整一个**历史时期**都是必要的，——只有懂得这一点的人，才算掌握了马克思国家学说的实质。资产阶级国家的形式虽然多种多样，但本质是一样的：所有这些国家，不管怎样，归根到底一定都是**资产阶级专政**。从资本主义向共产主义过渡，当然不能不产生非常丰富和多样的政治形式，但本质必然是一样的：都是**无产阶级专政**。②

（选自《列宁专题文集　论马克思主义》，人民出版社
2009 年版，第 205—207 页）

---

① 见《列宁全集》第 2 版第 35 卷第 229—327 页。——编者注
② 关于无产阶级专政有多种多样形式的论点，列宁最早是在 1916 年写的《论面目全非的马克思主义和"帝国主义经济主义"》（见《列宁全集》第 2 版第 28 卷第 115—170 页）一文中提出来的。但这篇文章直到 1924 年才在杂志上公开发表。列宁在 1919 年写的《无产阶级专政时代的经济和政治》和 1923 年写的《论我国革命》（《列宁全集》第 2 版第 37 卷第 263—277 页和第 43 卷第 369—372 页）中也都涉及了这一问题。——编者注

学 习 导 读

《卡尔·马克思》写于 1914 年 7—11 月间,是列宁介绍马克思生平、事业和学说的著作。这篇文章是列宁为《格拉纳特百科辞典》撰写的一个词条。1925 年,第一次按照手稿全文刊在列宁《论马克思恩格斯和马克思主义》一书中。全文除序言外,分为"马克思传略"和"马克思主义概述"(以下简称"概述")两部分。"概述"又分为"马克思的学说"(主要指马克思的哲学学说)、"马克思的经济学说"、"马克思的社会主义理论"和"无产阶级阶级斗争的策略"四个方面。阶级斗争是"马克思的学说"中的一节内容。文章把阶级斗争的理论作为马克思整个世界观的重要组成部分加以论述。

《国家与革命》写于 1917 年 8—9 月间,是列宁在十月革命前夕写成的一部系统阐发马克思主义国家学说,进一步发展无产阶级革命和无产阶级专政理论的重要著作。这本书在 1918 年以单行本出版。1919 年再版时在第二章中增加了第三节,即"1852 年马克思对问题的提法"一节。本教材所选编部分,着重发挥了马克思主义关于阶级斗争和无产阶级专政的理论。

一、资产阶级学者关于阶级斗争的观点及其局限性

(一)资产阶级历史学家对阶级斗争历史发展的考察

发现社会中有阶级存在和发现各阶级之间的阶级斗争,并不是从马克思开始的。早在马克思之前,随着资本主义的确立和阶级矛盾的产生,关于阶级划分和阶级斗争的问题,就被人们提出来并从不同方面作过探讨。马克思明确指出:"无论是发现现代社会中阶级的存在还是发现这些阶级间的斗争,都不是我的功劳。在我以前很久,资产阶级的历史学家就叙述过这种阶级斗争的历史发展,资产阶级的经济学家也对这些阶级作过经济的剖析。"

马克思在这里说的资产阶级历史学家,主要是指法国复辟时期的一批历史学家,如梯叶里、基佐、米涅等人。他们在自己的著作中,从资产阶级立场出发,提出在法国社会存在着阶级对立和阶级斗争。他们认为,阶级斗争是了解

中世纪以来法国历史发展的关键，是政治事变的发条，是理解资产阶级革命的钥匙；各阶级生存条件的不同，是社会上各阶级斗争的基础，阶级斗争是社会发展的力量。

如梯叶里认为，决定阶级斗争的是各阶级的实际利益，即财产关系。历史学家不应该只写国王和贵族的历史，也应该写资产阶级的历史。在英国，各阶级和各种利益的斗争是日耳曼人占领这个国家最主要的后果之一。而英国17世纪的革命运动，则是第三等级反对贵族的斗争，是阶级斗争的表现。基佐认为，17世纪的英国革命和18世纪的法国革命的历史，就是阶级斗争的历史。他指出："我们社会的各种阶级斗争贯穿着我们的历史。1789年的革命是这种斗争的最普遍的、最强有力的表现。"[1] 他还指出：大部分著作家、学者、历史学家或政治家，企图以某一社会的政治制度来解释这个社会的特定的状态，它的文明的程度和种类。假如从研究社会本身开始，以便认识和理解它的政治制度，这将更加明智些。"为着理解政治制度，应该研究社会中的不同阶层及其相互关系。为着理解这些不同的社会阶层，应该知道土地关系的性质。"[2] 基佐不仅把资产阶级革命的历史理解为阶级斗争的历史，而且把土地关系看做是探究阶级关系的基础。米涅认为，中世纪以来的法国历史就是阶级斗争史，法国革命所经历的时期"就是构成法兰西民族的几个阶级争夺政权"的年代。"两个敌对阶级在准备国内战争和国外战争。"米涅尖锐地批判封建制度，认为"不可能回避革命"，第三等级与封建贵族之间必然展开生死搏斗。[3] 法国大革命就是一场阶级斗争。他还认为革命的原因存在于社会各阶级的不同物质利益中。他指出：贵族阶级的利益是同国民派的利益对立的。

（二）资产阶级经济学家对阶级的经济剖析

马克思所说的资产阶级经济学家，主要是指法国的重农主义者魁奈和杜尔哥以及英国古典经济学家亚当·斯密和大卫·李嘉图等人。这些经济学家对各阶级的存在作过经济分析。魁奈就曾经把社会阶级分为三类：一是土地所有者

---

[1]　转引自［俄］普列汉诺夫：《阶级斗争学说的最初阶段》，生活·读书·新知三联书店1965年版，第25页。
[2]　转引自《普列汉诺夫哲学著作选集》第1卷，生活·读书·新知三联书店1959年版，第583页。
[3]　参见［法］米涅：《法国革命史》，北京编译社译，商务印书馆1977年版，第3页。

阶级，二是生产者阶级（即从事农业生产的所有人员），三是不生产者阶级（即从事工商业活动的所有人员）。杜尔哥发展了魁奈的观点，对魁奈的三个阶级划分做了重要的补充。他把生产者阶级分为农业资本家阶层和农业劳动者阶层；把不生产者阶级分为工业资本家阶层和工业劳动者阶层。这种划分，在一定程度上反映了资本主义社会中雇佣工人和资本家两大阶级的情况，初步明确了划分阶级的经济基础和标准。

亚当·斯密和大卫·李嘉图在阶级划分问题上又前进了一步。如斯密认为，在资本主义社会中，有三个基本阶级：工人阶级、资本家阶级和地主阶级。与这三个阶级相适应的有三种收入：劳动的收入——工资，资本的收入——利润，土地的收入——地租。李嘉图认为，工资、利润和地租是资本主义社会的基本收入，这些基本收入要在土地所有者、资本家及工人之间以地租、利润和工资的形式进行分配。他们通过对三个阶级的三种收入的分析，在一定程度上研究了资本主义生产关系的内在联系，反映了资本主义的阶级对立关系。

马克思对这些资产阶级学者发现现代社会中阶级的存在和阶级之间的斗争的功劳给予了肯定。比如，他说过，李嘉图揭示并说明了阶级之间的经济对立，"这样一来，在政治经济学中，历史斗争和历史发展过程的根源被抓住了，并且被揭示出来了"①。

（三）资产阶级学者的阶级斗争学说的局限性

马克思在发现现代社会中存在着阶级和阶级斗争这一点上，肯定了上述资产阶级历史学家和经济学家的功劳。但这并不是说他们已经建立起科学的阶级斗争学说。他们的阶级斗争学说有其局限性。这主要表现在两个方面。

第一，他们的阶级斗争学说是建立在唯心史观的基础上的。他们虽然把阶级关系、土地关系和财产关系联系起来，看到了阶级对立同经济利益之间的关系，但是对财产关系的来源的解释却是唯心的。他们认为，财产关系产生的根源不是经济发展本身运动的结果，而是由于一个民族对另一个民族进行"征服"的结果。什么原因使得一个民族要去"征服"另一个民族呢？米涅认为，人的本性中固有一种统治别人的欲望，就是它（统治欲）产生了"征服"。基

---

① 《马克思恩格斯全集》第 26 卷（第二册），人民出版社 1973 年版，第 183 页。

佐认为世界的构造和运动取决于人的情感、思想以及道德上、精神上的倾向。

第二，他们承认阶级斗争是社会发展的发条，但仅局限于资产阶级反对封建主义的斗争。他们否认当时列入"第三等级"的各个社会集团之间的利益上的对立，把无产阶级反对资产阶级的斗争看成是"社会的灾难"、"疯狂的举动"、"最大的祸害"。

对于上述资产阶级学者阶级斗争学说的阶级局限性，马克思也做出过论述。比如，他指出，梯叶里这位"法国历史编纂学中'阶级斗争'之父"，竟然"令人奇怪"地对有人看到无产阶级与资产阶级的对立而"感到愤怒"。他花了许多精力来证明，资产阶级起着第三等级中一切成分的代表者的作用。①

正因为如此，科学的阶级斗争学说不是由上述资产阶级学者创立的。

二、马克思主义关于阶级和
阶级斗争的基本观点

（一）列宁关于阶级的定义

什么是阶级？马克思在《资本论》第 3 卷第 51 章"阶级"中已指出应该从何处去寻找阶级的定义。他指出，不能离开生产关系单纯从分配关系和收入来源来解释阶级的差别。但他没有来得及进一步阐发这个原理从而做出关于阶级的定义。

列宁在《伟大的创举》这篇文章里第一次给阶级下了一个科学的定义。他说："所谓阶级，就是这样一些大的集团，这些集团在历史上一定的社会生产体系中所处的地位不同，同生产资料的关系（这种关系大部分是在法律上明文规定了的）不同，在社会劳动组织中所起的作用不同，因而取得归自己支配的那份社会财富的方式和多寡也不同。所谓阶级，就是这样一些集团，由于它们在一定社会经济结构中所处的地位不同，其中一个集团能够占有另一个集团的劳动。"②

列宁在阶级定义中主要说明了以下四个问题。

---

① 《马克思恩格斯全集》第 28 卷，人民出版社 1973 年版，第 381、382 页。
② 《列宁专题文集 论社会主义》，人民出版社 2009 年版，第 145 页。

第一，"在历史上一定的社会生产体系中所处的地位不同"。这是关于阶级定义的总的论述。一定的社会生产体系，指的是与一定生产力发展相适应的生产关系体系。一定的社会生产体系包括三个方面：对生产资料的关系，在社会劳动组织中的作用，产品的分配方式。所谓在一定社会生产体系中的地位不同，就是指在这三个方面的不同。

第二，"对生产资料的关系不同"。这是阶级划分的基础。在奴隶社会、封建社会、资本主义社会里，奴隶主阶级、封建阶级和资产阶级占有全部或大部分生产资料，而奴隶阶级、农民阶级和无产阶级，则不占有或很少占有生产资料。这样，前者就能利用自己占有的生产资料，对后者进行经济上的剥削，占有他们的剩余劳动。这种关系大部分是在法律上明文规定了的。在法律中把人们对生产资料的关系明文规定下来，就叫做财产关系。财产关系属于法律关系，是上层建筑，它的基础是生产关系。生产关系是财产关系的基础，财产关系是生产关系在法律上的表现。

第三，"在社会劳动组织中所起的作用不同"。对生产资料的占有关系不同，决定着各阶级在社会劳动组织中的地位不同。占有生产资料的阶级，必然在生产中居于领导或指挥地位，专门从事生产的管理或者指定代理人管理；不占有生产资料的阶级，无权从事生产的管理，被迫从事繁重的劳动。物质财富归根到底是由劳动者创造的。

第四，"取得自己支配的那份社会财富的方式和多寡也不同"。这也就是分配方式的不同。分配方式是由对生产资料的关系不同和在社会劳动组织中的作用不同所决定的。例如，在资本主义社会，由于资本家占有和控制全部生产资料，并在生产中处于领导者、指挥者或决策者的地位，因而就能够占有工人所创造的剩余价值，占有大量的社会财富；工人因为不占有生产资料，一无所有，在社会劳动组织中处于被支配的地位，因而只能获得勉强用于补偿劳动力价值的工资。

最后一句话是总结，说明阶级的实质。这就是：在一定社会经济结构中（即生产关系体系中）处于不同地位的各个社会集团，其中一个集团能够占有另一个集团的劳动。这表明，在对抗性的社会经济结构中，基本阶级关系实质上就是剥削和被剥削的关系。

由此可见，列宁是根据人们在生产关系中的不同经济地位来划分阶级的。虽然阶级在形成之后会具有相应的政治思想以及其他多方面的特征，但是，阶级之所以成为阶级，归根到底决定于它的经济方面。这是划分阶级的客观标准。

（二）列宁对马克思 1852 年致魏德迈的信的阐发

1852 年 3 月 5 日，马克思给国际工人运动的著名活动家约瑟夫·魏德迈写了一封书信，就无产阶级专政和阶级斗争问题做了深刻和高度集中的概括。

约瑟夫·魏德迈（1818—1866 年）是德意志和美国早期工人运动的卓越活动家。1848 年德意志革命失败后，他流亡瑞士，1851 年迁往美国。当时，旅居美国的德意志小资产阶级政论家海因岑攻击马克思主义的阶级斗争理论，把当时的阶级斗争说成是受马克思主义者的挑唆才兴起的，并声称阶级矛盾和阶级斗争可以在"人性"面前消失。1852 年 1 月 29 日，魏德迈在《纽约民主主义者报》上撰文驳斥了海因岑的谬论。马克思读到该文后，便写了致魏德迈的信。

马克思在信中高度评价了魏德迈的文章，同时阐明了自己对阶级和阶级斗争问题的基本观点。马克思指出，发现阶级和阶级斗争的存在，并不是他的功劳，他的新贡献在于证明了以下几点："（1）**阶级的存在**仅仅同**生产发展的一定历史阶段**相联系；（2）阶级斗争必然导致**无产阶级专政**；（3）这个专政不过是达到**消灭一切阶级**和进入**无阶级社会**的过渡……"[①] 55 年后，即 1907 年，德国社会民主党左派领袖梅林在该党理论刊物《新时代》上公开发表了这封信。

列宁认为，马克思给魏德迈的信极其鲜明地表达了马克思的阶级斗争理论和国家学说的实质，因此在《国家与革命》出第二版时专门增加了"1852 年马克思对问题的提法"一节，并对此做了进一步的阐发。

1. 阶级的存在仅仅同生产发展的一定阶段相联系

马克思的这个科学论断说明，阶级首先是一个历史范畴。阶级的产生、发展和消亡都同生产发展相联系，有其物质的根源和历史的规律性。

在遥远的古代，生产力水平十分低下，没有剩余产品，不可能产生"一个集团占有另一个集团的劳动"的情况，因而也就没有阶级。随着生产力的发展，人的劳动产品除了能够维持自身的生存外，还有了一定的剩余。这就使产

[①] 《马克思恩格斯文集》第 10 卷，人民出版社 2009 年版，第 106 页。

品的私人占有和剥削成为可能。随着社会分工和交换的发展，阶级终于出现。将来，随着生产力的高度发展，阶级将由于失去其存在的条件而归于消亡。

2. 阶级斗争必然导致无产阶级专政

马克思的这个科学论断，揭示了阶级斗争发展的客观趋势和无产阶级专政的历史必然性。

自从人类社会产生阶级以来，依次出现了奴隶制国家、封建制国家和资本主义国家。这些国家的存在，都是为了用强力维持一定的社会形态和特定阶级的剥削条件。

阶级斗争的核心问题是国家政权问题。一个阶级反对另一个阶级的斗争，最终都会表现为争夺统治权的斗争。封建主反对奴隶主的斗争是这样，资产阶级反对封建主的斗争是这样，无产阶级反对资产阶级的斗争也是这样。国家政权从一个阶级手里转到另一个阶级手里，这是革命的首要的和基本的标志。

资产阶级社会的阶级斗争，主要就是无产阶级和资产阶级的斗争。虽然在资本主义社会中还存在其他阶级和等级，但是，在同资产阶级对立的一切阶级中，只有无产阶级是真正革命的阶级，只有无产阶级这一特殊阶级才能领导进行推翻资产阶级的斗争。无产阶级反对资产阶级斗争的结局，必然是无产阶级以暴力打碎资产阶级的国家机器，建立起无产阶级的革命专政。

3. 无产阶级专政是达到消灭一切阶级和进入无阶级社会的过渡

无产阶级专政是国家的一种类型，是国家的最后一种形态。

无产阶级专政不同于历史上其他阶级的专政，它不是保护阶级剥削利益的工具。无产阶级专政的历史任务在于，运用专政手段镇压少数剥削者的反抗，同时实行社会主义改造，建立新的生产关系，大力发展生产力，进而消灭对立的阶级，促进社会全面进步和人的全面发展，最后消灭阶级差别，进入无阶级的共产主义社会。因此，无产阶级专政只是人类从阶级社会进入无阶级社会的一个过渡性质的阶段。

列宁进一步强调了无产阶级专政的必要性。他指出："在革命以后的长时期内，剥削者必然在许多方面保持巨大的事实上的优势。""如果剥削者只在一国内被打倒（这当然是典型的情况，因为几国同时发生革命是罕有的例外），他们**依然比**被剥削者**强大**"。[1] 因此，从资本主义向共产主义的过渡时期"必

---

[1] 《列宁选集》第 3 卷，人民出版社 2012 年版，第 611—612 页。

然是阶级斗争空前残酷、阶级斗争的形式空前尖锐的时期"，因此，这个时期的国家不可避免地应当是"**新型民主**"和"**新型专政**"的国家，即对无产阶级和广大劳动群众实行民主，而对资产阶级及一切剥削者实行专政的国家。

正因为如此，列宁指出："只有懂得**一个**阶级的专政不仅对一般阶级社会是必要的，不仅对推翻了资产阶级的**无产阶级**是必要的，而且对介于资本主义和'无阶级社会'即共产主义之间的整整一个**历史时期**都是必要的。"列宁认为，这正是马克思主义国家学说的实质所在。无产阶级专政的国家"当然不能不产生非常丰富和多样的政治形式，但本质必然是一样的：都是**无产阶级专政**"。

（三）只有承认阶级斗争同时又承认无产阶级专政的人才是马克思主义者

列宁明确提出：无产阶级专政理论是马克思主义阶级斗争理论区别于资产阶级阶级斗争理论的根本点。因为阶级斗争学说是由资产阶级在马克思以前创立的，一般说来，阶级斗争学说也是资产阶级可以接受的。所以谁要是仅仅承认阶级斗争，那他还不是马克思主义者，他还可以不超出资产阶级思想和资产阶级政治的范围。把马克思主义局限于阶级斗争学说，就是歪曲马克思主义，把马克思主义变为资产阶级可以接受的东西。只有承认阶级斗争，同时也承认无产阶级专政的人，才是马克思主义者。是否承认无产阶级专政是区分真假马克思主义的试金石。马克思主义者同平庸的小资产者（以及大资产者）之间的最深刻的区别就在这里。

三、坚持马克思主义的阶级斗争
理论和阶级分析方法

（一）阶级斗争理论是发现社会规律性的指导性线索

阶级斗争理论是马克思主义最根本的理论之一。列宁指出，马克思主义阶级斗争理论对于科学地研究阶级社会的历史具有极为重要的指导意义。他说："马克思主义提供了一条指导性的线索，使我们能在这种看来扑朔迷离、一团混乱的状态中发现规律性。这条线索就是阶级斗争的理论。"人类几千年的文明史，从社会发展的直接动力来说，就是阶级斗争的历史。离开了阶级斗争，就无法理解阶级社会的发展。

如果说近代以前阶级斗争在历史中的作用还较为隐蔽的话，那么，近代欧洲伴随封建制度土崩瓦解而来的汹涌澎湃的革命，则非常明显地展示了阶级斗争的作用。列宁分析了法国大革命以来欧洲许多国家的历史，指出法国复辟时期的一些历史学家如梯叶里、基佐、米涅、梯也尔在总结当时的事变时，已经"不能不承认阶级斗争是了解整个法国历史的锁钥"。"而当今这个时代，即资产阶级取得了完全胜利、设立了代议机构、实行了广泛的（甚至是普遍的）选举制、有了供群众阅读的廉价的日报等等的时代，已经建立起势力强大的、范围不断扩大的工人联合会和企业主同盟等等的时代，更加清楚地（虽然有时是用很片面的、'和平的'、'立宪的'形式）表明，阶级斗争是事变的推动力。"阶级斗争之所以是阶级社会发展的直接动力，是因为阶级斗争根源于阶级之间物质利益的根本对立，根源于社会经济关系的冲突。一切阶级斗争，归根结底都是围绕着经济利益这个轴心展开的。

在阶级社会中，生产力和生产关系、经济基础和上层建筑的矛盾发展到一定程度时，必然会通过阶级矛盾和阶级斗争表现出来。当社会基本矛盾极端尖锐化时，即当旧的生产关系变成生产力发展的桎梏时，只有通过先进阶级反对反动阶级的革命斗争，推翻反动阶级的统治，才能建立新的社会形态，以解放和发展生产力，推动社会前进。即使在同一社会形态的量变过程中，被剥削阶级反对剥削阶级的斗争也会不同程度地打击剥削阶级的统治，迫使统治阶级不得不调整某些经济关系和政策，使社会矛盾得到一定程度的缓和，从而或多或少地推动社会的发展和进步。总之，正如马克思所说："没有对抗就没有进步。这是文明直到今天所遵循的规律。"①

（二）阶级分析是测定历史发展整个合力的基本方法

为了求得对阶级社会的本质及其规律的正确认识，必须运用马克思主义关于阶级和阶级斗争的观点去分析阶级社会的社会现象和社会历史。运用马克思主义的阶级分析方法去分析阶级社会的历史，要求我们必须全面地分析各阶级在社会政治经济生活中所处的地位，主要是占有生产资料和支配劳动

---

① 《马克思恩格斯全集》第 4 卷，人民出版社 1958 年版，第 104 页。

成果的情况，以及对于国家政权的影响力；分析各阶级的政治态度和思想观念；分析各阶级中不同阶层的区别和矛盾，以及由此而产生的不同政治倾向；分析各阶级之间的阶级关系，以及阶级力量对比的历史性和变动性；严格区分有阶级性和不带阶级性的社会矛盾的差别；等等。这样，我们才能准确把握各阶级之间的关系和阶级力量的对比，把握社会运动和社会生活的脉搏。

列宁指出："在一系列历史著作中，马克思提供了用唯物主义观点研究历史、分析**每个**阶级以至一个阶级内部各个集团或阶层所处地位的光辉而深刻的范例"。这就清楚地说明"马克思为了测定历史发展的整个合力，分析了多么纷繁复杂的各种社会关系以及从一个阶级到另一个阶级、从过去到将来的各个**过渡**阶段"。

（三）进行阶级分析必须提出"对谁有利"的问题

进行阶级分析，要点在于在判断一切历史人物和历史事件时，必须善于看出他们反映着哪个阶级的利益，为哪个阶级的利益服务。列宁说：在拉丁语中有"对谁有利？"这样一句话，"要是一下子看不出是哪些政治集团或者社会集团、势力和人物在维护某些提议、措施等等，那总是要提出'对谁有利？'这个问题的。"① 必须懂得，"**谁**直接维护某种政策，这并不重要，因为在现代高尚的资本主义制度下，任何一个富翁随时都可以'雇用'或者收买或者招来任何数量的律师、作家甚至议员、教授、神父等等，让他们来为各种各样的观点辩护"。"重要的是这些观点、这些提议、这些措施**对谁有利**。"②

马克思主义关于阶级和阶级斗争的理论，对于我们正确地认识和分析阶级社会和有阶级斗争存在的社会的历史，有重要的指导意义。

中国正处于并在相当长时期内仍将处于社会主义初级阶段。"社会主义社会中的阶级斗争是一个客观存在，不应该缩小，也不应该夸大"。"社会主义社会目前和今后的阶级斗争，显然不同于过去历史上阶级社会的阶级斗争，这也是客观的事实，我们不能否认"。③ 这些情况，是我们在运用马克思主义的阶级观点和阶级分析方法研究以及处理社会主义初级阶段有关阶级斗争的社会问题和

① 《列宁全集》第23卷，人民出版社2017年版，第61页。
② 《列宁全集》第23卷，人民出版社2017年版，第61页。
③ 《邓小平文选》第二卷，人民出版社1994年版，第182页。

历史问题时必须切实注意的。

延伸阅读：

1. 列宁：《民粹主义的经济内容及其在司徒卢威先生的书中受到的批评》，《列宁全集》第 1 卷，人民出版社 2013 年版。

2. 列宁：《伟大的创举》，《列宁专题文集　论社会主义》，人民出版社 2009 年版。

3. 列宁：《对谁有利？》，《列宁全集》第 23 卷，人民出版社 2017 年版。

思考题：

1. 马克思主义关于阶级和阶级斗争的理论有哪些基本观点？

2. 研究阶级社会历史和有阶级斗争存在的社会的有关问题，为什么要运用马克思主义的阶级观点和阶级分析方法？

列　宁

论　国　家

在斯维尔德洛夫大学的讲演①

（1919 年 7 月 11 日）

　　同志们！根据你们拟订并通知我的计划，今天要讲的题目是国家问题。我不知道你们对这个问题已经熟悉到什么程度。如果我没有弄错，你们的训练班刚开课，你们是第一次有系统地研究这个问题。既然如此，这个困难的问题的第一讲，就很可能做不到使你们中间很多人都充分明白，充分了解。要真的是这样，我请你们不要懊丧，因为国家问题是一个最复杂最难弄清的问题，也可说是一个被资产阶级的学者、作家和哲学家弄得最混乱的问题。因此，绝对不要指望在一次短短的讲课中就能把这个问题完全弄清楚。听了这个问题的第一次讲课以后，你们应该把不理解或不明白的地方记下来，三番五次地加以研究，将来在看书、听讲中进一步把不明白的地方弄清楚。我希望我们还能再谈一次，那时可以就所有提出的问题交换意见，检查一下究竟哪些地方最不明白。我也希望除听讲以外，你们还花些时间，把马克思和恩格斯的主要著作至少读几本。毫无疑问，你们在参考书目中，在你们图书馆里供苏维埃工作和党务工作学校学员用的参考书中，一定能找到这些主要著作。不过起初也许有人又会因为难懂而被吓住，所以要再次提醒你们不要因此懊丧，第一次阅读时不明白的地方，下次再读的时候，或者以后从另一方面来研究这个问题的时候，就会明白的，因为，我再说一遍，这个问题极其复杂，又被资产阶级的学者和作家弄得极为混乱，想认真考察和独立领会它的人，都必须再三研究，反复探讨，从各方面思考，才能获得明白透彻的了解。你们反复探讨这个问题的机会很多，因为这是全部政治的基本问题，根本问题，别说在我们现时所处的这样一个革命风暴时期，就是在最平静的时期，在不论哪天哪份报纸上，只要涉及

① 斯维尔德洛夫大学即斯维尔德洛夫共产主义大学，是苏联培养党政干部的第一所高等学校。——编者注

经济或政治，你们都会碰到这样的问题：国家是什么，国家的实质是什么，国家的意义是什么，我们这个为推翻资本主义而斗争的党即共产党对国家的态度又是什么。你们每天都会因为这种或那种原因遇到这个问题。最主要的，是你们要从阅读中，从听国家问题的讲课中，学会独立地观察这个问题，因为你们在各种各样的场合，在每个细小问题上，在非常意外的情况下，在谈话中，在同论敌争论时，都会遇到这个问题。只有学会独立地把这个问题弄清楚，你们才能认为自己的信念已经十分坚定，才能在任何人面前，在任何时候，很好地坚持这种信念。

作了这几点小小的说明之后，现在我来谈本题，谈谈什么是国家，它是怎样产生的，为彻底推翻资本主义而奋斗的工人阶级政党——共产党对国家的态度基本上应当是怎样的。

我已经说过，未必还能找到别的问题，会像国家问题那样，被资产阶级的科学家、哲学家、法学家、政治经济学家和政论家有意无意地弄得这样混乱不堪。直到现在，往往还有人把这个问题同宗教问题混为一谈，不仅宗教学说的代表人物（他们这样做是十分自然的），而且自以为没有宗教偏见的人，也往往把专门的国家问题同宗教问题混为一谈，并且企图建立某种具有一套哲学见解和论据的往往异常复杂的学说，说国家是一种神奇的东西，是一种超自然的东西，是一种人类赖以生存的力量，是赋予或可能赋予人们某种并非来自人本身而来自外界的东西的力量，说国家是上天赋予的力量。必须指出，这个学说同剥削阶级——地主资本家的利益有极密切的联系，处处为他们的利益服务，深深浸透了资产阶级代表先生们的一切习惯、一切观点和全部科学，因此，你们随时随地都会遇见这一学说的残余，甚至那些愤慨地否认自己受宗教偏见支配并且深信自己能够清醒地看待国家的孟什维克和社会革命党人①的观点也不例外。这个问题所以被人弄得这样混乱，这样复杂，是因为它比其他任何问题更加牵涉到统治阶级的利益（在这一点上它仅次于经济学中的基本问题）。国家学说被用来为社会特权辩护，为剥削的存在辩护，为资本主义的存在辩护，因此，在这个问题上指望人们公正无私，以为那些自称具有科学性的人会给你们拿出纯粹科学的见解，那是极端错误的。当你们熟悉了和充分钻研了国家问题的时候，你们在国家问题、国家学说、国家理论上，会随时看到各个不同阶

---

① 社会革命党人是俄国最大的小资产阶级政党社会革命党的成员。——编者注

级之间的斗争，看到这个斗争在各种国家观点的争论中、在对国家的作用和意义的估计上都有反映或表现。

要非常科学地分析这个问题，至少应该对国家的产生和发展作一个概括的历史的考察。在社会科学问题上有一种最可靠的方法，它是真正养成正确分析这个问题的本领而不致淹没在一大堆细节或大量争执意见之中所必需的，对于用科学眼光分析这个问题来说是最重要的，那就是不要忘记基本的历史联系，考察每个问题都要看某种现象在历史上怎样产生、在发展中经过了哪些主要阶段，并根据它的这种发展去考察这一事物现在是怎样的。

我希望你们在研究国家问题的时候看看恩格斯的著作《家庭、私有制和国家的起源》①。这是现代社会主义的基本著作之一，其中每一句话都是可以相信的，每一句话都不是凭空说的，而是根据大量的史料和政治材料写成的。当然，这部著作并不是全都浅显易懂，其中某些部分是要读者具有相当的历史知识和经济知识才能看懂的。我还要重复说，如果这部著作你们不能一下子读懂，那也不必懊丧。几乎从来没有哪一个人能做到这一点。可是，当你们以后一旦发生兴趣而再来研究时，即使不能全部读懂，也一定能读懂绝大部分。我所以提到这部著作，是因为它在这方面提供了正确观察问题的方法。它从叙述历史开始，讲国家是怎样产生的。

这个问题也和所有的问题（如资本主义、人对人的剥削怎样产生，社会主义怎样出现，它产生的条件是什么）一样，要正确地分析它，要有把握地切实地解决它，就必须对它的整个发展过程作历史的考察。研究国家问题的时候，首先就要注意，国家不是从来就有的。曾经有过一个时候是没有国家的。国家是在社会划分为阶级的地方和时候、在剥削者和被剥削者出现的时候才出现的。

在第一种人剥削人的形式、第一种阶级划分（奴隶主和奴隶）的形式尚未出现以前，还存在着父权制的或有时称为**克兰制的**（克兰就是家族，氏族。当时人们生活在氏族中，生活在家族中）家庭，这种原始时代的遗迹在很多原始民族的风俗中还表现得十分明显，不管你拿哪一部论述原始文化的著作来看，都可以遇到比较明确的描写、记载和回忆，说有过一个多少与原始共产主义相似的时代，那时社会并没有分为奴隶主和奴隶。那时还没有国家，没有系统地

---

① 见《马克思恩格斯选集》第 4 卷人民出版社 1972 年版第 1—175 页。——编者注

使用暴力和强迫人们服从暴力的特殊机构。这样的机构就叫做国家。

在人们还在不大的氏族中生活的原始社会里，还处于最低发展阶段即处于近乎蒙昧的状态，在与现代文明人类相距几千年的时代，还看不到国家存在的标志。我们看到的是风俗的统治，是族长所享有的威信、尊敬和权力，我们看到这种权力有时是属于妇女的——妇女在当时不像现在这样处在无权的被压迫的地位——但是在任何地方我们都看不到一种特殊**等级**的人分化出来管理他人并为了管理而系统地一贯地掌握着某种强制机构即暴力机构，这种暴力机构，大家知道，现在就是武装队伍、监狱及其他强迫他人意志服从暴力的手段，即构成国家实质的东西。

如果把资产阶级学者编造出来的所谓宗教学说、诡辩、哲学体系以及各种各样的见解抛开，而去探求问题的实质，那我们就会看到，国家正是这种从人类社会中分化出来的管理机构。当专门从事管理并因此而需要一个强迫他人意志服从暴力的特殊强制机构（监狱、特殊队伍即军队，等等）的特殊集团出现时，国家也就出现了。

但是曾经有过一个时候，国家并不存在，公共联系、社会本身、纪律以及劳动规则全靠习惯和传统的力量来维持，全靠族长或妇女享有的威信或尊敬（当时妇女往往不仅同男子处于平等地位，而且有时还占有更高的地位）来维持，没有专门从事管理的人构成的特殊等级。历史告诉我们，国家这种强制人的特殊机构，只是在社会划分为阶级，即划分为这样一些集团，其中一些集团能够经常占有另一些集团的劳动的地方和时候，只是在人剥削人的地方，才产生出来的。

我们始终都要记住历史上社会划分为阶级的这一基本事实。世界各国所有人类社会数千年来的发展，都向我们表明了它如下的一般规律、常规和次序：起初是无阶级的社会——父权制原始社会，即没有贵族的原始社会；然后是以奴隶制为基础的社会，即奴隶占有制社会。整个现代的文明的欧洲都经过了这个阶段，奴隶制在两千年前占有完全统治的地位。世界上其余各洲的绝大多数民族也都经过这个阶段。在最不发达的民族中，现在也还有奴隶制的遗迹，例如在非洲现时还可以找到奴隶制的设施。奴隶主和奴隶是第一次大规模的阶级划分。前一集团不仅占有一切生产资料（即土地和工具，尽管当时工具还十分简陋），并且还占有人。这个集团就叫做奴隶主，而从事劳动并把劳动果实交给别人的人则叫做奴隶。

在历史上继这种形式之后的是另一种形式，即农奴制。在绝大多数国家里，奴隶制发展成了农奴制。这时社会基本上分为农奴主-地主和农奴制农民。人与人的关系的形式改变了。奴隶主把奴隶当做自己的财产，法律把这种观点固定下来，认为奴隶是一种完全被奴隶主占有的物品。农奴制农民仍然遭受阶级压迫，处于依附地位，但农奴主-地主不能把农民当做物品来占有了，而只有权占有农民的劳动，有权强迫农民尽某种义务。其实，大家知道，农奴制，特别是在俄国维持得最久、表现得最粗暴的农奴制，同奴隶制并没有什么区别。

后来，在农奴制社会内，随着商业的发展和世界市场的出现，随着货币流通的发展，产生了一个新的阶级，即资本家阶级。从商品中，从商品交换中，从货币权力的出现中，产生了资本权力。在18世纪（更正确些说，从18世纪末起）和19世纪，世界各地发生了革命。农奴制在西欧各国被取代了。这一点在俄国发生得最晚。俄国在1861年也发生了变革，结果一种社会形式被另一种社会形式所代替——农奴制被资本主义所代替。在资本主义制度下，阶级划分仍然存在，还保留着农奴制的各种遗迹和残余，但是阶级划分基本上具有另一种形式。

资本占有者、土地占有者、工厂占有者在一切资本主义国家中始终只占人口的极少数，他们支配着全部国民劳动，就是说，使全体劳动群众受其支配、压迫和剥削；这些劳动群众大多数是无产者，是雇佣工人，他们在生产过程中全靠出卖双手、出卖劳动力来获得生活资料。在农奴制时代分散的和受压迫的农民，在过渡到资本主义的时候，一部分（大多数）变成无产者，一部分（少数）变成富裕农民，后者自己雇用工人，成为农村资产阶级。

你们应当时刻注意到社会从奴隶制的原始形式过渡到农奴制、最后又过渡到资本主义这一基本事实，因为只有记住这一基本事实，只有把一切政治学说纳入这个基本范围，才能正确评价这些学说，认清它们的实质，因为人类史上的每一个大的时期（奴隶占有制时期、农奴制时期和资本主义时期）都长达许多世纪，出现过各种各样政治形式，各种各样的政治学说、政治见解和政治革命，要弄清这一切光怪陆离、异常繁杂的情况，特别是与资产阶级的学者和政治家的政治、哲学等等学说有关的情况，就必须牢牢把握住社会划分为阶级的事实，阶级统治形式改变的事实，把它作为基本的指导线索，并用这个观点去分析一切社会问题，即经济、政治、精神和宗教等等问题。

你们根据这种基本划分来观察国家，就会看出，如我在上面所说的那样，在社会划分为阶级以前国家是不存在的。但是随着社会阶级划分的发生和巩固，随着阶级社会的产生，国家也产生和巩固起来。在人类史上有几十个几百个国家经历过和经历着奴隶制、农奴制和资本主义。在每一个国家内，虽然有过巨大的历史变化，虽然发生过各种与人类从奴隶制经农奴制到资本主义、到现在全世界的反资本主义斗争这一发展过程相联系的政治变迁和革命，但你们总可以看到国家的出现。国家一直是从社会中分化出来的一种机构，是由一批专门从事管理、几乎专门从事管理或主要从事管理的人组成的一种机构。人分为被管理者和专门的管理者，后者高居于社会之上，称为统治者，称为国家代表。这个机构，这个管理别人的集团，总是把持着一定的强制机构，实力机构，不管这种加之于人的暴力表现为原始时代的棍棒，或是奴隶制时代较为完善的武器，或是中世纪出现的火器，或是完全利用现代技术最新成果造成的、堪称 20 世纪技术奇迹的现代化武器，反正都是一样。使用暴力的手段虽然改变，但是只要国家存在，每个社会就总有一个集团进行管理，发号施令，实行统治，并且为了维持政权而把实力强制机构、其装备同每个时代的技术水平相适应的暴力机构把持在自己手中。我们仔细地观察了这种共同现象就要问，为什么在没有阶级、没有剥削者和被剥削者的时候就没有国家，为什么国家产生于阶级出现的时候，——只有这样，我们才能给国家的实质和意义的问题找到一个确切的回答。

国家是维护一个阶级对另一个阶级的统治的机器。当社会上还没有阶级的时候，当人们还在奴隶制时代以前，在较为平等的原始条件下，在劳动生产率还非常低的条件下从事劳动的时候，当原始人很费力地获得必需的生活资料来维持最简陋的原始生活的时候，没有产生而且不可能产生专门分化出来实行管理并统治社会上其余一切人的特殊集团。只有当社会划分为阶级的第一种形式出现时，当奴隶制出现时，当某一阶级有可能专门从事最简单的农业劳动而生产出一些剩余物时，当这种剩余物对于奴隶维持最贫苦的生活并非绝对必需而由奴隶主攫为己有时，当奴隶主阶级的地位已经因此巩固起来时，为了使这种地位更加巩固，就必须有国家了。

于是出现了奴隶占有制国家，出现了一个使奴隶主握有权力、能够管理所有奴隶的机构。当时无论是社会或国家都比现在小得多，交通极不发达，没有现代的交通工具。当时山河海洋所造成的障碍比现在大得多，所以国家是在比现在狭小得多的疆域内形成起来的。技术薄弱的国家机构只能为一个版图较小、活动范围较小的国家服务。但是终究有一个机构来强迫奴隶始终处于奴隶地位，使社会上一部分人受另一部分人的强制、压迫。要强迫社会上的绝大多数人经常替另一部分人做工，就非有一种经常性的强制机构不可。当没有阶级的时候，也就没有这种机构。在阶级出现以后，随着阶级划分的加强和巩固，随时随地就有一种特殊的机关即国家产生出来。国家形式是多种多样的。在奴隶占有制时期，在当时最先进、最文明、最开化的国家内，例如在完全建立于奴隶制之上的古希腊和古罗马，已经有各种不同的国家形式。那时已经有君主制和共和制、贵族制和民主制的区别。君主制是一人掌握权力，共和制是不存在任何非选举产生的权力机关；贵族制是很少一部分人掌握权力，民主制是人民掌握权力（民主制一词按希腊文直译过来，意思是人民掌握权力）。所有这些区别在奴隶制时代就产生了。虽然有这些区别，但奴隶占有制时代的国家，不论是君主制，还是贵族的或民主的共和制，都是奴隶占有制国家。

不管是谁讲古代史课，你们都会听到君主制国家和共和制国家斗争的情况，但基本的事实是奴隶不算是人；奴隶不仅不算是公民，而且不算是人。罗马的法律把奴隶看成一种物品。关于杀人的法律不适用于奴隶，更不用说其他保护人身的法律了。法律只保护奴隶主，只把他们看做是有充分权利的公民。不论当时所建立的是君主国还是共和国，都不过是奴隶占有制君主国或奴隶占有制共和国。在这些国家中，奴隶主享有一切权利，而奴隶按法律规定却是一种物品，对他们不仅可以随便使用暴力，就是杀死奴隶也不算犯罪。奴隶占有制共和国按其内部结构来说分为两种：贵族共和国和民主共和国。在贵族共和国中参加选举的是少数享有特权的人，在民主共和国中参加选举的是全体，但仍然是奴隶主的全体，奴隶是除外的。我们必须注意到这种基本情况，因为它最能说明国家问题，最能清楚地表明国家的实质。

国家是一个阶级压迫另一个阶级的机器，是迫使一切从属的阶级服从于一个阶级的机器。这个机器有各种不同的形式。奴隶占有制国家可以是君主国，贵族共和国，甚至可以是民主共和国。管理形式确实是多种多样，但本质只是一个：奴隶没有任何权利，始终是被压迫阶级，不算是人。农奴制国家也有同样的情况。

由于剥削形式的改变，奴隶占有制国家变成了农奴制国家。这件事有很大的意义。在奴隶占有制社会中，奴隶完全没有权利，根本不算是人；在农奴制社会中，农民被束缚在土地上。农奴制的基本特征，就是农民（当时农民占大多数，城市人口极少）被禁锢在土地上，这就是农奴制这一概念的由来。农民可以在地主给他的那一块土地上为自己劳动一定的天数，其余的日子则替老爷干活。阶级社会的实质仍然存在：社会是靠阶级剥削来维持的。只有地主才能有充分的权利，农民是没有权利的。实际上，农民的地位与奴隶占有制国家内奴隶的地位没有多大区别。但是通向农民解放的道路毕竟是比较宽广了，因为农奴制农民已不算是地主的直接私有物。农奴制农民可以把一部分时间用在自己那块土地上，可以说，他在某种程度上是属于他自己了。由于交换和贸易关系有了更广泛的发展，农奴制日益解体，农民解放的机会也日益增多。农奴制社会总是比奴隶占有制社会更复杂。农奴制社会有发展商业和工业的巨大因素，这在当时就导致了资本主义。在中世纪，农奴制占优势。当时的国家形式也是多样的，既有君主制也有共和制（虽然远不如前者明显），但始终只有地主-农奴主才被认为是统治者。农奴制农民根本没有任何政治权利。

　　无论在奴隶制下或农奴制下，少数人对绝大多数人进行统治，非采取强制手段不可。全部历史充满了被压迫阶级要推翻压迫的接连不断的尝试。在奴隶制历史上有过多次长达几十年的奴隶解放战争。顺便说说，现在德国共产党人，即德国唯一真正反对资本主义桎梏的政党，取名为"斯巴达克派"①，就因为斯巴达克是大约两千年前最大　次奴隶起义中的一位最杰出的英雄。完全建立于奴隶制上的仿佛万能的罗马帝国，许多年中一直受到在斯巴达克领导下武装起来、集合起来并组成一支大军的奴隶的大规模起义的震撼和打击。最后，这些奴隶有的被打死，有的被俘虏，遭受奴隶主的酷刑。这种国内战争贯穿着阶级社会的全部历史。我刚才举的例子就是奴隶占有制时代这种国内战争中最大的一次。整个农奴制时代也同样充满着不断的农民起义。例如在中世纪的德国，地主和农奴这两个阶级之间的斗争达到了很大的规模，变成了农民反对地主的国内战争。你们大家都知道，在俄国也多次发生过这种农民反对地主-农奴主的起义。

　　地主为了维持自己的统治，为了保持自己的权力，必须有一种机构能使大

---

① 国际派（斯巴达克派）是德国左派社会民主党人的革命组织，于第一次世界大战初期形成，创建人和领导人有卡·李卜克内西、罗·卢森堡、弗·梅林、克·蔡特金、尤·马尔赫列夫斯基、莱·约吉希斯（梯什卡）、威·皮克等。——编者注

多数人统统服从他们，服从他们的一定的法律、规则，这些法律基本上是为了一个目的——维持地主统治农奴制农民的权力。这就是农奴制国家，这种国家，例如在俄国或者在至今还是农奴制占统治的十分落后的亚洲各国，具有不同的形式，有的是共和制，有的是君主制。国家实行君主制时，权力归一人掌握，实行共和制时，从地主当中选举出来的人多少可以参政，——这就是农奴制社会的情形。农奴制社会中的阶级划分，是绝大多数人——农奴制农民完全依附于极少数人——占有土地的地主。

由于商业的发展，由于商品交换的发展，分化出了一个新的阶级——资本家阶级。资本产生于中世纪末期，当时世界贸易因发现美洲而得到巨大的发展，贵金属的数量激增，金银成了交换手段，货币周转使得一些人能够掌握巨量财富。全世界都认为金银是财富。地主阶级的经济力量衰落下去，新阶级即资本代表者的力量发展起来。结果社会被改造成这样：全体公民似乎一律平等了；以前那种奴隶主和奴隶的划分已经消灭了；所有的人，不管他占有的是何种资本，是不是作为私有财产的土地，也不管他是不是只有一双做工的手的穷光蛋，都被认为在法律面前一律平等了。法律对大家都同样保护，对任何人所拥有的财产都加以保护，使其不受那些没有财产的、除了双手以外一无所有的、日益贫穷破产而变成无产者的群众的侵犯。资本主义社会的情形就是这样。

我不能详细分析这个社会。你们将来学党纲的时候还会遇到这个问题，会听到关于资本主义社会的说明。这个社会在自由的口号下反对农奴制，反对旧时的农奴制度。但这只是拥有财产的人的自由。当农奴制被摧毁时（这是 18 世纪末 19 世纪初以前的事；俄国晚于其他国家，到 1861 年才废除），资本主义国家代替了农奴制国家，宣布它的口号是全民的自由，说它代表全体人民的意志，否认它是阶级的国家，于是为全体人民的自由而奋斗的社会主义者和资本主义国家之间的斗争从此就展开了，现在这个斗争已经导致了苏维埃社会主义共和国的建立，这个斗争正遍及全世界。

要了解已经开始的反对世界资本的斗争，要了解资本主义国家的实质，必须记住，资本主义国家起来反对农奴制国家，是在自由的口号下投入战斗的。农奴制的废除意味着资本主义国家的代表获得自由，使他们得到好处，因为农奴制已经摧毁，农民已有可能把土地作为名副其实的财产来占有了。至于这是农民赎买来的土地，还是靠支付代役租得来的小块土地，国家是不管的——国家保护一切私有财产，不问其来历怎样，因为国家是以私有制为基础的。农民在所有现代文明国家内都变成了私有者。在地主把一部分土地出让给农民的时候，国家也保护私有财产，用赎买即出钱购买的办法，使地主得到补偿。国家似乎在宣称它保护真正的私有权，并对私有权给予各种各样的支持和庇护。国家承认每个商人、工业家和工厂主都有这种私有权。而这个以私有制为基础的社会，以资本权力为基础的社会，以完全控制一切无产工人和劳动农民群众为基础的社会，却宣布自己是以自由为基础来实行统治的。它反对农奴制时，宣布私有财产自由，深以国家似乎不再是阶级的国家而自豪。

其实，国家仍然是帮助资本家控制贫苦农民和工人阶级的机器，但它在表面上是自由的。它宣布普选权，并且通过自己的拥护者、鼓吹者、学者和哲学家宣称它不是阶级的国家。甚至在目前苏维埃社会主义共和国开始反对它的时候，这班人还责备我们破坏自由，说我们建立的国家是以一部分人强制和镇压另一部分人为基础的，而他们所代表的国家却是全民的，民主的。所以在目前这个时候，在社会主义革命在全世界已经开始并且恰好在几个国家内获得胜利的时候，在反对全世界资本的斗争特别尖锐的时候，这个问题即国家问题就具有最大的意义，可以说，已经成为最迫切的问题，成为当代一切政治问题和一切政治争论的焦点了。

我们观察一下俄国的或无论哪个更文明国家的任何一个政党，都可以看到，目前几乎所有的政治争论、分歧和意见，都是围绕着国家这一概念的。在资本主义国家里，在民主共和国特别是像瑞士或美国那样一些最自由最民主的共和国里，国家究竟是人民意志的表现、全民决定的总汇、民族意志的表现等等，还是使本国资本家能够维持其对工人阶级和农民的统治的机器？这就是目前世界各国政治争论所围绕着的基本问题。人们是怎样议论布尔什维主义的呢？资产阶级的报刊谩骂布尔什维克。没有一家报纸不在重复着目前流行的对布尔什维克的责难，说布尔什维克破坏民权制度。如果我国的孟什维克和社会革命党人由于心地纯朴（也许不是由于纯朴，也许这种纯朴，如俗语所说的，比盗窃还坏），认为责难布尔什维克破坏自由和民权制度是他们的发明和创造，那他们就大错特错了。现在，在最富有的国家内，花数千万金钱推销数千万份来散布资产阶级谎言和帝国主义政策的最富有的报纸，没有一个不在重复这种反对布尔什维主义的基本论据和责难，说美国、英国和瑞士是以民权制度为基础的先进国家，布尔什维克的共和国却是强盗国家，没有自由，布尔什维克破坏民权思想，甚至解散了立宪会议。这种对布尔什维克的吓人的责难，在全世界重复着。这种责难促使我们不得不解决什么是国家的问题。要了解这种责难，要弄清这种责难并完全自觉地来看待这种责难，要有坚定的见解而不是人云亦云，那就必须彻底弄清楚什么是国家。我们看到，有各种各样的资本主义国家，有在战前创立的替这些国家辩护的各种学说。要正确处理问题，就必须批判地对待这一切学说和观点。

我已经介绍你们阅读恩格斯的著作《家庭、私有制和国家的起源》。在这部著作里就讲到，凡是存在着土地和生产资料的私有制、资本占统治地位的国家，不管怎样民主，都是资本主义国家，都是资本家用来控制工人阶级和贫苦农民的机器。至于普选权、立宪会议和议会，那不过是形式，不过是一种空头支票，丝毫也不能改变事情的实质。

国家的统治形式可以各不相同：在有这种形式的地方，资本就用这种方式表现它的力量，在有另一种形式的地方，资本又用另一种方式表现它的力量，但实质上政权总是操在资本手里，不管权利有没有资格限制或其他限制，不管是不是民主共和国，反正都是一样，而且共和国愈民主，资本主义的这种统治就愈厉害，愈无耻。北美合众国是世界上最民主的共和国之一，可是，世界上没有一个国家像美国那样（凡是在1905年以后到过那里的人大概都知道），资本权力即一小撮亿万富翁统治整个社会的权力表现得如此横蛮，采用贿赂手段如此明目张胆。资本既然存在，也就统治着整个社会，所以任何民主共和制、任何选举制度都不会改变事情的实质。

民主共和制和普选制同农奴制比较起来是一大进步，因为它们使无产阶级有可能达到现在这样的统一和团结，有可能组成整齐的、有纪律的队伍去同资本有步骤地进行斗争。农奴制农民连稍微近似这点的东西也没有，奴隶就更不用说了。我们知道，奴隶举行过起义，进行过暴动，掀起过国内战争，但是他们始终未能造成自觉的多数，未能建立起领导斗争的政党，未能清楚地了解他们所要达到的目的，甚至在历史上最革命的时机，还是往往成为统治阶级手下的小卒。资产阶级的共和制、议会和普选制，所有这一切，从全世界社会发展来看，是一大进步。人类走到了资本主义，而只有资本主义，凭借城市的文化，才使被压迫的无产者阶级有可能认清自己的地位，创立世界工人运动，造就出在全世界组织成政党的千百万工人，建立起自觉地领导群众斗争的社会主义政党。没有议会制度，没有选举制度，工人阶级就不会有这样的发展。因此，这一切东西在广大群众的眼中具有很大的意义。因此，要来一个转变是件很困难的事情。不仅那些别有用心的伪君子、学者和神父支持和维护资产阶级的谎言，说国家是自由的，说国家负有使命保护所有的人的利益，就是许多诚心诚意重复陈腐偏见而不能了解从资本主义旧社会向社会主义过渡的人，也是如此。不仅直接依赖于资产阶级的人，不仅受资本压迫或被资本收买的人（替资本服务的有大量的、各种各样的学者、艺术家和神父等等），就是那些只是受资产阶级自由这种偏见影响的人，也都在全世界攻击布尔什维主义，因为苏维埃共和国刚一成立就抛弃了这种资产阶级谎言，公开声明说：你们把你们的国家叫做自由国家，其实只要私有制存在，你们的国家即使是民主共和制的国家，也无非是资本家镇压工人的机器，而且国家愈自由，这种情形就愈明显。欧洲的瑞士和美洲的北美合众国就是这样的例子。这两个都是民主共和国，粉饰得很漂亮，侈谈劳动民主和全体公民一律平等，尽管如此，任何地方的资本统治都没有像这两个国家那样无耻，那样残酷，那样露骨。其实，瑞士和美国都是资本在实行统治，只要工人试图真的稍稍改善一下自己的处境，就立刻会引起一场国内战争。在这两个国家内，士兵较少，即常备军较少（瑞士实行民兵制，每个瑞士人的家里都有枪；美国直到最近还没有常备军），因此，罢工发生时，资产阶级就武装起来，雇用士兵去镇压罢工，而且在任何地方，对工人运动的镇压，都不如瑞士和美国那样凶暴残忍；在任何一国的议会里，资本的势力都不如这两个国家那样强大。资本的势力就是一切，交易所就是一切，而议会、选举则不过是傀儡、木偶……但是愈往后，工人的眼睛就愈亮，苏维埃政权的思想就传布得愈广泛，尤其是在我们刚刚经历过的这场血腥的大厮杀以后。工人阶级日益清楚地认识到必须同资本家作无情的斗争。

不管一个共和国用什么形式掩饰起来，就算它是最民主的共和国吧，如果它是资产阶级共和国，如果它那里保存着土地和工厂的私有制，私人资本把全社会置于雇佣奴隶的地位，换句话说，如果它不实现我们党纲和苏维埃宪法所宣布的那些东西，那么这个国家还是一部分人压迫另一部分人的机器。因此要把这个机器夺过来，由必将推翻资本权力的那个阶级来掌握。我们要抛弃一切关于国家就是普遍平等的陈腐偏见，那是骗人的，因为只要剥削存在，就不会有平等。地主不可能同工人平等，挨饿者也不可能同饱食者平等。人们崇拜国家达到了迷信的地步，相信国家是全民政权的陈词滥调；无产阶级就是要扔掉这个叫做国家的机器，并且指出这是资产阶级的谎言。我们已经从资本家那里把这个机器夺了过来，由自己掌握。我们要用这个机器或者说这根棍棒去消灭一切剥削。到世界上再没有进行剥削的可能，再没有土地占有者和工厂占有者，再没有一部分人吃得很饱而一部分人却在挨饿的现象的时候，就是说，只有到再没有发生这种情形的可能的时候，我们才会把这个机器毁掉。那时就不会有国家了，就不会有剥削了。这就是我们共产党的观点。我希望我们在以后的讲课中还会谈到这个问题，还会多次地谈到这个问题。

（选自《列宁专题文集　论辩证唯物主义和历史唯物主义》，
人民出版社 2009 年版，第 281—297 页）

学　习　导　读

　　《论国家》是列宁 1919 年 7 月 11 日在斯维尔德洛夫大学讲演的记录，最初由苏联列宁研究院于 1929 年 1 月 18 日发表在《真理报》上。斯维尔德洛夫大学是苏联培养党政干部的第一所高等学校。列宁曾到这所学校作过两次论国家的讲演。1919 年 8 月 29 日讲演的题目是《关于国家，国家的意义、产生及阶级的产生》。可惜的是，这次讲演的记录未能被保存下来。

　　列宁在《论国家》中针对当时各国资产阶级、国内孟什维克和社会革命党人散布的关于国家问题的谬论和对苏维埃政权的攻击，围绕"什么是国家，它是怎样产生的，为彻底推翻资本主义而奋斗的工人阶级政党——共产党对国家的态度基本上应当是怎样的"，具体论述了四个方面的重要问题。

一、正确认识国家问题的重要性

（一）国家问题是一个极其复杂而又被弄得混乱不堪的问题

　　列宁在讲演的开头就强调国家问题是一个困难的问题。之所以困难，是因为它既是一个最复杂最难弄清的问题，又是一个被资产阶级的学者、作家和哲学家弄得最混乱的问题。他们往往把这个问题同宗教问题混为一谈，说国家是一种神奇的东西，是一种超自然的东西，是上天赋予的力量。他们一方面宣称资产阶级的国家是最民主、最自由的全民的国家，是人民意志的表现；另一方面竭力诽谤苏维埃政权破坏自由和民权制度。

　　一切剥削阶级的思想家、政治家为什么要在国家问题上制造混乱呢？这是因为"它比其他任何问题更加牵涉到统治阶级的利益（在这一点上它仅次于经济学中的基本问题）。国家学说被用来为社会特权辩护，为剥削的存在辩护，为资本主义的存在辩护"。各种国家观点的争论，对国家作用和意义的种种估计，实际上反映和表现着各个不同阶级之间的斗争。

（二）国家问题是全部政治的根本问题

　　列宁在讲演中，强调国家问题是全部政治的"根本问题"。因为地主、资产阶级是依靠他们所掌握的国家政权来维护他们对劳动人民的剥削和压迫的；无产阶级和劳动群众要自觉地维护自己的利益、争取自身的解放，就必须弄清楚国家的实质和对国家问题应采取的态度。这在当时的情况下尤其具有重要的意义。列宁说："在目前这个时候，在社会主义革命在全世界已经开始并且恰好在几个国家内获得胜利的时候，在反对全世界资本的斗争特别尖锐的时候，这个问题即国家问题就具有最大的意义，可以说，已经成为最迫切的问题，成为当代一切政治问题和一切政治争论的焦点了。"

正因为如此，列宁强调："只有学会独立地把这个问题弄清楚，你们才能认为自己的信念已经十分坚定，才能在任何人面前，在任何时候，很好地坚持这种信念。"后来，列宁更明确地讲道："一切革命的根本问题是国家政权问题。不弄清这个问题，便谈不上自觉地参加革命，更不用说领导革命。"①

（三）正确认识国家问题必须坚持历史分析方法和阶级分析方法

怎样才能学会独立地正确认识国家问题呢？列宁认为，一是要坚持历史分析方法。他说："对于用科学眼光分析这个问题来说是最重要的，那就是不要忘记基本的历史联系，考察每个问题都要看某种现象在历史上怎样产生、在发展中经过了哪些主要阶段，并根据它的这种发展去考察这一事物现在是怎样的。"恩格斯的《家庭、私有制和国家的起源》一书提供了这种正确观察问题的方法。要认真研读这部著作。二是要坚持阶级分析方法。列宁强调：我们始终都要记住历史上社会划分为阶级的这一基本事实。起初是无阶级的社会——父权制原始社会；然后是奴隶制社会；之后是农奴制社会；再后是农奴制被资本主义所取代。只有以社会的这种阶级划分作为基本的指导线索来观察国家，"我们才能给国家的实质和意义的问题找到一个确切的回答"。

二、国家实质上是维护阶级统治的机器

（一）原始社会没有阶级，也就没有国家

列宁根据历史的和阶级的分析方法来观察国家，得出的结论是："国家不

---

① 《列宁选集》第 3 卷，人民出版社 1995 年版，第 19 页。

是从来就有的。曾经有过一个时候是没有国家的。"国家是个历史现象，它是社会发展到一定阶段的产物。

在第一种人剥削人的形式、第一种阶级划分（奴隶主和奴隶）的形式尚未出现以前，存在着父权制或有时称为克兰制的家庭，社会结构是一种原始共产主义民主制。在这种以血缘关系为纽带"而自然形成的共同体"中，虽然也存在管理活动，但这种管理活动与以后形成的国家所从事的管理活动有着本质的区别。其特点是，管理所依靠的不是强力，而是管理者的威信和被管理者服从的自觉性。正如列宁所指出的："我们看到的是风俗的统治，是族长所享有的威信、尊敬和权力"，"但是在任何地方我们都看不到一种特殊**等级**的人分化出来管理他人并为了管理而系统地一贯地掌握着某种强制机构即暴力机构"。原始民主制中的权力是处于社会之中的"自然发生的共同体的权力"，而不是像国家权力那样成为独立的、站在社会之上的支配主体。

（二）社会的阶级划分和国家的起源与实质

列宁指出："历史告诉我们，国家这种强制人的特殊机构，只是在社会划分为阶级，即划分为这样一些集团，其中一些集团能够经常占有另一些集团的劳动的地方和时候，只是在人剥削人的地方，才产生出来的。"

原始社会是实行共产制的共同体，又没有剩余物，所以不可能产生专门分化出来实行管理并统治社会上其余一切人的特殊集团，也没有人需要用有组织的、专门的暴力对一些人进行镇压。所以，当时既不需要、也不可能产生国家。在原始社会末期，随着生产力的发展，出现了私有制和社会阶级的划分，即出现了"一些集团能够经常占有另一些集团的劳动"的情况，才有了国家。列宁指出："只有当社会划分为阶级的第一种形式出现时，当奴隶制出现时，当某一阶级有可能专门从事最简单的农业劳动而生产出一些剩余物时，当这种剩余物对于奴隶维持最贫苦的生活并非绝对必需而由奴隶主攫为己有时，当奴隶主阶级的地位已经因此巩固起来时，为了使这种地位更加巩固，就必须有国家了。"

国家产生的标志是：其一，有从社会中分化出来的几乎专门从事管理或主要从事管理的人组成的特殊集团。他们高居社会之上，成为统治者，成为国家代表。其二，有由专门从事管理或主要从事管理的人组成的特殊机构，即其装备同每个时代的技术水平相适应的暴力机构——武装队伍、监狱及其他强迫他人意志服从暴力的手段，这个暴力机构表现了国家的实质和意义。其三，这个集团总是把暴力机构把持在自己手中，而且不断加强它。这个特殊机构之所以需要，正是为了维护特定阶级的利益，即"一些集团能够经常占有另一些集团的劳动"的制度。

国家的起源、存在标志和基本特征都表明，"国家是维护一个阶级对另一个阶级的统治的机器"。

（三）国家形式的多样性与国家的阶级本质

列宁进一步讲到国家形式与国家阶级本质的问题。他指出："国家形式是多种多样的。"在奴隶占有制时期，有君主制和共和制、贵族制和民主制的区别。在农奴制占优势的国家里，既有君主制也有共和制。在资本主义社会里，有民主共和制、君主立宪制等。但是，国家形式的多种多样并不改变国家的阶级本质。奴隶占有制时代的国家，不论是君主制还是贵族的或民主的共和制，都是奴隶占有制国家。在农奴制国家里，始终只有地主—农奴主才被认为是统治者，农奴制下的农民根本没有任何政治权利。资产阶级国家只能是资产阶级的专政。

列宁讲的这个问题，就是我们常讲的国体和政体的关系问题。国体，是讲国家的本质，指的是"社会各阶级在国家中的地位"①。它表现的是国家的阶级性质。政体指的是国家的形式、政权构成形式，即统治阶级是以什么形式来组织国家和进行政治统治，以什么方式、方法来控制和管理国家以实现本阶级的统治。在二者的关系上，一方面，国体即国家的阶级本质从根本上决定着政体的选择和采用，政体必须服从并服务于统治阶级组织、完善和巩固其统治的需要。另一方面，统治阶级在决定自己的国家选择何种政体时，除了考虑本阶级的需要外，也不能不考虑各种社会政治力量的要求，不能不受到政治力量对比的制约；同时，一个国家的具体历史条件、文化传统和民族构成、民族习惯、民族心理以及国际环境等因素，也都会影响这个国家的政体和国家结构形式的选择。由于具体历史条件的不同，相同性质的国家完全可能选择不同的政体。比如，同样是资本主义国家，美国和英国一个采用了共和制，一个保留了君主制。反之，不同性质的国家完全可能选择相同的政体。如社会主义国家和

---

① 《毛泽东选集》第二卷，人民出版社 1991 年版，第 676 页。

资本主义国家都可以选择民主共和制政体。同一性质的同一国家，在不同的历史时期也可能采用不同的政体。如近代法国经历过共和制和帝制的多次交替。但这些都不改变各自国家的阶级本质。

三、历史上三种类型的剥削阶级国家

列宁指出，人类史上有众多国家经历过或经历着奴隶制、农奴制和资本主义社会；与此相应，也先后产生了三种类型的剥削阶级国家：奴隶占有制国家、农奴制国家和资本主义国家。这三种类型的剥削阶级国家各有自己的具体特征。

（一）奴隶占有制国家

奴隶占有制国家是奴隶主握有权力、能够管理所有奴隶的机构。它是人类社会发展史上第一种国家类型、第一个出现的剥削阶级专政的国家。"奴隶主和奴隶是第一次大规模的阶级划分。前一集团不仅占有一切生产资料（即土地和工具，尽管当时工具还十分简陋），并且还占有人。"奴隶主和奴隶阶级的基本划分，是奴隶制国家产生的阶级基础。奴隶主享有一切权利，不仅可以占有和买卖奴隶，而且可以随意杀戮奴隶。而奴隶则没有任何政治权利、经济权利，没有人身自由和安全，他们不过是奴隶主的会说话的生产工具。

奴隶占有制国家的形式是多种多样的。那时已经有君主制和共和制、贵族制和民主制的区别。奴隶占有制共和国按其内部结构来说可以分为两种：贵族共和国和民主共和国。在贵族共和国中参加选举的人是少数享有特权的人，在民主共和国中参加选举的是全体，但仍然是奴隶主的全体，奴隶是除外的。这种基本情况最清楚地表明了国家的实质。它说明国家"是一个阶级压迫另一个阶级的机器，是迫使一切从属的阶级服从于一个阶级的机器"。"管理形式确实是多种多样，但本质只是一个：奴隶没有任何权利，始终是被压迫阶级，不算是人"。

（二）农奴制国家

农奴制国家是人类历史上第二种类型的剥削阶级的国家。农奴制国家的特点：一是绝大多数人——农奴制农民完全依附于极少数占有土地的地主、农奴主。农奴、农民和地主、农奴主的阶级矛盾是社会的主要矛盾。二是最主要的生产资料——土地由大土地所有者占有；农民被束缚在土地上，但有了一个独立生产、生活的单位——家庭。农民（当时农民占大多数，城市人口极少）被禁锢在土地上，他们可以在地主给他的那一块土地上为自己劳动一定的天数，其余的日子则替地主耕种土地，并以劳役或实物的形式将维持家庭生产和生活以外的剩余劳动无偿交付给土地所有者。三是农奴制农民已不算是地主的直接私有物。农民在一定程度上是属于他自己的了；由于交换和贸易关系有了更广泛的发展，农民解放的机会也日益增多。

农奴制国家的形式也多种多样，有的是共和制，有的是君主制。实行君主制时，权力归一个人掌握；实行共和制时，从地主中选举出来的人多数可以参政。但始终只有地主——农奴主才被认为是统治者，农奴制下的农民根本没有任何政治权利。

（三）资本主义国家

资本主义国家是人类历史上第三种类型的剥削阶级国家。它是"存在着土地和生产资料的私有制、资本占统治地位的国家"，是"资本家用来控制工人阶级和贫苦农民的机器"。

资本主义国家建立在资本家占有生产资料以用于剥削雇佣工人的经济基础之上。占统治地位的资产阶级和受到剥削压迫的无产阶级的对立是资本主义生产关系中的主要矛盾。资产阶级国家的本质是资产阶级对无产阶级的政治统治，是资产阶级的专政。

但是资本主义国家宣扬实行全民自由，代表全体人民的意志，否认它是阶级的国家。这就形成了世界各国政治争论中的一个基本问题：如何看待资本主义国家，特别是资本主义的民主共和国？

关于这个问题，列宁说，只要"牢牢把握住社会划分为阶级的事实，阶级统治形式改变的事实，把它作为基本的指导线索，并用这个观点去分析一切社会问题，即经济、政治、精神和宗教等等问题"，就会真相大白。

资产阶级国家宣扬的全民自由的口号，开始是为了反对农奴制国家，从封建农奴主手中夺权，其结果是资本主义国家的代表获得自由，只是拥有财产人的自由。所谓"全民自由"，无非就是"私有财产自由"。它表明资本主义社会是"以私有制为基础的社会，以资本权力为基础的社会，以完全控制一切无产工人和劳动农民群众为基础的社会"。

资产阶级国家的普选制和立宪会议及议会，丝毫也不能改变事情的实质。因为"国家的统治形式可以各不相同：在有这种形式的地方，资本就用这种方式表现它的力量，在有另一种形式的地方，资本又用另一种方式表现它的力量，但实质上政权总是操在资本手里，不管权利有没有资格限制或其他限制，不管是不是民主共和国，反正都是一样"。"资本既然存在，也就统治着整个社会，所以任何民主共和制、任何选举制度都不会改变事情的实质"。当然，民主共和制和普选制同农奴制比较起来是一大进步。它使无产阶级和劳动人民获得某种表达自己的利益要求和进行政治活动的机会，可以利用资本主义民主争得某些实际利益，还可以通过参与政治过程聚集力量，获得政治斗争经验。这就使无产阶级有可能组成整齐的有纪律的队伍去同资产阶级进行有步骤的斗争。但是，在资产阶级民主制度下，无产阶级受压迫、受剥削的地位并没有、也不可能从根本上得到改变。

驳斥资产阶级关于他们的国家实行所谓"全民自由"等谎言的最雄辩的证据是事实。事实是，只要私有制存在，资产阶级的国家即使是民主共和制的国家，也无非是资本家镇压工人的机器。列宁指出：欧洲的瑞士和美洲的北美合众国都是民主共和国。"其实，瑞士和美国都是资本在实行统治，只要工人试图真的稍稍改善一下自己的处境，就立刻会引起一场国内战争。……罢工发生时，资产阶级就武装起来，雇用士兵去镇压罢工，而且在任何地方，对工人运动的镇压，都不如瑞士和美国那样凶暴残忍；在任何一国的议会里，资本的势力都不如这两个国家那样强大。资本的势力就是一切，交易所就是一切，而议会、选举则不过是傀儡、木偶……"这些事实有力地揭露了资产阶级民主的虚伪性和这类共和制国家的阶级实质。

四、无产阶级夺取国家政权及其历史任务

（一）无产阶级必须夺取政权并掌握国家机器

列宁指出："不管一个共和国用什么形式掩饰起来，就算它是最民主的共和国吧，如果它是资产阶级共和国，如果它那里保存着土地和工厂的私有制，

私人资本把全社会置于雇佣奴隶的地位，换句话说，如果它不实现我们党纲和苏维埃宪法所宣布的那些东西，那么这个国家还是一部分人压迫另一部分人的机器。"正因为如此，无产阶级的任务就是：认清资产阶级国家的本质，"把这个机器夺过来，由必将推翻资本权力的那个阶级来掌握"。

需要说明的是，这里讲的要夺取国家政权，并不是说要由无产阶级直接掌握资产阶级的国家机器。马克思早就说过："奴役他们的政治工具不能当成解放他们的政治工具来使用。"①"工人阶级不能简单地掌握现成的国家机器，并运用它来达到自己的目的"②，而必须把它打碎和摧毁，代之以无产阶级的国家机器。这就是列宁说的，国家机器要"由必将推翻资本权力的那个阶级来掌握"的意思。

资产阶级国家机器分为两个主要部分：一部分是典型的阶级压迫和阶级统治机器，如资本主义国家的军队、警察和官僚机构等，这部分国家机器，尤其是资产阶级军队"是支持旧制度的最坚硬的工具，是维护资产阶级纪律、支持资本统治、保持并培养劳动者对资本的奴隶般的驯服和服从的最坚固的柱石"③。无产阶级必须予以彻底摧毁，代之以无产阶级的新的国家机器，否则，无产阶级就不能解除自己身上的枷锁。另一部分则是履行社会管理职能的机构，这部分机构具有双重性，它们既是服务于资产阶级的工具，又是具有专门技术特点、组织和管理日常社会事务的机关。对于这部分机构，无产阶级可以加以改造、利用，使其转变为服务于社会主义社会职能的机构。

（二）利用新的国家机器去"消灭一切剥削"

社会主义国家是一种新型国家，"是**新型**民主的（对无产者和一般穷人是民主的）和**新型**专政的（对资产阶级是专政的）国家"④。

无产阶级从资本家那里把国家机器夺过来，由自己掌握以后，其基本任务是要利用国家机器去消灭一切剥削。这就是要进行社会主义改造，剥夺剥夺者，建立社会主义的生产资料公有制，实行按劳分配的分配制度，消灭剥削关

---

① 《马克思恩格斯文集》第3卷，人民出版社2009年版，第218页。
② 《马克思恩格斯文集》第3卷，人民出版社2009年版，第151页。
③ 《列宁选集》第3卷，人民出版社2012年版，第641—642页。
④ 《列宁专题文集　论马克思主义》，人民出版社2009年版，第207页。

系，同时大力发展社会生产力，消除社会两极分化，最终实现全体人民的共同富裕，促进社会全面进步和人的全面发展，造成资产阶级既不能存在、也不能产生的条件，推动社会向更高的阶段发展。

（三）国家将随着阶级和阶级差别的消灭而自行消亡

列宁预言："到世界上再没有进行剥削的可能，再没有土地占有者和工厂占有者，再没有一部分人吃得很饱而一部分人却在挨饿的现象的时候，就是说，只有到再没有发生这种情形的可能的时候，我们才会把这个机器毁掉。那时就不会有国家了，就不会有剥削了。"

无产阶级的最终目标，是实现共产主义。到那时，"国家政权对社会关系的干预在各个领域中将先后成为多余的事情而自行停止下来。那时，对人的统治将由对物的管理和对生产过程的领导所代替。国家不是'被废除'的，**它是自行消亡的**"[1]。

国家与革命的问题，是历史唯物主义的基本问题之一。在《论国家》中，列宁运用历史的和阶级的分析方法对这个问题作了简明、通俗而又深刻的论述。这对我们认清国家问题的实质和它的历史发展，对我们进行历史研究，都具有直接的指导作用。

延伸阅读：

1. 列宁：《国家与革命》，《列宁专题文集 论马克思主义》，人民出版社 2009 年版。
2. 列宁：《马克思主义论国家》，《列宁全集》第 31 卷，人民出版社 2017 年版。

思考题：

1. 正确认识国家问题的实质有何重要意义？研究国家问题为什么必须采取历史的和阶级的分析方法？

---

[1] 《马克思恩格斯文集》第 3 卷，人民出版社 2009 年版，第 562 页。

2. 什么是国体和政体？为什么同一性质的国家会采取不同的政权构成形式？

3. 为什么说国家是阶级统治的工具？历史上有哪几种类型的剥削阶级国家？

列　宁

论我国革命

（评尼·苏汉诺夫的札记）

（1923 年 1 月 16 日和 17 日）

一

　　这几天我翻阅了一下苏汉诺夫的革命札记。特别引人注目的是我国所有小资产阶级民主派也和第二国际全体英雄们一样迂腐。引人注目的是他们对过去的盲目模仿，至于他们非常怯懦，甚至其中的优秀人物一听说要稍微离开一下德国这个榜样，也要持保留态度，至于所有小资产阶级民主派在整个革命中充分表现出来的这种特性，就更不用说了。

　　他们都自称马克思主义者，但是对马克思主义的理解却迂腐到无以复加的程度。马克思主义中有决定意义的东西，即马克思主义的革命辩证法，他们一点也不理解。马克思说在革命时刻要有极大的灵活性①，就连马克思的这个直接指示他们也完全不理解，他们甚至没有注意到，例如，马克思在通信中（我记得是在 1856 年的通信中）曾表示希望能够造成一种革命局面的德国农民战争同工人运动结合起来②，就是对马克思的这个直接指示，他们也像猫儿围着热粥那样绕来绕去，不敢触及。

　　他们的一举一动都暴露出他们是些怯懦的改良主义者，唯恐离开资产阶级

---

① 显然是指马克思在《法兰西内战》中说巴黎公社是"一个高度灵活的政治形式"（见《马克思恩格斯选集》第 2 卷人民出版社 1972 年版第 378 页）和 1871 年 4 月 12 日马克思给路·库格曼的信中称赞巴黎人"具有何等的灵活性"（见《马克思恩格斯选集》第 4 卷人民出版社 1972 年版第 392 页）等语。——编者注

② 指 1856 年 4 月 16 日马克思给恩格斯的信中所说的话："德国的全部问题将取决于是否有可能由某种再版的农民战争来支持无产阶级革命，如果那样就太好了。"（见《马克思恩格斯选集》第 4 卷人民出版社 1972 年版第 334 页）。——编者注

一步，更怕跟资产阶级决裂，同时又用满不在乎的空谈和大话来掩饰自己的怯懦。即使单从理论上来看，也可以明显地看出他们根本不能理解马克思主义的下述见解。他们到目前为止只看到过资本主义和资产阶级民主在西欧的发展这条固定道路。因此，他们不能想象到，这条道路只有作相应的改变，也就是说，作某些修正（从世界历史的总进程来看，这种修正是微不足道的），才能当做榜样。

第一，这是和第一次帝国主义世界大战相联系的革命。这样的革命势必表现出一些新的特征，或者说正是由于战争而有所改变的一些特征，因为世界上还从来没有过在这种情况下发生的这样的战争。到目前为止我们看到，最富有的国家的资产阶级在这场战争之后还没有能调整好"正常的"资产阶级关系，而我们的改良主义者，即硬充革命家的小资产者，却一直认为正常的资产阶级关系是一个极限（不可逾越的极限），而且他们对于这种"正常"的理解是极其死板、极其狭隘的。

第二，他们根本不相信任何这样的看法：世界历史发展的一般规律，不仅丝毫不排斥个别发展阶段在发展的形式或顺序上表现出特殊性，反而是以此为前提的。他们甚至没有想到，例如，俄国是个介于文明国家和初次被这场战争最终卷入文明之列的整个东方各国即欧洲以外各国之间的国家，所以俄国能够表现出而且势必表现出某些特殊性，这些特殊性当然符合世界发展的总的路线，但却使俄国革命有别于以前西欧各国的革命，而且这些特殊性到了东方国家又会产生某些局部的新东西。

例如，他们在西欧社会民主党发展时期背得烂熟的一条论据，已成为他们万古不变的金科玉律，这条论据就是：我们还没有成长到实行社会主义的地步，或像他们中间各种"博学的"先生们所说的那样，我们还没有实行社会主义的客观经济前提。可是他们谁也没有想到问一问自己：面对第一次帝国主义大战所造成的那种革命形势的人民，在毫无出路的处境逼迫下，难道他们就不能奋起斗争，以求至少获得某种机会去为自己争得进一步发展文明的并不十分寻常的条件吗？

"俄国生产力还没有发展到可以实行社会主义的高度。"第二国际的一切英雄们，当然也包括苏汉诺夫在内，把这个论点真是当做口头禅了。他们把这个无可争辩的论点，用千百种腔调一再重复，他们觉得这是对评价我国革命有决定意义的论点。

试问，既然特殊的环境把俄国卷入了西欧所有多少有些影响的国家也被卷入的帝国主义世界大战，其次使处于东方即将开始或部分已经开始的革命边缘的俄国，发展到有条件实现像马克思这样的"马克思主义者"在 1856 年谈到普鲁士时曾作为一种可能的前途提出来的"农民战争"同工人运动的联合，那该怎么办呢？

既然毫无出路的处境十倍地增强了工农的力量，使我们能够用与西欧其他一切国家不同的方法来创造发展文明的根本前提，那又该怎么办呢？世界历史发展的总的路线是不是因此改变了呢？正在卷入和已经卷入世界历史总进程的每个国家的各基本阶级的基本相互关系是不是因此改变了呢？

既然建立社会主义需要有一定的文化水平（虽然谁也说不出这个一定的"文化水平"究竟是什么样的，因为这在各个西欧国家都是不同的），我们为什么不能首先用革命手段取得达到这个一定水平的前提，**然后**在工农政权和苏维埃制度的基础上赶上别国人民呢？

1923 年 1 月 16 日

二

你们说，为了建立社会主义就需要文明。好极了。那么，我们为什么不能首先在我国为这种文明创造前提，如驱逐地主，驱逐俄国资本家，然后开始走向社会主义呢？你们在哪些书本上读到过，通常的历史顺序是不容许或不可能有这类改变的呢？

记得拿破仑这样写过："On s'engage et Puis… on voit"，意译出来就是："首先要投入真正的战斗，然后便见分晓。"我们也是首先在 1917 年 10 月投入了真正的战斗，然后就看到了像布列斯特和约或新经济政策等等这样的发展中的细节（从世界历史的角度来看，这无疑是细节）。现在已经毫无疑问，我们基本上是胜利了。

我们的苏汉诺夫们，更不必说那些比他们更右的社会民主党人了，做梦也没有想到，不这样就根本不能进行革命。我们的欧洲庸人们做梦也没有想到，在东方那些人口无比众多、社会情况无比复杂的国家里，今后的革命无疑会比俄国革命带有更多的特殊性。

不用说，按考茨基思想编写的教科书在当时是很有益处的。不过现在毕竟是丢掉那种认为这种教科书规定了今后世界历史发展的一切形式的想法的时候了。应该及时宣布，有这种想法的人简直就是傻瓜。

1923 年 1 月 17 日

（选自《列宁专题文集　论社会主义》，人民出版社
2009 年版，第 356—360 页）

学 习 导 读

《论我国革命》是列宁在 1923 年 1 月 16 日和 17 日口授的一篇论述俄国社会主义革命的重要文章。文章写成后，由列宁夫人克鲁普斯卡娅转交《真理报》编辑部，在同年 5 月 30 日《真理报》第 117 号上发表。原文无标题，标题是由《真理报》编辑部加的。

尼·苏汉诺夫是俄国的孟什维克。在 1922 年柏林-彼得堡-莫斯科格尔热宾出版社出版的《革命札记》一书的第 3 卷和第 4 卷中，苏汉诺夫以"俄国的生产力还没有达到足以实现社会主义的水平"作为唯一的论据，否定俄国进行社会主义革命和社会主义建设的必要性和可能性。这也是当时第二国际领导人对俄国革命所采取的共同立场。

在《论我国革命》一文中，列宁通过评苏汉诺夫的札记，对俄国孟什维克和第二国际领导人否定俄国社会主义革命的基本论点做出了总结性的答复。在文章中，他创造性地论证了俄国进行社会主义革命的社会历史条件，批驳了那种把西欧发展道路固定化、公式化的错误倾向，划清了马克思主义与庸俗生产力论的界限。

由于列宁当时在病中，他口授的这篇文章是很简短的，但由于它回答了国际共产主义运动面临的一个崭新的关键性问题，因而在理论上具有重要意义。列宁阐明的有关思想，不仅在当时对于捍卫俄国的社会主义事业起了重要的作用，而且在今天对于我们正确认识经济文化比较落后的国家在一定条件下走上社会主义的发展道路问题，也具有重大的指导意义。

一、关于俄国社会主义革命问题的争论

（一）苏汉诺夫等对俄国社会主义革命的否定

革命前的俄国是一个经济落后的国家。直到 1913 年，它主要还是一个农业国。在工农业总产值中，工业占 42.1%，农业占 57.9%。对于俄国这样的国家在一定条件下能不能搞社会主义的问题，在国际共产主义运动中存在着很大的争论。

俄国十月社会主义革命前后，第二国际的领导人伯恩施坦就认为，由于俄国的"农业还占优势，工业也刚刚拥有就整个说来很少受过训练的工人阶级"，因此，"俄国的社会发展还根本够不上实现社会主义社会"。考茨基更认为，俄国在民主革命之后必须"加速资本主义的发展"，只有当无产阶级在"资本主义发展的基础上成熟起来"之后，才能进行社会主义革命。普列汉诺夫在十月革命前也讲过，"俄国历史还没有磨好将来要用它烤成社会主义的面粉"。"无产阶级专政只有在雇佣工人构成居民多数时才是可能的"。类似的观点在俄国孟什维克内部占统治地位。苏汉诺夫的《革命札记》集中地反映了这种观点。他认为，列宁关于俄国民主革命向社会主义革命过渡的理论，"缺少对俄国社会主义的'客观前提'的分析，即对社会经济条件的分析"。在他看来，俄国的生产力还没有达到足以实现社会主义的水平，因此，俄国并不具备实现社会主义的客观前提。

总起来说，按照他们的观点，一个国家必须像西欧发达国家那样，资本主义经济高度发达了，无产阶级占总人口的多数并且成熟起来了，才具备进行社会主义革命的条件。他们以为，只有这样看问题，才是坚持了马克思主义。

（二）苏汉诺夫等对马克思主义的教条主义的歪曲

由于俄国孟什维克和第二国际领导人是打着坚持马克思主义的旗号来否定俄国社会主义革命的，因此，为了驳斥他们的有关论点，列宁认为，首先必须弄清楚马克思主义在这个问题上的基本观点究竟是怎样的。

马克思的确说过："彻底的社会革命是同经济发展的一定历史条件联系着的；这些条件是社会革命的前提。因此，只有在工业无产阶级随着资本主义生产的发展，在人民群众中至少占有重要地位的地方，社会革命才有可能。"[①] 这个观点无疑是完全正确的，因为如果没有资本主义生产的发展，没有资本主义生产方式自身固有的生产社会化和生产资料私人占有的矛盾的发展，社会主义革命这个任务就是不可能被提出来的；如果没有工业无产阶级的形成和发展，社会主义革命就会缺少一种原动力，它的发生也就是不可能的，更不要说赢得胜利了。

但是，马克思主义的创始人并没有对这种资本主义生产的发展程度和文

---

① 《马克思恩格斯文集》第 3 卷，人民出版社 2009 年版，第 404 页。

化的发展程度规定出绝对的标准，也没有说过工业无产阶级必须占到全部人口的多数，不具备这些条件，任何国家都不应当进行社会主义革命。正因为如此，列宁在文章中说，固然，建立社会主义需要一定的文化水平，但是"谁也说不出这个一定的'文化水平'究竟是什么样的，因为这在各个西欧国家都是不同的"。

事实上，社会主义革命并不是单纯的经济过程，并不是似乎经济发展到一定的高度这个革命就自然会发生了；这个革命是不是发生、能不能胜利，不仅取决于经济条件，而且还取决于阶级力量对比的状况。这一点，从马克思、恩格斯对德国从资产阶级革命向无产阶级革命转变的论述中可以得到证明。

19世纪40年代后期，马克思、恩格斯在《共产党宣言》中指出："德国的资产阶级革命只能是无产阶级革命的直接序幕。"① 当时德国的资本主义经济是不是已经高度发达了呢？没有。德国是在19世纪30年代才进入工业革命阶段的。到1848年革命时，德国还没有建立起自己的机器制造业，工业中工厂生产的比重还不大，工场手工业和零散的小工业还占主要地位。德国依然是一个农业国。1849年，参加关税同盟各邦的农业人口占总人口的70%。尽管如此，马克思、恩格斯还是认为，德国的无产阶级在民主革命之后可以直接进行社会主义革命。这是"因为同17世纪的英国和18世纪的法国相比，德国将在整个欧洲文明更进步的条件下，拥有发展得多的无产阶级去实现这个变革"②。

列宁在文章中讲到了马克思对德国能不能进行无产阶级革命这个问题的看法。他特别提到1856年4月16日马克思在给恩格斯的信中讲的话："德国的全部问题将取决于是否有可能由某种再版的农民战争来支持无产阶级革命。如果那样就太好了……"③ 这说明，马克思在考察德国无产阶级革命问题时，着重关注的并不是德国资本主义经济是不是高度发达，而是阶级力量对比的状况，即占人口少数的无产阶级在发动革命时，能否得到占人口多数的农民的支持。他们认为，如果阶级力量对比的状况有利于无产阶级，是应当不失时机地去进行社会主义革命的。苏汉诺夫们这些"自称的马克思主义者"又是怎样看待马克思的这个重要论断的呢？列宁指出，"对马克思的这个直接指示，他们也像猫儿围着热粥那样绕来绕去，不敢触及"。

---

① 《马克思恩格斯文集》第2卷，人民出版社2009年版，第66页。
② 《马克思恩格斯文集》第2卷，人民出版社2009年版，第66页。
③ 《马克思恩格斯文集》第10卷，人民出版社2009年版，第131页。

由此可见，苏汉诺夫们所宣扬的观点，即一个国家必须是资本主义经济高度发达了，无产阶级成了全部人口的多数并且成熟起来了，才具备进行社会主义革命的条件这种观点，并不是马克思、恩格斯的观点，而是他们附加在马克思主义上面的东西，是从他们对马克思主义所作的教条式的理解中推演出来的。

这里有一个对马克思主义的科学理解和把握的问题。

马克思和恩格斯都认为，"经济状况是基础，但是对历史斗争的进程发生影响并且在许多情况下主要是决定着这一斗争的**形式**的，还有上层建筑的各种因素"①。但是，无论是苏汉诺夫们还是考茨基们，都并不了解历史发展中各种因素的相互作用，把经济因素说成是唯一决定性的因素，这样，他们就"把这个命题变成毫无内容的、抽象的、荒诞无稽的空话"②了。这种理论，并不是马克思主义，而是"被第二国际的首领们庸俗化了的所谓'生产力'论"③，是对于马克思主义的教条主义的歪曲。

二、俄国进行社会主义革命的
时代和社会历史条件

在揭露苏汉诺夫们对待马克思主义所作的教条主义的歪曲之后，列宁着重对俄国为什么会发生社会主义革命和怎样看待俄国社会主义革命的问题进行了论述。

俄国并不是脱离世界的一种孤立的存在。考察俄国的革命问题，必须具有世界历史眼光。列宁指出，俄国革命"是和第一次帝国主义世界大战相联系的革命。这样的革命势必表现出一些新的特征"。

为什么这样讲呢？因为资本主义的发展首次开创了世界历史。所以，对于一个国家的革命问题，是不能离开整个国际环境孤立地加以考察的。这种情况，到了帝国主义时代就表现得更加明显。正因为如此，仅仅根据某一个国家的经济状况去分析无产阶级革命的前提已经不够了。"因为个别国家和

---

① 《马克思恩格斯文集》第10卷，人民出版社2009年版，第591页。
② 《马克思恩格斯文集》第10卷，人民出版社2009年版，第591页。
③ 《斯大林选集》上卷，人民出版社1979年版，第202页。

个别民族的经济已经不是独立自在的单位，已经变成所谓世界经济的整个链条的各个环节"①。"因为整个体系已经成熟到发生革命的程度，这个体系中存在着工业不够发达的国家并不能成为革命的不可克服的障碍"②。也正因为如此，列宁指出，帝国主义发展不平衡的规律，使得一个国家的无产阶级革命有可能突破帝国主义统治的薄弱环节，首先取得胜利。而当时的俄国就是这样的一个国家。

苏汉诺夫们在考察俄国革命时，只是孤立地考察俄国资本主义经济的发展水平，而没有考察俄国所处的时代条件和国际环境，没有考察俄国由于参加世界大战必然给革命带来的新特点。

针对这种情况，列宁尖锐地质问苏汉诺夫们：既然特殊的环境把俄国卷入了帝国主义世界大战，使俄国具备了进行社会主义革命的条件，即"有条件实现像马克思这样的'马克思主义者'在 1856 年谈到普鲁士时曾作为一种可能的前途提出来的'农民战争'同工人运动的联合，那该怎么办呢？""既然毫无出路的处境十倍地增强了工农的力量，使我们能够用与西欧其他一切国家不同的方法来创造发展文明的根本前提，那又该怎么办呢？"列宁的意思是很清楚的：我们应当不失时机地去进行社会主义革命，夺取政权，建立苏维埃制度，以便在此基础上发展生产力、发展文明；而不应当坐失历史机遇，照走西欧国家的固定道路，去容忍已经把工农群众逼入绝境的资本主义制度，待到俄国资本主义高度发达之后再去进行社会主义革命。

当然，列宁并不认为，一个国家能不能进行社会主义革命，根本就不需要考虑它的经济条件。他讲过：人们常常说，俄国是一个落后的、农民的、小资产阶级的国家，因此根本谈不上社会革命。"但是他们忘记了，战争使我们处于特殊的境地，与小资产阶级并存的还有大资本。"③ 事实上，革命前的俄国是一个封建的军事的帝国主义国家。"战争异常地加速了垄断资本主义向国家垄断资本主义的转变，从而使人类异常迅速地接近了社会主义，历史的辩证法就是如此。""帝国主义战争是社会主义革命的前夜。这不仅因为战争带来的灾难促成了无产阶级的起义（如果社会主义在经济上尚未成熟，任何起义也创造不出社会主义来），而且因为国家垄断资本主义是社会主义的最充分的物质准备，

---

① 《斯大林选集》上卷，人民出版社 1979 年版，第 204 页。
② 《斯大林选集》上卷，人民出版社 1979 年版，第 205 页。
③ 《列宁全集》第 29 卷，人民出版社 1985 年版，第 436 页。

是社会主义的**前阶**，是历史阶梯上的一级，在这一级和叫做社会主义的那一级
之间，**没有任何中间级**。"① 这就是说，俄国之所以发生社会主义革命，不仅由
于在当时俄国的阶级力量的对比方面无产阶级处于优势，而且也由于当时的俄
国社会也已经具备了走向社会主义的必要的物质基础。

在这里，列宁是否只是讲了俄国的无产阶级可以夺取政权，并不认为当时
的俄国已经可以采取社会主义的步骤呢？不是。列宁明确地讲过：在用革命手
段争得了共和制和民主制的 20 世纪的俄国，不走向社会主义，不采取走向社
会主义的步骤，就不能前进。② 事实上，对于当时的俄国来说，只有建立社会
主义制度，才能为生产力的发展开辟广阔的道路，并经过一定的历史过程，为
社会主义制度奠定坚实的物质技术基础。

三、世界历史发展的一般规律和
各国历史发展的特殊性

（一）在革命时期要有极大的灵活性，不能把西欧的发展道路固定化、公式化

列宁对俄国社会主义革命所做的论述，是同苏汉诺夫等人的设想大相径庭
的。他们认为，俄国只有像西欧国家那样，先在资本主义制度下使经济文化高
度发达以后，才有可能进行社会主义革命。他们不善于从实际出发来思考俄国
革命的历史特点，把西欧的发展道路固定化、公式化了。

针对这种情况，列宁指出，无论是俄国的小资产阶级民主派还是第二国际
的"英雄"们，"都自称马克思主义者，但是对马克思主义的理解却迂腐到无
以复加的程度"。他们只看到过资本主义和资产阶级民主在西欧发展的固定道
路，对于他们来说，对这条道路作相应的改变是不可想象的。"马克思主义中
有决定意义的东西，即马克思主义的革命辩证法，他们一点也不理解。"他们
不懂得具体问题具体分析才是马克思主义的活的灵魂，他们只会盲目模仿，不
敢离开西欧道路一步。似乎哪个国家没有达到西欧发达国家的经济文化水平，

---

① 《列宁专题文集 论资本主义》，人民出版社 2009 年版，第 235 页。
② 参见《列宁专题文集 论资本主义》，人民出版社 2009 年版，第 234 页。

那个国家就绝对不能进行社会主义革命。

为了批驳他们这种僵化的观点，列宁引证了马克思的话："在革命时刻要有极大的灵活性"；指出苏汉诺夫等人完全不了解甚至根本没有注意到马克思的这个重要思想。他们不懂得，一个真正的马克思主义者不仅应当向书本学习，尤其应当在马克思主义的世界观、方法论的指导下向实践学习。不研究新的历史条件、总结新的实践经验，而只是从公式出发，用一种固定的公式随处套用，想要得出对有关问题的正确答案，是不可能的。马克思主义的创始人早就讲过，历史常常是跳跃式地和曲折地前进的；如果可以不加分析地把理论应用于任何历史时期，那就会比解一次方程式更容易了。而考茨基和苏汉诺夫之流观察问题的方法就是这样。

所以，列宁告诫人们："按考茨基思想编写的教科书在当时是很有益处的。不过现在毕竟是丢掉那种认为这种教科书规定了今后世界历史发展的一切形式的想法的时候了。应该及时宣布，有这种想法的人简直就是傻瓜。"

（二）正确认识世界历史发展的一般规律与个别发展阶段的特殊性的关系

在阐明了俄国发生社会主义革命的条件之后，列宁进一步回答了怎样看待俄国进行社会主义革命这个问题，即：这样做，是不是离开了世界历史发展的一般规律？

社会主义是比资本主义更高级的社会形态，它应当建立在高度发达的物质技术基础之上，这是没有疑问的。这个一般规律和总的路线没有也不会改变。俄国所改变的，只是它的发展顺序而已。俄国不是像西欧国家那样，首先在资本主义制度下使生产力充分发展起来、使社会文化水平提高起来，而后待到革命时机成熟时再去进行社会主义革命；而是抓住历史提供的机遇，发动社会主义革命，而后利用这个革命所创造的条件，采取走向社会主义的步骤，使生产力充分发展起来、使社会文化水平提高起来，从而使社会主义建立在高度发达的物质技术基础之上。

由于苏汉诺夫们不承认历史发展的顺序可以作这种改变，列宁就质问他们："你们说，为了建立社会主义就需要文明。好极了。那么，我们为什么不能首先在我国为这种文明创造前提，如驱逐地主，驱逐俄国资本家，然后开始走向社会主义呢？你们在哪些书本上读到过，通常的历史顺序是不容许或不可能有这类改变的呢？"既然建设社会主义需要一定的文化水平，"我们为什么不能首先用革命手段取得达到这个一定水平的前提，**然后**在工农政权和苏维埃制度的基础上赶上别国人民呢？"

列宁认为："世界历史发展的一般规律，不仅丝毫不排斥个别发展阶段在发展的形式或顺序上表现出特殊性，反而是以此为前提的。"俄国因为是介于西欧文明国家和东方国家之间的国家，所以就能够而且势必表现出某些特殊性。矛盾的普遍性从来都是寓于特殊性之中的。世界各国历史的发展，从来都是社会发展的一般规律与它在特定国家及其个别发展阶段上的特殊规律的统一。

还应当注意到，尽管列宁认为俄国这样的国家在一定条件下可以而且应当进行社会主义革命，但是，他从来没有认为社会主义可以长久地建立在落后的物质、文化的基础之上。他清醒地认识到，"我们曾经是而且现在还是一个小农国家，因此我们向共产主义过渡比在其他任何条件下困难得多"①。他强调，"只有当国家实现了电气化，为工业、农业和运输业打下了现代大工业的技术基础的时候，我们才能得到最后的胜利"②。发展顺序的改变，归根到底不仅并没有改变、而且是为了更有效地实现社会主义应当建立在高度发达的物质技术基础之上这个一般规律。

历史表明，俄国的社会主义革命并没有阻碍俄国社会生产力的发展。相反，正是依靠发挥社会主义的优越性，经过一个时期的努力，俄国从一个落后的国家变成了欧洲第一强国、世界第二强国。这个无可辩驳的历史事实，是列宁在《论我国革命》一文中所阐明的上述观点的正确性的最有力的证明。

四、东方国家的革命与近现代
中国的历史发展道路

（一）东方国家革命的特殊性

马克思主义认为，社会主义必然代替资本主义，这是社会历史发展的总趋

---

① 《列宁选集》第4卷，人民出版社2012年版，第352页。
② 《列宁专题文集　论社会主义》，人民出版社2009年版，第182页。

势。但是由于国情不同，各国走向社会主义的具体形式和具体道路将会具有不同的特点。所以，列宁在指明俄国革命有别于以前西欧各国的革命之后，进一步指出："这些特殊性到了东方国家又会产生某些局部的新东西"。"在东方那些人口无比众多、社会情况无比复杂的国家里，今后的革命无疑会比俄国革命带有更多的特殊性"。因为俄国与西欧国家同为资本主义国家，只是资本主义发展的程度不同和其他社会历史条件不同，它们的革命进程就已经有了明显的差别，那么，对于许多尚处在前资本主义阶段或殖民地、半殖民地、半封建社会的东方国家来说，它们的革命将"带有更多的特殊性"，更是理所当然的了。

对于这个问题，1919年11月22日，列宁在全俄东部各民族共产党组织第二次代表大会上的报告中作了比较具体的说明。他指出："东方大多数民族的处境比欧洲最落后的国家俄国还要坏"[1]。因此，东方各民族的共产党人面临着全世界共产党人所没有遇到过的一个任务，就是必须以共产主义的一般原理和实践为根据，适应欧洲各国没有的特殊条件，善于把这种理论和实践经验运用于主要群众是农民、需要解决的任务不是反对资本而是反对中世纪残余的斗争中。"你们必须找到特殊的形式，把全世界先进无产者同东部那些往往处在中世纪生活条件下的被剥削劳动群众联合起来。"[2]

列宁对俄国东部各民族共产党人所讲的这个原则，对东方国家的共产党人也是适用的。实际上，对于东方国家来说，不仅只有首先进行民主革命才能进行社会主义革命，而且那里的民主革命和社会主义革命也都将带有各自的历史特点。

所以，我们在研究近现代东方国家的历史发展时，必须注意考察这些国家的历史特点，注意认清这些国家的革命"带有更多的特殊性"这个问题。

（二）正确认识近现代中国的历史发展道路

列宁在《论我国革命》一文中所阐明的观点，对于正确认识近现代中国的历史发展道路，澄清在这些问题上的某些思想混乱，有重要的意义。因为中国从1920年关于社会主义的论战开始，在长时间里，一些论者都是以考茨基等人鼓吹的庸俗生产力论为武器，来否定中国的先进分子和人民群众所作的社会主

---

① 《列宁专题文集　论无产阶级政党》，人民出版社2009年版，第232页。
② 《列宁专题文集　论无产阶级政党》，人民出版社2009年版，第232页。

义选择的。

近代以来，中国是一个半殖民地半封建社会而不是资本主义社会。对于中国来说，要像西欧国家那样，首先使资本主义生产高度发达起来，而后再进一步考虑进行社会主义革命，这条道路是行不通的。毛泽东说过："资产阶级的共和国，外国有过的，中国不能有，因为中国是受帝国主义压迫的国家。"① 帝国主义列强决不容许中国成为独立的资本主义国家，从而丧失它们在中国的殖民主义利益，并在国际上增加一个竞争对手。所以，中国共产党只能从中国实际出发，首先领导人民进行反帝反封建的新式的资产阶级民主革命，创建工人阶级领导的人民共和国，而后不停顿地带领中国人民走上社会主义的发展道路。

新中国成立后，仍然有一个"向何处去"的问题，即究竟是走资本主义道路还是走社会主义道路的问题。以毛泽东为代表的中国共产党人正是"根据列宁关于过渡时期的学说，总结了中华人民共和国成立以来的经验，在我国国民经济恢复阶段将要结束的时候，即一九五二年，提出了党在过渡时期的总路线"②。在这条总路线的指引下，中国共产党领导人民顺利地实现了从新民主主义到社会主义的转变，开始了在社会主义道路上实现中华民族伟大复兴的历史征程。

对于经济落后的国家在一定的条件下可以搞社会主义的问题，毛泽东的观点同列宁《论我国革命》一文中阐明的思想完全一致。在这个问题上，邓小平的观点同列宁、毛泽东的观点，也是完全一致的。1977 年 10 月，针对经济文化比较落后的中国能不能搞社会主义这种疑问，邓小平在同加拿大林达光教授夫妇谈话时说："列宁在批判考茨基的庸俗生产力论时讲，落后的国家也可以搞社会主义革命。我们也是反对庸俗的生产力论，我们采取了和十月革命不同的方式，农村包围城市。当时中国有了先进的无产阶级的政党，有了初步的资本主义经济，加上国际条件，所以在一个很不发达的中国能搞社会主义。这和列宁讲的反对庸俗的生产力论一样。"③

诚然，一个经济落后的国家在一定条件下走上社会主义道路之后，必须充分发挥社会主义制度的优越性，大力发展生产力，努力推进经济、政治、文

① 《毛泽东选集》第四卷，人民出版社 1991 年版，第 1471 页。
② 《毛泽东文集》第六卷，人民出版社 1999 年版，第 389 页。
③ 《邓小平年谱（1975—1997）》（上），中央文献出版社 2004 年版，第 223 页。

化、社会等各方面的建设，以便为巩固和发展社会主义奠定强大的物质技术基础和牢固的思想文化等方面的基础。

总之，科学地理解和掌握唯物主义历史观，划清马克思主义与庸俗生产力论的界限，是正确认识中国社会主义事业的兴起和发展这一中国近现代历史上的基本问题的重要思想前提。

延伸阅读：

1. 列宁：《无产阶级专政时代的经济和政治》，《列宁专题文集　论社会主义》，人民出版社 2009 年版。
2. 列宁：《论粮食税》，《列宁专题文集　论社会主义》，人民出版社 2009 年版。
3. 列宁：《论合作社》，《列宁专题文集　论社会主义》，人民出版社 2009 年版。

思考题：

1. 列宁是怎样分析经济落后的俄国进行社会主义革命的时代和社会历史条件的？
2. 如何正确认识世界历史发展的一般规律与个别发展阶段上特殊性的关系？
3. 什么是庸俗生产力论？为什么必须划清马克思主义与庸俗生产力论的界限？

列　宁

民族和殖民地问题提纲初稿
民族和殖民地问题委员会的报告

民族和殖民地问题提纲初稿

（为共产国际第二次代表大会草拟）

（1920 年 6 月 5 日）

我为共产国际第二次代表大会准备了一个关于殖民地和民族问题的提纲草案，请同志们讨论，并请全体同志，特别是具体了解这些极为复杂的问题中的这个或那个问题的同志，**以最简短（至多两三页）的方式**提出自己的意见、修正、补充或具体说明，尤其是关于以下各点：

奥地利经验。

波兰犹太人的经验和乌克兰的经验。

阿尔萨斯-洛林和比利时。

爱尔兰。

丹麦和德国的关系。意大利和法国的关系以及意大利和斯拉夫的
　　关系。

巴尔干的经验。

东方各民族。

同泛伊斯兰主义的斗争。

高加索的关系。

巴什基尔共和国和鞑靼共和国。

吉尔吉斯斯坦。

土耳其斯坦及其经验。

美国的黑人。

各殖民地。

中国——朝鲜——日本。

尼·列宁

1920 年 6 月 5 日

1. 资产阶级民主由它的本性所决定的一个特点就是抽象地或从形式上提出平等问题，包括民族平等问题。资产阶级民主在个人平等的名义下，宣布有产者和无产者、剥削者和被剥削者的形式上或法律上的平等，用这种弥天大谎来欺骗被压迫阶级。平等思想本身就是商品生产关系的反映，资产阶级借口个人绝对平等，把这种思想变为反对消灭阶级的斗争工具。要求平等的实际含义只能是要求消灭阶级。

2. 共产党是无产阶级争取推翻资产阶级压迫的斗争的自觉代表，它的基本任务是反对资产阶级民主，揭露资产阶级民主的欺骗和虚伪，因而在民族问题上也不应当把提出抽象的和形式上的原则当做主要之点，主要之点应当是：第一，准确地估计具体的历史情况，首先是经济情况；第二，把被压迫阶级、被剥削劳动者的利益，同笼统说的民族利益这样一种意味着统治阶级利益的一般概念，明确地区分开来；第三，把被压迫的、附属的、没有平等权利的民族，同压迫的、剥削的、享有充分权利的民族也明确地加以区分。这同资产阶级民主的谎言是截然相反的，这种谎言掩盖金融资本和帝国主义的时代所特有的现象，即为数无几的最富裕的先进资本主义国家对世界大多数人实行殖民奴役和金融奴役。

3. 1914—1918 年的帝国主义战争，在一切民族和全世界被压迫阶级面前，特别清楚地揭示了资产阶级民主词句的欺骗性，用事实表明，所谓"西方民主国家"的凡尔赛条约[①]是比德国容克和德皇的布列斯特-里托夫斯克条约[②]更加

[①]　凡尔赛和约（凡尔赛条约）即第一次世界大战后英、法、意、日等国对德和约，于 1919 年 6 月 28 日在巴黎郊区凡尔赛宫签订。列宁在评价凡尔赛和约时指出：这是骇人听闻的、掠夺性的和约，它把亿万人，其中包括最文明的人，置于奴隶地位。——编者注

[②]　布列斯特和约（布列斯特条约）是 1918 年 3 月 3 日苏维埃俄国在布列斯特-里托夫斯克同德国、奥匈帝国、保加利亚和土耳其签订的条约。根据和约，苏维埃共和国同四国同盟之间停止战争状态，苏维埃俄国总共丧失 100 万平方公里土地（含乌克兰）。布列斯特和约是当时刚建立的苏维埃政权为了摆脱帝国主义战争，集中力量巩固十月革命取得的胜利而实行的一种革命的妥协。1918 年 11 月 13 日，全俄中央执行委员会宣布废除布列斯特和约。——编者注

野蛮、更加卑劣地强加于弱国的暴力。国际联盟①和战后协约国②的全部政策更清楚更突出地揭示了这一真相，它们到处加剧了先进国家的无产阶级和殖民地、附属国的一切劳动群众的革命斗争，使所谓在资本主义制度下各民族能够和平共居和一律平等的市侩的民族主义幻想更快地破灭。

4. 从上述的基本原理中就得出以下的结论：共产国际在民族和殖民地问题上的全部政策，主要应该是使各民族和各国的无产者和劳动群众为共同进行革命斗争、打倒地主和资产阶级而彼此接近起来。这是因为只有这种接近，才能保证战胜资本主义，如果没有这一胜利，便不能消灭民族压迫和不平等的现象。

5. 目前的世界政治形势把无产阶级专政提上了日程，世界政治中的一切事变都必然围绕着一个中心点，就是围绕世界资产阶级反对俄罗斯苏维埃共和国的斗争。而俄罗斯苏维埃共和国必然是一方面团结各国先进工人的苏维埃运动，另一方面团结殖民地和被压迫民族的一切民族解放运动。这些民族根据自己的痛苦经验深信，只有苏维埃政权战胜世界帝国主义，他们才能得救。

6. 因此，目前不能局限于空口承认或空口提倡各民族劳动者互相接近，必须实行使一切民族解放运动和一切殖民地解放运动同苏维埃俄国结成最密切的联盟的政策，并且根据各国无产阶级中共产主义运动发展的程度，或根据落后国家或落后民族中工人和农民的资产阶级民主解放运动发展的程度，来确定这个联盟的形式。

7. 联邦制是各民族劳动者走向完全统一的过渡形式。无论在俄罗斯联邦同其他苏维埃共和国（过去的匈牙利苏维埃共和国、芬兰苏维埃共和国、拉脱维亚苏维埃共和国，现在的阿塞拜疆苏维埃共和国、乌克兰苏维埃共和国）的关系中，或在俄罗斯联邦内部同从前既没有成立国家又没有实行自治的各民族

---

① 国际联盟（国际联合会）是根据 1919 年在巴黎和会上通过的《国际联盟章程》于 1920 年 1 月成立的，总部设在日内瓦，先后参加的国家有 60 多个。国际联盟自成立起就为英、法帝国主义所操纵。它表面上标榜"促进国际合作，维持国际和平与安全"，实际上是帝国主义国家推行侵略政策、重新瓜分殖民地的工具。第二次世界大战爆发后，国际联盟无形中瓦解，1946 年 4 月正式宣告解散。——编者注

② 协约国（三国协约）是 1907 年最后形成的英、法、俄三国帝国主义联盟。这一联盟同德、奥、意三国同盟相对立，在第一次世界大战期间先后有美、日、意等 20 多个国家加入。十月革命后，协约国联盟的主要成员——英、法、美、日等国发动和组织了对苏维埃俄国的武装干涉。——编者注

（例如，在俄罗斯联邦内，1919年建立的巴什基尔自治共和国、1920年建立的鞑靼自治共和国）的关系中，联邦制已经在实践上显示出它是适当的。

8. 共产国际在这方面的任务，是进一步地发展、研究以及通过实际来检验在苏维埃制度和苏维埃运动基础上所产生的这些新的联邦国家。既然承认联邦制是走向完全统一的过渡形式，那就必须力求建立愈来愈密切的联邦制联盟，第一，因为没有各苏维埃共和国最密切的联盟，便不能捍卫被军事方面无比强大的世界帝国主义列强所包围的各苏维埃共和国的生存；第二，因为各苏维埃共和国之间必须有一个密切的经济联盟，否则便不能恢复被帝国主义所破坏了的生产力，便不能保证劳动者的福利；第三，因为估计到建立统一的、由各国无产阶级按总计划调整的完整的世界经济的趋势，这种趋势在资本主义制度下已经十分明显地表现出来，在社会主义制度下必然会继续发展而臻于完善。

9. 在国家内部关系方面，共产国际的民族政策决不能只限于空洞地、形式地、纯粹宣言式地、实际上却不负任何责任地承认民族平等，就像资产阶级民主派所做的那样。这些人不管是坦率地承认自己是资产阶级民主派，或者是像第二国际的社会党人那样，借社会党人的称号来掩饰自己，都是一样的。

不仅在各国共产党的全部宣传鼓动工作（议会讲坛上和议会讲坛外的宣传鼓动）中，应当不断地揭露各资本主义国家违背本国的"民主"宪法，经常破坏民族平等，破坏保障少数民族权利的种种事实，而且还必须做到：第一，经常解释，只有在反资产阶级的斗争中首先把无产者、然后把全体劳动者联合起来的苏维埃制度，才能实际上给各民族以平等；第二，各国共产党必须直接帮助附属的或没有平等权利的民族（例如爱尔兰，美国的黑人等）和殖民地的革命运动。

没有后面这个特别重要的条件，反对压迫附属民族和殖民地的斗争以及承认他们有国家分离权就仍然是一块假招牌，正像我们在第二国际各党那里看到的一样。

10. 口头上承认国际主义，而事实上在全部宣传、鼓动和实际工作中却用市侩民族主义与和平主义偷换国际主义，这不仅在第二国际各党中是最常见的现象，而且在那些已经退出这个国际的政党中，甚至在目前往往自称为共产党的政党中也是最常见的现象。把无产阶级专政由一国的（即存在于一个国家的，不能决定全世界政治的）专政转变为国际的专政（即至少是几个先进国家的，对全世界政治能够起决定影响的无产阶级专政）的任务愈迫切，同最顽固的小资产阶级民族主义偏见这种祸害的斗争就愈会提到首要地位。小资产阶级民族主义宣称，只要承认民族平等就是国际主义，同时却把民族利己主义当做不可侵犯的东西保留下来（更不用说这种承认纯粹是口头上的），而无产阶级的国际主义，第一，要求一个国家的无产阶级斗争的利益服从全世界范围的无产阶级斗争的利益；第二，要求正在战胜资产阶级的民族，有能力有决心为推翻国际资本而承担最大的民族牺牲。

因此，在已经完全是资本主义的、拥有真正是无产阶级先锋队的工人政党的国家中，首要的任务就是同歪曲国际主义的概念和政策的机会主义和市侩和平主义作斗争。

11. 对于封建关系或宗法关系、宗法农民关系占优势的比较落后的国家和民族，要特别注意以下各点：

第一，各国共产党必须帮助这些国家的资产阶级民主解放运动；把落后国家沦为殖民地或在财政上加以控制的那个国家的工人，首先有义务给予最积极的帮助；

第二，必须同落后国家内具有影响的僧侣及其他反动分子和中世纪制度的代表者作斗争；

第三，必须同那些企图利用反欧美帝国主义的解放运动来巩固可汗、地主、毛拉等地位的泛伊斯兰主义和其他类似的思潮作斗争；①

第四，必须特别援助落后国家中反对地主、反对大土地占有制、反对各种封建主义现象或封建主义残余的农民运动，竭力使农民运动具有最大的革命性，使西欧共产主义无产阶级与东方各殖民地以至一切落后国家的农民革命运动结成尽可能密切的联盟；尤其必须尽一切努力，用建立"劳动者苏维埃"等方法把苏维埃制度的基本原则应用到资本主义前的关系占统治地位的国家中去；

第五，必须坚决反对把落后国家内的资产阶级民主解放思潮涂上共产主义的色彩；共产国际援助殖民地和落后国家的资产阶级民主民族运动，只能是有条件的，这个条件是各落后国家未来的无产阶级政党（不仅名义上是共产党）的分子已在集结起来，并且通过教育认识到同本国资产阶级民主运动作斗争是自己的特殊任务；共产国际应当同殖民地和落后国家的资产阶级民主派结成临时联盟，但是不要同他们融合，要绝对保持无产阶级运动的独立性，即使这一

---

① 列宁在校样上用大括号将第二点和第三点括在一起并写道："第二点和第三点合并"。——俄文版编者注

运动还处在最初的萌芽状态也应如此；

第六，必须向一切国家、特别是落后国家的最广大的劳动群众不断地说明和揭露帝国主义列强一贯进行的欺骗，即打着建立政治上独立的国家的幌子，来建立在经济、财政和军事方面都完全依赖于它们的国家；在目前国际形势下，除了建立苏维埃共和国联盟，附属民族和弱小民族别无生路。

12. 帝国主义列强历来对殖民地和弱小民族的压迫，在被压迫国家劳动群众的心中不仅播下了仇恨，而且播下了对整个压迫民族包括对这些民族的无产阶级的不信任。这些民族的无产阶级的多数正式领袖，在 1914—1919 年曾经站在社会沙文主义的立场上，借口"保卫祖国"来保卫"本国"资产阶级压榨殖民地和掠夺财政上不独立的国家的"权利"，他们这种背叛社会主义的卑鄙行径不能不加深这种完全合乎情理的不信任心理。另一方面，一个国家愈是落后，这个国家的小农业生产、宗法性和闭塞性就愈加厉害，也就必然使最深的小资产阶级偏见，即民族利己主义和民族狭隘性的偏见表现得特别厉害和顽固。既然这些偏见只有在各先进国家内的帝国主义和资本主义消灭以后，只有在落后国家的经济生活全部基础急剧改变以后才能消逝，那么这些偏见的消逝，就不能不是极其缓慢的。因此，各国有觉悟的共产主义无产阶级对于受压迫最久的国家和民族的民族感情残余必须持特别小心谨慎的态度，同样，为了更快地消除以上所说的不信任心理和各种偏见，必须作出一定的让步。没有世界各国和各民族的无产阶级以至全体劳动群众自愿要求结盟和统一的愿望，战胜资本主义这一事业是不能顺利完成的。

（选自《列宁专题文集　论资本主义》，人民出版社
2009 年版，第 251—258 页）

民族和殖民地问题委员会的报告

（1920 年 7 月 26 日）

同志们，我只简短地讲几句开场白，然后，由我们委员会过去的秘书马林

同志向你们详细地报告我们对提纲所作的修改。在他之后，补充提纲的起草人罗易同志也要发言。我们委员会一致通过了修改后的提纲初稿和补充提纲。这样，我们在一切最重要问题上完全取得了一致的意见。现在，我就来作几点简短的说明。

第一，我们提纲中最重要最基本的思想是什么？就是被压迫民族和压迫民族之间的区别。同第二国际和资产阶级民主派相反，我们强调这种区别。在帝国主义时代，对于无产阶级和共产国际来说，特别重要的是：弄清具体的经济事实；在解决一切殖民地和民族问题时，不从抽象的原理出发，而从具体的现实生活中的各种现象出发。

帝国主义的特点，正如我们所看到的那样，就是现在全世界已经划分为两部分，一部分是为数众多的被压迫民族，另一部分是少数几个拥有巨量财富和强大军事实力的压迫民族。世界人口的大多数属于被压迫民族，他们的总数在10亿人以上，大概是125 000万人。我们把世界总人口按175 000万计算，他们就占世界人口的70%左右，他们有些处于直接的殖民地附属地位，有些是像波斯、土耳其、中国这一类的半殖民地国家，还有一些则是被帝国主义大国的军队打败，由于签订了和约而深深地陷入依附于该国的地位。把各民族区别、划分为压迫民族和被压迫民族的这个思想贯穿着整个提纲，不仅由我署名的、以前发表过的第一个提纲是这样，罗易同志的提纲也是这样的。后一个提纲主要是根据印度和亚洲其他受英国压迫的大民族的情况写成的，因此，对我们有十分重大的意义。

我们提纲的第二个指导思想就是：在目前的世界形势下，在帝国主义战争以后，各民族的相互关系、全世界国家体系，将取决于少数帝国主义国家反对苏维埃运动和以苏维埃俄国为首的各个苏维埃国家的斗争。如果忽略了这一点，我们就不能正确地提出任何民族和殖民地问题，哪怕它涉及的是世界上一个最遥远的角落。无论是文明国家的共产党，还是落后国家的共产党，都只有从这种观点出发，才能正确地提出和解决各种政治问题。

第三，我想特别强调一下落后国家的资产阶级民主运动问题。正是这个问题引起了某些意见分歧。我们争论的问题是：共产国际和各国共产党应该支持落后国家的资产阶级民主运动，这样说在原则上和理论上是否正确。讨论结果我们一致决定：不提"资产阶级民主"运动，而改提民族革命运动。毫无疑问，任何民族运动都只能是资产阶级民主性质的，因为落后国家的主要居民群众是农民，而农民是资产阶级资本主义关系的体现者。认为无产阶级政党（如果它一般地说能够在这类国家里产生的话）不同农民运动发生一定的关系，不在实际上支持农民运动，就能在这些落后国家里实行共产主义的策略和共产主义的政策，那就是空想。但是当时有人反对说，要是我们提资产阶级民主运动，那就抹杀了改良主义运动和革命运动之间的一切区别。实际上，在落后国家和殖民地国家里，这种区别最近已经表现得十分明显，因为帝国主义资产阶级也极力在被压迫民族中培植改良主义运动。剥削国家和殖民地国家的资产阶级已经有相当密切的关系，所以被压迫国家的资产阶级往往是，甚至可以说在多数场合下都是一方面支持民族运动，另一方面又按照帝国主义资产阶级的意志行事，也就是同他们一起来反对一切革命运动和革命阶级。在委员会里已经无可辩驳地证明了这一点，所以我们认为，唯有注意这种区别，把"资产阶级民主"这样的提法一般都改为"民族革命"才是正确的。我们这样修改，意思是说，只有在殖民地国家的资产阶级解放运动真正具有革命性质的时候，在这种运动的代表人物不阻碍我们用革命精神去教育、组织农民和广大被剥削群众的时候，我们共产党人才应当支持并且一定支持这种运动。如果没有这些条件，共产党人在这些国家里就应该反对第二国际的英雄们这样的改良派资产阶级。殖民地国家已经有了改良主义的政党，这些党的代表人物有时也自命为社会民主党人和社会党人。上面指出的那种区别现在已经贯穿在整个提纲里面了，我认为，这就更确切地表达了我们的观点。

此外，我还想对农民苏维埃问题发表一点意见。俄国共产党人在以前属于沙皇政府的殖民地里，在像土耳其斯坦这类落后国家里进行的实际工作，向我们提出过在资本主义前的条件下如何运用共产主义的策略和政策的问题，因为这些国家最重要的特点就是资本主义前的关系还占统治地位，因此，还谈不到纯粹的无产阶级运动。在这些国家里几乎没有工业无产阶级。尽管如此，我们在那里还是担负起了领导者的作用，并且也应该担负起领导者的作用。我们的工作表明，在这些国家里一定要克服巨大的困难，而我们工作的实际结果也表明，在这些几乎没有无产阶级的地方，尽管有这些困难，仍旧可以在群众中激发起独立思考政治问题、独立进行政治活动的愿望。这个工作对我们比对西欧国家的同志们更困难些，因为俄国无产阶级正忙于国家事务。显然，处于半封建依附状态的农民能够出色地领会建立苏维埃组织这一思想，并把它付诸实现。同样明显的是，那些不仅受商业资本剥削而且也受封建主和封建国家剥削的被压迫群众，在本国的条件下也能够运用这种武器，这种组织形式。建立苏维埃组织这一思想很简单，不仅可以应用于无产阶级的关系，而且可以应用于农民的封建和半封建的关系。我们在这方面的经验暂时还不很丰富，但是委员会里有几个殖民地国家的代表参加的讨论，无可辩驳地证明了在共产国际的提纲中必须指出：农民苏维埃、被剥削者苏维埃这种手段不仅适用于资本主义国家，也适用于还保留资本主义前的关系的国家；无论在落后国家或者在殖民地，普遍宣传建立农民苏维埃、劳动者苏维埃这一思想是各国共产党和准备建立共产党的人责无旁贷的义务；只要是条件允许的地方，都应该立即进行建立劳动人民苏维埃的尝试。

这样，我们的实际工作中就出现了一个非常有意思而又十分重要的领域。在这方面我们的共同经验暂时还不很丰富，但是我们会逐步地积累起更多的材料。毫无疑问，先进国家的无产阶级能够也应该帮助落后国家的劳动群众，只要各苏维埃共和国胜利了的无产阶级向这些群众伸出手来，并且能够支持他们，落后国家的发展就能够突破它们目前所处的阶段。

关于这个问题，委员会不但对我署名的提纲，而且更多地对罗易同志起草的提纲进行了相当热烈的讨论（罗易同志还要在这里对他那个提纲作些说明），并且一致通过了对后一个提纲的一些修正。

问题是这样提出的：目前正在争取解放、而战后已经有了进步运动的落后民族的国民经济必然要经过资本主义发展阶段这种说法究竟对不对。我们对这个问题的回答是否定的。如果胜利了的革命无产阶级对落后民族进行系统的宣传，而各苏维埃政府以其所拥有的一切手段去帮助它们，那么，说落后民族无法避免资本主义发展阶段就不对了。在一切殖民地和落后国家，我们不仅应该组成能够独立进行斗争的基干队伍，即党的组织，不仅应该立即宣传组织农民苏维埃并使这种苏维埃适应资本主义前的条件，而且共产国际还应该指出，还应该从理论上说明，在先进国家无产阶级的帮助下，落后国家可以不经过资本主义发展阶段而过渡到苏维埃制度，然后经过一定的发展阶段过渡到共产主义。

必须采取什么手段才能达到这个目的——这不可能预先指出。实际经验将会给我们启示。但是可以肯定地说：建立苏维埃这一思想对于最遥远的民族中的全体劳动群众是很亲切的，苏维埃这种组织一定能够适应资本主义前的社会制度的条件，共产党应该立刻在全世界开展这方面的工作。

我还想指出，共产党不仅在本国，而且在殖民地国家，特别是在剥削民族用来控制殖民地各民族的军队中进行革命工作具有很大的意义。

英国社会党①的奎尔奇同志在我们委员会里谈到了这个问题。他说，一个普通英国工人会认为，援助被奴役的民族举行起义反对英国的统治是背叛行为。的确，有琼果主义②和沙文主义情绪的英、美工人贵族是社会主义最危险的敌人，是第二国际最有力的支柱。的确，属于这个资产阶级国际的那些领袖和工人实行过最大的背叛。第二国际也讨论过殖民地问题。在巴塞尔宣言③中关于这个问题也说得十分清楚。第二国际各党也曾表示要本着革命精神进行工作，但是，我们没有看到第二国际各党做了什么真正的革命工作，也没有看到它们援助过被剥削附属民族所举行的反对压迫民族的起义，我认为，多数已经退出第二国际而希望加入第三国际的党也是如此。我们应当公开地说出这一点，这是无法驳倒的。我们要看看，有没有人想来反驳。

我们草拟决议时就是把这些看法作为基础的。这些决议无疑是太长了些，但是我相信它们毕竟是有用处的，它们将有助于在民族和殖民地问题上开展和组织真正的革命工作，而这正是我们的主要任务。

（选自《列宁专题文集　论资本主义》，人民出版社
2009 年版，第 277—282 页）

---

① 英国社会党是由英国社会民主党和其他一些社会主义团体合并组成的，1911 年在曼彻斯特成立。该党从 1916 年起是工党的集体党员。1919 年加入共产国际。该党左翼是创建英国共产党的主要发起者。——编者注

② 琼果主义即极端沙文主义。19 世纪 70 年代俄土战争期间，在英国流行过一首好战的军国主义歌曲，其歌词中反复出现"by Jingo"（音译"琼果"）一语，意即"以上帝的名义起誓"。"琼果"后来就成了表示极端沙文主义情绪的专用名词。——编者注

③ 巴塞尔宣言即 1912 年 11 月 24—25 日在瑞士巴塞尔举行的国际社会党人非常代表大会一致通过的《国际局势和社会民主党反对战争危险的统一行动》决议，德文本称《国际关于目前形势的宣言》。宣言谴责了各国资产阶级政府的备战活动，揭露了即将到来的战争的帝国主义性质，号召各国人民起来反对帝国主义战争。宣言斥责了帝国主义的扩张政策，号召社会党人为反对一切压迫小民族的行为和沙文主义的表现而斗争。宣言写进了 1907 年斯图加特代表大会决议中列宁提出的基本论点：帝国主义战争一旦爆发，社会党人就应该利用战争所造成的经济危机和政治危机，来加速资本主义的崩溃，进行社会主义革命。——编者注

学 习 导 读

  《民族和殖民地问题提纲初稿》是列宁在 1920 年 6 月为共产国际第二次代表大会起草的文件之一；《民族和殖民地问题委员会的报告》是列宁在 1920 年 7 月代表民族和殖民地问题委员会就有关问题向大会所作的报告。

  共产国际二大于 1920 年 7 月 19 日至 8 月 17 日先后在俄国的彼得格勒和莫斯科举行。民族和殖民地问题是大会讨论的重要议题之一。列宁的提纲是作为这个问题的决议草稿提交大会的。英属印度的代表罗易向大会提交了《关于民族和殖民地问题的补充提纲》。由 20 人组成的民族和殖民地问题委员会于 7 月 25 日审议了这两个提纲。委员会对列宁的提纲稍作修改后予以通过。罗易的提纲主要是根据印度和亚洲其他受英国压迫的民族的情况写成的。列宁认为，这"对我们有十分重大的意义"，同时也批评了其中的某些观点。罗易的提纲经修改后，也经委员会通过。7 月 26 日，这两个提纲被提交大会审议。当天，列宁代表委员会向大会作报告，对提纲的基本思想进行说明。他说："我们委员会一致通过了修改后的提纲初稿和补充提纲。这样，我们在一切最重要问题上完全取得了一致的意见。"[①] 7 月 28 日，大会通过了这两个提纲。

  《民族和殖民地问题提纲初稿》和《民族和殖民地问题委员会的报告》，系统地阐明了共产党在民族和殖民地问题上的立场和任务，是共产国际在这个问题上制定的第一个完整的革命纲领。

  列宁对民族和殖民地问题进行过深入研究。在《我们纲领中的民族问题》（1903 年 7 月）、《关于民族问题的批评意见》（1913 年 10 — 12 月）、《论民族自决权》（1914 年 2 — 5 月）等著作中，列宁不仅阐明了关于民族殖民地问题的许多重要的理论观点，而且论述了研究这个问题应当坚持的原则和采取的方法。这些原则和方法，对于科学地认识和正确地解决民族和殖民地问题，有重要的指导作用。

  列宁指出："在分析任何一个社会问题时，马克思主义理论的绝对要求，就是要把问题提到**一定的**历史范围之内；此外，如果谈到某一国家（例如，谈到这个国家的民族纲领），那就要估计到在同一历史时代这个国家不同于其他

[①]《列宁专题文集　论资本主义》，人民出版社 2009 年版，第 277 页。

各国的具体特点。"① 比如，在资本主义上升的时期和帝国主义时代，在同一时代中的西欧国家同俄国、同东方国家，其民族问题的状况和面临的任务，是不一样的。所以，对于这个问题，必须"用具体的历史的方法研究"②。

列宁认为，马克思主义者不仅"坚决要求在一般的历史基础上提出问题，而且正是要求在阶级基础上提出问题"③。也就是说，应当用马克思主义的观点，即"用阶级斗争的观点来观察现代的民族生活"④，使民族要求服从阶级斗争利益。因为无产阶级是"把各民族无产者之间的联合看得高于一切，提得高于一切，**从工人的阶级斗争着眼**来估计一切民族要求，一切民族的分离"⑤ 的。

列宁指出，马克思主义者完全承认民族运动的历史合理性，然而"不要把这种承认变成替民族主义辩护，因此应该极严格地仅限于承认这些运动中的进步东西"⑥。

列宁强调："各民族完全平等，各民族享有自决权，各民族工人打成一片，——这就是马克思主义教给工人的民族纲领，全世界经验和俄国经验教给工人的民族纲领。"⑦

这些原则和方法，也是列宁在《民族和殖民地问题提纲初稿》和《民族和殖民地问题委员会的报告》中所遵循的。了解这些原则和方法，有助于我们理解这两个重要的文献。

一、世界划分为少数压迫民族和多数被压迫民族

民族是历史上形成的，是人类发展到一定阶段的产物。"从部落发展成了民族和国家"⑧，这是马克思主义关于人类历史上最初形成民族的重要观点。民

---

① 《列宁专题文集　论马克思主义》，人民出版社 2009 年版，第 302 页。
② 《列宁选集》第 2 卷，人民出版社 2012 年版，第 376 页。
③ 《列宁选集》第 1 卷，人民出版社 2012 年版，第 461—462 页。
④ 《列宁选集》第 2 卷，人民出版社 2012 年版，第 335 页。
⑤ 《列宁选集》第 2 卷，人民出版社 2012 年版，第 385 页。
⑥ 《列宁选集》第 2 卷，人民出版社 2012 年版，第 347 页。
⑦ 《列宁选集》第 2 卷，人民出版社 2012 年版，第 401 页。
⑧ 《马克思恩格斯文集》第 9 卷，人民出版社 2009 年版，第 557 页。

族一般具有共同的语言、地域、经济生活和共同的心理素质。它是一个相对稳定的共同体。作为一个历史范畴，民族有其形成、发展、消亡的过程。

在近代世界的历史上，民族和殖民地问题不是一个孤立的问题，它是整个社会发展、革命发展的总问题的一部分。

列宁指出，研究民族问题，必须"准确地估计具体的历史情况，首先是经济情况"。因为民族问题只有和发展着的历史条件联系起来才能得到解决。准确地认识某个民族所处的经济、政治和文化条件，是解决该民族究竟怎样处理自己事情的关键因素。

在资本主义上升时期，民族问题是和战胜封建主义、发展资本主义的斗争相联系的。民族运动的目的，是建立独立的最能满足资本主义发展要求的民族国家。"这种运动的经济基础就是：为了使商品生产获得完全胜利，资产阶级必须夺得国内市场，必须使操同一种语言的人所居住的地域用国家形式统一起来"①。近代西欧国家的情况，基本上就是这样。

与此同时，由于对殖民地的掠夺是西方国家资本原始积累的最重要的来源之一，随着资本主义向世界的扩张，在东方，殖民地、附属国反对西方资本主义宗主国的民族解放运动也发展起来。尽管这种运动的情况不尽相同，有的是封建王公领导的，有的是当地的资产阶级领导的，但它在多数情况下，具有资产阶级民主运动的性质。

在这个时期，殖民地、半殖民地的民族解放斗争，属于旧的资产阶级民主主义革命的范畴，属于旧的世界资产阶级民主主义革命的一部分。

在帝国主义时代，民族和殖民地问题有了新的情况和意义。

帝国主义是垄断的资本主义，是资本主义发展的最高阶段。资本输出、瓜分世界，是帝国主义的重要特征。列宁指出："垄断是从殖民政策生长起来的。在殖民政策的无数'旧的'动机以外，金融资本又增加了争夺原料产地、争夺资本输出、争夺'势力范围'（即进行有利的交易、取得租让、取得垄断利润等等的范围）直到争夺一般经济领土的动机。"② 他用无可辩驳的论据证明：资本主义在当时已经划分出极少数特别富强的国家（其人口不到世界人口的1/10，即使按最"慷慨"和最夸大的估计，也不到1/5），它们专靠"剪息票"

---

① 《列宁选集》第 2 卷，人民出版社 2012 年版，第 370 页。
② 《列宁专题文集　论资本主义》，人民出版社 2009 年版，第 209 页。

来掠夺全世界。在向共产国际二大所作的报告中，他指出：帝国主义的特点，"就是现在全世界已经划分为两部分，一部分是为数众多的被压迫民族，另一部分是少数几个拥有巨量财富和强大军事实力的压迫民族。世界人口的大多数属于被压迫民族"，他们占世界总人口的 70% 左右。这些被压迫民族有些处于直接的殖民地附属地位，有些是像波斯、土耳其、中国这一类的半殖民地国家，还有一些则是被帝国主义大国的军队打败，由于签订了和约而深深地陷入依附于帝国主义大国的地位。研究民族和殖民地问题，必须准确地估计这种新的历史情况。

由于世界划分为被压迫民族和压迫民族两部分，在这个时期，民族问题变成了附属国和殖民地被压迫民族摆脱帝国主义桎梏的世界问题。在第一次世界大战和俄国十月社会主义革命以后的新的世界历史时代，被压迫民族解放斗争的锋芒是直接针对国际帝国主义的，虽然它本身还不是社会主义革命，但在客观上是帮助与帝国主义相对立的社会主义力量的，所以它在革命的阵线上来说，已经是属于世界无产阶级社会主义革命的一部分了。[1]

正因为如此，列宁着重指出：被压迫民族和压迫民族之间的区别是提纲中最重要的思想。因为只有认清这个基本的历史情况，才能把握帝国主义时代民族和殖民地问题的根源和实质，制定出无产阶级及其政党在资本主义国家和殖民地、半殖民地国家处理这个问题的正确的策略路线。

二、全世界无产者和被压迫民族联合起来

（一）各民族和各国无产者及劳动群众应该共同进行革命斗争

由于在金融资本和帝国主义的时代，"为数无几的最富裕的先进资本主义国家对世界大多数人实行殖民奴役和金融奴役"，是世界上存在民族压迫和民族不平等现象的总根源，所以，反对帝国主义的"殖民奴役和金融奴役"，就成了为推翻民族压迫、实现民族解放和消灭民族不平等现象、实现民族平等所必须实现的首要任务。正如共产国际二大所指出的，对于殖民地和附属国来说，"外国的压迫始终妨碍着社会生活的自由发展；因此，革命的第一步应当

---

[1]　参见《毛泽东选集》第二卷，人民出版社 1991 年版，第 667 页。

是推翻外国的压迫"①。

大会认为：世界革命历史正经历着这样一个时期，在这个时期中，"非欧洲被压迫各国的人民群众与欧洲无产阶级运动，由于世界资本主义的集中化，不可分割地联系在一起了"。从殖民地所取得的超额利润，是现代资本主义财力的最主要来源。欧洲工人阶级只有在这种源泉完全枯竭时，才能够推翻欧洲资本主义。"为了世界革命的完全成功，这两种力量的共同行动是必要的"②。

正因为如此，列宁强调：共产国际在民族和殖民地问题上的全部政策，主要应该是使各民族和各国无产者和劳动群众为共同进行革命斗争、打倒地主和资产阶级而彼此接近起来。因为只有这种接近，才能保证战胜资本主义，如果没有这一胜利，便不能消灭民族压迫和民族不平等的现象。所以，各国共产党必须直接帮助附属国或没有平等权利的民族（例如爱尔兰、美国的黑人等）和殖民地的革命运动。

1920 年 12 月，列宁在一个报告中说，共产国际为东方各民族提出了这样的口号："全世界无产者和被压迫民族联合起来！"他指出："从现在的政治情况来看，这样的提法是正确的。"③

（二）民族解放运动与苏维埃国家应当结盟

十月革命以后，世界形势发生了新的变化：一方面，欧洲掀起了一个革命浪潮，巴伐利亚、芬兰、匈牙利等一度建立了苏维埃共和国；另一方面，帝国主义通过发动武装干涉和支持反革命叛乱，企图将新生的俄罗斯苏维埃共和国扼杀在摇篮里。针对这种情况，列宁认为："目前的世界政治形势把无产阶级专政提上了日程"，即把无产阶级专政由一国的变成国际的（至少几个先进国家的）专政。同时，各民族的相互关系，全世界国家体系，将取决于少数帝国主义国家反对苏维埃运动和以苏维埃俄国为首的各个苏维埃国家的斗争。据此，列宁提出：必须实行使一切民族解放运动和一切殖民地解放运动同苏维埃

---

① 《共产国际、联共（布）与中国革命文献资料选辑（1917—1925）》（2），北京图书馆出版社 1997 年版，第 146 页。

② 《共产国际、联共（布）与中国革命文献资料选辑（1917—1925）》（2），北京图书馆出版社 1997 年版，第 144—145 页。

③ 《列宁选集》第 4 卷，人民出版社 2012 年版，第 326 页。

俄国结成最密切的联盟的政策；同时，苏维埃俄国应当一方面团结各国先进工人的苏维埃运动，另一方面团结殖民地和被压迫民族的民族解放运动。

尽管后来形势的发展并没有完全符合列宁当时的预计，比如，欧洲革命被镇压下去了，社会主义突破一国的范围在多国得到实现是到第二次世界大战以后才发生的事情；但是，列宁提出的应当使苏维埃国家与民族解放运动结盟的思想，在根本上是正确的，具有长远的意义。因为在反对帝国主义的斗争中，这两种力量有着共同的战略利益，它们有必要、也有可能联合起来。

在论述苏维埃国家这个问题时，列宁还提出了"联邦制是各民族劳动者走向完全统一的过渡形式"的主张。

本来，列宁曾经多次指出，"马克思主义者是反对联邦制和分权制的"。"在各种不同的民族组成一个统一的国家的情况下，并且正是由于这种情况，马克思主义者是决不会主张实行任何联邦制原则，也不会主张实行任何分权制的"①。既然如此，这时他又为什么要在提纲中提出实行"联邦制"这个主张呢？这个问题，必须联系当时特定的政治形势进行考察，才能找到答案。

当时的情况是，在 1917 年二月革命以后，俄国的政权落到了资产阶级手中。俄国的边疆地区也建立了许多资产阶级民族政府。十月革命以后，这些政府纷纷宣布脱离俄国而独立。而边疆地区的工人、农民，则同俄国中部的工农政府联合起来，以革命战争推翻这些资产阶级民族政府，建立了苏维埃政权。在这种情况下，为了使这些分散的国家能够走向统一，列宁才提出"联邦制是各民族劳动者走向完全统一的过渡形式"这个主张的。

由此可见，列宁关于"联邦制是各民族劳动者走向完全统一的过渡形式"的主张，是针对当时这种特定的形势提出来的。所以，我们不能把实行联邦制作为多民族国家在任何情况下都必须遵循的普遍原则。中国的情况与当时俄国的情况不同。秦汉以来，中国就是统一的多民族国家。近代以来，各族人民在革命斗争中的团结进一步加强。在总人口中，汉族占绝大多数；少数民族只占不到十分之一，并且呈现出大分散、小聚居的状态；汉族和少数民族之间以及几个少数民族之间往往互相杂居或交错聚居。实行单一制而不是联邦制的国家结构形式，在统一的多民族国家中实行民族区域自治制度，符合中国的实际和全国各族人民的根本利益。

---

① 《列宁选集》第 2 卷，人民出版社 2012 年版，第 358 页。

（三）划清无产阶级国际主义与资产阶级民族主义的原则界限

为了实现和巩固无产者与被压迫民族的国际团结，列宁提出，必须坚持无产阶级的国际主义。

资本是一种国际力量。资本主义各国的资产阶级尽管有种种矛盾，但是它们在反对社会主义国家、反对本国无产阶级革命和被压迫民族解放运动等方面有着共同的利益，并且往往为此而采取联合行动。针对这种情况，无产阶级在反对帝国主义的斗争中，就必须坚持国际主义的原则，号召"全世界无产者，联合起来！"、"全世界无产者和被压迫民族联合起来！"。

列宁指出：没有世界各国和各民族的无产阶级以至全体劳动群众自愿要求结盟和统一的愿望，战胜资本主义这一事业是不能胜利完成的。

坚持无产阶级的国际主义，"第一，要求一个国家的无产阶级斗争的利益服从全世界范围的无产阶级斗争的利益；第二，要求正在战胜资产阶级的民族，有能力有决心为推翻国际资本而承担最大的民族牺牲"。

坚持无产阶级的国际主义，同维护民族独立和国家主权是一致的。恩格斯早就说过："国际联合只能存在于**国家**之间，因而这些国家的存在、它们在内部事务上的自主和独立也就包括在国际主义这一概念本身之中。"①

坚持无产阶级的国际主义，必须与资产阶级的民族主义划清界限。在这之前，列宁就讲过："资产阶级的民族主义和无产阶级的国际主义——这是两个不可调和的敌对口号，这两个同整个资本主义世界的两大阶级营垒相适应的口号，代表着民族问题上的**两种**政策（也是两种世界观）。"②

资本主义国家的资产阶级往往把本阶级的私利冒充全民族的利益，以民族矛盾掩盖阶级矛盾，抽象地或从形式上提出平等问题，散布"在资本主义制度下各民族能够和平共居和一律平等的市侩的民族主义幻想"。这将毒化无产阶级的意识，对于反对帝国主义的斗争是极其有害的。因为在实际上，"每一个现代民族中，都有两个民族"③。"当发生任何真正严肃而深刻的政治问题时，人们是按阶级而不是按民族来进行组合的"④。所以，列宁指出：马克思主义者的民族纲领"要维护国际主义原则，毫不妥协地反对资产阶级民族主义（哪怕

---

① 《马克思恩格斯全集》第 39 卷，人民出版社 1974 年版，第 84 页。
② 《列宁选集》第 2 卷，人民出版社 2012 年版，第 339 页。
③ 《列宁选集》第 2 卷，人民出版社 2012 年版，第 344 页。
④ 《列宁选集》第 2 卷，人民出版社 2012 年版，第 349 页。

是最精致的）毒害无产阶级"①。

当然，也要看到，资产阶级的民族主义在不同的历史时期和不同的历史条件下，其作用是不同的。在帝国主义和无产阶级革命的时代，我们反对压迫民族的资产阶级民族主义，但对于被压迫民族的资产阶级民族主义则应当进行具体的分析。列宁明确地讲过，"**每个**被压迫民族的资产阶级民族主义，都有**反对**压迫的一般民主主义内容，而我们**无条件**支持的正是这种内容，同时要严格地区分出谋求本民族特殊地位的趋向"②，并且反对这种趋向。同时，他提醒"各国有觉悟的共产主义无产阶级对于受压迫最久的国家和民族的民族感情残余必须持特别小心谨慎的态度"，为了更快地消除他们的不信任心理和各种偏见，"必须作出一定的让步"。

三、落后国家民族革命运动的性质、意义和前途

列宁在报告中说："我想特别强调一下落后国家的资产阶级民主运动问题。"

这里所说的落后国家，主要是指受帝国主义压迫的殖民地、半殖民地国家。这些国家最重要的特点就是前资本主义的关系还占统治地位，即封建关系或宗法关系、宗法农民关系占优势。这些国家里几乎没有工业无产阶级；主要群众是农民，他们处于半封建依附状态。

对于全世界的共产党人来说，怎样对待这些国家的民族运动、资产阶级民主运动，怎样在这些国家中开展工作，是一个全新的问题。

在提纲中，列宁提出了在"比较落后的国家和民族"中进行工作要特别注意的几个方面。其中具有普遍意义的问题主要是：

（一）民族运动的资产阶级民主性质

怎样判断落后国家民族运动的性质？列宁的观点是："任何民族运动都只能是资产阶级民主性质的，因为落后国家的主要居民群众是农民，而农民是资

---

① 《列宁选集》第 2 卷，人民出版社 2012 年版，第 340 页。
② 《列宁选集》第 2 卷，人民出版社 2012 年版，第 386 页。

产阶级资本主义关系的体现者。"

应当怎样理解列宁关于"民族运动具有资产阶级民主性质"这个判断呢?列宁在论述十月革命以前的俄国革命时曾经说过:"我国革命的资产阶级民主主义内容,指的是消灭俄国社会关系(秩序、制度)中的中世纪制度,农奴制度,封建制度。"① 这个革命的根本问题是农民的土地问题。"他们的最终目的并没有超出资本主义的范围,在全部土地转交给全体农民和全体人民的情况下,资本主义会更广泛地更蓬勃地发展起来。"② 因为小农经济是不可能长期稳定的,它必定要分化出大批的农村雇佣劳动者和少数农业资本家来的。这个分析,对于我们理解列宁的上述判断,可以提供直接的启示。

在落后国家,民族问题实质上是农民问题,农民问题是民族问题的基础、内在本质,农民是民族运动的基本队伍。正因为如此,列宁强调,必须特别援助落后国家中反对地主、反对大土地占有制、反对各种封建主义现象或封建主义残余的农民运动,竭力使农民运动具有最大的革命性。"认为无产阶级政党(如果它一般地说能够在这类国家里产生的话)不同农民运动发生一定的关系,不在实际上支持农民运动,就能在这些落后国家里实行共产主义的策略和共产主义的政策,那就是空想"。

在提纲中,列宁所以要"各国共产党必须帮助这些国家的资产阶级民主解放运动",其主要的根据和根本的意义就在这里。

(二) 被压迫国家中资产阶级的两重性和无产阶级政党的领导作用

应当怎样认识被压迫国家的资产阶级?这是共产党人为了正确对待落后国家资产阶级民主运动所必须解决的问题。

列宁对被压迫国家资产阶级的两重性做出了科学的分析,指出他们"往往是,甚至可以说在多数场合下都是一方面支持民族运动,另一方面又按照帝国主义资产阶级的意志行事,也就是同他们一起来反对一切革命运动和革命阶级"。

在讨论中,列宁表示不赞成关于共产国际不应当支持殖民地国家资产阶级民主运动的观点。他说:在俄国,我们在反对沙皇制度时支持过自由派的解放运动。印度共产主义者必须支持资产阶级民主运动,但又不同它融为一体。与

---

① 《列宁专题文集　论社会主义》,人民出版社 2009 年版,第 241 页。
② 《列宁选集》第 1 卷,人民出版社 2012 年版,第 674 页。

此同时，他也表示赞成把提纲初稿中的"资产阶级民主"的提法一般都改为"民族革命"。他说：这样修改，意思是说，只有在殖民地国家的资产阶级真正具有革命性质的时候，在这种运动的代表人物不阻碍共产党人用革命精神去教育、组织农民和广大被剥削群众的时候，共产党人才应当支持并且一定支持这种运动。

根据以上分析，列宁的结论是：共产国际应当同殖民地和落后国家的资产阶级民主派结成临时联盟，但是不要同他们融合，要绝对保持无产阶级运动的独立性。

对于这个问题，大会通过的补充提纲还作过进一步的论证，指出：殖民地附属国内存在着相距日远的两种运动，即资产阶级民族主义的民主运动和工农为摆脱各种剥削而进行的群众性斗争。第一种运动企图控制第二种运动。共产国际应当反对这一类的控制。诚然，在殖民地、半殖民地国家，由于资本主义前的关系占统治地位，直接进行社会主义革命的条件还不具备。因此，补充提纲强调："殖民地革命在最初时期不会是共产主义革命，然而要是它从头起就由共产主义先锋队所领导，那末革命群众，由于渐次地获得革命经验，将走上达到所抱目的的正确道路。"[1]

（三）落后国家在一定条件下可以过渡到苏维埃制度，然后过渡到共产主义

既然在殖民地半殖民地国家"还谈不到纯粹的无产阶级运动"，那么，这类落后民族的国民经济是不是必然要经过资本主义发展阶段呢？这是共产党人为了正确制定这类国家的民族纲领时所必须答复的又一个问题。列宁说：我们对这个问题的答复是否定的。对此，补充提纲还进一步指出，落后民族要经过资本主义发展阶段，会遇到很大的困难。因为"强制地向东方各民族移植的外国帝国主义，无条件地阻止了他们的社会与经济的发展，剥夺了他们达到欧美已经达到的水平的可能性"[2]。

那么，殖民地、半殖民地的民族运动的前景究竟将会是怎样的，共产党人在

---

[1] 《共产国际、联共（布）与中国革命文献资料选辑（1917—1925）》（2），北京图书馆出版社1997年版，第147页。

[2] 《共产国际、联共（布）与中国革命文献资料选辑（1917—1925）》（2），北京图书馆出版社1997年版，第145页。

民族运动中应当争取实现一种什么前景呢？对此，列宁创造性地提出了在无产阶级及其政党的领导下实行"两个过渡"的思想。他说："在先进国家无产阶级的帮助下，落后国家可以不经过资本主义发展阶段而过渡到苏维埃制度，然后经过一定的发展阶段过渡到共产主义。"

这里所说的苏维埃制度，是指劳动者的采取代表会议形式的政权。所谓"过渡到苏维埃制度"，就是说在这些国家中首先要解决建立劳动者的政权问题。因为只有在苏维埃成为唯一的国家机构时，全体被剥削者才能真正参加国家管理。也只有这样，劳动者才能真正为自身的利益去进行建设，使社会与经济得到发展。所以，列宁说，"我们现在最重要的任务之一，就是要考虑如何在各个非资本主义国家内为组织苏维埃运动奠定头一块基石"。

尽管在这些被压迫的落后国家中几乎没有工业无产阶级，列宁仍然认为，"我们在那里还是担负起了领导者的作用，并且也应该担负起领导者的作用"。因为没有无产阶级及其政党的领导，要组织苏维埃运动、建立苏维埃制度，是根本不可能的。补充提纲明确指出，在这些国家中，最主要和必要的任务就是建立农民和工人的共产主义组织，以便能够领导他们走向革命和创立苏维埃共和国。① 这是实行第一个"过渡"的必要条件。

至于如何实行第二个"过渡"，即建立苏维埃制度以后应当采取什么手段才能过渡到共产主义，列宁并没有具体地进行说明。他认为，这不可能预先指出，实际经验会给我们启示。

列宁关于"两个过渡"的思想，为殖民地附属国的民族解放运动指出了一条全新的道路，昭示了一个光明的前景。

总起来说，列宁所阐明的这些重要思想，不仅对于帮助共产国际和殖民地、半殖民地国家的共产党人（包括中国共产党人）制定正确的路线和政策，推动国际共产主义运动和民族解放运动的发展，起过重要的作用，而且具有重大的理论价值。我们科学地研究近代民族和殖民地问题的历史，可以从中获得教益。

延伸阅读：

1. 马克思、恩格斯：《关于波兰的演说》，《马克思恩格斯文集》第 1 卷，

---

① 参见《共产国际、联共（布）与中国革命文献资料选辑（1917—1925）》（2），北京图书馆出版社 1997 年版，第 146 页。

人民出版社 2009 年版。

2. 列宁：《我们纲领中的民族问题》，《列宁选集》第 1 卷，人民出版社 2012 年版。

3. 列宁：《关于民族问题的批评意见》，《列宁选集》第 2 卷，人民出版社 2012 年版。

4. 列宁：《论民族自决权》，《列宁选集》第 2 卷，人民出版社 2012 年版。

思考题：

1. 正确认识"被压迫民族和压迫民族的区别"有何重要意义？

2. 为什么要提出"全世界无产者和被压迫民族联合起来！"的口号？

3. 怎样认识落后国家民族革命运动的性质、意义和前途？

结 束 语

2017 年 10 月召开的中国共产党第十九次全国代表大会作出中国特色社会主义进入了新时代的重大政治判断，确立了习近平新时代中国特色社会主义思想的历史地位。习近平新时代中国特色社会主义思想是马克思主义中国化最新成果，是当代中国马克思主义，是二十一世纪马克思主义，是全党全国人民为实现中华民族伟大复兴而奋斗的行动指南。我们学习马克思、恩格斯、列宁历史理论经典著作，要同学习毛泽东思想、中国特色社会主义理论体系结合起来，尤其是要深入学习、领会习近平关于历史科学的重要论述精神，紧密联系新时代坚持和发展中国特色社会主义的实际，学习历史、研究历史，加快构建中国特色历史学，推进中国特色社会主义伟大事业。

一、在新时代坚持和发展中国特色社会主义，必须重视历史，学习和研究历史

重视学习和研究历史，是中国共产党的优良传统。习近平高度重视对历史的学习和研究。他提出了"历史是最好的教科书"[①]、"历史是最好的老师"[②]的重要论断，深入阐述了学习和研究历史的重要意义。

掌握历史发展规律，必须重视学习和研究历史。社会发展的历史证明，无论会遇到什么样的曲折，历史都总是按照自己的规律向前发展，没有任何力量能够阻挡历史前进的车轮。善于从不断认识和把握历史规律中找到前进的正确方向和正确道路，是我们党 90 多年之所以能够领导中国革命、建设、改革不断取得胜利的一个重要原因。要应对各种复杂局面，关键是要提高对规律的认识，善于运用规律来处理问题。最重要的就是要认识和掌握共产党执政规律、社会主义建设规律、人类社会发展规律。历史、现实、未来是相通的。历史是过去的现实，现

---

① 习近平：《在对历史的深入思考中更好走向未来　交出发展中国特色社会主义合格答卷》，《人民日报》2013 年 6 月 27 日。

② 《习近平在中共中央政治局第十八次集体学习时强调　牢记历史经验历史教训历史警示　为国家治理能力现代化提供有益借鉴》，《光明日报》2014 年 10 月 14 日。

实是未来的历史。通过学习历史不断深化对人类社会发展规律、社会主义建设规律和共产党执政规律的认识，不断丰富自己的历史知识，才能使自己的眼界和胸襟大为开阔，认识能力和精神境界大为提高，工作水平不断得以提升。

发挥历史的资政育人作用，必须重视学习和研究历史。历史是前人的实践和智慧之书。前事不忘，后事之师。读史可以明志，可以观成败、鉴得失、知兴替。学习和总结历史，借鉴和运用历史经验，是我们党一贯重视并倡导的一个重要的思想和方法。发挥历史以史鉴今、资政育人的作用，是党和国家工作大局中一项十分重要的工作。历史虽然是过去发生的事情，但总会以这样那样的方式出现在当今人们的生活之中。历史是一面镜子。历史无法改变，但未来可以塑造。铭记历史是为了开创未来。中国的今天是从中国的昨天和前天发展而来的。今天遇到的很多事情都可以在历史上找到影子，历史上发生过的很多事情也都可以作为今天的镜鉴。要治理好今天的中国，需要对我国历史和传统文化有深入了解，也需要对我国古代治国理政的探索和智慧进行积极总结。对古代的成功经验，我们要本着择其善者而从之、择其不善者而改之的科学态度，牢记历史经验、牢记历史教训、牢记历史警示，为推进国家治理体系和治理能力现代化提供有益借鉴。

习近平要求加强中国历史特别是中国近现代史、中国革命史、中国共产党党史、中华人民共和国国史、中国改革开放史等的教育。他特别强调要学习和研究中国共产党党史、中华人民共和国国史。学习党史、新中国史，是坚持和发展中国特色社会主义、把党和国家各项事业继续推向前进的必修课。这门功课不仅必修，而且必须修好。中国共产党的历史是一部丰富生动的教科书。要深入研究党的历史，认真学习党的历史，全面宣传党的历史。要用党的历史教育党员、教育干部、教育群众尤其是教育青少年，从历史中塑造民族精神、民族魂，激励人民继续前进的信心和勇气。要着力抓好青少年这个群体，开展形式多样的党的历史知识、光荣传统、英雄模范事迹的教育，积极推动党史教育进学校、进课堂、进学生头脑，从小培养青少年热爱党、热爱社会主义的感情。

繁荣发展哲学社会科学，必须重视学习和研究历史。习近平说："历史研究是一切社会科学的基础，承担着'究天人之际，通古今之变'的使命。"①

---

① 《习近平致第二十二届国际历史科学大会的贺信》，《人民日报》2015 年 8 月 24 日。

这一重要论断指出了历史研究对于各门社会科学研究的重要作用，阐明了历史研究在整个社会科学中的基础地位。人事有代谢，往来成古今。历史是一个民族、一个国家形成、发展及其盛衰兴亡的真实记录，是前人的"百科全书"，即前人各种知识、经验和智慧的总汇。重视历史、研究历史、借鉴历史，可以给人类带来很多了解昨天、把握今天、开创明天的智慧。哲学社会科学的任务，是揭示其对象的本质和发展规律，而事物的本质和规律存在于历史发展的过程之中，只有通过对历史的研究才能够揭示出来。毛泽东说："'实事'就是客观存在着的一切事物，'是'就是客观事物的内部联系，即规律性，'求'就是我们去研究。"[①] 研究历史，就是深入实际了解事物的本来面貌，透过现象看本质，发现事物内部存在的必然联系，因而成为推动各门社会科学研究、加快构建中国特色哲学社会科学的基础性工作。

反对历史虚无主义，必须重视学习和研究历史。怎样对待本国历史和传统文化，这是任何国家在实现现代化过程中都必须解决好的问题。古人说："灭人之国，必先去其史。"国内外敌对势力往往就是拿中国革命史、新中国历史来做文章，竭尽攻击、丑化、污蔑之能事，根本目的就是要搞乱人心。苏联解体、苏共垮台，一个重要原因就是意识形态领域的斗争十分激烈，全面否定了苏联历史、苏共历史，搞历史虚无主义，思想搞乱了，各级党组织几乎没任何作用了，军队都不在党的领导之下了。最后，苏联共产党偌大一个党就烟消云散了，苏联偌大一个社会主义国家就分崩离析了。这是前车之鉴。历史虚无主义的要害，是从根本上否定马克思主义指导地位和中国走向社会主义的历史必然性，否定中国共产党的领导。

警惕和抵制历史虚无主义的影响，反对历史问题上存在的错误观点和错误倾向，必须重视学习和研究历史。在漫长的历史进程中，中华民族创造了独树一帜的灿烂文化，积累了丰富的治国理政经验。我们要对传统文化进行科学分析，对有益的东西、好的东西予以继承和发扬，对负面的、不好的东西加以抵御和克服。取其精华、去其糟粕，而不能采取全盘接受或全盘抛弃的绝对主义态度。我们不是历史虚无主义者，也不是文化虚无主义者，不能数典忘祖、妄自菲薄。历史就是历史，事实就是事实，任何人都不可能改变历史和事实。

习近平阐明了中国特色社会主义道路的历史渊源。他分六个时间段论述了

①　《毛泽东选集》第三卷，人民出版社1991年版，第801页。

社会主义思想从提出到现在 500 年的历史过程，内容包括空想社会主义产生和发展，马克思、恩格斯创立科学社会主义理论体系，列宁领导十月革命胜利并实践社会主义，苏联模式逐步形成，新中国成立后我们党对社会主义的探索和实践，我们党作出进行改革开放的历史性决策、开创和发展中国特色社会主义。习近平在 2013 年 3 月第十二届全国人民代表大会第一次会议上当选中华人民共和国主席后发表的讲话中说："这条道路来之不易，它是在改革开放三十多年的伟大实践中走出来的，是在中华人民共和国成立六十多年的持续探索中走出来的，是在对近代以来一百七十多年中华民族发展历程的深刻总结中走出来的，是在对中华民族五千多年悠久文明的传承中走出来的，具有深厚的历史渊源和广泛的现实基础。"① 这就清楚地告诉我们，只有认真学习和研究历史，才能深刻理解走中国特色社会主义道路的历史必然性，坚持和发展中国特色社会主义。

二、学习研究历史，必须联系实际认真学习马克思主义的历史理论

学习和研究历史，总结历史经验，必须有科学的理论指导，掌握科学的研究方法。这就是马克思主义的理论和方法。习近平强调，我们要坚持和运用辩证唯物主义和历史唯物主义的世界观和方法论，坚持和运用马克思主义立场、观点、方法，坚持和运用马克思主义关于世界的物质性及其发展规律，关于人类社会发展的自然性、历史性及其相关规律，关于人的解放和自由全面发展的规律，关于认识的本质及其发展规律等原理，坚持和运用马克思主义的实践观、群众观、阶级观、发展观、矛盾观，真正把马克思主义这个看家本领学精悟透用好。

习近平指出，坚持以马克思主义为指导，是当代中国哲学社会科学区别于其他哲学社会科学的根本标志，必须旗帜鲜明加以坚持。当代中国哲学社会科学是以马克思主义进入我国为起点的，是在马克思主义指导下逐步发展起来的。我国哲学社会科学坚持以马克思主义为指导，是近代以来我国发展历程赋

① 《十八大以来重要文献选编》（上），中央文献出版社 2014 年版，第 234 页。

予的规定性和必然性。在我国，历史学和其他哲学社会科学的研究如果不坚持以马克思主义为指导，就会失去灵魂、迷失方向，最终也不能发挥其应有作用。

马克思主义尽管诞生在一个半多世纪之前，但历史和现实都证明它是科学理论，迄今依然有着强大生命力，是我们观察世界、分析问题的有力思想武器。人类社会至今仍然生活在马克思所阐明的发展规律之中。无论时代如何变迁、科学如何进步，马克思主义依然显示出科学思想的伟大力量，依然占据着真理和道义的制高点。那种认为马克思主义已经过时的观点，认为马克思主义是一种意识形态说教、没有学理性和系统性的观点，那些把马克思主义边缘化、空泛化、标签化的做法，都是错误的。

坚持以马克思主义为指导，首先要解决真懂真信的问题，核心要解决好为什么人的问题，最终要落实到怎么用上来。

马克思主义理论体系和知识体系博大精深，不下大气力、不下苦功夫，是难以掌握真谛、融会贯通的。马克思主义经典著作蕴含和集中体现着马克思主义基本原理，是马克思主义理论的本源和基础，必须专心致志地读，原原本本地读，坚持学以致用、用以促学，熟读精思、学深悟透。要把读马克思主义经典、悟马克思主义原理当作一种生活习惯、当作一种精神追求。只有真正弄懂了马克思主义，才能在研究历史、揭示规律上有所发现、有所创造。

马克思主义是随着时代、实践、科学发展而不断发展的开放的理论体系，它并没有结束真理，而是开辟了通向真理的道路。用马克思主义指导历史的学习和研究，要把坚持马克思主义和发展马克思主义统一起来，结合新的实践不断做出新的理论创造。要坚持问题导向。问题是创新的起点，也是创新的动力源。时代是思想之母，实践是理论之源。只有聆听时代的声音，回应时代的呼唤，认真研究解决重大而紧迫的问题，才能真正把握住历史脉络，找到发展规律，推动理论创新。

中国特色社会主义是改革开放以来中国共产党全部理论和实践的主题，是当代中国社会生活的主题。我们学习马克思主义的历史理论，要紧密联系坚持和发展中国特色社会主义的实际，服务于推进中国特色社会主义伟大事业。习近平强调，要学习和掌握历史唯物主义基本原理和方法，更好认识国情，更好认识党和国家事业发展大势，更好认识历史发展规律，更加能动地推进各项工作。

要学习和掌握社会存在决定社会意识的原理，坚持一切从实际出发。

我们党现阶段提出和实施的理论和路线方针政策之所以正确，就是因为它们都是以我国现时代的社会存在为基础的。党中央对我国全面深化改革做出总体部署，是从我国现在的社会存在出发的，即从我国现在的社会物质条件的总和出发的，也就是从我国基本国情和发展要求出发的。

要学习和掌握社会基本矛盾分析法，深入理解全面深化改革的重要性和紧迫性。

只有把生产力和生产关系的矛盾运动同经济基础和上层建筑的矛盾运动结合起来观察，把社会基本矛盾作为一个整体来观察，才能全面把握整个社会的基本面貌和发展方向。坚持和发展中国特色社会主义，必须不断适应社会生产力发展调整生产关系，不断适应经济基础发展完善上层建筑。我们提出全面深化改革，就是要适应我国社会基本矛盾运动的变化来推进社会发展。社会基本矛盾总是不断发展的，所以调整生产关系、完善上层建筑需要相应地不断进行下去。改革开放只有进行时，没有完成时，这是历史唯物主义的态度。

要学习和掌握物质生产是社会生活的基础的观点，准确把握全面深化改革的重大关系。

生产力是推动社会进步最活跃、最革命的要素。社会主义的根本任务是解放和发展生产力。在全面深化改革中，我们要坚持发展仍是解决我国所有问题的关键这个重大战略判断，使市场在资源配置中起决定性作用和更好发挥政府作用，推动我国社会生产力不断向前发展，推动实现物的不断丰富和人的全面发展的统一。物质生产是社会历史发展的决定性因素，但上层建筑也可以反作用于经济基础。生产力和生产关系、经济基础和上层建筑之间有着作用和反作用的现实过程，并不是单线式的简单决定和被决定逻辑。我们提出全面深化改革的方案，是因为要解决我们面临的突出矛盾和问题，仅仅依靠单个领域、单个层次的改革难以奏效，必须加强顶层设计、整体谋划，增强各项改革的关联性、系统性、协同性。只有既解决好生产关系中不适应的问题，又解决好上层建筑中不适应的问题，才能产生综合效应。同时，只有紧紧围绕发展这个第一要务来部署各方面改革，以解放和发展社会生产力为改革提供强大牵引，才能更好推动生产关系与生产力、上层建筑与经济基础相适应。

要学习和掌握人民群众是历史创造者的观点，紧紧依靠人民推进改革。

人民是历史的创造者。要坚持把实现好、维护好、发展好最广大人民根本利益作为推进改革的出发点和落脚点，让发展成果更多更公平惠及全体人民，唯有如此改革才能有大作为。要处理好尊重客观规律和发挥主观能动性的关系。要坚持一切从实际出发，按照客观规律办事，一张蓝图抓到底，抓好打基础利长远的工作。同时，要鼓励地方、基层、群众大胆探索，先行先试，勇于推进理论和实践创新，不断深化对改革规律的认识。

三、深入学习习近平关于中国共产党党史、中华人民共和国国史的重要论述

习近平对中国共产党党史、中华人民共和国国史做了深入阐述，对如何研究和宣传党史、新中国史提出了明确要求。党史研究是一门研究中国共产党的历史、从中国共产党的活动揭示当代中国社会运动规律的科学，要坚持党性和科学性的统一。对新中国成立以来的历史，要深刻解读历史性变革中所蕴藏的内在逻辑，讲清楚历史性成就背后的中国特色社会主义道路、理论、制度、文化优势，用中国理论解读中国实践，为党和人民继续前进提供强大精神激励。

学习和研究党史、新中国史，要牢牢把握历史发展的主题和主线、主流和本质。

近代以来，中国人民面临着争取民族独立、人民解放和实现国家繁荣富强、人民共同富裕这两大历史任务。团结带领全各族人民为实现这两大历史任务而不懈奋斗，就是中国共产党的历史发展的主题和主线。围绕这个主题和主线，中国共产党成立后，团结带领人民完成了新民主主义革命和社会主义革命，建立起中华人民共和国和社会主义基本制度，进行社会主义建设的艰辛探索，实现了中华民族从"东亚病夫"到站起来的伟大飞跃；改革开放以来，团结带领人民进行建设中国特色社会主义的新的伟大实践，使中国大踏步赶上了时代，实现了中华民族从站起来到富起来的伟大飞跃；在新时代，团结带领人民进行伟大斗争、建设伟大工程、推进伟大事业、实现伟大梦想，推动党和国家事业取得全方位、开创性历史成就，发生深层次、根本性历史变革，中华民族迎来了从富起来到强起来的伟大飞跃。这就是中国共产党历史发展的主流和本质。

中华人民共和国成立以来，中国人民在中国共产党的领导下同心同德、艰

苦奋斗，勇于探索、不断实践，取得了令世界刮目相看的伟大成就，成功开辟了中国特色社会主义道路，推动中国特色社会主义进入了新时代。今天，社会主义中国巍然屹立在世界东方，没有任何力量能够撼动我们伟大祖国的地位，没有任何力量能够阻挡中国人民和中华民族的前进步伐。这就是中华人民共和国历史的主流和本质。

学习和研究党史、新中国史，要正确对待在前进道路上经历的失误和曲折。

人世间没有一帆风顺的事业。综观世界历史，任何一个国家、一个民族的发展都会跌宕起伏，甚至充满曲折。中国共产党在复杂的国际国内环境中领导人民从事历史上极其伟大而又空前艰巨的事业，在艰辛的历程中，难免会发生这样那样一些失误，遇到这样那样一些曲折，甚至付出惨烈的代价。"艰难困苦，玉汝于成。""殷忧启圣，多难兴邦。""失败为成功之母。"我们的事业之所以伟大，就在于经历世所罕见的艰难而不断取得成功。从成功中吸取经验，从失误中吸取教训，不断开辟走向胜利的道路，这就是共产党人的历史进程。我们党对自己的失误和错误历来采取郑重的态度，一是敢于承认，二是正确分析，三是坚决纠正，从而使失误和错误连同党的成功经验一起成为宝贵的历史教材。对党的历史上曾经出现过的失误和曲折，应着重分析当时所处的社会环境，深入剖析产生问题的社会根源、历史根源和思想根源，研究防止重犯的办法、措施和制度。不论发生过什么波折和曲折，不论出现过什么苦难和困难，中国共产党的奋斗史、中华人民共和国的发展史，都是人民书写的历史。历史总是向前发展的，我们总结经验和吸取历史教训，目的是以史为鉴，更好前进。必须坚决反对任何歪曲和丑化党的历史的错误倾向。

学习和研究党史、新中国史，要正确认识社会主义建设中改革开放前和改革开放后两个历史时期的关系。

党领导人民进行社会主义建设，有改革开放前和改革开放后两个历史时期，这是两个相互联系又有重大区别的时期，但本质上都是我们党领导人民进行社会主义建设的实践探索。中国特色社会主义是在改革开放历史新时期开创的，但也是在新中国已经建立起社会主义基本制度并进行了20多年建设的基础上开创的。虽然这两个时期在进行社会主义建设的思想指导、方针政策、实际工作上有很大差别，但两者决不是彼此割裂的，不是根本对立的。不能用改革开放后的历史时期否定改革开放前的历史时期，也不能用改革开放前的历史时期否定改革开放后的历史时期。要分清主流和支流，坚持真理，修正错误，发扬经验，吸取教训，在这个基础上把党和人民事业继续推向前进。

四、以习近平新时代中国特色社会主义思想为指导，加快构建中国特色历史学

2016 年 5 月，习近平在哲学社会科学工作座谈会上提出了"加快构建中国特色哲学社会科学"的任务，并做了深入阐述。2019 年 1 月，他在致中国社会科学院中国历史研究院成立的贺信中又提出："加快构建中国特色历史学学科体系、学术体系、话语体系。"①

我国是哲学社会科学大国，研究队伍、论文数量、政府投入等在世界上都是排在前面的，但目前在学术命题、学术思想、学术观点、学术标准、学术话语上的能力和水平，同我国综合国力和国际地位还不太相称。我国哲学社会科学体系已基本确立，但还存在一些亟待解决的问题。面对这样的形势，习近平总书记提出，要按照立足中国、借鉴外国，挖掘历史、把握当代，关怀人类、面向未来的思路，着力构建中国特色哲学社会科学，在指导思想、学科体系、学术体系、话语体系等方面充分体现中国特色、中国风格、中国气派。

不断推进学科体系、学术体系、话语体系建设和创新，构建全方位、全领域、全要素的哲学社会科学体系，是一个系统工程，是一项极其繁重的任务。历史研究作为一切社会科学的基础，在这一系统工程中具有极其重要的地位和作用。重视历史、研究历史、借鉴历史，是中华民族 5000 多年文明史的一个优良传统。新时代坚持和发展中国特色社会主义，更加需要系统研究中国历史和文化，更加需要深刻把握人类发展历史规律，在对历史的深入思考中，汲取智慧，走向未来。长期以来，在中国共产党领导下，我国史学界人才辈出，成果丰硕，为党和国家事业发展做出了积极贡献。在新时代，党和国家殷切希望我国广大历史学者继承优良传统，整合中国历史、世界历史、考古等方面研究力量，提高研究水平和创新能力，推动相关历史学科融合发展，总结历史经验，

---

① 《习近平致信祝贺中国社会科学院中国历史研究院成立强调　总结历史经验揭示历史规律把握历史趋势　加快构建中国特色历史学学科体系学术体系话语体系》，《人民日报》2019 年 1 月 4 日。

揭示历史规律，把握历史趋势，加快构建中国特色历史学学科体系、学术体系、话语体系。

我们研读马克思、恩格斯、列宁历史理论经典著作，要坚持以习近平新时代中国特色社会主义思想为指导，坚持历史唯物主义立场、观点、方法，立足中国，放眼世界，立时代之潮头，通古今之变化，发思想之先声，担负起时代赋予的崇高使命，书写新时代中国特色历史学的壮丽篇章。

人名译名对照表

[古罗马]	阿尔塞尼乌斯	Arsenius
[古罗马]	奥古斯都	Augustus
[俄]	巴枯宁	Михаил Александрович Бакунин
[德]	俾斯麦	Bismarck
[英]	波义耳	Robert Boyle
[英]	布莱克特	John Fenwick Burgoyne Blackett
[德]	布莱希勒德	Gerson von Bleichröder
[德]	布鲁诺·鲍威尔	Bruno Bauer
[德]	布洛斯	Wilhelm Blos
[俄]	查苏利奇	Вера Ивановна Засулич
[法]	狄德罗	Denis Diderot
[法]	笛卡尔	René Descartes
[德]	恩格斯	Friedrich Engels
[德]	费尔巴哈	Ludwig Feuerbach
[法]	菲力浦二世·奥古斯特	Philipp II Auguste
[德]	费希特	Johann Gottlieb Fichte
[普鲁士]	弗里德里希二世	Friedrich II
[英]	弗里曼	Edw ard Augustus Freeman
[法]	伏尔泰	Voltaire
[法]	傅立叶	Charles Fourier
[德]	歌德	Johann Wolfgang von Goethe
[古希腊]	赫拉克利特	Herakleitos
[德]	黑格尔	Georg Wilhelm Friedrich Hegel
[英]	霍布斯	Thomas Hobbes
[法]	基佐	Francois-Pierre-Guillaume Guizot
[法]	加尔文	Jean Calvin
[古罗马]	凯撒	Gaius Julius Caesar
[德]	康德	Immanuel Kant
[德]	康拉德·施米特	Conrad Schmidt

[德]	考茨基	Karl Kautsky
[英]	克伦威尔	Oliver Cromwell
[法]	拉普拉斯	Pierre-Simon Laplace
[德]	拉萨尔	Ferdinand Lassalle
[德]	理查·瓦格纳	Richard Wagner
[英]	李嘉图	David Ricardo
[德]	路德	Martin Luther
[法]	卢梭	Jean-Jacques Rousseau
[法]	路易·波拿巴	Louis-Napoléon Bonaparte
[法]	路易—菲力浦一世	Louis-Philippe I
[法]	路易十四	Louis XIV
[法]	路易十五	Louis XV
[英]	罗伯特·欧文	Robert Owen
[英]	洛克	John Locke
[印]	罗易	Manabendra Nath Roy
[德]	马克思	Karl Marx
[德]	梅林	Franz Mehring
[法]	孟德斯鸠	Charles Montesquieu
[俄]	米海洛夫斯基	Николай Константинович Михайловский
[法]	米涅	Francois-Auguste-Marie Mignet
[美]	摩尔根	Lewis Henry Morgan
[法]	拿破仑	Napoléon Bonaparte
[英]	牛顿	Isaac Newton
[德]	欧根·杜林	Eugen Karl Dühring
[英]	培根	Francis Bacon
[古罗马]	普林尼	Gajus Plinius Secundus Major
[法]	蒲鲁东	Pierre-Joseph Proudhon
[法]	圣西门	Saint-Simon
[荷]	斯宾诺莎	Baruch Spinoza
[俄]	苏汉诺夫	Николай Николаевич Суханов
[古罗马]	塔西佗	Publius Cornelius Tacitus

[法]	梯也尔	Adolphe Thiers
[法]	梯叶里	Jacques-Nicolas-Augustin Thierry
[德]	托马斯·闵采尔	Thomas Müntzer
[德]	瓦尔特·博尔吉乌斯	Walther Borgius
[法]	维克多·雨果	Victor Hugo
[英]	沃伦	Sir Charles Warren
[瑞士]	西斯蒙第	Jean-Charles-Léonard Simonde de Sismondi
[英]	亚当·斯密	Adam Smith
[古希腊]	亚里士多德	Aristotle
[德]	约瑟夫·布洛赫	Joseph Bloch
[德]	约瑟夫·魏德迈	Joseph Weydemeyer

第一版后记

《马克思恩格斯列宁历史理论经典著作导读》教材是马克思主义理论研究和建设工程重点教材。在编写过程中，得到了马克思主义理论研究和建设工程咨询委员会的指导，得到了中央有关部门和有关专家学者的帮助和支持。同时，广泛听取了高校马克思主义历史理论课教师和大学生的意见和建议。

本教材由首席专家沙健孙主持编写。提供初稿的有：沙健孙、田心铭、梅荣政、钟哲明。参加统稿和修改的有：沙健孙、李捷、李文海、田心铭、钟哲明、梅荣政、仝华、王顺生、王浩雷。张磊主持了工程办公室组织的审改和统稿工作。何成、邵文辉、王勇、宋凌云、田岩、乔瑞金、季正聚、冯静、汤荣光、唐棣宣、宋义栋、王燕燕、武斌、邢云文、张造群、宫长瑞等参加了具体审改和统稿工作。参加集中阅看并提出修改意见的有：陈先达、李崇富、田居俭、瞿林东、张宏毅、梁柱、蒋大椿、侯惠勤、郝立新、刘世军、李松林、李久林、邵永忠等。

2012 年 3 月

第二版后记

组织全面修订马克思主义理论研究和建设工程重点教材，是推动习近平新时代中国特色社会主义思想和党的十九大精神进教材、进课堂、进头脑的重要举措。《马克思恩格斯列宁历史理论经典著作导读》（第二版）是在第一版教材基础上修订而成的。在教材修订过程中，得到了马克思主义理论研究和建设工程咨询委员会的指导，得到了中央有关部门和有关专家学者的帮助和支持。同时，也广泛听取了高校专业课程教师和学生的意见和建议。

教材修订课题组由沙健孙、田心铭任首席专家主持并进行修订。何成主持了工程办公室组织的审改定稿工作。王昆、王勇、石文磊、田岩、冯静、曹守亮、刘一、聂大富、刘志刚、张明等参加了审改。参加集中审阅并提出修改意见的有：何萍、郭湛、李淑梅、孙承叔、赵家祥、杨耕、曹歌等。

2020 年 8 月